U0016875

「日本人」の境界

沖縄・アイヌ・台湾・朝鮮

植民地支配から復帰運動まで

# 「日本人」的界限

沖繩・愛努・台灣・朝鮮，從殖民地支配到復歸運動

EIJI OGUMA

小熊英二

黃耀進、鄭天恩——譯

李文卿、黃英哲——審訂

# 目 次

## II

無法跨越的臨界點
名為「日本人」的牢獄

# IV

I

# 序章

所謂「日本人」這個詞彙，指涉著哪些範圍裡的人們？這是本書的第一個設問。

這個「日本人」的界限，又是依據哪些要素而設定的？這是本書的第二個設問。

透過「政策論述」的觀點來檢證近代日本的邊境地區——亦即沖繩、愛努（現今北海道）、台灣、朝鮮等地——重新檢討「日本人」和「日本」的概念，便是此書的主題。

## 「日本人」界限的變動

所謂的「日本」、「日本人」，這些詞彙指涉的範圍究竟到哪裡（為何）？乍看之下似乎是很奇怪的設問。在現今普遍的概念中，認為上述地區裡的沖繩及北海道一直都是「日本」，而朝鮮與台灣則不是「日本」，只是在某段時期以「殖民地」形式領有過的區域。但是，這種區分相當模糊不清。

例如，近年來有人傾向倡議將北海道與沖繩也定位為日本的「殖民地」。這種看法認為，上述兩地在明治時期之前都屬於別的「國家」，是後來透過侵略與同化政策才將其納入「日本」。同時就侵略與同化政策而言，與對朝鮮或台灣所做的事情是相同的。

不過，面對這樣的論述，也有可能採取相反的觀點。亦即，在二戰之前，無論朝鮮或台灣人，還是沖繩與愛努人，同樣都擁有日本國籍，是法律定義的「日本人」。就這點而言，住在日本拓展勢力範圍內——遼東半島租借地（即所謂的「關東州」）以及華北占領地區——的居民，其國籍為「中國人」，另外「滿洲國」的大多數居民（除了住在那裡的「內地人」及「朝鮮人」外），

並不具有日本國籍，這些都與前者不同。在 1930 年代的國定教科書中，理所當然把沖繩與北海道居民視為國民，甚至朝鮮、台灣、樺太（庫頁島）等地的居民，也全都被視為日本的「國民」；另一方面，國定教科書並沒有把「滿洲國」、華北占領區、南方占領區及國際聯盟託管的南洋群島等地居民視為「國民」[1]。從此可看出，這裡存在著與當今略有不同的「日本人」的界限。

但是，朝鮮人與台灣人即便是擁有日本國籍，卻不曾平等享有屬於「日本人」的待遇。以法制面來舉例，他們大部分（居住於日本內地的人除外）沒有參政權，也就是無法在帝國議會中擁有自己的代表；初等教育也非無償教育。愛努人則根據《北海道舊土人保護法》而適用不同的教育制度；沖繩人也得等到 1919 年才取得參政權。在法制面之外，他們所受的莫大差別待遇，自不待言。即便持有日本國籍，無論在制度上或日常生活中也都受到差別待遇，成為一種雖然是「日本人」卻又不是「日本人」的存在，這就是遭遇到所謂「『日本人』界限」的人們。

本書設定的主題如下：通過檢證近代日本對沖繩、愛努、台灣、朝鮮為主的「政策論述」，探求「日本人」的界限如何被設定。

當然，此處所指的「日本」或「日本人」並非固定不動的實體，而是依據時代或時勢而改變、屬於「言說」層面的概念。某一些人——例如原本居住在沖繩或朝鮮的人們——因為時代或時勢緣故，有時被視為「日本人」；有時則不被視為「日本人」。在這種情況下去質問「這些人是否真的為日本人」，並沒有意義。嚴格來說，「真正的日本人」的概念並不成立。上述這些人在「國籍上」都是日本人，同時他們也以某種形式被排除在「日本人」之外。另外有一些人——例如沖繩居民——為了論證他們是「真正的日本人」，屢屢拿出人類學、語言學、歷史學等學說根據，但這些論證也毫無意義。因為正如本書接下來將討論的，這些學說都是在沖繩已經被納入日本之後才出現。此外，例如大日本帝國時期的朝鮮人，也曾依據人類學、語言學、歷史學等學說來「舉證」為「日本人」的一支。

針對這些現象，本書要探問的是：「這些人為何以及如何被分類為『日本人』？」更準確地來說，這個問題應該是：「所謂『日本』這個國民國家的政治言說，是根據什麼樣的要素與型態來分類，而將某些人納入『日本人』的範圍內；或者將他們排除在『日本人』之外？」本書之所以要探討近代日本統治周邊地區的相關政策論述，並不只是為了回顧日本的歷史，而是要透過這些案

例研究來考察驗證「國民國家在設定『國民』界限時的機制」。

## 「日本」與「殖民地」，以及「歐美」

對於研究不感興趣的讀者，建議先略過序章以後的部分，直接往後閱讀（本書各章概要請參照「後記」）。

就目前的慣例來看，大部分研究觀點都把朝鮮與台灣視為「日本的殖民地統治問題」，對於沖繩與愛努則以「日本內部的地方史乃至歧視研究」來處理。這種觀點，是以默認朝鮮及台灣並非「日本」，而沖繩及愛努則是「日本」的一部分為前提。

這種前提之所以成立，乃是基於將「日本」和「殖民地」之間畫出一條界限的思維。如前所述，近年雖然出現了把沖繩與愛努問題視為「日本殖民地統治問題之一環」的研究觀點，但如果這類觀點只是把原本被分類在「日本」內部的沖繩與北海道，改分類為「殖民地」，那麼這種研究方法其實仍無法動搖「日本／殖民地」的二元對立結構。對此，本書的目標在於重新檢證「日本／殖民地」對立結構的想法是如何形成的，也就是去檢證在「日本」與「非日本」之間畫出界限的這種想法。

這種「日本」之於「殖民地」的結構，在兩層意涵上再檢討的必要。第一，這種結構的展開前提，總是預先設定有一種固定性的、可以區分「日本」與「殖民地」的界限存在。這樣的前提同時也意味著如下的認知存在：「無論什麼情況下，日本人就是日本人，朝鮮人就是朝鮮人。」像這樣區分「日本」、「朝鮮」等民族單位的界限是固定不變的，在這樣的框架之下，即便「日本」與「朝鮮」處於其中一方被當作「殖民地」來統治的關係中，民族或國家這樣的單位仍永遠不會改變，性質始終保持一致，這樣的想法相對容易思考。然而，如同近年來諸多研究中所提倡的觀點，民族或國家絕對不是固定不變的概念。

第二，「日本／殖民地」這樣的對立結構，很容易與界限無法變更的民族或國家為主體的國史歷史觀結合，如此一來「日本」或「殖民地」內部的複雜狀況，以及無法納入此二元對立結構中的要素，便容易被抽象化。舉例而言，書寫「日本施行的朝鮮殖民地統治」這樣的歷史敘述時，「日本」與「朝鮮」各自被描述成個別存在的統治主體與抵抗主體。即便這樣的描述預設了「親朝

鮮的日本人」或「依從日本的朝鮮人」的存在，然而不在這種設定中的日本或朝鮮內部的相互對立——例如日本內部的政府組織間之對立，或者朝鮮內部存在的區域、階級、性別等差異——則有遭忽略之虞。此外，既不屬於日本也不屬於朝鮮的人——例如「混血」者，或者位於「日本／殖民地」之外的歐美影響力——也可能無法進入這種論述的視野中。

有鑑於此，本書將「日本／殖民地」的概念也視為檢討的對象。這裡採取的研究觀點是要考察：「當論述者以言說切割出『日本人』的界限時，位於界限『內側』的被視為日本，位於『外側』的則被視為『殖民地』；但這條界限往往會因為論述者之不同或情況改變，而有所更動。」朝鮮與沖繩在某些時候被當作日本的一部分，某些時候又被當作與日本不同的個別殖民地。會被分類在「日本／殖民地」的哪一側，端視如何畫設界限而定，日本與朝鮮的界限，並非一種固定的存在[2]。

本書在分析時，將著重於以下兩點，以質疑界限設定以何種樣態呈現。

其一，意識到日本與殖民地內部存在的多樣性。如本書的第五章、第十章、第十一章等所述，日本內部各機關組織的本位主義（Sectionalism），是影響「日本人」界限設定的重要因素之一。例如台灣總督府及朝鮮總督府，認為日本政府機關應該避免介入他們所擁有的權益，因此意圖將自己管轄的台灣或朝鮮從日本切割出去。此外，第十二章與第十六章也舉出了沖繩與朝鮮內部的多樣性，對被統治的知識分子造成的影響。

其二，「日本／殖民地」並非單純的二體問題（two-body problem），必須加入「歐美」這個第三方，以三體問題來檢證。這部分具體來說，便是在討論關於周邊區域的政策論述時，檢證「歐美」的存在帶來了什麼樣的影響。以下將針對第二點進一步詳細說明。

現在的討論經常會忘記一件事：明治初期的日本知識分子與政策主事者，對於日本可能淪為歐美各國殖民地一事，懷抱著強烈的危機感，此也影響了日本對周邊地區的政策論述。例如馬克・皮蒂（Mark R. Peattie）指出，日本之所以要取得殖民地，並非基於經濟動機，真正的動機是為了以殖民地作為前線防禦地帶，保護自身不受歐美各國威脅的國防動機[3]。有人批評皮蒂的看法並不適切，畢竟「感覺到」威脅與實際上是否存在威脅是兩個不同的問題，但至少單從這件事來看便可以得知，在檢證「日本／周邊區域」統治問題時，有必要將「歐美」的存在列入考慮。

在考慮「歐美」存在的同時，近年來廣為人知的「日本式東方主義」[4]，就是一種「日本／周邊區域」的言說分析框架。它是薩伊德（Edward W. Said）東方主義理論的日本轉化版，東方主義是將「西洋」等同為「文明」、統治者階級，相對產生出被侵略、被觀察，進而被排斥的對象，也就是「野蠻東方」概念。在日本轉化版的論述中，依照東方主義的框架，認定日本與歐美同樣屬於文明統治者。這種「日本式東方主義」論述，可以說是主張日本殖民地統治背後有著「脫亞入歐」意識說法之延伸論點。

然而，只著重這種「日本式東方主義」，仍有無法完全說明之處。其中之一，便是「亞細亞主義」這種提倡以日本為中心，聯合亞洲以對抗「歐美」的概念。亞細亞主義倡導「興亞」的概念，與提倡將日本從亞洲區分出來的「脫亞」恰為對比。不過這種思想現在也被視為「正當化日本統治」的一種手段，與「脫亞入歐」同樣屬於統治的言說。

「日本式東方主義」最大的弱點，便是無法妥善說明日本統治下所提出的「同化論」。在東方主義理論中，應該要強調日本與被統治對象「野蠻東洋」間的差異，而同化論則反其道而行，提倡縮小差異。所謂的同化，如果定位在「學習日本即等同於親近文明」的「文明化」理論上尚可成立，但是，強制參拜神社與創氏改名這些作法，卻很難被納入「文明化」的脈絡當中來看待。

關於這個問題，筆者想透過一個觀點來考察：它是從薩伊德東方理論的瑕疵所衍生出來的問題。薩伊德一系列著作幾乎都是針對 18 世紀到 19 世紀的英國與法國，以及 20 世紀的美國來檢討，而且也都只針對中產階級以上的白種男性[5]，也就是處於最上層的「最大的威脅」。日本式東方主義的問題，也就是將日本統治者同樣視為最上層的「最大的威脅」。

事實上，近代日本是在「日本」之上存在著「歐美」這樣上位威脅的情況下，形塑出日本統治著「更下位族群」的論述。當時主流的世界觀是將「歐美」等同文明、白人、統治者，「亞洲」等同於野蠻、有色人種、被統治者，即便日本接受了文明而成為殖民帝國，仍同樣被列為亞洲的一部分；在這種情況下，日本形塑出的論述便占據著極為微妙且曖昧（ambiguity）的位置。

正如本書第九章所探討的一樣，當時日本所形塑出的論述，一方面以日系移民問題為代表，批判「歐美」對日本人的歧視，另一方面這些論述又背負著任務，必須正當化日本統治周邊區域的行為。如此一來，在分析既是「東洋」又同時是「西洋」、帶有模稜兩可性質的「日本」論述時，原封不動照搬東方

主義這種以「西洋」、「東洋」對立結構為前提的理論，當然會有一定程度的困難。

　　順帶說明，這種曖昧的論述定位，其實並非日本所獨有。例如後進的帝國主義國家——德國、義大利、俄羅斯等——在東方主義之中又如何定位？即便在19世紀的英國，是否隸屬於英格蘭的蘇格蘭、威爾斯，甚至勞動階級的女性，也都與殖民地統治沒有關係呢？東方主義批判了「文明」、「野蠻」；「東洋」、「西洋」；或者「男性」、「女性」等二元結構，但這些批判只能在二元對立鮮明的狀況下，方能適用。

　　我們必須重新審視長久以來慣於使用的「日本／殖民地」結構，必須意識到日本及殖民地各自內部的多樣性，同時也要納入「歐美」這個第三要素。亦即在「統治者」之上還存在另一個「統治者」（以「日本」為例就是「歐美」）的情況下所呈現的曖昧案例中，檢證如何形塑統治論述的案例研究。除了國際關係的層面之外，還有其他層面可以進行同樣的分析，例如在「日本」統治中位居下位的日本東北地方（大致可以參照19世紀英國國內的蘇格蘭地區來思考）出身者，或者在日本被藩閥勢力所排除的民權派人士等，去思考他們如何與朝鮮人、台灣人對應。透過這樣的審思，就會意識到「日本」內部的多樣性，同時也能對應於「統治者」之上還存在「統治者」的曖昧案例分析。

## 「包容」與「排除」

　　接下來，我要針對上述問題意識，說明研究對象與採用的研究方法。

　　本書的研究對象，是針對「日本」領域發生變動時——包含侵略與「回歸」等——如何設定「日本人」界限的政策論述。具體而言，就是從將沖繩與北海道納入近代日本的明治時期「沖繩論」及初期「愛努政策論」開始，及至大日本帝國時代的朝鮮、台灣統治論，再到關於第二次世界大戰後沖繩回歸議論等內容。

　　當然，這樣的範圍設定確實過於龐大，但是，如果只檢視特定時期與特定對象（例如琉球處分），其實是無法找出「日本人」界限設定之普遍性法則的。相對來說，此處也先排除了不隨著「日本」領域變更而出現的「日本人」界限問題，亦即歸化、國籍取得、外國人勞工、戰後在日韓國、朝鮮人政策等部分。

在檢討政策論述時，本書著重的範疇在於教育和法制這兩個領域[6]。教育領域，涉及根據「國語」教育等將當地人改造為日本人的文化統合政策，其重要性不在話下。而法制領域所牽涉的不僅是國籍與戶籍等規定「日本人」身分的部分，也包含「參政權」所代表的「日本人權利」之有無。

這些關於「日本人」界限設定的政策論述，具體來說，會在是否對新領有地區施行同化政策中呈現出來。例如本書第一章所言，明治初期將琉球納入日本之際，就存在過要將這個地區「日本化」，或者只是作為自己勢力範圍下的保護領地而不實施「日本化」的議論。類似這樣的議論，日後在統治台灣與朝鮮時也反覆出現。

當然，所謂教育政策上的「日本化」，意味著透過灌輸國語教育與日本文化，培養當地居民對國家與天皇的忠誠心，也就是今日所稱的同化政策。意即比起討論殖民地統治手段，討論是否實施同化政策的議論，更能看出其實是討論是否要將該地域包含入「日本」的選擇。

更進一步來說，教育上同化政策中重要的一環，就是歷史觀的改造。因為，所謂近代民族國家的「國民」，不僅是透過共通的國語、共同文化、共同盡忠對象，並且還需擁有共通歷史的集團來形塑而成。職是之故，「日本人」的同化政策中最不可欠缺的除了灌輸國語教育和日本文化，養成對天皇的忠誠心之外，還需教導由官方認可的身為「日本人」所應共有的歷史觀。

如果教育的「日本化」包含了國語教育和歷史觀的改造的話，那麼法制的「日本化」的體現則在於「日本本土的法制如何適用於當地」。例如「創氏改名」這項眾人周知的朝鮮民事令改正，不只強制要求朝鮮人改採日本式的姓名，還要求當時以朝鮮家族制度為前提的親屬法規，改換成類似日本「內地」民法規定的家族制度。因此，沿用當地舊慣、利用當地統治階層協助的間接統治路線；與取代當地習慣、採用日本法律體系的同化路線這兩種統治路線的對立，在琉球處分時便已然存在。

此外，法制上的同化，就參政權來看，應該與「日本」內部各處府縣相同，由該地區選出進入中央帝國議會的議員；對此也有一種說法主張該地區獲得參政權者應以日本之外的形式、施行有別於「日本」的「殖民地」自治。

在分析納入日本的周邊區域論述時，如果當該區域被定位於「日本人」的界限之內便稱之為「包容」，被定位於外側時稱之為「排除」。若刻意採用對立結構的話，其政治上的表現將如下：

　　包容：國民教育、適用國內法、國民參政權。
　　排除：保留「舊慣」、殖民地「自治」。

　　換言之，所謂「包容」的理念型態，就是不將周邊地區視為殖民地，而是定位成「日本」的一部分，當地居民則以「日本人」身分成為「國民」統合的對象。與此相對，「排除」的理念型態，無論在文化上或者政治上，這些周邊區域都被定位成與「日本」不同的個別殖民地（非日本）。這種「包容」與「排除」，當大日本帝國的議論者們在「日本」這個想像上建構「我族」認同的時候，他們對周邊區域應該包容入「我族」之中，或是排除成為「他者」之間進行選擇，並以政策論述的形式呈現。

　　透過這樣的整理，便很容易可以理解近代日本的周邊地區政策論述中，透過與「殖民地」間畫出界線區隔的形式，為了要凸顯「日本人」而產生出的「排除」主張。然而，在這種情況下，又該如何解釋「包容」周邊區域的同化論？當時日本政府與議論者們所持的說法，是要將周邊區域的原住者平等地統合為「日本人」，但是只要對照歧視與統治的現實狀態，便可知道那種說法無法成立。然而，另一方面，若只將同化政策視為一種表面上的主張，也顯得太過牽強。

　　對此，本書想提出一個說法，那就是同化論的要素之中，位於「日本／殖民地」結構的更外部，還有一個他者，那就是「歐美」的存在。如同本書中的論述，在排除所謂「殖民地」這個「他者」，以建構「我族」的「日本」路線之外，還存在另一條要對抗所謂「歐美」這個「他者」的路線，這是一條「日本」需要擴張「我族」的路線。

　　「日本」面對周邊地區時所展現的「包容」與「排除」，若在教育和法制上以是否適用同化政策來作為政治表現，那麼對「歐美」時的政治表現就是外交與國防。如前所述，明治時期的日本人對日本遭「歐美」殖民地化一事，抱持著強烈的危機感，因而出現把國防定位為國家最優先課題的主張。這種傾向直至1945年大日本帝國崩壞為止，雖然斷斷續續，但一直持續存在。這種對國防的偏向，如何反應在對周邊區域的政策論述上，應該加以關注。

　　重新回顧一下，所謂對周邊區域的政策論述，是透過包容該區域原住者的形式，思考是否於其間畫定「日本人」界限的議論，這也就是關於如何認

定「日本人」的議論。這過程中日本人的認同意識，透過同化政策的妥適與否（包括如「國語」教育和歷史觀的改造、是否維持「舊慣」、參政權的型態等）的討論，以及透過對「歐美」的國防主張，在政治上表現出來。本書根據上述的觀點，針對對周邊區域的政策論述，亦即「以政治語言表現『日本人』界限及這種界限的擺動」，進行檢證。

## 「政治語言」與「無法表達的事物」

近年來關於殖民地統治的言說分析相當盛行。本書中也會提出知識分子的言論，並且將政治家的發言、官廳的內部文書、現場教員的意見、議會的審議錄等含括在內。這些官廳言說與議會審議，或者法令等史料，就是所謂的「國家話語」，嚴格來說它們並不等同於真正發生的「現實」，但我們有必要考察言說對「現實」的影響，這一點頗為重要[7]。

檢視這樣的政策論述時——亦即「以政治語言表現『日本人』界限及這種界限的擺動」——本書想要注意的是「政治語言被以什麼樣的形式構成」，以及「透過這些語言未被表現的究竟為何？」這兩點。

某一群人是被定位在「日本人」界限的內側？抑或是被定位在外側？從理論來看是二選一的問題。這個部分所表現的政治語言，便是透過前述「包容」與「排除」的，關照這種二選一的語言表現下所漏失或無法表達的部分。

之所以重視此部分的理由，在於實際的當事者們遭遇到無法用二選一方式便可解決的矛盾。例如被支配者欲表達自己想要身為「日本人」的平等，卻又拒絕被同化為「日本人」的想法之立場時，在「包容」與「排除」的框架下，當「政治語言」不存在時，便出現了既有言語中無法表達的狀態。

像這樣既「無法表達」，在有限的「政治語言」下無法進行表述的狀況，本書對這種現象的發生所重視的是，根據這些「政治語言」的使用者立場與使用的脈絡來看，被賦予了何種意義和解釋。例如本書將討論到的，同樣使用「日本人」這個語彙，統治者與被統治者會各自賦予其不同的意義，針對如何解釋「日本人」一詞而發生爭論的例子非常多。

被統治的一方，想要表達自己的願望時，原本就得背負更大的困難。他們過去使用的語彙並非是「近代性」的「政治語言」，因此當他們要透過一種已被認知的「近代性」形式來表達時，除了借用統治方所使用的「政治語言」之

外，別無他法。

在受到日本統治的東亞圈中，抵抗運動的思想最初是透過「傳統的」儒教語言來表達，1920 年代以降則多使用「西洋」傳入的民族自決與社會主義等語言來表現，從而他們最終被迫必須使用日方的政治語言。這種語言使用狀況的必然性，比起「西洋」諸多的殖民地統治案例為少。雖說如此，一如本書第 III 部將指出的，被統治者對日方所使用的政治語言——例如「一視同仁」論或殖民政策學等——做出了不同的詮釋，以不同的意義來表達，這樣的事例也不在少數。

並且，這種矛盾也會出現在統治者這方。如同本書的表述，統治方的統治政策論述基本上也是在「包容」與「排除」的框架下來表達，但實際上固定下來的統治政策，卻無法被定位在「包容」與「排除」的型態中。最主要的原因在於，這種基於「包容」與「排除」二選一分類框架的統治政策，無法有效滿足統治者所抱持的多樣化、且往往相互矛盾的願望。讀者透過本書的表述，應當可以看到統治者與被統治者雖然使用共通的政治語言，但各自也面臨了該語言無法完全表達的部分，從而發生因語言解釋不同而造成紛爭的狀況。

本書的具體結構，如下所述：

第 I 部首先透過論證琉球處分、沖繩教育、愛努政策，以及占領台灣和朝鮮初期的政策論述，探究包含法律在內的「政治語言」框架被完成的過程。第 II 部則檢視當這種框架完成後，所暴露出的危機，即便進行批判與改革，結果仍遭受挫折的經過。第 III 部以被捲入這種框架中的被統治者的動向為主軸，描繪他們對統治者的抗爭。而第 IV 部則分析戰後沖繩回歸運動中的政策論述。此外，第 III 部的最終章（第十七章），內容性質雖屬第 II 部，但根據時間序列的脈絡仍收錄於第 III 部。

雖然不用再多加說明，但因為本書並非「沖繩問題」或「殖民地問題」的概說，因此並未全面網羅歷史上重要的事件。例如本書關於被統治者依據民族自決論產生的獨立運動等的動向，便不在本書討論範疇之內。這類運動因為已然把「自己」定位為「非日本人」，從結果來看並沒有動搖「日本人」的界限。書中所舉出的狀況，皆是當事人以某種形式持續認同自己是「日本人」，進而迫使「日本人」的框架做出若干變更。例如「自治權取得運動」或「多元主義構想」等便屬於此類[8]。因本書中能涵蓋的對象原本便有限，筆者僅能選

擇具代表性的事例分析，這一點希望讀者察知。

此外，「內地」、「本土」、「日韓併合」、「日鮮同祖論」等歷史名詞，將照原來使用，若引用文獻之中出現在當今而言並不適切的表現，為了保持史料的原始完整性，仍舊保留這些部分，敬請讀者諒解。

## 用語說明

本書中使用的法律及統治機關用語，於此先進行若干說明。

關於大日本帝國，因為主權在於天皇，因此立法亦由天皇執行。但是依據君主立憲制的原則，憲法規定不經立法府的帝國議會審議與議決（協贊）不得制定「法律」。然而大日本帝國中，這些「法律」包含了以下四種類的「法」。

**法律**：經議會協贊制定者。

**勅令**：在憲法規定中，當議會休會期間，不經議會協贊以天皇命令形式發布者。後經下期議會通過後可準「法律」化，若未得議會同意時則失效（緊急勅令）。

**律令**：身為行政長官的台灣總督，不用經帝國議會協贊，在管轄之內發布之命令。與勅令不同，並無須取得帝國議會的事後同意。因為未經立法機關的協贊，正規而言並不算法律，即便如此據規定律令仍「具有法律效力」，為「事實上之法律」。此規定是否違憲成為一個問題。

**制令**：與台灣總督相同，由朝鮮總督發布的「事實上之法律」。

原則上，日本內地施行「法律」和「勅令」，台灣施行「律令」，朝鮮施行「制令」。亦即，內地的立法權在於帝國議會，而朝鮮與台灣則由總督掌握「實際上的立法權」。

此外，除了 1919 年至 1936 年之間的台灣總督之外，其他時期的朝鮮與台灣總督皆由軍人擔任，不過也設有擔任實際行政業務的輔佐官僚，在台灣是**民政長官**（初期為民政局長，之後改稱為總務長官），在朝鮮則同樣是在總督之下設有**政務總監**。

另外，在戰後的沖繩，設置了性質為沖繩人自治政府的**琉球政府**（初期還存在「沖繩民政府」），另一方面還設置有以美軍為首長的**琉球民政府**（初期

為「琉球軍政府」）。琉球民政府是實際上的「琉球總督府」，與總督職務相當的是由軍人擔任的**民政副長官**（後稱**高等辦務官**，High Commissioner），高等辦務官下設輔佐文官——**民政官**。此民政副長官（高等辦務官）同樣也具有無需經過美國議會同意便可發布「事實上之法律」的「**布令**」等權限。

第一章

# 琉球處分
## ——納入「日本人」

　　1872 年，4 年前才剛奪取政權的明治政府，合併了一個位於日本西南方的王國。這個被稱為琉球王國的國家，7 年之後改名為沖繩縣，成為大日本帝國的一個縣。

　　此章將針對「琉球處分」的過程，檢視琉球的人們如何被定位成「日本人」。其過程經緯也可看出日後在台灣、朝鮮等地「日本人」概念的擴張原型。

## 對「國內人類」的統合與排除

　　雖然琉球王國在明治初期被併入日本，但這個王國並非近代意義上的獨立國家。直至 19 世紀為止的東亞，存在著與近代主權國家相異，被稱為朝貢冊封關係的國際規則。在這套規則之下，各地皆有受到中國皇帝冊封的國王；如同朝鮮、越南國王，琉球國王也是其中一位。不過他們也有定期向中國皇帝朝貢、使用中國曆法，以及在政治上、文化上表現臣服意願的義務。這些「王國」既是臣服於中國皇帝所統治的「帝國」，又保持著某種程度上的自治。

　　1609 年，日本的地方大名薩摩藩入侵琉球王國，將其置於薩摩的實質統治下。不過薩摩並未廢除琉球王國，琉球依舊使用中國曆法，並繼續向中國朝貢。在朝貢冊封關係中，為了表示皇帝的權威，會給朝貢國大量的回賜物品，透過這樣的方式因而形成了一種貿易關係。那時日本由於正處於德川政權鎖國政策的貿易管理體制，薩摩也會透過琉球取得貴重的中國物產，透過這種方式居中進行轉口貿易。薩摩也因為這樣的轉口貿易，透過掠奪包括砂糖在內的琉球物產，獲取豐厚的經濟利益，成為日後明治維新的原動力。

　　如此一來，琉球便在薩摩的實質統治之下維持著王國的存續，並向中國

表示臣服，成為所謂的「日支兩屬狀態」。另外薩摩為了維持控制琉球王國，又能明確雙方之間的差別，更進一步禁止琉球人同化於大和風俗。從近代國際秩序概念看來可謂是奇異的「兩屬」關係，其實在東亞導入近代國家體系之前，這種關係形式是可能存在的。但到了19世紀中葉，歐美各國開始進入東亞地區，為了對應這種情況，明治政府在開始轉變為近代國民國家之際，強制把舊秩序產物琉球王國的兩屬狀態納入新的國家制度，

尚泰

重新整編成新的秩序。這正是琉球人被包容入「日本人」的過程。

　　然而這樣的統合途徑並非就一路到底，中間還經歷過許多曲折。1868年（明治元年），剛取得政權的明治政府對琉球王府傳達了關於明治改元的太政官令，表示出要統合琉球的態度。然而，對薩摩而言，琉球王國是他們重要的資金來源，因此，1871年日本本土實施廢藩置縣時，鹿兒島藩（前身是薩摩藩）主張應保持琉球一直以來的兩屬狀態，讓琉球王國的形式存續下去，並成為鹿兒島縣的管轄地。1872年，在從屬於薩摩的狀態下，以保有琉球王府的方式設置了琉球藩，琉球王尚泰一面成為藩王，同時又與本土的舊藩主一樣名列日本華族之一。正如本章開頭所述，琉球王國是於7年之後的1879年[1]才遭撤廢，以沖繩縣被全面納入大日本帝國。

　　琉球雖然經過10餘年過渡期而被統合入大日本帝國，然而這段期間在日本也存在著反對統合的意見，因為把這些小島作為本國領土的作法實在不具什麼吸引力。薩摩雖利用兩屬狀態獲得了莫大的利潤，但一旦撤廢了琉球王國，便會失去這些好處。初期的明治政府剛著手於軍事、教育、經濟及其他近代化政策，財政上全無餘裕，還得面對各地農民與士族的叛亂。在這種情況下，如果還將國內已顯不足的軍隊、警察、官僚與教師送到不過是偏遠小島群的琉球，並且還要覺悟到此舉會在日清國際關係上產生摩擦，主張在這種情況下斷然占有琉球會有好處之作法，若從成本論的角度來思考，是件很奇怪的事情。

　　例如，設置琉球藩3年後（1875年），言論界就冒出了「琉球放棄論」。《郵便報知新聞》刊載的社論認為「納入琉球既無益又勞財費資」，純粹是「政府徒好虛名」的行為，主張政府應當傾全力在「國內」施政，「壓抑如孩童般喜好虛名的心情，應棄琉球，出售蝦夷[2]」。很明顯的，在這個社論中，沖繩與北海道並不在日本的「國內」範疇裡。

　　政府內部也存在類似的論調。1875 年，被內務省派往琉球出張所（設於外地的辦事處）的官僚河原田盛美便提出意見，認為廢止琉球王國是「未審思輕重緩急的愚策」。其理由是可以想見要將琉球當作日本的一部分來推行近代化，具有相當的難度且又耗費成本，「遠海孤島何以花費政府巨資補助也」，「衡量得失便可知其難免於浪費[3]」。

　　反對撤廢琉球王國的言論中，也存在成本以外的動機，那就是對琉球的歧視意識。撤廢琉球王國改設為縣，也意味著要把琉球人以「日本人」的身分納入國家；那麼換言之，如果要把他們徹底排除在「日本人」之外，維持琉球王國還是較好的方法。

　　從這種動機出發的反對論，在設立琉球藩之前的 1872 年 6 月，可由當時立法機關「左院」向政府提出的回答中見到。如前所述，日本政府——特別是外務省——提出了將琉球以藩的形式納入帝國，讓琉球王與舊藩主一樣名列華族的構想，但左院對此回覆：「琉球國王乃琉球人，不應與國內的人民混淆同一。」左院主張把琉球王自「日本人」中加以排除，同時不撤廢琉球王國而只做為「屬國」，維持一直以來的兩屬體制與日本結合，如此一來便可避免與清朝的摩擦[4]。

　　政府內部抱持這種看法的人不在少數，如同稍後將論及的，就連最後負責執行琉球處分的處分官松田道之也明白指出，撤廢琉球王國必然會造成經濟赤字。此外，大隈重信與木戶孝允也都主張琉球人不是「日本人」。廢藩時任內務卿的伊藤博文也附和這樣的意見，表示若有可能的話還是讓琉球保持王國狀態從屬於日本較妥當。既然如此，為何明治政府仍舊執行了琉球處分呢？

　　反對琉球處分說法，是著眼於經濟成本與差別意識，亦即單就日本和琉球之間的關係來提倡反對論；與此相對，「處分推進論」則站在另一種關係的考慮立場，那便是針對歐美的國防思考。

　　當時的日本處於歐洲列強正將亞洲殖民地化的威脅下，日本被迫必須確認國境線與提升周邊軍事防備。面對列強壓倒性的優勢軍事力量，日本希望盡可能在遠離本土的地方畫定國境線，期待藉此得以確保國防據點。在北方，如第三章將說明的，從幕府末年開始，為了籌畫對俄國的國防據點，早已持續推進對北海道的確保工作；對南方的準備則在琉球處分時也終於開始著手。

　　1872 年 5 月，大藏大輔（次官）井上馨雖建議執行「領有琉球」的主張，但他如此提倡的理由是要「一掃過往曖昧陋規」確定國境線，把琉球當作日本

防衛上的「要衝」，也就是確保以琉球作為「皇國的翰屏」之事⁵。而外務省之所以提倡納入琉球，也是著眼於外交的角度，契機在於後文將敘述的台灣事件。在同一時期，陸軍大輔山縣有朋對琉球處分提出的建議也廣為人知。他認為，從土地面積而言，琉球不過是狹小的島嶼，但從位置而言則位居日本、台灣、中國大陸之間，作為海上交通基地，乃是不可忽視之地。僅在幾年之後，就在琉球王國廢止之前 2 年的 1877 年——外務卿代理森有禮提交給右大臣岩倉具視的論述中抄譯了一段英國人貝爾福（Arthur James Balfour）的看法，更明確的談論到琉球的軍事價值⁶。

> ……實際上若能據有如琉球般占地利之便的群島，一旦遭遇有事之際，對大國而言乃極其便利，此自不待言。「今若我英國得此般群島，設置成兵以為太平洋中屯箚之所，於東洋之地英國地位不知尚可推進多少。」然考察當今日本國內諸報，民情人心卻與此大相逕庭。如《報知新聞》者，刊載巧文弄墨感嘆琉球管轄花費巨資論說一篇，提起質疑，謂領有琉球島對日本有何助益，是否值得花費國內稅金？屯箚駐兵防守該島有何實利，是否足以使英俄普法畏懼日本？今後如此類文章，余輩絕不信其然……

包括英國在內的歐美列強如果占領琉球，將會讓他們擁有強大的軍事基地。因此即便花費高昂，日本也當不計成本改變兩屬狀態，確保琉球的領有權。此篇文章的主張，很明顯的，就是在反駁報紙上的琉球放棄論。

相較於意識到歐美威脅的琉球處分推進論，前述左院的處分反對論等主張則採取了相反的歐美觀。反對論抱持著即便琉球保持兩屬狀態，「若我國秉持信義與東西洋各國公正往來，他們也沒有道理毀信棄義侵犯我所屬土地」的認知。而左院的回答也一併表示「皇國乃東西洋各國一般所知的帝國」，因此「其下轄有王國、侯國，也為理所當然之事。」亦即，左院採取的是以皇帝統治的「帝國」之下存在各地「王國」，這種前近代朝貢冊封關係的延長線上來看待琉球問題，可以說左院這一派主張的前提，是認為歐美列強應該不會破壞以中國為中心的東亞國際秩序。無論是提倡維持兩屬體制，或者是主張迴避與清朝的摩擦，都與這種歐美觀密不可分。

結果，在 1872 年，採取了處分推進論與反對論的折衷政策方案。井上馨一方面延續了前述使琉球「明確歸我國所管轄」的建議，同時提倡變更「設國

郡制，租稅調貢等皆與內地採用同一制度」。也就是為了確保領有琉球，而主張採取和「內地」相同制度以改造琉球。這種法制上統一的問題，在之後的沖繩，甚至朝鮮、台灣也再度出現，當要確認該地是否為「日本」時，這個問題是非常重要的指標（merkmal），不過此時日本只對琉球設藩，繼續保留了琉球王國。當時的外務卿副島種臣與琉球方面約定，眼下並不會變更琉球王國體制，藉此安撫琉球方面的憂慮。另一方面，也排除左院的反對，實現了將琉球王列入日本華族之事。如此，琉球藩脫離鹿兒島的管轄，隸屬於外務省所轄，與其他諸藩皆歸大藏省管轄不同（內務省得到隔年的 1873 年才成立），這也是由於此乃依據外務省的提案而來之故。總之，我們可以理解日本政府選擇了兩條路線之間的折衷方案。

但是，此後的情勢卻急轉而下。以中國為中心的東亞國際秩序，在歐美入侵之前已然崩毀。在這種情況下，左院所主張的路線——在與歐美和清朝協調之下維持琉球王國「屬國」地位；另一方面又把琉球持續從「日本人」中排除出去——變得無法成立。而另一條路線——也就是為了確保國防據點，將琉球與其居民包容入「日本人」的方針——逐漸取得了優勢。

## 外國人顧問的提議

琉球人編入「日本人」的第一步，就是 1871 年漂流到台灣的宮古島民遭當時被蔑稱為「生蕃」的台灣原住民殺害的相關事件所帶出的日清談判。此事件發生後 2 年半，到了 1874 年春天，日本政府當時抱著要轉移國內征韓論派不滿情緒的內政目的，以保護「日本人」的名義採取出兵台灣的報復措施。而關於此事件進行的日清談判，焦點之一就在於琉球人是否為「日本人」。理由是：如果他們不是「日本人」，那麼為了保護「日本人」而出兵的名義便不復存在。

出兵前一年的 1873 年，清朝在日清談判的場合質疑：「去年生蕃掠殺琉球國民，未知與貴國人有何干係？」據清朝方面的說法，「琉球國乃是我之藩屬」，因此由清朝管轄保護，日本沒有介入的理由。對此日本方面主張，琉球藩民事實上為「我國人」，「殺害琉球人民與殺害薩摩人民一樣，均妨礙我政府保護人民之權[7]」。出兵 2 個月後，日本將琉球藩管轄權從外務省移至內務省，藉此表示將琉球定位為「日本」國內的一部分。

不過實際上，正如左院主張琉球王並非「國內的人民」一般，將琉球人視為「日本人」的認知尚未在日本政府內部形成共同的定論。反對出兵台灣的大隈重信在意見書中提及琉球人：「所謂外藩者，豈同於我民哉。」同樣屬於反對派的木戶孝允也主張：「自應與內國人民有親疏之別。」只是，最終琉球人仍被歸為「日本人」，人民遭殺害時，報復是政府當然的義務，日本終究決定出兵[8]。此處可以明顯看到，琉球人是否為「日本人」的問題，僅附屬於是否贊成出兵的概念之下。

關於出兵台灣一事，日清談判完全沒有交集，英國公使擔心日清之間發生戰爭會威脅到自身經濟權利，便開始介入斡旋，提議清朝——此時在北方尚與俄國有國境糾紛——支付少額賠償金，讓日本軍撤離台灣。日方獲得的賠償金雖不到出兵費用的一成，但在談判中締結的互換條款中成功納入了「琉球人為日本國屬民」一節。這個結果等於承認了琉球人是「日本人」，也可以解釋為獲得了清朝的承諾，也就是清朝承認了琉球為日本領土。

建議日本政府在條款中納入這一點的人，是司法省的法國籍顧問波索納德（Gustave Emile Boissonade de Fontarabie）。在台灣出兵和議成立後，1875 年 3月，波索納德在提給明治政府的意見書中表示，條款中讓「（琉球）人民被稱為日本人」，是「條約中最佳的結果」，他表示這等於讓清朝承認琉球主權屬於日本[9]。除此之外，波索納德還主張今後「將琉球視為日本的地方之一」，「日本地圖中務必加入琉球島」。關於琉球政策，他還進言應中斷琉球與清朝的外交關係，關閉位於福建省的琉球王國公館。

不過，波索納德的意見書也提出了異於日後明治政府琉球政策的見解。在某種意義上與左院意見相同，那就是暫時仍讓琉球藩王施行自治的主張。

只是，波索納德的進言比起左院的意見更加具體。根據他所提出的意見，只需廢止琉球王國長久以來的的兩屬外交關係，由日本掌握外交上的主權，但琉球內部的政令與審判等基本上仍聽任琉球王府主持，日本中央僅需派駐特別任命的理事官，也就是「應多少容許琉球保有自治」。此外，為了避免居民產生混亂，關於「民事貿易事務、租稅及軍事」，先暫且維持舊日慣習，刑法部分只需修改比日本刑法嚴酷的部分即可。

波索納德主張日本政府雖掌控琉球的主權與外交，但內政則暫且委任琉球王朝，維持舊慣，這在某種程度上或者也可以視為一種把琉球置於大日本帝國內，採行一國兩制的地方自治建議。不過，若把這個進言解釋成採行當時歐洲

各國統治殖民地的主張——特別是英國所採用的利用當地舊有王朝進行間接統治——恐怕會更加適切。在間接統治中，委託舊有的王朝打理當地內政，殖民宗主國則掌握全部外交權。這種統治，將最底層行政交給當地人承擔，可以減少宗主國派遣到當地的官吏數量，以削減成本負擔，同時還能讓與當地居民接觸所產生的摩擦減至最小限度，能夠有效率的進行統治。如稍後第四章的說明，當日本領有台灣時，也有外國人顧問對日本政府進行類似的間接統治建言。

波索納德這樣的建議，與前述基於成本論的處分反對論奇妙的具有一致之處。確實，如果只從日本與琉球之間的關係來考量，這或許是合理的統治方法。但是，眾所周知日本政府並未採用此番建言，而是直接廢止琉球王朝，將其併入成為日本的一縣。

明治政府不採用波索納德建言的理由，其中最重要的便是對外關係一項。只不過在這個情況下，比起歐美，更重要的是對清朝的外交關係。波索納德的意見書提出後一週左右，清朝政府針對琉球隸屬問題所展開的談判中，對把琉球稱為「屬國」的日本方提出兩點質疑。其一：「貴國之於琉球猶如英國之於印度歟？」其二：「琉球島已籍屬貴國州郡，抑或仍為屬藩諸侯之名義[10]？」

這些質疑一語道破日本和琉球關係的曖昧狀態。如果日本政府承認，琉球對日本政府而言其存在有如印度之於英國，那麼至今為止日本政府以琉球人是「日本人」的名義而出兵台灣的主張，明顯就會招致矛盾。因為，即便印度是英國殖民地，但印度人並非英國人。如果琉球人是「日本人」，琉球屬於日本的一個地方政府，那麼琉球應該成為日本的「州郡」甚至是府縣，但實際上琉球王仍舊存在，琉球不過是日本的一個藩。如果日本承認琉球是由藩王統治的「藩屬」，那麼根據琉球王的意志，不必然要從屬於日本，選擇清朝應該也可行。

更進一步而言，英國統治印度時，並未把印度當作英國的「州郡」來處理，而是以當地藩王臣屬於英國的形式執行間接統治，因此這兩個質問其實是一體的兩面。如果日本政府如波索納德的建言一般，委任琉球藩王統理內政，採取間接統治路線的話，那麼日本與琉球的關係便接近英國與印度的關係，琉球並非日本的「州郡」而應該是「藩屬」之一。

對於清朝的質疑，日本若公然承認在琉球進行間接統治，那就明顯讓清朝在談判中有機可乘。當然日本方面也看穿了清朝的目的，答以琉球自古以來便

是日本的一部分，「怎可與印度相較」，對於第二個質
疑，也回答「如我國廢除封建制度，也打算早日設琉球
為郡縣」，透過這樣的回覆，暫且迴避了清朝的外交攻
勢，但這也必然意味著放棄了波索納德所建議的間接統
治路線。

松田道之

　　此時，日本如果自信在軍事力量上勝過清朝，再考
慮到採用間接統治仍可確保琉球統治的話，或許不見得
要如此回答。然而當時日清間也在朝鮮問題上有所衝
突，對清朝開戰的軍備尚不夠充分；原本，如果日本對自己的軍事力量擁有自
信，應該也不見得非得取得即便領有也必然會帶來赤字的琉球。然而在當時
這種情況下，日本想要確實且正當據有琉球的有效手段，就只有將琉球包容入
「日本人」的路線了。

## 作為「日本人」的琉球人

　　日本在日清談判中宣示採取包容路線之後，內務大臣松田道之被任命為琉
球問題的處分官，開始與琉球王府進行體制變革的談判。

　　松田對琉球王府提出的條件包含幾個領域。首先，如波索納德建言一般，
在外交上廢止琉球對清朝的朝貢，撤銷駐清琉球公館，從中國年號曆法改為使
用日本明治年號，與此同時，也要求琉球承認日本軍的駐紮。在內政方面，廢
除琉球原本的刑法，改採日本政府頒布的刑法，著手改革藩政；為了使琉球習
得「文明的學問」（日語稱「文明之學事」）派遣留學生前往東京，透過這些
方式與日本進行政治性的統合。最後，為了向天皇「謝恩」，要求藩王離開琉
球前往東京。對琉球方面而言，這等於完全放棄至今為止的政治體制。

　　松田在此談判中舉出如此要求的理由有二。其一是因為「琉球之地」位
於「亞西亞（亞細亞）航線上重要之地」，往往有許多國家企圖占據此地做修船
廠之用，如不明確表示屬於我日本政府版圖，恐怕會危及當藩存亡」。位居交
通、戰略上要衝的琉球，只要不明確表示是日本政府的領土，恐怕很有可能被
外國奪取。稍後與清朝談判時，日本政府也表示「（琉球）為貧瘠島嶼，如果
像往日般放任，萬一遭他國占據，將嚴重影響內地防禦，這便是我國政府不惜
花費巨資，即便平時也派駐士兵與警察之故」，就此可以一窺琉球的存在對日

本具有什麼樣的意義[11]。

　　松田說明的第二個理由，是琉球從「地形、人種、風俗、語言，以及對照古代以來的諸史來看，琉球自古便屬我日本國的版圖，此為理所當然」的事情。從人種、地理、語言、歷史等所有方面來看，琉球是日本的一部分，琉球居民是「日本人」，與「清朝地理、人種、風俗、語言等」沒有「任何因緣」。可是，根據 3 年前井上馨的意見書，琉球併入日本是在薩摩入侵之後的事情，而根據松田的說法，琉球卻是從古代便臣服於天皇家，只是「中古以降」正當「兵馬騷擾」之際，天皇權威沒有餘裕擴及琉球，所以才出現與中國兩屬「實在很不合理」的關係[12]。也就是說，琉球不是新被納入大日本帝國的，而只是恢復到古代的狀態而已。

　　這種附會的理由，琉球王府方面無法認同。王府方面反駁，在琉球這樣的小國駐紮軍隊反而只會引起國際摩擦，內政改革與刑法變更造成許多習慣上的混亂，並回覆說藩王因為「健康上的理由」無法前往東京。對於日本認為琉球人是「日本人」的主張，則以「當藩位於皇國、支那之間，地理氣脈與兩國連通，人種風俗也與兩國近似」，主張日清兩屬乃為自然狀況[13]。

　　針對於此，松田再度撰寫文書，進行更詳細的反駁[14]：

> 　　……琉球的人種、骨骼形體，為我薩摩人種。其風俗包含最多我國風俗，特別具有我國古代的風致。……語言中多摻有古語、鎌倉語、薩摩語，僅混有少數支那語。……傾聽琉球人民的語調，全然是我國的語調，語音為薩摩語音。至於文法，名詞在前動詞在後，如此用法，乃我國語言最明確的證明。

　　松田說明琉球人不僅在人種上是「日本人」，在語言、風俗上也留下許多日本古代或中世紀的遺風。他在此還舉出名詞與動詞的語言順序，可以看出日本政府在準備琉球論時也涉獵了近代語言學知識，並用以和琉球方面談判。

　　琉球王府方面則頑強抵抗日本的這些處置。他們一方面計畫拖延事態，一方面透過東京的琉球辦事處反覆向明治政府請願。這段期間除了向清朝請求支援，也向駐東京的各國公使發送祕密文書，尋求救援的行動。清朝亦透過駐日公使提出抗議，但日本政府實際上無視清朝抗議，事態陷入膠著。

　　另一方面，在外交上將琉球編入日本帝國的作業持續進行。1876 年 1 月，

當時的駐清公使森有禮向外務卿報告，現在清朝依舊把琉球視為屬國，因此森有禮建言，即便在國外，日本也要「自己認同琉球藩的人民是日本人」，給予保護。為了造成琉球為日本領土的既成事實，作為手段的一環而把對方當作「日本人」給予外交上保護，這種手法在稍後第六章朝鮮併合之際也用上了。此外，2個月之後，森有禮提出廢止琉球的稱呼，改名為「那霸藩」，此點也值得注意[15]。

## 圍繞歷史的爭端

在與琉球王府談判不順利的情況下，1878年11月，松田對內務卿伊藤博文提出琉球處分案的建言，認為事到如今只有以強行手段廢藩。饒富深意的是，松田在此建言中指摘「以過往藩內的歲入與將來新政的歲出相較，收入將不足以支付支出」，可以看出把琉球編入日本，從一開始就是有覺悟會出現赤字的政策。對於這個處分案，伊藤回答如果琉球遵照命令，可以考慮繼續維持藩制，但事已至此也只好廢藩[16]。隔年的1879年3月，松田率鎮台兵與警官強制執行處分，至此琉球王國消滅，改名為沖繩縣。

但是，面對此舉，清朝自然向日本政府提出抗議。清朝在出兵台灣事件中請出了英國公使，這次則委請美國前總統格蘭特（Ulysses S. Grant）出面，居間斡旋日清談判。清朝對格蘭特說明，「寧讓該島與日本也不願輕啟戰端」，「然今日若支那政府不出手而讓渡（琉球）於日本，（日本）也必向朝鮮出手」，表達了清朝方面的危機感[17]。這樣的憂心，在當時看來是疑神疑鬼的過度擔憂，但對照之後的歷史，卻顯示出這絕非杞人憂天。

1879年7月，來到日本的格蘭特與內務卿伊藤博文等人進行會談。當時，日本政府方面準備了〈對支那政府抗議我日本應專領琉球島並握有主權之備忘錄〉文書。這是一份除了說明歷來與清朝、琉球王府談判的經緯，也列舉了琉球的歷史、語言、人種、宗教等等資料，主張琉球人自古以來便是「日本人」的文書[18]。

根據這份文書，琉球文字與日本的伊呂波假名相同，「語言和日本使用的各地方言有著相同的根源」，而且「人種密切相似程度也一目了然。」文書中更說明「琉球人信仰的宗教是神道」，「儀式時使用的禮法規矩全部屬於日本所謂的小笠原流派」，飲食等習慣也「完全與日本普通風俗相同」。而新賦予

的縣名「沖繩（Okinawa）」，雖是當地居民一直以來用於稱呼島嶼的名稱，但這也是「純粹的日語」。

歷史上則主張，琉球自8世紀起即臣屬於日本，在時間上比朝貢中國來得更早。此外，第一代琉球王舜天，乃12世紀時源為朝[19]渡海來到琉球時，在當地生下的孩子，伊呂波文字也是「為朝所傳授」。源氏被認為帶有天皇家的血統，源為朝的孩子是第一代琉球王一事，立刻與「琉球島酋為我天潢貴胄末裔」的主張連接起來。

在7年前井上馨的建議中，「始祖舜天乃源為朝後裔的傳說姑且不論」，只表達了「琉球是從17世紀薩摩入侵後為日本所屬」的認知。但現在這份文書把琉球屬於日本的時期一直上溯到古代，並且聚焦在源為朝渡海而來的傳說，讓過往被左院形容為非「國內人民」的琉球王，也變成了天皇的親戚。而且如本書第II部所述，在朝鮮併合後，日本方面也主張朝鮮的第一代國王檀君是記紀神話中素戔男尊渡海到朝鮮時所留下來的子孫。

即便如此，如前所述，琉球王府並未認同這種琉球觀。清朝也主張「外種日本人與土人琉球人是二種」不同的民族[20]。當時歐美人的普遍說法也類似於這樣的見解，例如1850年代曾在沖繩停泊的培理（Matthew C. Perry），也把沖繩居民視為與「日本人」相異。如本書第IV部的說明，一直到太平洋戰爭後的美國占領軍，也都承續了這樣的沖繩觀。在當時強烈主張琉球人是「日本人」的，只有日本政府。

實際上，當時的日本政府花了相當的苦心去證實這些主張。這可以從琉球處分過程中內務省準備的調查書上一窺端倪[21]。這份調查書被認為是與格蘭特會談時提出的「備忘錄」的範本，調查書中對於「備忘錄」裡記載的人種、語言、風俗、宗教等各項目，由顧問群以學術立場答覆。最有意思的是，雖然為了證明日本與琉球相似性而進行了諮詢，但取得的顧問回答幾乎全都採取否定的立場。

根據調查書的顧問答覆，琉球確實使用一部分類似平假名的文字，但僅使用在對日本方面的文書，而且很明顯包含了與「日本字」不同的文字。而且琉球語的音韻與薩摩語完全不相似，宗教上與日本神道也多有相異之處。即便在風俗方面，與日本交流之際雖使用小笠原流派的禮儀，但很明顯地「一般風俗與日本人大異其趣」。而且在人種上也被認為，琉球人的容貌「在表徵分類（phenetic）上具備自己固有的性質」。

　　身為被政府委託做出諮詢答覆的顧問，似乎對做出這樣的結論也有所躊躇，在調查書中隨處可見如「該論談（人類學上的議論）不僅不存在幫助日本權利的效果，而且應該會意外成為破解日方論述的工具」，或者「不管如何根據琉球宗教信仰及其習俗等各點來論證日本獨占琉球的領有主權，吾輩已經無法做出更進一步的識別」等苦澀的發言。對日本政府而言，即便得不到符合期待的回答，但在談判時提出的「備忘錄」中，依舊採取無視顧問意見的方式執意進行自己的論述。

伊藤博文

　　在與格蘭特的會談上，日本政府方面依照「備忘錄」的內容，強力主張琉球自古以來便是日本固有的領土。而且說明「琉球人」原本乃「貪圖貿易利益，為達目的而好為詐欺之言」者；清朝方面主張的琉球臣服中國，那不過是清朝政府掉入琉球王府一直以來抱持本身宛如不是日本領土般的表象的「詐術」，藉此取得對清的貿易利益罷了[22]。先不管琉球人是「日本人」或琉球王是日本天皇親戚的論調，這種「日本人」就是為了自身利益而會若無其事欺騙他人的「日本人」主張，其說法本身就充滿了矛盾。

格蘭特

　　面對清朝、琉球方面的意見，以及日本政府不同的主張，格蘭特似乎相當困惑，認為「因為雙方議論之處多有關歷史傳說，非經細緻考察之後，難以擅下決定」，藉此逃避結論。而日本政府一方則表達「支那為日本鄰國」，是「文明、宗教、文字、法律、風俗等都相同」的亞細亞兄弟之邦，期許能夠平穩解決琉球問題，至此結束談判。即便希望占有琉球，但在國家態勢尚未整備完成之前，仍希望避免戰爭，這大概才是日本政府的真意。畢竟，原本松田處分官主張琉球與日本共通性之際，還在「文明、宗教、文字、法律、風俗」等方面強調過清朝與日本的差異。

　　此後廣為人知的，日本方面與清朝談判時又提出「琉球分島改約案」。這是新簽署《中日修好條規》（日語稱《日清修好條規》）時，如果清朝承認日本在中國的通商權，那麼日本便割讓宮古、八重山群島以作為回報之提案。在這個提案中，被當作出兵台灣藉口的「日本人」變成了外交上的交易籌碼。

　　不過，這次談判因為清朝方面延遲簽訂而遭遇挫折，琉球廢藩置縣 6 年後的 1885 年談判中，清朝方面詢問琉球現狀，對此日本政府表示：「廢藩以來於該地設置法院、建設學校、分駐兵營等，與內地完全沒有差異[23]。」在法制、教育、軍事等國家重要方面完成統合，琉球已是「與內地沒有差異」的日本一部分，這是日本政府此次主張的重點。

　　日本政府在琉球處分時所列舉的琉球觀與歷史觀，後來照此在當時的日本出版品上流通。廢藩隔年的 1880 年，雖然發行了如松井順時的《琉球事件》、中西才一郎的《琉球記文》等幾部琉球入門書籍，但所有書籍都主張「風俗、語言、文字等全數與內地無異」，「（語言）多本邦古語轉訛者」，提倡源為朝渡海傳說，以及琉球也使用伊呂波假名文字等等觀點[24]。這些論述都還未帶有人類學、語言學、歷史學等所謂近代社會科學的形式，但日後卻也成為這些學問領域中的學說原型。

　　然而，即便有這樣的官方見解，把琉球人從「國內的人民」中區分出來的看法，並未隨著琉球處分而消失。1879 年 6 月，負責琉球處分的松田在〈廣為告諭沖繩縣下士族〉布告中，有如此陳述[25]：

> 　　子等（琉球人）猶不醒悟，不改舊態時，對於新縣子等究竟無所用處，百職皆為內地人所取，最終土人無人覓得工作，自己受到社會的侮慢，被從一般人中區別開來，最終變成有如亞美利加土人、北海道愛努等的狀態。然而，這些都是子等自作自受……

　　身為琉球人只要不改變「舊態」，身為「日本人」只要不向大日本帝國竭盡忠誠，便會像「北海道愛努」一樣「被從一般人中區別開來」，這便是松田的說法。雖然是以同一人種的理由將琉球納入日本，但這並非抵達被認定為「日本人」的終點，僅是漫長同化路程的起跑線。如果在忠誠與同化上有所懈怠，等在面前的立刻就是「被從一般人中區別開來」的命運。而且區別他們的一方並沒有錯，而是懈怠於努力的一方「自作自受」之故。

　　經過這樣的琉球處分，琉球原住者被納入「日本人」範疇。在這個過程中，存在著站在成本論與歧視立場，排除統合琉球人成為「日本人」的間接統治路線；以及站在重視國防及對外關係立場，把琉球人包容進「日本人」的統合同化路線等兩種對立方針。這兩者後來出現了各種不同的型態變化，也影響

到政策議論與歷史觀，且不僅是沖繩，在愛努、朝鮮、台灣等地，這樣的思考往後也影響了是否該將當地人們包容入「日本人」的對立想法。

# 第二章
# 沖繩教育與「日本人」化
## ——同化教育的內涵

　　根據琉球處分把琉球當作以「沖繩縣」納入大日本帝國的一部分之後，日本在當地實施了國民教育，這完全是要把沖繩居民改造為「日本人」的作業。

## 維持舊慣與養成忠誠心

　　日本對沖繩的政策，雖然大致就是把沖繩包容入日本，但是一看之下其中似乎確實存在著矛盾之處。

　　首先，明治政府採取了所謂的「舊慣溫存政策」，只有刑法等法律依照日本本土法律來實行。首任縣令鍋島直彬在公告琉球王國時代的「諸法度」（各種法律規範）中有「改正布令未能涵蓋者悉數依照舊例」，稅制等制度皆維持琉球王國時代的狀態。此外，中央派遣來的官員雖掌握了縣政的中樞，但舊王朝的官吏仍舊在其下值勤。琉球王國時代的稅制對農民而言是莫大的負擔，第二任縣令上杉茂憲看到農民極度窮苦的狀況，認為應該同為「天子之赤子」的琉球人因「舊法」而受苦，因此呈報了改革要求，但未被接受[1]。如前章所述，舊慣溫存政策與波索納德的主張相近，但這種作法與把沖繩包容入日本的面向應該是背道而馳的。

　　另一方面，在教育上則以徹底「日本化」當地居民為目標，接二連三地提出了教育政策。廢藩置縣的隔年便在縣府內設置「會話傳習所」，4個月之後以傳習所為基礎設立師範學校，開始培養教員，在短短3年內設置了51所小學校，同時也認可成立了中學校。不過，即便當時日本其他府縣的初等教育必須收取學費，沖繩卻反而享有就學生補助金與配給文具等措施。

　　如此乍看之下似乎是自相矛盾的施政方針，實際上是從琉球處分的時間點上檢討出來的統治執行手段。施行廢藩置縣的前夕，處分官松田道之在對內

務卿伊藤博文提出的「琉球處分案」中指出,廢止王國雖然可行,但也能預測到廢止之後統治上的困難[2]。困難之處在於因「土民識字者少」且「語言不通」,「發布命令執行施政皆必須利用士族以上者作為媒介」,然王國的「士族若成不滿之徒,則偽傳上意假報下情……成為妨礙政治的絕佳手段」。實際上,琉球士族階層在日本統治初期對縣府政策不予協助、怠忽職守者層出不窮,被通稱為「頑固黨」的親清朝派人士之中,也發生過偷渡大陸請求清朝派出日本征討軍救援琉球的行動。

對於這個問題,松田提出的解決之法如下。亦即「土地制度、風俗、營業等凡該地士民舊有慣習者,以維持且不破壞為主」,其中作為士族利益基礎的家臣俸祿,則因循舊慣避免改變。同時,關於「警察方面、教育方面、宗旨方面等」部分則選擇性地「改良舊規」,大致上便是採行這樣的方針。也就是透過教育來教導平民使用日語,促成下一世代的「日本人」化,但眼下也暫時採用舊慣溫存策略以懷柔士族階層。

山縣有朋也從另一個角度提出大約相同的統治方針。1886年,身為內務大臣的山縣前往視察沖繩縣與五島列島、對馬等諸島,在稍後寫成的報告書(日語稱復命書)中提及的沖繩統治論,便是完全基於國防觀點的策論[3]。根據他的說法,「沖繩乃我南門」,是「萬一遇東洋多事之日,恐成敵國戰艦據其港灣以屯軍隊之地」的國防據點。而且山縣還主張,確保該據點的最佳手段在於培養沖繩人對日本的忠誠心,最終能把防衛沖繩的任務交給沖繩人。

從成本面來考察山縣的想法,也就是土地「由當地人守護乃屯兵之原則」。只不過,在當下這個時間點上,沖繩人對日本的忠誠度仍然相當可疑,完全處於「欲以如此人民守護我要衝南門,方今之際絕不可行」的狀態。從而他也說明「喚起愛國氣象,打破兩屬疑二頑念……從知識匱乏往開明之途導進」之事,乃「政略上最要緊」之處。而為了達到這個目的,教育最為重要。因為能「伴隨沖繩人愛國心者,便是教育」。接著,透過教育深植忠誠心後實施徵兵,「若能逐漸達成將該島人民編制為一支常備兵的目標……也頗能減省(派遣兵力的)費用」。山縣表示,在這種忠誠心培養完善之前,應當「行政之事盡可能維持舊慣故俗,以達撫慰民情之效」。

至此我們可以理解,松田是站在統治上的實用主義(Pragmatism)立場,山縣則站在國防的理由上,各自推出先透過教育將琉球人「日本人」化,當下暫緩制度面統合的行政方針。乍看之下似乎矛盾並存的維持舊慣與「日本人」

山縣有朋

森有禮

化教育,便是因為這些主張方得以成立。

　　山縣的視察也再次確認了日本政府對於沖繩之國防價值的認識。當時,隨著圍繞著朝鮮半島的日清間衝突日益激烈,被視為對清前線基地的琉球因此更受矚目;加上英國提出想租借沖繩以作為軍事基地的申請,也刺激了日本政府。山縣視察之後,隔年的1887年2月,文部大臣森有禮,之後的11月更有伊藤博文首相、陸軍大臣、海軍大臣等,相繼造訪沖繩。如前述第一章所言,森有禮過去便曾向日本政府建言沖繩的軍事價值,而伊藤博文也在視察沖繩時寫下「誰知軍國邊防策,辛苦經營方寸中」的詩句[4]。伊藤首相視察沖繩後的隔月,師範學校率全國之先被賜贈了天皇御照(日語稱御真影),森有禮也在沖繩各地演講教育的必要性,且特別強調對將成為養育下一世代的母親的女子教育之重要性。這種對女子教育的推崇,對日後沖繩知識分子的對日態度帶來了微妙的影響,不過關於此點容後第 III 部再述。

　　教育雖然成為沖繩最重要的施政目標,但其內容並非是「持中」的教養教育,而是把重點放在培養「日本人」這個目標上。1890年,日本本土雜誌《教育時論》中刊載了「邊防」特別教育論文章,所針對的對象就是居住在國境上要衝區域的「隱岐、對馬、沖繩、小笠原及北海道」等「不了解身為國民應盡的本分,往往懷有兩屬想法者」。文中主張「國民的語言與維持一國保安有著重大關係」,邊境地帶的居民因「風俗異同,往往抱有兩屬之意」,職是必須透過統一語言、改良風俗,涵養德性等來培養「尊王愛國之情操」。而且原本在廢藩之後的1879年12月,沖繩縣府呈給大藏省的報告書中也提及,「(使琉球)擁有與本州相同的語言風俗,乃本縣施政上最急務,而其方法莫過於教育」,說明了琉球設置學校的目的[5]。

　　然而,沖繩的教育工作也並非進行得一帆風順。雖然廢藩之後旋即以設立會話傳習所為基礎來推廣師範學校,卻募集不到願意入學的人。為此,不僅免收學費,甚至提供餐飲費與補助金。日本是冒著出現經濟赤字的覺悟來奪取沖繩這片土地,因此為了確保當地作為國防據點,即便施行這樣的教育政策也在

所不惜。但即便如此，就學率仍極端偏低，在日本其他府縣小學校平均就學率達約40%的1880年代前半，沖繩縣僅有3%左右。就算學校裡教導日本標準語，在沖繩社會的日常生活上也沒有多大作用。學校被當地人通稱為「大和屋」，而且甚至傳出謠言說：「被教導『大和學問』的孩子們，將會捨棄家庭，渡海前往大和[6]。」

　　日本政府當然也理解這些真實情況。即便到了廢藩置縣15年後的1894年，前往沖繩視察的內務省書記官一木喜德郎，也做了如此回報：「（好不容易在學校教導的日語）一旦放學後，學生周遭相關人士皆不懂大和語，因此稍微記得的少數大和語，也因此忘失泰半。」一木除了表示「要破除沖繩人的冥頑思想，使之與內地文明同化，除了依賴教育別無他法」之外，也悲觀地認為：「要以教育達成同化沖繩人的目標，沒有經過至少一個世代將難以達成[7]。」

　　徹底改變這種情況的契機是1894年發生的中日甲午戰爭（日語稱日清戰爭）。不只親清朝派的士族，對一般的沖繩居民而言，清朝的敗北也給他們帶來巨大的心理變化。據說孩童之間甚至也不玩其他遊戲，只玩戰爭遊戲與唱軍歌。在這股風潮之下，沖繩的就學率創下男生一口氣達到45%，女生達到17%的紀錄；到了1907年，整體就學率已經爬升到93%[8]。

　　在此展開的沖繩教育型態，後來也逐步成為大日本帝國面對新納入統治區域時推動教育的原型。

## 「文明化」與「日本化」

　　1896年，沖繩縣私立教育會針對教育上的改良點，提出了以下幾個項目[9]。

　　一、要喚起忠心愛國志氣的國家思想。

　　二、為了讓學生重視秩序，要嚴格施行敬禮法。

　　三、以普及普通語為目的，課以口語考試，並在高等小學校設置談話會。

　　刊載這項決議的《琉球教育》，在甲午戰爭日本勝利後旋即創刊，是當時沖繩教育者間主要的重點雜誌。以下將試舉教員們投稿的一些文章思想。

　　從上述幾項可窺見，對培養日本的忠誠心與同化之重視是不言而喻的。不過在此並非預設對原本就是「日本人」的人逐漸培養其忠誠心，而是對沒有自覺自己是「日本人」的人，將其改造為「日本人」的工作。例如1896年某位教員的投稿中便有如下敘述：

一木喜德郎

……本縣兒童使用內地、沖繩的稱呼……不知曉日本帝國東京府、日本帝國青森縣、日本帝國熊本縣、日本帝國沖繩縣等隸屬關係,而是個別區分內地與沖繩,心中只以沖繩為世界的中心,帶有把內地視為外國的傾向……

依據這位教員的說法,不只兒童,他們的父兄「看見內地各縣的人們,會把對方當作日本人,自己則是沖繩人;在上流士族中,更是自稱琉球人」。對他們而言,欠缺所謂的「日本人」意識[10]。

至於打破這種狀態的必要性,還是從國防上的理由來加以主張。根據這位教員的說法,沖繩居民欠缺身為「日本人」的自覺為何會造成問題呢?是因為「鮮少有人理解與內地各縣互相提攜,不知一旦遭遇有事之日,必須負起保家衛國的義務」[11]。

可以說,在所有教育科目中,都以培養國防上作為國家資源的「日本人」為目的。教導日本標準語的「會話」課,以及培養對天皇忠誠心的「修身」課等自不待言,後述的歷史教育也有強調沖繩人自古便是「日本人」一部分的內容,地理教育則透過「本縣為我國南門之鎖鑰」的言說促成兒童的自覺[12]。這個帶有把守門戶意義的「鎖鑰」形容,不僅在沖繩,也冠在北海道與台灣的頭上。在歌曲方面,例如寫於1885年的〈螢之光〉,第四段歌詞也提示了大日本帝國的範圍與國防上的義務,歌詞如下:

> 不管是千島列島的遠方　或是沖繩
> 都是八洲國(日本的美稱)內的守護之地
> 不管在國內何處　都英勇地　恪遵職守
> 吾之手足　無羞出人頭地

在甲午戰爭、日俄戰爭之後,據說這首歌曲的頭兩句也被唱成:

> 無論是台灣之巔　或是庫頁島

在那個帝國主義下的時代，這種對國防義務的強調，反映出日本面對歐美列強分割亞洲的危機感。刊載於 1900 年《琉球教育》上的一篇論述，有如下的敘述[13]。

《琉球教育》

　　……想要在縣民中深植國家的觀念，是本縣教育上的一大問題……如果沒有「我的國家」這樣的觀念，國家盛衰興亡，不過是隔岸觀火，他人之事……列國正要競相分割我鄰邦，我國日後正要面臨多事之秋，讓縣民有這樣的思想應該可說是國家的一大要事……我深信在本縣教育中最須盡力之處，就在於將本縣 40 多萬人民，不僅在外形上，也要從內心，也就是加以精神性的日本化……

此處提及的「精神性的日本化」，無需多加解釋，正是培養忠誠心。根據《琉球教育》1898 年的投稿，「自古以來被視為外邦、視之無用的沖繩，確實成為據有重要位置的我帝國南門」，雖然「物產缺乏究竟無法成為帝國財富來源」，但這種「國家上的沖繩」價值，遠超過「物質上的沖繩」。因此，「沖繩人要自動承擔外海防禦的先鋒軍」，身為「日本國民的個人」，「應為陛下奉獻一己生命[14]」。

如此一來，在培養忠誠心的同時，也強調將「落後」的沖繩「文明化」的重要性。沖繩當地風俗中，特別被視為野蠻行為的包括男性的束髮與女性的刺青，在師範學校等處留有大量強制要求學生們斷髮的紀錄。另外還有針對鍛鍊體格、進入消毒浴槽洗浴、洗滌衣物等衛生方面的指導，以及灌輸「勤勉的思想」、「儲蓄心」、「進取氣象」等近代性勞動倫理等項目，全都在執行重點之列[15]。這些教育內容，皆是把沖繩人逐步改造為近代國民國家成員的必要程序。

然而，比起強調「文明化」，「日本化」則更為優先。某位教員強調文明開化的「智識技能」教育雖然必要，但「本縣兒童教育上，最重要的應該是國民教育，也就是應該發揮身為日本國民的精神」。因為如果不先灌輸「身為日本國民的精神」，「即便教導許多智識技能，也不啻是藉寇兵而齎盜糧」[16]。亦即如果不能期待忠誠心，教給他們近代性的知識，反而只會成為統治上的障礙。

而且，過度強調「文明化」也伴隨著某種危險。在歐洲各國的殖民地教育

裡，高揭「文明化」旗幟並不會對宗主國統治的正當化造成問題，可是對日本而言，文明則是屬於歐美的產物。如果只揭示「文明化」，居民的憧憬與忠誠心可能不是朝向日本，而是可能更傾向於日本之敵的歐美。因此教員們必須努力說明：「本邦教育為日本主義，非西洋主義[17]。」

這個問題也呈現在風俗改良方面。做為改良沖繩「野蠻」風俗的一環，政府獎勵將沖繩服裝換為和服。但是此時正當內地提倡改穿洋裝之際，這當然也引發出了為何在沖繩不是改穿洋服而是換穿和服的疑問。關於這個問題，在1901年《琉球教育》的論說中有如下表示[18]：

> 內地的女性服裝改良與本縣的女性服裝改良似乎彼此有相似之處，但在意義上卻有很大的不同，在內地今日頻頻提倡的，是把內地女性的服裝做其他改變，模仿西洋服裝。然而提起本縣的女性服裝改良，不用說就是放棄本縣原來的服裝，改穿類似內地女性的服裝。……
>
> 又，談起內地為何會展開女性服裝改良論，在於現在的服裝被說腰帶寬大得太誇張，袖口過長實際上很不實用等多重理由，但在本縣則非如此。本縣服裝落後於時代，外觀上看來不美觀，同樣在日本國內不宜存在異樣的服裝制度，正如語言使用普通語，服裝也必須穿著普通服。……從實用上來說，當今本縣的服裝更為便利，實在沒有必要換穿不方便的內地服裝，然而卻主張要放棄改穿內地的普通服，這其實並不是在講究實用上的問題，而是很明白地著重在風俗上的統一。

亦即，日本方面花費相當心力讓人們盡量不去意識到這種「文明化」與「日本化」的矛盾。一面在「內地」與「其他府縣」對歐美主張特殊性，一面對沖繩則揮舞普遍性的大旗。

展現這種微妙之處的詞彙，就是「普通」這個形容詞。如同上述引文所見，文中避免使用「和服」或「日語」這樣的名稱，而使用「普通服」、「普通語」（甚至是「國語」）。這並非無意識的一般通稱，而是如「一般人把女學生的服裝稱為和裝，這不得不說是一種失言」的指摘一般，很明顯是有自覺地使用這些詞彙[19]。只要沖繩是日本的一部分，就不能使用「日語」、「和裝」等區別性的語彙。而對沖繩方面而言，「和裝」、「日語」這樣的詞彙只不過是與自己無緣的異文化，但「普通服」、「普通語」卻是被當作非與日本同化

不可的標準來教導。這雖然不是世界上具普遍性的「文明服」、「文明語」，在國境之內卻是強求同化的存在要素。

　　這種情況，例如在語言的場合最為顯著。在《琉球教育》中便有「琉球語是一種必定會在某個時期被優勢語言──亦即所謂的標準語──撲滅的方言」，類似這樣的優勝劣敗論不勝枚舉；或者「致力使一般通用的國語獲得普及，不通用的方言非改善不可」這類汎用論；還有為了使其習得日語，以「讓本縣人民容易吸收現代文明的知識，務必增進他們的幸福」之類的文明化論等，做為推進日語教育的理由[20]。只是，世界上最強勢，「普遍」能夠通用，最有助於學習文明的語言，並非日語而應該是英語或法語。

　　因此，在強調日語是具普遍性的語言的同時，面對「西洋」則反過來褒美日語所具有的地方特殊性：「如果到西洋去旅行，在素昧平生的人們中遇到能以我國語言和自己交談的人，即便是不認識的人，也會宛如遇到自己父母一般，心中必然會湧起一股親切的懷念之情吧。這正是因為使用同樣的國語之故。」只使用「文明化」理論作為日語教育的理由，還是有其局限。結果，比起「文明化」，日語教育的使命更重視類似「國語是同國國民的情感，也就是維持國民性思想的綱領」，或者「如果以人體來比喻國家，語言便應當說是血液，不能把語言統一，就等於是國家之疾患」等，重視忠誠心培養與國民統合的面向[21]。

## 改造歷史觀

　　在沖繩教育中更被重視的，便是歷史觀的改造。亦即，將從琉球處分時起日本政府便主張的，沖繩人在歷史上、民族上皆為「日本人」的認識，灌輸給居民。

　　甲午戰爭後的 1897 年，也就是決定日本全國小學校教科書由國家統一編訂的前 6 年，文部省便已經編輯了北海道、沖繩專用的尋常小學校讀本。隔年的 1898 年中，沖繩施行徵兵令（4 年後才適用於宮古島、八重山島）。而這樣的讀本遵照政府的官方見解，記述了源為朝渡海來到沖繩，其子成為首任島主，廣布伊呂波假名「以正風俗」，豐富島民生活的內容[22]。

　　根據《琉球教育》，教育者們也與日本政府採取同樣見解，認為儘管沖繩人自古以來就是「日本人」，但是因為中世紀以來與日本本土交通斷絕，所以

現在的沖繩人只是「忘了自己是日本人」而已。因此對他們的教育並非是全新的植入國民意識，而只是要「去除中古以來的惡習，藉此使人們回復為上古的日本人」而已[23]。

1901年《沖繩教育》的投稿中，面對沖繩的子弟中「聽聞有主張沖繩並非帝國的一部分而遭其他縣府居民視為野蠻之人者」，提出了如下主張[24]。

> ……沖繩人屬日本人種原本就不容置疑。語言系統及語言種類既已證明此事，大部分的風俗也已證明此事，大部分的文學也已證明此事，居民的面貌骨骼也已證明此事。然而沖繩父兄子弟卻自己誤認為其他人種，被說自己身為日本人種反而使他們覺得不可思議。沖繩教育便是能夠好好矯正這種弊害的方法。政府撥付國庫費用以獎勵沖繩教育，主要目的就在於矯正此等弊害，無非是希望讓沖繩成為真誠的沖繩。

所謂「希望讓沖繩成為真誠的沖繩」，自然就是指讓沖繩人復古還原到太古的「日本人」狀態。這個想法認為，沖繩往昔的文化與習慣無非是遭「支那」所移植，越是能把這些部分捨棄，就越能復古回到原本的姿態。

這種歷史觀發揮了作用，就是掩蓋了文明化和「日本化」之間的矛盾。配合源為朝渡海而來的傳說，將沖繩的風俗及語言解釋成「7百年前源平二氏交戰時代的遺產」，這個說法也成為教育者的共同論調。而關於日本內地與沖繩之間的差異，則主張「絕非有所差異，只是進化後的內地他縣與未進化的本縣之間存有程度差別而已」。因為沖繩「進化」後的形態就是「內地」的形態，因此與「內地」的同化，也就成為沖繩的「進化」[25]。

1899年的《琉球教育》中，刊載了當時的縣知事奈良原繁表彰率先穿著「普通服」的沖繩出身女性教員時所發表的宗旨說明書（日語稱旨趣書）。這份文書中有如下的表述[26]。

> ……（沖繩居民與內地人為）同一民族，雖然此事已不容置疑，且三府43縣中現在依然保存源平時代古風者，只能說僅剩本縣獨有，唯本縣以外的其他地方，因為改革日新月異，且各地進步程度約略相同，相互砥礪馳騁，最終導致其他府縣，或者誤以為沖繩人是我國家以外的民族，或者看到沖繩人時便認為那是某種與自己不同的種族。然則今日試圖改善此種

狀況以統一民情，不讓其他縣府發生類似誤認沖繩為我國之外的民族而出現失態情況，加之不使我國三府43縣把沖繩視為某種異樣的民族，此則為當今先覺者的任務。加上當本縣的兒童們，見到其父母容姿儀態不同於其他府縣，心中把其他府縣視為外國而必然產生隔閡的同時，便無法產生國家概念，自行認為沖繩為一大國……因此革新風俗，藉此力圖國家統一，乃教育者眼下最要緊的任務。

此處可以看到文中揭示了風俗改造並非只是單純進行同化，而是培養對大日本帝國擁有忠誠心的「日本人」的一環。而沖繩人被視如外國人，以及缺乏身為「日本人」的自覺，那也不過是因為「進步」遲緩的結果。因此文中也認為，擺脫被視為「某種不同的民族」的看法，成為「日本人」，才是沖繩的「進步」。

在語言上也適用同樣的理論。沖繩語非獨立的語言，只不過是「因為自然的地勢與人為性的區畫，而打造出這種形態上被稱為琉球語的方言」。而且認為「今日內地其他縣語言變化日新月異」，與此相對「本縣語言並未進化，反而保存著上古的語言」狀態。然而，只要沖繩語僅是日語方言的一種，那麼就沒有保存的必要。因為根據縣廳書記官的說法：「或許會有謬論家說沖繩語也是沖繩特色，有必要加以保存，但我等的看法是因為普通語轉腔變調者甚多，使其改用普通語，也是理所當然的事[27]。」

構成此種世界觀的不可或缺要素，便是沖繩也得發現自己「被視為異民族」、「落後者」。沖繩縣尋常師範學校的教員新田義尊，1895年起於《琉球教育》中連載的〈沖繩是沖繩，不是琉球〉論文，可說是代表性的例子。

新田的見解，可以說是截至目前為止介紹過的琉球教員們的世界觀之集大成。也就是沖繩人是「我們同胞屬於日本人種」，教育目的是「打造出壯盛的國民軍」[28]。只不過新田見解的特徵在於，把負面的沖繩形象，都集中透過「琉球」這個字眼來描述。

根據新田的見解，所謂「沖繩是合併後的名稱，琉球是原本的名稱」這種說法是錯的。「沖繩」事實上是自古以來的名稱，「琉球」不過是這幾百年來賦予的「唐名」而已，改名沖繩「並非改以新名，而是恢復原本舊稱的想法」。所謂的「琉球」，就是「對支那低頭哈腰，置我國國體於不顧」，「拘泥固陋，保存舊染污俗」，「保持兩屬之不貞女子」的名字，「沖繩」則是「恢

復能夠生育我日本男兒的貞女」名稱[29]。問題是，比起這樣的沖繩，哪個地方更該是被「視為異民族」的地區？

新田說的這個對象，就是日本因甲午戰爭而剛取得的台灣。根據他的說法，「沖繩是我們自古以來的同族同胞，不是外人」，但「像是台灣」，就只不過是「我們家庭新領來的異種別族孩子」。而他主張廢止「琉球」這個稱呼的動機，是源於「實在不忍使用與台灣相同、類似異種別族的名稱叫喚沖繩人」[30]。

隨著連載文章推進，新田開始提倡「沖繩完全是我日本國沖繩島……琉球國則別有其他地方」。根據他的說法，隋朝的古文獻記載有「琉球」居民有食人肉的風俗，「被稱作琉球人……只不過是隋唐人等蔑視遠僻地方的野蠻人種」。與此相對，沖繩「很明確是日本民族、日本人種、日本同胞、擁有同樣日本祖先」，「保證不是吃人肉的野蠻人種的子孫」。而且他還根據當時日本報紙報導台灣「生蕃」還有食人習慣的新聞，主張「隋代的歷史紀錄、北史等記載的琉球國」就是台灣[31]。

依照新田的說法，把沖繩命名為琉球，是「他們那些狡黠至極的支那人……把琉球這個名稱由他處轉用過來，污衊了沖繩的名譽」。新田更進一步如此說明[32]：

> ……為了不使本縣在國體上被視為與台灣相同等級，我清楚闡明島內士族民眾的種族性質，一雪過往被當作外蕃般對待的恥辱，完備縣民身為日本人的地位和權利，沒辦法的情況下我也進行一些穿鑿附會……本縣究竟是沖繩，與今日台灣的古琉球不同，在成為日本人的資格上，無論國體、地位、權利上各種要素皆盡完備，而且是原本就具備這些要件……

所謂「琉球」，是「野蠻人種」居住的台灣，透過沖繩不是「琉球」的歷史性實證檢討，證明了沖繩人是「日本人」，這是為了把他們從歧視之中拯救出來的作法。另外，如第五章所述，日本政府當時有把沖繩和台灣同樣編入拓殖務省的計畫，聽到傳言的新田對於把「不折不扣屬於日本」的沖繩當作殖民地來處理，提出「遺憾萬千」的抗議。新田雖出身自日本本土，但他自稱「沖繩居民新田」，從他的主觀來看，這些主張能使沖繩獲得「日本人的地位與權利」，應是帶著「為了沖繩人士」的善意吧[33]。而中國古文書中的「琉球」指

的是台灣，這個說法日後也固定下來，並且被承繼至今。

　　透過舉出應加以排除的對象來凸顯沖繩是「日本人」，這種傾向並非新田獨有。在《琉球教育》的論說當中，與沖繩加入成為一員的日本相對比，強調「支那朝鮮等」是「人民缺乏公共信義之處」。此外，還如此教授朝鮮史：「論其政事類兒戲……甘為虎狼之餌。」與此呈明顯對比的是論及日本時則著重強調：「義勇奉公，為不得不為之事[34]。」類似這種世界觀的灌輸，如本書第 III 部所述，最終沖繩人自身也為了成為「日本人」而逐漸產生排除台灣人或朝鮮人的傾向。

　　這種「日本人」化的教育，逐步展現出了效果。1904 年《琉球教育》的〈學區內普通語的狀況〉一文中，出現了兒童「如果不注意說出了土語，會感到非常的羞恥」的報告。理所當然「普通語」的普及絕非易事，而這篇報告同時記錄了「沒上過學的 20 歲左右女孩等，也會漸漸地玩笑似的使用普通語」，或者「父兄家長喝醉酒時好像也多多少少會使用普通語」等的情況。由此我們可以理解到當時的情況，大約類似今日日本接受英語會話的程度，即便如此，說「土語」會感到羞恥的意識已然滲透到兒童之間，可以視為相當大的變化[35]。

　　為了國防目的，因而萌生即便花費國家預算也必須實施忠誠心養成教育的必要，並且深植身為「日本人」所該理解的語言和歷史。沖繩的「日本人」化，就是這樣開始。而這種教育政策的成功，日後也逐漸的影響到台灣和朝鮮。

第三章

# 「帝國北門」的人們

## ——愛努教育與特別保護法

當日本在南方針對沖繩居民實施「日本人」化時，北方也有類似的事態正在進行，那就是北海道的愛努教育。

眾所周知，如同沖繩被稱為「帝國南門」一般，北海道也被通稱為「帝國北門」。江戶時代以來，北海道因被作為對俄國的軍事據點而受到矚目，對愛努政策也同樣被放在對外關係中來加以決定。但與沖繩略有不同，被區分成與「日本人」不同人種的愛努人，對他們的教育政策不僅要將其包容入「日本人」，也包含了把他們從「日本人」中排除的要素，是混融了兩者所形成的政策。這樣的政策與日後的台灣、朝鮮等地的教育政策，也存在著共通的部分。

### 從國境紛爭到成為「日本人」

在琉球成為日本國境紛爭地帶的 20 年前，也就是培理率美國艦隊遠道而來浦賀的 1853 年末，江戶幕府針對北方國境地帶的「蝦夷地」，與俄國政府展開了談判。

如第一章所述，到 19 世紀前半為止，東亞各地居民間存在著朝貢與臣屬的國際秩序關係，國境線並不明確。這樣的世界觀中，不僅把國境線以內視為領土，而且把臣屬人民所居住的土地也納入支配範圍之內。然而當江戶幕府不得不使用近代國際社會的原理與俄國談判的時候，很意外的在某一個原則上，找到東亞領土觀和近代國民國家國境線概念偶然一致的地方，那就是「國民居住的土地就是領土」這個觀念。在長崎與俄國談判的幕府方官員川路聖謨（左衛門尉），主張千島群島中的擇捉島（Iturup Island）為日本領土，與俄國使節有如下對話[1]：

**使　　節**：當下擇捉島為愛努所居住之地，並不見日本人居住的情況。

**左衛門尉**：所謂愛努，即指蝦夷人，而蝦夷為日本所屬之人民，愛努所居之處，即為日本所領之地。

愛努為「日本人」，因此愛努居住的土地即為「日本」的理論，是川路談判時反覆使用的論述。他使用同樣理論，主張勘察加半島也為「我國之所屬」。如同為了獲得沖繩而主張當地居民為「日本人」一般，面對北方進行對外談判時，也先把愛努定位為「日本人」。

這並非日本政府第一次因為與俄國的對立關係而重視愛努，1799 年之前，東蝦夷一直委由松前藩統治，江戶幕府在這一年將其改由幕府直轄領有，也變更了愛努政策，當時最直接的動機，就是俄國的威脅[2]。

在此之前，松前藩對愛努的統治基本上採取放任的政策。1777 年時，松前藩包括足輕（步兵，江戶時代武士的最下層）在內也不過是僅有 170 戶藩士的小藩，並沒有管理蝦夷地全境愛努人的能力。松前藩的統治對象限於和人（日本人）商人與漁場包商，並沒有以愛努人為對象的法令。當然，如果發生愛努人反叛的情況，松前藩會前往鎮壓，遇到和人商人或包商與愛努人有不當利益輸送時也會加以舉發，除此之外，愛努人都在各地首長的管理下生活，為某種間接統治的形態。雖然這麼簡單地來比較並不適當，但這種情況就好比北美開拓初期的北美原住民，既苦惱於殖民者們的壓迫，又被排除於殖民者們所創制的法令之外，兩種情況之間有某種程度的呼應關係。

另外，松前藩統治時代經常被詬病的治理特徵，就是與日後同化目標恰為相反，普遍禁止愛努人學習和語及大和風俗。雖說薩摩也有禁止琉球居民同化的例子，不過，在江戶時代跨越身分界限學習文化被視為一種破壞秩序的行為，因此禁止愛努人學習和人語言與風俗，也不是太過不可思議的狀況。

然而，這種狀態無法維持下去的理由，便是俄國的南下政策。松前藩身為小藩，不僅沒有對抗俄國的充足兵力，自身還苦於藩政債務，因為財政困難而往往依賴於包商之收入，這也助長了對愛努人的榨取。如果不改變這種狀態，愛努人不願忍受與和人之間的差別待遇，也就無法期待愛努人採取符合幕府利益的對俄行動。

18 世紀後半，愈來愈多人向長期忽視蝦夷地問題的中央層級政府提出建言。其中大多數訴求是：如不保護愛努人並將其同化於大和風俗，只要他們沒

有歸屬日本的意識，遭俄國懷柔的危險性就會大增。幕府接受這樣的建言，於1799年將東蝦夷地置為直轄領地，當時發出的命令是：「對（愛努）及於德化，施以教育，逐漸歸從於日本風俗，深切服從日本，即便萬一外國有懷柔之事，也使其不至於動心。」藉此促進愛努人對和語及大和風俗的同化。如此，在蝦夷地成為幕府直轄領地之後，幕府一方面派出警備軍，一方面也開始讓愛努適用簡單的法令，嘗試改善與愛努人的交易狀況。同時也明文規定禁止熊祭（愛努獵熊祭神的儀式）及刺青，並為了抵抗基督教入侵而設置佛教寺院。

　　雖然如此，實際上的施政也談不上積極的同化政策，最主要的理由是幕府並沒有徹底實施同化的財政基礎。雖然解除了學習大和風俗與和語的禁令，但也僅止於准許學習，並未設置教育機構。而且，關於改變風俗方面，也引發愛努人的強烈反彈，甚至連要派遣強制執行同化的監督官也顯得困難，因此實際上的施政只停留在消極狀態。

　　然而，到了1821年，幕府放棄了這樣的直轄統治。第一個理由是俄國的威脅太過遙遠，而且比起這點更大的問題是財政上的負擔。為了實行直轄統治的施政，特別是邊境警備的費用居高不下，當時正深陷財政困難的幕府，僅不過直轄了20餘年，又把蝦夷地的統治歸還於松前藩。而理所當然的，禁止愛努人使用和語及大和風俗的風潮捲土重來；但同時和人與愛努人的接觸與交易比起過往則更為頻繁，愛努人也因為遭受資源榨取及疾病的影響，人口急遽減少。

　　不過，江戶幕府末期，面對俄國高漲的南下政策而要求開港，再度體認到不能繼續容許蝦夷地維持此種狀態。前述川路聖謨對俄國談判的翌年（1854年），雖然根據《日俄和親通好條約》讓蝦夷地成為日本領土，但也暴露出蝦夷地作為國防第一線的防務的空虛，因此幕府在1855年決定再度把蝦夷地納為直轄領地。

　　隨著恢復直轄統治，愛努政策也再度轉換為以同化為目標。俄國於1853年占領北蝦夷（之後的樺太，中文稱庫頁島或薩哈林）的報告書中，記載了當地愛努人們歡迎俄國士兵，並訴說來自和人的差別待遇及剝削的痛苦。長期以來對愛努問題的擔憂，逐步成為事實，因此幕府立刻解除學習和語的禁令，改為導向大和風俗，改善薪資與勞役狀態等勞動條件，並推出了施行種痘的人口保護政策，也實施了和語教育。但原本就處於覆滅前夕的幕府，實在是沒有財政上的餘裕，這些政策就在只能部分施行的狀態下，迎來了明治維新。

如前所述，從近世開始，對愛努人的政策已然不斷與俄國威脅這種對外關係有緊密關聯。而且與其說是中央政府層級關注愛努，不如說是若不考慮對外關係便不可能出現這些狀況。近世後期以降，愛努人就已經不再是妨礙蝦夷地開發的軍事性威脅，即使在經濟上要將他們視為賺取商業利潤的對象又嫌人口太少；至於要如何利用愛努人的勞動力，也僅是現場實務層級問題而已。換言之，從幕府的角度來看，愛努人既非威脅也不帶利益，僅是數萬人口的邊境居民而已。他們之所以會上升到成為政策對象的等級，除了對外關係的理由之外，很難找到其他原因。

當俄國的威脅提升時便推動對愛努人的同化與實施中央直轄統治，當威脅遠去時因本身財政困難又交由松前藩實施間接統治，這種反覆循環，就是基於對外關係的理由。所謂的愛努政策，與其說那是目的，不如說帶有一種日本政府在外交手段上的性質。在明治政府取得政權之後，也一樣維持這種傾向。

## 「日本人居住的土地」

1869年（明治2年）5月，在鎮壓完堅守於函館（當時稱箱館）的舊幕府軍後，明治政府旋即發布關於蝦夷地開拓方針的〈御下問書〉，其中有如下表述[3]。

> 蝦夷地為皇國北門，直接與丹山[4]、滿州接壤，雖疆界粗定，然北境之地為中外雜居之處，至今為止官吏奴役當地土人，極為苛酷，又因外人施予愛憐體恤，土人往往怨離我邦人，以至於尊信外人。一旦有人以救民疾苦之名煽動土人之時，其禍患立刻延及於箱館、松前，為防患於未然，方今要務，便是在平定箱館後，迅速施行開拓、教化等政策，使該地成為人民生息涵養之地，關於此事之利害得失，應無須忌憚呈報各方意見。

「皇國北門」的蝦夷地於1869年改稱為「北海道」，從對抗外國的角度上推動同化的態度，明治政府與幕府並無不同。1871年及1876年的告諭中，禁止了刺青與穿戴耳環的習慣，曉諭愛努人應當學習日本的語言和文字。另外也獎勵農業與實施教育事業，隨著1871年公告戶籍法，愛努人大致與和人一樣以平民身分登記戶籍，也把名字改為漢字名或和風名。這樣為了維持對歐美的

防衛線而嘗試進行「日本人」化的傾向，可以說與沖繩有共通之處。

然而，沖繩與北海道也存在著不同的條件。恐怕兩者間最大的差異是日本往北海道送入了大量的殖民者，這點與沖繩不同。

眾所周知，明治政府著手北海道開拓政策時，初期移入者為囚犯與窮困士族，日後則推廣到包含一般農民在內的開拓民。當時開拓北海道成為莫大的財政負擔，但為了要對抗俄國的威脅，仍舊透過將北海道改造為「日本人居住的土地」，打造出該地作為日本領土的既成事實。被稱為屯田兵、以開拓民兼士兵的武裝移民，他們的存在便是這種政策的象徵。

為了確保防衛線地區成為日本領土而將該地區改造為「日本人居住地區」的手段，大致可分為兩種。第一種是如沖繩的例子，通常透過教育將當地居民「日本人」化；第二種便是如北海道般，把「日本人」當作殖民者送往該地。不管是那一種，都是日本在軍事力量不如歐美各國的情況下，選擇以「國民」為盾牌作為國家防衛手段的政策。日後關於朝鮮、台灣與滿洲的政策論述，也繼承了這種透過輸入殖民者確保該地的手段。

這樣的殖民政策，對明治政府而言，產生了降低愛努人利用價值的效果。必須再次說明的是，原本愛努人同化政策的目的，比起改造愛努人，更注重於確保愛努人居住的土地成為日本的領土。既然目的在此，那麼即便不把愛努人「日本人」化，只要透過移入數倍於愛努人口的「日本人」殖民者，應該也能達到效果。1875 年，依據《庫頁島千島群島交換條約》（《樺太千島交換條約》），日本放棄庫頁島領土權，獲得了千島群島，與俄國的國界糾紛暫告一段落後，這種移入「日本人」殖民者的傾向更為加速。

一如眾所周知，二戰前在日本有個相當普遍的說法，就是如果不把過剩的人口遷往北美、南美、中國大陸、南洋等海外地區，國家就會崩毀。在急速近代化的過程中出現人口暴增，某種程度上是一種普遍的現象，而日本面對此種情況採取了一種獨特的方式，便是採取兩條路線，一方面提倡送出移民到比本國更先進的地區，同時推動向統治地區殖民。這是日本這個國家雖然相對落後於歐美列強，但又不像亞洲、非洲各國已經淪為殖民地，反而還身處於統治者陣營這種中間性位置所產生的現象。這樣的路線帶來了一種結果，那就是「日本人」一方面站在以歐美排斥日系移民為象徵的「被歧視的一方」，然而在亞洲各地又成為「歧視他人的一方」，這種帶有「兩義性」（ambiguity）的存在，於本書後文也可得見。

　　明治中期出現了大量的北海道開拓論，其中大部分都主張獎勵「移植民」[5]以促進開發，觸及愛努人政策的論述卻意外的稀少[6]。如同幕府時代一般，只要不牽涉到對外關係這個要素，愛努人的存在對當時的日本而言既無利益也非威脅。在許多北海道開拓論中提及了大自然的嚴峻與資本的不足，但與此相較則不認為愛努人的存在會妨礙開拓。在北海道人口稀少的幕府時代會注意到愛努人可作為勞動力的效益，等達成「移植民」足以提供充足開發勞動力的目標後，愛努人受到的關注也隨之消失。

　　另外追加說明一點，當時可以看到許多把北海道形容為「殖民地」的文獻，而其中大部分幾乎都不是以愛努人為主要討論對象。以今天的語感來說，所謂的「殖民地」意味著「（外來者）統治原住民的土地」，而當時的北海道論述中，則把這個詞彙當作「透過移植民開發的土地」的意思來使用。

　　二戰之前的日本「殖民地」這個詞彙與當今不同，帶著一種曖昧的意味，甚至還可以看到由於日系移民遷入巴西而把巴西稱為「殖民地」的例子。此外，因為送出墾殖者到北海道、台灣、朝鮮、滿洲，而以「殖民地」的稱呼來形容那些地方，這樣的情況也不在少數。因為沒有對沖繩實行農業移民，所以日本本土方面不太以「殖民地」來形容沖繩。如此一來，同樣一個「殖民地」詞彙包含著「原住民居住的土地」和「墾殖者居住的土地」兩種意涵，而這兩種意涵的交錯，往後也給對朝鮮、台灣的統治論述帶來微妙的影響。

　　民間議論並沒有給予愛奴人太大關注的同時，明治政府的同化政策同樣也沒有表現出太多的熱度。江戶幕府的情況也是如此，對政府方面而言，即便能夠輕易頒布禁止愛努獨特風俗與文化的禁令，但在教育和獎勵農業等，需要建設學校與執行農業指導的方面，背後仍需要財政上的支持。至於這些政策究竟認真執行到什麼程度，那就是從愛努人身上究竟能找出多少符合成本的政策價值問題了。而這也與幕府時代就開始的情況一樣，單方面且不是那麼灌注精力的農業獎勵與教育，在各種設施不夠充分與愛努人方面的反彈交互影響下，持續呈現出沒有什麼實際功效的情況。

　　可以說，關於明治前半期愛努狀況的定調，是在把愛努人當作「日本人」，與和人納入均一的法律體系這方面。在幕府時代獲得許可的漁場及漁業權等特殊權利，由於這個措施而完全失效。而且隨著土地所有權也在近代法律體系下做設定，對於無法充分認知所有權概念、日語識字能力亦不佳的愛努人而言，面對墾殖者時完全處於不利狀態。

在愛努人被均質納入對其不利的法律體系之際，即便他們被納入「日本人」的範疇，依舊無法讓他們免於普遍的差別待遇。隨著墾殖者增加，原本提供愛努人動植物作為食糧的環境遭到破壞，土地和漁場在不知不覺間逐漸登記到和人名下，加上墾殖者帶來的傳染病與酒類也逐步滲透到愛努人的生活當中。明治政府對於這種情況，不僅沒有積極提出修正差別狀態的措施，還把愛努人賴以為生的山林原野視為無主地，進而收編為公有地。在幕府時代雖然不完善但仍有執行的愛努人特別保護法，此時也遭明治政府廢止，取而代之的是與一般人一體適用的賑恤規則。雖然表面上這種形式是取消了法律上的人種區別，但實質上則是明治政府對幾乎找不出政策價值的愛努人取消了特別保護。

明治政府的這種初期愛努政策，究竟對愛努人抱持多少關注，值得存疑？稍後當文部省編纂《沖繩縣用尋常小學校讀本》及《北海道用尋常小學校讀本》時，沖繩縣版本明確出現以同化當地居民為目標的內容，而北海道版本則僅有一處言及愛努人，而且內容只是提到被視為松前藩祖先的武將於 15 世紀渡海來到北海道，就這樣一句話帶到愛努人而已[7]。在沖繩的情況，因為國防上的理由，即便得花費成本也必須推動當地居民「日本人」化，而北海道的情況，則是以促進移植民作為替代手段。

不過，由於與俄國不同的「歐美」也開始在北海道展開對愛努的教化工作，使得事態持續發展到無法繼續放任這樣的統治方式。

## 傳教士的威脅

在政府與民間都毫不關心愛努人的明治中期，大概有三股勢力注意到愛努政策。

其中之一就是人類學者。1888 年，東京人類學會的會長坪井正五郎與日本的體質人類學始祖小金井良精，調查了北海道愛努人的體質與食衣住等風俗。坪井後來還成為愛努人救濟、教育運動的熱心提倡者。

人類學在那段時期由於可作為研究殖民地「野蠻人」的學問，承擔著正當化殖民地統治的角色而獲得矚目。筆者也曾經討論過日本的人類學在統治正當化中擔任過什麼樣的角色[8]。坪井等人的狀況則與歐洲各國人類學稍微帶有不同的性質，那便是他們強烈意識到歐美對「日本人」的人種歧視。

　　例如坪井於1897年創辦的國粹主義[9]雜誌《日本主義》中刊登了〈身高矮與黃皮膚果真可恥嗎？〉這篇文章，他在文中力倡「膚色、身高，同樣無關於智力的優劣」。他企圖抗議歐美人以膚色和身高來歧視「日本人」，強調：「信口立論的歐美人中，有人認為非白皮膚者皆為劣等種族，但除去他們對於自己的任何性質都自尊自貴的自尊心之外，他們的論述就更沒有什麼根據[10]。」日後坪井不斷到各地演講相同的論點，由此可以看出他對這個主題有多麼重視。

坪井正五郎

　　19世紀的人類學，出現了多元起源論和一元起源論的論爭。前者認為世界各地人種起源不同，人種的能力差異由遺傳來決定；後者認為差異不過是因為環境及其他原因造成的。如同本書第七章所述，此點與殖民地統治是否採取同化主義的討論有著緊密關聯，而坪井是一元起源論的熱心支持者。原因自不待言，採取多元起源論就意味著有色人種的「日本人」與歐美人相較時，有被定位在劣等位置上的危險。

　　不承認人種有先天上的優劣，是日本人類學者們共通的傾向，甚至例如日後受優生學影響而形成殖民地政策論的人類學者清野謙次，也站在這樣的立場上[11]。當時的「日本人」雖然統治著周邊區域，但依舊暴露在來自歐美的歧視威脅中，只要日本還帶有這樣的兩義性，即便內心再如何抱持歧視他民族的意識，在想要公然高舉人種主義大旗時，還是會起到一定的抑止作用。如本書接下來將探討的一般，包含執政者在內的日本言論家大多數絕對不承認自己有「人種歧視」或在進行「殖民地統治」，露骨的人種主義論僅限於少數人。如此透過歌頌「一視同仁」的同化政策來與歐美的殖民地統治及人種主義相對比，藉此做出日本式論述的定位。

　　在這樣的背景下，坪井提倡「依據各種不同的境域或社會發達狀況，造成人種落為劣等或升為優等，絕沒有因為人種優劣而決定命運的事情」，主張「『愛努』被說是劣等，但內地人之中也有程度可恥的『愛努』」。而這樣的論述也導出「教導無智的民眾，把無用之人轉為有用，是先覺者的責務」，「他們也同樣是我日本臣民的一部，同國人中有智識低下者，我們不也該同感羞恥嗎？」透過這樣的論述與同化論結合[12]。關於否定人種主義和同化主義相結合，第七章將有詳細討論，此處僅先說明，抱持這種想法的坪井會熱心於愛努

教育運動，想來也是理所當然之事。

接著，第二股注意到愛努人的勢力，是歐美人傳教士，特別為人所知的便是英國傳教士約翰·巴徹勒（John Batchelor，或譯約翰·巴奇拉）。1877年終於來到函館的他，看到和人殖民者對愛努人的歧視狀況後，決心救濟愛努人。在傳教活動之餘，也對愛努語言、宗教、習慣進行調查。他更於1892年設立愛努學校，教導以羅馬拼音寫成的聖經，還設立醫院收容貧病者，展開活躍的傳教與慈善活動。不只是巴徹勒，1890年前後，歐美傳教士設立了多所愛努學校和教會[13]。

體現博愛主義的巴徹勒，日後在自傳中多次提到美國排斥日系移民的狀況，他如此寫道[14]：

> 日本人聽到在美國或其他國家受到差別性的待遇時都很不悅。我認為日本應該對這種錯誤的差別待遇提出責備，而且必須向全世界主張人類平等主義。不過在這麼做之前，日本人也剝奪了同樣身為國民的愛努族生存權，將他們趕入崇山峻嶺之中，為了能夠預防疾病，日本人只關心著要把他們從地表上消滅，希望日本人能夠展現誠意提出改善政策。

這樣的發言一針見血地指出「日本人」受歐美歧視的同時又歧視愛努人的矛盾。巴徹勒精通愛努語，教會裡也使用翻譯成愛努語的聖經，據說在學校裡愛努學生使用不流暢的日語發言時，他還會回應對方：「不需要勉強，用愛努語回答即可。」

不過，即便如此，巴徹勒也不是全面性的肯定愛努人的慣習。他對於愛努人的刺青表示「確實是不合理的習慣」，另外他在傳道時也極力指出愛努人的一夫多妻制「這種習慣很不道德」[15]。雖然他也很仔細調查了愛努的宗教，但也毫不猶豫地要求愛努人放棄傳統信仰改而成為基督教徒。即便如此，因為他尊重愛努語言和習慣的傳道活動，確實也在愛努人之間獲得了相當的聲望。

最後注意到愛努政策的第三方勢力，是日本方面的愛努教育者。他們對歐美傳教士有強烈的對抗意識。

早在1883年，北海道三縣便共同向宮內省申請授予舊土人教育基金，並表示：「因外國傳教士等年年巡迴誘導之故，實際上已經到了非立刻進行不可的時候。」這樣的看法在1890年前後傳教士學校增加之際更為強化。1893

年，北海道教育會接受委囑向「舊土人教育法取調委
員會」提出的報告中，便警告：「至今沒有興建愛努學
校，完全都是外國人辦教育……若旁觀甚至裝作不知
情，則不啻為國家的恥辱。」當時的愛努人雖與殖民者
一樣能去學校上學，但因為生活困難及歧視的緣故，在
1886年的就學率不過9.2%，可以看出愛努人的「日本
人」化並無進展[16]。在這樣的情況下，即便俄國的威脅
暫時遠去，但接著傳教士這另一種的「歐美」，又從內
部不斷教化愛努人。

約翰‧巴徹勒（John Bat-
chelor）

　　1893年這份報告是由岩谷英太郎整理的，他也被視為決定北海道廳愛努
教育方針基礎的委員。

## 「漸化」理論

　　岩谷英太郎是當時北海道師範學校的「教頭」（也稱副校長，vice-
principal），算是北海道教育界的大老。他在《北海道教育會雜誌》投稿了多篇
愛努教育政策論文。

　　與坪井稍有不同，岩谷相當蔑視愛努人。根據他的說法，「愛努實為劣等
人種」，「見到舊土人的人格，可以斷言他們究竟是亡國之民」。他如此說明：
「第一，將來沒有希望；第二，沒有儲蓄心；第三，非常嗜酒，飲酒被當作他
們唯一的樂趣；第四，很少有衛生上的知識；第五，起居飲食沒有規律；第
六，他們之間充滿了怠惰、賭博、謊言、詐欺等惡行；第七，因為祖先的遺傳
有梅毒體質。擁有全部這七種惡，不問人種，皆會走上亡國之途。」因此，在
愛努人窮困之際使人口減少的原因，與過去位於「乳齒象」（Mastodon）滅絕
地的北美「銅色人種」、南洋「棕色人種」持續滅絕的理由相同，「簡要而言
就是他們被排除在優勝劣敗的法則之外」[17]。

　　不過岩谷也表示「從親情而言沒有比傻孩子更可愛的了」，進而主張對愛
努人的保護與教育。其動機是來自統治者的父愛主義（paternalism），而且還
是著重在對抗歐美的關係上。他說明如下[18]：

　　……對愛努的救濟教育是仁愛公義的美舉。……號稱以俠義立於東洋的

4千萬同胞，旁觀此景豈能不起惻隱之情？為大日本帝國的體面豈能不阻止此污點？何況豈可將神聖的教育事業完全託付於外國傳教士掌中？

如果日本置愛努人於不顧，則傳教士們將獨占愛努教育，會在「大日本帝國的體面」上留下「污點」。岩谷透過介紹美國於1877年制定的《原住民保護法》（亦即所謂的《道斯法案》〔Dawes Act〕，又稱《土地總分配法》〔General Allotment Act〕），說明連「拜金主義信徒」的美國人也知「保護土人」，與此相對批判忽視愛努人的日本，主張「土人保護問題……與一國之體面相關甚大」。如後所述，岩谷既提倡愛努人同化於「日本人」，又對愛努人的傳說與習慣進行調查，這是因為面對巴徹勒等傳教士持續進行的愛努調查，認為「關於舊土人的系統性調查，確有掌握在外國人手中之嫌」[19]。

而且根據岩谷的認知，愛努教育不僅是關乎國家體面的問題。他批評松前藩的政策「可能圖利俄國人」，並稱讚為了對抗俄國而改變愛努政策的幕府。根據他的說法，幕府「試圖教養他們（愛努人）德性與思想，使他們愛慕我國，激發對外國的同仇敵愾之心」，「致力教化，破除陋俗，厚植恩惠，鞏固服從，盡力使其成為防衛俄國的良民」，這樣的政策「實在是對愛努人的最佳方針」，他對幕府並未多加批評，而我們也可以看到當時愛努教育的相關人士都抱持這樣共通的意識形態[20]。

在岩谷進行一連串投稿的1890年代中，日本政府於1890年發布了《教育勅語》；1891年發生了所謂的「內村鑑三不敬事件」[21]，讓國體論者展開對基督教的攻擊；1899年針對歐美人內地雜居問題發生「內地雜居論爭」[22]等事件，使這段期間成為日本對歐美與基督教極度反感的時期。這樣的反感，與其說是對歐美的蔑視，不如說是在歐美列強於亞洲各地推展殖民地化的國際情勢當中，日本根深蒂固感到的一股劣等感與恐懼。例如在內地雜居論爭中反對雜居的一方，根據「優勝劣敗」的法則強調「日本人」有遭歐美人消滅的危險。而在攻擊基督教方面，則舉出對南美的殖民地統治，就是以基督教為前導士兵來達成的[23]。岩谷等人對傳教士的強烈警戒心，也可以理解那不只是單純的排外意識，而是打從心底存在一種如果正面交戰肯定無法取勝，把歐美當作競爭對手的危機感。

那麼，岩谷又認為應該如何著手愛努政策呢？他在1894年的論文中提出對異民族的政策有「撲滅主義」、「變種主義」、「秦皇主義」、「急進主義」、

「漸化主義」等五種類，爾後經過整理，再精簡提出「歐化主義」、「保存主義」、「同化主義」等三個種類[24]。

　　他所謂的「撲滅主義」，是把愛努當作「醜陋的異種」，「置於帝國之內會成為一種恥辱」，因而要將其滅絕的主張。而「變種主義」是「獎勵與和人婚嫁生產雜種」，透過混血企圖改良並同化愛努人的主張。對於此二者，岩谷批判前者乃有損國家體面，是「殘忍酷薄」的政策，後者則因為在歧視愛努人的現狀中極難促成婚嫁，故也不加考慮[25]。除去這兩種主義，他主要探討的，便是「保存主義」（「秦皇主義」）、「歐化主義」（「急進主義」）、「漸化主義」（「同化主義」）三者。

　　岩谷的「保存主義」，依照他的說法，「以保存他們（愛努）的風俗習慣為目的」，並僅「課以學會簡易閱讀、算術等」之義務。為了達到這樣的目標，「限制一固定土地讓土人聚合居住，打造純粹的舊土人部落，酋長以下的職員由舊土人自行選出，賦予某種自治制度，保護他們的語言，派任嫻熟愛努語的人擔任小學校教師，其他家屋、飲食、起居、行為動作、禮法、祭祀等完全保持他們的習慣」，也就是一種設立保護區的想法[26]。

　　這種主張在愛努政策論中也就如此潛在保存著，日後到了1919年，在帝國議會上便有議員提出類似「例如在日高的沙流川沿岸成立一個區域」，土地或國有或共有「當成為土人而特別規畫的場所」，「在區域中打造幾乎不與內地人有交流也得以生活的方法，讓他們過著極端原始的生活」的主張[27]。這樣的主張因為與移植民促進方針相牴觸而遭政府拒絕，不過岩谷反對此論還有其他理由。

　　根據岩谷的說法，這種「保存主義」是把愛努從近代教育中排除出去，使他們停留在無教育狀態，採取這種主義的，正是松前藩。亦即「松前氏致力的政略為抱存（愛努）風俗，保持智識未開，禁止農耕，禁學和語，企圖使其無智卑屈以利於統治」[28]。從對抗歐美的觀點看來，自然不該肯定這種政策。

　　岩谷同時還說明這種「保存主義」主要是由「學者或慈善家」所主張。換言之，其動機不只是要保護愛努人，而且也含有將其視為人類學調查對象的目的，所以要使其保存。1919年帝國議會上提出的保護區設置論也是站在「（愛努）從人類學、考古學上來看，是難以割捨的種族，基於這樣的理由，徹底保護土人，有必要設置永久保存他們的方法」這樣的立場發言。岩谷以為這種

「保存主義」「作為學術研究，是相當有趣的說法」，但「這若不是姑息的愛護，便是用之以愚黔首，玩弄黎民」的政策，對之加以非難[29]。

那麼，岩谷的「歐化主義」（「急進主義」）又是什麼？根據他的論述，這是歐美人傳教士所採行的，施行歐美風的文明化教育；教導羅馬拼音，「企圖使其成為純美善良的基督教民」策略。雖然這應與對愛努人實施近代化教育的旨趣相吻合，但他當然主張「絕對反對」。理由在於「舊土人只要還是日本國民，就不應實施歐化主義教育，應該阻止」，因為這「有損國民資格」[30]。為了不讓愛努人遭歐美傳教士所奪，就必須把愛努人定位成「日本國民」。

若棄愛努人於不顧，使之滅絕，將有關「國家體面」；若依循舊慣放任之，又在國防上有危險，且終究不能承認傳教士進行的歐化教育。透過這樣的檢討過程，岩谷主張的就是剩下的「同化主義」（「漸化主義」）選項了。亦即，雖持續反對「撲滅主義」，但也「不希望該種族照原樣繼續繁殖」，應該「打破這樣的情況」、「對他們施予適合他們情況的教育……讓他們能夠承受生存競爭，成為幸福的大日本國民」，「隨著時間逐漸同化於我國民」，「使我國新增加1萬7千名同胞」[31]。

從對外關係上的需要提倡同化於「日本人」，不僅止於文明化，還要培養對國家的忠誠心，主張這種日本化的理論，可以說在沖繩也幾乎完全相同。不過，如同琉球處分時納入「日本人」的同化並非終點而不過只是個起點，以及在沖繩統治中強調同化的同時也採行漸進式的舊慣溫存政策一般，岩谷的愛努同化論，也非意味立刻就讓愛努人與「日本人」平起平坐。他的「同化主義」，最多也就是「漸化主義」的別稱而已。

具體而言，岩谷的愛努人同化論雖然提倡「把他們定位成日本國民」，但也主張「彼等乃異種，故需施以特殊之化育，以待其成功」。也就是說，終極目標是要同化於「日本人」，但不是與和人接受同樣教育、在同一教室學習，而是採取「他們有適合他們的」分離教育方式。他這樣主張的理由，在於「他們的性情與遺傳不同」，也就是「語言完全不同於和語，粗放的習慣終究無法忍受嚴格的校規」，而且還有「除了舊土人兒童特有的臭味之外，還有污穢的習慣，起居行為與和人兒童有不同之處，與和人兒童混同在同一教育規則下接受訓練時，不僅會相互厭惡，舊土人兒童終究無法承受這種壓迫，而相繼退學」這樣的認知[32]。分析岩谷的論文，就是在對外關係上不得不將愛努人納入

「日本人」，但在對內的關係中，也不能把他們當成「日本人」一樣，給予同等待遇。

當然，即便採取分離的特殊教育，「也非貪圖方便，在保護主義下將他們分離出去」，「特殊教育並非貪圖最簡單方便的方法，僅是當下時勢所趨，不得不採取的一時之便」。那麼，要到幾年之後才取消這種一時的「方便」呢？根據岩谷的估計，「要把數百年間孤立的相異人種與和人同化，非10年、20年的短期間可以達成」，因此「到數十年後多少達成同化目的，與和人混同受教不至於產生障礙的話，或許就沒有實施絕對特殊教育的必要了」。他認為「經過百年，舊土人種族消失，歸化成渾然的大和民族」一事，「是為了舊土人好，不是值得悲傷的現象，毋寧是一種光榮的進化。」不過愛努人同化於「日本人」至少也是「百年」之後的事，在此之前都該從「日本人」中被排除[33]。

「將來」的同化與「當下」的分離。「對外的」包攝與「對內的」排除。讓這種相互矛盾的要素得以並存成立的，就是岩谷自己的「同化主義」，用他的詞彙來說，又可別稱「漸化主義」。換言之，他的同化論就是在分離教育的期間「設定適當的時日逐漸使其同化於我國民」[34]。這終究而言應該是矛盾的同化與排除，在「漸進」的名義下，透過最終目的和一時性便宜的形態，使兩者並存的作法。在沖繩也出現過透過「漸進」使同化教育和舊慣溫存並立的說法，但比起沖繩人而言，愛奴人的「異種」形象更為濃厚，加上存在著與和人殖民者共同就學的問題，因此排除的面向便以更明確的形式表現出來。

## 設立《北海道舊土人保護法》

與岩谷等人的教育政策論同時，保護愛努人的法律亦準備推行。1893年在國會上提出《北海道舊土人保護法》的議員加藤政之助，在審議法案時如此主張[35]。

……若此法案一旦遭到否決，那麼日本帝國四千萬人至今為止長期以來指責歐羅巴（歐洲）各國人們欺虐弱者，抱怨只因對方人種不同便加以欺侮霸凌的說法，若日本人自身也遭人質疑又該如何，（日本人）對於人種相異的北海道土人……不是也加以輕蔑嗎？若遭指責日本如此作法不也是

在虐待他人……將來面對外國幾乎沒有任何可以應對的立場……

加藤與岩谷相同，從對歐美的國家體面與「如果歸順了就同樣是日本的臣民」的理論，力倡愛努人保護法的必要性。

加藤的保護法案大致內容如下。首先，針對希望從事農業的愛努人，給予一定的土地、農具購買經費及種子，為了土地不被和人收購，30年內除了繼承之外禁止土地買賣，超過15年不開墾的土地則沒收。更進一步，北海道官廳長要留意愛努人的衛生健康，重病者須命令醫師治療。為了提高就學率，與沖繩的情況一樣，免除愛努子弟就學者的學費，發給教科書與購買所需學習用品的補助費[36]。總而言之，可以理解加藤企圖透過把愛努人轉化成農民、普及衛生知識，以及推進國民教育等手段，進行愛努人「日本人」化。

加藤在此也說明：「他們也不是惡劣到那種程度的人種，只要教導他們，他們也是挺能學習的人。」以此提倡把愛努人轉化為農民。但反對法案的一方則採取「企圖強迫愛努人從事農業，這不僅沒能給與保護，反而會給土人帶來痛苦的結果」這樣的論調。根據反對派的說法，「北海道土人與內地人有相當程度的性質差異」，因此即便給愛努人土地與農具，他們也沒有自力更生的能力，這只會浪費國家預算而已[37]。岩谷的「保護主義」是作為保護法反對論而提出。

最終，這期國會很乾脆地否決了這項保護法提案。因為對政府而言一點政治價值也沒有的愛努人，完全沒有必要特意撥出經費。此後在1895年又提出了另一個保護法案，但同樣被否決。

事態發生變化，是在1898年的時候。北海道廳過去便會以勅令[38]的形式彙整「北海道舊土人保護規則」，在這一年底則改由政府案的形式提出了《北海道舊土人保護法》。

原本從前被政府否決過的保護法案，這個時期再度被提出，除了愛努人窮困貧乏已達相當嚴重的情況之外，也不能忽略隔年預定開放的「外國人內地雜居」這個背景要素。在不平等條約修正以前，被規定只能住在「居留地」的歐美人，將開始可在日本國內自由移動往來。在這種前所未有的事態發生之前，日本政府籌畫了幾項政策。首先是制定了《國籍法》，規定經內務大臣認定「品行端正」者可以發給歸化許可，但同時也明定歸化者不得擔任陸海軍將官、國會議員、國務大臣等職務[39]。另外也透過訓令[40]規定除了各種私立學

校之外，對宗教教育設以限制。這很明顯是因為懼怕忠誠度可疑的外國人成為「日本人」之後位居要職，以及歐美傳教士涉足教育，因而加以限制的措施。此外還進一步設置了《監獄法》及《精神病者看護法》等，皆是為了把被視為「野蠻」乃至「污濁」的人從歐美人視線中隔絕而做準備的對策。

　　實際上，包括巴徹勒等歐美傳教士對愛努人的傳教活動，在開放內地雜居之前也受到居留地制度的限制。例如巴徹勒在1890年設置愛努學校時，因為遭控訴違反居留地限制，不得已之下必須把校址遷到函館居留地附近[41]。巴徹勒等人不使用日語而使用愛努語傳教、不使用日本年號而使用西曆等情狀，引發岩谷等教育相關人士以及和人殖民者的反彈與抗議。在開放內地雜居後，包括傳教士在內的歐美人士可以自由進出愛努人聚居的地區，日本政府無法設立防止此事的手段。在這種情況下，不僅無法禁止傳教活動的推展，日本對愛努人的保護連名目上的法規都沒有的事實，無可避免一定會被歐美方面知悉。《北海道舊土人保護法》的制定過程至今仍存在許多不明之處，留下的資料也不充足，不過，在數年前仍被政府否決的這個法律，由於作為上述開放內地雜居的一連串準備而獲得成立的事實，仍需加以關注。

　　如此一來，1899年公布的《北海道舊土人保護法》中，關於把愛努人農民化及給予土地等內容，與先前遭否決的加藤案幾乎一致，然而也有幾處重要的相異之處，其中之一便是不採用加藤案主張的「鼓勵共學」。此法規定由國庫在愛努「部落」個別建立異於和人地區的小學校，而且這種學校與一般的6年制學校不同，為了撙節經費減授科目而改為4年制的簡易教育。如此立法的旨趣，如同政府委員審議保護法時所作的說明，對「劣等人種」的愛努，「目標先不建構作為高等教育基礎的教學，僅針對實際生活必須的部分，透過極簡易的教育方法進行教育」。

　　第二個不同之處就在於減輕國家財政負擔。給予農具、種子及支付學費等措施，僅限定於「貧困」的愛努人，並且刪除購買教科書及所需學習用品的補助費。而且這些支出並非出自國庫，而是由北海道廳長官所管理的「舊土人共有財產」中籌措。即便政府委員在審議保護法時強調「使同為帝國臣民者陷於如此困苦狀態，與一視同仁的聖旨不相符合」，但總體而言，最終確定的法律內容，仍從加藤案改為減輕國庫負擔，採取岩谷所主張的以分離教育推行「漸化主義」的目標[42]。

　　雖然基於對抗歐美的理由而產生了同化於「日本人」的目標，但在實施時

卻採取把愛努人從「日本人」中排除的削減成本簡易教育手段。如此一來，讓「終極目標的包攝」與「當下的排除」得以兩立的「漸進」政策，可以說是在愛努教育中成立的理論。這是在持續對抗歐美並對周邊區域實行統治的情況下，為了滿足日本因身處兩義性位置而產生矛盾需求時必然出現的產物。當然，在台灣與朝鮮的統治政策中，也持續存在與此共通之處。

第四章
# 領有台灣
## ——同化教育的矛盾與衝突

　　1895 年，在甲午戰爭（日清戰爭）獲得勝利的大日本帝國，取得了清朝割讓的台灣。台灣與稍後納入日本的朝鮮同樣具有獨特的地位，雖然皆處於日本國境線的內側，但都是與「內地」制度有所區別的地方。當地居民雖然成為了持有日本國籍的「日本人」，但也被定位成非「日本人」般的存在。

　　當然，沖繩人與愛努人也是遭「日本人」歧視的對象，但台灣的狀況又與他們有些許不同。即便承受嚴重的歧視，沖繩及北海道在制度上屬於帝國的縣與道，也就是被當作正規的「日本人」納入帝國。然而台灣——如本章與下一章將探討的——在究竟是要把他們包容入「日本人」範疇？或是要自日本人範疇中加以「排除」？在各家提出的諸多議論下，最終仍舊沒有得出明確的方針，只隨著事態而發展。

　　以下，本章將側重於教育，下一章則將側重於法制，檢證針對把台灣及台灣人包容入「日本」、「日本人」的相關論述之是非對錯。此外，這些關於台灣的論述，一如關於沖繩和北海道的論述，也反應出一個無法忽略的要素，那便是所謂「歐美」這個他者的視線。

## 台灣統治的紛亂

　　在檢證關於台灣統治的論述之前，先掌握一下領有台灣時的最初情況。因為這段統治初期的混亂，直到日後仍對台灣的定位帶來影響。

　　1895 年 4 月，日清締結和約，決定割讓台灣後，日本軍出發前往台灣。然而，台灣當地居民成立「台灣民主國」發表獨立宣言，一方面希冀獲得清朝與歐美列強支持，一方面頑強抵抗日本軍。結果，歐美默認了日本有權統治台灣，台人抵抗終遭鎮壓，但在 10 月宣布平定全島之前，日本軍蒙受了重大損

傷，戰死、病死者約有4千5百人——包括近衛師團長北白川宮能久在內——相當於甲午戰爭中日本陸軍陣亡人數的三成。日後被日本方面稱為「土匪」的漢族武裝集團與居住山岳地區的原住民，仍舊不斷的抵抗，武力鎮壓持續到1915年為止。日本面對意料之外的激烈抵抗，一開始是把總督府定位為軍事組織，實施軍政。發布平定宣言後，1896年3月改採名義上的民政移管，但仍舊保有軍事規條。

此事對於應該採用什麼方法來統治台灣具有決定性的影響。在決定領有台灣之際，日本方面對台灣的統治構想非常模糊曖昧。根據台灣總督府首任學務部長伊澤修二的說法：「在我們搭船抵達基隆港之前……幾乎誰也沒考慮過[1]。」從這種白紙狀態突然被帶入軍政狀態，為日後的統治烙印下了深刻的軍事性特質。

其中最重要的，便是決定任命軍人擔任總督。在沖繩與北海道，雖然國防是決定統治方針的重大要素，但縣令與道長官仍為文官。然而台灣的制度上與統治中樞內都有軍人的存在。

這種情況當然也反映在關於統治方針的議論上。1896年，首相松方正義提出的當地報告書〈台灣之實況〉中，對於「關於台灣的施政方針」舉出如下兩種選擇[2]：帝國對該島之領有係應專注於國防上之必要，是否欲排除該島土民致力移殖日本人民？或者帝國領有該島以開發富源為主，綏撫該島土民以利用其資本勞力？

如同過去的沖繩，台灣也屢屢作為國防上的據點而被形容為「南門鎖鑰」。究竟統治的目的是要重視國防，將此地改造為「日本人居住的土地」？或者要重視經濟利潤與成本？這樣的選擇在沖繩與北海道也發生過。在此應注意的是，這份報告書在這個設問之後又說道：「因為未明示確定的方針，除了全體文官的1/10、2/10外，武官全員一致，皆謬信政府的方針在於排除土民（當地居民）」，亦即軍人與幾乎全數的總督府文官都主張重視國防。

但是此處的重視國防路線，是提議將台灣改造為「日本人居住土地」的方法，並非要把台灣原居民「日本人」化，而是透過推動（日本）移民，將台灣原居民驅逐出台灣島。這份報告書中提及，因為總督府中充滿了這種共通理念，因此為了將原本住在台灣的人驅離該島，故意採用「以嚴酷武斷為最佳手段，一切政令舉動皆採苛暴橫虐、違反公道的方法，使土民怨恨不滿」的措施。

　　這種共通理念的背後，其實還存在另一項因素，根
據決定割讓台灣的日、清之間條約，將給予台灣居民2
年的緩衝期間，決定是留在台灣接受日本政府給予的日
本國籍，或者賣掉不動產所有權，宣示離開台島。也就
是說，這2年之間若能策動台灣居民離開台島，此後只
要從日本內地送入殖民者，便有可能把台灣改造為「日
本人居住的土地」。在日本內地也存在著這樣的主張，
例如福澤諭吉提倡「模仿彼等盎格魯薩克遜人開拓亞美

福澤諭吉

利加大陸之法，將無知蒙昧蠻民悉數驅逐境外，殖產上一切權力由日本人掌
握，舉其全土斷然施行日本化」，「藉兵力進行無情掃蕩，斬草除根，殲滅一
切醜類（惡黨之意，指台灣居民），悉數收沒土地，抱持將全島收歸為官有地
之覺悟」[3] 至於在這種想法之下的實際統治狀況，又是如何？

　　根據這份〈台灣之實況〉報告書，當時的台灣統治大概沒有能稱得上政策
的東西，情況極度混亂。首先日軍在島內各地「蠻橫虐待土民，無故加以毆打
並以低價強購商品；或以徵收的名義掠奪物資，占領民家祠廟；或者妄加嫌
疑逮捕土民並殺害」，應當維持治安的憲兵與警察也「為了掠奪而毆打鞭笞土
民，以靴子踢擊，或妄加嫌疑逮捕拷問土民並殺害」。從日軍登陸到宣布平定
台島的5個月之間，台灣方面的犧牲者攀升到1萬4千餘人，之後自1898年
起的5年期間，據稱尚有超過1萬人遭到殺害或處刑。

　　對於統治的失敗原由，這份報告書還舉出「破壞廢除固有風俗習慣」一
事。只是這裡指責的並非強制推行日本文化等行為，而是占領與破壞寺院及書
院、開挖墳墓與暴露遺骨、侮辱或妨礙婚姻儀式等等，由軍方或殖民者對原居
民施加的侮蔑行為而已。這並非是依據同化政策施行的系統性文化侵略，而只
是單純的失序暴力。

　　實行這種殘虐拙劣統治的原因之一，在於派駐台灣官僚的素質和道德之低
落。對於被日本政府派遣到台灣的官僚而言，在台勤務不過是地方勤務，他們
只想盡早回到日本中央去；而且優秀人才也不願前往台灣，因此人事異動相當
頻繁。根據這份報告書「在台官吏大抵為庸才劣等之屬，或是在內地無法謀得
職位者，或是行為不檢不見容於內地，而前往新領土尋求仕宦者」，「對職務
缺乏經驗才能自不待言，加上轉任頻繁，不僅無法熟悉業務，而且性格好逸惡
勞，往往託病逃避公務」，處於「缺勤官吏占定員的1/4乃至1/3，且出勤時勤

勉守規矩者寥寥可數」的狀態。

　　台灣總督府官吏素質低落，已經成為一種固定評價，不僅是止於此份報告書。日後擔任總督府民政長官的後藤新平就形容自己前往台灣赴任是「流放台島」，表示：「在轉任台灣官吏的當下，升官之途已絕。」從大藏省次官（次長）轉任台灣銀行頭取（總裁）的添田壽一也幾乎一口斷定地說：「在內地找不到出路的人會申請要前去（台灣），但在內地能有所作為的人是不願意前往的[4]。」在這種素質與道德低落的情況下，當然也頻頻發生貪污瀆職的行為。根據報告書，官吏「不僅與商業買賣勾結，干預工程建設或商務經營，或者威嚇壓抑土民，強買土地與民宅，還透過其他種種手段積蓄自己財富」。

　　此外，為了把台灣轉換成「日本人居住的土地」，有必要獎勵從內地前往台灣殖民，但渡海前往台灣的殖民者大多數也是在內地無法維生的下層民眾。〈台灣之實況〉報告書指出，居住台灣的內地民間人士「過半與官吏勾結，繳納賄賂，透過各種巧詐手段從事建築營造與採買官方所需物資，皆為貪圖不當利益之徒」。當然他們對原本台灣居民的態度惡劣，「威嚇壓迫土人締結契約，使其賤賣貨物，其行徑幾乎等同盜賊」，「從商人到軍夫、勞工、婦女等，大多數言行暴戾放縱，與土人接觸時肆意詈罵任性毆打，這些情狀看來彷若野獸，毫無親和之情」。

　　想當然耳，內地人的這種態度自然會引起當地居民的反抗。對當地居民的歧視意識，或許與北海道殖民者對愛努人的態度相似。然而，台灣與北海道不同之處，是愛努人在北海道統治上屬於不至於造成困擾的少數人口，反過來，台灣當地居民的去留則屬於無法忽視的情況。此外，原本人口密度已經相當高的台灣，也沒有餘地像北海道一般再送入開拓農民，比起作為農民定居下來，寄生在總督府的下尋求一獲千金的拜金者比例更高。這些殖民者抱持的想法，幾乎都是不圖得到台灣人民信任，以長期獲利為目標，而是使用類似犯罪的手法，盡可能在短期間內攫取利潤然後返鄉。

　　〈台灣之實況〉報告書中陳述這些內地人的態度「不僅讓土人憎惡，同時也助長了蔑視（日本人）的心境」，對大日本帝國而言，來自當地居民的憎惡不僅與統治困難相關，遭「蔑視」則更關係到帝國的威信問題。在威信問題中特別需要關注的，是與這些拜金者一同流入台灣的內地人女性。高揭促進台灣殖民而成立的《台灣協會會報》所刊登的當地報告中，就有這樣的記述[5]：

　　……無論前往台北或前往台南，在街上見到跋扈橫行的，就是藝者（藝
妓），甚至是酌取女（陪酒女）之流……在台北的日本婦女約有1千3百
人左右，其中娼妓、藝妓與酌婦（陪酒女）超過8百人，這種風俗使原本
應該向人民表現威嚴的公務員，登上這些酒樓，在土人眼前飲酒、同女人
嬉戲，呈現至極醜態……土人見此情狀，也不得不以為這些稱為日本人的
傢伙果然是狄夷之流，他們口中說什麼文明，其實跟生蕃一樣……

　　另外這些內地人女性「被」台灣人買春的事態，也成為造成內地人威嚴低
下的因素。台灣也有不少內地去的人力車夫，他們一方面侮蔑台灣人並施加暴
力，另一方面卻爭先恐後地爭取有權勢的台灣人搭乘自己的人力車，這種舉止
同樣也遭到批判。此種現象不限於台灣，也發生在朝鮮。依據1899年前往朝
鮮視察的台灣總督府首任民政局長水野遵的說法，朝鮮鋪設的鐵路上，「乘坐
中等以上車廂的是西洋人與朝鮮人」，日本殖民者則大多數搭乘三等車廂。殖
民者與當地居民的這種關係型態，反映出日本的國際地位，一方面身為領有周
邊地區的帝國，但同時也是把貧困階級作為移民送至海外的弱小國家[6]。在這
種狀況下，當時有內地的媒體報導形容：「台灣是內地的人的垃圾場。」
　　在當地居民持續反抗之下，疾呼「重視國防」的官吏倚賴警力與軍力，不
斷反覆進行虐殺與掠奪。人才不足導致統治手法低劣與瀆職，又反招來當地
居民的輕蔑。而且台灣居民對土地感情根深蒂固，即便過了2年期限，也僅有
0.16%的人離開，日本方面的殘虐行為最終只是徒增台灣人的反感。在這種只
能說是惡性循環的情況下，4年間便換了四任總督。
　　在統治實效無法提升的情況下，唯有統治費用不斷攀升。因為當地治安不
穩，地方行政機構也尚未確立，所以無法施行地租改正政策——地租是當時稅
收的根基——因此在台灣的稅收終究無法補足對台的統治費用。當時日本政府
整體稅收約8千多萬日圓，1896年國庫對台灣的補助達690萬日圓，1897年
度也有590萬日圓。而且因為預估1897年台灣財政會出現大幅赤字，當時的
松方正義內閣企圖對內地增稅，在增稅失敗之後最終總辭。報紙攻擊政府方面
的失策，並形容台灣為「內地國庫的一大負擔」、「母國的一大麻煩」[7]。當
時甚至出現一種論調，主張以1億日圓價格把台灣賣給歐美的隨便一國。
　　即便如此，放棄或出售台灣的主張終究未占多數。中日甲午戰爭後，因三
國干涉還遼，日本放棄了遼東半島，於此戰爭中獲得的唯一土地就只有台灣，

借用伊澤修二的說法,「台灣是我數千將士以血買來之地」[8]。這種放棄台灣的想法,與報復三國干涉還遼的民族主義復仇輿論並不相容。

而且,即便經濟上出現赤字,台灣在國防上仍具有價值。例如總督府首任民政長官水野遵雖在當時的談話中承認「世人動輒質疑在台灣投下莫大經費究竟能否獲得回收」、「像德國的膠州灣以及俄國的大連、旅順一樣,明顯是許多國家的必爭之地,若我邦未領有台灣,屆時他國在北方據有海參威,在南方以台灣為根據地,那我邦將受雙方夾擊」[9]。在帝國主義競爭的漩渦當中,如同三國干涉中德國與俄國奪取的膠州灣和旅順,考量到被當成歐美列強的前進基地,即便不計成本領有台灣也具有戰略意義,類似這樣的言論屢見於各處。

雖說如此,對大日本帝國而言,台灣的情況並不容置之不理。不僅因為經濟的負擔問題,也牽扯到帝國面對歐美時的面子問題。

這種意識就如同水野遵所說:「面對寰宇各國,將失去帝國面子。」後藤新平認為「面對外在列國監視之下⋯⋯今日(台灣)經營若有一步差池⋯⋯其恥辱無需多加說明,帝國未來的命運也令人擔憂」,在統治者之間廣泛懷有這種想法。日本方面在台灣的所作所為已經被香港等歐美方面報紙報導,因此這種擔心逐漸成真。主張「殲滅」台灣人的福澤諭吉,認為這些報導是忌妒日本成功據有台灣的「不滿外國人」為了煽動反日情感而「捏造毫無事實根據的說法」。即便如此,他仍指出「當實際統治上出現不檢點,且愈來愈呈現困頓之際,會顯現日本終究沒有治理他者的能力,造成從世界人道觀點來看也難以放手不管,終究會發生什麼(因外國干涉而產生的)障礙也未可知的情況」,並不得不承認「施政上必須更得要領」。前述的〈台灣之實況〉報告書作者也害怕「帝國政府威信墜地,招來他邦蔑笑」,面對內地人娼妓問題,原作者不只意識到國家威信問題,後來還寫下:「此將受到外國人百般嘲笑,說日本人如果不跟醜業婦(娼妓)一塊,便無法經營殖民地了[10]。」

而且對當時日本的高層而言,對歐美的威信並非僅是虛榮問題而已。因為,擺脫不知何時會被殖民地化的「東洋野蠻國」定位、被認可為文明國家成員之一、廢除不平等條約等,才是明治時期日本的最大外交課題。以甲午戰爭之前甫簽訂的「對英條約改正」為始,雖然日本對歐美列強的條約改正談判持續獲得了成果,但直至條約改正生效為止,仍不可輕忽大意。此外,如同福澤諭吉的憂懼,如果過度放任「野蠻」的實際統治情況,在「世界人道」與「文

明」的名義下，有可能會招來歐美的政治乃至軍事干預。日本方面除了反覆對台灣人實施殘虐行為，對居留台灣的歐美人士處境也非常留心，因為這些住在台灣的歐美人士是歐美方面報紙的新聞來源。後藤新平提到若統治台灣失敗，不只是恥辱，也將影響到帝國的未來的說法，這非是誇大其辭。

問題是，台灣這種情況應該朝哪個方向去尋求解決之道呢？在這些議論當中，對於是否將台灣原居民包容入「日本人」的問題，逐漸浮上檯面。

## 外國人顧問的同化反對論

統治初期，在統治上提出最系統且最有具體方針的，可推司法省英國人顧問科克伍德（William Montague Hammett Kirkwood）的意見。在日本領有台灣時，他被要求提出許多意見，根據日後成為台灣總督的石塚英藏回憶，他甚至形容這位英籍顧問為「當初對於殖民地統治經營，我國朝野全然處於毫無準備的時期，政府當局者也僅依靠一位科克伍德顧問的意見書，才開始理解殖民地為何物，此為實情」。1898 年 3 月，伊藤博文接替因台灣財政問題而辭職的松方正義成為首相，伊藤召集政府首腦，請來去年前往台灣視察的科克伍德舉行說明會，聽取關於統治的建議，但這位顧問在說明會上對日本的台灣統治提出相當嚴厲的批評[11]。

根據科克伍德的說法，殖民地統治的兩大原則，在於「使人民感到滿意而服從」與「比起投入的物資，要能使它產出更多的物資」，亦即一方面壓低成本，一方面使當地居民感到心悅誠服。然而根據科克伍德的視察，日本的台灣統治，離這些目標相當遙遠[12]。

科克伍德最強烈批判的一點，是日本的官吏、警察對當地的語言和習慣一竅不通。他視察台灣時，正好在現場遇到當地居民通報抗日武裝集團，在場的巡查與憲兵共約 20 人，卻無一人通曉當地語言，因此無法對應處理這則通報。此外他還列舉了：憲兵占領宗教上的聖地或宮廟、強迫入監服刑者吃日式食物與行日式禮儀、醫院中幾乎沒有懂得當地語言的醫生等事例。他強調：「連土語都無法理解，又該如何取得土人的信賴[13]？」

但是，科克伍德的這種提議，並非站在當地居民的立場對統治一方提出異議，其意圖至多也只是為了有效率的統治。他把統治台灣的經費與英國大約相同規模的各殖民地進行比較，日本大約是英國的 2 倍到 4 倍，他還特別強調治

安警察費是英國的 5 倍到 20 倍。科克伍德的主張是基於「如果巡察或警官、憲兵之中有人能理解土語，那麼當下的工作只要半數人員就足以擔任」[14]這樣的認知為前提。

他雖然主張尊重習慣與起用當地居民等，但那也是基於「若能使土人從事收稅事務……公務員人數應該可以減少」這種與成本論配套的思考方法。如同過往在沖繩問題上也被提出過的琉球王國保有論一般，這些間接統治論皆重視成本問題。科克伍德基於同樣的理念，反覆提議恢復當地過往的治安自治組織「保甲制度」，以及強調與村長等級的當地統治者建立好關係的重要性。此外，他更提議台灣居民不需要近代性的三權分立制度，由行政官執行審判可以減省審判費用，並主張對抗日武裝集團的家屬科以連帶責任的刑罰。且由於統治方面對於當地社會情狀不甚了解，導致收取稅金不夠充分，因此他認為必須增稅到現行的 3 倍。這也展現了他主張更嚴苛統治的見解[15]。

此外，科克伍德也提議嚴格選擇內地派遣官吏的品質，限制社會底層殖民者流入，只要對台灣注入資本即可。原本所謂間接統治的發想前提就是，相對於教導當地人學習宗主國語言，不如要求本國前往該地執行統治的官吏學習當地語言更為實際，費用也更低廉。科克伍德強調，英國會針對前往殖民地赴任的文官實施多次考試，考驗其對當地語言與習慣的理解，給予獲選者高薪優遇；但同時也要求他們至少必須在當地任職 15 到 20 年。透過這種選派精挑過的菁英前往，宗主國方面從一開始便可獲得當地居民的信賴並樹立威信。然則現實中送往台灣的多是素質低下的官吏與底層殖民者，如前述指出的，只招來了當地居民的輕蔑。科克伍德指責從內地招募來的警官們：「只希望能夠早日調回內地，幾乎所有人在當地期間都只想存下一筆錢然後回國，因此當然不會有去記住土人的語言以及適應當地的人情事理的想法。」因此，他提議要求總督至少需任職 5 年[16]。

那麼，懷有這種理念的科克伍德，對於當地居民的教育又抱持著什麼樣的想法？從結論而言，他的教育政策對於「日本人」化進行了徹底的批判。

科克伍德首先對在台灣實施日語教育提出異議。如同沖繩一般，統治台灣初期也設有免費的國語傳習所，但是根據科克伍德的說法，只需要極少數教導當地居民日語的「公立國語傳習所」即可，教育應託付給「土人設立的學校」。其理由是，即便在殖民地接受了宗主國的語言教育，在當地社會也派不上用場；修完課程的人雖希望擔任總督府或宗主國的官吏，但這樣的職缺極其

稀少。依據科克伍德的視察指出：「當無法達成擔任官僚的目的時，他們所接受的教育也無法適用於其他職業，因此會因失望而對政府懷抱不滿，這是當下台灣教育制度的缺點中將來最應該擔心的事情。」在成本方面，他也主張「土人的學校應以土人的經費來維持」，公立學校也該收取學費來營運[17]。

　　科克伍德沒有提及的是，在以印度為首的英國各處殖民地，已然發生過學習宗主國語言的當地人內心累積了不滿後，終於起身反抗的現象。日後殖民地獨立運動的領導者——包含從宗主國歸國的留學生——許多都是透過宗主國語言學到人權概念與反帝國主義思想。從科克伍德的角度來看，日本既不打算任用當地居民，又免費教導日語，在他眼中只顯得荒謬透頂。

　　如果日語始終是擁有威嚴的宗主國語言，那麼使用日語的就必須是統治者，不能使用日語的就是被統治者。換言之，能使用與不能使用日語的人，必須要有明確的差異。具體而言，只要針對總督府打算任用的官吏或者預定僱用的通譯進行教學便足夠了，而且這些人作為具有威信的統治者成員，必須嚴加挑選。當然，因為這也必須與利用當地社會進行間接統治的政策相互配和，所以要在不破壞當地社會階級結構的前提下，專以當地有力人士與具教養人士的子弟為教育對象。科克伍德視察台灣時，對國語傳習所不分上下階層人民皆進行免費教學的狀況感到吃驚，主張「必須貫徹只教導土人之中的上等品格者，排除下等者的方針」，即使只是僱來當通譯的人，也必須透過中國古典教養的考試進行選拔[18]。

　　科克伍德提出的尊重與利用當地語言及習慣、嚴格選拔官吏、限制下層殖民者移民與導入資本、限定接受日語教育的對象等一連串的計畫，是從他的間接統治理念標準中不可或缺的諸要素所導出的。這些也與他所提出的統治兩大原則，亦即支配者方面的權威和經濟成本等兩大目標一致。重視維持統治者與被統治者間的差異，也只有以這種差異為前提，方可既維持統治者的威嚴，又能達成利用當地統治者進行間接統治以削減成本的好處。科克伍德或許顧慮日本方面的想法而沒有全盤否定日語教育，但根據上述原則，企圖把當地居民改造為「日本人」的同化教育，完全不在他的思考之內。

　　類似這樣的建議——雖然不若科克伍德這麼系統化——不是只有外國人顧問提出過。例如在領有台灣時對政府提出的意見書中也可見到以「台灣島民文化低落，且風俗習慣與我國相差懸殊，終究難以施行我國法典」[19]為前提，提出尊重當地社會的現有法令之說。在教育方面，也有「雖應擬定日本語等的漸

次教授方法，但眼下也無需操之過急」之說。而前一節介紹的〈台灣之實況〉報告書也闡述「行政盡可能保持、尊重舊慣」，且有必要「利用」舊統治層的「力量」，同時也建議派往台灣的官吏須透過考試嚴格選拔，使其學會當地語言，而在年金與在職薪水上給予優厚待遇作為補償。這份報告書的作者之所以會批判總督府官僚偏重國防的態度，也是因為他抱持「施政方針應以綏撫土民、開發富源為主，此外無他」的主張。

應當注意的是，這種間接統治思想在領有台灣後的數年之內已經廣為流傳。如之後第七章所述，從19世紀末到20世紀初是殖民政策學的轉換期，當時的理解是，法國嘗試改造被殖民者的同化政策失敗，英國利用舊慣的間接統治獲得成功，雖然這樣的理解不見得正確，但因為容易理解、便於流傳，因此也大量出現在日本的報紙上。例如《讀賣新聞》1899年的社論便表示：「舉凡殖民政策有兩種，一種採同化主義變革土民思想習慣，使其與本國文化、政治步調一致；另一種即採懷柔主義，保存土民的思想習慣，本國則收取其實際利益與實力。前者為法國使用於安南（越南）而失敗，後者為英國使用於印度並獲得成功。」另外1900年的雜誌也主張：「英國殖民地的實例，是大日本擴張論下國民應該傚仿的模範；法國的殖民地實例，則是進取的國民所不應借鑒[20]。」

此外，為了推進殖民政策而組織的台灣協會刊物《台灣協會會報》，也介紹了英國、法國、德國、荷蘭等各國殖民地統治的狀況，關於法國對阿爾及利亞的統治，該報評論道：「（我們）必須承認，今日將阿拉伯人同化於法蘭西的計畫（即便採行緩和的手段），卻普遍帶來不幸與產生危險。」此外1899年的雜誌《日本》也說明：「英國的殖民方針不見得希望內地人大量移居（殖民地），比起數量，更希望他們具備善良的品性。」由這段描述也可以看出，「殖民限制論」也廣為人知[21]。

如果採取這種路線，較之培養日語能力和忠誠心的教育，反而更需要加強原本居民的儒教文化素養，普遍施以文明教育。另一方面，由於間接統治是把原本居民限定在比統治者更低的位階上，並以提高經濟利益為目標，因此，即便是普遍性的文明教育，也只需教導一部分協助者的菁英即可，也就是主張大部分原本居民的初等教育，只需施行養成當地勞動力的實業教育便可。例如前述的台灣銀行總裁添田壽一便持續批評同化教育，他在1901年的演講中有這樣的論述[22]：

英國在各方面教導了印度人經濟思想，但在政治上不利用他們，只讓印度人保全自己的生計，使其理解普通常識，但本意上絕對不授以各種高等教育。我個人以為，給予殖民地的人們能夠發達當地經濟的知識便足夠了。絕對沒有必要讓他們自治。與此同時，母國有些人反對，認為應該使殖民地全體或一部分人們，具備足以擔當統治者資格的知識。

這種重視實業教育的論述，獲得像添田這樣的經濟人士專家或者經濟體系的官僚支持。後面將在第七章將提及的新渡戶稻造，也在前往台灣總督府赴任參與糖業開發時的演講中提及，面對經濟意識強烈的「支那人」時，與其實施同化教育，不如透過尊重舊慣與實業教育，在經濟上形成對日本統治的信賴感，這種方法將更為有利[23]。

科克伍德的教育政策計畫，乃基於經濟合理性與冷靜的現實主義而來。自不待言，這種構想不言可喻，並非是要把台灣人包容入「日本人」，而是以把台灣人從「日本人」中排除出去為前提。然而，這樣的想法在根深蒂固的同化台灣論調面前，卻遭到阻礙而無法實現。

## 是「殖民地」還是「非殖民地」？

提倡將台灣包容入「日本」的議論當中，最廣為人知的是原敬於 1896 年提出的〈台灣問題二案〉。原敬日後成為日本首相，不過這篇意見書是他還擔任外務次官（次長）、身為領有台灣之際臨時編成的台灣事務局委員時所提出的[24]。

原敬此意見書的主張，與科克伍德等人的議論前提持相異的前提。其中指出，討論統治台灣時，首先必須處理的就是要在下列兩種基本方針中選擇何種：

甲　把台灣視為殖民地，即「Colony」之類。
乙　即便台灣與內地在制度上多少有相異之處，但也不將其視為殖民地。

在今天看來這樣的問題設定有點奇異。現今來看，台灣是日本的「殖民地」這件事情，完全是當理所然的前提。不過此處原敬提出的，則是是否要把台灣當作「殖民地」這樣的問題。

　　實際上，科克伍德也在甫領有台灣後提出的意見書中，針對日本和台灣的關係提出了幾種可能的選擇[25]。一共舉出了三種選項，那即是：①像美利堅合眾國或德意志聯邦一般，由各州平等的結合而成的聯邦國家；②像英國與印度或其他「本國─殖民地」的關係；③像俄羅斯的中亞地區或大英帝國的威爾斯、蘇格蘭一般，編入成為帝國的一州。

　　這種複合國家的例子，對當今的日本而言是不太相干的國家形式，不過對近代日本而言卻不見得如此。如果各地藩國在明治維新時以對等方式進行聯合，便有可能形成科克伍德例①的聯邦國家；而當沖繩與北海道編入帝國時也可能出現例③的情況。而且科克伍德是站在「類似日本與台灣的聯合，係屬於例②」的認知上，以英國殖民為範本而提出建議。也就是說，科克伍德的建議就是在「台灣是殖民地」的前提下所提出。

　　無論原敬提出的甲案（「殖民地」）或乙案（非「殖民地」），他都舉出歐洲各國有值得學習的前例。首先關於甲案，包括英國在內的「歐洲諸國」殖民地統治中，存在「大量合適的例子」。而乙案可以參考普法戰爭後德國合併的亞爾薩斯（Alsace）和洛林（Lorraine），以及作為法國海外縣的阿爾及利亞。在這種情況下，「務使台灣制度盡量接近內地，最終達於與內地無有區別為要」。而原敬本身的意見，則是「當然以乙案為佳」。

　　這樣的意見並非原敬獨有。英國顧問科克伍德做出上述提案的同時，法國顧問米歇爾・盧朋（Michel Joseph Revon）在1895年4月的意見書中建議把台灣當作「帝國真正的一縣」。原本盧朋也承認英國的殖民地統治比法國更成功，日本在甲午戰爭後除了台灣也取得了遼東半島（後來遭三國干涉還遼而放棄），關於遼東半島，盧朋便建議採取尊重舊慣路線來統治。但關於台灣他卻推薦參考法國統治阿爾及利亞「非殖民地而是真正的一州」經驗[26]。

　　原敬與盧朋的意見書中，不僅提出德國統治亞爾薩斯與羅倫，還把法國統治阿爾及利亞當作非「殖民地」統治來舉例，現在看來大概會覺得很奇怪。但是，例如被當作美國一州合併的夏威夷，今天就不稱為「殖民地」。科克伍德舉的俄羅斯中亞地區和大英帝國的威爾斯、蘇格蘭，以及編入大日本帝國一縣的沖繩縣，按通則也不稱為「殖民地」。而在制度上，亞爾薩斯與羅倫是德國的一州，而阿爾及利亞北部則作為海外縣編入法國。這些地方是作為國家新併入的地區，並非原敬所說的「殖民地」。

　　原敬在前述的意見書中，對於不該把台灣當作「殖民地」來處理的理由，

做出如下的說明：

原敬

> 因為台灣的地理位置接近內地，特別是海底電報
> 的電纜不需拉得很遠用遠拉，應可鋪設雙線。船舶
> 通航班次也應逐漸頻繁。隨著人民往來內地便能逐
> 漸容易的不分異同，這恰如德意志的「亞爾薩斯、
> 洛林」與法國的「阿爾及利亞」。何況該地人民與
> 歐洲各國的異種人（不同種族的人）統治，情況完
> 全不同。

此處原敬強調，台灣與日本的關係，和「歐洲諸國」統治亞、非「異種人」的「情況完全不同」。確實，日本與台灣的關係，談不上「白人」與「有色人種」的關係，人種外觀上的差異很小。而且，原敬所舉出的地理上具有接近性、通訊手段的發達，與人種的血緣相近等原由，這些全部都是形成國民國家的必要條件。也就是說，根據原敬的說法，台灣已經具備了成為大日本帝國「真正的一縣」，能被視為國民國家統合對象的要件的各種要件，因此才說台灣與歐洲諸國的「殖民地」不同。

如同將在後文第 II 部說明的，原敬日後擔任首相對台灣、朝鮮統治進行改革時，經常舉出成功同化沖繩，將其統合成帝國一縣的前例，這也可以看出他如何定位台灣。奪取沖繩之際，日本也不斷強調人種的共同性而將其包容入大日本帝國，此處也出現了類似的現象。

## 國防重視論與對歐美的意識

然而原敬的意見書中卻少了一個支持台灣同化論的重要元素，那就是國防。如同沖繩與北海道的前例，針對台灣問題，國防也成為「日本人」化的論述根據。例如 1899 年《讀賣新聞》的社論中，即便承認英國的「懷柔主義」成功及法國的「同化主義」失敗，仍舊有如下主張[27]：

> 吾輩以同化主義作為適合台灣的政策……懷柔主義雖然能偷得一時安
> 逸，卻會給後世釀成禍亂，恐有喪失全土之虞……如使用懷柔主義，他日

一旦牽涉外國之際，更可能會阻礙本國之行動……

　　……以台灣歲入對照歲出，每年短缺1千萬日圓，但為防禦台灣又造成軍備費用膨脹，這是因為（台灣之於日本）不若印度之於英國，能為本國吸收實利與勢力之故，懷柔主義確不適用台灣……

　　這段文字說明，即便間接統治短期內對成本有利，但是相較於將原本居民改造為「日本人」的同化路線，一旦面臨國際關係對日本不利的時候，失去該處領地的可能性很高。而且台灣之於日本不像印度之於英國，並不是為了經濟目的而占有的土地，討論成本論原本就是沒有意義的事情。

　　日本內地的媒體雖以台灣統治「從經濟上而言完全失敗」為前提，但仍有不少媒體提到「若為帝國南進的駐足之處，或至少作為帝國南門的鎖鑰，即便花費千萬國費亦不足吝」的論述。例如《朝日新聞》1899年的社論，便提出見解：「馬關條約中之所以求要台灣島，主要是基於兵略上的考量。……若是為了拓地殖民，此島不免頗不適當。」此外《京華日報》也於1898年主張「或有人云台灣不應作為帝國本土而該當作殖民地，吾人反對此論。……台灣經營的方針，應使其與本國具有同一性質，而且應當將其完全日本化」，這也是基於「兵略觀點」而採取的想法[28]。

　　關於教育政策部分，同化論者也採取同樣的主張。1901年某台灣公學校的教員便反對尊重舊慣與實施初步實業教育的路線，他提出如下論述（此處把法國對印度支那的統治當作間接統治的代表來舉例，指的是以世紀轉換期為界，法國放棄同化主義的狀況[29]。）

　　……（日本）若單純是為母國國庫增加財富（而增加）領土的國家便無必要論及教育……被征服者即便歷經數世紀也不受感化，一旦政權動搖之際，便趨向有利之處，絕不會對母國表示同情。如認其（民）極度頑陋，不具同化可能性，則教育上只施以初級常識，藉此方便進行酷使驅役即足矣，此正如法國對安南的方策，尚可稱妥適。若認為有同化之必要，亦認可有同化之可能，卻又主張要盡量保持該民族風俗習慣，應聽任自由並加以保存，或云教育需盡可能遵從其民族特性等，豈非目的與手段相互背反……

　　如果以永久確保台灣為目的，那麼實業教育論與舊慣保護論確實可說是「目的與手段相互背反」。這位教員舉日本在太古時代同化蝦夷的歷史，與德國統治亞爾薩斯、洛林的事例，也倡議把台灣原本居民當作「日本人」來實行徵兵。

　　無論如何，這些理論都反應出日本日本相較於歐美處於軍力的弱勢地位。如果對軍事力量有自信，即便歐美諸國來襲、台灣當地居民發生反叛，應該也不至於會發生問題。此處也可再度看出日本對歐美關係的定位，被反映在台灣統治政策論當中。

　　不僅在軍事力上，在經濟力上日本也不甚有自信。其他的台灣公學校教員認為，若著眼於實業教育和經濟開發，從關心利害的角度取得當地居民信賴的說法，是一種「利益主義的教育」，因此採取反對態度。在這樣的教育之下，如果能讓當地居民認為成為帝國領土一部分是幸福的，那麼還有可能具備懷柔的效果，但「如果他們發現（處於帝國所屬狀態）自己並不幸福也無利益時，又將如何處理[30]？」

　　如果台灣人對日本統治有所不滿，或者判斷出受歐美統治更有利益時，這類實業教育在確保台灣一事上起不了作用。何況若是遇到敵人來襲，更不可能期待他們不惜性命為日本付出忠誠心。

　　與這種同化論相對照，英國顧問科克伍德就缺乏這種針對歐美的國防危機意識，某種意義上來說這也是必然的現象。他雖然主張嚴格選拔培養殖民地官僚，但他預設的至多就是文官而已，並非軍人。科克伍德論及台灣統治時曾批評「文官在台灣的地位低於武官」，最重要的是希望能夠任命文官出任台灣總督。科克伍德更從間接統治的立場主張應該發放武器給對日友好的當地居民聚落，利用他們鎮壓抗日武裝集團，但這對於在軍事力上缺乏自信的日本而言，終究是無法接受的事情[31]。他的間接統治論是基於國防上樂觀的看法，而且也可說是以擁有世界最強海軍軍力的英國殖民地統治作為預設的前提條件。

　　除了國防問題之外，在間接統治與實業教育論的前提方面——也就是關於普遍性文明的權威與恩惠的意識形態上——日本相較於歐美相形見絀。與沖繩的狀況一樣，日本在台灣高舉著文明大旗的立場，但這終究有其極限。1901年的《台灣教育會雜誌》中就刊載了以〈教育征服論〉為題的如下論述[32]：

　　日本在陸海軍、農工商、美術技藝學問界中，較歐美低劣，僅強過支那

朝鮮等地。

　　除此之外尚有一縷希望可以寄託。亦即，把日本道義當作普通教育的一環，而且是重大的一環，向世界上推廣。……魂性（日本的精神性）遠在歐美各國之上。物質文明上已經承認較歐美劣勢，但在道義精神上，則一步也不能退讓。……把物質文明推廣給清朝人民只能算是中策。主要必須向支那鼓吹日本的道義……

　　此處可以見到，愈是意識到日本對歐美的關係，愈會呈現出同化論中比起「文明化」更加強調「日本化」的必然狀況。因為日本在普遍性的文明與科學技術或者經濟開發力上弱於歐美，日本方面的言論家無不痛切理解。

　　而且，在台灣與朝鮮這些日本統治區域內，當地居民比殖民者更精通儒教文化。德富蘇峰論述：「日本面對支那，沒有任何足以自誇的事物。無論拿什麼與支那相較，日本都沒有勝算。不僅沒有勝算，這種比較的問題根本上不了檯面。然而其中唯一支那所缺乏，而日本卻擁有的，就是萬世一系的皇室[33]。」如果普遍性的文明是模仿歐美、儒教文化是習自中國，那麼就僅剩下天皇與日語是足以對台灣人展現日本優越、具備「威嚴」的要素。

　　面對歐美與中國的自卑情緒，不僅表現在文明上，也體現在肉體上。當時「日本人」的平均體格當然比不上歐美，較之於台灣的漢民族與朝鮮人，也顯得矮小。曾任台灣總督府民政局長的水野遵，在1899年視察中國與朝鮮之後，承認「提及體格總是不及朝鮮人」，「日本人非常自誇自己是戰勝國的文明人，讓人感到羞恥……小個頭的男子戴著鴨舌帽等意氣風發走在街上，連我們日本人看著都覺得可笑，更何況從外國人的角度看來，更像是劣等動物在走路吧」。此外，對同化路線持批判態度的新渡戶稻造也認為，與出兵鎮壓義和團事件的歐美列強軍人相較，「我國軍人短腿長身，頭部較大，其樣子可謂非常不佳，但只要戰爭能夠得勝，腿短也無妨」。而且無論水野或新渡戶，在承認肉體方面較為低劣後，仍都主張日本精神與對天皇的忠誠心方面，「日本人」更為優秀[34]。

　　而且，在文明與肉體上無所依據的自卑感，反而加速日本依賴赤裸裸軍事力量和暴力的心理。新渡戶稻造所述「但只要戰爭能夠得勝，腿短也無妨」便可說是例子之一。水野則在承認肉體上劣於朝鮮人後，更露骨地主張：「對於朝鮮人……以強姦的方法可行，若以和姦（合意通姦）的方法就會萬事失

敗。」亦即對於文明恩惠與經濟開發等「和姦式」手段無法確立日本權威而感到焦躁，這也導致其思想倒向透過暴力強求日本精神和忠誠心的「強姦式」路線。

這種從拒絕屈服於歐美的抵抗意識所發展出來的同化論，也強調歐美各國的「殖民地統治」與日本的台灣統治有所不同。而英法等國不斷轉變成間接統治的事實，也如原敬所主張的一般，被視為起因於本國與殖民地的關係處於「遠方」及「異種人」之故。當然這就與提倡日本和台灣的關係是「近鄰」與「同種人」的論述表裡一體。《讀賣新聞》主張同化台灣之際，對法國殖民地統治採取這樣的定位：「法國對安南採用同化主義卻遭失敗，係因其領土遙遠，加之土民人數眾多，表現出同化力不足之故。」並表示「反觀我台灣，可謂領土並不遙遠」，這樣的論述也是一例[35]。如同之後我們可以見到的一般，強調與台灣的人種、地理「接近性」，成為同化論的基本說詞。

如前所述，許多同化論都採取重視國防的態度，在這層意義上，與〈台灣之實況〉中提及的總督府官僚觀點一致。然而即便如此，也不見得同化論者必然就對台灣統治的實際狀態抱持肯定的態度，這點有必要加以留意。

在領有台灣的初期，批判統治的意見書中還有另一份與前述〈台灣之實況〉並列的著名意見，由曾任總督府高等法院院長的高野孟矩於1896年提出。高野是一位由於熱衷於舉發總督府內部收賄事件而在1897年被迫下台的硬漢。他的意見書確實針對軍警憲兵等殘虐行為及腐敗等進行激烈批判，但與〈台灣之實況〉的作者意見完全相左，高野秉持著同化台灣的主張。

高野意見書的論述前提在於：若未能確保台灣作為國防據點「沖繩列島便已然失去安全的地位，九州、四國也不知何時會遭遇到危險」這樣的危機意識上。還說：「下官相信，我帝國並非以收益性殖民主義來領有台灣，而是將（台灣）本土人民逐漸日本化，亦即使民心抱持忠君愛國的想法，將此地充作我邦國土，使其作為帝國西南屏藩保障。」如果把台灣視為「印度之於英國，或菲律賓群島之於西班牙，以收益主義為主的殖民地」，或許還可以無視當地居民的人權，如果想要獲得他們對日本的忠誠心，那麼在台灣施行的「虐殺燒毀等鎮壓手段」，不僅只會「減低忠君愛國之情」，而且還可能成為歐美出手干涉的藉口。職是之故，透過「一視同仁、廣大無邊的御聖德」保障當地居民的人權，並且應該「把一直以來的當地居民日本化，以忠君愛國思想健全其身心，持續培養成帝國臣民」[36]。

〈台灣之實況〉的作者的站在「舊慣尊重」立場來批判統治，相反的，高野相對地是站在「一視同仁」的立場做出批判，可說是饒富深意。台灣的統治狀況，無論從間接統治立場或從同化論立場都出現了批評。日後，這種「舊慣尊重」型批判與「一視同仁」型批判，貫串了整個大日本帝國時代，為統治批判論的兩大主流。

但是，基於間接統治論的批判，皆以對照於歐美「先進」的「殖民地」統治進而批評日本統治的不得要領；而基於同化論的批判則與此相對，其論爭方法是認為台灣統治的現狀就跟歐美「殖民地」統治一樣充滿差別待遇，唯有透過日本獨有的「一視同仁」思想才能排除。如上述的高野意見書，就以英國統治印度作為「收益主義」的代表案例，對比於日本的「一視同仁」態度。

總而言之，源自對抗歐美意識的、著眼於國防的同化論提倡者，與以歐洲各國間接統治為模範的論者相反，他們具有一種故意違反時代潮流、反對間接統治，並據此作為日本獨特性而加以讚揚的傾向。例如提給台灣總督府的統治意見書之一的〈台灣經營策〉，一方面批評歐美列強的殖民地統治與人種歧視為「畜生道」，並認為那些主張參考英法間接統治路線的意見「與我國體不符」，進而加以摒斥，並提倡透過「皇道」將台灣人「同化於我國體」，藉由「亞洲聯合」邁向「遠東獨立」、「東洋和平」的目標[37]。

必須留意的是，此處的〈台灣經營策〉把統治台灣所造成的財政赤字視為「我帝國的向外擴張……與彼等（歐美）國民為了滿足貪婪欲望掠奪其他國家並虐待他國人民不同」，並將此論述當作讚美日本的素材。此論述採取的邏輯，是把缺乏統治技巧與偏重國防等原因造成的經營赤字，描述成宛如日本是為了「東洋和平」，不計利害而獻身的證明。高野的「收益主義」批判也採取同樣的論調，認定歐美是以奪取經濟為目的而經營「殖民地」，藉此與日本經營赤字進行對比，此後也成為台灣、朝鮮統治論中同化論者自我陶醉（Narcissism）的素材。

如原敬所主張的一般，日本與台灣，不像「白人」對「有色人」的關係，而是同樣被分類為黃色人種的夥伴。對於感受到可能遭歐美列強殖民地化威脅的日本人論者們而言，在統治該些地區時，與其採用以歐美為模範的「殖民地」統治論述，不如推出與歐美不同、基於自我意識而產生的一視同仁「日本人」化說法，更方便維持國族認同（National Identity），這點大概不難想像。同化論能夠在日本內地的言論界占有壓倒性的優勢，大概也是因為這樣的理由。

如同下一章所述，在日後的政策論述中也可以散見如下說法：台灣如果像非洲那麼遙遠，加上與日本內地又有明顯的人種差別的話，那麼日本將會毫不猶豫地採用「殖民地」統治方法。如果把台灣視為「殖民地」來統治，那麼同化政策就顯得不適當，這是從那個時代開始便理解的概念。然而，許多日本言論家則認為明確的把台灣視為「殖民地」，正是因為地理、人種上太過相近之故。

伊澤修二

　　竹越與三郎回想 1905 年領有台灣之際時說道：「有人想當成九州的一部分來統治，有人認為（治理台灣）比琉球更能得到些許益處，有人想要當成英國持有印度一般來統治，總之，一旦談到應該把既得土地當作領土？或者應該當作殖民地？又或者該當作一個縣來經營？其見解並不一致[38]。」台灣統治應當模仿歐洲的殖民地統治嗎？或者要採用奠基於沖繩、北海道所實施的納入國內路線來發展處理呢？大日本帝國該如何對應與處理首次透過戰爭取得的領土台灣，這是從未經歷過的抉擇。這樣的迷惘，不僅出現在意見書與言論界，也存在於台灣總督府的官僚之間。

## 「日本人」化教育的開始

　　身為台灣總督府首任學務部長，也是台灣教育政策負責人的伊澤修二，在1896 年的國家教育社常會上的演講，有如下的表示[39]：

　　首先試著考慮所謂的台灣，大致是日本國的身體，亦即應該視為日本國自身的一部分；或者，如印度之於英國、安南與東京保護國（Tonkin，越南北部大部份地區）之於法國，又或者既非英國身體的一部分，也非法國身體的一部分，僅作為純粹的一個殖民地，對本國而言應該取得多少利益方才足夠之地。從此二者之中選擇其一，教育上的定見，便可自立。

　　台灣是「殖民地」？或是「日本身體的一部分」？這樣的提問，當然與原敬提起的二者擇一性質相同。在台灣的教育政策，會被這個選擇所左右，不過伊澤修二的回答很明確。亦即：「所謂的台灣，最早是我國的領土；也就是

說，台灣人民應該是最早成為我國民的人民。」（《伊澤修二選集》p. 592）

伊澤教育政策的目標，也相當明確。這在他 1895 年 11 月的演講中可以看出：「將此新領地的人民作為我皇民的一部分，若真能使其同化，將獲得我國南方無上的大勝利。」對於確保作為國防據點的台灣（同 p. 488-489），他即將渡海前往台灣之前曾做出如下的表示[40]：

在維持新領土秩序上……除以軍力從形式上征服，同時也要從其他面向征服精神，務必去除舊國之夢，發揮新國民的精神。此亦即必須將其日本人化。改造彼等思想界，使其同化於日本人思想，必須使其完全成為同一國民。而此種征服彼等精神者，便是普通教育的任務。

藉此我們可以理解，對伊澤而言，透過教育將台灣人改造為「日本人」，是為了確保台灣的一種「精神征服」。

同樣在渡海前的談話中，他指責了台灣「耶穌新教派傳教士」透過羅馬字滲透到民眾教育的情況，為了與之對抗，他主張要在台灣居民間推廣日語及「聖天子之御稜威」（同 p. 474-475）。與日後遭日本併吞的朝鮮相較，台灣這片土地上的歐美傳教士並沒那麼多，即便如此，當日本領有台灣時，已經存在五所由長老教會經營的學校。與北海道的情況相同，他們都是「日本人」化教育的競爭對手。

伊澤持續強調台灣居民「日本化」的必要，表示：「如果是基督教國家，也會以宗教來達成這樣的目的……但要打從心底把台灣日本化，除了教育別無他法。」與歐美列強把基督教當作當地居民對策來利用一樣，可以看出伊澤也在教育上追求相同的機制與效果（同 p. 493）。日本對朝鮮進行砲艦外交後（江華島事件），開始遣送佛教僧侶前往朝鮮，或者派遣日本的基督教團體前往進行傳教活動等，以此對抗歐美傳教士，但終告失敗。雖然日後到了 1930年代開始強制參拜神社，但對伊澤修二而言，當時除了學校教育以外還找不出其他「精神征服」當地居民的手段[41]。

燃燒著這種使命感的伊澤，自甫登陸的 1895 年 7 月便著手設立學校推行日語教育，1896 年 3 月將學校改組為國語學校。如前所述，〈台灣平定宣言〉是在 1895 年末提出的，而且之後仍持續有武裝反抗，因此一如字面上的描述，除了透過武力之外，透過教育的征服戰爭也同時並行。

　　最能代表此事的，是1896年1月發生的武裝反抗事件，隸屬學務部的六名內地人教員在此事件中戰死。伊澤對同僚的逝去如此評價：「揮淚痛哭的次數已經到了數不清的程度，但是若說是為了國家，實在是死得其所……在新疆土實施教育的人，比須抱持與此次逝去的人們相同的覺悟。」如此發出教育戰

芝山巖學務部

爭的檄文（同 p. 494-495）。這些教員們的死亡，冠以學務部所在地的地名，稱之為「芝山巖精神」來美化，在台灣及內地教育相關人士之間廣為知悉。此外，這次武裝反抗中死亡的內地人共有20餘名，然而日軍實施報復時卻有1千5百名左右的台灣人遭到殺害，並燒毀了約1萬戶家宅。

　　伊澤更進一步說明，受戰死教員指導的台灣居民，有一部分挺身而出協助鎮壓抗日勢力一事：「透過亡友諸氏之力，確實總共有30名，被打造成了日本人。」（同 p. 494）伊澤所說的「日本人」，最主要的，就是協助日軍的當地人。

　　採取這種教育方針的伊澤，對間接統治路線不感認同，也是理所當然的事情。他在1895年11月的演講中，談起一段他接受「安南教育局長」建議的有趣佚事。根據他的說法，這位教育局長表示「在語言風俗完全不同的地方建立學校，實施教育使當地人非學習法語不可，但各地都沒有回報好的結果」，他告訴伊澤「這對日本在台灣實施教育而言，是必須參考的經驗」。然而，伊澤對這種情況的評價是「法國這種說法，應該沒有人會妄加相信吧」，表現得十分冷淡。另外，他在剛抵達台灣時，也從在台灣經營學校的英國傳教士處聽到了以當地語言教導當地居民卻失敗的經驗。對此他也回答「我自有定見，將會使用日語教學」（同 p. 488, 540）。他的判斷應該是：比起培養殖民地勞動力或單純傳達知識，更重要的教育目的是養成忠良的「日本人」，因此以日語以外的語言施行教育根本沒有意義。

　　如果從類似科克伍德的主張來看，為了撙節經費，便需要積極利用當地居民的私立教育單位，但伊澤對使用台灣的傳統教育單位——也就是書房——則相當消極。根據他的說法，在書房施行的教育只是「與我國維新前受的教育相同」，有必要「增加文明的教育」。但比這個更重要的問題是，地方教育單位必須「依照支那皇帝欽訂的教則，奉支那皇帝的聖名在授課」（同 p. 486, 509），因此不可能期待利用當地人的教育單位培養出忠良的「日本人」。

　　另外伊澤也沒忽略同化論的大勢，採取了台灣在人種、文化、地理上與日本相近的主張。根據他的說法，台灣是「渡島飛行大致能達之處」，而印度支那和印度對英法而言是在「地球的另一側」，「關係上有著顯著的不同」。而且在日本與台灣在語言上是「同文之國」，文化面也共享著儒教文化，「人民如何說都幾乎屬於同人種」。因此，「我國教化台灣的關係，與其他外國面對東洋各國，有著相當大的不同。」（同 p. 492, 530-531, 487-488）

　　伊澤把間接統治稱為「假他主義」，並承認歐洲諸國的間接統治殖民政策獲得成功。根據伊澤的說法，此種主義因為是以統治者與被統治者的差異為前提：「如果說要保持像這樣的統治者與被統治者的關係，那麼還是絕對不要教導他們統治者本國的語言為宜。」這種方針可舉荷蘭統治爪哇島為例，荷蘭官員先學習當地語言和生活習慣後赴任，並禁止當地居民學習荷蘭語。另外，伊澤也認為松前藩對愛努的政策：「與法國人或荷蘭人對安南東京和『巴達維雅』（雅加達）施行的是完全相同的主義。」（同 p. 529-530）

　　但是根據伊澤的見解，這個主義是以統治者與被統治者猶如「神的孩子、子孫與奴隸間的巨大差異」為前提，遇到人種、文化上差異較少的情況便無法期待獲得成[42]。針對這樣的問題，他說明如下。（同 p. 530-532）

　　　唯我（日本）於數十年來輸入泰西文明，於學術於器械各方面事物臻於進化，因此較彼（台灣）居於先進地位無誤，但如果相互比較智德之量，我絕對看不出台灣一般人民比日本一般人民更低劣，反而是幾乎相同。在此點上，例如彼等法國對安南東京施行此種主義結果又如何？相同人類擁有相同相貌，擁有相近的智德，而且其他各點也大概相同的人即便說自己是神的子孫，其他人是低下的人等，我也以為這絕對是不該做的事情。

　　這段發言可以說是率直表現了日本方面論者不主張間接統治的認同上的理由。

　　這種伊澤的同化論是「如果以為我們將帶著我們是神的子孫、除了我們大和民族以外全部都是低一階人類的這種……主義前往，那將是很大的錯誤」，帶有「一視同仁」的面向（同 p. 532-533）。他在 1896 年的帝國教育會演講中，披露了如下的歷史觀。（同 p. 511-513）

　　……根據往昔國學者等等的說法，他們的解釋似乎所謂日本國民就只有大和民族，我認為這有很大的錯誤。我皇室的御恩德，絕非僅限制在如此狹小的範圍內。皇恩宏大實能上比天地。一視同仁，將世界各國人民視為子民，無論何人若願意服從，眾人皆為臣民……我臣民之中……中古以來來自外國並歸化者，絕不在少數。

　　透過古代的「渡來人」作為強調日本同化政策成功的事例，把「日本人」視為混和民族的論述方法，日後在朝鮮同化論中也會流傳。

　　那麼，從這種思想出發，伊澤採取了什麼樣的教育政策呢。根據他在1896年的提案，針對當地居民的教育機關，要設立國語學校一所與師範學校三所，進而各師範學校中要設置附屬小學校。其中國語學校要培養在公、私事業中擔任核心層的「通譯者、吏員、實業者等」，師範學校以培養當地人教員為目的，各附屬小學校則企圖使其負擔準備教育和作為「小學教育的模範」。

　　伊澤計畫的特徵，在於和沖繩教育相同，所有學校都免收學費，且大多數情況下會發給餐費等費用。領有台灣之後，他設立的國語傳習所和國語學校也是學費全免，但無須多加說明也可察知，免費只是一種希望能提升就學率的手段。當時除了沖繩以外，日本內地仍舊收取學費，直到1900年才實現初等教育免費。而且，入學資格並沒有設置如科克伍德所主張的身分限制。伊澤雖然沒有出席科克伍德在東京以內閣閣僚為對象的說明會，但知道說明內容後還去信抗議[43]。

　　伊澤計畫進一步把師範學校附屬小學校修業年限設為6年，隔年5月，還提出了在6年制小學科後，接續4年制中等科的提案（同 p. 509-510）。如果考量到內地小學校在1907年才由4年制延長為6年制，便可看出這是相當有企圖心的計畫。對伊澤而言，可說他把新領土台灣當作內地尚未實現的國民教育實驗場。

　　接下來如果觀察授課科目，當地居民教育中一定有「國語」（日語）課程。當然，不使用「日語」而使用「國語」此一名稱，沖繩教育也是如此，表示台灣已經是「日本」的意思。順帶一提，日本內地將讀書、作文、習字三者統合，設立「國語」教學科目，也是伊澤計畫提出4年後的1900年。

　　但是，只靠日語教育並無法完成培育忠誠心。前往台灣赴任的教員中，也出現「僅靠教授國語並無法獲得同化的成果。反而可能藉著日語受到非帝國主

義社會主義精神影響」的聲音。如果不注意,恐怕還可能出現科克伍德擔心的,受教育階層出現叛亂者的情況。其他教員也表示「能夠精巧操用日語還能使其精神全然日本化,當然是最好的,但如果二者不能皆得,寧可國語運用不熟練,但希望打造出日本化的頭腦」,並指出菲律賓獨立運動家阿吉諾多(Emilio Aguinaldo y Famy)就是接受西班牙語教育的人[44]。為了彌補這一點,伊澤計畫把以《教育勅語》為基礎的「修身」科置於所有科目的最上位。伊澤於 1896 年 10 月申請將《教育敕語》賜與台灣,翌年 4 月,勅語謄本便授予國語傳習所和國語學校。

此外,在授課科目上,除了算術、體操、唱歌、理科、圖畫等之外,也規畫了地理與歷史。只不過,伊澤這樣設計的目的並非單純要普及知識。伊澤抱持的是「台灣,過往是日本人的領土,受荷蘭人欺壓而遭奪取」的歷史觀(同 p. 492)。其論述根據,便是據有台灣與清朝作戰的英雄——在日本也因近松門左衛門的淨琉璃《國姓爺合戰》而知名——鄭成功的母親是「日本人」之故。在琉球,民眾被教導初代琉球王舜天是源為朝子孫的歷史觀,在台灣與此相當的,可說就是鄭成功傳說了。

伊澤於 1897 年的演講中明白表示,台灣自古以來是日本領土:「遭清朝所奪,而日本與台灣在歷史上,自古以來便擁有不可切斷的關係,要將這樣的想法,完全置入台灣人的腦海中。」在地理方面,他也認為:「台灣與我國在地理上的關係,實乃同氣連枝,幾乎天然附屬於我國。」(同 p. 518-519, 530-531)對伊澤而言,歷史與地理可說是把台灣人編織入日本及「日本人」這個想像的共同體中不可或缺的科目。

## 捲土重來的非同化論

以上所討論的伊澤教育計畫,最後並未能照預期實現。對當時的財政狀態而言,他的構想野心太大。日本政府不堪台灣統治補助金負擔,宣布削減總督府預算,在這種情況之下,總督府不僅沒能實現伊澤提案,連當時已經在運作中的國語學校,也通知將採縮小營運的方針。伊澤對當時的總督乃木希典提出嚴重抗議的陳情書,但未被採納。1897 年 7 月,學務部被縮小為學務課,伊澤也休職了[45]。與無血占領的沖繩相較,台灣總督府當時忙於鎮壓抗日武裝勢力,教育政策無法成為最優先的課題。

　　然而，伊澤的教育方針並未全盤遭到否定。他離開之後，總督府在1898年7月就制定了決定初等教育的公學校令。一併發布的公學校規則第一條中規定「以培養國民性格，同時使精通國語為宗旨」，以《教育勅語》為核心的的「修身」與「國語」受到重視。其他諸如不分階級皆讓當地居民入學、「公學校」的名稱，以及修業年限定為6年等，都反映出伊澤的構想。但是，教學科目中刪除了歷史、地理、理科與圖畫等，也沒有設立中等教育機關，最重要的是否決了免費教育，公學校經費透過收取學費與地方負擔來維持。而且學校建設與經營費用由居民負擔，設立時必須有知事、廳長的認可，教科書也採取審查制[46]。總的來說，伊澤的「日本人」化路線基本上被繼承下來，但初等教育受到簡化，也省略了中等教育，而且執行時把財政負擔推給居民。

　　這種不完整的教育型態，招來了現場教育人員的不滿。基於日本內地的辦學經驗，當局也已經預想到面對收取學費、經費由居民負擔，加上孩童這種珍貴的家庭勞動力被送進學校，每一項都會受到反彈，甚至發生破壞學校或拒絕繳費，以及升學率低落的狀況。更何況，在居民反感強烈的台灣，情況更為嚴重。要求居民自己出錢接受培養忠誠心教育，這種政策充滿矛盾，教員被迫為了收取學費與勸導就學而四處奔走。

　　如果閱讀當時台灣教員們的機關雜誌《台灣教育會雜誌》，可以看到許多如「總督府採用教育作為本島（台灣）經營的基礎，正是要把本島人同化成我國民，他日使其成為國家忠良國民，期待讓占領能永遠傳續下去的方針」或者「精通國語這四個文字與養成國民性格是異曲同工」等的說法，由此可以理解現場教育人員幾乎都採取伊澤派的「日本人」化路線。此外也有與伊澤相同，根據古代日本民族由渡來人與原住民族同化的歷史觀，主張「今日的琉球台灣民族，今後也必然能夠同化成日本民族」。但是問題出在就學率完全沒有上升，到了1908年仍不滿5%。為了培養對日本的忠誠心，認為修身等課程中應僅列舉內地人偉人而不該有中國人，也強烈主張事例與逸話也應該採用內地內容，但這很難讓當地居民接受[47]。

　　這種問題的象徵性事件，就是關於漢文教育存廢的論爭。當時台灣的公學校中有以漢文教導中國古典的科目，《教育勅語》等也翻譯成漢文。提倡廢止漢文教育的教員則強調語言學者上田萬年「日語是日本人精神的血液」這句話，主張傳授中國古典教育等同於教導學童效忠中國皇帝。主張保存漢文教育的教員則持相反論點，認為漢文是學生家長願意接受的科目，為了確保就學

率，漢文科目有其必要，「要盡量讓更多兒童們聞風而至，進入學堂，此乃當下第一要務」，且「漢文確實是同化的一項權宜辦法」[48]。

在這個論爭中，主張廢止漢文的一方強調「以外國文字外國思想無法培養本國的精神思想」，說明日語教育和忠誠心養成不可分割；保存派則主張利用漢文傳授日本的國民道德即可，而且日語熟練但精神卻未日本化的例子更加危險，並舉出前述透過西班牙語接受過高等教育，日後成為菲律賓獨立運動家的阿吉諾多為例。但是這個論爭的本質則在於保存派提出的：「沒有公學校經驗的人，沒有從人民那邊收取學費經驗的人，不知道其中的困難與辛苦，單純只以自己理想的判斷，提倡廢止漢文教學。」保存派的教員也說明，「如果是理想狀態，不會提倡絕對要保持漢文」，但因為現實上「並未免除學費，且學費也不是由國庫或地方稅中提撥支付，因此在教育現場難以執行」[49]。

從此處可以看出，想透過教育急速達成「日本人」化，必須採用免學費的義務教育制度。如前所述，1900年日本內地開始免費初等教育，在這個時間點上，台灣從教育政策的先行者突然轉而成被內地教育遠遠甩開。

在這種情況下，1900年就任的學務課長木村匡，主張在台灣也要實施義務教育制度。木村是「母國與新版圖結合」的「統一主義」主張者，目標是要「施行國民教育」。但是他的提案被收到經費節儉至上命令的民政長官後藤新平拒絕，木村就任不滿1年便離職[50]。取代他就任學務課長的是持地六三郎，他的想法與伊澤和木村形成了對比。

持地在1902年撰寫的內部文書〈縣治管見〉中明白表示，「本島的政治必須以殖民地經營為目的來進行」，「殖民地經營的目的，主要在追求經濟利益」[51]。站在這個立場上，持地更反對依據「同化主義」由「國家負擔」實施「與內地相同學科課程」，此「非本島經濟財政現況所能容許」。

持地對同化的批判，不只是基於成本論，也與他的台灣人觀結合。亦即，以「先天上思想、風俗、習慣相異的該些新依附土人」為對象，「期許千百年能將本島土人日本化」，是脫離現實的想法。根據持地的想法，「學問的普及與人智的啟蒙，在增進殖民地經濟上是必要的」，但也僅是因為有這種經濟目的才施行教育，「初等教育最該重視的，是科學知識的修養」。他從以這樣的立場批評「極度重視國文國語修養」的公學校現狀，取而代之的是，提議獎勵實業教育、改善活用當地的書房教育。持地這種教育計畫很明顯地轉換了方向，朝著科克伍德派的殖民地教育路線前進。

　　雖說如此，持地的構想也包含了許多現實中無法反映的要素。他的〈縣治管見〉與多數同化論者大相逕庭，對歐美文明表現出高度憧憬。他主張科學知識應比國語教育更優先，是基於「歐美諸國物質進步、產業發達，是科學知識的結果」此等認知下的產物。而且不僅如此，他把日語的書寫文體形容為「不經濟不適切的文字文體」，不久的將來，即便內地也不會再使用假名與漢字，主張「最終必將走到使用羅馬字，這是語學進化上必然到來的現象」。當時文部省的國語調查委員會剛剛成立，日語的書寫型態也尚未十分明確，甚至在台灣的教員中也出現日語教育應該使用言文一致體，還是該採用歷史假名標示的論爭，羅馬字論者在內地也僅限於一部分歐化論者之中，在台灣幾乎未曾看見[52]。

　　持地更進一步批評「從下級官吏到教員為止盡數採用母國（日本）人充之」的狀態很「不經濟」，提倡最終「除了校長之外，公學校的教員需要悉數以本島人擔任」。但除非放棄重視養成忠誠心與重視「國語」的教育路線，否則應該不可能實現這種計畫。持地對於台灣的歐美人傳教士的教育活動，則給予高度評價，認為「他們使用羅馬字，持續給予本島土人科學知識與精神修養」，但是對重視國防的同化論者而言，這大概是無法接受的觀點。

　　概觀而言，持地的構想有相當的合理性，但不具備全盤實現的可能性。而且既經伊澤打造為既成事實的台灣教育「日本人」化路線，也非持地個人意願就能夠全盤變更。他成為學務課長後，當然並沒有採用羅馬字，重視「修身」與「國語」的教育方針也沒有變更，而且也未能充實科學教育。

　　持地就任後的1904年，雖然制定了新的公學校規則，基本方針仍舊是「以教導國語，施以德育，藉此養成國民性格，並授予生活必需的普通知識技能為宗旨」。而且這段文字中「養成國民性格」以下部分完全照抄自1890年公布的《內地小學校令》第一條，修正後的條文更貼近內地規定。此外，漢文課程以「日常所需」的「普通漢字、漢文」為主，從教育內容中省略了中國古典經書這點，可說反而更強化了同化路線[53]。

　　持地本人後來也不公開主張當初就任時〈縣治管見〉中的教育計畫。到了1904年在台灣教育會演講時，他承認「（將台人）同化為國民的目的，從本島統治當初至今，一直是不變的方針」，在這樣的前提下加入「不會出現因為是國民教育所以必須是義務教育的定論」，或「透過國語普及推進同化主義，加入農、工、商科目，將學生導往實業的方向」等自己的主張，透過官僚式的模

稜兩可態度，和緩地混入自己的想法[54]。

　　比起教育基本方針，持地的影響更顯現在成本削減的細項上。與1904年的《公學校規則改正》並行，廢除了過往的師範學校，並提出了限制公學校增設的方針，還把公學校50人學級制改為60人。持地日後也著手改訂修業年限，以修業的彈性經營為藉口，把接近半數的公學校縮短為4年制[55]。持地在職時對台灣教育實行的「貢獻」，除去強化實業教育外，主要的就是持續拒絕義務教育制度，以及成本削減兩項。

　　在基本方針中一方面強化同化路線，同時一方面執行成本削減的現象，反映著當時的時代背景。持地施行一連串削減成本政策，適逢日俄戰爭爆發，被要求更進一步削減成本的時期。但是另一方面，因為當時有不知道何時俄羅斯艦隊可能會來到台灣近海的狀況，也絕不考慮放棄忠誠心教育。觀察這個時期的《台灣教育會雜誌》，可以知道盛行讓兒童唱反俄國的戰爭歌曲、動員模擬軍事演習等行為[56]。

　　但這樣的政策只是更加強化教育現場長期存在的矛盾而已。每逢負責學務的官僚交接，採取不同方針的人就任時，情況就更嚴重。教員自然而然也發出了「本島教育是以同化為目的呢，還是以開導誘發實學（應用科學）為目的呢，這中間讓人不甚明瞭」的聲音[57]。

## 「漸進」的折衷型態

　　1903年11月，在這種情況下，民政長官後藤新平——台灣統治實際上的最高負責人——在集合教員幹部的學事諮詢會進行演講。後藤有如下表示[58]：

> 　　前些日子，好像有人想要聽聽當局者關於教育的大方針……實際上在本官看來，所謂的大方針，目前尚未確立。……
>
> 　　全世界的列強在占領某領土之前，大家都有5到10年的預備。派遣傳教士，或者以其他方法，預先把占領時必要的事項了瞭解過一次。然而至於占領本島，完全沒有準備這種事情。而內地大多數人，對於殖民地或統治新版圖，一點經驗也沒有。因此，占領本島當時，關於統治的建議案堆積如山，也有人打算撰寫所謂大方針說等滔滔數千萬言的大文章，但一個值得採用的都沒有。……舉凡想要確立方針，就必須要有大量的準備，在

手續不充分的情況下，終究難以確立方針。

　　根據後藤的說法，根據類型學討論的法國與英國殖民地統治，實際樣態也很複雜，「方針並非一成不變的，需要與時俱進」。而針對教員的疑問，他則回擊說：「諸君能夠在公學校之內戮力從公的話，本官便感到非常滿足。超出這範圍的事情，諸君不問也罷[59]。」

　　做出這種回答的原因，是當後藤忙於治台實務時，還倍受輿論與議會批判，或許因為如此讓他對抽象性的政策理論非常反感。對那些完全不理解台灣實際情況而自稱「大方針」云云的台灣統治論意見，他激烈批評道「那是在桌上議論，或蓋棉被睡覺時想出來的說法」，「腐儒般的思想起不到任何作用」[60]。這個時期他正在計畫下一章將討論的台灣慣習調查，一點也不想把欠缺實地調查，僅是紙上談兵的「大方針」議論當作對手。

　　不過，後藤對教員表示：「即便教育方針仍在思考研究當中，公學校仍是設定好目標才成立的，那就是國語普及[61]。」無論是科克伍德般的宗主國語限制論，或者世紀轉換期包含英法在內的歐洲各國殖民地統治，施行與其相應的教育依舊是各國通例。總之，無論採取哪種教育路線，先推進日語教育可說是共識中的最大公約數。

　　可是，那麼所謂的「大方針」究竟是什麼時候定下來的？關於此點，後藤如此表示[62]：

　　　台灣的教育方針就是沒有方針。如果一個世代是25年，那就需要75年，如果一個世代是30年，那就需要90年，不經過這樣的時間，就無法真正獲得民心的諒解。超過這樣的年限之後就必然需要確立方針。今日尚正在執行日語教育的時代，還未進入以日語遵照固定方針進行教學的時代。

　　後藤認為，先教導日語，經過三個世代之後，再來決定方針。然而90年這個數字，實際上等於把決定方針一事無限期的保留。

　　實際上，本國政府也存在這樣的意見。松方首相時代由法制局撰寫的文書中，一方面主張台灣「不若英法的東印度，反與德俄的『亞爾薩斯』、『洛林』、『波蘭』相似」，並從「財政困難」與「變更風俗習慣實非易事」等認知基礎上，提倡不要「急治」而要「漸化」。根據他們的說法，「急治」是

「舉凡各項制度皆使其與日本國國民相同」，與此相對，「漸化」則是保持「舊慣」溫存，「從旁推動普及國語教育，使他們在不知不覺中馴化於我國風俗」。簡言之，為了國防目的並不否定同化，但急速推動不僅造成成本增加也會引起當地居民反對，因此保持舊慣溫存、漸進同化的形式，來融合這兩種概念。這也是在沖繩與北海道施行的主張，但在收取學費這點上，則有更嚴重的機會主義傾向。由於情況就是如此，所以總督府學務課的內部文書也倡言：「關於教育政策應當依據同化主義或者該遵從殖民地經營主義，類似這種問題……沒有必要對其加以論斷[63]。」

如此一來，台灣的教育政策在包含著許多矛盾之下成為一種既成事實。重視「修身」與「國語」、強調培養忠誠心但需要收取學費，且與內地相較科目數量與修業年限遭到限縮，在包容與排除中出現了最差的折衷案。終究會矛盾的兩種方針，透過「無方針」甚至「漸進」這種含糊其詞的保留說法使兩者共存。在台灣成立的這種教育型態，也在統治朝鮮時沿用，各方勢力的不滿便持續潛藏在前述的「舊慣尊重」型與「一視同仁」型的批判論當中。

最重要的是，這種教育政策不可能不引起當地居民的反抗。雖然透過流血鎮壓當地武力反抗帶來了表面上的平靜，但科克伍德重視的身為統治者的威嚴，根本無法期待透過這種曖昧的「無方針」或「漸進」路線來達成。

即便是後藤，也感到無法確立身為統治者權威的煩惱。他在1899年的演講中如此講述[64]：

> ……在殖民地，無論如何不能讓當地人有本國人終究不如殖民地人的想法，如此壓制3、40年後，開始不需壓制殖民地人而他們也能學會尊敬之意，達到這種狀態時，才算真正納入本國所屬的版圖之內，然則可悲復可悲之處，或許以這樣的表達會帶有些語病，在於日本人與支那人在膚色等各方面幾乎沒什麼不同，此與荷蘭人、法蘭西人、西班牙人等持有殖民地，君臨殖民地的情況相去甚遠。（我們）如果在行為作法、應對進退上無法一直謹慎並保持品味，我相信在此這新版圖之地，很難獲得（當地人）對本國人的尊敬之意。不談別的，（讓本島人）剪斷辮子也穿起洋服，就跟（內地人）絲毫沒有兩樣，形體上相同，說到骨架或許反而還較日本人優等。談到要使此等之徒對本國人產生尊敬之意，什麼是必要的？唯一就只有精神……

　　這則發言給人與伊澤有所相似之感。後藤的思想與伊澤雖然不同，但對於日本這種一招半式的模仿式西洋文明而言，處於如果讓台灣人們「剪斷辮子也穿起洋服，就跟（內地人）絲毫沒有兩樣」的程度，他們皆了然於心。恐怕對第一線的教員、對原敬與持地六三郎來說也是如此。無論是採取自稱與歐美殖民地政策不同、企圖縮小彼此差異的「日本人」化路線；或者選擇自稱學習歐美、將彼此差異擴大的「殖民地」統治，他們之間發生複雜爭論的理由，或許就在此吧。

　　台灣統治，對日本而言是關乎於如何對應歐美與亞洲這兩個他者，一種國族認同拉扯撕裂的經驗。不過在現實政治上，最終決定不傾向任何一方，採用最糟糕的折衷方案，將政策定型下來。而打造出來的型態，也一直無法獲得當地居民信服，並一直維持到帝國崩壞為止。

第五章

# 總督府王國的誕生

## ——台灣的「六三法問題」

　　在教育政策上，當把台灣人既包容又排除「日本人」的奇妙折衷逐漸成形之際，在法制層面上同樣的事態也持續進行。就是所謂的「六三法」問題。

　　如前所述，日本在台灣採取了極為嚴酷的武力鎮壓，並未給予台灣人作為「日本人」的待遇。然而，如果台灣人在法制上也是「日本人」，那麼就應該適用大日本帝國憲法有關人權保護的規定，而總督府和軍方的行為便成為違憲。而如果不給予「日本人」的待遇，台灣即不適用於憲法，那麼在法制上就必須自「日本」排除出去。

　　然而從結論而言，大日本帝國並沒有對任何一種選項做出明確選擇。台灣是「日本」的一部分，台灣人是「日本人」，但又不被承認擁有與內地「日本人」相同的法律權利。將這種曖昧狀態正當化的就是六三法，正式名稱為「明治29年法律第六十三號」。根據這個被形容為生於法律的「妖怪」六三法：台灣既是「日本」又非「日本」的定位，逐漸地固定下來。在這種情況下，台灣與「日本」保持著一定的距離，逐漸形成了一個由總督府統治的獨立王國。

## 實際上的立法權

　　與教育方面的情況相同，法制上對於是否包容台灣作為「日本」的一部分，這個選擇從領有台灣時便開始出現。只是當初關注的焦點，比起台灣人作為「日本人」的權利，更受關注的是台灣總督府的權限範圍。

　　不過，總督府的權限範圍，與台灣是否為「日本」一部分的問題，又該如何連結？這個部分如果與沖繩與愛努的問題進行比較，便會更加清晰。

　　如前所述，明治時期的沖繩在稅制等方面採取維持舊慣政策，與內地處於相異的法制狀態。如之後第十章所述，作為「日本人」應有的權利，也就是對

帝國議會的參政權，也得等到納入帝國超過30年之後，才終於獲得。在這層意義上，沖繩與愛努在法制上具有被從「日本人」中排除的面向，他們所適用的，原則上是透過東京帝國議會協贊制定的特別法，沖繩縣知事與北海道廳長並無權制定法律。

　　大日本帝國憲法採用了近代國家的原則，規定了立法、司法、行政三權分立。立法權，是需經立法機關的帝國議會之協贊而施行。對沖繩與愛努施行的特別法雖然具有歧視性，但既是通過帝國議會的審議，透過三權分立的性質，本應可以查核縣知事或長官是否有行政獨裁。但沖繩與北海道的情況，其縣知事或長官為文官，不像台灣總督是武官。不過如同後面所述，在台灣與朝鮮應為行政官的總督卻握有實權，無須經過議會審議便可發布「實際上的法律」，而且總督只任命軍人，亦即軍人總督獨占行政權及立法權，施行獨裁政治。

　　這個狀況，與台灣是否實施憲法，亦即台灣在法制上是否進入「日本」的範圍內，有著密不可分的關係。大日本帝國憲法雖於1889年公布，不過在這個時間點上對已經編入帝國內部的沖繩與北海道，雖有不適用於憲法的提案，但最終還是和其他地區同樣施行了憲法[1]。不過在憲法發布後才納入帝國的台灣、朝鮮和庫頁島，便出現了是否要施行憲法的選項。如果台灣施行憲法，那麼行政官的總督握有的立法權，應屬違憲。如此一來，總督的權限（特別是立法權），便與台灣法制上是否屬於「日本」有著直接相連的關係。從結論而言，就宛如二戰後日本所謂自衛隊這種「實際上的軍隊」仍與憲法相容並存一般，台灣總督手握「實際上的立法權」，這成為了一種既定事實。

　　那麼，總督手握的這種意義不明之「實際上的立法權」是如何導致的呢？其最大的要因，如前章所述，就是台灣統治初期施行軍政之故。在軍政之下，不若通常的法律須通過議會審議，而是讓總督的命令就這麼成為「實際上的法律」來通用。而且在軍政期間，對台灣人並沒有法律上的保護意識，面對抗日行為時，可由軍人或憲兵立即處罰。

　　這樣的情況，為台灣的法制帶來了兩個後遺症。一個當然就是，在領有戰爭忙亂之際，總督早已經握有「實際上的立法權」，現在要軍人總督放棄手中的這項特權，可以預見將會相當困難。

　　另一點就是，不僅是立法，台灣也沒有設置獨立的司法機制。三權分立的原則，是由議會負責立法，法院負責司法，權力之間相互制衡。但立即處刑這種形式，就是省略了透過司法官執行正式審判的手續。再加上雖然名義上已發

布了〈平定宣言〉，但改採民政之後，日本人的殘虐行為依舊不止，前章已述及的台灣高等法院院長高野孟矩為此曾基於「一視同仁」的立場加以抗議，卻反而遭乃木總督開除職務。若在三權分立的憲法下，司法官僚對行政的介入批判，應該要獲得身分上的保障，由行政官僚的總督免除司法官僚的作為，應已屬於違憲行為。

法制上與教育的情況一樣，因為台灣統治是由軍事占領開始的，受此影響發生了許多難以估量的狀況。通過軍政期，軍方與總督府官僚的命令無需通過議會審議便成為「實際上的法律」來通用，對於違背自己命令的人不用受司法束縛便可以直接加以處罰，換言之他們嘗到了誘人的權力滋味。

即便如此，對日本本國政府而言，在移交民政管理後終究不能繼續放任這種狀態。完全沒有法律依據的總督，持續維持獨裁狀態明顯是違憲行為，而且還可能成為議會批判的對象。違反近代法律體系原則進行的統治，也會被歐美列強視為「野蠻」，亦讓人擔心會對當時正在進行中的不平等條約修改談判造成不利的影響。為此，站在日本政府的立場，有必要在鎮壓戰爭結束前，預先設計構想一套移交民政管理後的統治結構。

自 1895 年 4 月，日清談和條約中決定割讓台灣後，日本政府內部出現關於這個問題的各種意見，而且在這個問題上也徵詢了外國顧問的意見。此時法國顧問盧朋如前章所述，提倡以法國統治阿爾及利亞為前例，將台灣編入帝國內部，然而他只有在最初期被徵詢意見，之後英國顧問科克伍德便提出了數封的意見書。而科克伍德的統治機構計畫，比起教育政策帶來了更為巨大的影響。

## 「台灣自治王國」構想

科克伍德的統治機構計畫，如同他的教育政策構想一般，皆以把台灣從「日本」排除為前提。他參考英國的殖民地統治機構，提出如下的建言。

首先，在「像台灣這樣海外遠隔之地」，沒有必要實施憲法。原本大日本帝國憲法很明顯在發布之際就只有考慮到「大八洲」與「北海道、小笠原島及沖繩諸島」而已。殖民地與本國間，人種、習慣皆不同，因此必須極大限度地給予熟知當地情況的總督權限，並排除在國內環境下會出現的議會干擾。這麼做的理由在於，本國的政治家會有無視當地情況而強加冠用法律的傾向。因為沒有施行憲法，所以總督擁有不受議會束縛的權限，並沒有法律上的問題。如

果有違憲的擔憂，那麼就該修正憲法，表明不適用於殖民地[2]。

科克伍德的構想，認為台灣是「海外遠隔之地」，亦即以「遙遠」和「相異」作為認知前提。這與原敬這類納入「日本」論者的認知，呈現相反的狀態，這點應該無需多加解釋。

只是，科克伍德對於軍人總督沒有限制的獨裁狀態，並非全盤地肯定。如前所述，他是文官總督論者，除此之外，對於總督的監管，他也提出如下的計畫。

首先，在日本國內模仿英國的殖民地部（Colonial Office）殖民地大臣（Colonial Secretary），新設立殖民地長官，使其監督總督。不過這個殖民地長官直屬於天皇，並應組織獨立於內閣外的中央官廳。而總督也與殖民地長官同樣直屬於天皇，也就是不受本國內閣的介入。[3]換言之，執行殖民地統治的機關，與擔任統治本國的機關完全分離，而且在台灣當地設立行政會議與立法院（參考下圖）。

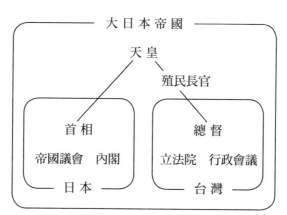

**科克伍德的台灣統治機構提案**　日本與台灣成為類似聯邦的型態，總督由殖民地長官與立法院來監督控管。

此處必須注意的，是台灣設置的立法院內涵。科克伍德的計畫是，總督僅在台灣範圍內能夠發布有效的法律，但需要「根據立法院的建議或獲得立法院的贊同」，在這個基礎上還必須透過殖民地長官獲得天皇的勅裁，才能制定法律。換言之，總督在立法時雖然沒有必要經過本國議會，但需要獲得台灣立法院的贊同。總督只有在緊急的情況下，得以制定「擁有法律效力的緊急法

令」，但需要在 3 個月以內經過正規的手續將其法律化，否則該法將失效。另外在財政上，台灣也應該以台灣的歲入進行獨立的會計營運，此處的台灣預算也需要立法院的贊同[4]。

這個計畫，也可說是以總督為國王，以立法院為議會，構想建立一個「台灣自治王國」。在這裡，無論法律或財政上，台灣都處於獨立於日本的狀態，成為擁有獨自國王與議會的自治地區。日本與台灣的行政、立法機關完全分離，只有總督直屬於天皇這部分是兩者的接點，因此就宛如女王統治下的大英帝國般，在天皇治下台灣與日本成為一種接近聯邦國家的型態。當然在科克伍德的計畫中不用多說也可得知的是，他主張台灣施行的法律必須尊重當地的習慣「（過往的）法律、習慣及慣例，除今後廢止或修改者外，仍舊有效」[5]。

乍看之下，這與琉球處分時波索納德提議的琉球王國維持論類似。但這兩者有著重大的不同。那就是在科克伍德的計畫中，擔任自治地區國王的，並非台灣人，而是來自本國任命的總督。而關於相當於本國議會的立法院，也是同樣的狀況。

在科克伍德的計畫中，立法院主要是由本國派來的官僚所構成。具體結構內涵為，立法院由總督擔任議長，除了總督府的內務、財務、農工商、法務、遞信等各長官外再加上三名官吏，另外還包括總督選任的五位民間人士，構成立法院成員。與立法院同樣輔佐總督的行政會議，除了加入台灣陸軍指揮官以及沒有民間人士參與之外，與立法院成員幾乎相同。亦即立法院是「台灣自治王國」的議會，行政會議則近似內閣，因此總督府的各負責長官便相當於內閣大臣，議員的部分雖有民間人士的參加而構成立法院，但這裡的「議員」採任命制，因此其特徵是人數稀少。此外立法院方面並無法案的起草權，法案提出權屬於總督的特有權力。另外，「土人」的參與，僅能在五名民間人士之中進行任命，而且任命也是以讓土人「知悉殖民地的古法慣例及習慣」為目的[6]。這種狀況實在是稱不上這是由台灣人組成的自治議會。

即便如此，根據科克伍德的說法，這是英國殖民地統治中相當普遍的型態。如果遵照他的分類，英國殖民地有自治殖民地與「直轄殖民地」（Crown Colony）兩種類。自治殖民地是加拿大、澳大利亞、南非等「與英國人血統有關的人民生息繁殖之所」，以英裔為主的殖民者設立議會與責任政府（responsible government）實行自治。另方面直轄殖民地則如印度、錫蘭、香港等「多數異種人所居之處」，在直屬於英國女王的總督之下，由英國人官吏

與少數「居留英人」構成法院與設置行政會議[7]。在台灣的情況，他就是參考後者例子進行提議。當然在這個提議裡是以台灣居住著的是與日本不同的「異種人」為前提。

值得留意的是，科克伍德舉的任何型態的殖民地，都沒有考量到當地居民參與政治的情況。雖然這些型態都從本國取得一定的自治，但加拿大是「殖民者的自治」範疇，而印度等則不脫「總督府的自治」範疇。如果用日本來舉例，就像北海道一般「日本人」裔殖民者占多數的地區，如果擁有從本國分離出來的議會與責任政府，便能打造出「殖民者的自治」，不過科克伍德的台灣自治王國，則是屬於所謂的「總督府的自治王國」。

再附帶一提，如後文第 II 部中將說明的，包括加拿大在內的「殖民者的自治」，在日本屢屢被誤解為當地居民施行自治。但根據科克伍德的說法，英國「維持著如果不是由出生於英國者或與英人有血統關係的人民占大多數的地區，便不允許在殖民地成立責任政府的主義，並且確切地執行此點」，由當地非英裔居民籌備議會與內閣進行自治的事例，當時並未存在。而且在「殖民者的自治」之下，當地居民的權益遭徹底排除。加拿大至 1960 年才承認有註冊的印地安人的公民權，澳大利亞的原住民（Aborigine）要到 1968 年才被納入人口普查中，南非情況更如眾所周知一般[8]。進入 20 世紀後當地居民的反抗運動逐漸激烈，在印度等地法院開始錄用當地居民，但在這些「殖民者自治」的殖民地則沒有這種情況。我們能夠想像與當地居民直接競爭的「殖民者的自治」，比可能出現妥協政治判斷的「總督府自治」，反而更容易落入嚴苛的統治狀況。無論如何，此處希望讀者先記住，即便此處與日本採取了相對的分離，但自治仍有「總督府的自治」、「殖民者的自治」及「當地居民的自治」三種型態。

科克伍德這樣的計畫，確實表現出他的一貫模式。但我們也不能否認這樣的計畫幾乎就是原封照搬英國的殖民事例。想將這樣的計畫原封使用於台灣，可以預期會出現幾項難點。

首先，台灣總督府是靠來自本國的大量補助金維持。無論如何地以自主王國為目標，當下在經濟面上並無可能實現。就連科克伍德也不得不承認補助金的支出需要透過帝國議會審議，而為了脫離這種狀況，他又大力強調前章已經討論過的統治成本削減論調[9]。

但更重要的一點是，科克伍德的計畫並未考量到日本與英國之間，官僚制

度與議會政治經驗的差異。原本科克伍德的想法中，構成立法院的總督府官僚與殖民者，應該熟知當地習慣和語言，並具有長期的勤務經驗，是精挑細選過的菁英。此外，在他的統治機構提案當中，規定不准總督接受來自殖民者或台灣居民的金錢、物品饋贈；立法院的會議以公開為原則；立法院內的發言在院外享有言論免責等條項，藉此可以看出他期許統治者這方能夠具備高度道德感和自由討論的言論空間[10]。然而，已經擁有長久議會政治經驗的英國或許可行，但對當時剛在5年前開設帝國議會的日本而言，是否能夠實現，實在是個疑問。我們不能忽視在現實中，由無能官僚與御用商人構成的立法院，將會成為一群唯命是從的集團與裝飾性機構的可能性。

更具決定性的一點是，科克伍德所主張總督任命文官的時期，不知何時才會到來。如果採行科克伍德的計畫，總督將站在既不受帝國議會也不受內閣控制的立場，在這樣的條件下，如果立法院的素質也無法被期待，那麼當軍人總督失控暴走時，將沒有阻止總督的機制。日軍高層是日本舊藩閥的地盤，可以想見如果掌握總督職位，將難以要他們放手。最糟糕的情況，是台灣一方面從本國吸取補助金，一方面由藩閥出身的軍人總督一手掌握立法、司法、行政等所有權限，獲得了議會、內閣都無法控制，作為獨裁王國的特權。

從結果而言，這樣的擔憂，在台灣以最糟的形式實現了。

## 作為折衷案的「不是法律的法律」

科克伍德到1895年夏天為止提出一連串的意見書後，10月發布〈台灣平定宣言〉，關於制定台灣統治機構的決定案變成緊急要務，並被加速推動。這個時期站在相對立場反對科克伍德提案的，就是原敬。如前章所述，原敬於1896年1月提出意見書，強烈主張將台灣編入「日本」。此處需加以留意的是，在他的情況，台灣是否包容入「日本」這個選擇，與總督權限問題密切相關。

根據原敬的想法，如果要將台灣作為「殖民地」，便是「適用歐洲各國諸多合適前例，授予台灣總督府充分職權，而且盡量以讓台灣達成自治區域為要」；如果要將台灣包容入「日本」，「雖然應授予台灣總督相當職權，但台灣制度需盡可能與內地相近，最終以達到跟內地無所區隔為要」[11]。當然，前者所謂的「自治」，指的並非「台灣人的自治」，而是「總督府的自治」。

而在原敬的構想中，主張將台灣包容到「日本」中，並且不授予總督立法

權。法律盡可能依照內地法律原樣實施，無法辦到的部分，則比照沖繩與北海道的狀況，透過中央的帝國議會制定特別法。若遭遇議會審議未及應付的緊急事態，也不由總督進行立法，以緊急勅令應付便足矣。而且也不採取科克伍德所主張直屬天皇的殖民長官，而是由內閣成員的大臣監督台灣總督，「在台灣的陸軍、海軍、郵務、電信、鐵道、海關審判等事務全不委於台灣總督，而應由內地相關所屬官廳進行直接管理」。簡而言之，原敬的基本構想，是由中央議會或內閣來監管控制總督，並總結道：「如果貪圖一時之便賦予台灣總督文武諸般職權，國家最終將走到無法承受其弊的地步。」

　　原敬的擔憂相當明確。科克伍德的提案，是將台灣自「日本」分離作為自治王國，對於總督的管控是透過立法院從「台灣內部」進行即可。然而原敬則擔憂總督若非由內閣或議會從「台灣外部」進行管控，極有可能出現任意行政之虞，因此他才主張台灣必須納入成為「日本」的一部分。原敬是日後第一位成為大日本帝國平民出身首相的人物，而且出身於當時在藩閥政府中處於劣勢的日本東北地方。如同後文將討論的，他一直盡力阻止台灣被軍方與藩閥勢力打造成獨立王國，並努力將台灣編入「日本」中。

　　如前章所述，原敬把台灣編入「日本」的依據，可舉地理上、人種上的「近似程度」為理由。這與科克伍德認為的「海外遠隔之地」與「異種人」台灣觀成為對比。雖說如此，「近似程度」與「遠隔程度」並無客觀標準，不過是根據比較對象不同便會產生變化的形容而已。台灣與台灣人，與內地各地方相比或許會感到「遠隔」和「異種人」，但與歐美相較下便可看作「接近」與「同種人」。在教育政策論上，僅從日本與台灣的關係來思考，把台人當作「異種人」進行間接統治較為實際；將歐美關係納入視野後，便希望將其視為「同種人」來加以同化，這樣的感受已經在前文中討論過。之後的議論中，對於台灣「接近」或「遠隔」的形容，頻頻與是否把台灣包容入「日本」的選擇一起出現，彼此有著不可分割的關係。

　　另一方面，我們也必須留意原敬做出這樣的提案，不能說他是因為基於台灣當地居民待遇而做出的考量。從實際層面而言，原敬的意見書中不僅沒有提及當地居民的政治參與，甚至在教育政策與如何處理當地慣習也一概未提，僅僅專注於討論總督權限問題而已。

　　這種情況下應當留意的，不僅是科克伍德與原敬方針的相異，也要考量他們思路的不同。科克伍德的情況是，為了對習慣相異的台灣進行間接統治，先

存有從「日本」分離出去的統治上概念（Concept），擴張總督權限的構想則是由此概念衍生出來作為一種手段來使用。但是在原敬的想法中，則先有了不可授予總督權限之目的，因而導引出了將台灣包容到「日本」內的統治方針之結果。在這種情況下，包容入「日本」對統治當地居民是否有效，便成為次要的問題。

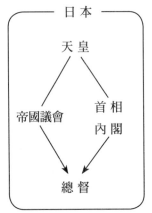

**原敬的台灣統治機構提案** 台灣成為日本的一個地方，總督作為地方長官，與縣知事等樣接受內閣與帝國議會的管控。

在教育政策上，即便知道從統治當地居民的角度來看，採用同化路線更容易失敗，但依舊以對抗歐美列強的國防理由主張要將當地居民「日本人」化。原敬的意見書中也不是為了統治當地居民，而是從內政中政治鬥爭上的理由，主張將台灣編入「日本」作為目標。無論如何，我們可以得知日本方面同化路線的主張，比起站在統治當地居民的觀點，更多是基於國內外其他要素所導致的結果而被提倡的。

此外原敬的意見書，除了完全未提與當地居民的關係外，另一方面卻也充分意識到與歐美的關係。身為外務次長的他，主張將台灣編入「日本」的理由在：「面對各條約國（我國）已宣言將盡可能適用現行條約。因之，若……採用殖民地之類的方針，將導致內外施政上的矛盾。」此段發言，究竟代表什麼意義呢？

之前已經再三討論過，被歐美認知為文明國家，並修改不平等條約，對當時的日本而言是最大的外交課題。在不平等條約之下，外國人即便在日本犯罪，日本也無審判權。而這種治外法權，便是以法律體系不符合歐洲文明基準的國家，不應使文明人服從於該國的審判之依據，因此，明治政府為了進行條約修改，籌備了能夠獲得歐美認同的民法和刑法。接著1894年成功與英國交涉修改條約以來，終於持續順利開展與各國的條約修改，從1899年起一連串的修正條約正式生效，日本廢除外國人居留地，歐美人也應服從於日本的法律。

然而，如果台灣在法制上未包容在「日本」內，那麼不只是憲法，日本民法與刑法也一樣不適用於台灣。那就如原敬指出的一般，日本並未與歐美各國

約定台灣屬於條約修正下的例外地區，從而，如果把台灣從「日本」排除，便會給條約修正帶來矛盾。

　　科克伍德也注意到了這點，他建議把台灣當作條約修正的適用例外地。在領有台灣之後進行的對德國與西班牙條約修正談判中，兩國公使便對日本政府提問，台灣是否為條約適用的例外地區。但是針對此提問，日本外務省表示台灣是包含於「日本」的一部分[12]。從外務省的角度來看，在如履薄冰的條約修正談判中，希望避免大量新出現可能成為談判障礙的要素。此外，在沖繩與北海道也是如此，從國防的觀點思考，台灣對內如何處置先不論，對外依舊有明確表示這是「日本」一部分的必要。而且已有居留台灣的歐美人士開始構建他們的權益，若想驅離他們並奪取其權益，把台灣包容在「日本」之內是必要的主張。

　　進一步來說，如前所述科克伍德主張修改憲法，把台灣從「日本」中排除出去。但對當時的日本政府而言，修改憲法不僅可以預見將會遭到議會的反彈，而且還有可能成為影響條約修改的障礙。此處要反覆說明的是，明治政府制定民法與刑法，甚至制定憲法與開設議會，都是為了使歐美承認日本為文明國家。在這種狀況下，要修改公布不到 6 年的憲法，對日本的立法與遵法能力，造成信用上的重大傷害，也可能給歐美各國繼續維持治外法權的藉口[13]。無論如何，與教育政策的狀況相同，對歐美的關係讓台灣難以自「日本」中排除出去。

　　此兩種路線對立之際，在原敬提出意見前後，關於台灣統治的架構出現了幾個草案。其中議論的焦點在於 ①總督的立法權；②總督應為武官或文官；③內閣與總督的關係；④台灣財政獨立的問題等等。1896 年 2 月，在總理大臣伊藤博文的官邸舉行會議，進行最終的確認。其結果如下[14]。

　　首先，總督為直接隸屬於天皇的武官，不僅擁有在台軍隊的統帥權，也給予實際上的立法權。而在日本國內則新設置管轄台灣的拓殖務省。武官總督制據說是伊藤總理顧忌陸軍而加入的條項，除此之外其他皆反映著之前科克伍德的提案。

　　然而另一方面，拓殖務大臣卻是內閣成員之一，並不直屬於天皇。而且拓殖務省的管轄不僅台灣，也包括北海道，因此台灣究竟是否是「日本」另外的「殖民地」，其性質並不清楚。科克伍德主張新設殖民地長官的目的之一，他說明乃是為了「明確設定」台灣是「一個殖民地」，因此對他的主張而言這

是退後了一大步。此外不提倡台灣財政獨立，對科克伍德提案而言也是一大退步。根據科克伍德的說法，對於他提議設置殖民長官之提案，日本政府內部出現「冠上殖民字眼時，恐怕會使（歐美）認為這是日本將來還想要發動對外戰爭的徵候」等擔憂的想法。不稱為「殖民」而使用「拓殖」的名稱，並且將北海道也納入管轄（在草案階段也有提案把沖繩納入），也是基於這種顧慮外界的原因[15]。

原敬在日記中寫道，「此日議決諸案，（我）不同意處甚多」，但也寫道「至少破除了一些把台灣當作類似殖民地來統治的幾個提案[16]」。確實，總結來看此與科克伍德提案相去甚遠，反而反映了原敬的提案。但是這究竟可否視為一種改善，仍舊不無疑問。不同體系折衷下的結果，台灣究竟是否定位為「日本」，卻變得更加的不明確。

而此處的問題是，總督立法權的實際狀況。從結論來說，這也成為一種極度折衷且不明朗的狀態。被認為規定總督立法權的最初草案「台灣條例」關聯條文中，有如下的規定[17]：

> 第二條　總督經立法會議的議定及勅裁，可使管轄區域內法律具有效力，並得以總督府令發布。

此處的「立法會議」，很明顯等同於科克伍德提案中的立法院。但不清楚的是「可具有法律效力的總督府令」這段文字。在科克伍德的提案中，總督提出的條文經過立法院議定及勅裁之後，便成為台灣自治王國的「法律」。但「總督府令」是身為行政官的總督所發布的行政命令，應該無法成為法律。

這段曖昧不明的字句，成為台灣統治機構的最大重點。台灣在法制上被從「日本」中排除，在統治當地居民之上給予總督立法權會來得更加方便。但是從外交及內政上的理由來看，又希望把台灣包容在「日本」之內。簡要來說，雖然讓總督制定「法律」較為方便，但不能明確說明那就是「法律」。為了滿足這樣矛盾的要求，才思考出「可具有法律效力的總督府令」，亦即「不是法律的法律」，甚至是「事實上的法律」，如此曖昧籠統的規定。

這等於實際上追認了軍政時期總督握有的特權，且等同於台灣在法制上是「日本」，但定位上卻不是「日本」的區域。與教育政策的情況相同，在法制上也出現了應當包容於「日本」的想法與該排除的想法相互衝突的結果，出現

了充滿矛盾的折衷型態。透過這樣過程成立的政府原案，於1896年3月以法律第六十三號的名義，在帝國議會上被提出。

## 議會方面的反對

六三法被提到議會之際，當初的內容有以下的條文[18]：

第一條　台灣總督得在其管轄區域內發布具有法律效力的命令。
第二條　前條命令，取得台灣總督府評議會議決後須經拓殖務大臣申請勅裁台灣總督府評議會組織以勅令定之。
第三條　在有臨時緊急需要時，台灣總督得經前條第一項手續逕直發布第一條命令。
第四條　依據前條發布之命令，發布之後須立即申請勅裁，並向台灣總督府評議會報告。如未能獲得勅裁時，總督須立即公布該命令未來將不具效力。
第五條　現行法律或將來將發布之法律，其全部或一部須在台灣施行者，以勅令定之。

此處針對法案內容進行整理。首先，台灣總督可以發布「具有法律效力的命令」（稱為「律令」）。發布這種命令時，雖須獲得台灣總督府評議會及本國拓殖務大臣的許可，但當總督判斷為緊急狀況時，可以透過事後許可來達成目的。此外，內地法律中若有總督想要照樣施行者，只要透過天皇的勅令，亦即無須通過帝國議會審議，便可施行。

將此處的六三法與前一節討論的「台灣條例」草案相較，可以得知將立法會議（科克伍德提案中的立法院）改成了「評議會」，「立法」字樣消失後，其機能也遭大幅縮減。在「台灣條例」的時期，總督必須經過立法會議的議定後才能發布命令，緊急令的情況也如科克伍德原案一般，若不能取得立法會議的承認便將失去效力。此外「台灣條例」中也如同科克伍德提案一般，台灣預算案也在立法會議中議定，但到了與六三法同時公布的「台灣總督府評議會章程」中，關於預算案評議會只能針對總督的諮詢提出「答覆意見」。此外，評議會的組成上，刪除了科克伍德提案中採用當地居民與民間人士的建議，僅

採用官僚，取而代之的是加入了軍務局長及次長，軍事色彩益發濃厚[19]。在這種情況下，科克伍德提案主要框架之一的立法院，已經不具備任何「從台灣之內」管控總督的功能。

會採取這樣的措施，除了軍方的意向之外，也反映出了原敬的提案。因為，如果承認了立法院的龐大權限，便會使得藩閥把台灣自主王國化，如同後文將討論的，他們甚至還努力想剷除評議會。確實，因為立法院權限縮小後，台灣預算的審議權將留在帝國議會內。恐怕從原敬的角度看來，他的考量是先將可能造成台灣王國化的立法院連根拔起，往後再如他所提倡的一般，漸次地將情況改善為朝向由內地決定施行法律的方向邁進。

可是這樣子的「改善」，可說反而招致了破壞抑制總督機制的結果。如果帝國議會這方嘗試從總督手中搶回立法權未能成功，那麼無論從台灣「內部」或「外部」，都將無法管控總督。況且，因為把科克伍德提案中應該管控總督的殖民地長官連根拔除，所以也產生出了危險性更高的法案。從教育政策來看，把不同理念透過折衷方式而產生最糟結果的現象，也開始在此處出現。

政府在議會提出這個法案時，做了如此的說明。首先，「台灣島與內地相隔數百里」，居住著「人情風土相異」的人民，「究竟無法施行與內地相同的法律命令」。在這種情況下，由熟知台灣情況的總督發布命令會更妥當，而且為了鎮壓抗日武裝勢力，也必須賦予緊急命令權[20]。

那麼，這個「遠隔」、「相異」的台灣，在法制上是否不屬於「日本」的一部分呢？具體而言，台灣是否進入憲法的適用範圍內呢？當議員們激烈地提出這些質詢時，政府方面的回答只是一味地保持曖昧。亦即，憲法在台灣只是「部分施行」。面對質詢，代表政府方面進行答辯的總督府民政局長官水野遵，只表示：「憲法在台灣沒有效力。因此給予總督具有法律效力的命令發布權。」但受到議員們攻擊般的質詢後，他又改口回答：「憲法中關於此些臣民有部分實際上並不施行，然而憲法上的天皇大權當然會在台灣執行。」換言之，台灣人在天皇統治下的這層意義上屬於「日本人」，但在「權利義務」這點上卻不是「日本人」[21]。

對於這樣的答辯，受到來自民權派議員的持續抗議。根據其中的高田早苗的說法，如此是把台灣當作總督的獨裁地區：「透過命令可強奪財產，也能禁錮人民，生命的安全、財產的保障總會處於危機狀態。」議員們攻擊六三法是「關係到日本國民安危」，「蹂躪憲法的舉動」[22]。

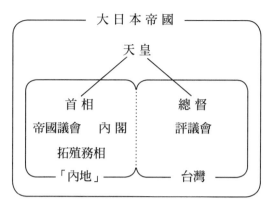

**在六三法下成立的台灣統治機關**　拓殖務相與評議會並
不具實質的權限，也沒有控管總督的機能。

　　原本此處所述的「日本國民」，依據高田的說法：「不只是支那人種的人
民，日本人也必然會遭遇困擾，將來日本人沒事將不會前往台灣這個地方。」
他所指涉的主要為內地人殖民者。而且議員們較此更為恐懼的是，據此會開啟
「政府可以只任意應用或不援用（憲法）一部分」的前例，開始慢慢地踐踏憲
法[23]。對政府而言雖然沒有明確對外表示進入修憲狀態，但六三法實際上就等
於是透過解釋修改了憲法。而且與原敬一樣，對民權派的議員而言，如何守護
來自藩閥的反擊，守護作為自由民權運動成果所取得的憲法與議會，是最優先
的事項，而「支那人種」的人權等，則是次要的事情。

　　因為議會激烈反彈，政府方面暫時將法案撤回，後來再加上有效期限3
年，再次提出相同內容的修正案。當時的伊藤內閣拉攏自由黨使其成為執政
黨，暫且確保了議會多數席次，即便議會中持續議論，但在強調這是政府面對
軍事占領，對應處理異常事態的例外措施後，六三法以限時法的型態獲得通過。

　　然而，暫時取得特權的台灣總督府，不可能在僅僅3年後便放棄。後來為
了延長六三法的期限，每3年就會向議會再次提出，並不斷地反覆議論。

## 「日本人」的意義

　　即便在議會中有反對六三法的議論，但幾乎沒有關於當地居民權利的討
論。那麼，專門的法律學者又怎麼看待？此處將針對梅謙次郎、美濃部達吉、

穗積八束等三位法學者的見解，分析他們對這個問題的不同看法。

如前章所述，1898年3月，從台灣視察回來的科克伍德在政府高層開了有關統治的說明會。此時，科克伍德的論述強烈主張將台灣從「日本」中排除，對此表示疑義的，就是法制局長梅謙次郎。梅謙次郎對政府提出的祕密意見書中，陳述了他關於這個問題的見解[24]。

簡而言之，梅謙次郎的主張是，台灣在法制上屬於「日本」，因而台灣人也該賦予「日本人」的權利。根據梅謙次郎的說法，憲法「只要沒有特別明文（規定），便及於帝國全土版圖，這是一般理論」，「建國以後屬於我國版圖者如沖繩、北海道等」，以及「建國以後成為我臣民的歸化人」，只要「皇德一視同仁」，台灣當然也應當蒙受這樣的恩惠。他的意見書中有這樣的說明：

> 雖說在可否使台灣永久選舉帝國議會的議員上尚存疑問，但至少其一部分甚至在不遠的將來，終將出現選出議員的需要。與我內地（包括沖繩）隔一衣帶水的台灣，豈能等同印度之於英國。

梅謙次郎說明，與內地「接近」的台灣，和印度之於英國不同，最終將作為日本的一個地方選出議員。關於台灣人編入「日本人」有著各式各樣的議論，但論及參政權的，梅謙次郎是第一位。此外他也表示「將來即便是台灣人民應該也有必要透過適當的方法使其服兵役」，我們可以得知他的想法，是在參政權和兵役兩大義務上將台灣人完全包容入「日本人」。

因為這是重要之處，在此先明確討論一下梅謙次郎和科克伍德主張的相異之處。科克伍德的想法中，表現出「殖民地」立法院任用當地居民的可能性。與此相對，梅謙次郎訴求在中央的帝國議會選出議員。亦即，當地居民參與政治的型態，是透過「殖民地」的議會設置，或者透過「日本」的帝國議會參政權，這兩種可能的選項。這些選項，在後述第II部大正時期以降在議論朝鮮、台灣統治改革時，將被大量採納。

這種意見的背景，一部分也肇因於留學法國的梅謙次郎，和身為英國人的科克伍德有所不同。如前章討論過的，同化主義以法國為代表，間接統治以英國為代表，在本國的中央議會中選出議員的方法，便是法國適用於阿爾及利亞的方式。原敬也曾舉阿爾及利亞統治作為台灣編入「日本」的模型，此點已如前所述，他也曾被派任法國任職。當時阿爾及利亞被定位成法國的「海外縣」，並

從該縣選出中央議會的議員。梅謙次郎收集了法國統治阿爾及利亞的資料，並與前述主張將台灣編入「日本」的法國顧問盧朋交往密切[25]。但他另有法制局長官的立場，所以並沒有否定六三法這個法律，不過他的意向卻相當明確。

　　與此相互對照，明確主張把台灣自「日本」排除出去的法學者，就是具有留學英國經驗的美濃部達吉。美濃部達吉對於政府憲法的「部分實施」論，有如此的論述[26]：

> 　　既無選出國會議員的權利，立法權與行政權也未分離，司法權的獨立也不完全；無論在權利的剝奪、自由的侵害、租稅的徵收、刑罰法規等，如皆能以行政機關的命令來規定，究竟要從哪裡去找根據憲法統治的跡象？……我並非刻意要非難政府的政策，如朝鮮台灣等新領土，要突然在該地施行憲法政治，實在非常不適當，而且實際上也不可能，對此我深信不疑，唯我政府……連明白宣示不施行憲法的勇氣也沒有，讓人感到遺憾。

　　根據美濃部達吉的說法：「『要實施憲法，必須有適於實施的社會狀態』，『成為日本領土的瞬間起，毫無任何準備便要實施憲法，其不合理之處從一開始便非常清楚』[27]。」這樣的見解與梅謙次郎雖然恰好相反，但此處該留意的是，無論美濃部達吉或梅謙次郎，對於如果憲法適用於台灣，亦即台灣人在法制上屬於「日本人」的話，賦予他們參政權便是理所當然的，在這層認識上他們的想法是一致的。也就是，與政府把台灣人定位成既是「日本人」又非「日本人」不同，梅謙次郎明確地把台灣人包容到「日本人」內，美濃部達吉則把台灣人從「日本人」中排除，這便是他們各自的主張。

　　與此相較，同樣身為法學者，以家族國家論和國民道德論而聞名的穗積八束，他的議論就有點不同。穗積的主張是，台灣只要是「日本」的領土便該實施憲法，因此給予總督實際上立法權的六三法就是違憲，但他的見解中，並不見類似梅謙次郎把台灣人當作「日本人」賦予權利義務的主張。穗積的主張是天皇的統治只要及於台灣，憲法便應該附隨適用，就宛如日之丸國旗插立之處，我們只能看出他的見解就是在日本領土就應該施行憲法[28]。

　　應當留意的是，梅謙次郎、美濃部達吉、穗積八束三人的「日本人」概念之相異。把台灣人當作「日本人」，也就是明確意識到該給予身為「日本人」的權利時，就會出現如梅謙次郎一般提倡給予參政權等平等化的想法，或者如

美濃部達吉

美濃部達吉般明確主張排除台灣人權益者，兩者擇一。但是對穗積而言，所謂憲法與其是「日本人」的權利，更是天皇的主權，「日本人」是必須對天皇竭盡忠誠的臣民。換言之，表面上同樣把台灣人當作「日本人」的主張，內容是意味著權利平等化，或者意味著要養成忠良臣民，根據議論者不同也會有所不同。當然，提倡後者的「日本人」化論者，便會毫無自覺地一方面提倡同化，一方面又主張在權利方面應該有所區別。

這件事情，例如在觀察伊澤修二關於法制的見解時，便很清晰。他在教育政策上雖然屬於同化論者，但在1897年的演說中，他明確提及「自不待言帝國憲法應及於新版圖中的人民」。依據伊澤的看法，台灣山岳中的原住民族「實在是無智無教育的人，屬人類社會中最下等的種族」，漢民族總算是有智能，但為「內心頗為剛愎，難以心服（於日本）……喜好鴉片、利己心深植、肆意誣告」的人，究竟「不是能以文明的憲法加以對待的人」。而且，對於抗日武裝集團的處罰，沒有必要遵守內地水準的刑法規定，主張當然應該施行嚴酷的鎮壓[29]。

這種態度看起來似乎與伊澤的教育論有所矛盾，但實際上並非如此。如前章所見，對他而言「日本人」就是協助日軍的人，對天皇與大日本帝國誓言忠誠的人。因此，雖然有必要把台灣人改造成這樣的「日本人」，但反抗日本的人，則是不可饒恕必須加以鎮壓的「非國民」。恐怕這中間存在的矛盾，他連一點自覺都沒有。

這種充滿矛盾的態度，在福澤諭吉等人身上也同樣可見。福澤諭吉對台灣人在法制上應該視為「日本人」與否，其主張欠缺一貫性。例如，對於抵抗日軍的居民與清軍殘黨，便從「既已非敵國將帥，便是我國叛賊」的論調出發，提倡他們並非戰爭期間的戰俘，而應該視為「日本人」叛亂者，施以嚴厲處罰；進而「關於風俗習慣的法律，執行時與內地同樣不得有一絲寬容苟且」，提倡破壞舊慣進行同化。但是，論及身為「日本人」享有保障人權的法規是否適用於台灣人，他則表示「想對未開化的野蠻人民施行文明的法律，不異於要求車夫馬夫學習小笠原流的禮儀方式，在文明諸國中至今也從未聽過此種先例」，「統御像他們這類無知頑迷之輩，打算從民權主義中挑出現行的法律來主張要保護他們財產云云，讓其他國家人士聽到後不知會有什麼評價」，主張

應該模仿歐美的殖民地統治。這種態度在理論邏輯上大概是支離破碎的，但福澤本身對這樣的矛盾是否有所自覺，仍值得質疑[30]。

此外，福澤雖一面主張模仿歐美殖民政策，但面對來自歐美的軍事干涉等威脅，他則提倡「台灣已經納入我國版圖」，「放棄台灣恰等同於放棄我四國、九州，此關係國家尊嚴，斷不可容許」，「要求全島早日日本化」[31]。依照往例，此為受歐美威脅時便意圖將台灣編入「日本」的例子之一，不過把新獲得的地區與「四國、九州」並列作為「日本」一部分的主張，日後也成為同化論的固定型態。

如同在伊澤修二與福澤諭吉身上可看到的一般，一方面提倡將台灣編入「日本」，但同時又很自然地拒絕授予身為「日本人」的權利，這樣的態度絕非特例。如同後述一般，反對六三法，主張台灣在法制上編入「日本」的議員或議論者甚多，但提及保障台灣人身為「日本人」的權益時，能夠有這種自覺的人，數量卻少的驚人。他們大部分不過是從面對歐美或藩閥勢力的對抗關係中提倡將台灣編入「日本」，當地居民的待遇則未進入他們的視野當中。雖說把台灣人編入「日本人」中，但這個「日本人」的意義，並不等同於「國民的權利」。

美濃部達吉對如此單純簡化的議論感到不滿，表示如果將獲得的新領土在法制上全部編入「日本」，「假設吾國領土將來擴張到例如非洲般的野蠻之地，將其野蠻人民編入吾國領土的同時」，不得不「立刻保障並使其享有憲法上的權利，非經議會協贊立法不得侵害其自由及所有權」，「議論者果真有勇氣如此主張嗎？」[32]在這個時期，當地居民權利等想法，對單純簡化的「日本」編入論而言，依舊不過是一種作為威脅話語的概念而已。

明治時期，意識到編入「日本人」意味著權利平等的人是少數。而像美濃部達吉這般明白知悉狀況，依舊有自覺地公然主張（把台灣）當作「殖民地」加以排除，擁有這種「勇氣」的人也並不多。況且，如梅謙次郎這樣提倡要做到將權利義務都同化的議論者，人數就更稀少了。包括政府相關人士在內，大日本帝國的議論者絕大多數仍過於天真。

## 後藤新平的台灣王國化

對總督府而言，從確保本身自由裁量權上來看，反對台灣在法制上編入「日本」，也是理所當然的。1897年秋天，當時的總督乃木希典對政府提出了

乃木希典

建議書[33]。內容表達了台灣是「遠隔」且「相異」之地，有其必要「尊重舊慣舊制」，且根據「英國殖民地歷史」的論點，要求憲法與修正後的平等條約不要在台灣施行。

建議書中提及的論述根據，全都是作為間接統治藉口的陳腔濫調，台灣總督府施行的統治實際狀況，與科克伍德主張的英國殖民地統治模型相差甚遠。恐怕這份建議書中確實反映真實情況的，就是如果在台灣施行憲法的話，「不得不說總督在本島施行的軍事性統治，很明顯地違憲。」大概僅有這部分罷了。

但如前所述，在日本對歐美的關係中，並不容許這樣的主張。政府在隔年的1898年6月，以單方面下達「內訓」[34]（內部的祕密行政命令）的方式傳達台灣需適用憲法及修正後條約的要旨。而且在前一年，輔成立一年半但實際上根本毫無存在意義的拓殖務省遭到廢止，1898年2月，根據官制改革，雖然只是名義上的，但仍授予內務大臣監管總督的權限。可以說這一連串的措施，都表現出把台灣定為成「日本」的姿態。

但是這份內訓仍與議會中的憲法「部分適用」論相同，大多數只是表面上的規定。修正後條約的在台適用，原本應該意味為了準備讓歐美人士能夠進行內地雜居，需要施行「文明的」刑法、民法、商法等法律，但1898年7月，根據總督的「律令」——六三法中承認的「不是法律的法律」——使內地法律得在台灣施行，唯關於「本島人及清國人」部分，規定「在有其他規定之前先依循現行慣例」，亦即僅有關於內地人與歐美人的問題才適用「文明的」民法與刑法，台灣人仍透過清朝時代的「舊慣」來對應處理。雖然對外台灣被視為「日本」的一部分，但在法制上台灣人卻被排除在「日本人」之外[35]。

決定這個措施的，是1898年2月就任的第四代總督兒玉源太郎，以及次月赴任的民政長官後藤新平這對搭檔。六三法成立以來已過2年，而抗日武裝勢力的抵抗未曾停歇，統治費用也如滾雪球般地暴增，為了重整統治狀態而派出的王牌，便是這兩位。其中掌握實際主導權的後藤，表示對「粗野幼稚人民」的台灣人實施「文明的制度」或「文明的法令」並不恰當，反而「不過是在素樸如兒童般的土民心理上，注入他們終究無法理解、難以咀嚼的，例如各人的權利等珍奇思想」，如果處理不當，只會「助長反對官權的念頭」[36]。對

抱持這種想法的後藤而言，認為內地法律不適用於台灣人，也是想當然耳的情況。

　　後藤所採取的替代政策共有三項。首先就是為了鎮壓抗日勢力而採取嚴苛的治安立法。

　　在兒玉、後藤體制下，以「律令」形式在台發布的治安立法，以《匪徒刑罰令》、《台灣浮浪者（流浪者）取締規則》、《保甲條例》等最為知名。《匪徒刑罰令》規定，只要以暴力手段集結，「不問目的」首謀者與教唆者死刑，參加者，甚至相關人員皆處徒刑入獄，提供集會場所者則判處死刑或者無期徒刑。另外，《台灣浮浪者取締規則》規定，台灣人被判定沒有正當工作且有紊亂公共安全與風俗「之虞」者，判處拘役，並可要求進行強制勞動。至於《保甲條例》則將各地區居民編成「甲」與「保」的編號（編制上一「甲」為 10 戶，一「保」為 10 甲），如同日本江戶時代的 5 人組鄰保制度，強制要求相互監視及負擔連坐責任。亦即，參加抗日活動的人自然要科以處罰，協助者，甚至家人與當地居民也會被問以連坐責任。

　　理所當然的，根據連坐責任進行處罰，完全違反近代法的「文明」原則。但根據總督府方面的說法，保甲是清朝統治時代創立的（日本領有之際已經成為有名無實的制度），日本不可能帶來如此「野蠻」的制度，僅是「參酌」台灣的「舊慣」而已。這種保甲制度與連坐責任制的採用，雖然前章所述的科克伍德以間接統治立場也做過如此建議，但是他的許多建議都被忽視，僅有這種符合總督府利益的部分才被採用。而且在 1904 年，還以「舊慣」的名義恢復了清代遺留的笞刑。

　　延續這樣的治安立法，後藤接著採取的第二項施政，就是為了產業開發而整備了巨大的基礎工程建設。

　　後藤在法制面將台灣從「文明」中排除，同時又熱衷地在物質方面導入「文明」。他在渡海前往台灣之前，提倡對「鐵路、築港、自來水、下水道、兵營、砲台」等設施投注大量預算，總督府為了向歐美訴求統治台灣的成績，於 1902 年以台灣的英文名稱為題，出版了《FORMOSA》的冊子，執筆者則標記著「Dr. Shimpei GOTO, Civil Governor of Formosa」。冊子內容說明日本盡到了「母國的責任」，開發台灣，使其文明化，通過財政、鐵路、港灣、衛生、官廳建築、教育、貿易額等指標進行訴求[37]。

　　日本要透過台灣統治向歐美證明自己是「文明國家」，如前章所述，這是

後藤強烈意識到的事情，而透過這本冊子，我們也可以窺見他是以什麼樣的指標來證明「文明」。在後藤這樣的指揮下，台灣的都市施行了幾乎凌駕日本內地的近代基礎建設。而這樣的都市開發經驗，日後也成為後藤領導關東大地震後東京都市重建計畫的前例，此點已廣為人知。

一方面在法制上拒絕「文明」，一方面在基礎建設整備上又熱心導入「文明」，乍看之下似乎矛盾。然而後藤的思想是，透過擁有強大權限的行政官，帶著威嚴持續君臨幼稚的人民，藉此逐步達成由上而下的文明化。

後藤在前往台灣赴任之前的 1896 年 3 月，對藏相（大藏大臣）井上馨提出〈台灣統治救急案〉意見書，書中他提倡透過行政主導的基礎建設整備達成「文明化」，並且希望在統治上給予行政官大幅的權限，並進一步主張不要適用「文明的」三權分立法律原則去制約行政官。根據後藤的說法，「根據台灣的現況，最主要的就是確立警察制度」，而所謂的警察「並非今日的警察，而是 18 世紀以前的警察，以及廣義的警察組織」。所謂「18 世紀的警察」，指的是警察並無限定任務，而是針對行政進行全面性的介入狀態。後藤表示，德語中的警察（Polizei）是古代希臘語國政（Politeia）的譯語，18 世紀日耳曼地區興盛的國家學，正是他留學德國時接觸到的社會政策學的源流。他以這樣的思想為基礎，將國家營運視為一種生理學，而警察便是醫師，不僅在治安，甚至衛生與勞務管理等，給予社會整體治療及擔任預防措施，使其扮演一種綜合行政機關的角色，這便是後藤採用的社會政策構想[38]。

對後藤而言，台灣就是實驗這種社會政策構想的土地。他在〈台灣統治救急案〉中，提倡「採用 18 世紀以前的警察意義，組織警察制度，並且警察長官由地方長官兼任」，「以廣義的警察制度，執行地方行政」，而且更進一步說明「例如審判業務，第一審由警察署實行」。他表示，比起三權分立這種豐富且「結構複雜」的近代性統治機關，由行政官一人全權在握的前近代「支那式政治」，更能向人民展示威嚴，在把握「粗野幼稚」的台灣人民心上更有有效，他明白表示「在需要統籌總管的殖民地採取文明的分立制，甚為謬誤」[39]。他在教育政策上如前所述，打出了「無方針」的作法，這也可以解釋成統治者方面不清楚明白地承諾方針，而在手中握有臨機應變裁量權的狀態。

此外，後藤當然支持六三法，主張「本國政府儘量不要干涉其施政，將全權委任於總督」，拒絕本國對自己君臨的王國進行「內政干涉」。根據他的說法，統治最重要的是「得到足以擔當殖民行政當局首腦地位的人物」，「若已

然獲得如此人才，重要的便是國家宜充分信任其人的判
斷、技能，任其自由發揮手腕，全數採用其計畫，關於
要求的費用不要濫加限制」[40]。身為從上而下促進文明
化的行政菁英，這可說是後藤充滿自信與野心的主張。

兒玉源太郎台灣總督（右）
與後藤新平民政長官

此外，後藤也要求「包括總督在內其他各局長以
下，應加倍發給俸祿」，提倡優遇台灣總督府官僚的政
策[41]。因為全權在握進行統治的行政官，在生活面也
必須向人們顯示其威嚴。這種對台灣總督府官僚稱為
「加俸」的地方勤務津貼制度，日後也適用到朝鮮總督
府官僚。

這種總督府官僚的優遇政策，也是科克伍德的主張之一。但科克伍德主張
中與優遇不可分割的，是必須培養總督府官僚具備包括當地語言在內的專門技
能，此時沒有實現這個部分，而僅就優遇政策進行提案，成為一種僅挑選對自
己有利部分施行的狀態。此外，在後藤的指揮下進行一連串龐大工程建設，不
顧財政困難建造了壯麗的總督府廳舍。這些龐大的基礎工程整備，在由上而下
施行文明化的同時，也成為對歐美與台灣人展示總督府王國下統治者威信的紀
念碑。

後藤不僅在這些基礎建設整備上投注大量費用，為了增加歲收，他也發揮
了行政手腕。為了開發產業，除了勸導培養製糖業，還實施了食鹽、菸草、樟
腦、鴉片等一連串的專賣制度。

這一連串措施中，特別是樟腦與鴉片專賣，如果台灣在法制上未從「日
本」分離出來便不可能施行。為了從山岳地帶採收樟腦，就必須鎮壓原住民族
的抵抗才能採取，而鎮壓他們時，原住民當然不適用身為「日本人」所能受到
的法律保護。另外，鴉片的買賣在內地為法律所禁止。台灣的漢族之中鴉片中
毒患者人數眾多，因為輸入鴉片會導致外匯流失，日本方面有許多人提倡嚴格
禁止，但後藤反而將此視為「舊慣」加以保持，並採取「漸禁政策」。其政策
內容為，把原本的自國外輸入改為由內地製造鴉片，並以管理販賣的名目由總
督府實行專賣，如此一來此政策便可在名義上保持漸進式禁止國際輸入鴉片、
防止外匯減少，並增加總督府的財源，成為一箭三鵰的政策。此外在貨幣上也
不使用日本銀行券而流通台灣銀行發行的台灣銀行券，使台灣在這方面也形成
了與「日本」不同的個別區域。

　　在這樣的治安、經濟政策之下，到 1902 年為止台灣平地區域的抗日武裝
勢力幾乎都受到鎮壓，1905 年甚至已經可以謝絕來自內地的補助款。但是在
這背後卻是從領有台灣到 1902 年為止，光是日本方面的統計就顯示有 3 萬 2
千名台灣人遭到殺害，已超過當時台灣人口的 1%。此外，在財政方面，鴉片
收入經常性地占總督府歲入的 15% 到 30%，以 1906 年為例，鴉片與樟腦為主
的專賣已經占歲收的 50% 以上[42]。形容後藤的總督府王國和他打造的「文明
化」是構築在流血與毒品上，一點也不為過。

　　後藤等人著手的第三個政策，是在法制上把總督府王國從「日本」徹底分
離出去。

　　實際上兒玉和後藤等人上任後，便持續推動交涉要聘請科克伍德擔任總督
府顧問。科克伍德原本因為台灣嚴苛的風土氣候而表示為難，直到 1898 年 4
月他被說服並堅定前往赴任的意志，但最終交涉卻停止了[43]。如前所述，在此
2 個月後政府決定台灣也適用憲法和修訂後的條約，自己的主張未能被採納的
科克伍德因此完全失去了意願。之後，1901 年他與司法省的契約期間結束後
便歸國了。

　　聘請科克伍德失敗後，後藤等人轉換目標，看上了京都帝大教授岡松參太
郎。岡松出身於英法學科，留學時期在德國學習民族法學，是剛學成歸國的少
壯法學者。1900 年臨時被招聘擔任台灣土地調查局囑託的岡松，於 1901 年末
對後藤提出了〈關於台灣治制度的意見書〉。這份意見書基本上就是承襲自科
克伍德的台灣自治王國構想[44]。

　　岡松的意見書從世界的「屬領制度」可分成「從屬制」、「自治制」、「統
一制」等三類開始立論。其中的「從屬制」即科克伍德舉印度為例的直屬殖民
地；「自治制」則是加拿大等英國的自治殖民地；而「統一制」就是梅謙次郎
參考的法國之阿爾及利亞統治。亦即，從「總督府自治」、「殖民者的自治」
與「編入本國」等三個方針進行檢討。而岡松終究還是以台灣因「遠隔」與
「相異」，以及從內地來的殖民者人數稀少等理由，選擇了「從屬制」，也就是
「總督府的自治」。

　　之後的具體計畫，基本上與科克伍德相去不遠。首先就是要修改憲法，明
確使台灣在法制上處於「日本」之外。其次是使台灣財政獨立，並且排除內務
大臣對台灣總督的監督權。當然，無庸說明的是，他主張維持總督的律令制定
權。最後作為總結，他主張擴大總督府評議會的機能，把當下掌握於帝國議會

的台灣預算議決權轉給評議會。

　　關於評議會的強化，與科克伍德提案一樣，採取律令經評議會議決後發布的形式，而且岡松提到在「評議會中加入台灣土人中具名望者2、3人，豈非政略上的得策？」即便如此，比起規定可公開討論與保護院內發言的科克伍德提案，岡松顯然沒有把評議會的重點功能放在監管總督上。岡松在條項註記中寫道，透過把評議會提升到議決機關，乃是因為預算可以「不經過帝國議會的審議」。透過評議會的強化，完成了從「日本」分離出半獨立的總督府王國，並且明確成為排除來自帝國議會「內政干涉」的手段。

　　將評議會提升到科克伍德所說的「立法院」，也就是升格成等同台灣議會後，意味著律令從「不是法律的法律」提升到如科克伍德提案的「台灣自治王國的法律」。而這也與後藤和岡松的另一個計畫相結合，亦即調查台灣的慣習，藉此構築與「日本」不同的個別法律體系。

　　與岡松提出上述計畫同年的1901年，後藤以岡松為核心，開啟了臨時台灣舊慣調查會。岡松聚集了京都大學的法學專家從事這項工作，調查了從古文書到清朝時代的法制，並且致力蒐羅了歐美統治殖民地的相關資料。而且還為了調查民法中不可或缺的親屬結構、繼承習慣、財產與土地所有權型態等「舊慣」，分工合作在台灣全島針對村莊耆老、農民、漁夫、樵夫等進行了口述調查。如前所述，岡松從德國修習民族法學後歸國，而從頭開始建構一套法體系是在本國無法實現的法律學者的夢想工作。岡松批評日本民法是來自德國與法國的惡劣折衷法律，以「英國的法律根據殖民地印度的立法，進行了改善」為例，表達「將使台灣法成為日本內地法的模範」，可以看出對他而言，台灣是實現自我夢想的實驗地[45]。

　　原本後藤表示：「比目魚的眼睛都在頭部同一側。雖說可笑，但卻不能換成像鯛魚的眼睛一般置於頭部兩側。比目魚的眼睛位於同一側，是基於生物學上的必要，才會如此。……政治上也是如此，此點十分重要。」在統治上標榜「重視慣習」的「生物學原則」[46]。後藤認為將國家或社會視為一個有機體來思考，作為醫師的行政官在充分調查與診斷後，給予治療及管理，藉此完遂他的思想。如前章所見，他曾表示在教育政策上若沒有經過充分調查，便無法成立「大方針」，便是基於此種思想，而且也是進行舊慣調查的前提。

　　如後文第七章將討論的那樣，英國自然如此，連向來提倡同化主義的法國殖民政策學，到此時期也以放棄同化主義為主流，在台灣總督府也把這樣的知

台灣總督府

識，透過官僚的留學，或者根據岡松等人舊慣調查會的翻譯等管道加以吸收。接著在後藤的主導下，針對原敬採取德國對亞爾薩思、洛林統治政策為模型將台灣「編入」日本的同化路線，究竟遭受到多少當地居民的反彈，寫成了報告書。接著於1904年末，以岡松的意見書為原型，形塑了取代六三法的〈台灣統治法（草案）〉，甚至連發布修憲時的勅語草案也一併製作完成。這份勅語草案倡議台灣：「距離我帝都甚遠，當地民族的制度、文化、人情、風俗等盡皆與我本土大異其趣，故統治方法本身亦需有別與我國本土[47]。」正當化台灣自「日本」分離的論述根據，粉飾成是遵循歐美殖民地統治的國際潮流，藉此完成分離準備。

　　如此，在兒玉、後藤體制下，逐步地進行穩定總督府王國的治安和經濟，以及自「日本」分離獨立的準備。然而，要實現這樣的計畫，當然可以預期內地方面會出現反對聲浪。特別是民權派的議會勢力，以及原敬的存在，都是不容小覷的力量。

　　實際上後藤新平與原敬在政策理念雖相異，但兩人卻有一個共通點。那就是兩人都遭內地藩閥政府的冷淡對待，因為他們都出身自日本東北。後藤自嘲自己的台灣赴任是遭「流放台島（島流し）」，這已在前章說明，台灣總督府的官僚之中，出身日本東北地方者不在少數[48]。本書中舉例的人物之中，如後藤新平、木村匡、持地六三郎、新渡戶稻造等皆出身東北。此外警察官或教員之中，部分則由沖繩出身者流入。受內地排斥而來到這個被形容為無能官僚垃圾場的台灣，這些不是能力不足只是因為出身地不同便導致他們尋覓不到好職缺的人，卻支撐著統治台灣的實際業務。後藤根據前述的思想，對於他認定是優秀人才者，採取「任其自由發揮手腕」的主義，因此在內地懷才不遇後受到後藤啟用，藉此獲得一展長才場域的官僚與學者，對他都寄予深厚的信賴。

　　原本「總督府」這個名稱是源自日本明治維新內戰之際，占領東北地方的國家軍隊（官軍）所設立的機關名稱，在這個意義上，日本東北是最先被「總督府」統治的地方。若依照也是出身東北的吉野作造說法，明治時期遭政府排斥的有為青年，其前途不外乎是成為民權政治家或思想家與藩閥抗爭，或者離開內地前往亞洲他處尋求新天地，僅此二者而已。在本書的脈絡中，可說原敬

屬於前者，而後藤新平則屬於後者。後藤藉著藩閥的力量企圖把能夠實踐自我夢想的台灣進行王國化，原敬則要擊潰藩閥的據點，阻止台灣的王國化。關於把台灣編入「日本」的政治鬥爭，也是選擇不同道路的兩人，屬於他們少數派的鬥爭。

## 依據不明的獨裁統治

　　1896 年制定的六三法，至 1899 年期限屆滿。此時因為抗日武裝勢力尚未鎮壓完畢，而以此為理由延長了 3 年，到了 1902 年期限二度屆滿。

　　這個時期抗日武裝勢力大致已經鎮壓完畢，台灣內部在法制面上持續準備「獨立」，但當下仍需要一些緩衝時間。當期限屆滿的 1902 年，在議會討論中政府委員表示「（台灣）雖不好稱為殖民地，但完全是人情風俗相異的新領土」，來自中央的介入將會招致「如法蘭西般的失敗」，因此委任權力於總督「才是英吉利各殖民地制度發達的理由」，依此主張延長六三法。加上後藤表示舊慣調查會正在進行作業當中，政府委員也表示：「調查台灣的舊慣，而後打算在台灣成立適當的立法府，所以正在從事調查[49]。」這是明白表示計畫要在「遠隔」、「相異」的台灣設置「立法府」。

　　然而議員們卻反駁這些並不構成延長六三法期限的論據。根據他們的說法，台灣「並非相隔海波萬里，不若印度、英吉利之間的關係」。此外，如果說台灣人擁有獨自的習慣因而不適用於內地法律，「可如北海道有不同法律，如沖繩施行特別法」，包含舊慣調查的台灣專屬特別立法，仍可經帝國議會通過。抗日武裝勢力橫行時期，或許有來不及獲得議會通過的狀況，但在治安穩定之後，總督便沒有必要擁有立法權[50]。然而對總督府而言，讓出立法權這個既得權益，當然完全不在他們的考量中。

　　由於議論一直沒有交集，不耐煩的議員提出質詢：「台灣作為日本國的一部分……總督的方針是像沖繩縣或北海道一般，當作帝國一部分來治理嗎？……純粹的殖民地嗎？或者當作如屬地一般的特別地區，將來維持下去，這是大概的方針嗎？」當然後藤與兒玉內心已做好打算，但面對質詢卻避免直接回答。理由在於，如果回答統治方針是把台灣編入「日本」，那麼延長六三法的理由便不復存在，如果回答是「殖民地」，又與政府需要實行憲法的官方見解有所分歧，會招來批判。後藤新平回答，台灣「外觀上不得不視為內地的

一部分，然而內在上，在某段時間內仍存有殖民地的特質」，透過如此模稜兩可的發言迴避。兒玉則表示「我們盡可能將此新領土之民化育為皇民，盡全力讓他們成為真正的忠義人民……若經過兩個世紀，台灣的民族可能多少能夠改變固有的性質」，「即便如沖繩這麼小的地方……一直以來也未能達到相同於內地的風俗習慣」，以此模糊焦點。需要花上「兩個世紀」的「漸進」，大概等同於後藤的「90年後方針決定論」，都是愚弄他人的發言[51]。

在激烈爭論的最後，此次議會決議六三法再延長3年。這段期間內，岡松的計畫終於成形，如前所述，憲法修正案也在1904年末完成。然而，此際總督府卻發生了意料之外的狀況。那就是當時爆發的日俄戰爭中，兒玉總督以參謀長身分出征，因而無法出席議會。不得已的情況下，1905年提案將六三法進行第四度延長。

在之前的議會上，能夠議論的部分大致都已經提出，因此本次議會中並無令人耳目一新的論點，卻出現了一個讓總督府方面的計畫可能遭受困難的事態。在眾議院的委員會上，當時的首相同時也是第二代台灣總督的桂太郎，面對台灣是「日本」還是「殖民地」的質詢時，一時疏忽回答了：「當然是殖民地，我不認為與內地相同。」桂太郎原是回想起領有台灣當初的混亂時期，而表示「舊政府統治下沒有調查法規習慣的餘裕……當時認為最好的方法，便是悉數透過舊時機關，實施新政」，這可說是他率直表現自己意向的說法[52]。然而面對這個質詢，後藤與兒玉一貫都採取迴避的態度。

首相的這段發言，引發了議員們莫大的反感。議員方面反彈，認為「把台灣當作殖民的發言，不管從哪一任內閣都沒聽過這種事」，或者「我們身為議員實在感到非常震驚」等，發出了非難[53]。這就與二戰之後日本自衛隊不稱為軍隊一樣，透過台灣並非「殖民地」的官方見解，維持著表面上的憲法政策，而桂太郎首相的發言，等於打破了這個禁忌。而且，在日本終於從歐美殖民地化的威脅中逐漸脫離的當時，明白宣示我們正在進行「殖民地統治」，對議員們而言是「非常震驚」的事情。

這種情況下，第七章將提及竹越與三郎在議會的本會議上進行支持政府的演說，表示「若對台灣不採取特別的制度，只是完全使用日本的法制，那麼諸君就必須要先選出來自台灣的代議士」，並主張「統治方法上，除了依照歐洲諸國先進的殖民地前例之外，別無他法」。竹越與美濃部達吉相同，面對過分簡化的「日本」編入論，提出把台灣人當作「日本人」便必須給予參政權，藉

此威脅議會。然而，竹越的發言反而刺激了議員們，造成議場的騷動，議員們此起彼落喊叫「別說蠢話！」、「台灣是日本領土！」、「是日本人！」[54]。對這些喊叫的議員而言，賦予台灣人參政權之類的想法就跟給貓或狗參政權一樣，根本不在他們的考量之內。但他們沒有察覺自身的歧視意識，輕率地提倡將台灣人編入「日本人」，當站在客觀立場指出日本的殖民地統治與歐洲相同時，反而觸怒了他們的神經。

桂太郎

　　後藤趕緊表示「殖民地的文字說明究竟如何，根據不同人就有不同解釋，情況也是各種各樣」，以曖昧的說法先行滅火，並與議員約定「之後預計會制定可取代本法的法律案」[55]。這次的議會雖以處於戰爭的非常狀態為理由通過了六三法的延長，但因「殖民地」發言所引發的議會反彈，將可能危及到之後總督府計畫的通過。

　　1905年9月，日俄戰爭結束，針對下一期議會，總督府開始展開自身計畫的事前疏通。然而此時對總督府而言，又出現了一個重大的障礙。那就是支持「殖民地」路線的桂太郎首相，將內閣讓給了政友會總裁的西園寺公望，而原敬也因此就任內務大臣。如前所述，1898年的官制改革中，雖然只是名義上，但仍賦予內務大臣監督台灣總督的權限，因此沒有獲得原敬的同意，總督府的提案便無法通過。

　　翌年的1906年1月，議會召開前，總督府展開說服原敬的工作。但是原敬並未予以回應。當時在兒玉的麾下，台灣總督開始成為長州藩支配的陸軍所擁有的固定職位。加上1900年在兒玉等人的計畫下，發生了出兵台灣對岸的廈門並且失敗的事件，軍人總督失控暴走的危機已然成真。總督府評議會也完全成為官僚的粉飾機關，對總督的監控已經完全無望。在原敬看來，承認總督府的提案未免過於危險。根據之後他在議會上的發言，原敬表示「如此一來台灣幾乎是半獨立的狀態」，並完全駁回了總督府的計畫[56]。

　　取而代之的是，原敬在下一期的議會中提出自己的方案。方案中他廢止了總督的立法權，改以「在台灣需要法律規範之事宜，得以勒令規定之」，並成為沒有設定期限的永久法。從原敬的意向來看這是理所當然的提案，但進入貴族院審理時，在桂太郎的影響力下受到議員們的攻訐，此提案最終也遭到否定[57]。

　　只是，即便是原敬，也沒把台灣人的待遇放在眼中。他的提案保留了總督府至今為止發布的治安立法等法案，且照舊維持其效力。原敬在議會的答辯中斷言：「台灣究竟無法等同於內地，舉一例報告，例如台灣法律中設有在內地刑法無法依樣施行的笞刑，便發揮了莫大的功效[58]。」對原敬而言，重要的是總督的權限，特別是剝奪總督的立法權，結果，適用於台灣人的法律到底應該如何，並不在他的考量之中。

　　後藤新平與原敬雙方的計畫都失敗後，經過幾番周折，議會在1906年通過了與六三法大同小異的「三一法」（明治39年法律第三十一號）。大部分看法都認為三一法與六三法並沒有太大的差異，但是，其中卻存在著一項重大的相異之處。那就是刪除了總督府評議會的規定。實際上，在審議法案時強烈主張「沒有評議會為妥」的，正是原敬[59]。

　　從原敬的角度看來，如此堅持的原因之一是總督府的提案相當重視此點，另外就是他企圖把台灣王國化的想法在萌芽之初便加以抹煞。然而帶來的結果是，六三法中還保留殘骸的科克伍德提案，到三一法時其體系性完全喪失，台灣的定位益發不明朗。這也造成在逐步修正中讓總督得以發揮獨裁性的權限，除此之外已經看不出任何的殖民地統治概念。而且與此同時，讓台灣當地居民參加政治的渺茫可能性，也就此被終結。

　　三一法公布的1906年，台灣統治迎來了轉機。兒玉源太郎於4月辭去總督職務後，7月便過世了。計畫實現受阻的後藤，為了追求新的實驗場，於8月離開台灣，前往中國東北赴任南滿洲鐵道總裁，翌年岡松也被招聘為滿鐵理事。舊慣調查會仍舊持續活動，一直努力到1910年代中完成《民事令》及《親屬繼承令》草案，之後因為缺乏有力政治家推動實行，就此中斷。兒玉和後藤的繼任者已經放棄變更台灣定位的努力，僅是繼續行使既得的獨裁權而已。

　　如此一來，既是「日本」又非「日本」，既是「日本人」又非「日本人」的台灣定位，在漸次的修正中固定了下來。如果後藤的路線得以完全實現，或許台灣人可以參與評議會的審議。而如果原敬的意見得以實現，總督恣意獨裁的狀態或許可以得到改善。但是在雙方互相削除彼此概念中的優點後，得出的結果便只是依據不明的獨裁統治。在這些政治鬥爭當中，當地居民的待遇始終遭到忽視，在持續欠缺「殖民地」統治的自覺和教訓下，造成了無論從台灣內部或外部都無法控制的、屬於總督的王國。然則，台灣人雖然懼怕總督，卻不尊敬總督。他們給總督起了一個外號，稱他為「土皇帝」。

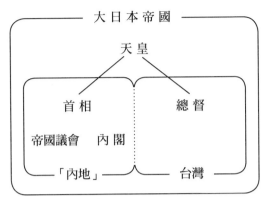

**在三一法下成立的台灣統治機構**　徒留形式的評議會與
拓殖務相消失，總督比起受帝國議會制約的內地首相，
握有更大的獨裁權限。

　　在後藤離開台灣8年後的演講中，針對六三法問題半途而廢的解決方式，
表示：「我認為大感後悔的時期終將到來[60]。」即便不是他所預想的形式，不
過這個最糟糕的折衷型態定型之後，最終確實把大日本帝國導向了毀滅之途。

第六章

# 身為韓國人的日本人
## ——日韓合併下的「新日本人」戶籍問題

1910年，已經成為日本保護國的韓國，終被日本併合。根據此一行動，超過1千萬人口的朝鮮人以「日本人」的身分被編入了帝國。

透過併合給予朝鮮的定位，幾乎完全承襲已為既成事實的台灣模式。據此，這種由既是「日本人」又非「日本人」的人民所形成的帝國邊境型態，於焉完成。

## 承襲的折衷型態

日本方面的主政者統治韓國的理由很明確。那就是初代統監伊藤博文於1907年的發言，「隔著一衣帶水的韓國，若容他國稍加染指，立刻有危及日本獨立之虞」，或者「日本為了自衛，實在是萬不得已把韓國作為保護國」等，顯示出國防方面的動機。

然而，一如沖繩、北海道，或者台灣也是如此，重視國防，必然與經濟成本有所衝突。當初因為經濟理由出現過琉球王國廢止反對論，關於韓國也是如此，伊藤當初也表示「韓國諸經費今後必然會日益增加負擔，此對我國稅賦而言絕非長久之計」，主張「合併甚為勞煩。韓國必須自治」[1]。

然而，順應日本意圖的朝鮮「自治」，並不容易實現。早從1870年代起，日本就曾致力於樹立親日政權，但朝鮮政情卻不如日方所想那麼安定。經歷甲午戰爭、日俄戰爭後，暫且在軍事上排除了清朝與俄國的影響力，日本終於在1905年剝奪朝鮮的外交權，將其作為保護國，以伊藤博文為長官設置統監府，但日本愈是介入就愈是引發抵抗，更增加了不安定的情況，並且成為一種惡性循環。

已經預設此舉會對日本經濟造成不利影響，卻仍舊走到併合這步，可說正

是此種惡性循環下的最終解決手段。日韓併合1年前的內閣閣議決定：「若把韓國併合作為帝國版圖一部分，將會是在半島確立我實力最確實的方法。[2]」即便併合是確保半島「最確實的方法」，但究竟是否為最合理的方法，仍是個疑問。然而最後終究廢除了韓國這個間接統治的媒介，由日本進行直接統治。

　　那麼，在朝鮮究竟採用了什麼樣的統治體制？

　　首先在法制面，制定了與台灣三一法，也就是把六三法中評議會條款刪除後的幾乎相同法律「關於應在朝鮮實施法令之法律」（明治44年法律第三十號）。總督發布的「不是法律的法律」，在台灣稱為「律令」，而在朝鮮則稱為「制令」。其中最大的不同，那就是六三法原是限時法，因此每至更新時期必然在議會引起紛爭，承襲這樣的經驗，朝鮮的此法設定為無期限的永久法。而且除了朝鮮總督當然由武官擔任之外，更授予對天皇的上奏權，擁有較台灣總督更大的權限。以天皇為中心的宮中席次，朝鮮總督席位也比台灣總督更高。就任第一任朝鮮總督的，是當時也兼任陸軍大臣的寺內正毅大將。

　　想當然耳，原敬反對這項法律。在朝鮮併合3年前的1907年，雖然決定了日俄戰爭中俄國割讓的庫頁島（日語稱樺太）之法制，當時原敬的主張獲得一定的勝利，他成功壓制了陸軍的意向，讓除了首任樺太廳長之外，皆由內務省派遣文官就任，並且未授予立法權。但在陸軍勢力強大的朝鮮，原敬的政治力量顯然不及陸軍。

　　雖說如此，陸軍及寺內總督方面的主張，仍舊有未能實現的部分。寺內主張朝鮮應當從憲法適用地區中加以排除，但依照桂太郎的意思，則是學習台灣的例子「（關於憲法）依照往常的解釋」[3]。不過，就算與台灣相同只是表面上施行憲法，但總督仍握有獨裁的權限，對總督府而言還是掌握了實權。

　　此處必須留意的是，寺內主張朝鮮應當是適用憲法的例外地區，但他的目的只在不受內地憲法與議會束縛，企圖取得獨裁權，並沒有像後藤新平一樣透過舊慣調查，想要制定屬於朝鮮獨自的法律等理念。

　　1905年，隨著統監府的設置，首任統監伊藤博文招聘曾任日本民法起草委員的梅謙次郎擔任最高法律顧問，委託他進行包括朝鮮舊慣調查在內的立法作業。這個調查與台灣相同，彙整成《慣習調查報告書》，並進展到製作了《民事訴訟法》草案，但寺內卻認為這是不必要的工作而中止。朝鮮的舊慣調查改分配給總督府內各部署擔任，形式上仍舊持續，但1910年8月梅謙次郎突然於首爾過世，之後大部分法案都沒進展到制定的階段。不過與此同時，治

寺內正毅

安立法等方面，在朝鮮則準備了許多「獨自」的鎮壓法規。寺內在帝國議會主張總督立法權的必要性時，陳述「（朝鮮）歷史與日本相異，風俗習慣盡皆不同」，但又表示：「既已透過併合將其拉入自己國家，那便沒有必要制定其他法律，因為我如此考慮，所以停止了梅謙次郎君的法律制定工作。」在他的發言中，除了機會主義的想法之外，看不到其他思想理念[4]。

如此一來，在朝鮮雖由總督握有無期限的獨裁權，獨立王國的性格較諸台灣更為強烈，但因為財政上處於赤字，因此無法達成經濟上的獨立。眾所周知，併合當時的報紙報導說，作為朝鮮總督府恆久財源，當下預估不過需要1千5百萬日圓，但統監府時代末期歲出竟攀升到4千2百萬日圓。5年期間的保護國統治，已經從日本政府借取款項與公債高達到4千6百萬日圓，併合時更發出勒令賜予3千萬日圓的恩賜金[5]。這對租稅收入約3億多日圓的當時日本政府而言，是相當沉重的負擔。而且朝鮮不像台灣，幾乎沒有可以增益收入的鴉片、樟腦、砂糖等特產物。對此朝鮮總督自然會加強對朝鮮人的搜刮，但之後仍舊持續從內地獲得補助款的挹注。

總體而言，朝鮮的法制定位幾乎完全承襲了台灣，但總督的獨裁權則更加強化，而且補助款挹注也高過台灣。而且在處理台灣事務的時間點上，關於是「日本」又非「日本」的曖昧定位，以及總督擁有缺乏根據的獨裁權體制等狀態，等於是在各方勢力糾葛下形成了這樣的結果。但到了朝鮮，雖然多少仍有些糾葛，但已經把這種體制當作完成的前例來導入。

## 「漸進主義」的教育

關於教育，從結論而言，朝鮮接受了台灣的折衷型態。在併合前的保護國時代，日本的統監府設立了官方公立普通學校，此時與沖繩和台灣初期情況相同，不收學費且支付學習用品費及餐費。但併合1年之後的1911年8月，公佈第一次《朝鮮教育令》，提倡「基於勒語旨趣以養成忠良國民為本義」（第二條），除了重視「國語」及「修身」，在「教育需配合時勢及人民生活水準」（第三條）的名義下，將普通學校的修業年限設定為4年制，並且收取學費，採取重視實業教育的路線。

有關修業年限，統監府在 1906 年將「小學校」名稱改為「普通學校」，同時也把年限從 6 年縮短為 4 年，併合後承繼此制度。內地的小學校要到隔年才改為 6 年制，因此朝鮮與台灣相同，至此都把超越內地的教育體制進行縮減，而且可以看到此後反被內地超越的傾向。收取學費部分，無需多言，就是為負擔赤字的總督府撙節經費。根據當時文部省普通學務局長的估計，朝鮮執行免費義務教育需要大約 430 萬日圓的經費，但當時朝鮮統治的學務預算僅不過 60 餘萬[6]。

台灣教育中看到的兩條路線，亦即培養忠誠心與「日本人」化，但卻又透過較短的修業年限和實業教育把台灣人從「日本人」中排除，這種方向相反的情況，在朝鮮也存在。在甫併合後的 1910 年 9 月寫成的總督府祕密文書〈教化意見書〉[7]，便根據後者理念來反對同化路線。

這份〈教化意見書〉的重點在於斷言「日本民族特殊的忠君愛國思想，彼等（朝鮮人）不僅終究無法理解，而且對彼等有害無益」，批判「對彼等提示《教育勅語》，企圖原般適用與日本民族同樣忠君愛國教育的論者」，否定了「同化」的可能性。其論述根據，又是舉法國阿爾及利亞同化政策的失敗與英國印度統治為例。而且以「應把朝鮮徹頭徹尾當作日本民族開發的殖民地來經營，並將朝鮮民族置於日本民族的從屬位置」為前提，在此之下導出了「教育上的設施僅限於和彼等職業有直接相關者」、「僅給予舊慣上符合人民生活水準的簡單設施」、「當下明顯地只需提供初等教育及職業教育即足矣」等結論。

這份意見書饒富深意之處，在於面對社會上盛行的同化論，試圖逐一反駁。此處作為批判對象所提出的同化論根據為，例如朝鮮人在人種、文化上與「日本人」「相近」，因此與歐洲殖民地統治不同、日本民族自遠古以來便有與渡來人混合同化的事實、在近代有同化沖繩獲得成功之事蹟等等。另外，也批判了為了推進同化而主張鼓勵日本與朝鮮通婚的「雜婚政策」，從中可見這些同化論的典型模式，在當時已是廣泛流傳。

這份〈教化意見書〉，以台灣來說，大概等同於持地六三郎〈縣治管見〉的定位。確實在重視實業教育的部分，總督府的施政與此意見書有相通的部分，但總督府仍舊施行了同化教育。

其理由之一，終究還是基於對抗歐美的國防上理由。特別是朝鮮，在歐美傳教士致力之下基督教被迅速普及，可以看到教會系統的私立學校爆發般的普及力度。自 1905 年至 1910 年為止，隨著反日情感的高漲，朝鮮基督教徒人

數激增,甚至被稱為「近代傳教界的奇蹟」,根據總督府方面的統計,1910 年時,教會及其他的集會場所共計 1934 所,信徒約 20 萬。在 1910 年,朝鮮全數 2396 所學校中,日本方面的官方公立學校及準日本學校不超過 146 所,宗教系統的學校則占全體的約 35%[8]。

如前所述,併合之前日本方面的學校以免繳學費及支付餐費作為抗衡,即便如此被接受程度仍輸給宗教系統的學校,以及朝鮮原本便施行儒教教育的書堂。不過,對於朝鮮人設立的私立學校,統監府可以透過設立認可與限制教員資格等方式進行統制。但對於基督教系統的學校,因為歐美人傳教士擁有治外法權,因此統監府在公開形式上並無法插手。在併合前後的統監府、總督府學務關係文書中,大量報告了這些宗教系統學校與朝鮮民族主義相結合,不僅實施宗教教育,還教導抗日與民族主義教育,可以看出日本方面所感受到的威脅。

併合後,朝鮮已經成為「日本」的一部分,在適用日本憲法與修正後條約的名義下,廢除了歐美人傳教士的治外法權。但宗教系統學校的威脅仍舊不變,因此總督府即便料想到會引發來自歐美各國的摩擦,仍在 1915 年採取修改私立學校規則以禁止宗教教育的強制手段,藉此排除歐美的影響力,抑制朝鮮民族主義的抬頭,且為了完全確保朝鮮,還是認為需要把朝鮮人改造為「日本人」的教育。併合後的普通學校規則高唱「國語是國民精神的寄託之所」(第七條),與保護國時代不同,把日語課程改稱「國語」,授課時數也大幅增加。

教育上推進「日本人」化的另一個要因,來自於內地的影響。與台灣的狀況相同,在難以傳達殖民地同化困難度與統治實際狀態的內地,主張同化的意見占了壓倒性的多數。1911 年 2 月,帝國教育會設置的朝鮮教育調查委員會,執行了關於教育方針的決議,如《教育勅語》的普及、「日本帝國和朝鮮半島自古以來特殊且親密關係」(與朝鮮歷史「相近度」)的教育、以及初等教育中完全廢除朝鮮語和漢文。此外,占教育界的核心雜誌《教育時論》社論中,也提到以「儒教主義」或「實業主義」來「教育新臣民」,是一種「根本性的錯誤」,並主張應透過「日本主義」的教育,「使新臣民、舊臣民同化,關於此點應該所有人都沒有意見」[9]。當然,此處所謂「日本人」的同化,自不待言同樣也不是賦予他們權利,而僅在於培養忠誠心。

對於這種「日本人」化教育論,總督府的態度則相當微妙。在肯定日語普

及培養忠誠心上雖然給予肯定，但在全面廢止朝鮮語教育方面，因為預想會遭到抵抗，也會增加成本，因此並不喜歡這樣的論述。1911 年 1 月，總督府首任學務局長關屋貞三郎即便認為「朝鮮教育的著眼點，一向在於使他們成為像樣的日本人，培育成忠良日本帝國人民，此點毋庸置疑」，但也形容完全廢除朝鮮語是不知統治實際狀況的東京教育者「紙上談兵」，提倡「要緊的是不採取急進主義，而要在不知不覺間將他們日本化」的漸進主義。同年 3 月，接待主張同化教育的帝國教育會委員們時，寺內總督也表示「激進的改革反而會產生民心動搖的惡劣結果」，而回答：「面對朝鮮教育，我的方針是漸進主義[10]。」

結果，之後制定的《朝鮮教育令》便如前述，一方面培養「忠良國民」；一方面施行簡易教育，採取與台灣相同的折衷型態。其中重視實業教育、灌輸《教育勅語》及天皇崇拜、收取學費等項目雜然並存，雖然強化了「國語」教育，但同時朝鮮語及漢文課程依舊是必修科目之一。從統監府時代起便參與朝鮮教育，身為帝國教育會調查委員，主張同化路線的幣原坦（幣原喜重郎的親兄，日後成為台北帝大校長、樞密顧問官等），形容朝鮮教育「其形式頗接近（採取間接統治的）荷屬東印度，其內容卻類似（採取同化路線的）美領菲律賓」，然而這樣的方式，與其說是根據明確概念設計的學程，不如視為在「漸進」名義的方針下暫且採行折衷方式的結果[11]。

根據某位在朝鮮的內地人說法，關於寺內對於朝鮮的統治方針，他表示：「同化於我有利便同化；於我不利便不同化。故關於同化問題尚在研究當中[12]。」從前述寺內關於法制的態度來看，恐怕這段說明應該是實情。在這種「無方針」與「漸進」策略之下，延續承襲台灣的前例，確立了既是「日本」又非「日本」的朝鮮定位。

然則，此處存在著一個台灣並無前例，首次在朝鮮決定的問題。那就是朝鮮人的身分登錄，也就是國籍與戶籍問題。

## 國籍上的排除與包容

日韓併合大約 1 年之前的 1909 年 7 月，決定併合方針之際，一個問題在檢討中浮出水面。那就是併合之後是否給予朝鮮人日本國籍。

大日本帝國在領土擴張之際面對國籍問題，這並非頭一遭。如第四章所

述，領有台灣時也發生同樣的問題，但當時在領有後設了2年的寬限期，這段期間讓台灣居民選擇是否續留台灣。之後1899年制定的《大日本帝國國籍法》，於包括台灣在內的日本領土全數區域施行，賦予續留台灣的人們日本國籍。勉勉強強也算讓台灣人選擇是否成為「日本人」，因此在國籍問題上是否採行這個前例，在日韓併合之際便成為焦點之一。在寺內總督所藏文書中，保留有法學博士山田三良（東京帝大教授，日後成為京城帝大校長）針對這個問題的諮詢回答意見書[13]。

山田的回答，與台灣採取的方式不同。根據他的說法：「只要是韓國臣民皆應成為我帝國臣民，取得我國國籍。」台灣的狀況是僅領有清朝領土的一部分，而韓國的狀況是整個國家遭到了併合，因此舊韓國籍的人民應自動被編入日本國籍：「很明顯地沒有必要顧慮韓國人民是否希望被併合。」山田並舉出一個前例，那就是美國併合夏威夷之際，原本擁有夏威夷國籍者，全員自動編入美國籍。

只是，朝鮮人就算取得日本國籍，其權利上當然依舊有所限制。山田如此表示：

> ……過往的韓國臣民，雖然根據併合當然會取得日本國籍，但韓國人並不因此便全然等同於日本人，必須注意這不過面對外國時讓他們取得日本國籍。在國內的日本人與韓國的日本人（身為韓國人的日本人與身為日本人的日本人）在公法上應當如何設置差別，則是國法上的問題。

「身為韓國人的日本人」，「對外國」是「日本人」，但在「國內」是否與「身為日本人的日本人」接受同樣對待，則是另一個層面的問題。換言之，他們對外雖是「日本人」，但在國內則非「日本人」。以後建構一個，對外方面給予朝鮮人日本國籍，把他們編入「日本人」，但依據戶籍將他們自國內的「日本人」中排除出去的體制，不過此處先就國籍問題進行討論。

此處的問題在於，對大日本帝國而言，把朝鮮人編入日本國籍究竟具備了何種意義。如果最終還是要從「日本人」中排除的話，一開始就不要賦予日本國籍，不是更加簡單？或者，比照當時國籍法中規定的歸化基準，只針對國家需求之人，使他們歸化取得日本國籍，這個方法或許也是可行。即便如此，卻依然沒有區別地把舊韓國籍的人們全數編入日本，又是為何？

其理由之一，正是「對外」的問題。山田意見書提出的 1 年後，亦即併合前 1910 年 7 月第一任總督寺內在提交給內閣的併合方針案中，針對「朝鮮人國法上之地位」一項，有如下表示[14]：

> 關於歸化外國現在擁有雙重國籍者，待國籍法於朝鮮施行後，在我國利害關係上仍舊將其視為日本臣民。

這是宣告甚至歸化外國的朝鮮人也將被視為「日本人」的文字紀錄，而其中「我國利害關係」所指為何？其中的一種思考，就是攸關清朝與韓國國境地帶的間島地方（現為中華人民共和國吉林省延邊朝鮮族自治州等地）問題。

間島地方現雖為中國領土，但有許多來自朝鮮半島的農民移居到該地區。這個地區對清朝而言是實際上無法有效統治的邊境地帶，當時因為尚未精準確認近代化的國境，因此清朝與把韓國納入保護國並握有其外交權的日本之間，發生過紛爭。

從日韓併合之前的過程來看，日俄戰爭獲得勝利，將韓國納為保護國之後，日本外務省於 1907 年 5 月發布一則訓令。內容是當時日本擁有治外法權地區的領事官，對管轄區域內的韓國人民，需給予等同於大日本帝國臣民的對待，除了準用一部分韓國慣例之外，基本上根據大日本帝國的法規加以保護[15]。

大日本帝國將韓國人民等同於「日本人」保護之事，並非是出於人道動機。在這則訓令公布的 3 個月後，朝鮮總督府的前身韓國統監府以「保護韓民」之名目，在間導地方設置了由軍人擔任長官的統監府派出所。此為了確保日本一向權益而在此處設置派出所一事，嚴重的刺激了清朝政府，因此清朝也派來官員以做抗衡。

過度簡單的比較雖不適當，但這段過程不禁讓人想起第一章討論的琉球人境遇。1874 年的台灣出兵，是以漂流到台灣的琉球藩民遭原住民殺害為理由發兵，但此時的日本政府，以琉球藩民為「日本人」，出兵乃是為了保護「日本人」而採取的行動為名義。而且當時駐清公使森有禮為了打造日本領有琉球的既成事實，還提倡在外國也把琉球人當成「日本人」來保護，這部分已經在前文說明過。與此相同，把韓國人民當成與「日本人」相同來保護，當日本勢力圈擴大時是很有可能使用的藉口。

　　雖然如此，1909年9月，日本政府與清朝締結了關於間島地方的協約，因為清朝的讓步，准許日本將鐵道路線延伸到清朝領土以內，作為回報，日本承諾放棄間島區域內韓國（實際上為日本）的領土權及治外法權。根據這個措施，日本撤回該區的派出所，居住在間島的韓國人民改為服從清朝的法律。日本政府比起「保護」韓國人民，選擇了鐵道的延長。如同過往為了「保護」宮古島人們而出兵台灣，卻把他們當作與清朝談判籌碼甚至可以割讓一般，對大日本帝國而言，「保護」韓國人民也不過是外交上的手段。

　　即便如此，統監府對這樣的措施相當不滿。1909年間島協約談判之際，統監府間島派出所所長主張「把間島假定為韓國領土，採取徹底的領土經營主義」，提議徹底「保護在間島的韓國臣民」，但這樣的要求並未被日本政府採納[16]。寺內的併合方針案中，對間島居民的地位，在併合後也沒有打算進行變更。當然日本方面抱持不滿的人不少，不過最終這個問題因為1931年的滿洲事變（918事變），日本把包含間島地方在內的中國東北全數區域都納入勢力範圍下，以這種形式獲得「解決」。

　　但是間島問題對統治朝鮮的官僚而言，不單純只是領土擴張欲望的問題。他們所擔心的，借用併合後擔任總督府幹部的一員對寺內總督提出的極密報告文書中的話：「當我方無法取得在間島朝鮮人的治理法權時，間島將成為不逞鮮人（不受管制，心懷不滿的朝鮮人）的巢窟與陰謀的發源地。」間島群島在併合朝鮮之後成為陸路接壤的國境之地，也是想要反抗日本統治的朝鮮人流亡的好去處。實際上，如果考慮到日後金日成確實把間島地方當作抗日游擊隊的根據地，這樣的想法也不見得是杞人憂天。主張監督管理間島朝鮮人的人，認為韓國被併合之後「間島協約中所謂的韓國人民皆為帝國臣民」，主張「在國內法上雖然有區別內地人與朝鮮人的法規，但在國際法上，很明確已經不再有韓國人」[17]。

　　但有一點是他們擔心的。那就是逃亡朝鮮人取得了出逃國家（例如清朝或俄國）的國籍，並脫離日本國籍。如此一來因為這些人不再是「日本人」，位於日本國家的法權之外，也就是脫離了朝鮮總督能夠監管的範圍。為了防止這種情況，無論如何有必要阻止他們脫離日本國籍。

　　山田三良針對這個問題，在併合之際對寺內總督提出了意見書[18]。他認為併合時因為「想反抗新政治或不願成為新政府臣民者，任意地輕率歸化鄰國，裝成外國人」，主張因此朝鮮人中「除獲總督府許可得以歸化的情況外，不僅

不承認喪失原本國籍，還有必要對此處以相當的刑罰」，建議「毋寧要以積極承認雙重國籍作為前提，保障移居清、俄國境的朝鮮人國籍」。不過，這個提議的問題在於法律上的程序。

為何會如此呢？借用山田的說法，「因為現今沒有任何國家完全禁止其國民歸化外國」，只要日本自稱近代化國家，就必須承認個人的國籍脫離權。大日本帝國的國籍法中有也規定，與歸化「日本人」並列，清楚記有脫離國籍的規定。如此一來，反抗統治的朝鮮人只要採取這樣的法律程序，就沒有阻止他們放棄國籍的手段。

對此，山田換個說法提出，採用「根據朝鮮的舊慣，因為自古以來不承認臣民脫離國籍的自由，朝鮮人即便歸化外國也依舊沒有喪失朝鮮國籍」的解釋方法。怎麼也算是近代法的《大日本帝國國籍法》雖有脫離國籍的規定，但朝鮮封建王朝李朝的慣習法上，對於曾經歸服的臣民，包含其子孫在內，都沒有脫離王朝統治的規定。因此對山田而言，他單方面認定，很明顯地「我國籍法中關於歸化的規定不得適用於朝鮮」。亦即照舊維持朝鮮的慣習法，不在朝鮮實施日本的國籍法的話，朝鮮人便無法脫離身為「日本人」的狀態。

在某個意義上這可算非常巧妙的手段。如果在法律上明文規定只有朝鮮人禁止脫離國籍，就會暴露日本對朝鮮人進行了近代國家不該出現的差別待遇行為。但若不施行國籍法，繼續保持朝鮮的慣習法，就能以日本方面並沒有設下那種「野蠻」的規定，只是單純尊重朝鮮的舊慣作為藉口，執行這個手法。此處所用的是與台灣恢復保甲制度與笞刑（朝鮮也恢復了笞刑）相同的手法。如此一來，這種說法也就意味著完全符合寺內總督「待國籍法於朝鮮施行後，在我國利害關係上仍舊將其視為日本臣民」的方針。

這個方針，立即反映在政策上。併合翌年的1911年7月，朝鮮總督府警務課長發布「關於外國人與朝鮮人間婚姻之件」的公告，以朝鮮自古以來不承認國籍喪失為理由，指示不接受朝鮮人與清朝人的婚姻申請書。此外1917年10月總督府書記官長的回答「關於舊韓國臣民歸化支那之件」中，也以併合前的韓國法令並無關於歸化的規定為理由，通告負責機關不承認朝鮮人脫離國籍[19]。

原本法學者山田也提到，「朝鮮在將來或者在某個範圍內」還是「必須承認歸化外國與喪失國籍一事」，「放任如同上述模糊舊慣」的作法僅止於暫時的措施，建議透過總督府的制令制定「必須的規定」。但是最後的結果，即便

日後仍無制定「必須的規定」，照例讓這個模糊曖昧的措施就這麼固定下來。

如果不施行國籍法是對外不讓朝鮮人脫離「日本人」的方策，那麼朝鮮人在國內與「日本人」區別的方策，就是戶籍。山田三良的意見書中，對這個問題也有具體的議論[20]。

山田首先表示舊韓國時代的戶籍登錄「極度不完全」，主張「有必要設定大致與內地相當的戶籍法，明白確定內地人與朝鮮人的民籍」。他在「朝鮮人的內地轉籍」這條標題下，如此說明理由：

> 現今朝鮮人移居內地，是否成為內地人雖是問題，然朝鮮人非外國人而為帝國臣民，如無特別規定，理論上得移居內地創立家業成為市町村公民，享有參政權，甚至得以負擔兵役義務。……若朝鮮民族與內地人完全區別，或朝鮮人不得移居內地，或即便移居也不得成為內地人，或者政治上有必要與外國人同樣需依歸化手續，便需盡速定戶籍法，規定朝鮮人成為內地人的資格要件。否則將形成朝鮮人僅需透過移居內地，便不得不承認他們成為純然內地人的情況。

為了防止「身為韓國人的日本人」，也就是朝鮮人移居內地後，便成為「身為日本人的日本人」，也就是內地人，山田建議必須及早確立透過戶籍區別的體制。

這個主張大致上就是如此。1916年7月，收到朝鮮人轉籍（戶籍遷移）內地申請書的九州唐津區法院法官對朝鮮總督府法務局提出詢問，對此法務局回答：「朝鮮人得轉籍與就籍（無戶籍者申請登記戶籍）於內地。」此外1921年11月，內地的法務省民事局也做出了同樣的回答[21]。但如後述第八章的說明一般，之後也承認朝鮮人透過婚姻與養子緣組（收養子女）入籍內地戶籍，據此原本提倡作為同化政策一環的「內鮮結婚」獲得合法化。亦即，除了與內地人通婚或成為養子的朝鮮人之外，原則上不准許移動本籍，藉此與「日本人」做出區分。

但關於戶籍，山田的意見與現實的政策多少有所不同[22]。其中之一，某種意義上與國籍法的狀況相同，戶籍法並未規定朝鮮人的轉籍限制，而使用不施行內地戶籍法的方式來達成目的。併合當初的朝鮮人是基於韓國在保護國時期制定的民籍法編入民籍，之後1922年雖然總督府以制令公布了《朝鮮戶籍

令》，但這些皆為僅適用於朝鮮的法律，與內地的戶籍法屬於不同法律體系。亦即朝鮮與內地關於戶籍的法律不同，兩者間也沒有連通轉換的規定，即便沒有特別在法律中明記禁止遷移本籍的字樣，內地與朝鮮之間也不存在移籍（戶籍遷移）的手續。與國籍的狀況相同，大日本帝國在此處也巧妙地避開了明白記載區別的書面文字。

如此一來，打造出了國籍上強制性地包容成「日本人」，但根據戶籍又從「日本人」中被排除出去的體制。這個體制也反映在台灣，仍舊透過不施行內地戶籍法的手段，來達成事實上禁止台灣人移動本籍。不僅在地域層級上，甚至在個人層級中，朝鮮與台灣都被賦予了既是「日本」又非「日本」的定位。

## 同化言說的完成

在這些政策不斷地被執行推動下，併合時內地的報紙、雜誌論調，幾乎都一致倡議朝鮮同化。以下，將列舉其主要特徵。

首先，比起台灣更提倡人種、地理、文化、歷史上的「親近度」，且與這種說法恰成反比，強調和歐美各國殖民地統治的差異。依據大隈重信的說法：「觀察歐洲各國的擴張，大多朝向人種相異、宗教相異的國家進行，日本與此相反，是朝著同人種、同民族發展擴張。」《大阪朝日新聞》主張：「吾人將朝鮮日本化，實際上期待與英法諸國的異人種統治殖民地有著根本不同。」林董在《太陽》雜誌上提倡：「日本同化朝鮮一事，與泰西諸國以異教統治、同化新領土的困難相較，實際上容易許多。」澤柳政太郎表示：「吾人欲以各國殖民地經營為我國借鑒，得先提出一點必須頗為注意的事。」這種強調與歐美的差異並非只針對殖民地，例如《東京每日新聞》的報導中以德國對阿爾薩斯、洛林地域同化困境舉例：「我國與韓國同文同種，未必要擔心同化困難。」大隈則論述：「朝鮮人對日本人的關係，絕對與俄國人、奧地利人對芬蘭和匈牙利不同，進行同化只需一舉手一投足的努力即可[23]。」

同化的前例中再三被提及的，依然還是沖繩。大隈重信認為：「朝鮮、台灣與琉球一樣，成為日本的忠良臣民，只不過是時間的問題。」島田三郎則形容：「朝鮮的合併就是大型的琉球合併。」語言學者金澤庄三郎也主張：「沖繩語對日語的關係，和朝鮮語對日語的關係相同。」大隈也表示併合韓國時改名為「朝鮮」，與領有琉球時改名「沖繩」是同樣的事情[24]。

大隈重信

關於同化的方法，除了提倡「修身」、「國語」教育及完全廢止朝鮮語之外，也倡議推動對朝鮮的移民，「獎勵彼我國民的婚姻嫁娶」。即便優生學者也認為朝鮮人與「日本人」幾乎屬於同一系統，因此與歐美殖民地統治的情況相異，主張「日本人種與朝鮮人種雜婚」在促進同化上是令人滿意的。在獎勵移植民方面，雖也有人提出「內地人盡可能大量移居朝鮮，而且語言、習慣、住居、與結婚也必須混合一致」這種同化促進論，但也有如《萬朝報》社論表示「若日本人在朝鮮的居住者增加到占有大半時，國防、政治、經濟上的各種問題，甚至如不斷爭論的同化問題，都可毫無困難地解決」一般，終究還是意識到要從國防上要把朝鮮打造成「日本人的居住土地」[25]。

與台灣的例子相同，在朝鮮，一般輿論中的同化論對經濟利害都不表關心。反而是媒體對於因併合而必須對朝鮮挹注大量補助金提出諸多指責，如《萬朝報》的社論所提及的「簡要來說，我財政界因為韓國併合受到的好影響，反而不如壞影響來得多」一般，經濟上的不利狀態幾乎已經是常識。當然當時也存在富源開發論，但眾所周知，比起台灣，朝鮮能夠開發的資源更少。針對這點，第 II 部將討論的，雖然有從成本論提出併合反對論與經費節約論，但更多的是「韓國併合……是應當讚賞的俠義行為」這類自我陶醉的論述[26]。當時的論調認為，併合是為了防止俄國等威脅的「東洋和平」，日本懷著俠義之心對既無國防力也缺經濟力的朝鮮，提出併合請求，即便對己沒有利益也仍承接下來。其中經營上的赤字，與歐美統治殖民地以掠奪經濟利潤為目標不同，採取併合是為了「東洋和平」的「俠義行為」作為論述的基礎。

與琉球處分的情況相同，在併合上不僅提出「日本人」和朝鮮人為相同人種，還提倡日韓自古為一國的「日鮮同祖論」歷史觀，四處流傳併合並非侵略，而是「復古」成古代狀態的論調。為此，「日韓關係自然與對殖民地的關係旨趣相異，是過往兄弟的重新恢復友好」，「就同一人種進行併合，成為一國人民」這種作法，與「美國以欺瞞手段，漸次蠶食墨西哥領土，接著併合夏威夷等，意義完全不同」。和台灣情況相同，在本著「外國人依據本次的合併，試驗著日本人在殖民上的手腕」這種自覺意識下，一面凸顯歐美各國殖民地統治的失敗，一面又如大隈所說的「我國合併韓國是為了和平人道、博愛

等正義的理由，合併成果必將成
為（殖民上的）異數」一般，而
出現主張「展示身為異數的豐功
偉績，促使彼等（歐美）反省，
對他們展現保護國統治的最佳範
本」這種論調的人[27]。

諷刺因併合而帶來經濟負擔的報紙插畫

　　然而，就算強調與歐美的殖民地關係不同，雖主張「日韓間並非征服者與
被征服者的關係」，仍舊有著清楚的從屬關係意識。既身為「同種人」又把差
異正當化，終究還是和過往沖繩的情況一樣，認為這是「文明」程度的差異。
因此，與「日本將儒教精神披上泰西文明的衣裝」相對，「朝鮮人好逸怠惰、
貪圖享樂、輕視勞動、缺乏勤儉儲蓄精神」，且明顯「衛生思想很不成熟」。
而且指出朝鮮的舊慣與「德川幕府時代」的文物同樣是「舊時代的遺制」，並
認為朝鮮人「肯定遲早會感受到文明的政治與王道教化的恩賜」[28]。

　　此外，一如沖繩保存了古代或中世紀日本風俗的論述一般，當時報紙上也
散見類似這樣的報導：「以我國來比喻，男子大概近似於藤原時期的風俗，女
子則給人彷彿眼前看到奈良朝模樣的心情。」但同時也強調「必須要防止像與
我國民性格格不入的傳教士的感化，不准讓他們有絲毫侵入到朝鮮人之間」，
此處所提倡的「文明化」，終究限定在與「日本化」不矛盾的範圍內[29]。

　　在主張朝鮮人「日本人」化時，照例鮮少提及身為「日本人」的參政權。
在併合時的輿論中，主張徹底同化朝鮮人，大石正巳甚至提及「最終應該發展
到讓他們的優秀議員列席我貴、眾兩院」，但他是屬於極少數的一群。其他隨
處可見的，幾乎都是反對賦予參政權的論點，犬養毅表示：「韓國人民歷來不
僅富於猜疑心，而且頗為擅長賄賂等私相授受行徑，賦予他們參政權宛如在議
會中散布毒害，斷不允許此種事態。」《東京朝日新聞》上刊載的〈某外交大
師談〉文中，舉愛爾蘭人擾亂英國議會為例：「當台灣人與朝鮮人互相結盟開
始站在議會上時，本國政治的各方面都將受彼等所左右。」主張「我國永遠不
可賦予朝鮮人參政權」。如同第 II 部將說明的，愛爾蘭的例子日後成為了反對
賦予朝鮮、台灣參政權論述的固定說辭。在教育上除了提倡同化教育論，主
張施行初級程度實業教育的意見也同時並存[30]。將朝鮮人「同化」為日本人一
事，終究不代表要賦予他們權利

　　松田正久刊登於《太陽》雜誌的主張，將上述各種朝鮮人「日本人」化論

以完整的方式表達出來[31]。

> 若能以日本人的思想、日本人的精神陶冶朝鮮人，朝鮮人於此開始可以
> 名符其實地獲得新日本人的資格。身為日本人卻毫無所用者，其人口無論
> 如何增加，對國家皆非喜事，反而只是增添困擾，因此務必使其同化，
> 終至成為有用之日本人。亦即，最終必須也能服兵役，成為帝國北門捍
> 衛者。……直至朝鮮人同化於日本成為北門守護之時，帝國方可謂獲得
> 朝鮮併合的報償。首先需要——或許耗費30年，或許50年，又或許150
> 年——在此之前將其視為新的負擔才最為適當。當然，因為朝鮮併合根絕
> 了東洋的禍根，以致得以確保其和平，這不僅為了我國，也是為了世界，
> 我們必須感到欣慰。故即便增加吾人負擔，也不容推辭。

只有將朝鮮人「日本人」化，確保朝鮮作為國防據點後，造成經濟負擔的
併合才開始有意義。此時，朝鮮人透過服兵役，也可就此獲得身為「新日本人
的資格」。但，同化需耗時數十年到百年的「漸進」後，方能達成。

透過這些論述，眾人在意識上逐漸改變，認為國防上是為了「東洋和
平」，同化是為了「人道與博愛」，赤字經營則是為了「義舉」。而這些都伴
隨著與歐美殖民地統治不同的認同意識與國族主義而來。就在這些意識流傳的
同時，既為「日本人」又非「日本人」的朝鮮人與台灣人定位，也被固定下
來。而這樣的體制，之後雖不斷歷經動搖，但結果仍維持到帝國崩壞為止。

II

第七章

# 差別即平等
## ——殖民政策與種族主義

以「承認彼此不同為前提，但仍平等對待之。」這是當今解決民族問題的理想方法，卻也是目前難以實踐的理念之一。

今日的普遍看法，認為日本殖民地統治的基本方針，是強制推動日本文化和法律的同化主義。實際上正如第I部所述，是採取既包容又排除「日本人」的折衷統治。特別是在教育領域，確實存在同化的面向。

如前所述，對這種折衷式同化主義，從一開始就一直存在一種「舊慣尊重」型態的批判角度，對於批判大日本帝國時期之同化政策的日本的論者而言，認為只要尊重當地居民的民族性，便無條件地加以讚揚，其實並不適當。因為，大多數「舊慣尊重」型的批判不僅是想提倡更有效率的統治，而且還蘊含著企圖從「日本人」中排除朝鮮人、台灣人或沖繩人的動機。

這類同化主義批判論的學理根據，就是導入法國社會學中對同化主義的批判，進而滲透到日本殖民政策學中的種族思想。如同本書一直討論的，我們屢屢看到以英國為代表的間接式統治，和以法國為代表的同化路線之爭。此章將以新渡戶稻造與矢內原忠雄等殖民政策學者為主軸，檢證這些種族思想的影響與功能。藉此，我們將得以窺見他們如何看待「日本人」以外的人。

## 法國同化主義與啟蒙思想

在檢討種族思想之前，必須先思考法國殖民地統治中的同化主義是如何發展出來的。法國的同化主義（l'assinmilation）一直以來都被認為是奠基於法國大革命的自由、平等、博愛精神[1]。然而，同化主義既然不認同原住民的習慣與殖民地自治，那又該如何與自由、平等、博愛精神連結呢？

為了討論這個問題，必須先定義同化主義。此處所謂同化主義這個詞彙，

採取的意義是：「從法律到文化等各種社會層面皆以共同化為目標的思想。」基於此作為一種理念模型，在統治殖民地時便伴隨導入殖民宗主國的語言和文化，也實施相同的法制。無論在文化上或制度上，讓殖民地等同於宗主國之一縣。至於參政權等政治上的權利，並非採用科克伍德所提倡的設立殖民地立法議會，而是如前文再三說明的——例如梅謙次郎提出的沖繩事例或法國的阿爾及利亞統治為參考——其目標是在殖民地和宗主國的其他府縣都同樣選出中央議會的議員，透過這樣的形式來實踐同化主義（參照第五章）。

但是，實際施行殖民統治時卻無法完全遵照這種理念，即便同屬法國殖民地，各地的參政權型態各不相同。與其將這種定義當成分析實際殖民政策的概念，不如視為一種為了達成本章想要檢討驗證的，如何認知「日法同化主義批判論」的方法，會更為適當。在此必須先向讀者說明筆者的這項堅持。

為了把握法國大革命的理念與同化主義的關係，首先要了解，大革命時的法國正面臨著殖民地與宗主國之間對立的危機[2]，此對立在法國大革命甫結束後，便發生了法屬聖多明哥（Saint-Domingue，日後的海地）殖民地派遣代表前往宗主國議會事件，也就是殖民地一方針對只有白人殖民者可以擔任議會代表一事提出了異議，在宗主國內也有人主張議會上應准許穆拉托人（Mulatto，白人和當地黑人奴隸混血的自由人，具有黃褐膚色）加入，以及應該廢除奴隸制等意見。當時的聖多明哥雖設有殖民地議會，卻由白人殖民者主宰。亦即，此處更接近科克伍德所提出的，類似加拿大或澳大利亞的自治殖民地案例——設置議會並實行「殖民者的自治」。對於殖民者而言，為了守護自己的既得權利，維持奴隸制度是絕對必要的，因此他們從未考量過讓穆拉托人或黑人參與宗主國的議會。

法國大革命之後，法國方面認為《人權宣言》的原則也適用於殖民地，根據這樣的宗旨，主張依照被殖民者的要求派遣議會代表。而此時站在對立立場，反對「同化」論的，就是主張維持奴隸制度的一方。他們主張，因為殖民地與宗主國的社會條件不同，因此難以在法制上「同化」，無法適用《人權宣言》及反映其精神的法律。

不久後聖多明哥便爆發了黑人起義，殖民地議會無力鎮壓，因此請求英軍與西班牙軍的支援，最終以維持革命前各種權利狀態為條件，約定改為效忠英國國王。殖民者們拒絕歸屬以《人權宣言》迫使殖民地「同化」的法國，法國方面的對應則是解散殖民地議會，並派遣國民軍前往聖多明哥，當地黑人也與

國民軍協同作戰。到了 1794 年，在法國的人民公會上，眾人熱烈鼓掌迎接穆拉托人與黑人代表到來，並廢除法國所有殖民地的奴隸制度，宣布賦予宗主國憲法所保障的人權。此處可以如此來看待，當「革命與人權精神」和「殖民地自治」相互對立的情況下，透過宗主國法律的延伸實施，以及派遣被殖民者代表進入中央議會為手段，實現了同化主義。

後來，隨著革命熱潮減弱，奴隸制度重新復甦，殖民地也不再適用宗主國法律；但是到了 1848 年 2 月革命結束後，法國再度宣布廢除奴隸制度，殖民地的法律也與宗主國各府縣相同，許多殖民地也獲得了選出宗主國議會代表的權利。到了法國第二帝國時期，殖民地再度不適用於宗主國法律，接下來，1870 年代法國第三共和時期，殖民地第三次恢復了同化主義，因此，在殖民地推廣《人權宣言》精神及體現該精神的法律、文化的認知，又獲得承繼[3]。

然而，這種同化主義顯示的是法國人認為殖民地當地居民的傳統習慣不僅落後於文明，而且違反《人權宣言》精神。阿爾及利亞當地居民的傳統習慣包括：共有財產制（含土地在內）、氏族制度、伊斯蘭的一夫多妻制等，都受到法國人鄙視。法國人將這些制度視為尚未確立個人權利之前的前近代習慣。在法屬印度支那，科舉出身的當地菁英不被重視；在法屬印度地區，則賦予被殖民者參政權，傳統種性制度遭到了忽視。法國方面企圖灌輸母國的法律、文化以及法語，藉此取代這些習慣。前往印度支那東京（現越北河內地區）任職的總督，第一件工作就是宣告《人權宣言》，其次就是表達他對當地傳統社會的體制和習慣的態度：「根據我們的想法，為了改造種族，這些都非打破不可。」這種說法充分顯示了法國人的心態[4]。

此外，在同化主義的背景中，還包含法國大革命思想根基的自然法思想和啟蒙主義人類觀[5]。在中世紀和絕對王權觀念之下，每個人的身分一出生便被決定，在這種思想下的一個極限便是西班牙在新大陸奴役原住民時，為了合理化其行為而高唱的，亞里斯多德所說的「先天的奴隸」。

啟蒙主義與自然法思想打破了這個觀念。17 世紀英國思想家約翰・洛克（John Locke），主張人類出生時有如一張「白紙」（tabula rasa），透過教育得以寫入任何內容。根據洛克的說法，所有人都具備人類共有的理性，根據這種理性就能感知唯一普遍的真理與自然法。依據這樣的主張，過往所謂貴族與平民各有其適用法律和道德的說法便不成立，在唯一普遍的自然法之前，所有人都是平等的。根據這樣的想法，人人原皆平等，但由於教育和環境的不同才造

成差異，所以可藉由教育加以改變。包括盧梭在內的啟蒙主義，便是基於這種前提而產生的。

可是這種思想不僅孕育出革命與人權，還帶來了同化主義。因為，殖民地的當地居民只要也是人類，就擁有與法國人相同的理性，透過這種理性與感知所獲得的，才應當是唯一普遍的真理。如同貴族與平民遵循的法律和道德不應有所差別一般，體現自由、平等、博愛原理的法國法律，無論宗主國人或被殖民者都應該遵守。從而，因為人類有可能因教育而改變，因此透過教育的改造，也能把被殖民者導向唯一普遍的文明。

當然，殖民地統治除了思想之外，也與經濟、政治要素大有關連，法國殖民地並沒有完全實現平等。因而這些思想與實際的同化政策究竟結合到何種程度，這裡並不論證[6]。此處要提出的問題是，這些思想與同化主義不僅沒有矛盾，在理論上甚至還能夠成為推進的要素，比這更重要的是，當時的言論家們——特別是對日本也具有影響力的——批判法國同化主義的社會學者，認為這才是同化主義的本質。

## 勒龐與同化主義批判的興起

作為法國殖民地統治基本理念的同化主義，在19世紀末其失敗卻愈來愈明確。

首先便是統治成本過高。法國為了輸出本身文化而建設了許多學校，接下來自然必須維持營運。因為不利用當地社會組織而任用法國人官吏實施直接統治，一般行政負擔也隨之增加。據稱，在同樣的條件下，當時法國殖民地需要的官吏人數甚至是英國殖民地的3倍。

更有甚者，當地居民的抵抗與反抗層出不窮。殖民統治者無視或破壞當地習慣與社會體制，引發許多反抗。更改共有財產制帶來經濟上的損害，被迫沒落的當地統治階層成為叛亂的領導者。法國動員大量軍隊在各地進行嚴酷的鎮壓，反而更增加了成本並且導致當地居民的叛離[7]。

在這種情況下，批判同化主義的思想在19世紀末開始興起，而被當作批評對象的，就是他們視為同化主義論述根據的，基於啟蒙主義和自然法建立起來的人類平等思想。其中代表性的言論家就是古斯塔夫・勒龐（Gustave Le Bon）[8]。勒龐因為提出「群眾」這個概念，而被視為大眾社會論與社會

心理學的先驅，在社會學史上享有盛名，但他也是提倡基於生物學和種族主義的社會學和心理學學者，支持他這種論述的有哲學家柏格森（Henri-Louis Bergson）、政治家西奧多・羅斯福（Theodore Roosevelt Jr.，老羅斯福），以及日後的墨索里尼（Benito Amilcare Andrea Mussolini）等。

　　根據勒龐的理論，人類並非平等、等值的抽象性存在，不同種族會根據該種遺傳決定其特質。世界各種族的社會體制、習慣、法律和文化等，是依照各自的遺傳特徵而必然出現的產物，並且無法透過後天去改變。人類可以粗分成原始人種、劣等人種、中等人種、優等人種四大類，而人種區別的分界，是絕對無法靠教育等手段跨越的。劣等人種雖然擁有藝術等固有擅長的事物，但這無法成為文明水準的基準。另外以個人為例，劣等人種或許可以習得歐洲式的教養，但種族的優劣程度，比起個人更會體現在民族集體創造出來的文化與體制上。即便能夠掌握知識和語言等形式上的教育，其變化也僅限於表面性的，無法改變遺傳決定的心理深層部分。對殖民地當地居民施予高等教育，只會喚醒當地居民想要提升自我的自覺，進而產生強烈不滿；同時，降低這些人種原本的傳統道德，必定會招來混亂與叛亂[9]。

　　勒龐的奇特想法並非如突變般忽然產生，在此之前就有一位法國社會學之父孔德（Comte）。孔德傾心於生物學，在法國大革命時代就透過「實證性」的「自然法則」去驗證及批判形而上的抽象性人類觀。他的這種態度也受到新渡戶稻造鍾愛，並加以引用。從孔德開始便已經有這種想法，至19世紀後半啟蒙主義消退，史賓賽（Herbert Spencer）的社會達爾文主義和戈比諾（Arthur de Gobineau）的優生學種族理論等，呈現出採納演化論和生物學的社會思想開始勃興。此外，在比起個人更重視集合性心理的社會學理論上，當時還有涂爾幹（Émile Durkheim）的思想，勒龐便是在這樣的時代背景下登場的[10]。

　　勒龐主張，這種基於無視「科學真理」的抽象性人類平等觀所打造出來的同化主義，遭遇失敗是必然的。根據他的說法，英國的殖民政策能獲得成功，創造龐大帝國，原因正是不採取同化主義，而維持當地居民的慣習，保留、利用傳統的統治階層施行間接統治之故。在1889年的國際殖民地會議上，勒龐批判同化主義，呼籲：「任憑當地居民活在他們的習慣、他們的體制、他們的法律之下吧[11]。」

　　當時的勒龐還屬於極少數派，不過他的主張對於潛在的同化主義批判而

言，成為最好的論述根據，因此也逐漸聚集了支持者。矢內原忠雄是勒龐的追隨者之一，他也引用了索緒爾、維尼翁（Louis Valery Vignon）、希杰（Carl Siger）等人的論述，而且把後期較少強調遺傳要素的盧洛瓦—博利厄（Paul Leroy-Beaulieu）也納入這個系統。這個時期批判同化主義的論調，基本上都是沿襲勒龐的論述，在此不加詳述。然而在對日本的影響方面，則必須討論在美國威斯康辛大學講授殖民學政策、在威爾遜總統時代也擔任過駐中國公使的芮恩施（Paul Samuel Reinsch）。芮恩施是後文將提到的山本美越、乃與泉哲等日本殖民政策學者留學美國時的教師，與新渡戶也有所交流，他被翻譯成日語的殖民政策相關著作是學習殖民學的基礎文本，甚至到了「幾乎沒有人不受其影響」的程度[12]。

芮恩施著作的特徵之一，就是主張人道主義以及核心思想中含有的歧視觀念。因此，他當然會批評疏於調查及尊重當地習慣的同化政策，而且提出應當維持傳統的民族教育、並應以當地居民的語言來授課。在他的意見中也可看到，殖民地統治者應當保護當地居民，使其不受殖民者的無限壓榨，以及改善殖民者所帶來的酗酒惡習等的父權式（paternal）的博愛精神。同時他也從科學角度否定有眾人同享的理性的——這是同化主義論述的根據——存在，認定教育無法改變民族心理，且對當地居民施予高等教育毋寧是有害處的，主張應該重視實業教育。根據他的看法，不僅殖民地的當地居民，美國的黑人也還處於住在「非洲」時的同樣狀態，基本上的心理傾向並無變化，因此不能以歐美的人權標準來論斷非洲社會的奴隸制度；加上「奴隸明顯看來很幸福」，故法國特意賦予印度與非洲被殖民者參政權是令人無法理解的事情，此舉還會招來「詭異（grotesque）的結果」[13]。與其說芮恩施是擁有強烈主張的言論家，不如說他是位可以有要領地把當時殖民地政策新潮流統整起來的人物，不過也能明顯看出他受到勒龐以降的同化主義批判論的影響。

1900 年，巴黎萬國博覽會時舉辦的第一屆國際殖民地社會學會議是一個轉捩點。不採取同化政策統治爪哇等地的荷蘭，以及來自採用法國同化主義卻失敗的阿爾及利亞的代表等，接二連三發言宣告同化主義的破產，取而代之是提倡「與當地居民社會的調和」[14]。

接下來，自 1905 年左右起，法國開始提出所謂的「協同主義」（l'association）新方針。如果嘗試簡化這個曖昧的觀念，那就是殖民者與當地居民社會、宗主國與殖民地的協同與共榮。不過從實際上看來，這就是類似在突尼西

亞取得統治成功的保護國制度，以及英國的殖民地統治前例，也就是調查當地傳統習慣後保留使用，某種程度地晉用當地居民和活用當地原有統治者等，實行間接統治。納入這些要素後，在必要的範圍內配合漸進式開發與改革的階級性合作關係。同化主義批判論也隨著這種政策持續轉換，在國際殖民政策學中逐漸定型，且與協同主義的主張可說幾乎一致。更進一步，雖然可以看見勒龐及追隨他的言論家在某種程度上持有讚美和保護亞洲、非洲珍奇文化的意見（但亞非人種想要接受近代文明、積極向上的想法，仍舊是徒勞的努力，而且這種努力還被視為是一種墮落），不過協同主義仍舊與當時「高貴的野蠻人」這種刻板印象或東方主義相吻合[15]。

從 1889 年勒龐批判同化主義，到轉換為協同主義為止，日本領有了台灣，併合了朝鮮，而且 1919 年在朝鮮發生了三一獨立運動，這種種事端，正好與日本努力吸收國際知識、尋求殖民政策前例的時期相當。因此理所當然的，包含勒龐在內的同化主義批判論，也包含在這類國際知識之中。

## 「生物學的原則」

勒龐最初的日文翻譯著作《各民族進化的心理學規律》（*Les Lois Psychologiques de L'évolution des Peuples*），由大日本文明協會於 1910 年 8 月發行，也就是日韓併合的前一週[16]。

大日本文明協會以大隈重信為會長，該會是會員制團體，在會規中揭示「選擇歐美最近名著當中最健全且適於推薦於我國者」發給入會者日文譯本。1908 年剛成立時會員便達 5 千人，可說當時許多知識分子都拿到了這些譯本。該會的評議員有上哲次郎、高田早苗、上田萬年、三宅雪嶺等人，新渡戶後來也加入。這本書的翻譯緣起，是當時駐俄大使本野一郎因在巴黎和勒龐有一面之緣，本野歸國時便帶了數本勒龐著作並推薦給協會的編輯長浮田和民，所以譯本才得以問世。因為此書似乎頗受好評，4 個月之後協會又請大山郁夫翻譯並發行了《烏合之眾：大眾心理研究》（*La Psychologie des Foules*）。大概也是從這個時期起，浮田開始注意關於種族的言論[17]。

但是，在此翻譯的 5 年之前，在法國同化主義批判論的影響下，已經有一位人物發表了自己的言論，那就是民權派記者出身，日後成為眾議院議員的竹越與三郎。如前述第五章，他在 1905 年 2 月的議會上發表了贊成六三法的演

說，主張在法制上把台灣人從「日本人」中排除。在該議會半年後發行的《台灣統治志》中，竹越主張「法國多年來實驗了同化畫一的政策，其理論名義上雖然美好，結果卻不盡如人意，由此看來，在在讓人認知到此政策的失敗」，到了隔年（1906 年）發行的《比較殖民制度》一書中，他更有如下表達[18]。

　　大革命發起之後，想藉由自由、博愛、平等的理想將天下人類從壓抑中拯救出來的大願望，如熊熊大火般在法國人的胸中燃燒，殖民政策也轉換了新方向，期望開化南蠻西戎使其臻於和法國人相同的文明，而出現了要在所有的殖民地頒布與法國相同制度法令的舉措。此舉被命名為系統合併（Système du rattachement），也就是同化畫一主義。

　　即便那些國民在教育上尚未發達也無妨，依舊教導他們文明的政治；即便該些國民仍舊滿足於豪族政治，也要肅清他們的皇宮；即便該些國民仍安居於奴隸的待遇，也要將他們從奴隸制度中解放出來，一直以來一味要賦予他們一切平等的權利……結果只帶來完全的混亂……

rattachement 有連結與合併的意義，日後原敬提倡的「內地延長主義」（參照第十章）或許是比較適當的翻譯。竹越對此詞彙的理解，與當時法國的論調相同。竹越還更進一步表示[19]：

　　我國國民在討論內政時，往往相信國家受限於生物學的原則，區區的人為力量並不足以改變自然的趨勢，然而，如果事情涉及殊俗異邦，卻又相信法令、武力、教育萬能，想要在 2、30 年內改造擁有 2、3 千年歷史的國民，同化主義的謬見便是因此而生。

　　根據竹越的見解：「不管再怎麼教育烏鴉，只要種族相異，無論如何也不會變成鵜鶘。」他還形容台灣：「有人或以台灣與九州相距很近，而主張台灣不該是殖民地，然而距離的長短，無論如何不足以抹滅人種、風俗、歷史、風土的差異……若要在台灣施行憲法，其結果只會造成混亂。」他表示：「其結果不但無法保護宗主國人的權利，也讓人擔憂會僅止於保護土民權利。如果要在台灣施行憲法，為何每天仍舊不經審判便殺傷生蕃呢？」竹越透過這種見解表明支持六三法[20]。此處竹越掌握了同化主義平等化的面向，藉此否定對當地

竹越與三郎

居民的差別待遇，從中可以明確地看出他批判同化主義的主張。

竹越如此批判同化主義，並且讚揚英國的間接統治，以及法國在突尼西亞獲得統治成功的保護國制度。接著他應用這個議論，反對併合已成為日本保護國的韓國。他在日韓甫併合後的談話中表示「即使台灣人依舊留著辮髮，即便朝鮮依舊穿著白衣」也無妨，主張尊重傳統習慣，「沒有必要實施高等教育。朝鮮人只要能成為良善的農民即可」，以此理由反對實施日語教育，對同化路線展開批判。理所當然的，他也提出要活用韓國原有世族統治階層的兩班，進行間接統治，以作為朝鮮統治方針的替代方案[21]。

這種同化主義批判，因為有幾種要素存在，在當時的日本難以成為多數派。首先就是一般人並不理解「同化主義」包含了法制上的平等。如第五章討論過的，大日本帝國大多數的言論家毫不在乎地同時主張「在教育和文化面上要同化，在法制和權利面上要排除」。能明確理解到「同化」於「日本人」就同時意味著在權利面上也將「同化」的人，僅限於梅謙次郎、美濃部達吉等少數人。在這層意義上，竹越的主張可以說是只有對權利敏感的原民權派人士方能提出的意見，在明治時期的日本，終究缺乏讓這種同化主義批判論扎根與發展的空間。

此外尚有一個要素，勒龐主張的「無法改變民族特性、質疑落後種族能否體現文明化」的理論，對正在努力消化歐美文明的明治時期日本而言，還是難以接受的。若根據勒龐的理論，黃色人種的「日本人」即便導入歐美文物，也應該無法走向文明化，只會破壞往日的文化並陷入混亂。眾所周知，社會達爾文主義者史賓賽曾經建議日本政府放緩過快的文明化腳步，對當時的歐洲知識分子而言，日本不過是一個奇特的東洋野蠻國家，日本人對文明化的努力，看在他們眼裡究竟是什麼形象，大概也不難想像。但這對日本而言是無論如何都難以接受的，連介紹勒龐著作給日本的本野一郎也在日文版序文中評論道：「勒龐博士太過輕視種族的性情及教育制度的影響。」並說明關於此點：「爭論從未停止過。」本野舉明治維新以來40年的日本「國民性」發生「重大變化」為例反駁勒龐，且在沖繩與台灣施行同化教育時，也參照了日本內地急速文明開化的經驗[22]。換言之，勒龐的思想不過是「西洋」為了排除「東洋」的

理論，只要日本人認知到自己屬於「東洋」的一部分，便不會接受勒龐的理論。

　　從而，要使勒龐式的同化主義批判深入日本，有兩個必要的前提。第一是理解「日本人」這個詞彙。「日本人」意味著包含了參政權在內的「身為國民的權利」，這種權利感的認知必須先行普及。另一點就是不能單純只是要「脫亞」，更需要認知到本身有自信能完成文明化，並達到使「日本」成為「西洋」成員的程度。而這樣的條件，隨著時代進入大正民主時期後，很自然地便在上層知識分子之間成熟了。

　　若要更進一步舉出法國同化主義批判為何能深入日本的另一個要素，那就是當時翻譯和留學等接觸海外思想的機會大增。竹越的《比較殖民制度》中，便舉了盧洛瓦—博利厄和芮恩施的名字，可以推論他汲取過這些言論。竹越可能是閱讀原文書籍，不過不僅止於勒龐，芮恩施關於殖民政策的兩本著作也分別在1906年和1910年出版日文譯本，這種給日本帶來影響的途徑，也隨著時代前進而開展。因之，這類同化主義批判會在日本興起，只不過是時間問題而已。

　　實際上，日韓併合隔年的1911年，就由法學者石坂音四郎與記者赤木格堂等，在論壇上發表了幾篇對同化主義的批判。特別是石坂，除了與竹越和新渡戶同為1910年成立的殖民地學會評議員，而且也受後藤新平之命成為岡松參太郎率領的台灣舊慣調查會（參照第五章）的主要成員。台灣舊慣調查會也翻譯了芮恩施關於殖民政策學的文章，這些報導或者認為同化主義源自「法國大革命思想」、「盧梭的平等論」且「殖民地人民的智識程度過低」，因此無法延長適用內地法律（石坂）；或者遵從劣等人種即便教育也無法被改變的「冷靜的勒龐氏知名論說」，主張應當維持差別待遇（赤木）。赤木還更進一步指出，未來朝鮮的統治方針，就「只有共同主義」一途[23]。

　　這種同化主義的批判，還進一步滲透到台灣總督府的官吏之中。1911年台灣總督府的官方雜誌《台灣時報》上，果然就出現了總督府高級官僚東鄉實以〈非同化論〉為標題的投稿評論。為了學習殖民政策學而被派往柏林大學的東鄉，知悉德國對占領的東方領土波蘭裔居民執行同化政策卻遭到失敗，並接觸到歐美的殖民政策新潮流，早在1年前便投稿寫道「殖民思想的普及是帝國眼下最重要的當務之急[24]」。

　　他的這篇評論名為〈非同化論〉。「原本所謂的殖民地同化主義……是宣稱人類全體具有共通的『道理』，乃是基於舊式唯理論（Rationalismus，理

性主義）而來，」但「19世紀的科學，破壞了人類良知理性具有優越性的信念。」因此警告「無視殖民地土人世代相傳之信仰、習慣與本能的同化政策，大抵會遭遇失敗。」提倡「尊重土人的社會組織，應制定特殊制度，亦即所謂的非同化主義。」此外，這篇評論中對同化主義的批判，幾乎都翻版自芮恩施的論述[25]。

接著東鄉在隔月的《台灣時報》上以〈論殖民政策上的共生主義〉為題，提及如同螞蟻保護「弱者的蚜蟲」並從他們身上取得甘甜的分泌液一般，殖民地也只需要實施「對土人社會而言種類和程度最合適的」的教育即可；主張尊重傳統習慣，同時獲取經濟上利益的「宗主國人及土人間的共生主義」。這篇評論中引用了後藤新平「殖民政策的基礎在於生物學」的說法[26]。對於曾和新渡戶一樣在札幌農學校專攻農政學的東鄉而言，生物學的比喻大概是他最感到熟悉與親切的。

東鄉的主要著作是1925年發行的《殖民政策與民族心理》。草稿似乎在4、5年前便完稿，但因「所論之處未必與政府方針一致」，身為「殖民地官吏」選擇延後發刊，之後他為了成為眾議院候選人而辭去公務員職務後，才發表了此書[27]。在延後出版的期間，如第十章所述，適逢原敬及獲得原敬授意的台灣總督揭示「內地延長主義」的時期。對於反對同化主義的東鄉而言，肯定相當不認同原敬等人的政策。

《殖民政策與民族心理》一書不僅受到勒龐的強烈影響，且隨處可見直接引用勒龐理論。除此之外，參考文獻中可以見到不限於殖民政策學，也引用了達爾文、史賓賽、高爾頓（Francis Galton）、龔普洛維奇（Ludwig Gumplowicz）等哲學學者、種族思想家。文中展開的議論包括勒龐主張的避免混血、基於遺傳的民族心理具有不可變更性、人類平等說的謬誤、殖民地施行高等教育有害論等；相對地他也提出對同化主義的批判和慣習尊重論。東鄉完全不認可同化的可能性，認為異民族間即便出現一些風俗習慣或思考的傳遞，那也僅是法國學者塔爾德（Jean-Gabriel de Tarde）所主張的「模仿」而已。接著他也揭示自己長年的原創主張「共棲主義」，駁斥達爾文的生存競爭理論，讚揚克魯泡特金主張的生物界相互扶持的舉動也適用於人類的看法[28]。

東鄉此書闡述殖民者與當地居民的關係應當基於「自由協同」的原理，「以殖民地土人的民族精神為基礎，制定適合於他們的法律制度，構成與宗主國有所區別的一個統治單位」，「給予各民族相當的空間」，提倡各民族設置

各別「自治制度」的「分化政策」。另外關於殖民地當
地居民的教育，與其企圖使用近代教育概念發展個人能
力，不如重視他們之間既存的集體文化，並主張可以遵
循著這種文化，實行漸進式的民族教育。在這個意義
上，他是承認當地居民的獨特性，屬於某種「自治」的
主張者。而他所舉「分化政策」的具體例子，就是南非
聯邦（Union of South Africa）[29]。

東鄉實

　　考察東鄉的發言可以見到：「歐羅巴發生了非常的
革命，美國出現了南北戰爭的慘禍，法蘭西無法拯救殖民地而走向衰頹，又或
近年社會主義與共產主義迅速傳播，到處引發紛擾的，就是夢幻般的人類平等
說及其導致的謬誤。」他也認為「今日『人類主要是環境作用及訓練的產物』
這種舊日見解，已遭遺傳研究的成果全盤否認」，書中隨處可見類似的觀點，
很明顯可以看出他並非種族平等論者。在當地居民的教育上，他重視「勒龐稱
『獲得沒有用的智識是引發叛亂的最確實方法』」[30]。東鄉的思考方式或許可
說是把根據間接統治發展出的協同主義式階層秩序，表現為生物學「共生」的
一種比喻。

　　東鄉主張自己的想法不同於同化主義，並非以宗主國為中心的壓抑性
思想，他提出了「差別即平等」這個說法，這也讓人聯想到美國為了合理
化人種隔離（segregation）而提出「隔離但平等（Separate but equal）」的口
號。但實際上在他舉來當作分化政策例子的南非，黑人被隔離在稱為「家園
（homeland）」的區域並持續強制要求他們「自治」。在他的論文中，從他要求
廢止台灣、朝鮮的內地人和當地居民共同上課的主張這點來看，用當今的詞彙
來描述，大概沒有比「種族隔離政策（apartheid）」更合適的了。東鄉也明確
否定民族自決與分離獨立，他認為像一株大樹的枝與幹一般，殖民地與宗主國
如同各自保持獨立性又成為共生體的生物一般，以共榮作為他的理想[31]。

　　這種對同化主義的批判及「自治」的主張，很明顯意圖要把當地居民從
「日本人」中排除出去。但筆者此處要指出的問題，並非在差別待遇這點上。應
當注意的是，由種族主義者去批判同化主義、強調民族獨特性、提倡殖民地自
治的這種思考結構。而這種思考結構，也與下述其他的自治論提倡者有所關聯。

## 「自治」和「隔離」

　　知名的日本殖民政策學先驅新渡戶稻造，曾在同樣出身日本東北的後藤新平手下擔任臨時台灣糖務局長，著手糖業開發，也曾在京都帝大與東京帝大講授殖民政策。他從 1910 年兼任台灣總督府囑託職務期間起，便已反對法制面的同化主義。

　　他於該年發表的評論中指出，日本「在殖民地台灣能夠獲得平穩順利的成功」，是因為「沒有重蹈法國人覆轍」，並未在制度上要求台灣同化於「日本」，因此他批評議會民權派廢除六三法的行為是「放棄合適的政策，轉換成終將失敗的畫一主義」。新渡戶本人不僅與後藤熟識，也與同樣出身札幌農學校的東鄉認識，還幫東鄉出版的第一本書撰寫過序文[32]。

　　新渡戶在殖民政策上的主要著作《殖民政策講義及論文集》，是過世後由矢內原等人整理他 1916 年度於東京帝大講授的殖民政策學課程編輯而成的。他在此書中提及「雖無法說明種族間優劣的理由，但實際上是存在優劣區分的」，還介紹了無法透過教育改變民族性格的勒龐學說，認為同化主義是「需要 8 百年長期時間」的政策。「8 百年」的形容，可說比後藤的「90 年」、兒玉源太郎的「2 個世紀」，更表現出一種非現實性的感受。此外新渡戶在當地居民政策上設立「隔離（分居）制 Segregation」一項，對於美國的原住民同化政策有如下的說明（所謂 segregation，也是前述的種族隔離稱呼）[33]：

　　　美國在「所有人皆生而平等」的信條下，飽嘗了苦澀的經驗。對原住民只要給予適合原住民程度的待遇即可。為原住民設立區隔的新天地，在區域內不施行白人的法律，以原住民原本的習慣來統治，一方面也施以教育，以圖徐緩誘導他們向上，這是非常重要的……原住民的教育也應根據相同的原則，盡可能施以與該原住民傳統相同的教育，這便是隔離制的論述。亦即不採取宗主國本位，應採取原住民本位。這樣的政策在日本或許特別難以施行，但在心理學上卻是一種真理。而且在原住民教育上，比起個人教育，更應該重視民族教育。

　　也就是說，比起拓展個人能力的現代式教育，更重視適合過往習慣與集體文化的民族教育，這可說是東鄉的見解，也是這種言論的先驅。新渡戶雖把這

種想法稱為「原住民本位」，如果是東鄉的話，應該會稱為「自治性制度」吧。此外新渡戶更進一步闡述[34]：

新渡戶稻造

> 可以保護原住民，但不應讓他們享有與宗主國人相同的權利。即必須以特別制定的法律實行統治。這是在痛苦經驗後得到的知識。法國將革命口號「自由、平等、友愛」照搬套用於殖民地，讓原住民享有與宗主國人完全相同的待遇，因此引發海地原住民的叛亂，還導致法國人遭到虐殺。

此處必須留心的是，這種想法未必與新渡戶思想中的人道、博愛部分有所矛盾。根據矢內原的回憶，新渡戶授課時批判過總督府討伐「在隔離山中過著安穩生活」的台灣山岳原住民族，他甚至敲著桌子批評：「他們對日本人並沒有任何害處，但（總督府）卻驚醒高山上平靜生活者的美夢，大規模討伐他們，這究竟是怎麼回事！」然而，從上述的種族觀、殖民政策觀來看，這應該是新渡戶理所當然的反應吧。對新渡戶而言，這不僅違反人道，想必更反映出同化政策愚昧至極的程度。此外新渡戶也給予印度、爪哇島的傳統文明高度評價，把台灣山岳原住民稱為「高貴的野蠻人」，主張給予如愛努的保護。此外，新渡戶關於種族、民族的優劣不在個人而在整個集體展現的說法等等，可以當作他並無歧視的論述根據，這也與勒龐、芮恩施等同化主義批判論者的種族觀有著共通的要素[35]。

這樣的種族觀、民族觀，是否能與今日我們印象中的種族歧視畫上等號，恐怕還有討論的空間。新渡戶主張「雖剝奪原住民的政治權利，但不剝奪他們個人的權利」，以及主張各民族「擁有各自特殊的文明及使命」的觀點，他本身大概並不認為是歧視[36]。但這與今日我們思考的平等理念相對照，確實也是不同的異質觀念。而這樣的思想，自然也與後藤等人計畫的舊慣立法路線有共通之處。

如第五章所述，後藤自1898年到任台灣之初，便宣稱自己殖民政策的宗旨是「尊重舊慣」的「生物學原則」，「想輕率地在未開化國度實施文明國家的文化和制度，可說是文明的苛政」。他閱讀過芮恩施的著作，根據中村哲的論述，後藤曾「述懷」在他的統治下「採取了協同主義政策」。不過把這段發

言當作他受到 1898 年法國協同主義的直接影響，恐怕時間上有點太早，後藤大概是受到他喜愛閱讀的達爾文、史賓賽等的影響，而這些思想又是形成協同主義的基礎，因此從結果來看出現了相近的形式。對他而言，東鄉與新渡戶導入的殖民政策學應當是不難理解的理論。另外新渡戶認為「應注意保持宗主國人的威嚴」，而對後藤建設壯麗總督府廳舍建築給予肯定，並進一步表示「在原住民政策上特別有調查的必要」，「（統治的）成功與否決定於是否能得到適任的人選」等，這些論述與後藤的舊慣調查和行政官人才論相互共通，可以發現他受到後藤的影響[37]。

如此一來，包括新渡戶在內，過往引進歐美殖民政策學而成長起來的日本殖民政策學，成為了批判同化主義的最大基地。繼新渡戶之後，京都帝大教授的山本美越乃（與東京帝大的矢內原忠雄並稱日本殖民政策學雙璧）也於 1914 年發表了批判同化主義的論文〈關於殖民地統治的二大主義〉。

山本的這篇論文以「殖民地的統治向來是同化主義和自治主義」為開頭。根據這篇文章，同化主義的思想根據在於「舉凡人類存在著無論何時何地都共通普遍的理法，以此理法為基礎制定的制度……即便遭受暫時性的反抗，只要持續監督砥礪，不斷加以強制，最終定能使人們理解其真意」，可以引領人類的發展，「簡要而言，這是以人類具有普遍理性的舊派理性論（Rationalism，理性主義）為基礎的理論」。然而，山本接著如此議論[38]：

> 然則近世學術性研究的結果，闡明了這種舊派理性論往往在實際上無法適用，亦即從實際上來考察，大多數的場合，人類比起受理性支配，毋寧更大程度受到本能、習慣或代代相傳的信念所左右，而且這種傾向在文化程度低落，且最缺乏理性批判能力的野蠻未開種族之間最為顯著。

山本此處的論點，忠實地沿襲法國的同化主義批判理論。實際上這篇文章幾乎是照抄芮恩施文章的譯文，而東鄉也曾根據芮恩施該文的幾個部分加以改寫。

不過山本這篇論文的意義，比起這種同化主義批判論，更重要的應當是他提出的兩大主義其中之一的「自治主義」。從結果來看，這個「自治主義」成為日本殖民政策學和受其影響的日本言論界的獨特概念，後來在統治論述領域廣泛散播。

　　那麼，山本所謂的「自治主義」究竟為何？根據這篇論文：「自治主義論者的論述根據，在於他的殖民統治根本方針總是把重心放在被統治的標的物，也就是殖民地土民的特性及他們的社會組織實際狀況上。」而「各民族不僅互有種族特性，且文明野蠻程度也不一」，「故殖民地統治的祕訣在於研究各民族的本能習慣及世代相傳的信念等」，不「破壞他們社會的善良風俗」，「緩緩灌輸文明制度，藉此逐漸改善他們的社會與生活」。

　　這可說與法國協同主義理念幾乎一致。從山本論文的引用文獻來看，大概是受到了芮恩施的間接影響。他日後反對在朝鮮、台灣偏重日語教育，並且認為法律、人文類高等教育會提升人們向上的志向及產生空泛言論，導致與宗主國關係受損，因此應當重視實業教育。這也是模仿芮恩施的著作，從結果而言，其論述和勒龐的主張幾乎一致[39]。

　　這麼一來，山本「自治主義」的內容，難道就是摻雜了間接統治路線的協同主義嗎？或者，是像科克伍德和台灣總督府所主張的「總督府自治」呢？答案是二者皆非。山本這些同化主義與「自治主義」的定義，幾乎都原樣轉載在他的主要著作《殖民政策研究》當中，然而書中他所舉的自治統治案例，都是像加拿大、澳大利亞和南非聯邦等，被稱為英屬自治領（Dominion），具備殖民地議會和責任內閣的自治殖民地。而山本雖然表示：「允許至今自覺心尚未發達的民族得以自決，宛如允許小孩自由行動，結果不過給其他國家誘拐的好機會。」表示否定獨立的立場，但也提議：「朝鮮的未來可以一如英國對加拿大、澳洲、南非等的關係，允許其自治[40]。」

　　然而如同第五章所述，這些英屬自治領是以英國殖民者為中心實施「殖民者自治」的地區，議會與內閣皆由殖民者構成，當地居民則遭到絕對的歧視。可是，山本把這種型態誤認為「當地居民的自治」。山本的著作很多是根據芮恩施而來，即便僅看《殖民政策研究》一書，從目錄到具體的內容，有多處都讓人覺得是從芮恩施著作原般改寫過來，不過芮恩施的著作雖有分別討論「殖民者的自治」與同化主義批判，卻沒有山本所謂「自治主義」的分類[41]。換句話說，山本並未搞清楚提倡保存當地居民習慣的間接統治或協同主義，和排除當地居民的「殖民者的自治」，亦即他混淆了兩種原本不同的「自治」概念，結果提出一種由當地居民施行具備責任內閣與議會的近代性自治型態，創造出當時世界上任何殖民地統治都不存在的殖民地統治類型。

　　產生這種誤解的背景，在於日本殖民政策學的性質。放在今日或許是難以

置信的事情，不過除了經歷實務經驗後成為學者的新渡戶之外，日本的殖民政策學者大多數都不理解朝鮮和台灣的實際統治狀況。包括早期的矢內原在內，殖民政策學者的著作盡是留學歐美時學到的原理理論，只知羅列國際情狀，並在其中摻雜入一些日本的案例，僅此而已。依照當時日本社會科學的慣例，他們扮演的是輸入歐美先進思想的角色。除矢內原忠雄 1920 年代後半起調查台灣及南洋群島後所撰寫的著作以外，日本大學裡的殖民政策學者完全舉不出包含實地調查的實證性研究成果。不只山本，殖民政策學者常常喜好議論同化主義、自主主義、從屬主義等等類型論，但是與其說這些議論有涉及實際調查朝鮮、台灣統治的實際狀態，不如說他們只是紙上談兵，只知注重類型的抽象論。

當然總督府方面也沒有指望過這些殖民政策學者。從台灣統治初期起，總督府往往參考歐美殖民政策學自行匯集整理成內部文書，但幾乎不見要求日本殖民政策學者提出意見書。如果認為有必要，總督府會自行派遣類似東鄉實這樣的官僚前往留學。以模仿歐洲開始的日本的大學系統，往往只因為歐洲設有這樣的課程便開設該課，即便毫無實踐性價值，那是誰都不認為這麼做有什麼奇怪之處的時代。

此外，日本具代表性的殖民政策學者如新渡戶、山本、矢內原，加上第十三章所述的泉哲等，其中除了山本之外，其餘三人皆為虔誠的基督教徒，且為親歐美的德高望重者。自然而然地，加上他們與統治沒有實際上的關聯，殖民政策學者的議論往往會出現以自己留學的歐美為基準，帶有批評日本統治方法「落後」的傾向。進入大正民主時期後，日本內地普通選舉權運動高漲，言論界的許多論調也希望能將「民主／Democracy」適用到台灣人與朝鮮人的處境上。此外加上他們所學習的殖民政策學，對於透過同化主義選出議員進入中央議會的路線採取批判的態度，所以往往會偏向當時存於加拿大或澳大利亞的殖民地議會設置論。如此一來，發源自人種思想的同化主義批判這種舶來品，以及由日本政治狀況反映出來的「民主」志向兩相折衷的結果，在日本殖民政策學中創造出一種獨特概念，也就是一方面保留過往慣習和當地統治階級，同時又要當地居民運作西歐近代式的內閣與議會，幾乎同時兼備對立性困難要素的「自治主義」。

1919 年朝鮮發生三一獨立運動後，大正民主時期的言論界興起統治改革論的熱議，認為「自治主義」是具有歐美文明屬性又是最新的統治政策，把這種思想當成流行風潮，主張也應該給予朝鮮和台灣「自治」。然而，例如永井

柳太郎認為在其著作中關於「自治主義」的分類僅舉英屬自治領為例，東鄉則說「自治主義」是自己所主張的分化政策（即與「同化」相對），論述上大概就是這種調性，這種思想就在稱不上嚴謹且缺乏共識的狀態下流通。言論界雖然也有一些批判，指出「英國的自治領大致是由來自英國的移民為核心而發展起來的」，因此「所謂應給予朝鮮自治，必須是至今為止從未見過的自治，若不是完全獨創的新奇概念，便會失去提倡的旨趣」，但這樣的論調卻是極少數的例外[42]。到了 1922 年愛爾蘭取得英國獨立聯邦（自由國）的地位，本身擁有議會與內閣，產生了第一個由當地居民施行西歐近代型自治的案例，但日本言論界舉「自治主義」的例子時，仍舊專舉加拿大與澳大利亞，並將之當作「民主」先進國英國的殖民政策來論述。

在這種「自治主義」的風潮之中，一位剛嶄露頭角、敏銳的殖民政策學者登場了。這位學者就是矢內原忠雄。

## 「自主」的兩難

師承新渡戶，日後擔任東京帝大殖民政策學講座教授的矢內原忠雄，也與基於種族思想的同化主義批判論有所關聯。特別是矢內原比其他人閱讀過更大量關於日本國內外的殖民政策文獻，因此他也不可避免地受到了影響。他在這個領域的主要著作，是 1926 年發行初版的《殖民及殖民政策》，在書中他定義「所謂同化主義，是給予殖民地和本國完全相同待遇的作法」，而他理論性的批判則如下[43]：

> （同化主義的根據是）18 世紀法國大革命時代的哲學，基於天賦人權的觀念，以人類具有普遍理性為本，認為眾人皆為平等且自由的同胞，又採取各種族一體的人類學說，認為各種族的文化在根本上相同，如以理性對待，則同一文化可以支配所有的人類，而殖民者是文明民族，是擅長於掌握理性的人們，因此他們具有把法制、語言等傳播給劣等民族的文化性使命。
>
> 然而種族是基於不同的遺傳及自然社會環境而呈現不同特性的歷史產物。以絕對人（unhomme absolu）這種抽象信念為基礎，對社會生活樣態及發展階段相異的社會族群，想均一地、集體性地、急速地採用本國文化的同化政策，這便是無視於歷史事實的作法。而這種無視於遺傳的力量，認為

可以透過外界的影響力輕易地、計畫性地改變種族特性，乃是一種謬誤。

比起幾乎照抄芮恩施的山本，矢內原提出的是一種基於更深度理解的同化主義批判。矢內原日後不僅把法國大革命，還把俄國革命的思想也視為「強求寰宇通用的世界同化主義」[44]。

矢內原也與當時的日本殖民政策學者一樣，把統治分為「從屬主義」、「同化主義」、「自主主義」三種類型。這三種類型讓人聯想起第五章介紹過的岡松參太郎論述，那麼矢內原認為最佳的殖民政策「自主主義」究竟為何？

根據矢內原的說法，所謂「自主主義」是「承認當地居民社會生活的歷史性存在事實，根據此一既定的方向企圖發展當地社會」，但因「無限制的放任將違反殖民政策的本質」，故需承認「維持公序良俗」、「保護指導」與「協同合作」這三個限制。其中的「協同合作」是「為圖當地居民社會生活的自主性向上發展，在發達經濟力上也把他們當作殖民者的有力協助者」。矢內原認為，不只是殖民者、當地居民之間，在本國與殖民地之間「協同（L'Association）的主張必然伴隨著自主主義政策」[45]。

在此著作的註腳與參考文獻中，也出現了若干對法國同化主義的批判論及協同主義的文獻，可以得知矢內原肯定知悉這些思想。他讚揚東鄉「排斥同化政策，主張自主主義（東鄉氏所謂的分化主義）」，形容東鄉把宗主國和殖民地喻為一株大樹的表達方式，是「非常適合農學者的好比喻」，並稱許台灣在後藤新平統治下採取的舊慣調查是「模範式的作法」[46]。

此處矢內原的主張，實質上與法國協同主義主張相近。1926年在朝鮮統治改革論盛行的情況下，他的論文〈朝鮮統治方針〉在當時言論界核心的月刊雜誌《中央公論》上發表，但這篇論文依舊有來自種族主義對同化主義批判論的陰影。

在這篇論文中，他首先說明法國同化政策的失敗，以「索緒爾、塞希爾、維尼翁等學者已對此進行批評」一句，列舉出勒龐的追隨者名單。並說明法國龐加萊（Raymond Poincaré）內閣殖民大臣薩羅（Albert Sarraut）主張「自主協同的政策」，接著寫下這麼一段[47]：

透過穿著洋服、食用洋食、說英語、學習英國文學，並未能使印度人英國化。他們使用英語不斷攻訐英國。而居住在美國的黑人……尚未被認為

已同化於美國。遺傳學者認為，環境影響僅止於外顯型的變化，並不及於本質型的改變。

矢內原忠雄

這篇論文中他反對法國同化主義的參政權型態，不贊同從殖民地選出代表進入宗主國的中央議會制度。其論述根據之一，是在宗主國議會中當「殖民地議員相當有力，又遇到決定票（casting vote）時，本國政治會遭殖民地人所左右」，也就是「議會制度需要從統一的國民開始，方有可行性。擁有不同集體意識的諸民族要在同一議會中審議內政，從民族心理學來看並無可能性」。民族心理學這個詞彙，曾被東鄉與新渡戶用來表達勒龐學說，不過矢內原在自己日後的著作中也提及，「勒龐批評了基於民族心理學見解的那些同化主義」[48]。

在批評同化主義的同時，矢內原在這篇論文中也提倡設置以朝鮮人為主的殖民地議會。強調遺傳的同化主義批判，加上由當地居民設置殖民地議會的主張，讓人聯想起與山本同類的「自治主義」。確實，矢內原此文舉出了「加拿大、澳大利亞、紐西蘭、南非聯邦及其他英屬自治領」為「自主協同」主義的統治案例，但也說明：「對非洲西部、中部等黑人地方則尊重過往法制習慣，實行承認酋長統治的自主性政策。」而這兩種型態都可分類在「自主主義」這個詞條下[49]。然而在矢內原的論述當中，有幾個山本所不具備的特徵。

其一，如同他「去朝鮮看看吧，連路旁的石頭盡皆呼喊著要自由」的發言，可以看出他對朝鮮人的同情。矢內原留學歐洲時曾順道前往愛爾蘭，看到愛爾蘭人民的困頓情景後，他寫下「不禁潸然落淚」的字句，在日記中寫下：「自由！獨立！Ireland人，爭取汝等的自由吧！」而且，雖然採取法國同化主義批判論作為自己論述的根據，但矢內原的記述中卻沒有表達人種有優劣之分，也反對隔離制度[50]。可以看出他從勒龐式的同化主義批判中，企圖不去觸及差別與歧視，而僅利用尊重民族性的部分。

另外一點特徵，就是身為優秀學者的矢內原，雖然也是依靠書籍獲取知識，卻遠比山本更了解海外殖民地的情狀。矢內原在學術書籍《殖民及殖民政策》中明白記下：「幾乎所有的自治領都以來自英國的殖民者為核心……像印度就未被給予自治領的地位，這是因為印度並未滿足這種條件……在當地居民占大多數的區域中，獲得自治領的唯一例子就是愛爾蘭，即便如此該地並未能

解決民族問題等等情況。」[51]雖然如此，他在《中央公論》寫的時事文章卻未觸及這些問題點，反而在行文之間給人一種採取自治領型態賦予自治彷彿是國際性潮流的印象。

矢內原不使用「自治主義」而採用「自主主義」，恐怕是因為意識到保留利用當地統治階層並非他理想中自治領型態的「自治」。或者不如說，他所謂自主主義的概念，是基於自治領型態自治與保護當地居民習慣的兩種趨勢，在將來能夠結合為一的期許上。他在學術書籍和時事論文中若干不同的表達，除了表現出他個人的期許外，或許也是他想喚起輿論賦予自治的一種戰略性行為吧。

然而矢內原的終極自主主義——亦即讓尊重慣習與自治領型自治兩者並立，加上與宗主國和平地協同合作——從一開始就是難以實現的概念。保存當地社會體制和賦予具備西歐近代型內閣和議會的自治，本就幾乎無法同時成立。即便自治領獲得完全的自治，但能與本國協同合作，還是因為從一開始就以和本國帶有心理連結的殖民者為核心之故。

深知實情的矢內原，對於自己「自主主義」的實現並不樂觀。他不得不寫下這麼一段話：「對實現自主主義殖民政策理想，並無法從科學上、歷史上給予保障……只有一件事情是確定的。那就是人類對此等理想抱有希望。受虐的人獲得解放、沉淪的人得到提升、加上自主獨立的人能和平結合，人類不論在過往、在今日，甚至在將來，都會如此期望吧。這是一種希望！甚而是一種信仰！」[52]

## 兩種差別之間

混入殖民政策學的法國種族思想，提供批判同化主義時的有力論述根據，也使「自治主義」這種獨特的概念得以成立。作為殖民政策學常識而被導入的同化主義批判，之後形成了堪稱殖民政策派的潮流，以取代過往間接統治論的型式，形塑出主張從「日本人」中排除殖民地當地居民的論調。

採取這種主張的言論家，他們的動機各式各樣。有像東鄉這種意圖凸顯與「日本人」差異的人，也有像矢內原這樣尊重和「日本人」相異獨特性的人。但即便是矢內原，只要是在殖民政策學的框架內批評同化主義，也不得不提及種族的遺傳性要素。

　　然而這種同化主義的批判論，只在言論界廣泛流傳，對實際政策的影響力並不大。這種原本基於啟蒙主義，以對「文明化」批判為基礎的論述，和以培養忠誠心為目標的日本同化路線相互乖離。本章舉的同化主義批判論是從1905年到1920年代中期的論述。這個時期，除了是大正民主時期的頂點、日本人權意識最強的時期，外交上也是與歐美採取協調路線的時期，與日後皇民化政策時期相較，企圖強制朝鮮、台灣進行日本化的力道尚且微弱。亦即，這是一種認知到同化主義是包含權利平等化的「文明化」，以及認知到成為身為歐美一員的「日本」，兩種條件兼備的時期。進入1930年代，當言論界的關注焦點離開朝鮮、台灣後，這種同化主義批判論也隨之衰微[53]。當然，1930年代後加強言論箝制應當也是造成衰微的主要原因之一，但想要在現實中對應皇民化政策時，這些思想實在稱不上是有效的工具。

　　矢內原後來嘗試從「日本同化政策與法國不同」的角度來發展自己的論述。他在《殖民及殖民政策》發行後隔年的1927年前往調查台灣實際狀況，接著寫下了《帝國主義下的台灣》一書。在此書中他指責日本在教育等方面徹底強制執行同化，但又「在政治相關方面完全」維持「不同化」（≒不平等），對統治進行了激烈的批判，最終此書遭台灣總督府禁止發行。之後他在〈軍事性與同化性——日法殖民政策比較一論〉這篇論文中，把日本同化政策定位成「非如法國基於自然法的人類觀，毋寧是基於日本國民精神優越性」的產物。他在這篇文章中雖然也提到了勒龐，但批評同化主義時並未採用「遺傳」這個詞彙，另外也寫下協同主義「不過是以宗主國為核心，強化連結帝國的一種型態」[54]。

　　然而，矢內原提出論述時，已到了正式採取皇民化政策和中日戰爭爆發前的1937年2月。這一年的12月，矢內原因為批評日本的大陸政策而被剝奪東京大學殖民政策學講座教授的職位，最終他辭去了教職。接著他在隔月發表的論文中，主張日本施行的「同化的殖民政策」，「特色在於經濟上及社會上要求同化的同時，在政治權利上卻拒絕同化」[55]。

　　矢內原離開東大之後，該講座職務改由原為評論家的平野義太郎擔任，並高倡協同主義。1939年引用後藤新平「鯛魚的眼和比目魚的眼」開始對同化主義展開批判的平野，在與受優生學影響的人類學者清野謙次共著，發行於1942年的《太平洋的民族・政治學》一書中，認為大東亞共榮圈的統治政策應該參考法國協同主義，提倡「協同主義、共榮主義」[56]。這個論述雖然包括

了保護各民族文化的要素，但也成為合理化日本民族作為指導者，使亞洲各民族「各得其所」的階級秩序論述。接著 2 年之後，成為眾議員的東鄉實，就任翼贊代議士會長。東鄉於 1952 年擔任自由黨總務，一直到戰後仍舊持續保持他在政治上的影響力。

「以承認彼此不同為前提，但仍平等對待之」，這是在現今也難以實現的困難理念之一。平等很容易就會變成壓抑與抹煞獨特性，尊重獨特性又容易轉變成歧視。企圖一方面批評不該把當地居民同化成「日本人」，一方面又嘗試不要陷入將對方自「日本人」中排除，同時還尋求「共生」和「協同合作」的可行方法，想要對這樣的課題提出解答，在兩種差別間穿越那微妙的一線之隔，這對當時的知識分子而言，終究是太過困難的課題。在這種情況下，包括矢內原在內的良心知識分子，仍舊受限在種族思想的影響圈之內。

# 第八章
# 「民權」與「一視同仁」
## ──殖民者與通婚問題

　　如同第五章和第六章所述，台灣與朝鮮被當作領土編入「日本」，但又在總督府的統治下從「日本」中被分離出來。住在這些地方的朝鮮人與台灣人，在國籍上被包容入「日本人」，卻在戶籍上被從「日本人」中排除。

　　但是，此處有兩個問題。其一，住在朝鮮的內地人之處境。他們在戶籍上雖是「日本人」，但居住在遭「日本」排除的總督府統治地區，亦即，他們屬於處在兩者之間的狀態。

　　其二，透過通婚或收養，雖然血統上是朝鮮人但取得內地戶籍的人，是否就成了「日本人」？對大日本帝國而言，民族是透過戶籍來加以區別，若取得內地人戶籍，在法制上將難以和內地的「日本人」區分。

　　本章針對從日韓併合開始，直到對日本的朝鮮統治論帶來巨大影響的1919年三一獨立運動前夕的這段時期，來討論這兩個問題。透過這樣的爬梳，能夠釐清影響當時「日本人」界限的要素究竟為何。

## 高唱「一視同仁」

　　開始討論上述問題之前，先大略檢討一下從日韓併合到三一獨立運動為止的期間，朝鮮總督府周邊和日本內地報紙的言論狀態。

　　併合5年後的1915年10月，朝鮮總督寺內發表的聲明中，對朝鮮的定位如下[1]：

　　　　此併合，與歐美各國合併半開化或者劣等民族的情況，旨趣完全相異。他們只是形式上，而非在實質上有宗屬關係，特別是地理遠隔、國情人種亦不同之故，無論在政治或社交上，其命運究竟無法混合一體，日鮮之間

的關係則與之相反，不僅地理相鄰且利害相關，屬同文同種且風俗亦無太大差異，因此，在一統的國家下進行融合同化絕非難事。

可以說朝鮮在地理上、人種上、文化上具有「相近」性，是日本統治與歐美的殖民地統治之不同，這是典型的「日本人」同化論。寺內緊接著說明，把朝鮮人打造成「忠良的帝國臣民」是統治上的當務之急。

當然，欲改造成「忠良的帝國臣民」時最被強調的就是教育政策。1917年，朝鮮總督府學務局編纂教科書時在發行的概要中，揭示教科書的編輯方針在於「要使（朝鮮人）明確理解朝鮮和內地、台灣等地一樣，同為我國的一部分。」在修身科目中，除了要強調天皇「一視同仁」的恩澤，還需重視「正直、勤勉、儉約、儲蓄、清潔、衛生等」，並要留心舉例偉人事蹟時「關於外國（歐美）人的事例一切皆不可採用」。此外，為了改變朝鮮舊有的風俗與女性社會地位，特別指示教科書的插圖需具備「言外之意的教訓」，要「把朝鮮兒童的風俗描繪成短髮草鞋（不束髮不穿朝鮮傳統鞋靴），勞動者當中要加入女性」[2]。關於沖繩當政者提倡女性教育的重要性，此點已在前述第二章討論過，關於女性地位的問題，如後述第 III 部，將會給被統治者一方帶來微妙的影響。總體而言，此處的朝鮮教育理論，可說與沖繩教育相仿，目標在促成「日本人」化，並在這個框架內達成「文明化」。

此外與沖繩教育的情況相同，朝鮮教育也致力於改造歷史觀。總督府學務局在編纂國語讀本時，宣示「在歷史教材上，要多選擇可以顯示內地和朝鮮間親密關係的古代傳說史話，以幫助養成國民思想」的方針。1918年要教導朝鮮人《教育勅語》時，總督府頒行了注意事項，強調「從日本國史來看，3千姓氏中朝鮮人及支那人等後裔，約占 7 百」，包括坂上田村麻呂等渡來人後裔，「對國家社會具有莫大貢獻」，「自古以來新成為帝國臣民的各民族，都在短期間內融合和同，成為渾然一體」[3]。

此《教育勅語》的注意事項中，提倡「內鮮人流著共同的血液」，而日本學界在人類學、語言學、歷史學等學說上，認為朝鮮人是「日本人」也成為定論。大正時期建構起人類學通說的鳥居龍藏便表示：「以日本人和朝鮮人來說，因為是同一民族，因此互相合併統一是正確的事情。」語言學者金澤庄三郎也主張：「韓國的語言，與我大日本帝國語言屬同一系統，不過是我國語言的一個分支，宛如琉球方言和我國語言的關係。」並且認為朝鮮在古代是日本

的一部分，併合並非侵略而是復古[4]。

此外，與沖繩的源為朝傳說、台灣的鄭成功傳說相似，此時也流傳著記紀神話素戔嗚尊渡海前往朝鮮，成為朝鮮王朝先祖檀君的祖先之傳說。日後在內務省祕密文書中也可見到關於朝鮮歷史教育重視「傳說中的檀君與素戔嗚尊相符之處」，在文中還有「不把三韓當作獨立國家而視為日本一個地方的名稱」，「關於處理受明朝冊封的李朝朝鮮，改為足利時代因日本國內政治情勢之故，暫且把朝鮮經營完全委託李朝」，而豐臣秀吉侵略朝鮮「則處理成是企圖使日本國內恢復原本狀態的作法」。這裡可以看到，與在琉球處分之際提倡「沖繩自古便為日本的一部分，只不過因為中世紀的混亂所以才受中國冊封」的論述，有著類似的歷史觀[5]。

從統監府時代便參與朝鮮教育的幣原坦有如下的說明[6]。

關於使殖民地人同化於文明，吾等東洋人較諸泰西人等於東洋的殖民地，具備更多的理解與便利性。故在泰西人等棘手的同化政策上，由我東洋人同志之間施行時，不能立即斷言結果將與泰西人等相同。不，我東洋人同志之間，無論在人種上、在思想上、在風俗上、在習慣上，因為幾乎沒有太大差別，所以不會走到凡事都得計較同化、非同化論的程度。觀察近來沖繩縣的狀態，便可窺知一般。

然而，只在表面上提出這種朝鮮觀與歷史觀，並無法含括法制上的區分。寺內總督在官方發言中表示，「朝鮮歸於帝國版圖之後，理論上憲法應及於本地，此乃當然之理」，但實際上的情況如前所述。總督府發布的《教育勅語》注意事項也針對「重視國憲」一句，還苦心加上註解：「即便此地尚未達到與內地同樣實施帝國憲法的程度，但朝鮮既為帝國的一部分，應教導朝鮮人使其尊重（憲法），此乃必然之理。」[7]

一方面強調是「日本人」，一方面又不賦予身為「日本人」應得的待遇，為了合理化這樣的情況，出現了各式各樣的說法。首先第一種是「民度（人民水準）」。如前述第六章中，《朝鮮教育令》以為了適合當地「時勢及人民水準」的名目，限縮教育內容與授課年限。雖然主張等到人民水準能夠配合，也就是待就學率上升與「國語」普及率提昇之後，才「漸進」地賦予身為「日本人」的待遇。但伴隨徵收學費的政策，即便到了1920年，普通學校的就學率

仍舊停在 3% 左右。此外，有些場合也會以朝鮮人的「舊慣」為理由，例如幣原對朝鮮人進入普通學校的就學年齡，不比照內地的 6 歲而延後至 8 歲一事，主張乃「依據朝鮮原本的舊制」，認為這不過是沿襲「原本的慣習」而已[8]。

大致而言，執政者在主張同化、自吹自擂統治成果時，就會強調日本的朝鮮統治與歐美殖民地統治的不同；但為了合理化法制上的區分時，又會出現以歐美殖民地為模範前例的傾向。幣原等人也提倡類似上述的「東洋」特性，說明「1 千餘萬的白衣農民，不需像其他地方被視為劣等人種、遭受冷落，反而被內地人當作同伴一般歡欣接受」，但又在同書中提及：「所謂的義務教育制度，不僅難以從統治之初便開始施行，且綜覽各國殖民地，實施義務教育者極為稀少。」寺內總督也如前述概念一般，提出與「歐美諸國」殖民地相異，但在議會審議中論及總督立法權時，又出現「考量各國（殖民地統治）事例，大致皆為如此」的發言[9]。跟台灣出現的狀況相同，即便在國防上具備將朝鮮同化成「日本人」的動機，但只要侵犯到總督的立法權，或者需要實施耗費成本的義務教育制度時，便會採取拒絕的態度。

朝鮮總督府及其周邊人士對於朝鮮人如何在「日本」中定位，採取了上述的機會主義式論調，相對於此，日本內地的報紙又採取何種的態度？日韓併合當初，日本內地的主要報紙集中刊載了讚美併合的報導，但終究也開始出現對朝鮮統治的批判。只不過，直到因三一獨立運動而強烈感受到朝鮮人不滿之前，朝鮮的處境幾乎未被當成問題。那麼，這些批判又是針對什麼而來？

首先，第一種批判，就是針對統治費用的問題。如第六章所述，因為朝鮮總督府是依賴來自內地的大量補助才得以設立，針對此點便出現許多批判。接著第二種，是針對六三法問題而來總督的委任立法權問題。這個問題因為六三法問題已經變成既成事實，所以沒有充分形成議論，但針對總督立法權「違憲」的討論依舊存在。領有台灣時就已出現這樣的問題，此時的議論可以視為是這種討論的延長。

新出現的批判則是針對任命軍人擔任朝鮮總督一事而來。與為了鎮壓抗日武裝勢力而採軍人總督制，且也已成為既成事實的台灣不同，朝鮮並不具備這種統治上的理由。除此之外，比起六三法問題的當時，此時的社會氣氛更厭倦軍方與官僚的威權主義體制，所以也反映在這樣的批評上。而在內地，1913 年還發生了針對軍方與官僚組成的桂太郎內閣，進行大規模反對運動的情狀[10]。

職是之故，1910 年代前半的報紙，把朝鮮的軍人總督制視為陸軍軍閥意欲擴張自身勢力的策略，針對「呈現偏狹的軍人思想」、「軍人任意妄為的時代」等一齊提出批評。這些對軍人總督的批判，其特徵可在把「總督武官制」形容為「官僚一派積習的產物」的《東京每日新聞》社論中窺見；也就是塑造了一種「軍人等於專制、等於官僚」的論述結構。換言之，在這樣的脈絡下，與「軍人」處於相對位置的並不必然是文官官僚，而是「民權」。這樣的言論也反映出在對抗「以軍人和官僚為核心的開發型獨裁藩閥政府」情況中，民權派報紙所形塑出的日本社會狀態。

在這樣的背景下，朝鮮統治初期最飽受批判的政策，便是 1911 年初期，以總督府「制令」形式公布的《朝鮮會社令》（「會社」即中文的「公司」）。這個《朝鮮會社令》規定，要在朝鮮開公司時，有必須向總督府申請並獲得認可的義務，但因為朝鮮與內地法域不同的理由，原本在內地商法中允許公司可以開分店一事，在朝鮮也必須申請並取得許可。此外，內地發行的官方證明文件在朝鮮不具效力。如前所述，在朝鮮是使用朝鮮銀行發行的朝鮮銀行券，在台灣則使用台灣銀行發行的台灣銀行券，從貨幣上就與內地形成不同的世界；在經濟法規上，朝鮮也呈現出「獨立王國」的樣貌。

原本在內地，官僚就獨占對民間企業的許可、認可權，因此擁有莫大的權威，一直享受著接受賄賂與款待的特權。更何況到了缺乏議會和司法監督的朝鮮與台灣，這樣的情況就更為嚴重。根據當時的新聞報導，內地人殖民者遵守《朝鮮會社令》提出認可申請時，總督府的警務總監部會派出密探調查申請者的財產與經歷，甚至強制要求提供所有土地作為公共道路之用，若遭拒絕便以「違反治安為理由，威脅要破壞其建築物」。內地的財界大老之中，例如澀澤榮一等便公開表示，他們不願忍受此等不便，無意投資朝鮮[11]。

《朝鮮會社令》發表後，內地報紙便大力批評此為「朝鮮企業界的戒嚴令」、「蹂躪商法，是極端的軍政主義」等。此令乃軍人總督的「官僚專制」，是未經議會審議便公布的總督府制令，而且被視為朝鮮經濟開發的障礙，這些批評可說集結了前述經濟成本、總督立法權，以及軍人總督等三大批判的主要元素。而這樣的批判，例如《讀賣新聞》社論所提倡「殖民地統治上力圖扶植產業開發時，斷不可採行軍國主義（軍人專制）」一般，爭論的還是朝鮮統治究竟應該以「軍權」為之，還是以「民權」為之；至於朝鮮人的處境，則幾乎未被言及。而且在採取這種「重視經濟、批判軍人」論點的時候，

往往會伴隨著為了提防軍人總督持有過強的防衛意識,而應該與歐美協調合作的論調[12]。

透過這些問題的爬梳。總督府方面訴求「一視同仁」把朝鮮人同化成「日本人」,提倡類似沖繩施行的教育方針。但這頂多就是在把朝鮮從總督府特權的源頭「日本」分離出來時,不至於有所牴觸才採取的方針。另一方面雖然內地的報紙對總督特權抱持不滿,倡議要由「民權」統治朝鮮,但實際上並不關心朝鮮人的處境。

有可能會夾雜於對立兩者之間的,就是住在朝鮮的內地人殖民者。內地報紙對《朝鮮會社令》進行的批判之一,就是此令會降低殖民者前往朝鮮的意願。如第五章所述,原本在六三法的審議上,像高田早苗這樣的民權派議員已經指出,若讓台灣處於總督獨裁狀態,將侵害到內地人殖民者的人權,阻礙殖民的促進。但從總督府的角度來看,對於在朝鮮自己管轄地區中的居民,無論是內地人或朝鮮人,最好都能服從總督府的裁量,接受總督府的管理。而這種相異,也反映出一連串關於「日本人」界線的問題。

## 「殖民者民權」的出現

從統治台灣初期開始,內地人殖民者的素質低落就被視為問題,這已在第四章論及。朝鮮同樣有這個問題,不同之處在於,與毫無準備便進行軍事占領的台灣相較,到併合為止已有日本人長期進出的朝鮮,殖民者的勢力更為強大。

從重視國防的立場而言,為了把朝鮮改造為「日本人居住的土地」,因此希望殖民者前往朝鮮。而內地的大眾傳媒則為了紓解過剩的日本人口,以及期待透過「民權」開發朝鮮,因此鼓勵殖民者前往朝鮮。但對總督府而言,從朝鮮統治初期開始,內地人殖民者就一直是令人頭痛的因素。例如併合前夕統監府的祕密意見書中就說明,殖民者大部分都是為了大賺一票而流入的「無賴之徒」,「日本人的野蠻」將成為朝鮮「排日思想的根源」,而主張「取締不良日本人」[13]。

然而,我們也不能把這種意見視為官僚良心的表現。這當然是官僚為了統治的順利,以及確保「帝國威信」而提倡的。此意見書中針對「取締不良日本人」的具體方法,舉出「退韓命令」與「取締報紙」兩者。後者的「報紙」,指的是殖民者發行的日語報紙,取締的理由除了「日文新聞以粗暴的筆法描寫

韓國人，會刺激韓國人的心情」外，還指出「誇張描繪關於日本官吏的虛構事件，傷害了同胞的威信」。換言之，「不良日本人」含有雙重意義，包括對朝鮮人態度粗暴者，以及批判總督的民權論者。

當然，殖民者方面反對這樣的說法。特別是住在京城的殖民者所發行的《朝鮮》雜誌，屢屢遭受總督府禁止發行的處罰。日韓併合時，該雜誌記者訪問總督府警務總長明石元二郎（日後成為台灣總督）關於禁止發行一事，此訪談便很清楚地表現出兩者間的對立結構[14]：

記者　「您非常毅然決然地施行言論取締，今後也還會繼續下去嗎？」

明石　我打算更加嚴格地幹下去。（大笑）

記者　「取締的方針究竟為何？」

明石　總之對提出無益言論蠱惑人心者，將毫不留情地處置。

記者　「不太了解所謂無益言論的定義，有時即便當局覺得沒用，但對民間可能甚有幫助。」

明石　說民間議論、輿論什麼的，那是東京那邊的說法，在此殖民地、新領土，那是該嚴禁的東西……還有什麼殖民地會像朝鮮這樣，讓民間隨心所欲大放厥詞？印度也好、菲律賓也好，對言論的管制極為嚴厲，在新領土對當權者放肆提出各種反對意見，是破壞秩序的根源……

記者　「原來如此，還有這樣的理由。然而尊重言論或輿論是立憲政治的根本，此新領土狹義上雖然未施行憲法，然而在朝鮮我移居人民仍是憲法下的人民，對朝鮮人如何暫且不論，但內地人的言論也好，輿論也好，我以為充分加以尊重才是政治家的道義。」

明石　輿論什麼的……（檢閱刪除）……人民只要信任我們的所作所為就可以了。特別是對內地人言論寬鬆，對朝鮮人言論嚴格，不能幹這種不公平的事情……

記者　「……將內地人言論與朝鮮人相提並論，實在是豈有此理，這太沒常識了，這是以內地人為敵啊……即非如此，地方官員為了掩飾自己的惡劣行徑，往往有壓抑地方言論的惡習，因此您不擔心今後出現官方濫用權力的弊端嗎？」

明石元二郎

這段訪問是以明石大笑為結尾:「你們不是也因為擁有言論自由所以才能在這裡嗎?」而記者諷刺地陳述:「這意味著,所謂殖民地或新領土,乃庸吏與軍人任意妄為之地,以及全憑庸吏與軍人心情、仰賴他們恩澤的小老百姓的生存之地。」

在這段訪問中表現出總督府方面「人民只要信任我們的所作所為就可以了」的愚民觀,而記者則高揭「立憲政治」與言論自由。當今的我們很容易想像在內地是「民眾」與「政府」的對立關係,而朝鮮則是「日本人」與「朝鮮人」的對立關係,然而即便在朝鮮,也並非沒完全沒有「民眾」和「政府」,亦即殖民者與總督府的對立關係。

不過我們必須注意的是此兩者對朝鮮人的觀念。此處總督府方面藉「對內地人言論寬鬆,對朝鮮人言論嚴格,不能幹這種不公平的事情」的說法提倡「無差別」,記者方面則認為「將內地人言論與朝鮮人相提並論,實在是豈有此理」,主張應該有所「差別」。當然,這並非意味總督府尊重朝鮮人的人權。對總督府而言,無論殖民者也好,朝鮮人也一樣,皆為「愚民」,對任何一方都沒有尊重之意,總督府是如此展現「無差別」的。

這個情況讓人想起積穗八束,他在六三法問題上並不關心「日本人」權利,而是提倡對台灣進行「無差別」憲法延長;以及有自覺主張「差別」的美濃部達吉(參照第五章)。這篇《朝鮮》雜誌上的報導,批判總督府把朝鮮人形容為「日本國民」或「一視同仁的陛下赤子」,文中寫道:「直到朝鮮人被任命為總督,朝鮮人站在國會議場,朝鮮人服兵役的日子到來之前,日本人是日本人,朝鮮人是朝鮮人。」這也可以看出對他們而言,擁有包括參政權在內的權利,才能開始被稱為「日本人」[15]。

另一方面,總督府方面因為欠缺這種人權意識,所以才能輕易地把朝鮮人形容為「日本人」。根據《朝鮮》的報導,總督府於 1911 年 1 月在京城召集報紙記者舉辦的新年宴會上,寺內總督以「我們從未進行言論箝制(此時滿屋面面相覷),只有禁止濫用言論自由而已」作為開場,明石警務總長也表示:「朝鮮的言論界與日本內地同樣自由,只是不可忘記此處的自由有加上括號但書。[16]」這樣的發言可以清楚看出他們的人權意識程度,當這些人在提倡「一視同仁」的時候,大概也會主張「朝鮮人與內地人都同樣是日本人,只是不可

忘記此處有加上括號但書」。與其說他們如政客般舌燦蓮花，不如說他們是因為對人權意識低落，才導致了這種不自覺的歧視。

1910 年代初期《朝鮮》對總督府的批判，其激烈程度是內地大眾傳媒所未見的。每一期報導中都批評「朝鮮是官府的朝鮮，制度的朝鮮、官吏的朝鮮」，是「憲兵與巡察的天地」，充斥著形容「寺內總督的官權萬能主義」是「最遠離立憲的制度」等說法[17]。只是這種統治批判與民權論調，對於改善朝鮮人的處境並沒有任何幫助。不僅如此，該雜誌對朝鮮人的輕蔑態度，其激烈程度也是內地媒體上所未見的。

《朝鮮》的論說，把朝鮮人說成「與其說是幼稚之民，不如說是退化之民」，「即便擁有 20 世紀的制度文物，他們也沒有咀嚼與消化的能力」，形容他們「不潔、恬不知恥、游手好閒又懶惰、殘忍」等等。應該要注意的是他們主張「所謂日本臣民，意義與日本人大相逕庭，日本人就是日本人，朝鮮人就是朝鮮人」，同時批評總督府「拒絕承認內地人的權利，總是提及朝鮮人云云，如此將不得人心」，主張「應該打破似是而非的一視同仁論，把日本人當作日本人來處理」[18]。他們為了保護自己身為「日本人」的權利，所以更想將朝鮮人自「日本人」中排除。

此外，該雜誌輕蔑朝鮮人的特性，也與以「20 世紀」文明人自居的民權論者相似。這個時代日本言論界對朝鮮人最多的偏見，大概就是怠惰又缺乏經濟觀念，因為缺乏忠誠心與國家觀念所以才成了亡國之民。這當然是因為當時日本方面大多數人都意識到一種勤儉儲蓄和忠君愛國的模範「日本人」形象，並將與此相對的負面意象都投射到朝鮮人身上，所以才造成這樣的結果。但是《朝鮮》雜誌對朝鮮人的輕蔑包括「他們的社會中至今仍有奴隸買賣的行為，仍舊公開施行一夫多妻制，且有早婚的惡習，他們的社會中階級觀念非常重」等等[19]。這顯示了雜誌編輯把評價重心放在打破階級制度與提升女性地位上，但在此基準上反而釀成了偏見。

民主、提倡言論自由、批評官僚專制，但同時又歧視被殖民者。在今天看來，這實在是非常反諷。但是在當時，如在第七章言及殖民政策派「自治主義」所舉的加拿大、澳大利亞、南非等，這些殖民者對抗總督獲勝後取得「自治」的地區，皆被稱頌為民主的自由天地，但同時也對當地居民採取徹底的歧視。《朝鮮》雜誌的社論，除了批判總督府的言論箝制，還把離開宗主國前往開拓新天地的自己比擬成前往北美開拓的移民[20]。然而，那些高舉民主與自由

去對抗宗主國英國總督的美國殖民者，直到20世紀後半才讓美洲原住民分享他們的民主主義和自由；反而是英國總督在美國獨立戰爭中為了拉攏原住民對抗殖民者而提出「無差別」的訴求。

在朝鮮的情況，殖民者的力量並沒有強大到把總督府逼上必須拉攏朝鮮人的程度。然而《朝鮮》的報導中出現如「近日盛行優待朝鮮人的論調，提倡侮蔑朝鮮人就是對國家不忠」，或者「我國對朝鮮的統治方針，向來注重於朝鮮人，對我內地人則頗為冷淡」的論述。如前所述，總督府為了緩和朝鮮人的民心，表面上壓抑殖民者對朝鮮人露骨的輕蔑，因此優遇朝鮮人應該如報導所言無誤。只是，人類往往是透過敵我的二元對立狀況來認知世界，對殖民者而言，面對自己被放置在與總督府和朝鮮人對立的狀態中，也就自然形成了總督府是站在朝鮮人那邊的觀念。因為這種主張殖民者權利的論調，也與內地報紙批判總督府的傾向相吻合，所以內地報紙也出現了「以朝鮮人為主，內地人為客的作法是錯誤的」社論[21]。

此處或許太過強調殖民者與總督府之間的對立。只有少數殖民者會表達對總督府的不滿，大部分殖民者一如《朝鮮》所形容，是「全憑庸吏與軍人心情，仰賴他們恩澤的小老百姓」，屬於寄生於總督府之下以賺取財產回歸內地鄉里的「一旗組（原指另起爐灶闖蕩創業的人，但此時因殖民地與占領地素行不良者過多，成為貶抑詞）」。此處必須先注意的是，即便是內地人殖民者，在總督府之下仍遭剝奪「日本人」權利的事實。

在台灣與朝鮮的治安法規等，法律條文上不僅有明文記載台灣人與朝鮮人適用笞刑之類的刑罰，即便是內地人殖民者也須適用「保安規則」與「犯罪即決令」等規定。《朝鮮》雜誌也批評總督府「濫用會社令，一味濫用森林法、漁業法、礦山令、狩獵規則營業規則、一味濫用即決令與保安規則，這是把民心逼到絕望的谷底」，並宣言即便是「螳臂擋車」也要和總督府對抗下去[22]。當然，這裡的「民心」並不包含朝鮮人在內。

總督府面對這樣的民權運動，採取鎮壓的方式。1913年總督府決定解散到當時為止擁有自治權的內地人居留民團。總督府方面提出的解散理由是「日韓併合的旨趣，在於不偏頗地讓朝鮮人沐浴在一視同仁的統治之下」，但「在他們眼前單方面設置對母國人有利的特殊制度，只會導致他們的誤解，無法讓新附國民心悅誠服」[23]。一如慣例，透過讓朝鮮人和內地人「一視同仁」地陷入無權利的狀態，既可緩和朝鮮人的不滿，又可以剝奪內地人殖民者的批評力

量，是一箭雙鵰的策略。

對此，殖民者一方則批評這是「憲政史上應加以大書特書，讓朝鮮殖民者的權利因官僚政治而退步」的行為，並展開抗議和陳情運動。只是在陳情書上陳述的論述仍主張「世界上的殖民政策告訴我們」，提倡「優越的人民需要優越的制度，未開化的人民需要未開化的制度」，很明顯包含了貶抑朝鮮人的內容。殖民者方面認為「愛好權利乃文明人的常情」，即便如此，總督府的措施乃是把身為「文明人」的自己在「同化之名下……置於未開化之流」，「比起將朝鮮人同化於我們，反而更想把日本人同化於朝鮮」[24]。對他們而言，「日本人」等同於權利和文明，「朝鮮人」等同於無權利、象徵野蠻的詞彙。但他們依據這種觀念進行的抵抗，仍在總督府「一視同仁」政策下被打破。

對於這樣的情況，《朝鮮》雜誌與內地報紙批判：「朝鮮總督府現今採取的對日本人政策，真的是想獎勵日本人移居、幫助日本人發展的方法嗎？[25]」然而總督府為了維持獨裁狀態，即便是內地人，總督府也未考慮過要保障他們的權利。換句話說，這裡高唱厚待日本民族的理論，與維持總督府特權的理論出現了衝突。如果採取前者，在「日本人就是日本人，朝鮮人就是朝鮮人」的論調下，就有必要明確區分血統。但如果採取後者，居住在朝鮮的人，無論是朝鮮人或內地人，最好都固定在「一視同仁」的無權利狀態。而這兩種論調的衝突，當然也會反映在關於「日本人」界線的法制上。

## 通婚與「日本人」

如上所述，從重視優待內地人與維持總督府特權的兩種立場，可以得出區分「日本人」的兩種不同見解。而這在法制上也呈現出屬人的應用或者屬地的應用。

在此先簡單說明屬人與屬地的法律運用。屬人法的運用，如前述的笞刑是根據當事人被分類的民族來決定是否適用此法。另一方面，屬地法的運用則取決於當事人是否居住於該法施行的地區內。如果採取優待內地人的做法，則不問居住地區，以「日本人就是日本人」的方式來處理，歸類為屬人法的運用。但總督府重視自己的特權，對住在朝鮮區域內的人，不問民族都一律歸在總督府管制底下，便算是屬地法的運用。

整體而言，在法律上也與大日本帝國統治政策的折衷性格相符，朝鮮和台

灣同時存在屬人法與屬地法。然而本書脈絡下最關心者在於，大日本帝國中「日本人」的權利義務兩大要素被區分為屬人和屬地兩者，也就是在帝國議會中的參政權是屬地權，而徵兵則歸類為屬人法的運用。

具體而言，由於未在朝鮮和台灣實施眾議員選舉法，住在朝鮮的人，無論是內地人或朝鮮人，都不具參政權。但是徵兵令與兵役法則主張僅在「適用於戶籍法者」身上。如第六章所述，朝鮮人和台灣人不適用內地戶籍法，加上朝鮮、台灣、內地間無法進行原籍遷移，因此實際上可視為屬人法。也就是台灣人、朝鮮人無需服兵役；與此相對，內地人移民者即便住在朝鮮也無法逃脫徵兵。對內地人殖民者而言，這意味著既失去參政權又必須負擔徵兵義務。《朝鮮》雜誌便抗議道：「提到像這般必須遵守義務，但又不給予權利的事情，簡直就是暴虐至極。[26]」

事實上，政府內部也把這種狀態視為問題。如第六章所述，東京帝大法學家山田三良提出過根據戶籍區分內地人和朝鮮人的意見書，文中主張：「讓內地人負擔兵役義務而朝鮮人無需負擔是不公平的，不該准許這種情況。」雖然如此，因為無法對語言和忠誠心都未達標準的朝鮮人徵兵讓他們持有武器，所以為了「獎勵內地人移居」而准許內地人將原籍遷移至朝鮮，山田的意見表示「如同過往北海道不在徵兵令施行區域內」，「原籍在朝鮮者可免除兵役」。至1896年為止，北海道都屬於不施行徵兵令的地區，為了促進開發，作為獎勵移植民的政策，讓原籍遷移至北海道的人得以免除徵兵。不只山田，後藤新平也曾感嘆，好不容易來到台灣的殖民者大部分都是短期來賺錢的一旗組，因而主張為了鼓勵殖民者定居，必須准許原籍遷移原籍[27]。透過禁止原籍遷移的方法區分朝鮮人與內地人，造成了吸引殖民者前往的障礙。

然而這樣的意見最終並未被採用。實際上在北海道的例子中，日本政府曾經遭遇過失敗的經驗。那就是接連出現只在形式上把原籍遷往北海道，藉此規避徵兵的人。因為這樣的經驗，日本政府此時已廢除此種免役措施。

至於不對台灣人與朝鮮人進行徵兵，理由一如山田意見書所說，大日本帝國實在不樂見這些語言和忠誠心方面都未達「日本人」標準的人持有武器。但對內地人而言，根據當時的國籍法，規定男子未服完兵役義務前不得脫離日本國籍，大日本帝國惱於民眾逃避徵兵，不願讓身為國家資源的「日本人」透過取得外國籍而逃脫義務。為此如下一章所述的美國日裔移民問題，在當地出生取得美國國籍的日裔第二代，只要未完成兵役義務，便無法脫離日本國籍，進

而造成了雙重國籍問題。這個問題最終還引起了美日之間的摩擦，日本政府最後屈服，以特例准許這些人脫離日本國籍。不過，日本政府終究害怕如果制定了移居朝鮮、台灣便可逃避兵役的規定，便會不斷出現藉此逃避兵役的人[28]。

此外，如果允許原籍遷移，也會造成無法在法律上區分內地人與朝鮮人的問題。想透過身體檢查來嚴密區別內地人、朝鮮人與台灣人，自不待言根本難以辦到，因此若借用後藤新平的說法，要「區分內地人與本島人的標準，就是在本島是否擁有戶籍」，「原籍不在台灣者便為內地人，反之則為本島人」，在現實情況中，也僅能透過這個方法來進行法制上的區分[29]。

如第六章所見，為了推進同化，言論界有不少意見提倡內地人與朝鮮人通婚，如果只靠戶籍進行區分，那麼透過遷移原籍或通婚後將原籍移往朝鮮，即便血統上是內地人，在法律上也會變成「朝鮮人」。實際上，日後與朝鮮人男性結婚入籍朝鮮戶籍，在法律上成為「朝鮮人」的內地日本女性，於日本戰敗後遭剝奪日本國籍者並不在少數。相反的，血統上屬於朝鮮人或台灣人，但若透過以入贅（婿養子）等方法遷入內地戶籍，亦有可能獲得完整的「日本人」權利。

將此問題爬梳後，得出如下的結果。如果要在法律上徹底區分台灣人、朝鮮人和內地人，那便不能准許會動搖雙方區分界線的原籍遷移和通婚（「內緣婚」這種未經登記的婚姻不伴隨戶籍上的遷移，屬於別的問題）。為了不失去重要兵役資源的「日本人」，法律上的區分也是必要的。然則，這就會與提倡透過促進殖民或通婚將朝鮮同化於「日本」的策略有所矛盾。此外，發生六三法問題之際，想把台灣自「日本」分離以打造總督府獨立王國的目標，在這種情況下並不起作用。其理由在於，對總督府而言，比起守護內地人人權的屬人法運用，更偏好把內地人和朝鮮人都置於自己管制下的屬地法運用，如此對總督府統治會更加方便。對大日本帝國而言，在法制上區分台灣人、朝鮮人的優點跟缺點如上所述，剩下的就是如何調整和妥協。

實際上，在大日本帝國中，併合以後的短暫時間內並沒有關於朝鮮、台灣與內地間通婚的法律規定。針對這種情況，透過政治上的判斷所制定出來的法律，就是1917年的「共通法」。

這個法律不僅規定通婚，也包含了一直以來朝鮮、台灣和內地在法律上沒規範到的範疇，改善了這種法制互相不適用的狀況。如同前述，這三個區域宛如國中之國，各自形成了個別的法域。由於這個原因，例如若在朝鮮犯罪之後

逃往內地，只要朝鮮的法院未加以囑託，內地便無法進行處罰；在內地宣告破產的公司如果帶著財產前往朝鮮，重新成立其他公司，也無法對該公司進行扣押，這之間累積了許多法律上的問題。而共通法便針對這些刑法與商法上的問題，列舉了應急對策，並且在民法領域關於通婚一項，有如下的規定[30]：

> 第三條　依據一個地區的法令遷入該地區戶籍者，必須遷出其他地區的戶籍。依據一個地區的法令能夠脫離該地區戶籍者，得以遷入其他地區的戶籍。已無陸海軍軍籍者及服完兵役義務者，得以遷入其他地區的戶籍。但經徵兵最終判定為第二國民兵役者，不在此限。

自不待言，此處「遷入該地區戶籍」指的是透過通婚或認養入籍。而第三項規定當然指的是未服完兵役者，不得遷入朝鮮、台灣戶籍。換言之，日本政府雖然承認通婚與認養，但仍舊採取了避免兵員脫逃的措施。

提出這項法案的眾議院委員，質詢的問題都集中在是否將遷入內地戶籍的朝鮮人與台灣人當作「日本人」來處置。首先針對朝鮮人與台灣人總體而言，政府是否有意願要賦予他們兵役義務與參政權提出質詢，政府委員回答：「如徵兵令及眾議院議員選舉法……將如沖繩一般，逐漸在各方面與內地採取同一標準，但當下的情況，尚未考慮賦予這些權利與義務，無論如何，目前都尚未來到可把台灣、朝鮮等同於內地的時期。」仍舊以「漸進」的藉口合理化差別待遇。對此，名為小川鄉太郎的議員提出如此質詢[31]：

> ……假設朝鮮人或台灣人成為日本人家庭的養子者，或者成為入贅者，那自然與日本人相同，根據此共通法將變成與內地人一樣。如此一來當事人……徵兵義務便會隨之而來，且也會隨之取得參政權，只要是日本人，在適用法令之下，就有選舉的權利，也有被選舉的權利，不見得不能成為眾議院議員……

如同後述第十四章，在15年後確實誕生了朝鮮人的眾議院議員，小川的顧慮未必是杞人憂天。然而政府委員有松英義針對此質詢回答：「必須與內地人同等對待。」根據有松的說法：「關於少數人進入到內地，接受與內地人相同待遇的狀況，不認為會造成多大的弊端……如果認為有設限的必要，依據當

時情狀再採取其他方法，以合適的立法來加以對應。[32]」

　　小川還進一步質問：「說是少數人，但如果鑽這樣的漏洞，難道不會有大量的朝鮮人前來日本嗎？雖然成為日本人，但並沒有改變真正的本性，因此可能會在統治上產生相當的困難。」其他的議員也另行提案認為：「如根據國籍法的規定，在此共通法案的戶籍相關部分另設一個條款，是否可行？」國籍法上有規定，歸化的外國人不得擔任陸海軍的將官或議員，建議仿照這樣的規定。不過政府委員對此的回答仍舊認為：「現行規定如果出現了被認為是弊端的情狀，屆時會採取適當的處置，另行設置規定。」而且，擔任過朝鮮總督，時任首相的寺內也出席了答辯，他說：「關於成為內地人後便給予內地人相同權利一事，這是想當然耳的情況，除此之外也沒有其他的辦法。[33]」

　　幾乎沒有人權概念的寺內，應該不是站在考量朝鮮人權利的基礎上做出這樣的發言。如前所述，即便朝鮮人在內地獲得權利，也不會動搖到朝鮮總督府的既得特權；而且，獲得內地戶籍的朝鮮人也跟內地人一樣處於總督府管轄下時，同樣得接受總督府的管制鎮壓。如果跟總督府的既得特權不相干，那麼給予少數入籍內地的人權利，利用他們宣傳「一視同仁」的好處，相較於在法律條文上明文記載差別待遇朝鮮人，因而刺激到朝鮮人所帶來的壞處，來得更加划算。

　　在不牴觸總督府特權的範圍內於法律上承認通婚一事，被當作可利用來宣傳「一視同仁」的政策，而且也能促進同化。但從這個觀點來看，只有服完兵役者才能通婚的規定，會使承認通婚的政策無法徹底實行。在某種意義上與不給予身為「日本人」權利的質詢相反，有其他議員反駁政府關於兵役的規定，認為這樣的規定「與以血統來支配血統，也就是與所謂透過優良的血統來控制低劣血統的同化本質意義相去甚遠，為什麼到了高齡才能與他者結婚」。這些議員認為，只有在鼓勵通婚時遇到逃避徵兵的案例「不斷出現的情況，才以其他的方法進行規定，加以矯正即可」。但政府方面對此論調則認為「會帶來鼓勵逃避兵役義務的結果」，因而冷淡地拒絕[34]。

　　政府對於遷入內地戶籍的朝鮮人，令人意外地，很乾脆便承認了他們身為「日本人」的權利，但只要威脅到總督府特權及獨立性的質詢，都明確拒絕。議員之中也有人提出，與其以共通法設定一些麻煩的規定，不如在法制上將朝鮮統合到「日本」之中，並廢止總督的立法權，如此更加簡明清晰。對於這種意見，政府方面的回答仍舊以「在（歐洲的）先進殖民地政策，也是重視

各地的制度習慣進行統治」作為藉口。但是，面對是否明確地把朝鮮與台灣當作外國來處置的質詢，政府方面則回答：「日本內地與殖民地的狀況，想要模仿英美把殖民地完全當外國來處理，在現行的法制上無法辦到。」根據寺內的答辯，「重要的不是道理說得好或壞，能夠順利統治才是最優先的目標」，也就是企圖讓朝鮮與台灣維持「作為既是總督府特權的『日本』，但又不是『日本』的區域」[35]。

如此，「日本人」在法制上的界線被重新規定。總督府的既得特權、殖民者的權利、確保作為兵員資源的「日本人」、「一視同仁」的官方見解、以及對同化的意圖與排除的取向等等，在不同利害關係複雜交錯之下，制定了關於通婚的規定。從結果來看，整體而言，不斷把朝鮮人、台灣人排除在「日本人」之外，僅承認遷入內地戶籍者為法制上的「日本人」，透過這樣的形式，包容的企圖與排除的企圖達成妥協。

然則，此種彷彿在夾縫間被承認為「日本人」的朝鮮人、台灣人，他們獲得權利的可能性今後將如何擴大，尚不能預測。政府方面雖然主張若有問題便設立規定來處理，但反對賦予入籍者權利的議員在審議時仍指出：「對已經取得日本人權利，不，該說取得內地權利的人，屆時加以剝奪他們的權利，身為政治家或者立法者又該如何處理？[36]」剝奪已經明確賦予的「日本人的權利」，恐有刺激朝鮮人與台灣人之虞，即便在法制上可行，在政治上是否能夠如此處理，仍舊是疑問。而這樣的問題，一直延續到朝鮮人眾議員的出現為止，這將在後文第十四章進行討論。

第九章
# 花紅柳綠
## ──日系移民的朝鮮統治論

1919年3月，朝鮮發生了三一獨立運動，朝鮮人在整個半島上舉行和平示威行動。總督府與日本軍隊則以血腥鎮壓來處理，到5月底已經造成7千5百人死亡，遭逮捕者達4萬名。受到這個運動的影響，內地言論界遽然掀起一波關於改革朝鮮統治的論述。

然而與此同時，對日本而言還發生了另一個民族問題。那就是美國出現排斥日系移民的情況。1913年與1920年，日系移民聚居的加州制定了限制外國人擁有與借貸土地的法律；1922年，日系移民第一代確定無法取得公民權；更有甚者，到了1924年聯邦移民法做出修正，停止接受日系移民的移入。

1919年1月，戰勝各國召開巴黎和會以處理第一次世界大戰後的局勢，日本政府代表也以日系移民問題為主，對國際聯盟規約提出包含廢除種族歧視的提案。這個提案遭到歐美列強的否決，導致日本輿論群情激憤。但在此提案審議的約略同時期，日本也在朝鮮對三一獨立運動進行了流血鎮壓。此時《英文北京日報》（*Peking Daily News*）、《雪梨晨鋒報》（*The Sydney Morning Herald*）等報批評：歧視朝鮮人與台灣人的日本，沒有資格提出種族平等的提案[1]。這件事情象徵性地反映出日本的地位，一方面被歐美列強歧視為「有色人種」，一方面又以「帝國」姿態侵略周邊地區的弱者。

本章將先考察日本內地言論界對朝鮮統治言論的散播情況，然後檢視同時面對這兩種歧視問題，但卻提出兩種完全不同解決方法的言論家。當然，這也與在歐美和亞洲的兩種他者關係當中如何設定「日本人」的界線問題密不可分。

## 言論界錯綜複雜的統治批判

1920 年前後被稱為「大正民主」時代，當時的社會意識到第一次世界大戰後世界性的民主潮流，並且也順應了這樣的潮流。

不過，當我們去探究當時的人究竟以什麼樣的態度去理解「世界性民主潮流」時，其實也有一些難以理解的部分。在歐洲，這個時代正好是大戰後重建與混亂的時期。英國誕生了保守政權，蘇聯正陷入革命與內戰的最高峰，德國則苦於通貨膨脹和政治混亂。即便在美國，威爾遜總統連任失敗，國內出現保守政權，孤立主義的盛行與拒絕參加國際聯盟，以及發布了宗教色彩濃厚的禁酒令與制定移民限制法案等，整個西方社會可說明顯呈現出一種回歸保守的狀態。

雖然如此，因為第一次世界大戰的衝擊，當時先進各國還是出現了一些變動，這點倒是共通的情況。而這種變動的氣氛，也與當時在日本發生的藩閥政府衰退和政黨政治發達、戰爭景氣和都市化現象、勞動者階級和中產階級興起等社會變動，整個並列、連結在一起。在 19 世紀後半起急速完成現代化的日本，部分因為未曾經歷歐洲所體驗過的自由主義和民主主義的對立過程，因此日本出現了把自由主義、民主主義、共產主義、社會民主主義等全都統稱為「民主」（Democracy）傾向，將其視為一種可以對抗過往威權主義體制的對抗理論。而三一獨立運動後言論界興盛的朝鮮統治改革論，也反映出這種大雜燴「民主」的特性，呈現出繁雜且曖昧的樣態。

三一獨立運動發生時，內地方面的報紙與雜誌最初的反應，便是主張此事件背後受到歐美傳教士的煽動。當運動範圍不斷擴大到無法僅用外人煽動來解釋時，論調就轉向由於軍人總督專制統治導致朝鮮人不滿的理由。這些論調呈現出內地方面媒體的認知框架，從併合當時至此，即便已經過 10 年期間也幾乎沒有什麼變化。

接下來登場的朝鮮改革言論，大部分也沒有脫離這些一向的認知。其中最常見的言論當屬應該遵守日韓併合的詔勅「一視同仁」，把朝鮮人當作「日本人」來處置，不要再有歧視。這類言論每每採取「朝鮮人是亞洲的兄弟」、「走在同化路線上的日本與歧視日系移民的歐美正好是對照」的調性。受到三一獨立運動震撼的日本政府，請大正天皇發布要求對朝鮮人「一視同仁」的勅語後，這種傾向更為鮮明。

　　另一種略少，但在知識分子之間廣為流傳的議論，就是對同化政策的批判。這是以明治時期以來的舊慣尊重論，加上從殖民政策學開始流傳的同化主義批判為論述根據。採取這種主張的人，皆為以歐美先進文明為模範的大正民主主義者（democrat），當知悉歐美在殖民地統治上傾向放棄同化政策的資訊後，對他們而言這才是日本應當學習的模範。此時適逢美國總統威爾遜打出民族自決原則以解決第一次大戰後處置問題的時期，言論家深刻地意識到尊重民族特性才是「民主」的國際潮流。

　　如此一來，這個時期的統治批判，便立基於明治時期對統治批判的兩大潮流：「一視同仁」型批判與「舊慣尊重」型批判上，形成兩類批判論述，但大正時期的論述卻具備明治時期所沒有的兩項特徵。

　　第一種特徵，與六三法問題等明治時期的議論大多無視當地居民的權利相較，大正時期的許多論述都提倡應當給予朝鮮人某種樣式的政治權利，特別是在參政權方面。具體而言或者是根據包容入「日本人」的路線，讓朝鮮選派議員參加宗主國的帝國議會；又或者是讓朝鮮形成有別於「日本人」的政治單位，設置殖民地自治議會等兩種選擇。明治時期的梅謙次郎等極少數人對當地居民參政權的問題意識，反應在大正民主的氣氛中，終於被廣泛地普遍討論。

　　然而，與此相反的第二種特徵是，與明治時期比較起來，大正時期的大多數言論更與統治的現實狀態乖離。考量到朝鮮的言論、出版都受到限制，可以理解為何內地媒體會缺乏朝鮮統治實況與鎮壓情形的報導，知識分子即便只能透過口頭傳播與歐美媒體獲得資訊，卻仍在完全缺乏朝鮮與台灣法制知識的情況下進行議論。大多數的「一視同仁」型統治批判，屢屢採用「內鮮兩地人民同樣都是沒有差別的大日本人」論調，但對於朝鮮人在法制與戶籍制度上遭受差別處置，卻幾乎沒有人提出批評[2]。而批判同化政策的大正民主主義者雖然熱中於提出朝鮮需要「民主」、要「尊重特性」、必須有「自治」等批評，但在法制上應當如何實現，幾乎沒有能提出具體計畫的言論家。與至少在統治制度上擁有相關知識的政治家、官僚與法學者進行議論的明治時期相較，反映出大正時期言論家的範圍已經擴展到一般知識分子。

　　這種理解不夠深入的情形，不只限於統治實際狀態一項。一部分的大正民主主義者，如前所述主張以歐美殖民政策學為模範來批判同化主義——先不論矢內原這樣的例外——他們往往沒有充分意識到，這些論述的根據本身就帶有對啟蒙主義的否定與對遺傳的強調。因此，他們往往在批判同化主義的同時，

也主張促進文明化和排除歧視。

例如大正民主主義者的代表人物之一，知名的吉野作造。他對殖民政策學者山本美越乃的同化主義批判大表讚揚，表示「我以多年學術研究的成果在此斷言，同化根本就是不可能的」，並且主張「廢止各方面對日鮮的區別」、「貫徹一視同仁政策」，提倡「對其（朝鮮人）長期努力的結果，使他們成為完全的日本人，是我們內地人道德上的責任，而且也必須是朝鮮統治政策的根本要點」。後者「成為日本人」的發言，他認為因為至今沒有給予朝鮮人和「與生俱來的日本人相同的權利」，所以他們不抱「和我們相同的國家觀念」也是理所當然的，從這樣的脈絡出發，吉野強調有「使朝鮮人打從心底想成為日本人的責任」，這種論述內容究竟可以說是賦予平等作為「日本人」的主張？或者該說是某種令人費解的，不知道該如何才能與同化主義批判統合的內容[3]。

吉野的朝鮮論中列出了「一視同仁」的廢除差別、批判同化主義、尊重民族自決、要求內地人與朝鮮人共學，以及朝鮮「自治」等主張，而且還表示過：「一視同仁政策的必然結果，便是必須提出承認朝鮮人某種自治的方針。」若把一視同仁解釋成包含權利平等的「日本人」化，而另一方面又要承認「自治」便顯得意義混淆不明，這恐怕是結合廢除差別的主張和殖民政策學「自治主義」的發言。如第七章所述，這種「自治主義」是從歐洲引進的同化主義，與日本「民主」風潮結合後產生的一種本質不明的概念，雖然以英國自治領（Dominion）的加拿大、澳大利亞等為模型，加上日本又把英國議會政治視為模範，所以報紙上會出現「所謂的民主（統治），正如英國的自治主義」這般的說明[4]。當然，自不待言，此處忽略了英國殖民地統治的嚴苛程度與種族主義，而只意識到英國是文明的先進國。

若進一步舉出「自治主義」事例的話，便是與吉野一同針對朝鮮問題做啟蒙演講的福田德三。他提倡「朝鮮的2千萬人口，皆為日本人」、「可以斷言朝鮮不是殖民地」、「為何不在朝鮮施行憲法」等「日本人」包容論；但又提倡「給朝鮮國會吧！賦予朝鮮人 Korean parliament」。如同在六三法問題中所清楚揭示的一樣，如果在朝鮮施行憲法，那麼朝鮮的立法權將會移至帝國議會，只要不施行後藤新平或岡松參太郎構思的憲法修正（參照第五章），那麼就不能在朝鮮設立獨立的「國會」。恐怕這也是對法制欠缺理解，把廢除差別和「自治主義」輕易結合後的產物[5]。

吉野又表示：「朝鮮的民眾，或者是希望自治，或者是尋求獨立，或者希

望在朝鮮設立獨立國會，或者希望在帝國議會選出代
表，有各式各樣細瑣方案。」認為「這種事情應日後
慢慢研議」，對此提出原則性的批評[6]。不只是福田和
吉野，大正民主主義者大多信賴「民主」原則，但對
「細瑣方案」既不關心，也提不出具體的相對方案。原
本日本對朝鮮、台灣的統治就是一方面推進同化，一
方面在法制上差別待遇，反覆矛盾的狀態，因此對統
治提出批判的一方也變成包含了各種矛盾，這就不足
為奇。

吉野作造

　　然而，雖說批判統治的言論錯綜複雜，但仍有不少議論者注意到了「對
朝鮮人施行差別待遇，卻在巴黎和會上主張廢除種族歧視，實在是矛盾至
極」[7]。原本許多人主張這兩個問題該採取雙重標準，一面對日系移民受到歧
視提出批評，一面繼續對朝鮮進行鎮壓，不過也有些人嘗試摸索能夠同時解決
兩者的方法。以下舉出的植原悅二郎、中野正剛、石橋湛山等三人，他們是對
朝鮮統治與日系移民問題兩者提出較為一貫的解決方針，並且三人皆有不同主
張的饒富深意的案例。透過這樣的檢討，可以明確表現出針對民族問題的各種
解決方法，究竟衝撞到什麼樣的界線。

## 民主主義者的文明性同化主義

　　對於兩種民族問題，提倡所謂共通的「同化於文明」者，便是植原悅二
郎。他於1899年22歲時渡美，透過發行以在美日本人為主要讀者的週刊雜誌
賺得生活資金，從西雅圖中學畢業後進入華盛頓州立大學，算是在美國生活了
8年的知美派。之後更在倫敦大學求學後返國，並擔任明治大學教授，1917年
當選眾議院議員。1920年前後是植原言論活動最活躍的時期，並留下了幾種
朝鮮論和日系移民論。

　　植原的日系移民問題論認為「在加州，種族偏見並非排日的主因」，因
為「即便是日本人，若與美國人擁有相同語言，具備相同的生活方式，只要能
相互了解，兩者間所謂的種族歧視，自然會消失」，「美國人普遍不具種族偏
見」。他論述的依據，在於移民都同化於均質的美國文化中[8]。

植原悅二郎

在美國，無論猶太人、愛爾蘭人、義大利人、西班牙人，都沒有太大差別⋯⋯所有人都是從世界各國來此聚居，今日成為使用同一語言、風俗、習慣的國民。加之美國人一般並沒有太強的種族偏見。因此排日問題的根本並非在種族偏見上，主要是因為在加州的日本人並不融入美國文化社會之故。

現實中，美國對猶太裔、義大利裔等東南歐系的「新移民」有著根深蒂固的歧視，甚至興起了修改移民法的排外運動。然而植原不僅不承認這種情況，還認為在加州推動排斥日系移民運動的人，是不同化於民主主義美國且「無論如何極易走上極端的拉丁民族」，主張東南歐系新移民勞工才是排日的推手。亦即，歧視日系移民並非美國的本質，而是因為這些不同化於「美國人」的人之故。基於這種認知，他說在新移民數量委實過多的美國現狀下，引發排斥移民也是無可奈何的事情[9]。

今日美國人口達到1億。而1億人口中有1千3百萬是來自國外，居住於美國者，其中大部分都尚未成為美國公民⋯⋯1千萬的黑人與1千3百萬未同化的外國移民，無可避免地會妨礙美國的統一。從這樣的觀點來看美國人排斥日本人一事，在美國的國家政策上是必然的，必須加以肯定。

把被排斥的原因歸結成少數族群的責任，而非來自多數族群的歧視，這種讚揚透過均質性同化進行國家統合的植原觀點，看來只是依樣重複多數族群的見解。不過他所說的，只要在語言、風俗與教養上能同化於美國社會，便能獲得平等待遇的主張，也是根植於他自己苦學熟習英語，獲得大學學歷，成為模範少數族群的體驗。而且他的論點之目標並不在合理化美國排斥移民，而在於批評日系移民的封閉性民族主義。

植原批評「住在加州的日本人不與美國人來往」，「打造完全有別於白人社會的日本村」，只在內部建立人際關係。結果，許多日系移民即便在美國居住10年以上，「能自由使用英語者卻驚人的稀少」，「甚至連日常的事務，也無法以英語表達」。根據植原的說法，日系移民的封閉性是從「封建時代」的「鎖國生活」養成的，因此「日本人即便在美國，也會組織什麼縣人會（同鄉

會），打造一種鎖國性的集團」，不僅如此，「總的來說，日本人比美國人擁有更強的種族偏見」[10]。

此外，「他們唯一閱讀的，仍是日本人之間發行的報紙，偶爾也讀讀來自故國的報紙雜誌」。這類報紙「屢屢刊登讓無智國民對我國實力擁有過度自信的報導」，因此「閱讀這類報紙的日本人，把日本想像成非常有威力的國家，對美國表現出傲慢態度者並不在少數」，「因為這種狀態的緣故，即便他們住在美國，但他們思想卻比10年、10幾年前住在日本時更加偏狹」[11]。自己也著手發行日語雜誌的植原，大概對日系族群報紙的實際狀況，具有相當程度的理解。

此外，根據植原的說法：「他們對工作時間沒有概念。」也就是說，「日本人的家庭，妻子與孩子都在農場工作，而且工作時間沒有上限……結果白人農民在大多數時候無法與日本農民競爭。此為白人農民厭惡日本人的主要理由」[12]。

造成這種情況的原因，是因為日系移民並沒有定居下來的想法，只是「外出賺錢」，會長期居住不過是因為無法如當初設想的一般賺足錢後就回國，並沒有想要成為美國人的想法。亦即，「他們移居美國的時候，並沒有定居的意思，因此總在費心想要及早存錢，以便早日歸國。故他們沒有學習語言、同化於美國社會，無意致力於這些定居美國所需具備的基礎，因之也無法同化於美國」[13]。這種「一旗組」的態度與朝鮮、台灣殖民者有所共通，而從植原的角度來看，因為這樣而成為移民排斥運動的對象，也是無可奈何之事。

而且他認為：「日本人的想法，動輒把同化局限在語言和風俗習慣的問題上，這並不正確。日本人無法同化於美國的根本問題，主要是在思想問題上。」植原以為，美國把民主主義當作國策，日本相對的則以軍國主義為主。如第八章所述，根據大日本帝國的國籍法，生於美國的移民第二代只要不服完兵役，便無法脫離日本國籍，因此日系移民是日本軍的預備軍人，植原批評這是「日本人因為軍國主義而不同化」。而且日系移民設立自己的民族學校，讓兒童前往就學接受「純日本式的教育」，在學校使用文部省的教科書，對「出生於美國的日本兒童灌輸我國傳統的道德觀，講解楠木正成的忠義，教導偏狹的日本式愛國心」[14]。透過輸入的報紙與教科書等媒體，日系移民在遠方土地上形成的民族主義，甚至比本國來得更加強烈。

植原的結論認為，日系移民「打造日本村一事，是排日的根本原因」。而

解決方法只有一個，就是日系移民立即解散族群集團，同化於民主的美國社會。他表示：「不管在何處，語言、風俗、人種、習慣相異的不同種族，在當地社會形成單獨隔離的族群，對該社會的健全發展而言，都不是好現象[15]。」

植原與一系列的日系移民論同時寫下的朝鮮統治論，也具備相同的論述型態。不過與大多數日本言論家一直以來原封不動肯定日本同化的論述不同，他主張根據議會制民主主義的原理改造大日本帝國，提倡透過這樣的改造，使朝鮮同化於民主化的日本。

三一獨立運動的 8 個月後，植原出版了一本書，名為《民主與日本的改造》，主張在政治、言論、提高女性地位等所有面向上進行改革。根據書中的朝鮮、台灣統治改革論，主張因為「朝鮮人民與我國國民為同胞」，故最重要的是「使新領土的人民相信他們是我國國民的一部分」。而且，要達成此點，並非透過他所批評的愛國心教育，而是應當廢止總督的專制，於朝鮮和台灣真正地施行憲法，與內地實施「同一政策」，廢除歧視，透過這樣的作法來完成[16]。

> ⋯⋯（透過轉移到帝國議會的監督下，）新領土的人民能夠直接向帝國議會訴求自己的需求。而且因為如此他們也能親身感受到身為帝國臣民的責任感⋯⋯如果新領土的人民真正自覺到自己是帝國臣民，便應盡速賦予他們選舉他們的代表，列席帝國議會的權能。如此，全數廢除新領土人民與本土人民的差別，方得共同成為帝國臣民。

此處植原提議的完全施行憲法與在帝國議會選出代表，意味著權利面上的「日本人」化。另一方面，他並未主張向朝鮮、台灣移植日本文化。因為他認為的同化比起「語言、風俗習慣等問題」，更屬於「思想的問題」，也就是應透過民主化達成統合。相反的，此處也沒有要尊重朝鮮文化與舊慣的觀念。對他而言，日本文化連強制朝鮮人學習的價值也沒有，但朝鮮文化在文明化的面前也沒有保存的必要。

植原認為軍人總督違反「民主」的世界潮流，也批判了日本方面的歧視意識。他的認知是：「雖然是身為朝鮮人，但如果朝鮮人民能夠在政治上與我國國民站在平等地位上，那麼大概也就不會發生今天的獨立運動。[17]」給予平等，對方卻仍固執於民族框架的情感，對他而言是無法理解的狀況。

何況，對植原而言，在現代化與民主化上，朝鮮是落後於日本的地區，但「他們是發展較晚者，並非劣等者」，因此透過日本「必須推動擬定讓朝鮮人文化與我國國民一同進步的方針」[18]。畢竟，在國內存在著保持封閉民族意識、不同化於現代化社會的異民族，如同在美國的日系移民一般，「對該社會的健全發展而言，並非是好現象」。

最後，他的朝鮮統治論的結論，是在日本整體民主化與文明化下納入朝鮮，「此時不再允許過往的國境存在」，讓「兩者的區別消滅」[19]。對當時信奉普世性文明的植原而言，民族意識等想法，無論是在日系移民身上或在朝鮮，都不過是因為相互隔離、歧視而產生的非理性情感罷了。

## 大亞細亞主義者的文化多元主義

植原相對照的，是強烈批評美國種族主義，主張根據亞細亞主義建立朝鮮統治論的中野正剛。中野擔任過《朝日新聞》的記者，三一獨立運動發生之際，他正擔任《東方時論》雜誌的主編，1920 年當選眾議院議員。

中野在擔任《朝日新聞》記者時代就被派往朝鮮，對總督統治提出強烈批判[20]。在 1915 年的評論中，他把遭受歧視的朝鮮人比喻為美國黑人，寫下「他們之間」大概也會出現「湯姆叔叔（Uncle Tom）」吧。然而，這個時期中野的朝鮮統治代替方案仍止於「任用朝鮮人擔任朝鮮官吏」、「歡迎代表新領土人民利害得失的少數議員進入上、下兩院」、「奉迎皇族前往朝鮮」等零散的論述而已。

之後中野辭去《朝日新聞》記者工作，以自己主編的《東方時論》雜誌特派員資格，和日本代表團同行列席巴黎和會，回國後將其見聞寫成《目擊和談會議》一書[21]。在巴黎和會上他深刻感受到，在歐美列強掌握主導權之下，日本與其談判戰後秩序時的無力感。其中感到最震撼的，是被他形容為「背叛威爾遜人道論和十四點和平原則」的種族平等提案遭否決一事（中野正剛《目擊談和會議》，p. 121）。此時擔任會議議長的美國總統威爾遜面對多數贊成的種族平等提案，宣布必須全會一致通過方可採行，於是葬送了這個提案。

中野雖然在這本書中倡議美國與威爾遜的正義和人道，但也強烈批判美國擱置國內歧視的情況。他批評對猶太裔、義大利裔等新移民的歧視與「對黑奴的虐待」，針對美國的公會組織，他指出：「新移民幾乎沒有加入公會的

中野正剛

方法……公會組織設有特別法，排斥有色人種，比比皆然。所謂的有色人種，包括支那人、日本人、印度人、黑人等皆屬之，這算是什麼人道？」根據他的說法，美國是「一方面提倡各民族無差異，煽動美國團結熱情」，一方面「限制日本移民，對移民所賺取的財產造成威脅」的偽善之國（同前書，p. 148, 143, 191）。

　　1919 年 3 月，中野帶著這樣的怒氣從巴黎和會返國，途經新加坡時，透過入手的報紙得知朝鮮發生三一獨立運動，他如此寫道（同前書，p. 172）：

　　……吾人面對朝鮮的現狀，豈可冷冷淡淡？若態度冷淡，這些人等豈不與那些滿口正義人道，私下卻拿自己國家的專制施加於全世界的某某列國政治家無異？

　　回國後的中野在演講上說明巴黎和會的狀況，靠著熱情的演說他當選了眾議院議員。接著他很快於 1920 年秋天前往朝鮮和滿洲進行視察旅行，並寫下《以滿鮮之鏡自照》（満鮮の鏡に映して）。

　　此書一開頭便寫下「滿鮮反映出落魄憔悴的大和民族身影」一句，書中反覆揭發日本歧視朝鮮人與中國人的醜態[22]。讓中野最為嚴厲批評的是，因為「在強者面前趨炎附勢，遇到弱者則踐踏蹂躪」的「日本人卑劣想法」，導致了「在美國排日案面前磕頭如搗蒜……（面對朝鮮人）則攻擊燒毀學校，誇耀武勳的我國現狀」。（《以滿鮮之鏡自照》，p. 4, 6, 8）中野面對植原那種「對方的排日也是情有可原，因為在加州的全體日本人都不好」的論調時，認為植原在責備弱者、屈從強者這點上與「主張嚴懲痛擊朝鮮人的那群人的想法，同樣卑劣」，並反駁說：「我們不像大教授們那麼認同歐美列國的正義、人道。」（同前書，p. 10, 11, 13）根據中野的說法，排斥日系移民的加州，原本也是美國從墨西哥人手中奪來的土地。

　　植原認定少數族群的民族意識不合理，中野則相反地給予高度評價。他自述曾與當地許多朝鮮青年談過話，認為「（在獨立運動上）被說成光說不練的朝鮮人青年，不是也慨然投擲炸彈、拿起手槍嗎？雖說狂熱可笑，但革新也是狂熱的產物」，並表示「吾輩在朝鮮旅行中，比起憂心朝鮮人惡化，毋寧對朝

鮮人的自覺感到歡欣」。（同前書，p. 76, 24）

　　不過中野雖然說「對於朝鮮人激進論中，毅然要求獨立一事，我們對他們的氣概感到共鳴」，但也表示「現今這並不可能」。其理由是，他強調朝鮮是日本進出大陸的根據地，相當重要，但實際上並不僅於此。根據中野的說法，缺乏資源的朝鮮如果獨立，僅能依靠加工貿易來立國，「如此一來正好會遭遇到今天日本所經歷的困境」。日本不只有移民遭到排斥，在原料輸入、產品輸出上也直接面對了「美國的船舶法、澳洲的差別關稅、南非的拒絕有色人種」等困境。白人列強不准許有色人種的獨立國家經濟起飛，用盡所有手段加以壓迫。因此，「如果朝鮮也排斥日本，一意走向獨立之途，終究還是會煩惱於同樣的壓迫困境。屆時美國的正義人道，絕對不會緩和經濟壓迫。至此大概朝鮮人才會開始從迷夢中醒悟過來吧」。（同前書，pp. 89-91）

　　而且中野認為，主導朝鮮獨立運動的組織之一，當時在上海的流亡政權「並不完全是朝鮮政權，說極端一些，那是美國製的政權。現在總統李承晚也滯留在美國」。對於三一獨立運動，他強調是受到威爾遜的民族自決理念影響，「朝鮮人諸君的獨立運動，是脫離日本投入美國的懷抱」。根據他的說法：「會對黑人處以私刑的美國人，對有色人種並沒有真正的同情心，而且給人一種玩弄威脅日本的感受，仗著俠義之名實際上卻施行陰謀，這就是他們熱衷的把戲。」中野介紹了一段從朝鮮人處聽來的軼事，就是美國傳教士表面上透過讚美朝鮮人來博得人氣，但傳教士同伴之間卻把朝鮮人稱為「朝鮮小鬼（Those Korean boys）」（同前書，p. 72, 107, 74, 109）。對中野而言，美國對朝鮮獨立運動表示贊同，不過就是想分裂有色人種，是為了在朝鮮建立親美傀儡政權的陰謀罷了。

　　中野認為朝鮮人提倡獨立，原因出在日本方面的暴政與歧視，所以主張在朝鮮徹底實施憲法，給予朝鮮人包括參政權在內的身為「日本人」權利。中野至此的主張與植原相同，與植原不同的是，肯定民族主義的中野提倡讓作為「日本人」的平等待遇和朝鮮族群認同共存。關於此點，他有如下的描述（同前書，pp. 138-139）。

　　日本既已成為帝國，便必須具備將數個民族融為一體的寬大氣度。
　　所謂的同化政策，不能與膚淺又傲慢的美國人同化政策如出一轍。他們在加州抹煞了日本人的個性，最終又以膚色無法改變，嫌棄日本人難以同

化。花紅柳綠各有其韻味。只靠島國日本，其複雜程度不足以構建一個大帝國。朝鮮的文化、朝鮮人的個性，這些都是能使帝國壯大發展的貴重要素……所謂的同化政策，不是以人工的方式把朝鮮文化轉為日本化，而在於徹底採行相同的政治經濟體系。

透過這些表述可以理解，雖然中野使用「同化政策」這個詞彙，但他實際上抱持的是近似於文化多元主義的理念。而「徹底採行相同的政治經濟體系」，具體而言指的是包括廢止總督府、施行憲法的法制上統合等措施。如後述第十章，中野雖然針對議會問題提倡朝鮮、台灣的統治改革，但即便在此點上他仍舊採取「花紅柳綠」的表現，想要實行多元主義的主張[23]。

依據中野的說法，如此一來文化獨特性受到保護的朝鮮人同時也身為「日本人」，得以享有在大日本帝國的所有地位及權利。亦即，「總理大臣也好、陸軍大將也好、大學校長也好、大銀行家也好、代議士（議員）也好，擁有能力的朝鮮人便可贏取這些地位，不會有任何的阻礙」。朝鮮人成為日本首相或許讓人感到意外，不過他說明：「當今英國首相勞合‧喬治（David Lloyd George）乃威爾斯人。威爾斯屬蓋爾特（Celts）民族而非英國人，語言不同，風俗也相異，正是所謂英國的朝鮮人。」接著他說明勞合‧喬治在巴黎和會上代表英國有傑出表現，所以提倡日本也「應讓朝鮮人出席國際會議，必須借用他們的力量來要求世界上的公平」。（同前書，pp. 128-130）如果讓朝鮮人作為「日本」代表提出種族平等提案，那麼歐美列強不僅難以反對，而且這樣的事實等於不需靠任何言詞雄辯，就能提升日本的國際地位。

當然他的意見也表示，如果把朝鮮的狀況放置不管，恐怕「最終會與愛爾蘭一樣，無論給予參政權或自由權，對方都會加以拒絕，除了獨立之外別無所求」。（同前書，p. 64）此外，雖說尊重朝鮮人的文化獨特性，但在官方語言這點上中野並沒有具體建議。不過無論如何，他構思多元性多民族國家的主張，確實是不爭的事實。

只是，基於這種思想而誕生的新大日本帝國，中野揭示其使命在於為了抵抗白人的威脅，目標在於強化國防。他說：「（美國）把印第安人當作獵犬來利用；南方的棉花田靠著黑人奴隸的血液而肥沃；太平洋沿岸平原以支那人、日本人的汗水來灌溉。這些獵犬、奴隸與勞工，現在認為他們是一種麻煩，因而憂慮其子孫繁衍，希望他們全數滅絕……今天同情支那人、朝鮮人的美

國人，他日若日本走出了局限於遠東一隅的窘迫狀態，究竟他們又會以什麼樣的態度面對有色人種呢？」基於這種認知，他以為「日本的軍備，不只是蕞爾日本的軍備」，因為「日本是有色人種當中，歷經艱苦後唯一有國際威力的國家。如果日本被逐出舞台，當下有色人種的前途將陷入絕望」。（同前書，p. 104-106, 97, 91）

中野的議論就這樣成為「以日本為中心的有色人種聯手對抗白人的所謂大亞細亞主義與遠東門羅主義（或稱亞洲門羅主義）」，朝鮮的獨立因為會紊亂亞洲團結，所以遭到否定。中野如此表示：「如此，日本必須以實力做後盾，成為新機遇的先驅。即便頂碎了肩膀，也得扛起振興遠東的重擔。希望休戚與共的支那人與朝鮮人，無論如何能夠理解我們的此番苦衷。」（同前書，p. 101）

## 自由主義者的分離主義

提出與文明同化論、文化多元主義不同意見的，就是石橋湛山。1919 年他是當時著名的自由主義經濟雜誌《東洋經濟新報》的副主編。石橋在這個時期同樣也留下了若干日系移民論和朝鮮論[24]。

石橋原本是移民反對論者。當加州在 1913 年通過限制外國人擁有土地法案時，他就寫下了一篇名為〈我們沒有移民的需要〉的社論。在當時的日本，流傳著為了解決人口過剩問題，移民和領土擴張是不可或缺的論調。但是石橋認為，與其讓勞動力成為移民流向外國，不如使用這些勞動力促進本國工業與通商，如此便足以養活人口，長期而言對本國經濟也有利，所以他認為所謂依靠「帝國主義」去擴張殖民地，或者「不顧美國人的厭惡強行移民」都是無益之舉（《石橋湛山全集》第 1 卷，p. 357）。這樣的見解，往後一直貫徹在石橋的移民論裡。

對於巴黎和會上的種族平等提案，石橋雖認為列強歧視有色人種，但也批評「我國本身也在國內外施行差別待遇」。亦即，日本不僅禁止中國勞工入境，也對「我國版圖內的台灣人朝鮮人」進行差別待遇。他主張，這種狀態下即便提出種族平等提案，也「究竟有什麼權威可言？」（3 卷，p. 96, 70）

石橋也意識到，在面臨包含日系移民在內的對日歧視同時，日本也正在對朝鮮、台灣進行歧視。但是他的處理方法卻與植原和中野不同。

石橋湛山

石橋從最初便承認日系移民的根本問題出在種族歧視，即便如此，在1916年他仍對一位宣言「吾等乃美國公民，而非日本臣民」，在戰爭時不辭以美軍身分與日本作戰的夏威夷日系移民的宣言表達讚揚。他認為如果移民全都有這樣的自覺，移民問題大概就能解決了。（2卷，p. 415）在這個時期，他的見解可說較接近植原。但到了排斥日系移民運動逐漸高漲的1920年，他開始與主張美國沒有種族歧視的植原有了不同見解，認為問題的原因在於「一言以蔽之，就是人種的偏見」。（3卷，p. 506）不過石橋不像中野那般批判種族歧視，而是如此主張：（3卷，p. 521）

探尋究竟是什麼原因引起如此事態，如吾輩一直以來所言，黃白人種的同化，無論如何總是難以達成。而其無法同化之故，如美國總統候選人哈定（Warren G. Harding）氏所言，既非黃種人，亦非白種人之過。那是自然，或者是悠久的歷史把我們打造成如此難以同化的狀態。並沒有怨恨任何人的理由。我們只能暫且把此事當作一個事實來承認，在這之上採取行動，除此之外別無他法……從而，既然已經明白、理解問題的根源在此，那麼批評說美國人一直以來採取的態度簡直旁若無人，或說非常惡劣等等，畢竟也都只是支微末節的事情。

根據石橋的觀點：「排斥不同種族是人類自然的情感……是各國共通的狀況……即便在我國，如果風俗習慣及語言都不同而且不太有教養的外籍勞工，大量形成部落居住於國內，我們大概也會感到相當困擾吧。」確實，加州或許是美國自墨西哥奪取而來的土地，但他認為：「希望我國人想像一下這種情況，亦即，我國如果也來了8、9萬名美國勞工，他們在北海道、台灣或朝鮮據一隅為根據地，擁有、耕種土地，大量繁殖下一代。如果能夠體會這種狀況，那對加州的問題，大概也不會如此憤怒吧。」（3卷，pp. 507-521、4卷，p. 27）基於這種認知，他針對日系移民問題，提議如下的解決方法。（3卷，p. 507）

我們寧可為了美日親善，與美國政府談判，請美國購買我國人民在加州的資產，讓移民全數返回日本，這大概是最好的作法。

雖然他說「為了親善」，但從結果而言，這個解決方案也不過只是認可了移民排斥運動中，「叫移民滾回自己的國家去！」的主張罷了。

這個提議與他的美國認知息息相關。石橋曾數度討論日系移民問題，但議論中全未提及新移民與黑人。植原的論述以美國現今是由多民族所構成為例，認為雖然民族不同，只要同化仍可能共存。中野則舉被歧視的黑人、原住民及移民為例，主張只有透過有色人種團結起來與白人抗爭，才可能解決歧視問題。追根究底，如果把移民全數遣返，美國這個國家便無法成立。然而在石橋的美國認知下所描繪出來的問題型態，卻只有討論在盎格魯薩克遜單一民族國家中，混入了日系移民之後該如何解決，這種單純的狀態。

不過，就算從結果而言認可了歧視與排斥，那又怎麼可能達成國際間的親善？關於此點，他則提出了透過通商打造國際關係的論點。（3卷，p. 522）

> 一個國家為了在經濟上利用他國，送入農業勞工，使他們在該地經營農業，這並非不智之舉……然則如果送入5萬人，且這些人盡皆商人、金融業者的話，不知將會在經濟活動上有多活躍。而且如果經營貿易的日本人散布在全美各地，而非像集中加州一地組織日本村的日本人般，那麼美國人也不至於以其為怪，從而也不會引起移民問題。現在即便拿全加州的日本人財產與中央政府進行交涉，以換取適當的賠償也不足惜。今日吾輩希冀我國國民著眼於大局，追求從美國獲得更大的經濟利益。

不局限於眼前的小利益，從大局來觀看國際關係，以更大的利益為目標的理論，是石橋一貫的言論思想，這樣的想法也讓石橋成為當時極少數派的言論者。但是他這種思想，對於移民在當地開墾且可能對當地產生情感的情況並未加以考慮，反而在國家層級的成本論上漠視移民的心理要素。之後當1924年因為修改聯邦移民法完全停止接受日系移民時，他做出如此表示：（5卷，p. 510）

> 記得小時候，日清戰爭（甲午戰爭）前，大概是明治20年後吧，支那攤商大量來到日本。當時把他們稱為「南京先生」，成了街頭巷尾取笑的對象。對支那人而言……這些攤商成了招致輕侮的原因。在我國國民之中，特別是把低劣階級者送往國外，終究也會成為全國人民遭輕侮的原因。學生留學之類的事情中，從支那學生來我國的經驗看來，也不太愉

快。日本人遭到美國排斥的原因，想必不是那麼單純，但如果一提及日本人就把全體日本人都視為農業勞工，肯定也會招來極大的禍患。……英國人在日本普遍是受到尊重的，然而若是倫敦東區貧民窟的英國人大量前往國外，那麼對英國人的評價應該會有顯著的改變吧。

根據此段論述，大概石橋認為留學生或「低劣階級」的人不具備出國的資格。他還繼續論述道（5卷，pp. 510-511）：

　　……要使日本人成為外國人眼中值得尊敬的國民，解決排日問題肯定是最根本有效的方法之一。想成為受尊敬的國民，第一要提昇國民整體的文明，第二需要留意出國者的國民素質。某種相當愚蠢的說法指出，無論哪個國家都有教育程度低的人，也有道德低劣的人，只因這些人偶然大量移出國外，那些外國就輕視這些人，這都是對方的錯；甚至還有人可能主張，說什麼劣等之類，不過是從今日資產階級的眼光來評斷他人，像這種荒唐的說法，就等於是主張說，哪個家庭都廁所，而把廁所放在客廳正中央又有什麼不對一樣荒謬。

無論喜好與否，歧視都不會消失。種族與民族的界線不會有變化，同化也是不可能的事情。解決民族問題的最好方法，就是各自分離創造出單一民族國家。這些國家之間的交往，則透過通商與被選拔出的人來維持。在日系移民問題上，石橋表現出來的國際關係觀點，可以說包含了上述的這些面向。石橋一方面批評英美歧視有色人種，同時又認為從道義上斷然不認可排斥移民的行為，他對現實的冷靜觀察與對日本的批判意識，便是透過上述的形式表現出來。

另一方面石橋面對朝鮮則主張：「朝鮮人在日本統治下，無論接受多少良善的政治措施，他們也絕對不會感到滿足。因此他們在本身獲得獨立自治之前，不可能停止反抗。」（3卷，pp. 78-79）這樣的評斷雖然是來自他感知到當時世界上高昂的民族自決意識，然而這樣的主張也沒有與前述的國際關係觀點相矛盾，因為這與「同化不可能成功、最佳解決方式是分別建立其他國家」的認知彼此相通。對於植原和中野等人認為透過賦予平等和文化多元主義的手段，方得以將朝鮮人統合成「日本人」的想法，石橋則認為這種事情不可能發生。

石橋的外交理念，就是撤回移殖民，取而代之以通商作為建構國際關係的

主要手段，以著眼經濟利益大局為基本的「小日本主義」。換言之，他的「小日本主義」除了對跨國境膨脹為多民族帝國的「大日本主義」進行批評，還構思出一個作為單一民族國家的日本。接著在1921年他撰寫了〈大日本主義的幻想〉，透過詳盡的成本分析，主張保將朝鮮、台灣作為日本領土不僅在經濟上沒有效益，而且也阻礙了與歐美和亞洲各國的友好關係及貿易，從大局而言是一種損失，因此力倡應該有所覺悟，放棄此種作法。

當然，從經濟成本進行統治批判，從領有沖繩時代開始便已經存在，石橋則是再加入外交上比起國防更該重視經濟交易的國際協調路線。在石橋的〈大日本主義的幻想〉中也混雜了尋求國際友好親善的道義主張，以及重視經濟利害的功利主義特質。石橋在文中認為不應與歐美進行軍備對抗，主張只有「盡快以某種形式解放朝鮮、台灣，對支那、俄國採取和平主義」的道義行為，才能獲得亞洲各國的信賴。然而他同時也認為大量送出勞工與殖民者到國外是種愚行：「使用對方的勞工，只帶去資本、技術與企業領導……說難聽些，就是帶去資本、技術與企業領導，壓榨對方的勞動力。」這麼做才是聰明的方法，還說：「看看印度的例子，英國人便鮮少前往。」（4卷，p. 24, 21）

然而，這種道義主張和成本論的並立，對石橋而言並不矛盾。學習過亞當斯密和史賓賽，身為自由主義者的石橋雖批評軍事侵略和移殖民，卻相信透過通商建立的關係會是和平且互惠的。如果把眼光放到稍後的時間點，也就是第二次世界大戰甫結束後的1945年10月，石橋表示相當高興失去朝鮮與台灣一事，並做出如下的表示（13卷，p. 48）：

> 屢屢有人誤解世界上在海外擁有殖民地的國家，都是無償便可取得物資。例如英國榨取印度便是一個例子。朝鮮人中也有持同樣觀點大力批評日本的人。他們指出日本從朝鮮輸入稻米，便認為日本強奪朝鮮人的糧食。他們的觀點認為，往昔包括東印度公司等進駐印度之際，應當也有掠奪的行為。然則在今日的印度，如果不透過買賣將如何取得物資？朝鮮就更不待言。透過買賣取得物資，需要支付等價才能獲得。這一看貿易表便可明白。

透過和平的分離與通商取得國際間的友好親善。這是石橋的日系移民論和朝鮮論中能夠看到的觀點。然則，他這種只要分離便能解決民族問題的想法，

卻是建立在分離之後的通商關係中絕對不會產生貿易摩擦或出現資源榨取的基礎上，方得以成立。

## 「民族問題」的狹路

在大日本帝國之中，看出日本一方面對歐美提出種族平等提案，一方面卻對朝鮮和台灣進行歧視，指出這其中充滿矛盾的議論者並不在少數。然而面對這兩個問題嘗試要提出首尾一貫的理論，透過本章舉出這三位的例子來看，原則上存在相當多的困難。植原認為，統合多民族國家，就是跨越各民族間的民族主義，民族的界線或民族主義等想法，不過就是某種應該透過文明化和「民主」加以抹除的不合理且封閉性的情感。對他而言，面對包括美國在內的歐美各文明先進國家，日本雖然目前尚不夠成熟，但仍一直屬於歐美等先進國家的成員之一。根據這種單一直線式的文明觀念，他除了提倡日系移民要同化於美國社會，而且也主張要透過「民主」改造日本，並讓朝鮮統合於改造後的日本。

大正民主主義者中，包括浮田和民等，許多都抱持著類似植原的主張[25]。然而這種質樸的文明化理論，以大正民主時期為頂峰，進入昭和時期後便幾乎不復得見。將日本定位在歐美之下的單線式文明化理論，無論再怎麼合理化統治朝鮮之優點，之後卻不見容於高漲的國粹主義（日本式民族主義）。此外，僅重視推動文明化，卻不甚關心培養忠誠心的同化論，即便有部分政治家如原敬等加以支持，但如下一章將討論的一般，從日本領有朝鮮和台灣的動機來看，仍舊無法成為多數派。

另一方面，中野的歐美觀念則呈現相對的狀態，可以視為種族歧視和帝國主義的象徵。在他看來，民族主義至少在情感上具有被尊重的價值，而日本則是肩負著抵抗歐美振興亞洲重責的國家。類似中野這種從亞細亞主義批評日本的議論，在當時並非是孤立少數，例如當 1919 年 4 月日本舉辦種族歧視廢止期成大會時，來賓法國哲學家保羅·理查（Paul Richard）在大川周明的翻譯下進行演講，除了批評否決種族平等提案的國際聯盟，並且訴求日本應作為世界的先驅解放殖民地，並因此獲得宮崎滔天等人的共鳴而聞名[26]。

這些亞細亞主義者對朝鮮、台灣統治的批評，雖然在批評歐美帝國主義和高舉亞洲大義上具有相通之處，不過提出的政策卻各式各樣。有單純提倡透過天皇進行一視同仁的說法，也有如北一輝《國家改造原理大綱》般，主張在朝

鮮實施「郡縣制」，將其「置於和日本內地相同的行政法下」，「約以20年為期，讓朝鮮人獲得與日本人相同的參政權」等提出具體方案的議論者。而且也有像中野般提倡法制統合與文化多樣性並存的文化多元主義倡議者，以及像宮崎滔天般主張「許朝鮮、台灣以自治，與其結盟，作為打造亞細亞聯盟的基礎」等構思成立聯邦國家的言論[27]。

如後述第十三章，因為確實也存在站在亞細亞主義者的立場支援台灣人運動的行為，因此可以看出他們在情感上的確包含了誠實真摯的部分。中野對種族歧視的激烈批評，以及聯合有色人種與文化多元主義的思想，甚至讓有些人認為，如果他身為美國的少數族群知識分子，理當會得到後世的高度評價。然而只要基本框架中還是存在與歐美對抗的思想，就會如北一輝提倡「從日本存立的國防觀點來看，不應當考慮讓朝鮮永久獨立」一般，亞細亞主義必然會與否定殖民地獨立和擴張軍備連結在一起[28]。

包括中野在內，亞細亞主義者往往把朝鮮獨立運動定位為與歐美勾結，是擾亂亞洲團結的背叛行為，議論者屢屢容易陷入「敵人」與「同伴」（這個場合便是「白人」對「有色人種」，乃至「歐美」對「亞洲」）的二元對立結構中，這種現象，也就是對不合己意者的行動立即斷定對方勾結「敵人」，視為背叛「同伴」的傾向，也顯現出他們的思想並不自由。因此，中野這種論調透過對歐美列強的批評來合理化國內的言論壓制，指責提出異議者為勾結「歐美帝國主義」，這種模式在日後第三世界開發中國家獨裁政權的抵抗型民族主義中，也可見到此種醜態。

大多數大正時期對統治的批評都有一個共通點，那就是雖主張多元主義和聯邦國家，但在官方語言和法制面該如何實現上皆欠缺計畫，與提倡賦予身為「日本人」完整權利的文明同化論相較，這種論調幾乎都沒什麼具體性。結果他們的主張不過是否定朝鮮的獨立，僅起到掩飾統治現狀的作用而已。

與此相較，石橋既不讚美歐美，也不理想化亞洲，當然他也不把日本當作讚揚的對象。對他而言，民族主義既非如植原所說是必須抹除的情感，也非如中野所言是該讚美的對象，無論喜好與否，民族主義都是國際關係中的前提要素。

關於民族問題，石橋的解決方案是透過分離來切斷民族之間的接觸與交錯，各自封印在由單一民族組成的民族國家內部，相互之間的關係則透過通商和選擇過的人士維持往來。對他而言，民族的界線和種族意識雖有不合理之處

但也是無法改變的「自然人情」，因此他與植原和中野不同，對於改變「日本人」界線的方法並不感興趣。根據這個理論，方能提倡應讓朝鮮分離獨立，成立自己的民族國家，並且要封鎖日本的侵略行為。在大日本帝國中從成本論出發對統治的批判論，連綿存在相當長的期間，然而石橋據此發展出來的朝鮮、台灣放棄論，其緻密與大膽程度，可以說是此等論述的最巔峰。不過，把移民搬回出身國家的主張，當時作為建議的價值有多高姑且不論，在現今則是不具參考價值的。而且他這種殖民地分離獨立之後再透過通商關係來進行彼此交流的主張，也未思考過可能會產生貿易摩擦或資源搾取的狀況。

在這個時期內，他們三人各自在自己的道路上邁進。植原和石橋反對對美國發動戰爭，二戰之後成為保守政權政黨的重要政治家，石橋甚至還擔任過日本首相，即便時間相當短暫[29]。中野很明顯傾向於大亞細亞主義，贊同成立「滿洲國」並主張「大東亞解放聖戰」，但因為與東條英機首相對立而受到政治壓迫，在太平洋戰爭正熾之際自殺了。

三位言論家對民族問題提出的理想型解答，面對前述兩大問題時選擇了不同的解決策略，也凸顯了各自的優點與缺點。而大日本帝國開始萌生的文化多元主義，在留下反對朝鮮獨立的污點下，並未進一步成長便歸於消滅。二戰之後的日本，在放棄朝鮮、台灣，採取縮小軍備，透過加工貿易、通商立國的作法，大致上都沿著石橋湛山的構想前進。然而在貿易上也發生了美日經濟摩擦，而當日本經濟進出第三世界國家，且開始遭批評是在搾取資源的同時，也呈現出了這種構想的極限。在日本開始引入移民勞工的現在，我們依然尚未摸索出彼此共存的理論。

第十章
# 內地延長主義
## ──原敬與台灣

　　朝鮮發生三一獨立運動，不僅在言論界，也在政界中掀起風波。此時正好處於大正民主風潮當中，擔任首相的是首位出身平民，被稱為平民宰相的原敬。對原敬而言，因三一獨立運動而引發論壇對總督府的批判，給了他改革制度的絕佳機會。

　　從這個時期開始，透過原敬及他任命的總督，朝鮮和台灣的統治都進行了一定程度的改革。而改革的成果與極限，也反映出當時大日本帝國的局限。

## 作為文明化的「日本人」

　　在三一獨立運動展開之前，就已經出現改革朝鮮、台灣總督制度的嘗試。1913 年山本權兵衛內閣承接了在第一次護憲運動中倒閣的桂太郎內閣，開始檢討陸海軍大臣是否由現役武官擔任一事，伴隨著這個檢討，也嘗試對朝鮮、台灣的武官總督制度進行改革。這件事情原本原敬約定要提供協助，卻遭到朝鮮總督寺內的反對而難以施行，同一時間該內閣又因為發生冤獄事件而倒閣，這次的嘗試便就此雲消霧散[1]。

　　1918 年，擔任過朝鮮總督的寺內成為首相，但寺內內閣遭受稻米騷動波及而下台，並由原敬接任首相。一直排斥寺內正毅的原敬就任首相之位，可說是一種具有象徵性的大事件。

　　原敬立刻採取政治舉措，欲任命文官擔任朝鮮總督。這個舉措修改了關於總督的規定，讓政府得以開始任命文官擔任總督，但如後文所述，雖然在台灣成功任命了文官總督，但在朝鮮卻依舊難以施行。理由很明顯，因為來自陸軍方面的反對力量過於強大，結果導致無法在朝鮮任命文官總督。原敬在不得已的狀況下，退而求其次任命了被編入預備役的海軍大將齋藤實，由齋藤繼任朝

鮮總督。

對陸軍方面而言，藉著把由陸軍一直把持的朝鮮總督職位交給海軍，可以避開輿論的批評，而且依舊可以維持任命武官總督的慣例，算是一種妥協手段。即便在軍方勢力較弱的大正民主時期，特別是關於朝鮮事務，充其量也只能讓軍方做出這種程度的妥協。不過齋藤實與原敬同樣出身日本東北，在反對藩閥政治上算是志向相同，因此原敬也對這項人事任命表示妥協。

在這樣的脈絡下接受任命的齋藤，原敬給他寫了一篇名為〈朝鮮統治私見〉的文書，藉此轉達對朝鮮的統治方針。其內容當然是根據原敬一直以來的見解，具體說明要把如何朝鮮編入「日本」內。

根據原敬的說法，「朝鮮統治的最終目的在於使其和內地相同」，朝鮮總督制度乃「外國的制度」，而且特別類似「英國殖民地的總督」或俄國的地方總督。對此原敬如此評價[2]：

> ……不得不斷言現行制度在根本上就是錯誤的。理由在於……從我帝國和新領土朝鮮的關係來看，雖然語言風俗上多少有所不同，但追根溯源幾乎屬於同一體系，人種上從過往起便無不同，歷史上追溯到上古也能得出起源幾乎相同的結論。在具有如此緊密關係的領土上，卻模仿歐美各國統治距離本土遙遠、各方面完全與宗主國不同的領土時採用的制度，想要藉此統治我國新領土，實在是極大的謬誤，而統治上不見成績，也是理所當然的結果。

這是說明朝鮮在地理、人種上「相近」，與歐美殖民地政策相異，因此能夠順利編入「日本」的典型同化論說法。原敬認為「統治朝鮮的原則」，應當「採取和統治內地人民時完全相同的主義、相同的方針，定此為根本方針」，且「必須承認」朝鮮人「在各方面都具有能夠同化的根本性質」。

在這樣的認知下，原敬具體提倡如下的統治改革。首先，希望由文官擔任總督，法律方面原則上延長使用內地法：「想要施行特別的制度，是從根本上便採取了錯誤的方針。」原敬更進一步要把朝鮮的國防和司法交付內地主管機關進行監督，例如朝鮮銀行由大藏省監督，廢止憲兵制度把治安管理交由一般警察維持。地方制度朝著和內地相同的方向改革，任用官吏時也企圖平等任用內地人和朝鮮人等。

在教育方面，他以為朝鮮的現行制度「因為模仿英國其他殖民地的制度而引發失誤，必須斷然加以改造」，倡議「必須採取和內地相同的方針」。此外也要讓內地人和朝鮮人混居，主張採取「准許公開通婚的方針」。如此採取徹底「日本」化路線的原敬，當然認定：「有些論調想要採取類似歐美諸國在新領土實施的制度，這對朝鮮而言是從根本上就錯誤的想法。」

當然，原敬一直以來認定朝鮮、台灣統治是模仿英國的想法，透過本書從第 I 部到此為止的討論，可以看出他的評斷並不正確。後藤新平甚至說過相反的意見：「在台灣當初什麼都以法國阿爾及利亞的政策為最佳作法，模仿後卻失敗。[3]」雖然原敬與後藤新平，對朝鮮、台灣統治都採取批判的態度，然而當時日本在流傳間接統治和同化路線概念時，都與英國和法國的國名相連結，所以即便同樣審視朝鮮、台灣的統治狀況，在主張把殖民地從「日本」排除出去的後藤看來，當時的殖民統治不恰當地模仿了法國制度；而主張朝向包容入「日本」路線的原敬看來，則覺得殖民地統治太過模仿英國。當然，原敬對「自治」的批判，自然是基於當時論壇上流傳的認知，也就是英國統治加拿大和澳洲等地實施的「自治主義」乃是先進的統治型態，來加以批判。

對於原敬的這種主張，卻出現一股意料之外的贊成勢力。那就是朝鮮軍（駐紮朝鮮的日本軍）。

三一獨立運動之後的 1919 年，5 月由朝鮮軍司令宇都宮太郎、7 月由朝鮮軍參謀部，提出了朝鮮統治改革的各種內部文書，這些文書各自都主張朝鮮在制度上應當編入「日本」，其動機自不待言，就是基於國防的理由。

根據宇都宮的意見書：「將朝鮮整體當作特殊的行政管區，會永久保持朝鮮人對自己國家的認同思想……隨著宗主國國運等的消長，會反覆不斷出現獨立論和分離論，如此將給我國留下永久的禍根……就算把台灣等其他領土視為別種型態的問題，朝鮮卻必須當作帝國本國的一部分加以同化……應當逐步施行與內地相同的府縣制，漸次施行帝國憲法。」朝鮮軍參謀部的意見書也針對統治方針提出：「同化全體朝鮮民族使其成為準大和民族，改善所有待遇使其等同於內地人，以形成聯合國家為最終目的。」主張與內地人共同就學，賦予身為「日本人」的參政權，以及「獎勵內地人與朝鮮人通婚」等[4]。

如果照著朝鮮軍的意見加以實現，那麼將會得到廢除總督府，或者總督權限縮小的結果。已經身為獨立王國並構建起既得權益的總督府，自然反對這種將朝鮮編入「日本」的制度改革，但是對沒有獲得既得權益的朝鮮軍而言，則

出現從國防角度思考並直接連結到同化論的傾向。

雖然不是在同一時期之事，但關東大震災剛發生後，日本政府中央的參謀本部也曾基於促進移殖民與國防上的理由，甚至提出了要將大日本帝國首都遷都到朝鮮京城南方龍山的計畫，能夠出現這種程度的計畫，可以說明國防上想要把朝鮮編入「日本」的巨大動能是不容忽視的。當然，只要這些意見是以確保朝鮮統治為目的，那麼宇都宮和朝鮮軍參謀部也一定會主張「絕對要避免允許獨立或自治」、「絕對不准許獨立分離」等意見。當原敬執筆前述〈朝鮮統治私見〉之際，其方針在內閣閣議上大致獲得山縣有朋的同意，而山縣能夠表示同意，也是基於從國防觀點來看，原敬的計畫並沒有錯誤，不一定要加以否定[5]。

而且，總督府並沒有反對同化朝鮮人。齋藤實的前任是長谷川好道總督，在他寫的交接文件中便提及「朝鮮統治一直以來皆堅持同化方針」，主張「朝鮮和內地的關係不同於列強與其殖民地的關係」[6]。他也批評內地人殖民者對朝鮮人的蔑視，說明「統治當局經常憂心此事，一再反覆告誡內地人」，企圖將統治失敗的責任轉嫁到內地殖民者對朝鮮人的歧視上。雖然總督府一直以來都主張朝鮮的民心惡化、背離，是殖民者「下級官吏」的責任，不過類似這樣的論調也可以在包括朝鮮軍參謀部在內的其他意見文書中見到。此外，長谷川所舉的統治改善案中，如「思考內地人、朝鮮人共同就學的方法，普及國語，獎勵內地移民，打開相互通婚之途，以期思想的融合統一」，或者「改善內地人與朝鮮人間的不平等待遇」等主張，與原敬揭示的想法有共通之處。換言之，關於當下的改善方法，原敬、朝鮮軍、長谷川的想法彼此之間並沒有太大的差異。

即便如此，原敬與長谷川太郎之間仍有諸多相異之處。原敬除了制度上的統一之外幾乎沒有提及國防問題，而同時身為軍人的長谷川則認為「朝鮮為我國大陸發展的根據地，且為本土的外牆」，基於這種認知，他表示需要「透過渾然融合以鞏固彼此結合，此實乃帝國存續之必要條件」，主張「即便同化上有莫大的困難，仍需加以精進，期許達成目標」。長谷川這種源自國防動機的同化論，與朝鮮軍的見解雖一致，然則對於總督府權限的限縮、與內地在法制上和行政上的統一等，則一概沒有提及。對長谷川而言，即便必須促進共同就學和通婚的「日本人」化，也要限制在不至於侵犯總督府既得權益的範圍內，和原敬的想法有相當大的差距。此外長谷川雖也提倡「教育方針以涵養國民性

為目的」，但面對耗費成本的義務教育制度時，則認為「時期尚早」，仍可看出是機會主義式的折衷方案。

原敬和長谷川太郎還有一處不同，就是長谷川主張移植日本文化，原敬則沒有類似的想法。取而代之，原敬的主張某種意義上可說與第九章的植原悅二郎相同，是要讓朝鮮人同化於「文明的」制度。

例如原敬認為總督府過度殘酷的刑罰法規「只有放寬刑罰方可逐漸把（朝鮮人）導向文明的層次」，特別是朝鮮舊慣中的笞刑，恐有讓「外國人認為日本人民意料之外地殘酷，批評我國尚未完全除去野蠻遺風」之虞，形容此事「關乎國家體面」。此外他對歐美傳教士也提出「傳教士及信徒與此次騷動毫無干係」的看法。關於笞刑，長谷川則認為，「外國人及朝鮮人知識分子階級中，有認為此刑不文明並高倡要廢止的人，但笞刑依舊是適合朝鮮人民程度，最具效果的處罰」，或者「宗教的教權掌握在外國人手中甚為危險」等主張，都明顯與原敬不同。

原敬在外交上基本採取與美國協調合作的路線，這也是原敬的同化論不重視國防的理由之一。他認為朝鮮「即便發生叛亂，以我國兵力財力即可鎮壓，一直以來這都是容易處理的事情」，沒有國防重視論者往往會強調的，歐美列強將趁朝鮮人反叛而介入的恐懼。而原敬也與植原相同，原敬以為「朝鮮人大多數並不希望獨立，而只想要擁有與內地人相同的待遇」，以日本擁有壓倒性優勢的實力為後盾，對朝鮮人實施「文明」化，給予他們平等地位，提倡「要加深朝鮮人的觀念，讓他們認知比起當往昔的朝鮮人，成為新的日本國民對他們而言才是幸福，才是他們希冀發展向上的正確途徑」。對原敬而言，同化於「日本人」意味著同化於文明，藉此使朝鮮人成為「日本國民」，關於日本文化移植與否，則不重要。另外朝鮮軍參謀部的意見中建議透過尊重舊慣以懷柔朝鮮人的作法，原敬對此則不表關心。他應該是認為，只要能把朝鮮人導入「文明的領域」，他們自然不會再有「野蠻」的舊慣[7]。

總體而言，原敬的同化論具備反映大正民主氣氛的與歐美協調合作態度，而且以日本身為「文明」國家成員之一的世界觀為前提，與明治時期以來立基於對歐美恐懼的國防重視論有著明顯區隔。如果採取這種世界觀，其實也可能走上模仿歐美殖民地統治前例的殖民政策派「自治主義」路線，但對原敬而言，打倒總督府特權是從明治時期以來的長久願望。植原也是站在持續批評朝鮮總督的軍閥統治方式的觀點，提倡對文明的同化論，這種意識到國內政治鬥

爭狀況的政治家觀點，明顯與殖民政策學者不同，政治家把「自治」可能造成總督府持續獨裁的危險性也計算在內。

如同後述，原敬在議會的答辯中說明「我一次也沒用過同化主義這個詞彙」，一直貫徹「內地延長主義」的說法。他並沒有清楚解釋這個語詞的真意，這應是原敬以外交官身分派駐法國時，法國在統治阿爾及利亞所揭示的 prolongément de la métropoles 的譯語。較之文化上的「日本化」，他更傾向制度上的「文明化」。同時他必定也強烈地意識到，要與至今為止僅在總督府權限內實施的同化政策畫清界線，透過內地制度的延長，解決一直以來和總督府特權間的鬥爭。他從領有台灣起，便把阿爾及利亞統治定位成「日本」殖民地編入政策的模範，如前述第四章的說明般，在議會上他也透過阿爾及利亞的例子來提倡內地延長主義[8]。而對出身日本東北的原敬而言，透過制度性的平等來增進民眾身為國民自覺的主張，大概更是基於他個人經驗的產物。

雖是老調重彈，但對原敬而言，從這種意義上將朝鮮包容入「日本」，不見得需要文化上的同化。他在議會的答辯中還是說明：「長久居住琉球的琉球當地人和內地人完全相同，在生活樣貌上雖多少有些不同，但在實施和內地相同制度上，並不會造成任何妨礙。」過往他就曾在歐美人的內地雜居問題上提出過「不如讓外國人子女和國人子女就讀相同學校，接受相同教育」，有過把外國人「日本人」化的主張。原敬在交給齋藤總督的朝鮮統治意見書中也提及，「（地方制度）應與沖繩縣……採取相同措施為妥」，「與沖繩縣人……擁有資格者得以擔任政府官吏相同」，以同化沖繩的經驗作為前例[9]。

那麼，被原敬當作前例所舉出的沖繩，在制度上究竟處於什麼樣的狀態？

## 編入「日本」的模型

在第二章已經說明過沖繩人如何作為「日本人」成為國民教育的對象，以及實施徵兵令等事宜。此處將針對包括參政權在內的制度面移植，進行概要性的檢討。

沖繩由居民一方發起取得參政權的運動，可以追溯到 1898 年，該年沖繩也實施了徵兵令。當時沖繩在屬於薩摩藩閥的奈良原繁縣知事獨裁統治下，經濟面上也由薩摩、大阪商人所獨占。而這位奈良原知事曾公開表示：「對台灣或沖繩這種歷史民情相異，等同於殖民地的地方，必須等候民智的發達，逐步

推動政治。」實際上沖繩與台灣、朝鮮不同，屬於憲法的實施地區，且知事也不具立法權，也沒有限制本籍不准遷移的規定，但「（官僚中）甲不體察特殊的民情而企圖採取激進的改革，不細查地方慣習的得失一味以內地為標準飛躍性地實施政策⋯⋯乙則抱持與甲完全相反的的政見，不問良窳悉數推翻甲的施政，汲汲營營恢復舊慣」，在這種情況下「實行警察政治壓抑土民」的狀況，其實是類似於朝鮮、台灣[10]。

謝花昇

　　當時的沖繩因為舊慣溫存政策，在稅制與地方制度上採取特別制度，沒有縣議會或村議會，即便內地開設國會後，沖繩依舊沒有實施眾議院議員選舉法。在這種情況下發動爭取參政權運動的，是東京留學後歸國的平民，為沖繩第一個從帝國大學畢業的學士，名為謝花昇的人物。

　　必須留意的是謝花昇的社會地位。明治初期的沖繩，士族子弟甚至不願與平民同席，士族子弟也不願意前往被稱為「大和屋」的學校，但平民出身的謝花昇則屬熱衷前往通學的兒童。當韓國還是日本保護國的時期，日方開辦的學校也與沖繩相同，免繳學費且提供餐飲，但終究無法吸引上層階級的子弟，而且被俗稱為「貧民學校」。謝花昇身為這種「貧民學校」的優等生留學東京，被沖繩平民景仰為「打破階級的象徵」，也被懷念琉球王朝的士族「當作反叛者來對待」。

　　謝花昇採取的運動形式，也與過往士族不同。他不採恢復琉球王朝的方式，轉變方向嘗試取得身為「日本人」的參政權。對於原本在琉球王朝中處於遭士族歧視的立場，他的這種選擇也是理所當然的選擇。

　　賦予沖繩人參政權時最大的問題，是當地稅制仍維持琉球王朝時代的狀態，並未進行土地整理，也未確立土地私有權。當時大日本帝國的參政權是根據納稅額來產生參政資格的限制選舉制，因此在私有財產不明確的狀態下，便會以個人納稅額不確定的理由，把沖繩排除在眾議院議員選舉法實施範圍之外。

　　謝花昇從東京留學返鄉後，雖在沖繩縣廳工作，但因與奈良原對立而被迫辭職。他除了在地方上進行運動，也於1898年前往東京，直接向當時的板垣退助內務大臣訴求更換奈良原知事。正因為從沖繩內部無法對抗獨裁者的壓迫，所以改採向內地民權勢力請求援助的方法。這種運動的方法，與後述第十三章台灣的自治議會設置請願運動，也有共通之處。

　　板垣對謝花昇表示同情之意，並私下承諾會更換奈良原，但因為隨後內閣下台讓該計畫告終。謝花昇協同同志再次前往東京展開陳情活動，訴求在沖繩施行眾議院議員選舉法。該活動雖然獲得星亨、島田三郎和高木正年等民權政治家的讚許，但在議會卻遭政府方面以「只要未進行土地整理便無法施行」的理由，阻撓了這項提議。在極少數對沖繩懷抱善意的議員努力下，終於在法律條文上留下要在沖繩實施選舉法的要旨，但施行日期仍只有「以勒令訂定之」，不過在1899年總算是實現了名目上的修改。而且這個時候訂定的沖繩議員名額只有2名，宮古、八重山仍被排除在外。

　　之後這個運動因為謝花昇過於失望導致罹患精神上的疾病而迎來悲劇性的結果，即便如此，能在眾議院議員選舉法中留下沖繩字樣，成果可謂不小。1907年宮古、八重山也組成參政權實施請願團前往東京的帝國議會，沖繩的報紙也主張賦予沖繩人參政權。在這樣的背景環境下，到這個時期不僅完成了土地整理、統整了稅制，對政府而言，沖繩經營也已出現利潤，每年都可向國庫進帳約3百萬日元，且1904年日俄戰爭中還有超過2千名沖繩士兵參與。亦即，沖繩無論在經濟上或軍事上，都已經對日本有所貢獻，因此人們也產生應當賦予沖繩人權利的意識。此外，在日俄戰爭中，沖繩從軍者約有一成的士兵戰死，這對民眾認同沖繩居民是「日本人」的意識，有著促進的功效。

　　這些情況也在宮古、八重山的代表團提出的請願書中清楚記載。此請願書中強調沖繩居民「沐浴於皇恩之下，生活於幸福之中……教育普及於大眾，民智獲得大量提升，且早已實施徵兵令也善盡兵役義務」。接著請願書還主張「盡到身為日本國民的本分，在資格權能上絲毫沒有虧欠」，訴求應當賦予身為「日本人」參加「一視同仁的立憲政體」的權利[11]。

　　當時的當地報紙針對參政權的主張，也提倡「（沖繩的）民族與純然祖國的民族不是相同嗎。在語言上也是，在生活上也如此」，強調沖繩「純然是祖國的一部分」。北海道已經施行眾議院議員選舉法，也大致賦予了愛努人參政權，因此地方報紙特別強調沖繩是「內地」唯一還沒有參政權的地區。奪取琉球時日本政府揭示要通過灌輸國民教育以養成「日本人」，而今日沖繩人透過要求取得身為「日本人」權利的運動主張，等於原封不動地把當初對琉球的定位，丟回了日本政府身上。且更有甚者，這些記述往往出現「原本琉球就不像台灣是割讓之地，而是自古從屬於日本」、「人民不屬愛努之流」等，對「日本人」以外的族群明顯採取歧視的字樣[12]。

　　1912 年，日本政府終於回應此運動，對沖繩發布了施行眾議院議員選舉法的勅令。對此沖繩的當地報紙自然出現「沖繩縣民對聖上陛下的恩澤」表示感謝與歡迎的言詞[13]。不過此處應當注意的是，關於這個問題，對當時的西園寺公望首相提出閣議請求，並提出勅令草案的，正是內務大臣原敬。

　　此賦予參政權的前半階段，是 1907 年公佈勅令將沖繩改為町村制，以及 1909 年施行府縣制，隨著與內地相同的地方制度整備完成，透過區町村會議員間接選舉的非正規方法，終究實施了縣議會的議員選舉。在原敬提給西園寺的文件中，說明沖繩「不僅區長村制度，府縣制也已於數年前實施，今日在人文上已經大為進步」，以此作為施行選舉法的理由。我們可以將此時期視為透過整備地方制度以作為取得帝國議會參政權的準備階段。接著原敬於 1919 年交付給齋藤總督的〈朝鮮統治私見〉中，有把朝鮮地方制度改為與內地制度相同的主張，才會提出「就像在沖繩縣時透過非正規的制度，開始施行同樣的措施，這應當是妥當作法」的說明[14]。

　　將原敬著手嘗試改革朝鮮、台灣制度的手法，與沖繩在法制上編入「日本」的過程重合觀察比照，實在是饒富深意的事情。公布在沖繩實施市町村制度的 1907 年，岡松參太郎立案的台灣總督府改革計畫遭到原敬的反對而受挫，後藤新平更於隔年離開台灣前往滿洲（參照第五章）。而同年，原敬也不顧陸軍的反對，否決了給予樺太廳長官立法權的提案。

　　原敬在 1911 年 4 月的日記中仍舊表示「不該把朝鮮視為普通殖民地，最終應同化於日本」，寫下：「將來希望有府縣議會之類，又或期望選出國會議員等，這些期待絲毫沒有妨礙，正如內地的琉球或北海道一般。」之後他旋即前往朝鮮視察，記下：「對朝鮮人施加與日本人相同的教育，使其同化於日本，我愈來愈確定這是件容易達成的事情[15]。」這裡最重要的是，在這個時間點上，沖繩尚未選出眾議院議員，且依照原敬所記，若要以賦予沖繩參政權為前例，那麼就必須要實施眾議院議員選舉法。而在他寫下這篇日記的 11 個月後，原敬把這個構想付諸實現了。

　　如同前文已經討論過的，舉沖繩作為朝鮮、台灣的同化前例並不少見。不過除去梅謙次郎這樣的例外，大部分前例都是注重培養忠誠心，而非注重制度性平等。考量原敬在沖繩施行選舉法中所扮演的角色，他在 1911 年論及賦予朝鮮參政權時舉沖繩為例，顯然並非僅是口頭上說說。原敬針對沖繩實施選舉法請求閣議的文件中，也舉出地方制度整備造成「人文上已經大為進步」，以

此作為理由主張賦予沖繩參政權，且完全沒有提及文化上的同化或忠誠心之類，在此也可以看出他的意向。

而此種對沖繩的政策，就日本方面而言並非既定路線。施行府縣制前的1908年，出現了一個把沖繩併入台灣總督府的直轄之下，新設一個「南洋道」的計畫，奈良原等人也表示了贊成。這種非公開計畫似乎過往也出現過，根據沖繩當地報紙的報導，當被暗示沖繩與台灣可能合併時，後藤新平誤認沖繩經營仍舊處於赤字因此加以拒絕，因此讓此計畫就此作罷。如第五章已討論過的那般，領有台灣之際，計畫讓拓殖務省的管轄範圍涵蓋沖繩，第七章提及殖民政策學者山本美越乃等寫過一篇名為〈謬誤殖民政策的畸形兒——沖繩〉的論文，從殖民政策的角度討論沖繩[16]。雖然此一新設南洋道的計畫最終並未實現，不過也可以看出，在1900年時，沖繩是否包容在「日本」內，仍舊是個不確定的概念。

對沖繩一系列的地方制度整備，以及最後集大成的賦予參政權，在原敬的認知中就是朝鮮、台灣編入「日本」時的模型。1912年沖繩施行選舉法，但宮古、八重山遭排除且議員員額僅有2名，不過到了1919年5月選舉法再度修改，沖繩的議員名額增加到5名，且宮古、八重山也獲得參政權。接著在地方制度上也完全廢止特別制度，制度面上完全與內地相同。沖繩史上將此評價為「真正的廢藩置縣，乃從此時開始」，亦即這是沖繩名符其實正式成為「日本」的一刻[17]。1919年5月，即三一獨立運動的2個月後，正是原敬以首相身分正在著手處理前述朝鮮統治改革的時期。當然在這之後對沖繩人的歧視依舊持續，在二戰結束之前，一次也沒任命過出身沖繩的人擔任縣知事，但仍可說暫且達成了制度上的平等（二戰結束前的縣知事並非公開選舉而採中央政府任命制）。

領有台灣以後，沖繩作為國防據點的意義也減半，對大日本帝國而言利用價值不復存在。雖然有前述來自沖繩到帝國議會進行賦予參政權的請願運動，但對日本政府而言應當是不痛不癢的。如後述的第III部，來自台灣對議會設置的請願活動持續達15次，朝鮮也透過18個會期進行賦予參政權的請願，卻在完全不見成果的情況下告終。如果沖繩沒被原敬定位作為朝鮮、台灣統治改革的模型，可以預測大概無法實現賦予沖繩參政權，或者應會出現大幅度的延遲。沖繩自廢藩置縣以來經過30年，整備了地方制度，又過了3年才初步被賦予對帝國議會的參政權，但在朝鮮和台灣，即便土地調查與地方制度整備完成之後，仍舊一直未被賦予參政權，關於參政權的請求一直被晾在一旁。

如此從沖繩在法制上被定位為「日本」的經過來看，經過了①實施國民教育與提升就學率、②實施徵兵、③整備地方制度的階段，才進入④賦予參政權，達成目標。與文化面完全同化據稱需要超過「2個世紀」相對，沖繩從廢藩置縣起花了40年便走完這個過程。如前所述，原敬認為沖繩文化與內地雖多少有所不同，然實施制度面的同化並沒有太大問題，如果他的構想能夠按照理想實現的話，大致需要40年到50年吧。此後原敬的「內地延長主義」一詞廣為流傳，成為地方制度的準備，也就是地方議會的參政訓練，是賦予國政參政權前提條件的理論根據。

這種經過的形式，與從學制、施行徵兵令到整備地方制度，接著來到開設國會的內地經驗，以及原敬本人歷經的日本東北進步發展其實相互重合。在朝鮮和台灣施行的統治制度既參考過科克伍德等外國人顧問的建議，也大量參考了內地法制施行的前例。這從結果來看，在內地隨著民主化發展便無法存在的權威主義體制，依舊殘留在朝鮮和台灣，形成了官僚與軍方的聖地。對此原敬根據內地一路辛苦走來的民主化歷程，以擊潰這些權威主義體制為目標，把內地經驗延長到領有區域。這是種把同化教育理論適用到法制面的創意發想，也就是認為領有地區「進化」後的姿態就會是「日本」的想法；同時也是拿民主化進展來評估領有地區「進化」程度的做法，反映出了一種大正民主價值觀的思考方式。

然而沖繩與朝鮮、台灣有一個不同的條件。那就是總督府。奈良原知事即便再怎麼施展他的獨裁權力，沖繩的行政組織也不過只是內務省管轄下的「縣廳」，將沖繩包容入「日本」時，當地官廳機構也不會抵抗。然則朝鮮、台灣的總督府是與內地的內務省和大藏省等並列，甚至是擁有更多既得權利與更大權限的強大官廳。如果要把朝鮮、台灣變成普通的府縣統合進「日本」，那麼從行政組織的結構上來說，也就意味著得廢除朝鮮、台灣總督府並納入內務省的管轄之下，因此也就可以預想到總督府會傾全力進行抵抗了。

原敬的「內地延長主義」是否是以當地居民待遇為最優先的思想，仍有疑問。當然如果與完全忽視當地居民權利，只以培養忠誠心與爭奪權利為主的六三法問題時期相比，確實是有很大的差別。然而，例如在賦予參政權之前的沖繩報紙就提及「給我們代議權吧，否則就給我們自治」，從當地居民取得權利的觀點來看，不見得只有作為「日本人」取得參政權這個選項[18]。但如果從原敬一貫注重的與總督府政治鬥爭的觀點來看，賦予參政權和自治，具有根本上

的不同。因為「當地居民的自治」是從「日本」分離出去，這對打破「總督府的自治」並無幫助。因此如前所述，面對朝鮮人的自治，原敬一定站在絕對否定的立場。

原敬所謂的「內地延長主義」想法，可說是在他一直以來要打破總督府特權的政治目標上，加上透過文明化進行「日本人」化的制度性平等要素。雖說透過賦予帝國議會參政權的形式來調和這兩者，但如同我們在六三法問題時看到的，當地居民仍有可能在軍人總督之下設置立法院和殖民地議會，藉此參與政治；或者即便擁有帝國議會權限，仍舊存在例如北海道舊土人保護法等，透過特別立法實施歧視的狀態。如果，提供在軍人總督之下進行自治，或者在帝國議會訂定的歧視法規下過生活這兩種選擇，當地居民大概會選擇前者，但原敬恐怕選擇後者的可能性更高。而這種落差，也替原敬的統治改革帶來了陰影。

## 總督府的抵抗與「漸進」

1919 年 10 月，台灣總督明石元二郎（參照第八章）突然病逝，原敬繼續推動在朝鮮失敗的文官總督制。

原敬選擇的台灣總督候選人，是貴族院議員的田健治郎。田健治郎是被山縣有朋屬意為下一任首相的人選之一，對原敬而言，不僅容易取得以山縣為核心的陸軍軍閥同意，還能把仰仗山縣鼻息的政治家趕出內地，可說是一條一石二鳥之計[19]。

更有甚者，田健治郎完全沒有實際統治經驗。原敬把自己的內地延長主義方針以內部訓示的方式告知田健治郎，再由田健治郎前往訪問山縣，說明統治方針在於把台灣人改造為「日本人」，將來還會導往「政治上平等待遇」的方向，並取得了山縣的贊同。同樣是把台灣人改造為「日本人」，但恐怕原敬與山縣對「日本人」的想像並不相同。無論如何，透過這個方式原敬實現了最初的文官總督就任。

田健治郎前往台灣赴任之際，發表訓示表示「台灣是構成帝國領土的一部分，當然從屬於帝國憲法所統治的版圖」，「與英法諸國只作為本國政治的後勤補給基地，或僅止於作為壓榨經濟利益的殖民地，不應等同視之」，並說明統治方針在於「使本島民眾成為純然的帝國臣民。」這雖然是至今為止的典型同化論論調，不過這個訓示接著還有如下的表示[20]：

田健治郎

　　雖說統治方針如此⋯⋯但面對地勢、民情、語言、風俗相異的台灣民眾，若急遽實施和內地相同的法律、制度，立刻會招來齟齬扞格，反而有造成民眾生活疾苦之虞，故先以普及教育為務，一方面啟發其智能、道德與操行，一方面使其感受到我朝廷撫育蒼生之意和一視同仁的聖旨，藉此純化融合，使其達到與內地人及內地社會接觸時，彼此不相逕庭的程度。追根究底要達成政治上的均等，就必須給予善導教化。

　　這段訓示與至此為止討論過的，明治時期以來首重培養忠誠心的漸進同化論幾乎完全相同。只有一點略為相異，就是加上了最終目標乃在於政治上的平等，在這點上田健治郎的訓示表現出些許不同的態度。

　　實際上這種「漸進」的想法，在原敬的思想中也帶有此種要素。原敬在〈朝鮮統治私見〉中便提及：「若文明程度、生活狀態等無法驟然達到相同狀態，則暫且使用漸進的方針。」甚至朝鮮總督長谷川也表示：「即便統治方針須依據同化主義，但也不該使用破壞主義，而要採取漸進主義的方式。[21]」即便最終目標是選擇「文明化」或是選擇移植日本文化各有不同，但對政治家而言，漸進主義是他們共通的認識。問題在於，在這種曖昧的漸進名義下，有可能會連根拔除編入「日本」的理念。

　　田健治郎就任後實施的改革，是在 1920 年創設了州、市、街、庄等地方公共行政部門的特別制度，並在各層級的部門設置官派的協議會作為諮詢機構。他更於同年 8 月公布「通達」（也稱通牒，上級行政單位發給下級的通告或備忘錄），指示開始受理內地人和台灣人之間婚姻、認養的申請（參照第八章注釋 34）。他進一步廢止了原敬批評的笞刑，另外原本內地人與台灣人必須分開就讀「小學校」和「公學校」，雖然數量相當有限，但他也施行了一小部分的內、台共學。1923 年起，內地的民法、商法除去部分親族法規等若干例外之外，也開始適用於台灣人。但因內地的刑法之後也未在台施行，故台灣仍舊存在「獨自」的治安法規，這點並未改善，不過因為施行了商法，所以原本如果全部股東都是台灣人便無法成立股份公司之規定，此後則得以設立。我們可以把這個階段為止的舉措，視為仿效沖繩編入「日本」的內地延長主義準備期。

柳田國男

不過問題在於 1920 年 10 月召開的總督府幹部會議。為了取代六三法而設置的三一法也有施行期限，過去經過兩次延長，期限將於 1921 年的年底屆滿。幹部會議針對此問題進行協商，不僅討論總督立法權的存續，還採取了一項方針，那就是要恢復原敬主張廢止、作為律令諮詢機構的總督府評議會[22]。原本受了原敬指示前往赴任的田健治郎，卻走向與原敬意願完全相反的方向。

田健治郎的這種轉變，大概是背後受到了包括總務長官（原本的民政長官）下村宏等總督府官僚影響。至 1915 年為止，下村擔任民政長官已經歷了三任總督，可以說是當時台灣統治的核心，但下村的統治理念卻與原敬南轅北轍。

下村前往台灣赴任時，在對當時總督提出的意見書中把台灣形容為「距離本國遙遠」，「人種不同，語言風俗相異」，斷言「想要完全同化，斷不可能」。基於這種認知，他在教育上把重點放在「培養和工作、生計有關的智識」，認為「律令發布權毋寧比照朝鮮，不需附上期限」，並且提倡以重視舊慣作為立法目標。總而言之，他主張：「即便觀察歐洲列國幾個世紀以來的殖民史……也找不出宗主國教化統一主義的好例子。[23]」

下村還對將來台灣「興起外寇時」台灣人是否會站在日本這邊，抱持著國防上的憂慮。為此他表示：「即便無法把台灣人完全轉化成純粹的日本人，仍須盡可能將其日本人化，以作為我民族的外牆。」一如森有禮面對沖繩時，為了拉攏養育下一世代的母親而主張重視女性教育般，但他的真正想法其實是「若以我大和民族取代其地（台灣），蓋思過半矣」，他這種「日本人化」的想法，可以很明顯看出不過是把台灣轉化為「日本人居住土地」的手段[24]。

附帶一提，1915 年推薦下村擔任民政長官的，是曾任貴族院書記官長的柳田國男。柳田在擔任法制局參事官時期，因為日韓併合時的功績而有敘勳的經歷，還是下村赴任當時的台灣總督安東貞美的外甥。身為民俗學者的柳田國男，對於會破壞當地居民的同化政策抱持反對的意見。柳田與新渡戶也是好友，新渡戶推薦他擔任國際聯盟的委任統治委員，當柳田離任時又推薦了殖民政策學者山本美越乃。就這樣，柳田在思想與人脈上都不同於殖民政策派，因此他推薦前往台灣赴任的下村宏會有前述見解，也就不足為奇了[25]。

對老練的總督府官僚下村而言，想要操控既無統治經驗，又沒有確信理念

的新任總督，應該是相當容易的事情。原敬原本打算打破總督府特權而送去的田健治郎，反而被下村宏所利用，可謂適得其反。

　　1920 年 11 月，回到東京的田健治郎對原敬陳述了總督府的意見。原敬在日記中記下「田的意思，似乎想加以修正後繼續實施現行法」，原敬會感到困惑，並不難想像。原敬會見田健治郎，首先立刻否決了設置評議會的想法，並告訴田健治郎「民法刑法商法等人民之權利義務」相關事項都不在總督府權限內，而必須經過帝國議會的協贊（認可、贊同）[26]。

　　從 11 月到 12 月，原敬在和總督府的對立關係下，持續進行取代三一法的法案起草作業。最終提出的草案包含了①盡可能實施內地法；②如內地無該當法律或因台灣需要特殊規定，則由總督發布命令；③承認總督府的緊急命令權；④以勅令施行延長內地法；⑤發布的法律不得違反已實施的法律和勅令等內容。其中從第③到第⑤點幾乎和三一法相同，不同之處則是以延長內地法為原則，將總督府立法定位成例外。亦即，包含大量治安法規在內的過往法律今後仍將持續有效，並會繼續保持總督府的立法權。而與六三法等最大的不同，在於此法非限時法，屬於永久法。

　　實際上總督府方面主張不要透過勅令來施行延長內地法，而以總督府命令為之，這樣的主張曾一度大量出現在草案當中，但如果承認這種主張，則能否施行內地法的判斷權將完全掌握在總督府手中，很明顯地這並無法推動台灣在法制上編入「日本」。原敬想要抑制此點，因此對田健治郎和總督府方面，只能先針對總督府取得立法權一事進行妥協。而且關於評議會在法律條文上並無規定，亦即，原敬決定把評議會當作非正式的諮詢機構，完全委託於總督府。對原敬而言，這個提案雖不夠充分，但原本他的最優先考量就不是當地居民的權利，而是以如何在與總督府的政治鬥爭中取得成果為重點，因此才妥協於這種漸進式的改革[27]。

## 受挫的統治改革

　　在上述背景下成立的「法三號」（大正 10 年法律第三號），於 1921 年 1 月提交帝國議會。眾議院的新科議員永井柳太郎、中野正剛，以及對沖繩參政權請願抱持友好態度的高木正年等人採取反對立場。他們認為此法案「看不出賦予台灣總督府權限的增減」，「僅不過是把同樣的條文改寫一下而已」[28]。而這

次的法案審查與過往六三法時代不同,最大的焦點被放在當地居民的權利上。

熱血的中野一面陳述亞洲諸民族攜手論,一面質詢:「政府當權者的根本方針,究竟是像法蘭西統治新領土般執行本國的延長主義,最終將在台灣施行憲法,讓台灣選出議員,使其參與本國政治?或是像英國般讓台灣自治,讓台灣參與自己的立法、行政權?」高木也同樣針對是否賦予參政權對帝國議會提出質詢,質詢是要走自治路線「設置台灣議會」,或者「如琉球般選出代議士進入內地的帝國議會?」這樣的質詢意見,一如永井的說明:「如果無論什麼事情都讓總督府執行專制統治,那麼當對方要順著民族自決主義的思想行動時,往後會發生什麼變動,尚且難以預料。」這是自三一獨立運動後便萌生的危機意識。不過即便如此,這種在議會上大量討論當地居民參政權的狀況,還屬首次[29]。

更進一步來說,雖然統治方針分成模仿英、法兩類的說法是明治時期以來的固定說詞,過往英國型指的是間接統治或者「總督府的自治」,而法國型則意味著同化政策。但此時英國型則指以設置殖民地議會為主的「當地居民自治」,法國型指施行憲法賦予帝國議會參政權為主旨的「身為國民的權利」。與把焦點放在總督府權限的六三法時代相較,關注焦點轉移到當地居民待遇的時代氛圍,也反應在這些類型論上。

面對這種質詢,田總督的回答是:「如沖繩一般選出代表者,台灣(在帝國議會)出現代表的時期終將到來,但絕對不可在台灣設置自己的立法議會……在台灣成立一個議會這種事情,等於種下了自治的種子。」田健治郎的說法中也可以看出,他採取了當時社會上的一般認知,提到「自治」例子時指的是「在英國方面往往舉濠太利(澳大利亞)、加奈陀(加拿大)」,也就是這種「自治」的意義已從「總督府的自治」轉變成「當地居民的自治」[30]。另外,如後述第十三章將討論的,當時台灣當地居民已經開始發動台灣議會設置請願運動,因此即便田健治郎想要實施「總督府的自治」,但也沒辦法把這種想法當作自治方針進行公開說明。

田還進一步主張,「台灣屬於實行憲法的帝國版圖,與英法等作為領土的根據地,或者榨取經濟利益的殖民地,完全不同」,並且說明:「在台灣絕對不使用殖民地這種詞彙,要與內地進行區別時,一般都以本島和內地這樣的詞彙來加以區別,而且也不說台灣人,而把台灣人稱為本島人,內地人就稱內地人,以此進行區別。」過往在六三法問題上桂太郎首相的答辯引發騷

動後，「殖民地」這種說詞幾乎近於一種禁忌，但此時再度提出，應該還是受到「自治主義」的影響。雖說如此，如果承認台灣是「殖民地」，那恐怕就會捲入英國型「自治主義」殖民地統治應該是當今國際潮流的議論漩渦裡去。為此田表示「英吉利現今雖然採取『colony』主義，但法蘭西則非如此，終究還是應採取內地延長主義」，強調台灣並非「殖民地」[31]。

永井柳太郎

雖說如此，田健治郎的答辯不過是表面話，這很明顯可以從他擁護總督府立法權時的發言一窺端倪，他表示：「設置殖民地總督府是多數文明國家的殖民地政策作法，我們也依照這種（委任立法）的作法。」當議員們針對他發言中的矛盾追問時，田健治郎以所謂的「殖民政策」只是「學術上的詞彙」，並沒有太深奧的意思，藉此逃避。田一方面與福澤諭吉相同，說明「必須做到與內地的九州、四國無異」，同時又強調台灣「歷史、習慣、人情、風俗、言語等都不同」，因此「將立法權委任於總督，只要是台灣的事務皆由總督執行，此最合適」。這依舊是機會主義的老調，當議員質詢這種作法是否與內地延長主義相矛盾時，田回答：「往後當內地延長主義的實際業績愈發顯著，幾乎與內地沒有任何差別之際，或許也就不需要總督這樣的職務。[32]」這種漸進論，等於是等到「歧視」消失為止，仍一直維持「歧視」。

與田健治郎同時出現的原敬答辯，內容上並沒有太大的不同。對原敬而言，法三號已經是他與總督府妥協的最大極限，如果不能在自己首相任期中通過此一法案，之後恐怕不會再有改變的機會。面對議員的反對，原敬表示「這不僅是置換條文，而是在精神上有著根本的不同」，與至今為止總督的委任立法主要依著內地法來施行相較，強調此次完全相反。而且除了說明「我雖然一次也沒使用過同化主義這種詞彙……但在行政及其他事務上都朝著這個方向施行後，之後將會與內地相同」，還提倡「不可能突然與內地完全一致，希望能夠漸次朝這個方向邁進」的「漸進」作法。然而，面對議員質詢何時台灣與「日本」的統合才算完成，原敬回答：「這個我無法明確回答，必須根據台灣的文化、智慧知識等，整個制度究竟能提升到什麼程度而定[33]。」想要進行改革的原敬，在總督府的既得權益這堵高牆的阻止下，結果也逃不出「漸進」的狀況。

　　永井柳太郎所屬的憲政會提出改成 5 年的限時法，並設置民選評議會的修正案，在原敬率領的具有優勢的政友會面前遭到否決，政府方面通過了法三號。恢復評議會不僅原敬不容許，而且民選評議會也會侵犯到總督府的獨裁權，因此總督府方面也反對。恐怕原敬的想法是，透過法三號作為內地法延長的原則，先往前邁出一步，之後再如同沖繩所實施的政策一般，以 50 年計畫漸進地把台灣編入「日本」。然而，原敬在 1921 年 11 月遭到暗殺，因此，想要改變台灣定位的嘗試也就此中斷。

　　如此，想從朝鮮人與台灣人的權利面把他們編入「日本人」的內地延長主義，遭到總督府王國的特權這堵高牆所阻止，在往實現的路途上踏出一步後便完全停滯。從結果而言，原敬所達成的事業，與其說是通過永久法的法三號，不如說只以若干內地法延長的原則作為交換，反而保證了總督府特權的長久安泰。之後，失去推手的內地延長主義雖然成為日本政府與總督府的官方見解固定下來，但除了宣揚在遙遠未來可以獲得身為「日本人」的平等待遇這種幻想之外，內地延長主義後來僅起到作為拒絕殖民地獨立與強求被殖民者同化的理論性功能。

第十一章

# 統治改革的挫折
## ——朝鮮參政問題

以1919年的朝鮮三一獨立運動為界，自領有台灣的爭論，就是從究竟該採取同化或是採取間接統治的問題，轉變成討論是該賦予「國民」參政權，或是給予「殖民地」自治。關於朝鮮，各方面已經具備共識，認為有必要施加某種程度的改革，但具體應該走上什麼方向，意見仍舊錯綜複雜。

在這種情況下，本章將針對1920年代朝鮮總督府著手進行的統治改革狀況進行考察。而改革呈現出來的樣貌，以及最終帶來的結果，也呈現出了大日本帝國自我改革能力的極限。

## 總督府主導的統治改革

1919年，原敬任命的朝鮮總督齋藤實到任。齋藤甫到任便遇到朝鮮人向他投擲炸彈的暗殺事件，這也讓他認知到今後統治上的困難。平安生還後，他仍舊進行了一定程度的統治改革。

齋藤就任後實施的改革，有以下數點。首先在治安方面，廢除了原敬形容為「野蠻遺風」的笞刑，以及廢止了憲兵制度。他也進一步取消了內地資本家們惡評如潮的朝鮮會社令。另外准許發行朝鮮語報紙，透過俸給令把至今為止分屬不同體系的朝鮮人官吏和內地人官吏薪水加以統一。另考量到歐美的想法，他修正了傳教規則且修訂了私立學校規則，大致上准許宗教教育，而傳教所的設立也從許可制改為報備制，並且認可宗教團體成為法人。

此外，與台灣幾乎相同，他也採行了一連串內地延長主義名義下的措施。首先是修改民事令，整頓了內地人與朝鮮人通婚的相關法律。在地方制度方面，經過1920年的修訂，在府、面、道等地方行政組織中設置了諮詢機構。此外他也修改教育令，將普通學校及高等普通學校的就學年限提升到與內地

中、小學相同，也承認一部分內地人和朝鮮人共同就學。另外在 1924 年也新設了京城帝國大學[1]。

如此羅列下來，似乎可以看出一定程度的改善。朝鮮總督府當然對這些功績自吹自擂一番，特別是在教育方面的改革，更是大加宣揚。與齋藤一同前往朝鮮赴任的政務總監水野鍊太郎說明：「對新附臣民施加與本國相同的教育制度，此種致力啟發民智的舉措，在世界其他國家都未見前例。」他推崇「一視同仁的聖旨」有多麼崇高，而內地政治家柳澤正太郎等人也提出英國或「美國都尚未能承認黑人與白人共同就學」的例子，高度讚揚這是「值得向世界誇耀的內鮮共學」[2]。

然而這種自吹自擂名不符實。雖然廢止了憲兵但反過來強化了警察，俸給令雖然統一了，但內地人官吏透過加給依然能獲得額外薪俸。而地方諮詢機關並無議決權，且除了內地人居留民占多數的都市與指定地區以外，皆採取任命制。諮詢機關的議長由總督府的地方官吏如道知事或面長等擔任，他們對會員擁有解任權與禁止發言權，身為會員者並沒有提案權。私立學校規則雖然放寬，但普通教育中仍有學習「修身」和「國語」課程的義務，而就學年限也可「隨當地的情況」加以縮短，且並未實施義務教育制度。

在這一連串的修正當中，總督府和日本政府為了避免讓朝鮮人意識到差別待遇，其實投注了相當的精力。此處若要舉出一例，便是總督府最自誇的教育改革。此改革乃根據 1922 年公布的第二次朝鮮教育令，修改前的教育令中有「在朝鮮的朝鮮人教育」條文規定，新版則改為「在朝鮮的教育」，也就是透過這樣的法令文字，在表面上呈現把居住於朝鮮的人都一律當作「日本人」的意思。總督府學務局長柴田善三郎表示「在朝鮮地區，國民不分民族異同，皆接受同一種教育」，並自豪於這種「一視同仁」的政策[3]。

然而，實際上在總督府草擬法案時，朝鮮人和內地人的初等、中等教育是個別規定的，不過送去東京審議時，樞密院出現微詞，抱怨「在如此重要的法制上設置因民族不同而給予不同待遇的條款，作為統治的要點，此舉不符對雙方一視同仁的旨趣」，於是連同一併審議的第二次台灣教育令都修正為「以『國語常用者』取代內地人，以『非國語常用者』取代『朝鮮人』或『台灣人』」，並通過了此一修正案。根據總督府的調查，1919 年時朝鮮人中能以「國語」無礙進行普通對話者，男性只有 0.6%，女性僅有 0.05%，此與國籍法、戶籍法等的狀況相同，僅是不在法條上明確記載民族名稱來加以區別而已[4]。

「國語常用者」適用與內地相同的小學校令和中學校令,「非常用者」(原文稱「常用させる者」,意為「使其常用者」)適用就學年限可能會被縮短的普通學校規定,就算說是「內鮮共學」,也僅限定在根據個人提出個別希望後,相互認可入學而已。根據總督府的柴田學務長說法,這不過是考量到「朝鮮特殊的狀況」而賦予一些彈性,採取與內地些微不同的制度罷了,這是區域性的區別,並非民族上的差別待遇。不過根據柴田的說法,「僅在業務上使用國語者,或者限於與對話者的關係才使用國語者,應當解釋為『非常用者』」,依照這樣的解釋,即便是極少數擁有日語能力的朝鮮人子弟,想要跨越「國語常用」的障礙,也幾乎是不可能的事情[5]。

另外,在新版教育令中也刪除了舊版裡「教育需配合時勢及民度」一句,因為此句被視為是差別待遇的象徵。然而總督府內部文書中不只提到「朝鮮人的教育自不待言必須符合其民度及時勢」,而且記有「本令條文中所揭示者……不僅會成為差別待遇朝鮮人的根據而引來反感,且特別是本條所揭示事務,應當根據實際運用狀況給予適當處置」。在京城大學創設之際,樞密院提出的要求事項中便有不准設立私立大學一項。其理由是:「萬一由國內外人士(歐美乃至朝鮮人)參與經營的不完備大學……比官立大學更早設立,從統治上來考量將讓人甚為擔憂。[6]」

在這種有限的修改下修改,其中問題之一就是內地人殖民者。根據總督府提交給樞密院的文書,指出內地人殖民者極度避諱與朝鮮人共同就學,紀錄中還寫著內地人甚至不願意讓朝鮮人的「普通學校」改名為與內地人相同的「小學校」。第二次朝鮮教育令公布之後,殖民者方面立刻出現「內鮮同化是可以說但不應當輕易施行的事情」、「想依據同化方針實施教育並不合適」等聲音。文件一併記錄了朝鮮人原本就對和內地人共同就學幾乎不抱任何期望,而殖民者採取比總督府更為強硬的態度,大概也不難想像[7]。

如果說在教育和地方制度上僅能做出這種程度的改革,那麼最大的難關——亦即想打破總督府特權一事——就更難以推進了,這恐怕也是理所當然的事情。最大的問題是六三法問題以來的總督府立法權,在原敬交給齋藤實總督的〈朝鮮統治私見〉中,主張把朝鮮總督府的司法部門置於內地司法省的管轄下。當時朝鮮、台灣的審判程序,在總督府的司法部門便完全審結,無法上訴到大審院(約當現在的最高法院),且借用某議員的說法:「像朝鮮的法院,無論內地大審院的判例如何,都會說那是內地的法律,跟朝鮮不相干,而

齋藤實

以朝鮮總督的特別解釋來撰寫判決。」當時的朝鮮法院就處於這種狀態[8]。從前不顧帝國議會約束而制定殘酷的治安立法之事態，在司法上也同樣發生，朝鮮、台灣在司法上是與「日本」處於分離的狀況。

然而總督府法務局長提給齋藤的祕密意見書中，雖然承認司法權與內地統一的優點在於能「給意識到差別待遇的朝鮮人帶來好感」，但想要做出有利於總督府的判決，還是只能寄託於「理解朝鮮統治的司法機構」，強烈主張只有透過「朝鮮總督府統轄司法、立法、行政三權，才能期待統治的順暢」。並且還說明如果司法權被統一，則「司法行政事務的監督將移至（內地的）司法省，業務執行上將有諸多不便」，明顯表現出官僚的地盤意識[9]。總督府王國的既得權利和本位主義一經成立之後，便不會輕易崩解。

其他在齋藤總督下進行的改革，還有廢除總督府官吏的制服，以及基於「尊重舊慣」而恢復的傳統墓地等，主要都是表面性的政策。原本應該是受到原敬指示前往赴任的齋藤，從他的各種演講中可以看到，除了羅列基於一視同仁廢除差別待遇、尊重朝鮮原本的慣習等詞彙，以及對之後一連串對改革的自吹自擂之外，其實看不出他在統治上究竟採取什麼樣的方針[10]。至於一連串的施政，雖然在法條上推崇內地延長主義，也只在不危及總督府王國獨立性的範圍內，僅針對特別顯眼的差別待遇部分先進行改善而已。

在這種情況下，統治改革中更根本的問題，也就是當地居民的參政權應當如何修正，卻一點也看不出進展。齋藤雖然召集了自併合以來總是遭到擱置，一次也未曾召開的諮詢機關「中樞院」，但僅是這種程度的措施，根本無法滿足朝鮮人的要求。總督府內外都持續感受到有必要推出某種形式的徹底改革方策。

## 自治或參政權

1920 年代，關於統治改革最大的著眼點——參政權，在齋藤總督身旁匯集了「殖民地」自治論與「國民」參政權賦予論這兩方的意見書。這些論述比言論界的討論更具體，此處先整理它們的大致理念。

首先是參政權賦予論，這是在前文已討論過的，把朝鮮人當作「日本

人」、賦予帝國議會參政權的理論。這種論述中，大概包括如總督府高等法院檢事長國分三亥意見書所表述的那樣，例如「如果將來走到准許朝鮮民族自治的地步，那麼結果將會以朝鮮獨立告終」，或者「若使朝鮮分立，則日本將難以保全自衛，此自不待言」等，這種論調是持此類論述者的共識。因此，在前章介紹過的朝鮮軍意見書中也可看到相同見解，那就是賦予參政權以及堅決否認獨立、自治，乃是不可切割的論述。而在這種論述當中，也屢屢出現「如同四國九州完全皆為帝國一部分」這種從明治時期以來便一直存在的描述[11]。

此外，許多參政權賦予論與「日本人」同化論結合一體，且和古代日本人把渡來人混合同化的歷史觀，以及日鮮同祖論直接相連接。眾議院議員松山常次郎的意見書中，以古代稱為熊襲國、蝦夷國等地的今日九州、東北，這些地區到了現代也出現了日本元勳和首相為例，說明：「我們也可把朝鮮……比喻成九州、東北。」松山也說明，日本和朝鮮同為黃種人，同樣被排斥日系移民的白人列強所歧視，一面高舉亞細亞主義，一面主張「讓朝鮮人在內閣也占有一席之地吧」、「我們要讓朝鮮成為蘇格蘭、威爾斯」、「希望朝鮮也能出現如勞合‧喬治般的人物」。把朝鮮比擬為威爾斯（而非愛爾蘭）的論述，如同在第九章所見，可以知道這並非只是中野正剛的個人意見[12]。

因為提倡賦予參政權的意見書是同化論的延伸，所以經常有人提倡：「作為同化政策最有效的首選方法，就是內鮮通婚。」總督府高等法院檢事長國分的意見書等也呈報：「消除婚姻上的法制限制是當務之急[13]。」如前所述，關於婚姻方面的事宜，因為朝鮮民事令的修改而獲得實現（參照第八章注釋34）。前章所述的朝鮮軍參謀部、原敬，以及長谷川總督等人的意見書皆然，通婚改革與立法、司法權等的改革不同，與官廳之間的既得權益調整並無相干，因而得以成為可實行的同化政策之一，也因此更容易出現提倡通婚的傾向。但若考慮到朝鮮人甚至殖民者的反對，就算在制度上可行，實際上通婚案例是否會急速增加，那又是另一個問題了。

與此相對，自治論主要討論的是在朝鮮設置殖民地議會。這種自治論強調如果賦予參政權，那麼朝鮮人與台灣人的議員團體將有擾亂帝國議會的危險性。這個問題如在第六章已討論的，從併合當時便有人指出過。此外，矢內原忠雄等殖民政策學者也提倡過，他們提出的前例就是愛爾蘭議員在英國國會上握有決定性投票（casting vote）的事例。此外身為貴族院議員同時也是京城日報社長的副島道正也表示，不僅擔心會「發生如同英國苦於愛爾蘭問題的政治

事件」，且描述他的觀察說：「可以預測到，朝鮮普選將會引發超過內地程度的無產階級勢力興起……很明顯地，朝鮮的民族性政黨必然會與內地的勞工政黨或無產者政黨攜手合作。[14]」以沖繩的情況而言，即便賦予參政權，該地的眾議員名額也不過才 5 名；要賦予預估會選出上百名議員的朝鮮人、台灣人參政權，需要相當的決斷力。

自治論最大的論述根據，正如殖民政策派所主張一般，就是民族同化不可能論。從台灣總督府學務課長轉任朝鮮總督府的持地六三郎（參照第四章），對古代日本的渡來人同化說法和日鮮同祖論等歷史觀逐一進行批評，並列舉德國對波蘭、奧地利對捷克、英國對愛爾蘭等同化政策上的失敗，主張除了給予一定程度的自治外，別無他法。副島道正也主張朝鮮人「永遠都與內地人相異」[15]。

持地還指出，即便把朝鮮人當作「日本人」選出帝國議會代表，「總不可能還得透過通譯來進行辯論討論」，藉此挖苦參政權賦予論者過於天真的想法[16]。確實，參政權賦予論者幾乎未曾把語言障礙放入思考範圍之內，不過持地發言的目的也不是為了維護當地居民的權利，僅是想要威脅參政權賦予論而已。這與明治時期提起參政權問題時，首先都要對編入「日本」的論述提出質疑的狀況，屬於相同的現象。

大致而言，自治論者會傾向讚揚包括英國在內的歐美殖民地統治前例。例如持地把英國的埃及統治評價為「不愧是英國人」，而留學劍橋大學的副島則對賦予愛爾蘭自治給予高度評價，這都是典型的例子[17]。在外交上也是如此，在賦予自治的情況下仍想要確保朝鮮統治時，便認為歐美的協調路線更是必要條件。與此相反的，參政權賦予論者鮮少讚賞法國的殖民地統治方式，反而是傾向強烈強調日本的獨特性。

如此看來，參政權賦予論和自治論的朝鮮觀和歐美觀等，幾乎都是明治時期同化論及間接統治論的延伸。只是，此處需再次說明的，就是明治時期「日本人」這個詞彙幾乎都專指對天皇的忠誠心，但到了這個時期，則轉變為意味著身為國民之權利的概念。

另一個與明治時期言論相異之處，就是間接統治論中過去經常看見的成本論，在這個時期的自治論中幾乎不復得見。與維持當地社會舊慣的間接統治論不同，此時期的自治論雖然仍主張西歐近代型的自治制度，但並非站在削減成本的考量上來施行。

即便總督府統治朝鮮已經過了 10 多年，此時提給內閣的報告中仍舊寫著「朝鮮內部的財源頗為缺乏」，因此要求「在可見的未來……仍必須仰賴全面會計援助」。類似松山這樣的參政權賦予論者，雖然明白表示「朝鮮的財政即便在將來仍為我國沉重的負擔」，但因「日本為了自我防衛，因而不可放手朝鮮」，所以「財政雖然造成內地負擔，但援助支持乃理所當然之事」。在這點上，與明治時期以來的同化論並無不同[18]。另一方面，自治論者雖然主張，比起同化，自治的優點在於更能獲得朝鮮的人心，但究竟為何要保有朝鮮的理由，卻相對顯得薄弱。

關於此點，自治論者副島主張培養朝鮮人的自治能力是「對日本帝國的文明背負的最高義務」，「這是作為道德帝國的日本必須向全世界證明的問題」。然而參政權論者的國分則持完全相反的見解，認為即便抱持朝鮮恐怕會獨立的覺悟也要賦予參政權的作法，「除了只是單純對朝鮮宣傳文明之外，終究沒有任何意義，與帝國存立的大方針並不相容」[19]。如果是重視經濟上的成本，那麼採取石橋湛山般的放棄論將可更徹底解決問題；如果站在國防的立場，則會希冀於同化。然則自治這個選項，其目的卻不甚明瞭。

更進一步而言，自治論是站在「朝鮮、台灣是殖民地」，也就是站在承認日本正在進行殖民地統治的認知上所形成的理論。比起這種論述，說明日本與歐美殖民地統治不同，採取一視同仁方針、企圖將當地居民「日本人」化的參政權賦予論，更容易在一般民眾間流傳。例如冷靜又透徹的現實主義者持地就直言「殖民地經營」是「偽善的政治」，「表面上高唱浩蕩王道，暗地裡卻巧妙地實行霸道，根本就只是為了達成日本帝國原本的目的」，類似這樣的認知，大概很難博取社會輿論的贊同。除去類似持地這種因熟知統治實情而理解同化困難的官僚之外，自治論的支持者，大致都類似矢內原或副島等人，皆為憧憬歐美的知識分子。因此，如前文已討論過的一般，言論界的「自治主義」都極度曖昧，自治究竟是類似基於誤解而舉出加拿大或澳洲等的完全自治？或者是像持地所主張的「擴張部分權限成立類似北海道議會」的形式？在自治論者之間幾乎沒有共識[20]。

從這些理由來看，自治論在日本並無法成為多數。原敬等人即便動機與軍方不同，但也拒絕「像歐美諸國般在新領土施行自治制度」，這已於前文說明過。日本政府甚至也做成了「①不准朝鮮獨立；②不准由朝鮮人進行朝鮮自治；③在朝鮮承認地方自治；④將來讓朝鮮人成為帝國議會的議員」的「朝

鮮統治方針」[21]。

　　不過究竟在幾年之後可以賦予他們身為「日本人」的參政權？這個最重要的部分，包含這個政府方針在內，幾乎所有的言論者都只使用「將來」、「漸進」、「時期尚早」等說法。雖然內地延長主義關於賦予參政權的官方見解就是依照就學率的提升、「國語」普及率的提高、地方制度的整備、朝鮮人透過政治訓練提昇「民度」（人民水準）之後方才賦予，但這個過程究竟何時才算結束，誰都沒有明白解釋。只有在「漸進」的名義下，除了至今為止不給予權利但仍舊進行同化的方法之外，並沒有其他的構想。

　　最了解現實的總督府官僚之一，持地六三郎認為，根據他的統治經驗，這種模稜兩可的同化路線，已經面臨極限。當然他不至於對自治抱持過於天真的期望，但也不同於副島和矢內原，而是直截了當地訴求朝鮮在國防上的必要性，他表示：「若四周鄰國的情況允許，當如往昔般以武斷主義、壓抑主義對付，將冥頑不靈的朝鮮人悉數逐出國境之外，取而代之以日本過剩人口進行移植，如此方能確立在半島上扶持日本人的權利，對日本而言沒有比這更好的方式。」持地認為提倡賦予自治是「如此粗暴的政策，今日不應施行」，他基於這樣的認知做出了一些政治性的讓步，但絕非言論界盛行的含糊曖昧「自治主義」，而是如前述「擴張部分權限成立類似北海道議會」，這種相當現實且「施以極大限制的某種程度自治」構想。但是遭到同化論者的批評後，他在接下來的意見書中收回自治論，改以大幅增強駐留日本軍隊，並伴隨移居「百萬忠良日本人進駐半島」，「一旦有變只能仿效歐斯特（Ulster）」，以這種方式做出讓步。歐斯特是愛爾蘭北部地名，因為英國移民集中於此，故愛爾蘭獨立後此區仍舊留在英國，現在成為北愛爾蘭紛爭的舞台。如果同化既不可能，自治又不適當，那剩下的手段就只有送入移殖民，把朝鮮變成「日本人居住的土地」，但是他這樣的主張與他批評自治論時一樣，不過同為「今日不當施行」的「粗暴政策」罷了。實際上這份意見書是持地在向總督府辭職後所提出的，而他的辭職也可說是正好象徵了大日本帝國束手無策的狀態[22]。

　　不過此處先附帶一提，這種束手無策其實並非只發生在日本。如同前文再三提及，在日本流傳時被相當程度誤解的「英國型等於自治」與「法國型等於同化」論述結構，即便這些歐洲國家也無法實現理想的當地居民參政權。例如1936年法國殖民地選出的議員，在國會議員612名中僅占20名。英國面對印度的反英鬥爭高漲，將到當時為止僅作為諮詢機構的立法評議會改革成議會，

官吏以外的民間議員終於勉強超過半數，但總督仍占有絕對的優勢位置[23]。既要尊重當地居民的民意，又要進行殖民地統治，原本就是不可能的狀況，因此英、法兩國也同樣逐漸被迫陷入束手無策的狀態。

雖然如此，就算是受限的型態，英、法等國已讓當地居民參與政治的作法，仍是不爭的事實。對大日本帝國而言，關於各種選項的討論皆已盡出，剩下的就是需要某種政治性判斷了。

## 「總督府自治」的出現

在這種情況下，1920 年代從中期到後期，總督府內部持續進行參政權問題的檢討，以下資料全部來自總督府的極密內部文書。

從 1919 年到 1925 年擔任總督府內務局長的大塚常三郎意見書[24]，大致可視為此種議論的開端。大塚的論述與內地政府賦予帝國議會參政權的方針相左，他提倡自治論者所主張的設置朝鮮議會論。

大塚排除賦予參政權的理由有：朝鮮人議員會擾亂帝國議會、朝鮮人沒有兵役義務會造成權利與義務的不均，再加上人民水準低落等。這些說法如同前述一般，並無新意。反倒是主張設置朝鮮議會的理由顯得相當特異，他認為朝鮮議會能夠成為內地人與朝鮮人的「民族結合機構」；日本和朝鮮在「文化、風俗、人種、信念、地理上關係緊密」，與歐美的殖民地不同，因此根據他的觀察，即便賦予自治權，朝鮮也不至於走到分裂獨立。但是，當然作為「民族結合機構」，日本內地的帝國議會更具效果，而他這種訴諸同文同種的言論仍是同化路線的主張。此外，這份報告書一方面陳述朝鮮人議員團體可能造成威脅，一方面又強調共通的「民族心理」不會改變，邏輯上並未妥適整合。

況且，大塚舉出的賦予參政權上的困難處，實際上對總督府而言都不是什麼決定性的困難點。而且根據另一份推測是 1927 年提出的祕密意見書，這些困難點已經全數獲得清除。這份意見書針對朝鮮人議員團體可能造成威脅一事，表示「朝鮮人一向喜好內鬨，幾乎未曾見過他們有團結一致的情況」，並從這樣的偏見導出「我國國政不至於被朝鮮人議員所左右」的結論，並且更進一步說明「兵役義務與帝國議會參政權在本質上並無須同步進行」，而關於「民度」，此意見書則主張透過以納稅額來限制選舉權的方式，便可以解決問題[25]。簡而言之，大塚舉出的理由對總督府而言全都有解釋空間，對總督府而

言不必然非得選擇設置朝鮮議會不可。

然則大塚的意見書中還隱藏著另一個與這個大局完全不同的目的。在名為「特別設置朝鮮議會的利益」項目下，有以下的說明：

（一）朝鮮的事務讓通曉朝鮮狀況的人士進行審議，因此可以做出適合朝鮮狀況的施政。

（二）可以防止內地議會及官廳事務混雜所帶來的行政遲滯。

根據此處描述可看出，大塚隱藏的目的，就是排除來自內地帝國議會和監督官廳的干涉，以確保總督府王國的獨立性。這個自六三法問題以來總督府最重視的權力問題，在原本應當討論朝鮮人權利問題的參政權議論中，再度浮現。

大塚的意見書中更進一步提出，設立朝鮮議會同時也要「承認朝鮮的財政獨立」，主張朝鮮預算應該在朝鮮議會審議，而非交由帝國議會審查。他也提出設置朝鮮議會是把「原本屬於帝國議會的部分權限，整體移交給朝鮮議會」。這完全就是30年前後藤新平與岡松參太郎要把總督府評議會升級成議會，並企圖從帝國議會奪取權力的統治構想（參照第五章），而這樣的構想在大塚的意見書中再度復甦。

持有這種見解的並不只是大塚內務局長。前述1927年的總督府祕密意見書中也記載著「設置朝鮮地方議會的理由之一」，在於「過往的預算整體皆由大藏省所管轄，必須向帝國議會提出並獲得同意，隨著朝鮮地方議會設置之後，原本需要帝國議會同意的預算，只要根據朝鮮地方議會的決議便可獲得確認」。此外，在稍後另一份總督府極密文件中指出，如果在朝鮮施行眾議員議員選舉法，將會出現「總督府的制令制定權必然會遭變革」的缺點[26]。確實，如果從朝鮮選出帝國議會的議員，而這些議員審議的法律卻無法在朝鮮實施，將會是重大的矛盾，因此解決之道，必然是由帝國議會剝奪總督的立法權。

當然，總督府推出統治改革的最首要目的，應該在於緩解朝鮮人的民心。從統治政策的觀點看來，賦予參政權或設置議會這兩個選項各有優缺點。然而，追究總督府為何執意要選擇設置議會，自然不可忽視朝鮮總督府為了保障既得權益而醉心於「總督府自治」的意向。既可緩和朝鮮的人心民情，又能藉由設置議會的理由來奪取權力，這種一石二鳥之計，較之實施眾議院議員選舉

法可能會威脅到自身立法權，總督府自然會選擇利益更大的前者。

雖然如此，就算朝鮮議會得以從大藏省與帝國議會搶奪到預算相關的權力，但如果朝鮮議會不遵照總督的意思，那對總督府而言設置這樣的議會依舊沒有任何意義。因此總督府的構想，全部朝著總督如何能控制朝鮮議會來進行檢討。

首先大塚的提案中認為，朝鮮議會無論當前作為諮詢機構，或者將來升格為議決機構後（如果不成為議決機構便無法從帝國議會手中奪取預算的議決權），「總督府皆可命其解散」，且「當議會做出違法或不適當決議時，總督可命令依原案執行，或者令其進行再審議」，亦即給議會設下大幅度的限制。此外，議員半數為官派，且軍事、外交、治安等項目理所當然不包含在議會的議決事項內，甚至鐵路、民事、刑事、官廳組織等項目也不包含在內，僅有土木事業等部分才准許議會審議。透過這樣重重束縛，即便稱為朝鮮議會，但實際上充其量不過是總督府的傀儡機構罷了。

更重要的是，在這樣的限制下，並沒有賦予議會審議總督立法的權限，而這正是過往科克伍德提案與岡松提案的著眼點。因此從權限的觀點來看，這個朝鮮議會設置提案，是維持不影響總督府權力的狀態，並把原本屬於帝國議會與大藏省管轄範圍的預算相關權力全部委讓給總督府的傀儡機構。比起勉強總還稱得上是台灣統治綜合方略的岡松提案，大塚這樣的構想，可說只是更露骨地提出奪取權力的部分。

然則，在朝鮮議會設置問題上，除了站在大局的觀點懼怕朝鮮分離獨立之外，還有一個來自朝鮮內部的障礙。那就是內地殖民者的反對。

確實，設置朝鮮議會後，因為朝鮮人口占壓倒性的多數，因此選出全為朝鮮人議員的可能性極高，對此大塚局長的意見書中表示，如果做出不符合殖民者權益的議決時，「為了匡正議會的錯誤，尚有再審議、執行原案、解散議會等方法」，1927 年的祕密意見書中也提及「若出現不當忽視內地人利益的情況，見到這種議決時得（由總督）發動監督權以糾正此情況」。另外總督府的調查報告中也針對已經施行限制選舉的地方諮詢機構選舉結果進行分析，將各地有選舉權者及當選者的數量整理出詳細列表，根據「調查得出的資料結果，納稅 5 萬日元以上（擁有參政資格）者，無論在哪個府都應內、鮮人數相當，或者內地人占多數[27]。」

到了 1929 年 12 月，總督府大致已經針對此問題整理出解決方法。其內容

宇垣一成

幾乎和大塚提案一樣，打算設置權限受限且受到總督監督的「朝鮮地方議會」，並且不施行眾議院議員選舉法，僅送出不超過 5 名的勅選議員進入內地的貴族院。此「朝鮮地方議會」的議員中，1/3 由總督任命，餘下 2/3 則根據納稅額進行限制選舉，預定 10 年後召開，甚至還準備了議會設置的詔書草稿。至於把大塚提案中的「朝鮮議會」改稱為「朝鮮地方議會」，是因為意識到這是要提交給內地延長主義風潮正熾的政府及帝國議會之故[28]。

此計畫完成的 1929 年，在朝鮮總督府和中央省廳的權力鬥爭上發生了一起事件。這年 6 月，政府新設了拓務省。過去由科克伍德建議設置的拓殖務省於 1897 年遭廢止後，縮編為拓殖局，至此又再度升格為省廳，但處理的業務內容並沒有太大的變化，所以遭報紙批評為這只是為了要謀取官職而增加大臣職位的數量而已。然而，拓務省藉此機會主張對朝鮮總督府擁有監督權，導致總督府拒絕回覆拓務大臣的指示電報，最終演變成官僚之間的政治鬥爭。這個鬥爭一直持續到當年秋天，最終透過首相、拓務大臣、總督的高層會談及事務層級的協商後，三方同意拓務大臣對朝鮮總督並不具備監督權，事件才算落幕[29]。

齋藤總督帶著這份朝鮮議會設置草案前往東京，與中央政府進行折衝協商。根據此時分發的設置草案文件來看，內容與總督府原案相同，但字面上出現類似「在內地延長主義下以朝鮮全道為實施範圍，設置地方議會」、「在內地延長主義下，透過適當的限制，施行某種程度上的自治」等，大量加入內地延長主義字樣的寫法，這可說是此草案的特徵[30]。

然而，齋藤總督在東京的協調並不順利。特別是當時在執政黨中握有實權的若槻禮次郎態度相當消極。如同稍後第十三章所述，若槻在 1926 年擔任首相時，面對台灣人的議會設置請願，認為台灣議會侵犯到帝國議會權限，屬於違憲，參政權應遵照內地延長主義原則，明白宣示將朝選出議員進入帝國議會的方向推動政策。這個請願運動雖然遭到台灣總督府的鎮壓，仍然一直持續到 1930 年。從若槻的角度來看，事到如今才要他撤回以前的發言，對設置朝鮮議會採取肯定的態度，根本是不可能的事情。此外因為此草案的特性，加上從去年以來的一連串政壇鬥爭經歷，包括大藏省與拓務省在內的管轄官廳和帝國議會等，也都不可能接受此草案。

結果，此議會設置草案在沒辦法獲得內地方面認同下而遭棄置。僅有當時

總督府一併檢討要作為修正地方制度一環，也就是將地方諮詢機構升格為功能受限的議決機構提案，獲政府認同符合內地延長主義的準備階段，並於 1930 年末得以實現，但也僅停留在此階段而已。

此後，想要設置朝鮮議會卻失敗的齋藤總督離職，改由宇垣一成赴任總督。宇垣在 1931 年 12 月的演講中，對朝鮮人有這麼一段說法[31]。

> ……朝鮮人，也就是諸位——能在朝鮮神宮的神明面前磕頭，而且只有當你們這些磕頭者達到能抱持著與內地人同樣心情叩首的時候，屆時無論是你們希冀的自治主義，或者內地延長主義，都可心想事成……似乎有些人頻頻催促，指責要趕緊明確表示究竟要採取自治，或者要採行內地延長主義，否則人們將進退失據。但如同我現在說的道理一般，在精神結合、物質結合等先決問題尚未達成之際，說要選擇何者都不妥當，也沒有為國家著想，我相信當下正處於這樣的狀態。

如此，三一獨立運動以來花費 10 年時間持續討論的參政權問題，反而倒退回沒有明確方針，只先求培養忠誠心的「無方針」、「漸進」階段。關於編入「日本」的改革問題一旦發展為朝鮮人權利問題的層次，在束手無策之下不知不覺地又會陷入以往的權力鬥爭，最終受阻於既得權益與本位主義的高牆，在幾乎看不到成果的情況下而消失殆盡。這樣的大日本帝國，在失去自我改革能力的狀態下，一口氣闖進對中國的 15 年戰爭泥淖中。

第十二章

# 沖繩民族主義的創生

## ——伊波普猷的沖繩學

「當時的沖繩人是日本人，還是支那人，自己也搞不清楚了。如此讓他們成為身分曖昧的人民，是為了貿易走私之便。」

被稱為沖繩之父的伊波普猷，以這樣的詞句形容薩摩統治下的琉球[1]。

新編入大日本帝國的地區，其居民因為統治者單方面的「方便」，被置於既是「日本人」又非「日本人」的位置上。與到最後在法制上的區分都未曾消失的朝鮮和台灣相比，至 1920 年為止沖繩的統合事業持續進展，雖然普遍性的差別仍舊根深蒂固。在這樣的情況下，沖繩居民在自身與「日本人」的關係中持續摸索著自我的認同。

本章將討論意圖創造沖繩「民族」認同的人物——伊波普猷。關於伊波雖已有許多研究，但此處舉出伊波，是為了檢視被置於前述曖昧狀態的少數族群一方的反應。透過本書以下的討論，將可以看出各地少數族群在認同型態上共通的動搖狀況。

## 對沖繩而言的同化

在開始檢視伊波的想法之前，必須先大致說明他思想的形成背景，也就是當時沖繩言論界的情況。

從甲午戰爭清朝敗北以來，沖繩的親清一派幾乎後繼無人，而從明治中期起成為沖繩主要報紙的《琉球新報》，則成為盛行的日本同化論之中心。《琉球新報》的主筆太田朝敷在 1900 年的演講中留下一段非常有名的話語：「要說沖繩今日的當務之急，就是無論鉅細靡遺，都要學習模仿其他府縣。說極端一些，就連打噴嚏，也得與其他府縣一模一樣[2]。」

然而，沖繩的同化論，卻與統治一方的同化論有些許不同。例如太田在

1903 年的社論上便如此說道[3]：

> ……吾輩眼中只有看到「如何能使沖繩縣與他府縣擁有同等地位」的問
> 題，若以（琉球原本的）單髮結與纏寬腰帶服裝便得以比肩全體國民，吾
> 輩也不會強勸斷髮，若能以四書五經的知識比肩全體國民，吾輩也不會特
> 意獎勵新教育……

太田的目的在於「提升沖繩縣民的地位」，他表示：「要達成此目的的第
一手段就是同化。」在此，同化是手段，而非目的。

太田即便提倡同化，但仍對「大和人」懷有激烈的對抗意識與憎惡感。他
形容「大和人」：「像歐洲人對美洲印第安人一般，或又如對未開化野蠻的非
洲人一般……把我們沖繩人民視為奴隸，將本縣視為殖民地。」[4]

帶著這樣的認知，太田主張同化的理由是基於一種認知，亦即「因為（沖
繩是）占全國面積不到 1/100 的地方，這種程度的勢力，終究還是無法繼續維
持過往的風俗」。換言之，「若身為無法維持原樣的人，除了自行邁向同化，
就是順其自然，可選的道路有這兩條，也就是積極地去處理，或者消極地放任
這兩者」。然而，消極的同化，也就是放任統治的現狀，「會被優勝劣敗的法
則所支配，必然會給人許多不安感」。而他雖提倡「調和」大和人與沖繩人，
但也說明「吾輩所主張的調和，是基於對等的調和，不是為了迴避感情衝突而
將我縣民降伏於彼等膝下」，這才是他所主張的「調和」[5]。

太田會有如此的認知，其背景是他參與過執行 1896 年公同會事件，卻以
失敗告終。當時號召了 7 萬多名琉球舊士族連署，向日本中央政府請願，請求
讓琉球處分之際被帶往東京的舊琉球王擔任縣知事並設置議會，且公布與本土
不同的特別制度。這份請願書雖然揭示了讓琉球王率先成為「純然的帝國臣
民」之意向，但實質上則是希望獲得以琉球王為首長的沖繩自治——如果借用
伊波普猷的說法，就是「類似愛爾蘭的一種特別制度」——這份文件中所表現
的，正是這種意向[6]。

1896 年也是甲午戰爭清朝敗北，已經無法再寄望透過清朝力量恢復琉球
王國的時刻。而 7 萬人的連署，可說已經動員了當時大部分沖繩成年男子，對
舊士族而言這是最後的賭注。然則這個運動卻遭到日本政府拒絕，完全失敗。
這個運動受挫還有另一個原因，就是在進行階段便發生了新聞記者的獨家報導

太田朝敷

事件，記者批評他們，與其施行自治，不如應與內地相同，進行地方制度改革。後來向這位記者致贈感謝狀的人正是原敬[7]。如前述第十章所述，平民出身的謝花昇展開參政權請願運動，是在這些士族爭取自治運動結束後的事情。包括太田在內，對沖繩而言，在無法期待恢復琉球王國與實現特別自治的情況下，除了透過同化一途來取得身為「日本人」的平等權利，已經別無他法。

然而同化論之所以會盛行，除了希望取得平等地位，還有另一個重要原因，那就是把同化視為「文明化」的契機。

此處也以太田為例，他對沖繩過往的習慣有諸多批評。他批判的對象有華而不實的節慶與喪葬儀式，以及區隔舊士族與平民的「階級弊俗」等。他特別認為「本縣首先必定要矯正的」，就是傳統女性地位的低下狀態。他舉出應把廢止蓄妾風俗與紅燈戶、普及女性教育等項目作為改革的目標，並且感嘆女性之間仍然殘留許多過去根據身分階級才能穿著的服裝及使用的語言[8]。

將「日本化」當作「文明化」來提倡推動，這樣的論述在第二章提到的《琉球教育》雜誌上也出現過。只是在《琉球教育》中，當面臨「文明化」與「日本化」對立的狀況時，明顯主張以後者為優先。但是太田認為，「因為其他府縣的慣習中也有許多令人非常看不順眼的，因此不至於主張無論好壞都需同化一致」，在某些情況下，他甚至主張「要毅然決然一腳踢飛（他府縣習慣），改為西式（習慣）」。他的同化論，也企圖改良沖繩慣習中例如身分差異與女性地位低落等部分，「訴諸要求人道精神的歐美文明感受，將（沖繩慣習中）不妥之處」去除[9]。

太田主筆的《琉球新報》版面上，可以看到表面上提倡同化，實際上要求取得同樣身為「日本人」的平等與促進文明化的報導。一如1898年他批評那霸郵便電信局的職員之中，只對「他縣人」支付特別津貼，但「無論他縣人或本縣人均是日本帝國臣民」，而主張要廢除此種差別待遇等，便是例子之一。翌年他又批判來自本土的警察蠻橫暴力，認為「身體的安全權」受「憲法所保障」，類似這般違反「文明自由空氣」的「野蠻惡弊，在其他府縣乃不可能發生之事[10]」。從這些主張可以看出，他的同化論是取得平等的一種手段。

然而，沖繩方面所主張作為手段的同化論，卻逐漸地消逝。為了實現自我認同的政治目標而企圖把同化當作一種手段的緊張感，在不知不覺中消失，同

化本身逐漸變成了目的的主體。

造成這種狀況的主要因素有好幾個。第一，在19世紀末的沖繩，「文明化」與「日本化」的區分似乎變得曖昧不明。如下一章將說明的一般，1920年代的朝鮮與台灣因為資訊交流手段發達，出現了從日本學習文明化要素，而直接從歐美直接引進的傾向，然而在當時的沖繩，「文明化」的引進管道仍限於必須經由日本內地。

即便對「日本化」和「文明化」的區別相當敏感的太田，也表示「那些類似根據世界形勢來盤算要革新本縣的想法，是一種很奇異的期望。吾輩今日之所以鞭策我縣民，乃是為了早日與內地各地方同時並進，欲脫離被征服者的地位」，太田認定當下要在「日本化」的框架外追求「文明化」是不可能的事情。作為「建設新沖繩的大原則」，他揭示了「『不違背國體精神』、『追隨世界大勢』兩條」，只是這兩者之間若失去平衡，倒向「日本化」的可能性極大[11]。

當更進一步把目標定在「文明化」時，必然會帶來把沖繩舊日風俗視為「野蠻」的狀況。太田指責沖繩的「毛遊」（男女野合）是「令人厭惡的蠻風」，除提案設立「文明作風的俱樂部」之外，最後甚至還提倡「愈是高尚就愈能符合內地作風，結果必然會自然而然走到與全國一致的狀態」。在《琉球新報》的報導中也形容「我舊日傳統鮮少源於本島者，大多是繼受而來，從日本內地或漢土輸入」，並以「會遭他縣人以嘲笑眼光關注」為由，主張「關於有刺青紋身婦人渡海（前往內陸）者，希望縣府當局應嚴重取締[12]」。

實際上，太田是在一場提倡推動女子教育作為「文明化」一環的演講中說出「連打噴嚏都需要同化」之語的。之所以提倡如此激烈的同化論，是因為他痛恨沖繩的落後，欲斥責居民使其「覺醒」。然而，太田在這場演講中同時特別強調女性的「外觀」與大和相異，表示「欲使本縣與他縣府相同，首先必須從本縣人的腦中去除所謂的內地觀念，當然他府縣人也要去除所謂的琉球觀念，若非如此，無論到什麼時候都免不了被以特別的眼光來看待琉球[13]」。也就是他意識到若完全以「他府縣」作為文明的標準，其後果就是，一旦遇到要區分本地和「他府縣」的時候，琉球立刻就會被視為「野蠻」。

太田表示，沖繩社會中存在「守舊主義與進步主義」的對立情形，「吾輩經常站在進步軍的陣營中奮鬥[14]」。對他自身而言，所希冀的應該不是屈從於大和，而僅是希望沖繩能夠「進步」。但即便是太田，也完全被框限在統治者一方所設定的「同化＝文明化」與「反同化＝野蠻」，究竟要選擇哪一種的二

元對立結構中。

此外，同化本身從手段轉變成目的還有另一個要因。同化論的主張原本應該是積極的行為，是要基於自己的努力來改善當下的狀況，但不知從何時開始觀念開始反轉，終至變形為把當下狀況歸咎於「沒有努力同化」的理論。過了一段時間後，1916年《琉球新報》刊載了以下的報導，內容已經與過往的太田同化論有些不同[15]。

　　對於他縣人帶著一種歧視觀念看待本縣人，本縣往往有人認為不妥並感到憤慨。吾人雖認為不無道理，但冷靜思考此事時，則認為本縣人必須負擔超過一半的責任。雖然縣民的風俗語言逐漸改善，但與他縣相較時，無論把標準如何降低仍可看出水準不如他人。特別是婦女服裝及與一般縣民的語言不通情況，即便內心精神已經洋溢著國民情感，終究無法感受到與他縣人士身為同類的情感。這就是吾人認為他縣人對本縣人抱持歧視感的責任，過半都在本縣人身上的緣故。

此文使用的「本縣人」這個稱呼，是因為意識到「琉球人」是一種被固定下來的歧視用語。「他縣人」這個詞彙，借用太田的表現就是為了「從本縣人的腦中去除所謂的內地觀念」，亦即不使用「琉球」這個與「日本」（內地）相對立，一邊一國的稱呼，而使用意圖表現身為「日本」一縣的稱呼，並在這樣的觀念普及後所採用的詞彙。此種把遭歧視的理由歸結到對同化努力不足的理論，也逐漸侵蝕到沖繩內部。

在這種情況下，沖繩的同化論，也與《琉球教育》的教員們相同，走向歧視朝鮮、台灣、愛努的理論。與朝鮮的內地人殖民者相似，因為渴望身為「日本人」的權利，萌生出了強調與「非日本人」不同的主張。太田表示「沖繩絕非日本的新領土」，強調沖繩不是「殖民地」而是「日本」，並激烈反對大和一方把沖繩人看成與「北海道愛努人相同」，是「有謀反想法的劣等種族」說法。另外《琉球新報》的報導也形容盛行毛遊（野合）與沖繩音樂的農村地區人們「野蠻至極」，「使人聯想到台灣的生蕃[16]」。他們本身應該沒有見過愛努或「生蕃」，但在此處的用詞遣字之中，可以看出已經將其當作「野蠻」的形容詞來使用。

1903年的人類館事件便是在這樣的背景下發生。這是在大阪舉辦的「第

五回內國勸業博覽會」上，在東京人類學會的人類學者們的企畫下，發生了「展示」朝鮮人、生蕃、愛努與沖繩人等的事件。此時太田在《沖繩新報》的報導上猛烈抨擊「這是把我們視為生蕃、愛努……今日本縣教化欣然向上，例如服裝，男子中十之八九已經改變，即便是女性換裝者人數也呈現年年增加的態勢」，強調同化的進展[17]。

　　本次事件太田的反駁中值得注目的，是「他府縣人往往認定本縣人民為日本國內的特殊民族，然吾輩絲毫不認為吾等素質有任何差別」，強調人種上沖繩是「日本人」。在人類館事件的隔年，報紙上出現了提倡「難道忘記吾等祖先是尊貴清和天皇的後裔，名震天下的鎮西八郎源為朝了嗎？」的論述，還出現了歡迎大日本帝國擴張領土的報導[18]。這些情況意味著琉球處分時從日本方面流傳過來，指稱沖繩人是「日本人」的主張，已經滲透到沖繩內部了。

　　在伊波普猷登場之前，沖繩方面就已經如此自我設限，形成了這種思想態勢。而伊波則擔負起給這種模糊言論賦予學術背景的期待，開啟了沖繩學的發展。

## 重層的少數族群

　　伊波普猷於1876年出生在那霸的士族家庭。據說他的家庭非常討厭大和人，到了連一間房都不願意租給大和人的程度，不過他的母親卻獨斷地為他報名師範學校附屬小學校，讓他入學上課。

　　關於伊波的幼、少年時期，必須注意一件與他往後的沖繩史觀有關的事情，那就是當學校搬遷時，他離開家庭獨自寄居在首里一事。根據他的回想，此時伊波對「學生們的遣辭用句與風俗習慣和那霸相異」感到驚訝。而且「當時還遺留著階級制度的餘風，貴族子弟輕視平民子弟」，首里學生對伊波這樣的「外來者」，「總是叫他那霸人那霸人，並對他很冷淡」。原本是愛哭鬼又愛撒嬌的伊波患了思鄉病，「夜晚每每夢見家裡」，每逢週末回到那霸，是他「最開心的事情[19]」。

　　現在回首看大和與沖繩的對立時，往往會忽略當時沖繩的內部差異。伊波最終同化於首里的語言並適應了學校生活，但回到那霸時，家人聽到他的首里腔，「聽到之後笑話我說的話怪腔怪調」，由此深刻體會到了語言的差異。另外對於階級制度的遺風，即便小伊波6歲的東恩納寬惇等，成年之後仍舊

在「私下談話如果提到誰的名字，也會先辨明出身說『啊，那是士族』，或者『嗯，那是百姓』等，確定階級之後才能安心[20]」。伊波與東恩納日後皆成為沖繩史學家，並發生過論爭，出身首里士族的東恩納對琉球王朝極度肯定，與此相對，伊波的態度就顯得稍微複雜些。

總之，伊波被當作「外來者」而受到排斥。需要特別注意的是，他最初透過同化想要克服的對象並非大和，而是首里士族。同化並不僅止於語言，例如在他故鄉那霸，有到了13歲便要舉行束髮戴冠的「元服」成人式風俗，但為了配合首里的學生，伊波在11歲就「元服」束髮。這樣的體驗，大概不會讓他對束髮有所留戀。之後，在伊波就學的中學校，出身大和的教務主任要求全體斷髮，信口道出：「看亞美利加印第安人（美國原住民）的照片，無論哪個學生都是斷髮穿著西服。但是，日本帝國的中學裡，仍舊有保持束髮姿態散漫的人，實在令人感嘆。」這件事演變成強制要求學生斷髮的事件。伊波則以非常冷淡的口吻記述拒絕斷髮的士族學生到處逃竄的模樣（《伊波普猷全集》10卷，p. 97）。

社會學的族群研究已經指出，少數族群中容易屈服於多數族群同化壓力者，正是少數族群內部的更少數者。因為少數族群社會內體會到的壓抑經驗，會培養出對該文化的相對性態度。

除了這樣的糾葛之外，另一個重要的原因，仍舊是透過教育滲透，使學生們認識同化就是「文明化」的想法。斷髮雖然難以判斷是「日本化」還是「文明化」，不過在斷髮事件中，教務主任想要改變的是沖繩中學生的髮型，此外尚待改變的還有女性結髮（舊式髮型）、女性刺青、早婚、女性教育、語言、舊慣溫存政策等等。語言等雖可歸類到同化之中，但我們可以理解到日本政府的思維，是要在中學生這個階段修正沖繩舊有風俗，包括女性地位等反「文明化」的想法。伊波升上四年級時，學校舉行京阪地區畢業旅行，伊波描述學生「看見了多到令人頭昏目眩的物質文明」，讓大家燃起更想繼續升學的願望，也就是這些學生比起「內地」更能意識到「文明」的存在（7卷，p. 363, 365）。

為此，學生們被強制接受不符合「文明化」的同化時，往往會造成激烈的反抗。最知名的就是甲午戰爭之後發生的罷課事件。沖繩在甲午戰爭中作為最前線基地，空氣中滿是緊張氣氛。為了準備抵抗清國艦隊可能發動的攻擊，來自大和的居留民組織義勇團，甚至讓伊波等中學生接受射擊訓練。到了1895年夏天，沖繩縣尋常中學校規則改正，決定把英語降格成選修科目，學生對這

個決定群情激憤，以伊波為首，發展成全體學生申請退學的事件。

　　原本當時的校長，也是沖繩縣廳學務課長的兒玉喜八，已於前一年宣稱「大家連普通語都無法自由使用之際，還必須學習英語，這樣的處境實在太過可憐」，因而主張廢除英語科目，此舉引起學生反感。在這樣的背景下，終於決定廢止英語科目時——借用太田朝敷的表達方式——這種作法清楚顯示「就是只要能夠鼓吹國民

伊波普猷

精神，教育便已完成任務」，這終究是把「沖繩當作殖民地來處置」，整個沖繩社會都支援中學生罷課，而且不信任兒玉的輿論也相當高漲[21]。

　　在歷經甲午戰爭並獲得勝利後，沖繩熱切表明對日本的愛國心和熱衷於學習「普通語」，學生之中也出現了希望成為軍人的人。從兒玉的觀點來看，在沖繩方面的這種情緒下，廢止英語並將教育更側重於「普通語」和「鼓吹國民精神」的政策轉換，竟然會引發反對，大概也是他預想不到的吧。但對沖繩方面而言，一方面提倡語言與風俗的同化，另一方面廢除象徵「文明化」的英語課程，將重點放在「國語」與培養忠誠心上，根本就是把沖繩當作「殖民地來處理」。

　　經過長達6個月的罷課，雖然兒玉轉任台灣總督府，但為首的伊波等人最終遭到退學處分，伊波為了尋找繼續求學的機會，轉而前往東京。原本懦弱的伊波，似乎是在同志的引誘下為了排除煩悶才參加了罷課，他談起這個時期的經驗：「當時我還是個相當溫吞的青年，但已經下定了決心，將來要成為政治家，為受到侮辱的同胞們奮鬥。」（1卷，p. 12）透過這次事件，他超越了那霸與首里的地方意識，可說更加深切體會到將沖繩整體視作為「同胞」的觀點，也就是所謂的沖繩民族主義。

　　然而，伊波抵達東京後，並非就此走上坦途。雖然從轉入的中學畢業，但高等學校入學考卻失敗了三次，等到1906年從東京帝大畢業時，已經年近30。由於故鄉老家經濟無虞，所以在這部分似乎沒有太過勞苦，但他在挫折之中判斷「自己的個性與境遇」不適合擔任政治家，因而改變了自己的志向，在東京帝大選擇專攻語言學（1卷，p. 12）。也就是說，他的志向從企圖由政治上提昇沖繩地位，轉而為要確立沖繩的集體認同。

　　伊波的這次「轉向」，是否真的是基於人格特質上的理由，從根本上還存有疑問。他在1910年的談話中說明，對沖繩的有為青年而言，「今日無論如

何焦躁、如何進行運動，社會作為默認的規則就是不給沖繩人參與政治與實業的權利。不得已之下，只能將力量施展在不受限制的學問上」，面對「內地人」的「同仇敵愾心情，轉而在學問上發展，想要證明即便是沖繩人，只要透過學習一樣能與內地抗衡[22]」。伊波的特質確實不太適合成為政治家，但這種身為少數的社會地位背景，也同樣不可忽視。

伊波確認本身志向在於探尋沖繩認同之後，在高等學校入學之前便開始發表文章，入學後很快地就提倡起可視為「作為沖繩民族起源論」的「日琉同祖論」。不過，在本書檢視此事之前，在此要先討論伊波進入大學之前的沖繩觀與日本觀。

首先，他在高等學校甫入學前的1900年投稿中，關於日本和沖繩的關係有如此的描述（10卷，p. 3）。

> 琉球，因為是介於日本及支那之間的島國，從過往便經常戰戰業業，窺看與仰賴兩國鼻息。對支那一方進貢地方物資以受其冊封，一為獲取交易之利，二為獲得其保護，而對日本時時前往獻禮以表臣屬之意，也完全是基於同樣理由。

從此處的歷史觀看來，既看不出對日本的忠誠心，也看不出沖繩必然與日本有一體性。同時他也如第二章所述一般，將《琉球教育》中揭示對日本愛國教育的文章評價為「莫名其妙」（10卷，p. 5。日文原文為「唐人の寢言」，亦即中國人說的夢話，不明其意）。

此處雖然可以看出伊波對日本反感，但即便如此他也不是親清派。根據伊波當時的說法，沖繩歷史的基礎調性是「日本思想與支那思想的相互消長」，並把他自己所尊敬的沖繩史上的偉人蔡溫形容為「兩種思想的調和者」（11卷，p. 229）。可以看出他的志向並非與日本和清朝對立，而是不偏袒任何一方的調和路線。

另外想要注意的是，不僅止於日本和清朝的調和，他也期待沖繩內部的調和。根據伊波這篇最初的投書，他認為所謂的「島國」，乃「像一個家庭必須和睦相處，遺憾的是此等定義並不適用於當地（沖繩）」，沖繩內部「曾經也分裂為中山、南山、北山三個王國」互相征戰的時代，「即便今日，人們心中仍舊留有三山時代築起的高牆」。（10卷，p. 6）

　我將從此處開始，考察日後成為他基本主題的問題意識。那就是日本與沖繩的對立，以及沖繩內部的對立應該如何導向調和的方向。自不待言，這剛好反映出他的雙重苦惱：身為那霸人而與首里對立、身為沖繩人而與日本對立。這也是他親身經歷過的雙重少數族群經驗。關於和日本的關係，他在此投書中很快觸及 B・H・張伯倫（Basil Hall Chamberlain）的琉球語言研究，我們可以看到日後他基於這個學說形成了日琉同祖論的原型，不過此處先檢視一下他對沖繩內部對立的見解。

　伊波就讀高等學校期間寫下了「琉球三種人民」的獨特沖繩人論。據此說法，在沖繩「人種（族群）移居的高峰至少有三波」，「人種（族群）競爭的原因，可以歸結於歷史上的三山之亂」。此時期的伊波，將沖繩內部的歷史對立視為一種「人種（族群）的競爭」（10 卷，p. 13）。

　而根據當時伊波的說法，這種三山時代的沖繩人乃「喜好殺伐、以爭鬥為業的未開化人民」，不斷持續鮮血橫流的戰爭狀態（10 卷，p. 7）。而調停這種對立狀態的，是建構琉球王國的尚氏家族。根據他的說法，因為尚氏王朝透過三個階段達成了統一。首先，「透過尚巴志的武力，打破了三山的勢力畫分」，接著「透過尚德的對外征伐，鼓吹了琉球的普遍性精神」，最後經過「尚真的中央集權」完成了統合，「三種人民開始混合」（10 卷，p. 13）。亦即，先透過武力強制破壞相互間的界限，接著藉著遂行共同對外戰爭使民族主義高揚，最後經由中央集權的制度實行統一，透過如此途徑終於導向調和的結果。

　自不待言，這樣的三階段同樣符合日本與沖繩的關係。亦即，透過武力經由琉球處分破壞日本和琉球的界限，以甲午戰爭完成了鼓吹「日本普遍」精神的階段；而根據他同一年的其他投稿，此刻是沖繩人「身為純粹日本國民要求權利的時期」。（10 卷，p. 9）根據之後可以見到的，他對沖繩史的關心，大致把重心放在透過琉球王朝的沖繩統一，與日本及沖繩關係的重合上，並經常把沖繩史中的統合過程當作大日本帝國的統合範本。對他而言，研究沖繩史是為了同時解決「沖繩內部的調和」與「日本和沖繩的調和」兩個課題，是一種探尋解決之鑰的行為。

　然而伊波並非無條件的一味讚揚這樣的統合。他在說明琉球王朝統一沖繩人民「謳歌『首里天加那志』」之外，也嚴厲批判擔任統治者的首里人。他的論述主張，現在沖繩中「三種人民」的對立再度復發，而那正是「首里人、那霸人、地方人」的對立。根據伊波的分析，身為琉球王朝主人公的首里人，是

「擅長政治巧思，富於團結心的人民」，他們將「那霸人」與「地方人」自政治中排除，「任意對三山遺民施行威逼壓迫」（10 卷，p. 14）。當然，琉球王朝的首里士族又被置於薩摩的統治下，根據伊波的說法，王朝時代意味著士族的詞彙「Yukatchu」，原本指涉的意義是「成為征服者的爪牙，從事把同胞奴隸化運動的一夥人」。（7 卷，p. 280）

　　而在這種琉球王朝的統治下，當「社會各階級湧出怨聲」之際，「打破三階級區別，混合民眾的大勢力」究竟從何而來？據伊波的說法，力量並非來自沖繩內部，而是「來自日本的中心，亦即琉球併合」（10 卷，p. 14）。換言之，日本廢止琉球王朝，持續破壞了一直以來地方性的分裂及階級差別，但如同前文已經討論過的一般，伊波對於執行這種「混和」行徑的日本，也沒有給予讚揚。他在同時期的投稿中，把「琉球合併」後的沖繩，形容為「殖民地的時代」（11 卷，p. 229）。

　　從以上論述來試著整理伊波的世界觀。一言以蔽之，他的思考中同時存在著對政治權力的憧憬與反抗。在他的見解中，透過武力強行統合「人種」間的對立，透過民族主義形成「一體感」（民眾的整體感），接著透過制度面進行統一，這些部分只能透過政治權利的運作才能解決。然而，在此情況下，即便暫時將對立導向調和，但在統治權力結構下也會造成僵化固定的統治與階級差別狀態。接著，打破此種權力結構的權力，又會重複形成新的統治與階級差別。對伊波而言，政府除了帶來安定與統合之外，也同時形成階級差別與統治壓力，是彷如「亞努斯」（Janus，羅馬神話中的雙面神）般的一種存在。

　　這種世界觀很可能來自於伊波幼、少年時期的經驗。恐怕當他遭到首里士族學生排斥時，就是出身大和的老師帶著更強大的政治力介入調停吧。年幼的他，原本在首里寄居的處所就是師範學校附屬小學校的老師自宅。然而，伊波在中學校參與的罷課，又必須對抗大和教師施行的差別對待。而伊波本身是個嚮往成為政治家卻因為自身的資質與狀況而放棄的人，此後他也一直對琉球王朝與日本抱持著矛盾的態度，這大概是因為他思想中存在著既憧憬又抗拒政治的雙重束縛（double bind）想法之故。

　　為了調停對立，權力的介入是必要的。但是，權力又會產生統治與差別待遇。當時的伊波，就處在這種政治思想的困境（aporia）之中。這也反應著他既無法完全融入「日本」，又無法完全融入「琉球」的雙重少數族群立場。為了解決這個情況，他才著手努力處理沖繩的定位問題。

## 作為屏障的同祖論

伊波發表日琉同祖論的原型，是在 1901 年就讀高等學校期間的投稿。他以前述張伯倫（Basil Hall Chamberlain）的語言學研究為基礎，主張「今日琉球居民的大多數，應該是天孫人種在大移動途中分手留下者的後裔」。（1卷，p. 526）

張伯倫學說的骨幹基本上可以歸納成兩點。第一，琉球語和日語的關係具有如「西班牙語和義大利語」或「西班牙語和法語」般的近似關係，假設兩者之間存在一種共通的「祖語」。另一點，基於日本的記紀神話，這個擁有共通祖語的集團來自朝鮮半島，首先在九州登陸，大部分隨著神武東征持續征服當地居民並向東遷移，另外一部分則可能南下抵達沖繩（8卷，p. 515）。伊波所謂「天孫人種在大移動途中分手留下者的後裔」的說法，便是根據此學說而來。

張伯倫的說法進一步指出，比起日語，琉球語留下更強的共通祖語特質（8卷，p. 515）。伊波也承繼此點，主張沖繩「使用與《古事記》中類似的語言，擁有類似《古事記》中的神話，而且殘留許多類似日本古代的遺風」。（1卷，p. 525）而且這與琉球處分和日韓併合時散布的「帝國領有地區殘留著日本古代風俗」說法一致。日後伊波的學說基本上便沿著這個路線展開。

伊波後來進入了曾聘請張伯倫作為開設語言學科的東京大學文科大學，在金澤庄三郎與上田萬年的課堂中學習。除此之外還與人類學者鳥居龍藏親交，當鳥居在 1904 年前往沖繩進行調查時還擔任嚮導同行。他在學期間發表的關於沖繩史論考，也被轉載到《琉球新報》，在高度的同化意向中，人們開始期待伊波是能以學術方式驗證沖繩人是「日本人」的人物。

接著，在 1906 年從東京帝大畢業後，他返鄉發表的文章是在《琉球新報》上連載的〈關於沖繩人的祖先〉。此文改寫之後被收錄到《古琉球》中，於日韓併合翌年（1911 年）出版，此書也成為戰前的沖繩史標準論述。

伊波於此處發展的學說，可說是利用鳥居龍藏的人類學與金澤庄三郎的語言學研究，來潤飾前述的張伯倫學說。首先從語言學來看，他舉出被視為古代日語的記紀神話與《萬葉集》當作和現代沖繩語相類似的例子，並以此作為同祖的證據。另外根據金澤的研究指出，日語中「西」（Nishi）的原義是「過去」（Inishi），藉此把論述導引至這個詞彙指涉經過神武東征後「自己祖先的所來之處」，對此他舉出琉球語中把北方稱作「Nishi」，主張沖繩人的祖先乃

從九州南下而來[23]。當然,這不過是張伯倫主張的來自朝鮮半島從九州登陸的集團,分為東進和南進學說的補強而已。

另外,伊波參照的鳥居龍藏研究如下所述。鳥居透過挖掘沖繩本島和八重山群島的遺址,主張愛努人過去曾居住在沖繩,以及15世紀左右八重山存在與台灣「生蕃」同種的馬來人種。根據鳥居的說法,許多沖繩人體毛濃厚,就是因為混了愛努血統之故。伊波支持鳥居的學說,認為沖繩各地散布著具有愛努風格的地名,而且以「琉球諸島的居民中偶爾有擁有馬來人眼形的人」為根據,認為沖繩人混有馬來人的血統[24]。

考量當時的沖繩的輿論認為沖繩人是「日本人」,主張與愛努和「生蕃」不同,因此提出混入愛努和馬來人血統的伊波學說,其意見可說與當時輿論相左。然而這種混血主張卻是伊波日琉同祖論中不可或缺的要素。因為,包括鳥居在內的當時人類學者,認為這些列島上古時候住著愛努與馬來人,後來源於大陸的民族通過朝鮮半島渡海而來並征服列島,透過這三種血統的混合,形成了日本民族[25]。亦即,沖繩人混有愛努和馬來人血統的學說,也正是主張在血統上與日本民族擁有相同的組成。

進一步衍伸伊波的說法,只有沖繩人才帶有濃厚的從大陸渡海而來的共通祖先特性,沖繩「為日本古代史研究或從事日本辭典歷史研究者提供了珍貴的材料」。如此,他下總結說,透過琉球處分,「今日吾等和2千年前分別的兄弟們重新邂逅,得以在同一政治制度下生活[26]」。

如前面第八章所述,金澤與鳥居是透過日鮮同祖論來正當化朝鮮統治的論述者,而伊波對此事究竟有無意識,則不甚清楚。金澤延伸了張伯倫的學說,論述日語和朝鮮語的關係與「西班牙語和法語」的關係相同,提倡「朝鮮語不過是我國語的一股分支,宛如琉球方言和我國國語的關係」。基於這樣的學說,朝鮮總督府與日本的言論界都認為朝鮮併合並非侵略,主張這不過是一種復古。而雖然與朝鮮擁有相同祖先,但在分別生活數千年之下,產生了人民生活程度的差異,因此在透過同化政策使落後的部分恢復起來之前,就算存在差別待遇,也是沒辦法的事情。朝鮮保存了日本古代風俗的民間傳說,也都成了證明朝鮮停滯與落後的材料。

如此看來,伊波的日琉同祖論,可以說與日鮮同祖論不可切割,而且也可視為模仿統治者一方製造的論述。不過,他的同祖論中還包含了不止於此的要素。1905年他基於沖繩神話與民間傳說保存了日本古代事物的前提,提出了

如此的主張[27]：

> ▼吾人無論如何有必要保存這些精神性的產物，也負有如此的義務。
> ▼然而小學教員中有基於某種愛國心的推論，想把這些貴重民間傳說逐一破壞的人。這終究必然會切斷大和民族與（沖繩人祖先的）「阿摩美久」（Amamikiyo）派的羈絆。換言之，這種罪孽，都是因為他們不理解神話傳說的類似，與體質、語言等的近似，都表示著兩種族之間密切關係之故。

　　伊波的說法就是，沖繩的神話和語言本身就是「日本」，破壞這些神話、語言就是在破壞「日本」。亦即對伊波而言「同祖」並非強制同化的理論，反而可以成為守護沖繩獨特性的屏障。

　　伊波在 1907 年的演講中，形容琉球處分後的沖繩為「任何人都不能違抗大趨勢。只要不願自滅的人，都必須遵從趨勢。一個人日本化、兩個人日本化，到了甲午戰爭戰勝時，過往漫罵明治政府的人，好像都可以從他們口中聽到帝國萬歲的呼聲」。（7 卷，p. 8）在這種情況下維護沖繩獨特性的方法便極為有限。但是站在少數一方，不僅武力，連思想上抵抗的手段也都遭到剝奪，只有透過統治者的語言才能表達自己立場的狀況下，能夠採行的方法，就是把統治一方的言論解釋成對自己一方有利的說法。如同美國的初期黑人解放運動一般，利用聖經的詞語訴求差別待遇的不正當性，重新解釋統治者方面的言論並用來與之對抗，可以成為有效的武器。原本所謂的「同祖」是日本方面為了既同化沖繩與朝鮮又實行差別待遇，是一種把他們定位成既是「日本人」又非「日本人」的形容手段。但伊波則把這樣的論述當作一個詞彙來使用，而這個詞彙則指涉著要與「日本人」平等，且擁有與「日本人」相異性格的狀態。

　　伊波在 1907 年的演講當中指出「沖繩的現代史在社會學上是所謂社會化最好最適切的例子」，藉此陳述他自己的「日本人」形象。根據他的說法，「沖繩人是日本國建國以前便分開來到南島建立國家的日本人分支部族，經歷 2 千年成為自然的變種」，亦即身為「日本人」且非「日本人」，具有「固有」的「特質」。這雖然與當時的同祖論有共通之處，但接下來他所提倡的是「有能力與餘裕接納各種相異性質人民的國民，即是大國民」，主張「如果有沖繩人抹煞這種性格，那簡直就是一種精神性的自殺。國家的損失，沒有比這更

大的了。」此處所言只有接納「相異性質」的「大國民」，才正是伊波主張的「日本人」形象（7卷，p. 7, 10, 11）。

如此包含多樣性的「日本人」形象，提倡的並非反抗大日本帝國，反而是一種更高層次的「統一」。伊波在1909年的談話中表示：「國家主義者經常把統一統一掛在嘴邊，他們所謂的統一是僅保存一部分人的特質，並把相異者徹頭徹尾全數抹煞。」伊波主張「包容人們各自發揮其特質從容工作，才是真的統一」。（10卷，pp. 336-337）。依據他的說法，因為「尊重他人的特性，最終才能使其忠於國家」，所以比起偏狹的同化論，朝向多元化的「大國民」志向，才是「忠於國家」（7卷，p. 11）。

原本這樣的多元「日本人」形象——如同第九章看到的中野正剛多元主義否定了朝鮮獨立運動一般——並無法支持沖繩走上獨立的方向。對伊波而言，與日本全面對決，不僅情勢上不可能，從他討厭「人種」對立的思考來看，這也是必須避免的。他在1909年表示：「我從年輕時就感受到其他府縣的人與沖繩人之間隔著巨大的鴻溝，一直思考著如何才能填補這樣的重大隔閡。」由此可以看出，比起對立，他的意向更傾向於調和（10卷，p. 336），他在1910年更進一步如此表示[28]：

> ……我們在沖繩人的自覺之下，往往有是否單純照樣模仿內地人便算完成同化的疑問……雖然不至於出現說聲就此別過，就打算對沖繩縣廳謀反的笨蛋，但心中暗暗的不滿，在不知不覺間偏向微妙的方向，造成愈來愈多年輕人閱讀起社會主義的書本，或者內容悲慘的俄國小說。如果不斷助長這種風氣，或者會變成更可怕的人種爭端。

對伊波而言，如果放任差別狀態不管，恐怕最終必然會招來「更可怕的人種爭端」。這不僅是他過往最恐懼的事情，從政治的力學關係來看，也只會給沖繩帶來極端的不利。在這段談話中，他更表示「到10年前為止的社會，僅是單純破壞舊物，單純模仿日本，但今日身為沖繩人的自覺開始萌芽，開啟了保存舊物、排斥模仿的風潮」，可說如何同時兼顧「身為沖繩人的自覺」抬頭，以及迴避「可怕的人種上對立」，彼此調和，才是伊波思想的重大課題。他重新解釋同祖論後舉出的「日本人」形象，正是想要對應這種情況的產物。

## 沖繩民族主義與「同祖」

　　擁有如此思想的伊波，在根據同祖論而確保沖繩和日本調和的情況下，更進一步主張沖繩的「特質」。亦即，他也提倡把沖繩人視為「琉球民族」的獨特民族。

　　《古琉球》書中收錄伊波早期代表性的沖繩史觀，那是一種帶有雙重結構的史觀。亦即，強調與日本「同祖」時，也力圖訴求「琉球民族」的光榮歷史。

　　根據伊波的說法，移向南方的「阿摩美久種族」建設了琉球王國，並且達成了包含宮古、八重山等「琉球民族的統一」。接著這個「琉球民族」跨越海洋，身為「波濤中的健兒」，持續「消化日本及支那文明，發揮自家獨特文化」，派遣船隻前往南洋貿易，遠達蘇門答臘（1卷，p. 46-47）。之後，因為16世紀薩摩的侵略，使沖繩人陷於「奴隸般」的處境，失去了過往達成政治上偉業與前進海外的記憶，萎縮成為藤壺一般「小石頭上的陸生動物」，即便如此，這並非沖繩原本的面貌（10卷，p. 19）。

　　伊波對於「琉球民族」有如下的描述（1卷，p. 61）：

> 　　琉球處分實際上有如把迷途的孩子帶回父母膝下。但是此迷途孩子的琉球民族在2千年的歲月間，不僅在支那海上的島嶼間徬徨……以首里為中心進行政治上的經營，留下了堪與《萬葉集》比較的《思草紙》（*Omoro Sōshi*），航行到麻六甲海峽周邊。這樣的人群，甚至開始使用過往北方同胞未使用的自國語言，並據此書寫金石銘文。實際上他們在物質上、精神上都擁有足以形成國家社會的胸襟氣度。

　　伊波以這樣的論述自豪地表達「琉球民族」擁有超越「北方同胞」、「日本人」的政治能力。他也進一步進行了書寫蔡溫、向象賢等琉球史偉人的作業。當某個集團形成民族主義時，為了表現「民族」起源，向世人展示政治、文化上的能力，撰寫模範偉人的一連串歷史研究乃不可或缺。亦即，伊波的歷史研究，提倡「琉球民族」失去的光榮記憶，可理解為一種創造沖繩民族主義的行為。這也是他為了替「受侮辱的同胞」們帶來自豪而執行的最重要工作。

　　只不過，伊波的這項工作與一般的民族主義創造過程有所不同之處，在於從當時沖繩的狀況看來，並無法主張與日本對決。也就是說，伊波必須面對

「與日本的調和」以及「創造沖繩民族主義」，同時進行兩面作戰。

在這種困難的狀況下，伊波採取的歷史觀擁有兩個要素。其一，如前所述，即對琉球處分給予肯定性的評價。對於把處分後的沖繩形容為「殖民地時代」的人而言，這個觀點多少令人感到奇怪。然而，如果提倡沖繩民族主義時將琉球處分定位為一種侵略，那必然也必須提倡全面與日本對決。在萬無可能與日本對決的情況下，把琉球處分描述成侵略，應該只會更增加沖繩人們的屈辱感而已。與其如此，把琉球處分表達成絕非屈辱，這對恢復「受侮辱同胞」的自尊，反而更具效果。

另一個要素是「沖繩人即便是日本人，也與日本人有所不同」，亦即強調「同祖」的同時，也提倡自己是「琉球民族」。事先設定「同祖」框架，確保與日本調和，在此框架內才有可能展開鼓舞琉球民族主義。藉此，「同祖」也負擔著確保沖繩特質的屏障功能。

而且必須注意的是，「琉球民族」這一詞彙，在伊波開始使用之前，似乎沖繩普遍上沒有這種用法。現代之前的「民族」這個詞彙原本就不具備我們當下使用此詞彙時的意義，加上當時極度恐懼被日本視為「日本國中特種民族」的狀態，對沖繩輿論而言，「琉球民族」之類的詞彙，反而是應該避諱的。但1906年返鄉的伊波，從事沖繩史宣傳時，在《琉球新報》上以「琉球民族與大和民族源自同一根幹，是幾乎已然確定的事實」這樣的形式，使用了「琉球民族」這個詞彙。而這篇報導中指出，「本縣的人因為對於自身的人種價值缺乏自覺，所以才會誤認生於此小島的人與生於大國的人相較，天賦價值有高低之別」，而會「顯得卑屈也是因為這個原因」，他提倡「伊波氏的事業，是期望前途益加發展，縣民的自特心（依照原文）能夠振作」，並要求將「琉球史」放入小學校的課程中[29]。亦即在那個時期，伊波先強調「同祖」這個保證後，方能使琉球輿論取回對自己「特質」的自豪。

伊波也表示，日琉同祖論並非由張伯倫等外國人，或者日本政府強行灌輸的事情，他強調這是沖繩史上偉人——如向象賢、宜灣朝保——提倡的想法（1卷，p. 54）。為了取回本身自豪的歷史觀，如果維持在這是由外國人或侵略者所強加的認知上，將無法創造沖繩民族主義。職是之故，無論對錯，都必須把該理論當作是沖繩方面所提倡的一種復古思想。接著他在1911年的談話中有如此的表示：「沖繩人研究務必由我們琉球人親自為之，否則終究會不完全也不徹底。」（11卷，p. 243）

　　伊波這樣的主張，是否被當時沖繩的青年階層所接受，我們可以看看比嘉春潮日記中的一個小節[30]：

　　讀畢《琉球人種論》。結論是日本人種。這是伊波先生的主張。

　　然而，關於先生為何把這樣的論述公開，有一定的理由。

　　先生的想法中，認為今日琉球人迅速與日本人同化才是取得幸福的取徑，為此才提出如此論述。向象賢、蔡溫、宜灣朝保等人，也絕非包庇日本之人，反而是擁有崇拜支那思想的人。但是，為了萬人的幸福而提倡同種同族。伊波先生自然不崇拜支那，琉球人身為文明人不是可恥的人種，不僅如此，還是創造過特別文明，而且是能夠繼續創造下去的人種，抱持著種族的自尊心。這是我們拜服於先生之處。而且自己也往往思考，琉球人當下所處的境遇，不是提倡自我正當名分的時節，而今只能說是與日本人同種，但隨著時勢不知如何轉變，或許從以沖繩指導者自居的人口中，又會冒出提倡支那同族論，這也或未可知。

　　伊波的主張，表面上高揭「同祖」，但同時鼓吹「種族的自尊心」，比嘉這樣的認知，大致上並無錯誤。


## 排除與同化的連鎖

　　伊波就在如此困難的狀況下創造了沖繩的民族主義。但是，這裡也伴隨著兩個問題點。

　　其一，如其所言，「余研究的結果顯示，沖繩人成為日本人的資格，與愛努或生蠻成為日本人的資格，本身是完全不同的事情」，也就是他對愛努與「生蕃」的歧視。這與當時沖繩輿論的大趨勢相一致，同時也表現出他對政治根深蒂固的不信賴感。也就是說，日本與沖繩之間「若沒有這種（文化上的）類似來連結，那麼沖繩人成為日本人的資格，便單純就是政治性的理由，這便落到與台灣的生蕃或北海道的愛努人成為日本人的關係一樣了」[31]。在他的認知中，透過政治性權力進行的統合，即便達成目標也容易產生差別待遇，在這樣的理由上，沖繩人既然是「日本人」，就必然需要有超越「政治上」的基礎。

　　但是另一方面，伊波對政治的憧憬，在於讚賞「琉球民族」的政治能力

之餘，進而將愛努和生蕃放入相較位置。他在描述「琉球民族」歷史時，提出「像愛努或生蠻一般，不能作為人民（people）而存在，只能作為民族（nation）而共生」；或者「請看看愛努。他們比沖繩人更早成為日本國民。然而甚麼都沒改變……他們不是依舊在與熊搏鬥嗎？」等等說法（1 卷，p. 61, 63）。

此處的「人民」（people）是指缺乏政治能力的民族，「民族」（nation）則指只有形成國家能力的民族。如同第七章討論過的，包括勒龐（Gustave Le Bon）在內的當時種族思想，認為判斷人種優劣時，比起個人的能力，更著重以形成集團性國家的政治能力為基準。如後所述，伊波閱讀過包括勒龐在內的當時人種論述，所以可以認定他也受到這些論述的影響。

沖繩人的祖先征服過愛努與馬來原住民族，並發生血統混和的主張，對當時的伊波而言就是「琉球民族」政治能力的證明。他表示「沖繩島與大島各地都有驅逐鬼（毛人）的傳說，這大概隱約就是兩者（沖繩人的祖先與愛努）接觸的資料」。另外他根據鳥居的論述根據，針對與那國島有馬來人居民，把此種狀況定位成「英雄渡海前往與那國征伐食肉人種的傳說等……讓人想像到（大陸人種的）蒙古族與馬來族曾有所接觸」，主張「有強烈嗜人肉欲望的是馬來人種」。這當然是依循當時一般「馬來人種」的「生蕃」有「嗜慾人肉」的論調而來。他表示「沖繩人是紀元前從九州的局部區域前往南島殖民的子孫」，把他們描繪成「上古的殖民地人」，但這當然就是意味著沖繩人的祖先是征服愛努與「生蕃」的偉大殖民者[32]。

此外伊波在 1906 年的報刊連載中，批判同為同祖論的論述，亦即久米邦武主張的「南方民族經由沖繩北上進入日本列島」學說[33]。如果採用這個學說，那麼「嗜慾人肉之心熾烈」的南方系民族性質，將會更濃厚地留在沖繩人之中。對此他無論如何都提倡沖繩人是北方民族經由九州南下，征服了愛努與生蕃的說法。

從今日的立場要去批判伊波的主張自然十分容易。但這與其說是伊波個人的認知極限，不如說是當時社會狀況的界限。對當時沖繩輿論而言，不只要與「日本人」同祖，還需強調和愛努與生蕃的差異，若非如此恐怕將很難接受「琉球民族」這個詞彙。此外，利用統治者同祖論論述的這個時間點上，也把包含在內的差別意識一起接納進來，這點亦不容忽視。

更進一步來說，這也是民族主義的極限。民族主義為了形成自我集體的認同，不僅要高歌民族的優秀性以創造歷史，還必須要有某些可以比較與排除的

對象。許多少數族群的民族主義把統治者當作批判與排除對象的作法，可以符合此一條件；但在伊波的狀況下卻無法去強調和日本的差異。如此一來，除了愛努與生蕃之外，也難以尋求其他的排除對象。

接著，伊波的沖繩民族主義還有另一個問題。那就是沖繩內部的同化問題。他原本認為沖繩內部除了愛努在內的原住民族之外，還有其他不同的「人種」，透過琉球王朝加以統合，形成了所謂「琉球普遍」的意識。他如此形容「琉球民族統一」的過程（1卷，p. 34）。

> 過往琉球政府同化宮古、八重山時，除了派遣政治家之外，也任命當地豪族女兒擔任祭司，為民族宗教的傳教煞費苦心。沖繩人持續與險惡的波濤奮戰，率領所謂36島的人民，建設出一個王國，這證明沖繩人足堪稱為政治性的人民。在這點上與他們北方的同胞們十分酷似。

伊波描述，派遣政治家透過「民族宗教的傳教」實施「同化政策」，「成就了琉球民族的統一」（4卷，p. 46）。根據他1913年的論述，沖繩史在三山時代有「各自認為血統不同、神明不同的集團」形成彼此對立的狀況，但透過琉球王朝的統治施行「首里化」，「將三個種族結合為一形成民族」，「尚家的神明」成了「民族全體的神明」（9卷，pp. 343-344）。這個過程與「北方同胞」的日本同化政策相當「酷似」，藉此證明了沖繩人的政治能力。

伊波對於「首里王府的同化政策」有如下說明。首先首里王府與周邊各族積極通婚，從日本和中國導入新的文明，「此征服者吸收了各種血液，打造優良人種的同時，也接納當時的新思想，並推廣給被征服者」。但是，完成這套制度的尚真王，對待被征服者有如「自己國家的國民」，「對他們施以相同的法律，一視同仁，因為對原本人民與新來人民沒有差別，很容易便成為一個共同生活體」（1卷，p. 349）。伊波還表現出「根據社會學者的說法，透過征服可使兩個種族產生緊密接觸，但究竟無法將對方同化。征服者往往蔑視被征服者，用盡辦法將對方變成奴隸，被征服者在無可奈何之下即便服從，面對征服者則除了武力之外，一切都不認同」的認知，認為如果沒有尚真王的制度性平等，將不可能完成對被征服者的同化（10卷，p. 73）。

自不待言，這應該是伊波以自己的方式，對身為征服者的「北方同胞」進行一種同化政策的模範表現。他批評了統治琉球王國的薩摩，因為「征服者

薩州人不把沖繩人當作同胞而視為奴隸」，所以沖繩人拒絕同化於日本。伊波表示「當時的沖繩人，也搞不太清楚自己是否是日本人」（1卷，p. 50、2卷，p. 417）。接著在1912年的論述中，包含了朝鮮、台灣、愛努、沖繩，伊波形容「現今日本的狀態……彷彿尚真王的時代」，參考尚真王的統治，他主張應當「日本人對周圍的異民族進行精神性的融合，使之成更偉大的的國民」（10卷，p. 57, 60）。但即便如此，伊波仍然採取少數民族的「琉球民族」本身是透過首里「同化政策」而形成的歷史觀。

在伊波這種「琉球民族觀」中，還是可以從兩點來思考。第一是，因為他企圖在統治者的言論框架內打造沖繩民族主義，因此「琉球民族」的政治能力，往往有以「北方同胞」為基準來衡量的傾向。從具體上來說，當時沖繩知識分子一直以來接受的教育環境中，想要創造沖繩民族主義時，除了日本民族主義的模型之外大概也沒有其他可參考的對象。伊波在讚美「琉球民族」時，也屢屢形容「展現出不辱於勇敢大和民族的資格」，伊波所打造的沖繩民族主義，是征服周邊地區並加以同化的日本民族主義縮小版（1卷，p. 50）。這大概是他把在東京所學，形成現代民族主義的學問與研究方法導入沖繩之故。

另一點是與民族主義的本質相關。亦即，就算是少數者集團，也絕非從一開始便是均質的狀態，為了作為一個整體來形塑民族主義，在把愛努與生蕃當作排除對象的同時，也必須同化沖繩內部的更少數者。而對身為那霸人的伊波而言，他大概不會認為「琉球普遍」的意識無需透過政策、更沒有彼此摩擦便得以自然形成。

雖然如此，這個時期的伊波仍給予這種和征服愛努與生蕃相同、作為證明沖繩人政治能力的琉球王朝「同化政策」正面的評價。他所創造出來的沖繩民族主義，暗地裡也包含值得作為日本同化政策模範的主張，但這終究是一種以武力與政治能力為評價重點的，耀武揚威式的民族主義。這種民族主義，是把日本對包括沖繩在內的周邊區域施展的同化與排除政策，以相同的方式遞延進行縮小與重製罷了。

但是，這種對民族主義的禮讚，其實並不是他的真心本意。日後，他對琉球王朝有如下的說明（7卷，p. 279）。

征服者首里人，不僅進行經濟榨取，甚至還進行血液的榨取。他們巧妙的運用各種制度，在此3、4百年之間，把人數甚至達自身10倍的被征服

者加以奴隸化，並一直持續到明治初年。

　　此處的「血液的榨取」，自不待言指的是透過通婚推進同化政策。
　　伊波「琉球處分是一種奴隸解放」的論述，相當廣為人知。這個說法一直
以來都被解釋成伊波批評薩摩的統治，藉此把日本的琉球處分正當化。但是對
伊波而言，琉球處分不只如前述一般，亦即為了鼓舞沖繩民族主義而必須描繪
成肯定的、正面的形象，對他個人的實際感受而言，也意味著首里人掌控的
「奴隸化」於此終結。他在日後的座談會上甚至提過：「光是廢除一般農民必
須擔負『夫役』（勞役）一事，便相當感謝大和社會。廢藩之前被徵調夫役負
責抬轎時，如果遇到不好的乘轎人，還會遭鞭子抽打。」顯示對他而言，琉球
王朝絕非可以無條件讚美的對象（10 卷，p. 384）。
　　實際上伊波日後視琉球王朝時代「階級制度的制定」為「琉球民族」形成
的制度完成點，主張這個完成於尚真王時代的事業，應當作為朝鮮、台灣統治
的模範（7 卷，p. 279）。他為了展示沖繩人祖先擁有與「北方同胞」相同的同
化政策和執行國家統一的能力而提倡沖繩民族主義史觀，但另一方面也維持著
「當統合完成，也就是差別待遇開始」的政治觀。
　　然而，當伊波還住在沖繩時，並沒有發表這種負面的沖繩史觀。前述高
等學校時代投稿的文章，是在日本本土就學期間發表的，上述文章則發表於
1926 年離開沖繩再度前往東京之際。他在 1908 年於沖繩報紙上發表的文章
中，評價首里人是擁有統一能力的「政治性人民」，而那霸人則是一盤散沙的
「非政治性人民」，並提倡沖繩內部必須跨越對立邁向統一（1 卷，p. 147）。
他本身雖然也是「非政治性人民」的一員，但他因為從過往開始便擔憂沖繩內
部對立，所以把這樣的想法定位成自己思想延伸上一意追求統合的主張。
　　如此看來，伊波的日本觀與琉球王朝觀，與其說是對立的，不如可以視為
彼此相關的概念。對他而言無論日本或琉球王朝（首里人），都是擁有優越的
國家統合及同化政策的政治能力，而將他強行同化的強者。從他的歷史觀來
看，他對日本的正面評價，以及對薩摩侵略前的琉球王朝正面評價，可說是一
體的。
　　伊波對日本與對琉球王朝（首里人）的評價，雖在正面與負面之間擺盪，
但這並不能認定一部分是他的真心，一部分是表面性的場面話。從他的人格來
看，他並非看場面改變主張、擅長政治操作的人，而且他竭力批判沖繩人每逢

不同狀況與世道便改變效忠對象的「騎牆派主義」，認為這是「沖繩人的最大缺點」（1卷，p. 64）。然而，我們可以認為他舉止思想上的擺盪，反映出他拒絕憧憬身為強者的「日本人」與首里人。他這樣的心情，可以從1915年名為「弱者的心理」演講中的一節窺見一斑[34]（10卷，p. 353）。

> 沖繩人面對外部、面對強者時雖是弱者，面對內部、面對更弱者時則為強者。這種時候他們會盡全力互推互咬互相砍殺。……但願這種民族劣根性能夠連根拔除，希望如此一來能夠成為真正的強者。我承認自己是名弱者。因此我非常希望能成為強者。

因為是弱者，故在內部分裂相互鬥爭，歧視更為弱勢的人，面對強者則如牆頭草般趨炎附勢。因為自我厭惡這種「弱者」的醜態，所以「希望能成為強者」，伊波這樣的心情，或許造就了他形塑與其性格不符的尚武沖繩民族主義，以及稱讚「政治性人民」與「強者」的琉球王朝與日本。原本他只是一個體弱膽小的學生，不僅如此，還喜歡閱讀闡述帝國主義時代國際關係的《東方策》，度過尊敬拿破崙與豐臣秀吉等英雄的少年時代。如前所述，他最終放棄成為政治家的道路，轉為走向文學研究的人。

自我厭惡身為弱者的醜陋，渴望成為強者，另一方面又深知被強者統治與遭歧視的痛苦。理解政治的重要性，憧憬政治家，又抹除不掉對政治的不快和嫌惡感。身處這樣的兩難之中，從明治末期到大正時代前半的伊波，卻擁有想把自己與沖繩人鍛鍊為「強者」的渴望。為了達成這樣的目的，他在提倡與日本調和及沖繩民族主義的同時，又持續從事推動沖繩社會的啟蒙活動。

## 身為啟蒙知識分子

在《古琉球》一書中，伊波讚賞提倡日琉同祖論的向象賢，表示：「制定全體社會的方針非常困難，只要訂定方針，在沒有發生重大錯誤之下，自然就能導引時勢。」（1卷，p. 55）從象徵薩摩時代的「曖昧狀態」中脫出，一方面保持特質一方面又要被包容入「日本人」，這就是1910年代伊波的主張。

對伊波而言，《古琉球》發刊翌年的1912年，沖繩實施了眾議院議員選舉法，這切實讓他感受到大勢正朝他主張的方向前進。他在此次選舉之際表

示：「這是我沖繩歷史上畫時代的大事，我們從慶長年間（的薩摩入侵）以來，終於重新嘗到許久未曾經歷過的真實政治滋味了。」（10 卷，p. 62）在獲得這種身為「日本人」權利的期待中，他於 1918 年寫下了：「沖繩最緊急的要務，就是把語言、風俗、習慣日本化。」（7 卷，p. 57）

這種對「日本化」的呼籲，當然不是憑空出現的。不只是透過被賦予參政權而達到確保平等的目標，當時的伊波還熱中於使沖繩社會「文明化」的啟蒙活動。

實際上，前述「把語言、風俗、習慣日本化」的說法，就是伊波在報紙連載中討論沖繩女性地位時寫下的。如前所述，太田朝敷主張連「打噴嚏」都要同化的詞語，也是在關於女子教育的演講上冒出的說法。無論太田或是伊波，皆為沖繩民族主義者，對於女性地位與階級制度等，皆痛切認為有必要改善沖繩舊慣。而且如第二章所述，1887 年訪問沖繩的文部省大臣森有禮也力陳女性教育的重要性。當然，那是因為盤算著透過打造出能為國家竭盡忠誠的母親，國家方面便可獲得其子孫的企圖，不過即便如此，仍不失為改善沖繩舊日女性地位的契機。

原本在伊波身上，就有不得不對女性地位感到敏感的理由。其一就是他與妻子的關係。因為他並沒有留下任何描述與妻子之間關係的隻字片語，因此無法判斷夫妻關係如何，但根據當時沖繩社會的習俗，他的婚姻也不例外是由家庭決定而非透過自己的意志，似乎小小年紀便與妻子結婚了。1909 年他以囑託的職位擔任沖繩縣立圖書館館長，擁有帝國大學學歷，理應在政府核心出人頭地的他，卻返回鄉里就職，關於這點的理由，他說明如下（7 卷，p. 56）：

> 率直的說，在我們年輕的時代，沖繩的女性教育並不如今日發達，因此我的朋友有許多都有不幸，不，應該說不自由的婚姻。為此或者有些人為了出人頭地的需要，必須告別糟糠之妻。但是這種事情，我卻辦不到。又或者攜著妻子前往其他府縣生活，但在那種高雅的社會中生活，對他們而言不啻是進入監獄一般，因此沒多長時間他們又返回故里來……人們說夫婦就像車子的兩個輪子一般，但過渡時代的我們，就像以單邊不轉動的車輪為圓心一般，不斷在同一場所一圈一圈的迴轉，也就是以不動的妻子為中心，在故鄉這個狹小的範圍內活動。

　　這篇文章的後面，便提出了前述「沖繩最緊急的要務，就是把語言、風俗、習慣日本化」的文句，更接著表明「不，使女性教育更為發達乃是謀求改良家庭的方法」（7卷，p. 58）。在決心表明「日本化」之後緊接著提出的「不」，可以讀得出他內心的動盪。

　　更進一步，作為伊波對女性地位寄予關心的第二個理由，便是其母親松留（Matsuru，音譯）。伊波的老家是那霸的有錢人家，在獨占政治性優越地位的首里人底下透過貿易等手段累積起豐厚家產。但在琉球處分之後，經濟活動被鹿兒島與大阪商人獨占，他父親失去人生希望後便鎮日寄情酒精與煙花柳巷，家中事業改由母親一手撐起。

　　如前所述，不顧厭惡大和的婆家反對，而執意讓伊波進入小學校就讀的，就是伊波的母親。伊波在他回想幼年時代的紀錄中提及，由於父親的放蕩「破壞了家中的和諧，我身為孩子的內心也感到悲哀」（10卷，p. 91），進一步在討論女性地位的論述中寫道：「當男性自暴自棄地喝悶酒時，未受教育的那霸婦女卻直覺感知到新時代的到來，將孩子送往學校，讓他們可以接受新的教育，這是應當大書特書的事情。」（7卷，p. 48）如同第十章已經討論過的謝花昇，讓他進入大和方面學校就讀的，同樣是他的母親。

　　類似這般男性的放蕩與女性的勞苦，根據伊波的論述，與女性教育有著密切的關聯。因為根據他的說法，對花費整日「討論政治」的琉球士族們而言，未受教育的「妻子幾乎沒有辦法成為丈夫談話的對象，為了彌補這樣的缺憾」，才讓「才貌兼備，又善於撩動人心的某一階級」，也就是藝妓與花街盛行。當時的伊波認為「在女子地位低落的沖繩，花街之類的繁榮，乃是無可避免的事情」。他主張「只要家庭這種經濟單位更為縮小，個人更無法獲得發展；在女性教育無法更發達，有自覺的女性無法在家庭中獲得權利的情況下」，便無法達到「現今女性擁有高度地位的歐美各國」狀態（7卷，pp. 52-53）。

　　被編入從屬狀態的族群中，在現存社會秩序及價值觀崩毀之際，便可看到眷戀過往秩序的上層男性等陷入飲酒與放浪的脫序行為中，呈現出加重女性負擔的傾向。伊波直接面臨的狀況，其實是在美國原住民社會或日本愛努社會等世界各地皆發生過的現象。不過當時的伊波從這種社會解體狀況更看出了沖繩社會現代化不夠完全，才是造成此種悲劇的理由。因此，伊波雖然通常相當重視沖繩的「特性」，但只要關於女性問題，就會強烈出現提倡「文明化」的傾向。

　　其中最具代表性的例子，就是他對沖繩女巫，一種稱為「幽他（ユタ／Yuta 音譯，女靈媒）」信仰的態度。在《琉球新報》上認為這種「幽他」女靈媒的信仰是一種「野蠻」的風俗，主張應當滅絕，而伊波也贊成這樣的說法。根據伊波 1913 年於《琉球新報》連載的「幽他」論，說明古代的沖繩女性能夠騎著馬與男性一起活動，當琉球王朝同化三山、宮古、八重山時，女巫擔任著推廣尚家神明，將其當作「民族宗教」來祭祀的角色。但是這種女巫信仰在「琉球民族統一」完成，達成使命之後，便退化成無用的長物，接下來更「因為只讓男子求學，不使女子就學之故」，雖然該信仰殘留下來，但只被當作是女性之間的迷信。根據伊波的說法：「以『幽他』女靈媒為中心進行活動的沖繩舊式女性，較針對婦人問題展開活動的新女性落後了至少 2 千年。」（9卷，p. 342, 355）

　　伊波對「幽他」女靈媒的執著，背景還是源於他的母親。伊波在幼年得過一場大病，此後他母親便醉心於「幽他」信仰，據說他母親「每年也有 2、3次神明附體」的經驗。伊波表示：「在沖繩，丈夫如果去迷上女人，妻子似乎就會與祭神拜拜扯上關係。我的母親大概也是如此吧。」在他看來，母親的幽他信仰並非擁護沖繩傳統的抽象性文化論問題，而只是家庭失敗與女性教育不足所造成的悲劇（11 卷，p. 389）。

　　伊波評價自己的母親是「聰明、有包容力的人，如果是男人會成為政治家」，如果以他期許自己要成為政治家卻遭遇挫折只好放棄來看，這應該是他對母親最高的讚美[35]；又或者他理想中的政治家形象，可能就是他母親的形象。而他這樣的母親，卻因為勞苦與失學而醉心「幽他」信仰，這樣的母親形象，推測應該讓他感到十分痛心。伊波在 1913 年寫道：「教育騎著馬到處活動的琉球女性子孫，使她們參與現代性的活動，是最愉快的工作。」接受現代教育的沖繩女性「他日或可在領導女性問題上做出讓束髮男子也感到自慚不如的運動」，這也是因為他上述的境遇才引發出來的（9 卷，p. 365）。

　　擔任沖繩縣立圖書館館長的伊波除了收集鄉土史料，還招來青年與女性到自家宅邸進行團體學習，並且到各地演講，盡力普及當地的「新思想」。換言之，他一方面持續強化民族的歷史認同，一方面又實行企圖推進現代化的啟蒙活動，可說他做出了發展中地區知識分子所會採取的行動。

　　如同身處於受教育菁英階層人數稀少地區的知識分子一樣，伊波也不例外地進行各式各樣的啟蒙演講，其內容大致可以分為四類。首先是與沖繩史相關

的內容，其次是與基督教相關的內容，第三是對沖繩社會的批評，第四是與「民族衛生」相關的內容。其中關於沖繩史的部分已如前所述，而其他的領域又是如何選擇的？

首先，關於基督教的部分，雖然不知道伊波是否受洗過，不過他確實從青年時代開始就相當傾心於基督教，1907年被推選為沖繩基督教青年會的會長。不過對他而言這與改善沖繩社會並非毫無關聯。根據伊波所言，「鼓吹科學思想」打破像「幽他」女靈媒信仰「是當務之急」，但「與此同時傳播宗教思想也是當下急務」。伊波的認知是，「就像沒有孩子的婦人玩弄人偶，打個比方，愛著孩童的心就叫信仰，愛著人偶的心就是迷信」，「光是叫喊要她丟掉人偶、放棄迷信，是殘酷的事情」，因此「取代人偶與迷信，我們必須給她孩子與信仰」（9卷，pp. 364-365）。他舉行基督教相關演講的理由，大概也在此。此外前述「沒有孩子的婦人」的比喻，是他與妻子之間第一個孩子流產之後6年所寫下的。

關於批評沖繩社會的演講，這個時期伊波頻繁訴求沖繩人的自主努力。他在1914年斷言「琉球處分是一種奴隸解放」，並叱責沖繩人：「習慣了3百年間的奴隸生活，自己維持自己獨立營運的精神幾乎喪失殆盡。」據他說：「琉球人服從、順從被命令的義務，躊躇不去爭取、獲得應被賦予的權利，理由亦在此。從而，政治、產業、教育不發達的原因也在於此。」（1卷，pp. 493-494）他故意把琉球處分稱為「奴隸解放」有一個目的，那便是他想激勵沖繩社會去除奴隸根性。

作為「奴隸解放」的前例，伊波也屢屢舉美國黑人運動家布克·華盛頓（Booker Taliaferro Washington）為例（1卷，p. 493）。布克與主張以激進手法從事廢除歧視鬥爭的W. E. B.杜波依斯，或提倡自白人社會分離的馬科斯·賈維（Marcus Mosiah Garvey）等人不同，布克在當時的黑人運動家當中以融合主張而聞名。布克的基本主張並非去非難白人，或者哀嘆自己的境遇並等待援助，而是要靠黑人本身的自我努力來養成實力。這種主張也受到當時白人有力人士的支持。布克以其名言「放下水桶就地取水吧」，提倡要從本身做起自主努力，而當時伊波也在《古琉球》中引用了尼采「你在所立之處深深挖掘，底下就是清泉」的名言。

而伊波啟蒙演講活動的最後要素「民族衛生」，是基於優生學的產物。今日大家都知道優生學被視為作為人種主義的學問，但在當時則是以改良社會為

目標，為了留下優秀子孫，作為大眾衛生的學問而流傳。1920 年代在日本也發行了《優生學》雜誌，當初的主要內容是為了改善一些習慣，因為這些習慣被當成是造成遺傳缺陷的原因，具體的內容包主張有必要進行衛生管理，以及強調飲酒的弊害等等。原本黃種人的「日本人」導入優生學本身，看在歐美的種族主義思想家眼中必定認為相當奇怪，但當時身為發展中國家的日本，則是把優生學當作生活改善運動的學問來接受。而這樣的優生學也被當時埋頭改善沖繩社會的伊波所接納，我們可以從他著作中引用的材料得知他閱讀過種族主義思想家達文波特（Charles Davenport）、龍布羅梭（Cesare Lombroso）、勒龐等人的著作[36]。

　　伊波從 1919 年左右開始以「血液與文化的負債」為主題在沖繩各地舉辦「民族衛生」演講，但其內容似乎皆是訴求飲酒與近親結婚的弊害。他這時也根據演講內容力勸沖繩女性勿使丈夫飲酒與外出放蕩。此外，伊波從 1909 年左右開始主張沖繩人較其他府縣人身高矮是因為「久居絕海孤島，鮮少混入其他血液，且島內也盛行親族間婚姻」之故，因此獎勵捨棄階級制度與民族對立，與內地人或其他地方的人通婚[37]。此處可以窺見較罕見的優生思想和同化論結合模式。

　　此外伊波雖然高度讚揚第七章所舉勒龐的《各民族進化的心理學規律》（*Les Lois Psychologiques de L'évolution des Peuples*）（1 卷，p. 484），但引起他共鳴的，似乎是激進的同化政策會破壞民族的主張。他在 1909 年的演講中說：「考量遺傳的法則，特質是無論如何都不可抹煞的。」以此強調「沖繩人」的特質（7 卷，p. 10）。與日琉同祖論的狀況相同，伊波也把種族思想變形為沖繩「特質」尊重論。

　　如上所述，1910 年代伊波的思想一方面關心尊重「特質」，一方面推進「文明化」，可說是為使沖繩社會現代化並獲得自立。而且以「琉球民族」現代化、振興琉球為最重要，不必然要追求墨守沖繩文化。

　　此點在他對沖繩語的態度上表現得最為顯著。他以沖繩語進行啟蒙演講，對此有批判的聲音指責他此舉將妨礙推廣普通語，他雖表示「我無法痛恨母親教我的語言」，但仍承認使用沖繩語「（站在）為了沖繩（發展的角度上），確是一種損失」。根據他的說法，自己在演講中使用沖繩語，是因為考量到在普通語尚未十分通用的地方，宣揚與「民族生命」相關的優生思想才是「當務之急」，因此不過是一種便宜行事的方法。而語言在「使命達成之後，當然就

會消失」，沖繩語隨著世代更替而滅絕，「並不讓人覺得可惜」（11卷，p. 277, 280, 287）。如第十五章說明的，他日後在沖繩語言論爭之際，也表示雖應避免壓抑沖繩語導致「失去民族的自豪」，但也主張「使其自然消失是最明智的策略」。在此處可以看出，伊波的思想認為重要的是「民族的生命」，語言在與現代化統合之中消逝，也是無可奈何的事情。

對這個時期的伊波而言，在達成獲得參政權的目標，藉此成為「日本人」並獲取制度上大致的平等後，就更可在現實層面上看出需要透過現代化與自主努力來重新振興沖繩。如同從前的布克一般，伊波此種路線對日本政府而言被認定是穩健的思想。1915年大正天皇即位儀式時追封伊波評價過的三位琉球偉人：向象賢、蔡溫、宜灣朝保，也說明了日本政府支持伊波思想的穩健程度[38]。然而，進入1920年代後，他的沖繩觀與日本觀卻發生了變化。

## 受挫的沖繩民族主義

伊波透過自主努力提升沖繩現代化的構想，被第一次世界大戰後沖繩發生的經濟大蕭條所打破。當時食糧缺乏到必須食用具有毒性的蘇鐵，被通稱為「蘇鐵地獄」的這次不景氣，是從日本本土波及到沖繩來的。與日本本土的統合，到了連本土的經濟大蕭條都被帶到沖繩的程度。而日本最脆弱的部分——也就是沖繩——在這波衝擊中完全是應聲而倒。

原本在1915年時，伊波便擔心沖繩課稅負擔過重、稅金遭國庫剝奪的情況，為此表達了他的憂慮，認為：「沖繩在政治上的束縛——亦即奴隸制度——好不容易才遭廢除，但奴隸的境遇卻以新的形式開始，也就是以經濟形式持續降臨。」（10卷，p. 77）此外，1919年宮古、八重山終於也獲得參政權時，他卻一反7年前描述沖繩本島獲得參政權時的熱烈期待心情，說出「破壞藩閥內閣把日本國民從奴隸中解放出來的政黨」，也「不過只是持續在打造新的牢獄罷了」（11卷，p. 270）。即便透過賦予政治權利而施行了奴隸解放，但此舉是否只是轉變成「新的牢獄」？這種從過去就一直保有的不安，伊波從未抹去。而蘇鐵地獄的到來，更是讓他的不安一語成讖。

在這波不景氣的最惡劣時期，伊波說：「沖繩縣民要靠自己的手拯救自己的時期，早就已經過了。」（2卷，p. 264）甚至到全盤否定自己啟蒙時代活動的狀態。他表示「到今日這種事態，民族衛生運動需要放緩，啟蒙運動也得

推遲，只有經濟上的援助才是我們剩下的唯一手段」，對於只提倡精神救助的「佛教與基督教」，他甚至批判為：「成為對人施加暗示，把人奴隸化的魔術師。」（11卷，p. 299, 301）他過去批判舊有的土地共有制度是前現代的制度，歡迎透過國家的土地整理措施來廢除共有制，並以納稅額來作為是否擁有參政權的前提，但此時他表達：「與其取得參政權這個美名但必須落入蘇鐵地獄，不如保存擱置這個特殊的土地制度，緩緩等待下一個時代，這樣的作法似乎比較聰明。」（2卷，pp. 451-452）不管是自主努力還是文明化，不管是優生學還是基督教，在經濟不景氣面前，一切都是無力與徒勞。

特別是伊波這樣「我過往提倡日琉同祖論，雖然能夠獲得學者與教育工作者的理解，卻無法獲得政治家與實業家同情」的苦澀認知，在蘇鐵地獄後一直包圍著他。這個認知也同時讓他悲觀地認為：「雖是小民族但有著特殊的歷史和語言，在現代這不得不說是一種不幸。光是如此他們就充分具備被當作奴隸的資格了。」（10卷，p. 314）

此後，他在著作中不再引用尼采訴求自主努力的句子，改為引用古爾蒙（Remy de Gourmont）「我們被歷史壓碎」的語句：「即便把歷史全數抹消也無妨。亦即將各時代中過往不需要的證據痕跡悉數銷毀。」（10卷，p. 315）這點對於過去主張「抹殺沖繩人特質就是無視歷史」的他而言，實際上已經接近敗北宣言了（7卷，p. 10）。

在不景氣的情況下，伊波學習團體中的人也面臨在當地缺乏工作，必須渡海前往本土的狀態。啟蒙運動的困境逐漸讓他轉向純粹研究學問的方向，當1921年柳田國男訪問沖繩時，對伊波的研究大加讚賞，也更強化他的這種傾向。而且，不僅在思想上遭遇困境，他和妻子之間也出現了問題，因為他與學習團體中的女性成員墜入情網。以啟蒙演講博得尊敬與歡迎的伊波，這件醜聞使他陷於非常困難的處境，最終到了1925年，他49歲時不得不帶著新的戀人離開沖繩，前往東京。

質疑過去自己提出的「平等對待被征服者」以及「理想化了的尚真王制度改革」，也是在來到東京後的這個時期。根據伊波的說法：「第二尚氏把特意精心打造的榨取機制，原封不動地獻給了島津氏……遭榨取一空，身無長物之際，他們（一般沖繩人）託琉球處分之福，逐漸獲得解放，被收納到新的制度下，但過了40年，在還不能恢復、取回失去事物的情況中，又再度掉入了貧困的深淵。」（7卷，p. 283）

　　在此之後，伊波並沒有放棄沖繩史研究，卻不可能再與以前相同。到東京之後他對愛努的歧視也消失了，甚至舉出沖繩中具有大量愛努血統的奄美大島，寫下他們是：「較沖繩人遭受更多虐待的人民。」（10 卷，p. 322）過去他提倡朝鮮問題應以尚真王的統治為模範，到了 1921 年也呈現出新的認知：「比起大學教授的日韓同祖說、或比起傳教士的同胞主義傳教，我聽聞威爾遜的民族自決宣言，更加激烈地推動著朝鮮人的內心想法。」（1 卷，p. 489）

　　然而其中變化最大的，是他逐漸地不再去鼓吹過往那種形式的沖繩民族主義。與日本的關係產生了經濟上的悲劇，蔑視愛努的部分也消除，如此一來，伊波不再提起過往那種強勢擴展的沖繩民族主義，也是理所當然的事情。

　　關於之後伊波的沖繩研究，本書特意不再多言[39]。基本上，比起沖繩的獨特性，他更強調與日本的共通性；比起政治史，他的方向更集中在以《思草紙》為主的文化研究上。其結果便是從「同祖」更跨出一步，把沖繩定位成日本民族及日本文化的旁系。適逢扮演援助伊波角色的柳田國男從 1920 年代起也否定了原住民存在說，1930 年代日本的人類學也逐漸否定愛努與馬來人是日本原住民的說法，與此搭配的是，雖然強調日本民族的同種性，卻不再強調征服愛努與馬來人的必要。伊波在 1925 年寫信回覆松岡靜男，信中否定了自己過往主張沖繩存在愛努語地名的學說（10 卷，p. 100）。隔年他從白鳥庫吉的數量詞研究出發，強調日本民族與朝鮮人的差異，還表示：「與此相反，感覺距離遙遠其實卻與我們意外接近的，是琉球人祖先移居南島的時代。」藉此切斷日鮮同祖論和日琉同祖論的關聯（7 卷，p. 356）。伊波於日本戰敗後的 1947 年過世，在他的遺作《沖繩歷史物語》中可以看到「琉球民族」這個詞彙已經完全消失無蹤。

　　到此為止我們檢驗了伊波一路走來的軌跡，從立志成為政治家到為了形塑民族主義的歷史研究，接著參與啟蒙活動，以及體驗在困難的狀況下身為少數族群知識分子的經歷，這一切都展現出多樣的模式。而從本書的脈絡來看，伊波的特徵在於不與日本進行全面對決，透過重新詮釋統治者一方言說的手段，意圖維護沖繩。把既是「日本人」又非「日本人」的定位反轉過來，形成保護沖繩人特質的屏障。伊波以「大國民」這樣的表現構思多元性「日本人」形象的戰略，因為包含了許多的限制，最終仍舊遭受挫折；即便如此，他的思想中可說仍舊隱藏著某種可能性。這種想法也將如下一章討論的，大日本帝國中少數者所採行的戰術，而且伊波的想法可以說在某種程度上是他們的先驅。

第十三章
# 「異身同體」的夢想
## ——設置台灣自治議會請願運動

　　就在各方熱議朝鮮政治改革的 1920 年代之際，在台灣也出現了一個令人矚目的政治運動，那就是台灣自治議會設置請願運動。

　　旨在向日本帝國議會請願，希望能在台灣設立自治議會的這一運動，是當時台灣人唯一現代化且合法的政治活動。這項運動是在 1920 年代前半至中期達到最高峰，這個時期正好是介於日治初期以傳統價值觀為根基的武力抗日鬥爭陷入絕路，與後來的共產主義與勞工、農民運動勃興之間。因此，一般在近現代史上，幾乎都將這個運動評價為「過渡時期誕生的穩健型抗日運動」。[1]

　　但是，這個運動真的是明確的定位在「抗日」這個大前提之上嗎？我在此想重新檢討這一點。因為和「日本人」展開鬥爭的「抗日」，與取得作為「日本人」權利的「親日」，箇中分野實在是極難判斷。正如序章所述，對於那些將自身定位為非「日本人」，企圖建立全新民族國家的抗日運動，並不在本書討論的範圍之內。此處提出台灣議會設置請願運動，是因為它乃是位於對「日本統合」與從「日本脫離」兩個指向之間，即所謂邊界地位上的運動。它是以一種最初始的形式摸索著有別於和既存的民族國家之間進行統合或是建立新的國民國家之間的「第三條路」。

## 作為獲得權利的「同化」

　　要論台灣議會設置請願運動的前身，就不能不提及 1914 年以板垣退助為會長組成的「台灣同化會」。以明治元勛著稱的板垣之所以和台灣產生關連，是源於 1913 年春天，台中廳參事林獻堂的到訪一事。當時 32 歲的林獻堂，是出身台灣漢人當中屈指可數的大地主家族（霧峰林家），在之後的台灣議會設置請願運動當中，也成為主要的代表。[2]

林獻堂

林獻堂是在前往北京拜訪梁啟超（梁當時擔任袁世凱政權的司法總長）歸來的旅途中，前去造訪板垣的。他和梁啟超相識於 6 年前，當時因為從事政治活動被清朝逼迫亡命日本的梁啟超，和初次登上日本土地的林獻堂見了面。那時候，據說梁啟超對林獻堂說，中國在今後 30 年間沒有救援台灣的餘力，因此必須效法愛爾蘭，在武力鬥爭敗北的同時，改為向英國輿論呼籲陳情，以合法運動方式來獲得參政權。在 1920 年代，普遍被當成「即使給予參政權，也無法消除當地居民不滿」之典型案例的愛爾蘭，在這裡卻被視為爭取參政權運動的成功先例，這不得不讓人感到意義深遠。在這之後，林獻堂又從某位國民黨幹部那裡得到了「台灣住民為了提升地位而向日本中央陳情，以獲得理解和支持，這種穩健的運動最為恰當」這樣的暗示，於是便在北京之旅結束後，動身前往東京。

林獻堂到了東京，首先試圖拜會當時擔任內務大臣的原敬，但沒能見成，於是改為造訪過去以自由民權運動旗手而名聲斐然的板垣。面對力陳台灣總督府壓迫與惡政的林獻堂，板垣深表同情；當他在隔年 2 月視察台灣之後，便開始提倡設立以「本國和台灣融合」為宗旨的台灣同化會。板垣為了設立同化會，集結了大隈重信和東鄉平八郎等人的支持，林獻堂也四處走訪這些名士與政治家。

林獻堂說服這些日本中央人士的內容大致如下：自日本領有台灣以來，台灣總督便憑藉著「六三法」（參照第五章）掌握獨裁權，使得台灣變成「宛如和日本帝國毫無關係，而是總督府的台灣」。儘管天皇高唱「一視同仁」，但總督府依然不斷鎮壓台灣人民，和鄰近由美國統治的菲律賓相比，也僅有基礎的教育設施。若再放任這種狀態下去，「不管是為了台灣；還是為了日本國家，最後都不是良好之策」。[3] 林獻堂在這裡很明顯地採取了一種把總督府當成「敵人」，聯合日本中央和台灣人，再加上天皇的「一視同仁說」與歐美的殖民地統治對比，以挑動日人國家尊嚴的論述方式。

台灣人居然會為了和總督府鬥爭，高舉天皇的「一視同仁」旗幟，還向大日本帝國的中央政治家陳情，這種手法乍看之下似乎相當不可思議。不過話又說回來，日後美國的馬丁路德‧金恩博士在推動黑人民權運動時，也是採用了向聯邦最高法院控訴阿拉巴馬州的種族隔離政策侵害了「美國人」的權利這樣

的手段；在此，金恩的論述原理也是以該州傷害了美國
立國的基本精神——自由和平等。故此，重新解讀支配
一方的「國家基本精神」，以提升少數族群的地位，這
種作法其實並不罕見。也正因此，這一運動理所當然在
某種意義上在「抗日」的同時，又帶有「親日」的微妙
性質。

板垣退助

　　進一步必須指出的是，這一運動形態與第十章所述
的沖繩參政權請願運動頗為類似。身為沖繩年輕菁英的
謝花昇，為了罷黜被稱為沖繩獨裁者的奈良原縣知事而向板垣直訴，是在林獻
堂造訪板垣 15 年前的事。此外，對林獻堂的到訪表示關心的政治家包括了尾崎
行雄、島田三郎、犬養毅、大隈重信等，和當年接受謝花昇陳情的人員也相似。

　　林獻堂的主張頗受不滿六三法的政治家認同。犬養毅承諾要檢討總督立法
權的廢止，當時擔任首相的大隈也鼓勵他。我們可以想像得到，年輕的林獻堂
在看到這些政治家的反應時會有多麼欣喜。然而，不管是大隈還是犬養，在這
之後都沒有真正致力於處理台灣統治問題，所以他們大概只是在那個場合下給
予一些同情，這點也是無法否定的。犬養雖然將內地的普選運動與民權擴張等
努力告訴了林獻堂，但他也是在日韓合併的時候，口稱朝鮮人為「霉菌」的人
物，所以還是有種揮之不去的突兀感。總之，為了反抗總督府而對日本中央的
民權派議員抱持期待，這樣的態度和後來台灣議會設置請願運動是首尾一貫的。

　　那麼，身為同化會會長的板垣，他對台灣又是抱持著怎樣的想法呢？從結
論來說，他的台灣統治論，應該說是一種以大亞洲主義（泛亞主義）為本的典
型同化論。

　　根據板垣的說法，「帝國的台灣殖民政策，應該要和英國對印度的政策截
然不同，採取一種不分種族的同化主義」；台灣統治的最終目標，是讓「同文
同種」的台灣人成為帝國「忠良的國民」。因此，一方面必須和輕視教育的
歐美殖民地統治逆向而行，強化「國語」和「修身」教育，令一方面則必須
將「至少百萬的內地人」遷往台灣，促進通婚，並緩和總督府的壓迫政策，以
圖內地人與台人之融合。另一方面，「不解帝國真意的外人」會誤以為日本是
在進行侵略，但事實完全相反；「現在歐美人拘泥於冥頑不靈的種族情感，壓
迫亞洲人」，所以「日本領有台灣，無非是為了保障國家安全，以及東洋的和
平」；若是日本不占有台灣的話，「台灣毫無疑問一定會落入列強的手中」。

板垣高唱「抗擊以人種上的貴族主義為前提，夢想侵略世界的（歐美）帝國主義」，將自己和大日本帝國描述成反種族歧視與反帝國主義的鬥士。[4]

這種自戀的「一視同仁」型批判，正如之前所見那般，沒有特別之處。若有值得特別注意之處，那就是台灣人在這種世界觀當中的定位。按照板垣的說法，與白人之間進行人種戰爭時，「日本人應當提攜同為亞洲人的支那，一起抵抗白人」；但是，台灣的漢民族既是「支那人」，同時也是「日本人」，所以應當拉攏台灣人進入我方陣營，使之成為日中親善的橋梁。[5]當然，這種「提攜支那」的內容不過是日方的自我滿足而已，這點自不在話下，不過除了安定台灣統治的觀點外，還有一個獲得台灣民心的理由存在。之後，在這種日中親善論當中，台灣的定位便和大亞洲主義的台灣統治論合流，變成一種固定說詞；不過站在這種立場批判總督府，獲得日本方面的共鳴倒也是可期的。

總之，抱持著這種思想，在1914年2月來到台灣的板垣，受到了台灣人熱烈歡迎。然後在12月，再次訪問台灣的板垣以會長的身分在台北成立了以「內台融合」為宗旨的台灣同化會，成立之後集結了3千多名參加者，在板垣的推薦下，有相當多的台灣人被任命為評議員。

對於板垣的舉動，首先反對的是內地殖民者。除了台北律師公會準備舉辦反對演說會以外，台北的高知縣人組織（板垣是高知出身）也表示反對。台灣同化會成立會場的光景，乃是「熱烈歡迎板垣的台灣島民，與白眼冷笑的母國人奚落之聲，彼此交錯，殺氣橫溢，宛如戲劇般的光景」。之後，在台北的殖民者對板垣的訪問大表抗議，大量的電報和信件如同雪片般飛到人在東京的後藤新平手上，要求他制止板垣的舉動。[6]

可是，日本方面也沒辦法直截地否定這種同化的公式。在同化會的創始儀式上，除了首相大隈與總督府民政長官內田嘉吉送來賀詞外，總督府的許多官員也都作為來賓出席了儀式。據板垣自己說，當他和當時的總督佐久間左馬太面談時，佐久間也贊成他的主張。然而，話雖如此，當林獻堂在11月造訪內田民政長官之際，長官還是叮囑他，同化會的立意雖然．很好，但是「政治就像利刃一樣，如果任由小孩隨意玩弄，那是極度危險的」[7]。從總督府的視角來看，儘管他們沒辦法反對「促進同化」這個宗旨，但是對於台灣人趁此之機取得成為「日本人」的權利，以及內地政治家介入總督府王國的內政，還是想盡可能的避免。

總督府的對應方式，比露骨表現出歧視態度的殖民者要為巧妙。他們先是

向同化會致上賀詞，並制止了殖民者的反對演說，暫時避開對板垣等人做出無用的刺激。接著待板垣離開台灣後，他們便以同化會有疑似大陸浪人的人物在經營，「營運不正」為由，逮捕了理事，並在第 2 年，也就是 1915 年的 1 月，將同化會以有害公安之故予以解散。

就這樣，台灣同化會僅僅成立 1 個月便消滅了。對於歡迎同化會的台灣人來說，他們的期待和板垣的思想當然是相異的。林獻堂後來明確陳述說，同化會是為了改善台灣人「法律上的不平等」；「雖說是同化，但實際上的目標並非指向同化；那只是掩飾之詞，真正的目的是為了化解日本政府對台灣人的壓力，舒緩束縛，使台灣人的苦痛得以減輕」[8]。對他來說，同化成「日本人」，意味著打破「法律上的不平等」。

相較之下，對板垣來說，所謂「日本人」就只是對天皇忠心的臣民而已。雖然他也有部分批判總督府的壓迫，但對於台灣人的政治權利，他則是表示：「對於這些還沒有被賦予參政權利的新附之民，不讓他們對政治問題置喙，乃是理所當然之事。」[9]換句話說，儘管同樣使用著「同化為日本人」這樣的用語，但是兩者的想法從一開始就背道而馳。這種現象在之後的台灣議會設置請願運動中，也投下了一道陰影。

## 對多樣性的期盼

林獻堂在台灣同化會事件的前後，也致力於設立屬於台灣人的私立中學。到此時為止，台灣只有提供給內地人就讀的中學而已。由於考慮到一旦不允許設立中學，台灣人子弟很有可能會跑到對岸福建省歐美人士經營的學校就讀，所以作為懷柔政策的一環，總督府認可了這件事；不過在東京方面的法制局與內務省反對下，修業年限被迫縮短了。

關於這個台灣設立中學的一連串動向，當然清楚地顯示了日本方面的歧視態度，不過在大正時期，整個朝鮮和台灣還是顯著地朝著現代教育的方向邁進。台灣的傳統教育機關──書院──的數量，自 1898 年的調查以來一直在減少；到了 1918 年，大約比當初的調查減少了兩成左右。與之成反比的，儘管義務教育還不普及，公學校的就學率還是不斷上升，1912 年時才不過 6.6%，但到了 1920 年，已經激增到 25.1%。換言之，自 1910 年代後半至 1920 年代，在台灣人當中明顯出現了從傳統教育到現代教育的趨向轉換。[10]幾乎同樣的現象，

稍晚也發生在朝鮮。

不只是教育面，文化面也產生了變化。以台灣人來說，1900年成立了天然足會，1911年則成立了斷髮不改裝會，針對迄今為止作為慣習的纏足與辮髮，從「文明化」的立場提出改革。和沖繩的束髮一樣，這兩者都被日本方面視為「支那蠻風」的象徵。日本知識分子一直提倡說，台灣作為「文明化」的一環，應該要對這些風俗進行改良，而總督府對於台灣人這樣的舉動也相當歡迎。

但是，雖然有這些趨勢，還是不能說台灣人就此朝向和「日本人」同化的道路邁進。在沖繩，「文明化」的輸入途徑僅僅是透過內地傳入，因此「文明化」與「日本化」是難以區分的。可是在台灣，因為對岸的中國也有斷髮放足的運動興起，所以光憑區區斷髮，是沒辦法直接連結到「日本化」的。而且，台灣掀起運動的時間比沖繩要晚，因此各式各樣的媒體以及內地留學等，也都成了歐美現代文明流入的管道。以最具象徵性的事物來說，1900年代在沖繩，經由學校教育脫下沖繩服的青年，多半都是改穿和服；可是在1920年代的台灣，知識青年階層之間流行的卻是西裝，或者被稱為「上海服」的改良式中國服衣裝。[11]換言之，對日方而言，脫掉「支那服」還不等於同化的工作就此大功告成，還需要歷經脫掉西裝，改換和服這個階段才行，可是要以「文明化」之名推動這件事，實在是極為困難。對明治時期的沖繩教育而言還不明顯的「文明化」與「日本化」之間的裂縫，在大正年間的台灣已經無法掩藏。

就在這些運動興起的同時，1915年，最後的大規模武裝抗日運動——西來庵事件——以大量虐殺和判處9百人死刑的結果告終，山地原住民的鎮壓也接近終結，台灣已經幾乎沒有任何以武力抵抗日本統治的餘地。於是，就在這種以傳統文化為基盤的武力抵抗遭到鎮壓、現代化趨勢開始萌生的過程中，合法且現代的運動形態便應運而生，其先驅便是台灣同化會以及中學設置運動。由30歲出頭，屬於較年輕世代的林獻堂擔任運動的領導，也顯現出運動在質方面的轉換。

在台灣，對於這項運動最為敏感有所共鳴的，是當地最現代化的階層——內地留學生。由於在台灣無法得到令人滿足的高等教育，所以留學內地的比例不斷增加，1915年已經達到3百多人，到了1919年更達到8百人，1922年則已經超過了2千4百人。[12]當時正值大正民主期，自由與改革的氛圍高漲，留學生就在這樣的環境中，吸收他們所理解的「新文明」。在英法等國的殖民地，自宗主國留學歸來的人物多半成為現代抵抗運動的核心，這點早已為人所

知。在沖繩推動參政權獲得運動的謝花昇也是從內地留學歸來，朝鮮三一運動的獨立宣言，也是由朝鮮的內地留學生獨自起草。至於台灣的內地留學生，則是推動了台灣議會設置運動。

不過，根據台灣總督府的調查，初期的台灣人留學生，似乎都「很努力和內地風俗習慣進行同化，對於社會問題、政治問題並沒有表現出深刻的關心，即使不時被支那、朝鮮留學生恥笑成『唯唯諾諾屈從於日本統治底下的笨蛋』，也沒見有誰敢挺身而出」，就是這種樣態。1918 年，林獻堂在東京的中華料理店招待 20 名留學生，以「今後台灣該何去何從」為題召開座談會，但是當時出現的意見包括了「同化論、非同化論、（期待中國本國的）祖國論，大亞洲主義論等各式各樣」，實行方法也是「空談大話者、主張先培養自身實力者、對政治無興趣的自暴自棄者，以及除了比拳頭大小以外別無他法的武力派」，議論百出不一而足。[13] 這個時候，儘管大家對台灣的現狀都感到不滿，但是仍然沒有定出一個有效的運動方針。

不過，大約從 1919 年起，狀況似乎有了改變。這當然是受到第一次世界大戰結束後民族自決的風潮，以及朝鮮三一運動和中國動向的影響。除此之外，和中國以及朝鮮留學生的持續交流，也對他們產生刺激。不過，對台灣留學生而言，因為不具備「原本是獨立國家」這樣的歷史脈絡，再加上流血鎮壓的過往記憶猶新，因此他們並沒有像朝鮮人那樣高唱「馬上獨立」，而是持續著合法與非暴力的路線，這是他們的一大特徵。

1920 年 1 月，台灣留學生組成了「新民會」，並在 7 月發行了機關刊物《台灣青年》。該會的綱領雖然只有提倡「文化的向上提昇」，但是在幹部會議上已經決定要展開「台灣統治的改革運動」。這時候，他們所主張的運動方針是撤廢六三法。之所以如此，起因是在前述的 1918 年座談會上，林獻堂的祕書提出了這樣的意見，並獲得了全體與會者的一致認同：「不管同化還是非同化，六三問題始終都束縛著台灣人，所以應當要將它撤廢才對！」[14]《台灣青年》雜誌後來因為發展成《台灣新民報》，所以自動停刊，但是從它所呈現的論調還是可以一窺這些留學生的思想。

《台灣青年》的特徵之一是，日本方面的投稿者占了不小的比例，而內頁超過一半以上都是以日文寫成的報導。日本方面的執筆者自不待言，就連台灣人的投稿，也是以日文居多。這固然有因為當時該雜誌受到內務省與台灣總督府的雙重檢閱，所以有必要偽裝一下內台融合之故，不過跟這群留學生是接

蔡培火

受日語現代教育的第一代也有相當的關連。就像以下將看到的一樣,《台灣青年》一貫站在推進「文明化」的立場,不過發行者都是留學日本、透過日語吸收「文明」的一群;因此對他們而言,用日文來表達現代的概念,應該比較方便的。換句話說,這本台灣人初次興辦的雜誌,打從一開始在言語上就是利用了支配者的言語來書寫。

讓這種傾向更形強烈的,是雜誌編輯兼發行人蔡培火的個人特質。蔡培火原本是台灣的公學校教師,但因同化會事件而遭到免職;後來在林獻堂的援助下,前往東京高等師範學校留學。雜誌創刊的時候,他已經31歲,在留學生當中處於年長領導者的地位。

據蔡培火後來的著作所述,他逃到東京的時候,滿懷著「民族的憎惡之情」,不過後來在日本基督教會牧師植村正久的感化下,漸漸洗刷了這樣的心境,並加入了基督教,以「四海兄弟主義」為信條。他在《台灣青年》的投稿中也強調對話的重要性:「我等應抱持著真摯的態度,打開胸襟,和全(日本)國民進行對話。」不只是他,同化會一脈的執筆者,在投稿《台灣青年》時,基本上也大多認為台灣是「日本」的一部分。在一般公認為蔡培火所寫的卷頭語中,他提出了這樣的抗議:「明明大日本帝國的國體是君主立憲制,為什麼只有我們台灣不能實行立憲政治?這太不合理了!」同時他又主張說:「大多數的母國民眾都期望與吾輩對話,故吾輩自當奮起,將真正的想法告訴全國國民,並憑藉著全國國民的協力,讓吾輩於有為之秋,能對吾島進行根本之大改造。」[15]蔡培火在之後的台灣議會請願運動中也擔任領導人角色;他的以台灣是「日本」一部分為前提的對話路線,在運動中始終保持一貫。

在這本以對話路線為主軸的《台灣青年》上投稿的日人作者,其類型則是相當的廣泛。包括了蔡培火熟識的植村正久與海老名彈正等基督教知識分子、永井柳太郎和島田三郎等民權派政治家、吉野作造與末弘嚴太郎等大正民主派,更有安部磯雄和佐野學等之後的社會主義者、三宅雪嶺與安岡正篤等亞洲主義者,還有台灣總督田健治郎以及總督府總務長官下村宏。這種多元的陣容,也反映了三一運動後的氛圍,那就是幾乎眾意一致,都認為朝鮮和台灣的統治機制,無論如何都需要改革。

然而日人作者論述的內容,並沒有超出第九章所述大正期間統治批判論的界線。不難預料,他們的主要論述多半集中在「一視同仁」式的反歧視批判,

還有反對六三法問題以來的總督府特權，再來就是高唱對抗歐美的大亞洲主義，凡此種種不一而足。就像同化會事件時的板垣退助那樣，他們多半主張要把台灣當成「日支親善」的媒介來重視。永井柳太郎就主張「日本和台灣的關係，和英國對印度的關係是不同的」，是屬於「同一文化系統的同一人種」。島田三郎則說「日本天皇的聖意，是對所有人平等地施予善政」，所以「日本人面對西洋諸國時，所提倡的普世人種平等」，也應該適用於台灣才對。早大教授內崎作三郎則是以「日本民族乃混合民族」為出發點，主張日台融合。[16]

除此之外，拜時代潮流之賜，從「民主」和「文明」的立場，批判總督府統治老舊落伍的論調也不少。譬如海老名彈正就批判說，台灣教育設施的不夠完善，「對於欲躋身世界文明國之列的日本來說，只能說是極度的不像話」。後面將提及的殖民政策學者泉哲也說：「為殖民地謀福祉、圖安寧，是文明國家的任務；違反這個原則的殖民國家，必定沒有資格加入文明國家的行列。」[17]

另一方面，他們也陸陸續續地傳達殖民政策學的知識，對同化主義進行批判。但是正如第九章所述，大正時期的日本知識分子，對於殖民政策學的同化主義批判，乃是以人種主義為根基這件事，幾乎毫無理解，以致於他們在投稿的時候，很多都是同時提倡「一視同仁」和「文明」的普及。之所以如此，可能是他們把「歐美殖民政策傾向於放棄同化主義」的訊息，跟「歐美的行為理應代表著普遍文明」這種無意識的前提，在欠缺理解的情況下混淆在一起了。

只是，值得注意的是，從「一視同仁」和普遍的「文明」觀念而來的化解歧視論，與同化主義的批判同時並立，結果在《台灣青年》的日人作者當中，呈現出一種文化多元主義的主張。比如說明治大學的校長木下友三郎就主張：「在法律上、政治上、社交上，盡可能地給予和內地人同等的待遇，最後使他們和內地人之間的差距化為無形；當我們致力實踐這樣的理想，並認為它應當是同化主義最適用的準則時，絕非意味著我們要去破壞、滅亡人種固有的言語、習慣、宗教等事物。」東京高等師範學校教授友枝高彥也說：「我們日本國有著各式各樣的風俗習慣，然而這些風俗習慣卻能共聚一堂，讓人感到，這正是日本強盛之所在。」貴族院議員江木翼則是用「無須捨棄差異之所在，而是擁抱它、培育它，以促成國民的文化發達」這種類似現在歐盟標語「Uniformity in diversity」的方式來表達。[18]由此可以很清楚得知，中野正剛所提倡的多元主義在當時並非孤例；但是以通例來看，這時期的統治批判論對於平等和多元主義在制度上究竟該如何實現，並沒有一個具體的提案。

　　話又說回來，和這些日本知識分子一起為《台灣青年》撰稿的台灣人，他們的文章又是怎樣的呢？

　　從結論來說，以這些文章來看，台灣青年當初的論調，表面上和日本方面的作者並沒有什麼太大的差異。他們的論調主要也是強調第一次世界大戰後的「民主」與普遍的「文明」潮流，並對總督統治的專制性質加以批判。

　　儘管如此，他們當然還是和日本方面的作者間有著微妙的不同。其中一點就是，和已經達成一定程度現代化的日本不同，他們大多有「台灣文化還遠遠無法和世界文化相比，至少落後了2、3個世紀」的認知，並且抱持著台灣恐怕會成為「文明的落伍者」的危機感。[19]

　　在這種趨勢之下，高舉「刈除陋習、吸收新文明」旗幟的台灣留學生首先舉出的「陋習」便是「家族制度的腐敗、衛生思想的低下、鴉片吸食的陋習」。然後，就像伊波普猷和太田朝敷這些沖繩知識分子一樣（參照第十二章），在這當中最讓他們持續批判的，就是女性地位的低落。《台灣青年》幾乎每一期都有關於提升台灣女性地位的投稿被刊登出來，由此可以窺見這個問題受到了極大的關切。在這些文章中，他們不止強力非難蓄妾制、買賣婚、纏足等慣習，還提倡自由戀愛與自由結婚，以及女子教育的普及。[20]

　　不過，在這樣高唱「文明化」與批判「陋習」的同時，也存在著漢民族認同的主張。這點很有可能是因為，他們並不把日本看作「文明」的體現者。在這點上，他們和那些企圖帶給鄉里「文明化」，卻又對宗主國抱持反抗心理，總是容易因此而身陷兩難的印度留英學生相比，可以說是具備了些許相異的特徵。例如，有一篇反對漢文廢止論的投稿，就主張說：[21]

　　　我輩既是作為東洋文明中心的漢民族後裔，為何人家都說我們台灣人文化低落？對此，我既感到疑惑，又覺得憤慨難平。不過，當我拜讀前早大教授、現任眾議院議員的永井（柳太郎）先生的著書時，這種疑惑頓時雲開霧散，並且油然而生一種自重心。永井先生是這樣說的：「日本的文化生活，其實尚未脫離對外國文明的模仿時代；政治是模仿的、法律是模仿的、文學是模仿的、美術是模仿的、音樂是模仿的。雖然也不是沒有極少數號稱日本固有、足以向外國人誇耀的事物，但是溯其根本，很多也都只是模仿印度支那朝鮮的產物罷了。」……若永井先生所言為真，那麼我輩在學習現在的日本之際，也應該與時共進，從根本對我們舊祖國的文化進

行研究，如此方為得策。

抱持著這種認知的《台灣青年》作者群，在高呼「若有應當改良的陋俗（例如矯正鴉片纏足的弊害），就該劍及履及、全力去做」的同時，也對「日本化」抱持著否定的態度。對他們來說，女性地位的提升，「比起國語（日語）普及更加處於當務之急」。在這種態度下，他們屢屢提及、作為日本文化象徵的事物，是和服與生魚片。這兩者不管是哪一樣，都不適合台灣的亞熱帶氣候，簡單說就是對重視衛生與機能的「文明化」大開倒車，反而是台灣既有的料理方式與服裝比較衛生；換言之，「盲行內地風俗習慣，乃是賢人所不為」。[22] 當然，這是把所謂「日本」當中，不符合「文明」的部分挑出來，套入選擇性世界觀的結果。

將這種把「文明化」和「日本化」分離的傾向表現得最清楚的，是留學生的領導者蔡培火在《台灣青年》刊出的一篇名為〈吾人的同化觀〉的論著。在這篇文章中，蔡培火將同化分為「自然的同化」與「人為的同化」：廢除纏足與吸食鴉片等「本質性的陋習」，以及促進「人格尊重自由平等」，這些以全世界規模展開的事物，乃是「自然的同化」。相對地，「獎勵和服、街名改為內地風格的名稱，在門口豎立起門松」[23] 之類的事物，乃是「人為的同化」，不管怎樣努力都不會成功，只是「徒勞的愚舉」。統合若是要成功，唯一的方法就是抱持著「異身同體的精神」，去「尊重個性、保障善良的文化」，並拋棄過去的歧視觀念與領土的野心，如此才是正軌。可是，在蔡培火看來，現實的台灣統治卻充滿了歧視，「過去 20 多年間，在台灣儘管可以聽聞同化的言詞，但在實際的運作上卻完全看不到這點」；故此，總督府的所謂同化，不過是「榨取主義的別名」、「愚民政策的表面招牌」罷了。[24]

蔡培火主張在達成制度平等的同時，也要「保障善良的文化」；在這裡，我們看到了一種近乎多元主義的主張。與其說這是他個人的主張，不如說他反映了既要推進「文明化」，又拒絕「日本化」的《台灣青年》普遍論調吧。

正因如此，這些把「文明」和「文化」一分為二的留學生，雖然批判同化政策，不過對總督府所推行的經濟開發和衛生整頓等政策，則是大體上抱持著好感。這和留學生在原居台灣的住民當中幾乎都是屬於上層階級，或者說從總督府的經濟政策當中能夠獲得一定利益的群體出身有關。儘管這一點讓他們在往後的運動中產生了無法和台灣人的勞運以及農運並肩作戰的弱點，不過總而

言之,這樣的文明觀,還是成為他們腦海中多元主義的土壤。

正因為這樣,他們對「日本化」與「文明化」的共同點部分,也就是教育和通婚方面,展現出的反應相當微妙。他們一方面批判教育偏重日本語,同時又感歎日語識字率低落,還把和內地人共學當成是廢除歧視的一環加以提倡,這在朝鮮幾乎是看不到的。不只如此,他們一方面為了提升女性地位,高唱「正如內地的戶籍法不容許蓄妾制,台灣的戶籍令應該也要同樣地朝向廢除蓄妾制改正」,另一方面又在投稿時對日方決定將本國的民法、商法,以及破壞傳統家族制度的親族法規延長實施到台灣大表反對。[25]

這些留學生對於歐美的態度,也是相當複雜微妙。當然,在這當中也有認知到歐美是「文明」的先進國,傾心於羅馬拼音和世界語的人,比如蔡培火就是羅馬拼音論者。可是在另一方面,他們也很難忘記歐美是分割中國、歧視有色人種的侵略者。

正因如此,在《台灣青年》的文章當中,以「全亞細亞民族(黃色人種),如今正站在不為文明人,便為奴隸民的分歧點上」這樣的認知為出發點,然後以「同文同種的日華」為結論的大亞細亞主義論,也散見其中。也有住在加州的台灣人的投稿,一邊傳達受排斥運動所苦的日裔移民的境遇:「我們身為同病相憐的弱者,實在無法不對此表示同情之意。」他們一邊在對歐美抱持敵對意識的時候,提倡亞洲連帶論,一邊卻又在對日本抱持敵意的時候,表現出對歐美的親近感,簡單說就是處於一種兩難的心態。不過,他們就算是主張日中連帶說,也是以關係上的對等為前提,所以必定會伴隨著類似這樣的指摘:「日本人受到歐美的種種歧視待遇,嘗盡了苦楚,然而現在卻又生起了對他者的歧視心,這不是太過可悲可鄙了嗎?」[26]

他們的台灣觀,也是存在著矛盾心態。就像伊波所表現出來的那樣,《台灣青年》的文章當中,一方面有充滿自負心,稱漢民族為「擁有4千年古老歷史傳統的優秀民族」,另一方面卻又有「我大部分之島民……欠缺進取之氣象,奮鬥之精神亦尚屬不足」、「事大主義也好、依賴性格也好……都是受人惡評之處」,敦促民眾奮起、自助與努力的主張,從這當中可以清楚看出他們愛恨交織的心理。有一篇文章拿「文明之潮洶湧澎湃的帝都」,與「我那未開的故鄉」做對照,卻又說「果然那南國,仍是賦予我生命之所」。[27]

對於自己是否為「日本人」,關於這點,他們的心態同樣的複雜糾葛。即使拒絕文化面的「日本化」,在初期的《台灣青年》上,諸如「今日不管台灣

人或是內地人，法律上都是日本人；因此，日本人應當擁有的權利義務，我台灣人自然也當擁有」，或者「台灣是帝國的一部分，所以既然人民的權利義務是憲法精神，那麼自不應該有厚此薄彼的現象存在」之類，主張作為「日本人」獲得平等權的內容為數甚多。一方面提倡漢民族認同，同時卻又把自己定位在「日本人」的位置上，這樣必定會造成內心的動搖與矛盾。據一位日人評論家所述，某位台灣的青年曾經這樣說：「現在的我們退不能成為純支那人，進不能成為純日本人，只能在中間搖擺不定，請體諒我們心中的孤寂吧！」[28]

這種對自身集體的自負與自卑感，還有「文明化」的推進論，在創造沖繩民族主義的伊波等人身上也都是可見的論調。然後，也跟伊波的愛努觀一樣，他們對被自己視為更低賤者的歧視，也是如影隨形地存在著。在台灣留學生當中，一邊譴責日本方面的歧視，一邊卻又主張「本島人是擁有4千多年悠長歷史的漢民族的一部分……和無歷史、未開化的生蕃截然不同，這點自不用多提」，露骨地顯現出對原住民的歧視，這樣的人也是存在的。事實上，「生蕃」這個侮蔑的用語，是征服原住民後移居台灣的漢族所創，並且一直續用到日本統治時期。可是蔡培火對這一點，卻主張：[29]

> 本島人同胞啊，請把手放在胸前閉目沉思吧！「生蕃」這個詞是我們創造出來，用來指那些現在在我島的山中生活的人們，也就是所謂山內人的……確實，我輩在過去用自己心中對人種的歧視，迫害了他人。於是作為天罰，我輩如今也受到他人以人種歧視的方式加以迫害……
>
> 我輩應積極從事的事業，第一就是幫助那些現在居住在深山之中，過著不見天日生活的人們，化解他們的不幸，而在此之前，必須先廢除「生蕃」這個詞……簡言之，我輩必須抱持著誠意，以講求解決之道。第二則是，向內地人（不論當局或是民間）無理的歧視與壓迫，提出果敢的抗議。

蔡培火在日後的著作中批判日本的統治政策時，形容原住民族為「真正文明的受害者」，由此可知，他並不是一個單純的文明讚美論者。[30]正如前述，他主張除去「民族的憎惡心」與對話路線，因此和單純抱持著「民族自負心」的人比起來，他反而能夠從那種對抗強者的民族主義在面對弱者時所產生出的歧視連鎖中逃脫出來。

像這樣，就如同當年的伊波般，在台灣留學生當中，一面追求作為「日本

人」的權利，一面發揮出「非日本人」的個性，這種追求多樣性的願望，便以模糊的形式萌生出來。可是對這些留學生而言，這並不只是像日本知識分子的清談議論，而是必須作為制度具體化的切實課題。於是，這個願望便在「設置自治議會」這項政治要求中具體化而成形。

## 對殖民政策學的置換概念

可以說要將這樣的願望具體化，它的表現形態是極其有限的。不只是當時並不存在「多元主義」這種辭彙，而他們也僅僅是在要求作為「日本人」的權利，而表現出來的方式，必然是以和日本方面最低限度的摩擦為界線。

在這種困難的狀況下，他們所採取的方法在某種意義上和伊波相同，也就是置換支配者的言論概念。這不只是在政治上處於劣勢立場下的必要手段，也是在日本留學、透過支配者的言語學會「文明」的他們，要邁向現代化的運動所必然要走的路。然後，就像伊波選擇了日琉同祖論來作為逆轉手法，台灣留學生所選擇的支配者論述，是殖民政策學。

正如前述，當初留學生選擇的方針是「撤廢六三法」。這是承繼台灣同化會路線，以作為「日本人」來獲得權利的趨向表現，但是在 1920 年 11 月的集會中，蔡培火等人一面在演講台上豎立起寫著「撤廢六三法」的大旗，一面高喊著「給我們自治權、撤廢法律第六十三號！」[31]六三法（正確來說就是當時的三一法）撤廢與獲得自治，原本應當是不同取向與要求的兩件事，但從這件事可以得知，他們在心裡並沒有釐清這樣的分歧。

可是就在同年 11 月，田健治郎總督前往東京，表達了想要維持總督立法權的意思。林獻堂和留學生主張「撤廢六三法」方針的背景，原本是基於對高舉「內地延長主義」的田健治郎與原敬的統治改革抱持一定的期待，但現在卻硬生生遭到了背叛。然後作為永久法的「法三號」不久也立法通過（參照第十章），於是這項運動方針完全遭遇了挫折。就這樣，在摸索新方針的過程中，《台灣青年》刊載了一篇名為〈六三問題的歸著點〉的論文。這篇論文的作者是幾年前曾在明治大學研究所修習殖民政策學的台灣人林呈祿，他在當中提出了台灣應獲得自治的主張。

在檢視林呈祿的自治論前必須一提的，是日本殖民政策學的特性。原本，台灣留學生會去學習作為支配者學問的殖民政策學，本身就是一個相當奇特的

現象。

林呈祿

可是正如第七章所見，日本大學裡教授的殖民政策學，對於朝鮮和台灣的統治，大體上並沒有派上什麼用場；而寫這篇論文的林呈祿本人，也不是為了讓總督府任用才去讀殖民政策學的。也正如前述，日本的殖民政策學著作大多很少進行現地調查，而是以他們在歐美留學時學到的殖民政策學原理為基準，批判日本的統治方式「太過落伍」。台灣留學生學到的殖民政策學，也因為這種輸入學問的非實用性，結果使得原本應該是作為統治實踐者的殖民政策學者及其講座，反而用來嚴加批判統治現狀。對於這樣的事態，絕對不可輕忽不提。

林呈祿是跟著明治大學法科的學者泉哲學習殖民政策學。相對於山本美越乃和矢內原忠雄等出身經濟學的學者，泉哲原本是專攻國際法的專家；他是位性格相當溫厚的基督教徒，和明治大學的台灣留學生也有很深的交流。

泉哲自《台灣青年》創刊以來便經常在上面投稿。他的主張是：「文明殖民國若要保持其地位，就必須以考慮殖民地人的福利，為統治的主要著眼點。」據他的說法，「謀求殖民地的福祉與安寧，是文明國的任務」，「謀求文化的普及以及自治獨立的訓練，是殖民國的任務」；因此，採行暴政壓迫或掠奪等「本國本位」政策的國家「沒有資格列入文明國之林」。[32]

當然，這種文明傳播論不過是歐洲支配殖民地的意識形態罷了。可是，和先驗地將自身畫定為「文明國」的英法等國不同，對於正要努力擠入「文明國」行列的日本而言，這就變成了一種具備統治批判論機能，指責其未曾盡到「文明國」責任的論述了。不只如此，以現在的眼光看來或許難以置信，不過泉哲提倡此邏輯並非僅是表面工夫，而是打從心底相信。原因之一是，身為國際法學者的他，認為第一次大戰後和「國際聯盟委任統治地」相關的聯盟規章既是這樣設定的，那麼加盟國就理應遵守這樣的國際法規才是。總而言之，他從這樣的邏輯出發，對台灣做出了以下的主張：「台灣島民的目標，應該是獲得自治的台灣，這點是毋庸置疑的。」[33]

泉哲像其他殖民政策學者一樣，不形容台灣人為「日本人」；在稱呼台灣為「殖民地」的同時，也以英法等國放棄同化主義的殖民政策這點為根據，對同化政策進行批判。可是和其他殖民政策學者不同的是，他完全沒有受到人種思想導致的同化主義批判論的影響。在他有關殖民政策的著作中，他說：「大

抵，民主主義的殖民國都會認同殖民地的慣習，並注意保存固有的制度、文物和法令，專制主義的殖民國則會以本國法來替換殖民地的固有法規。」不過「也有少數例外，那就是民主的法國卻採行同化主義」；由此可以明顯得知，他對法國的同化主義批判邏輯一無所知。另一方面，泉把日本歸納為「自治主義」之例，同時也把加拿大和澳洲等自治領，和突尼西亞之類的保護國全都歸類到「非同化主義」之中。他和吉野作造一樣，在批判同化主義的同時，也主張撤廢內地人與台灣人的差別待遇。[34]

總而言之，和山本或矢內原等其他殖民政策學者相比，泉哲是一位相當程度反映了大正民主曖昧性格的人物。因此他的殖民政策學當然對統治台灣和朝鮮所需的學理完全派不上用場，甚至也不能說對理解歐洲的殖民地支配實態有所助益；但是他的溫厚性格與殷切互動，都讓台灣留學生深受感動。如果他們接觸的對象是山本美越乃的話，光是聽到山本的高等教育限制論，大概就會暴跳如雷了吧！

拜在這位泉哲門下的林呈祿，在《台灣青年》初期投稿的時候，也是主張以「日本人」的身分來尋求撤廢法律上的歧視。但是不久之後，因為受到日本殖民政策學的影響，他開始認為英國成功統治加拿大和澳洲的「自治主義」是殖民政策的國際潮流，於是大力提倡。於是，他在《台灣青年》發表的這篇論文中主張：「六三問題的歸結點，若是從純粹理論上來考慮的話，那就是將來撤廢台灣的特別統治，將之置於帝國議會下的同一個立法框架當中，方為正理；不過實際上來看，毋寧更進一層，在台灣設立特別的代議機關，進行特別立法，這才是真正勢在必為之事。」[35]

林呈祿的這篇論文，在留學生之間引起了巨大的迴響。主張放棄迄今為止的「六三法撤廢」路線，改為追求「自治主義」的方向，這種轉換方向的聲浪開始大了起來，在新民會內部也引發了激烈的爭辯，最後是由林呈祿等人引用山本美越乃的著作為論述基礎，力陳「自治主義」的好處，終於獲得了勝利。確實，「六三法撤廢」路線究竟何時能夠實現完全未可知，就算在文化面上如何地抗拒同化，作為平等的代價，必然會失去法律、政治面上的獨立性，這是不證自明的事實。與之相比，按照林呈祿的論文所示，「自治主義」乃是在承認日本的主權下，「總督只是單單止於昭示一般統治的大綱，至於其實質及內容，乃是由殖民地住民自己決定，只有對第三國的政治關係，是由母國政府來主導」的統治方法。由於這是國際的「文明殖民地統治」最新潮流，所以留學

生完全為之傾倒。[36]接著，蔡培火和林獻堂也都贊成放棄六三法撤廢運動，並且作為「自治主義」的第一步，決定向帝國議會請願，請求設立由台灣住民選舉產生的台灣議會。

然而這種「自治主義」，絕對不是什麼國際的潮流，這點自不待言。正如本書再三陳述的，加拿大和澳洲只是排除原住民的「殖民者的自治」，而愛爾蘭獲得自治權，更是等到2年之後。若再說得嚴苛一點，這些台灣留學生以在日本讀到的殖民政策學為依據來推動的自治議會請願運動，打從一開始就是基於兩重、三重誤會所產生的結果。當年日本從歐美引進殖民政治學的時候，已經因為學者的不理解和歐美形勢的錯綜複雜，產生了相當的誤會，結果台灣留學生又把自己的希望寄託在這上面，囫圇苦讀，於是這誤會就更加深重了。

但是最重要的不是指摘這個誤解，而是台灣留學生幾乎全部都支持「台灣自治議會」主張的這一事實。他們過去一直避免與具有壓倒性支配力者做正面對決，一方面承認台灣是「日本」的一部分，希望能夠作為「日本人」得到平等，同時又抱持著困難的欲求，希望能夠保留自己的獨立性。若是以現在的話來說，就是主張「多元主義」和「一國兩制的自治」。但是那時候並沒有這樣的語彙，所以他們想要把自己抱持的那種尚未成形的願望，用語彙表現成具體的政治目標，就只能借重殖民政策學了。

推動現實的力量，是來自於眾人所具有的熱情與活力，而思想不過是給予這種活力一種形式與方向性罷了。在這種情況下，思想並沒有必要一定非要照著原典，「正確無誤」地表述。哪怕是曲解或誤讀，只要能夠完成人們心中潛在的願望，那就具備了社會的機能；在這種情況下，置換概念便成了可能的事情。馬克思並沒有足以看到亞非諸國社會革命的可能性的視野；威爾遜提倡民族自決，也不過是為了處理東歐戰後的問題。但是馬克思主義和民族自決，卻成為了日後殖民地獨立運動的指導理念。因此，若說台灣留學生將自己的願望結晶於殖民政策學的語彙中是一種誤解，那麼朝鮮人高舉民族自決旗幟，展開獨立運動，同樣也是一種誤解的產物。可是，對這些人的行動，用思想的「正確解釋」來加以批判，那是毫無意義的。畢竟，是思想為了人而存在，而不是人為了思想而存在。

當然，殖民政策學終歸還是支配者的語彙。可是就算是同樣的語彙，從支配者口中發聲，跟從被支配者口中發聲，其意義截然不同。林呈祿一邊肯定政府和總督府迄今為止維護六三法的根據——「基於特殊民情風俗的特別立

法」，但是「比起用作維持律令權的根據，這反而更是應當設立特別代議機關
的理由」，將它置換成了自己主張的立論基礎。[37] 在此同時，殖民政策學裡的
同化主義批判，也被利用來當作獨立性的立論根據。就這樣，被支配的台灣
人，使用原本作為支配者言論的殖民政策學，站穩了抵抗的立足點。一場不可
思議的運動，於焉開始。

## 基督教徒與大亞洲主義者

要就設置台灣議會一事向帝國議會請願，非得要有日方的議員引薦不可。
協助引薦他們請願的，是眾議院議員田川大吉郎和清瀨一郎，之後神田正雄也
加入了引薦的行列。在敘述請願運動的狀況之前，首先讓我們來看看田川和神
田的思想吧！

田川大吉郎原本是以中國語通譯身分參與過中日和日俄戰爭的新聞記者。
乃木總督時代，他在台灣擔任報社主筆，同時也是高唱促進殖民的台灣協會幹
事。另一方面，他也是虔誠的基督教徒。當選眾議院議員後，便以致力於解決
都市問題而聲名遠播。這位田川和台灣議會設置請願運動之所以會產生關係，
是因為他在自己的信仰導師植村正久介紹下，和蔡培火見了面的緣故。

田川的思想，果然是和身為基督教徒的蔡培火與泉哲頗為相似，都對普世
文明充滿深厚的信賴。根據他住在台灣時所寫下的台灣統治論，他認為日本
在甲午戰爭中的勝利代表「日本順應了方今世界的潮流，與 19 世紀的文明同
化」；相形之下，「支那則是在反抗方今世界的潮流」。到這裡為止，雖然還
是那種用文明傳播論來正當化支配的老調，但是田川的特徵和泉一樣，都是
把這種邏輯運用在批判統治上。換言之，現在政策推行的所謂同化，「與其說
是讓台灣人文明化，還不如說是日本化」，「台灣如果不能文明化的話，日本
不管是對支那、還是對世界，都應該感到羞慚」。同時他也主張，不只是日本
語，也應該用「外國語」來教授「世界的知識」才對。[38]

不只如此，田村的台灣統治論也認為英國統治印度是「文明」殖民政策的
模範，大加讚賞。在這段記述中，他列舉出英國著作中的學理見解，主張「他
們對殖民地的態度，可以想見是多麼地公平公正公開……在印度，他們不只尊
重當地住民的權利與慣習，而且還傳播文明的恩惠，更讓當地住民的代表參與
統治的行列」[39]。對他來說，最先進的文明國家英國，實行的理應是文明且人

道的統治，他對此深信不疑。

　　對於抱持這種文明觀與英國觀的田川來說，日本乃是文明的後進國。他在1925年的台灣訪問記中這樣寫道：「如果台灣年輕人是蕃人的話，那麼日本人大概也算是蕃人了吧！說日本人都是文明人，只有台灣人是野蠻、未開化的人民，這根本是沒道理的。」在投稿到《台灣青年》的文章裡，田川說：「明治以後，日本能達成今日如斯進步，毫無疑問，主要是拜歐美的思潮所賜……今日的台灣就是第一維新的日本。」所以「台灣的各位青年，應該要鑑於過往尊崇中華文明的弊害……和日本國民一樣，滿懷熱忱地學習歐美的思潮」。在這裡，他主張內地和台灣都該廢止漢字，改用羅馬拼音。他之所以贊同台灣議會設置請願，主要的邏輯也是出於「將象徵文明恩惠的議會政治賦予台灣，是日本的使命」。[40]

　　田川又說：「我非常不喜歡內地人、台灣人這種辭彙，希望這種分法能早日消失。」他主張「（兩者）都是在同一天子的統治下，身為同樣的日本人」；既然如此，「那麼那些批判美國歧視的本土同胞們，難道不該以同樣的標準，譴責那些在台灣的內地同胞嗎？」若是只有這樣的話，那麼他似乎也只是傾向一視同仁的內地延長主義罷了，但是他從在台灣任職的時候開始，就讚賞「英國式」的統治，而反對將大日本憲法延長到台灣。根據他的說法，既然英國在「同一君主之下，將帝國的各地方和殖民地統合在一起」這件事上如此之強，那麼「同一天子的統治下，身為同樣的日本人」[41]，理所當然就該以英國為模範才對。簡言之，田川抱持著「英國是文明的體現者」的世界觀，同時採納了「同一的日本人」與自治論兩個論述，這就是他支持台灣議會設置請願運動的背景。

　　相較於田川，另一位負責引薦的議員神田正雄，他的思想則完全是另一個極端。神田在台灣議會設置請願運動開始的時候是《朝日新聞》的記者，之後轉任眾議院議員，特別是在田川落選後，更是為請願運動的斡旋竭盡心力。他曾經屢次造訪中國、朝鮮、台灣，以「中國通」身分廣為人知，同時也是歌頌日本海外發展與殖民獎勵的雜誌《海外》的主導人物。這樣的他，在支援台灣議會設置請願運動的時候，心情又是如何的呢？透過他之後在中日戰爭漩渦中所寫的一篇文章，可以隱約窺見他當時的想法：[42]

　　　年輕的日本倘若假借建設新秩序之名，採取獨占支那大陸及滿洲國的資

源開發與經濟設施的行動的話，那麼比起從以前到現在，歐美各國侵入我東亞天地，以殖民地或半殖民地的方式壓制東亞民族，為了經濟榨取無所不用其極，假借美名強橫採取資本主義的行動，這樣的罪惡更加令人難以容忍。若是這樣做的話，對維持東洋永遠的和平來說簡直是愚不可及，就算一時憑藉實力得以成功，不久也必定會面臨破滅的命運，這是再明顯不過的事情了。

根據神田的說法，日本和亞洲為了對抗歐美，「對外，必須達成東亞民族經濟的大團結」，對內，則必須達成「內鮮、內台人的完全融合」，這絕非「日本的陰謀，也非帝國主義，更非經濟侵略」。當然，這也是典型的大亞洲主義推導出來的侵略正當化論，在上面引用的中日戰爭論中，他也不是反對戰爭，只是表示應當遵守這樣的道義罷了。然而就跟田川的文明統治論一樣，神田也是打從心底相信著這種陳腐的大亞洲主義，並且以此為出發點，對朝鮮和台灣的統治進行批判。據他所言，「統治的方針，只是在嘴上說著一視同仁，實際上施行的差別待遇，卻是歷歷在目」，故此「我國的台灣統治政策，需要極大的改革」。[43]

既然如此，神田的歐美觀，自然和田川呈現兩極化的對比。在他看來，朝鮮和台灣之所以遭到歧視的元兇，正是「日本急遽吸收歐美物質文化的後果；一般人想盡辦法要滿足物質的欲望，結果變成了絞盡腦汁、只管追求物質的餓鬼」，除此以外再無他者。就像大亞洲主義者的慣例一樣，神田認為台灣應該避免成為歐美式的殖民地，而是應該指向一視同仁的「日本人」化。既然如此，本來他應該是不會對於台灣議會設置這種「英國式」的殖民地自治思想產生共鳴才對的；但是，他因為受到林獻堂和蔡培火這些請願者的熱誠與人格所感動，所以反覆不斷地強調這樣的信念：「我大和民族自豪之所在，正是濟弱扶傾的俠義心。」[44]說起來，他大概是一邊對殖民地自治思想抱持著某種程度的矛盾，一邊基於他的「俠義心」出馬擔任引薦議員的吧！

總而言之，支援台灣議會設置請願運動的引薦議員，有些是主張仿效歐美，進行文明的殖民地統治的基督教徒，有些則是對歐美感到不滿，充滿任俠作風的大亞洲主義者。兩者的思想當然都沒有令人耳目一新之處，所以很明顯地，日本對這一運動的共鳴，還是不出明治以來的思想潮流框架。原本就是從誤讀殖民政策學而開始的這一運動，會得到這種形式的支持，看起來似乎很滑

稽，但是說到底，不管是文明的統治論也好，還是大亞洲主義也好，在《台灣青年》上都可以看見抽換概念，用來批判統治的論述。換言之，留學生和自己的引薦議員，都是使用抽換支配者語彙的方式來支撐這個運動。

更重要的是，誠如後述，這些引薦議員都相當誠實且努力。他們從這件事裡既拿不到一毛錢，也拿不到任何一票，還很清楚這很可能會對自己的政治生涯帶來不利的影響，但他們還是毅然接下了這個引薦請願的任務，對請願者而言，這無疑是比什麼都讓人感激不已的事情。田村也好神田也好，他們的思想不過是為了正當化大日本帝國支配而高唱的「顯教」（容易理解的主張）而已，但他們和其他論者不同的是，他們並不把這種「顯教」當成單單只是擺樣子而已，而是打從心底誠實地去實踐它。

田川大吉郎對為請託而來的林獻堂，做了這樣的表述：[45]

> 我完全贊成這件事，我從來都是抱持著這樣的想法。
>
> 然而，日本朝野官民大體上都抱持著反對意見，所以並不容易成功。
>
> 故此，林君你也必須有這樣的覺悟；如果一次挫敗就放棄的話，那還不如從一開始就不從事這個運動的好。要抱持著百折不撓的志氣，即使10年、20年都要持續下去，其間當然也會遭遇到誤解或非難，以及種種意外波折……

就這樣，1921年1月，第一次的台灣議會設置請願正式向帝國議會提出了。

## 多元的日本、多元的台灣

台灣議會設置的第一回請願書，很清楚的展現了這個運動的基本性格。換言之，它以「大日本帝國是立憲法治國，台灣是歸屬帝國的版圖一部分」為開端，謳歌「我們深信，台灣議會的開設……對真正善良的國民來說，乃是完成其地理上、歷史上的特殊使命，眼下的最當務之急」。[46]

從這裡展現的「台灣是歸屬帝國的版圖一部分」以及「善良的國民」這些框框架架來看，他們認同台灣人是「日本人」。不只如此，他們作為「國民」所屬的「日本」，不是帝國主義專制國家，而是「立憲法治國」的國家，所以在此也就意味著「日本人」應該要依據憲法受到人權保護才對。接下來，他們

又高歌「地理上、歷史上的特殊使命」。換言之，請願者在這裡，表現了他們在作為「日本人」要求權利的同時，也希望保持不同於「日本人」的獨特性的願望；這只能說和伊波的日琉同祖論一樣，是透過支配者一方所賦予的「日本人」身分，將自身扭轉為「非日本人」的定位。

事先察知這項請願運動的台灣總督府，立刻將林獻堂、蔡培火、林呈祿等人傳喚到總督府的東京辦事處，由總督田健治郎親自說服他們停止請願。此時，田總督就如第十章所述，告訴他們《法三號》正在向帝國議會排案審查，同時設置總督府評議會的提案也會復活且並行實施。相對於之前的評議會成員僅限於總督府官僚擔任，這次的計畫也將會啟用台灣人擔任評議員，田總督提出這點，希望能夠贏得他們的理解。然而，這個評議會和六三法時代與原敬妥協下的狀況有所不同；它被排除了對律令的議決權，只是單純的諮詢機關罷了，而且評議員也是採總督任命制。相較之下，請願一方想要的台灣議會，乃是擁有關於台灣的立法及預算的議決權，且以公開選舉的議員為骨幹組成，因此他們當然沒有被總督府說服，而是將請願書按照預定計畫上呈到了帝國議會。

田健治郎的面子掛不住，於是在審議法三號的時候斷言道：「就像沖繩縣有代表出席一樣，台灣必定也會有能讓代表出席（帝國議會）的時候到來，可是台灣自己要設置立法議會，這種事情是斷斷不可能的。」[47]政府方面也暗中照會兩院的請願委員會，希望他們不要接受這個請願，於是不管貴族院還是眾議院，都連審議也沒審議，就直截了當地將它給拒絕了。

台灣總督府也立刻發表了反駁請願運動的談話。在這篇談話中，總督府表示台灣島民乃是「同文同種」，日本統治台灣並非如歐美統治殖民地「只是為了獲得其經濟上的資源」，而是抱持著「一視同仁」的宗旨，朝著使台灣成為「純然帝國領土的延長」而努力；故此，以英國的「自治主義」為先例，要求設立台灣議會，這與「我帝國統治台灣的這一根本方針並不相容」。[48]當然，這是把台灣編入「日本」架構內的典型論述，但是正如第五章所見的，台灣總督府一貫以來為了維持自己的特權，總是屢屢舉台灣的「遙遠」和英國的殖民地統治事例，作為自己的口實。然而，現在遇到利用他們自己為了正當化「總督府的自治」而編出的邏輯，予以反手一擊的「原住居民的自治」運動出現，他們也不得不改弦更張了。已經透過《法三號》的永久化而成功確保總督府特權的台灣總督府，在這之後為了對抗眼前的敵人——台灣議會請願，也只好拾起以前照理說是敵對的同化邏輯旗幟大力揮舞了。

就這樣，第一次請願在沒有得到任何成果的情況下結束了，但是運動者的意志和凝聚力卻愈形堅固。根據總督府警察所收集的情報指出，請願運動的支持者，普遍抱持著「若是現在本島人再不覺醒，早晚所有的利權都會被壟斷到內地人手中」的危機感，同時也深深了解到：「不論請願的結果是成是敗，都可以引導本島人產生普遍的政治自覺，另一方面也能將我輩多麼渴望獲得參政權的熱忱向海外傳達，並促使為政者反省，其效果難以估計。」不只如此，當時在內地的知識分子和言論界，普遍都對請願抱持著好感，再加上朝鮮獨立運動之後產生的危機意識，所以像是大日本平和協會等機構就明確主張：「既是認同日本的主權，那麼不管是怎樣的內部大改革案，我們都應該不遺餘力加以協助。」[49]就請願者而言，他們也清楚反映出內地是自己的友方，只有台灣總督府是敵人的態度。

另一方面，台灣的內地人殖民者反彈則是相當激烈。在台內地人經營的報紙，開始口徑一致齊聲批判請願運動，林獻堂的家也收到了恐嚇信。1921年4月，結束第一次請願運動回到台灣的林獻堂與蔡培火，開始巡迴島內各地努力宣傳請願運動，並印製了名為「台灣議會設置理由請願書」的小冊子四處散發。

這本小冊子的內容，在主旨上和之前的請願書並沒有什麼大的變化，不過卻列舉了法國的阿爾及利亞、德國的亞爾薩斯—洛林、乃至於俄羅斯的烏克蘭等，過去總督府為了反對台灣編入「日本」而拿出來當作藉口的同化政策失敗範例，並且主張「台灣是擁有特殊歷史的帝國屬領，絕對不能跟沖繩和北海道相提並論」。另一方面也針對總督府予以強烈的批判：「一方面標榜同化政策，另一方面又死抱著作為自治基礎的特別制度……在統治上對自己有利的場合，就模仿本國的制度，一旦遇到不利的情況，就採用特別的制度，真是隨機應變的本國本位主義。」[50]台灣人已經完全將總督府不過是利用一下的殖民政策學知識，徹徹底底融入自己的論述當中了。

這本小冊子同時強調說，這項請願「絲毫沒有『非國民』的意思存在，而是帝國新附民為盡最善的天職，出於熱誠所為之事」。同樣的主張也出現在《台灣青年》的內容當中，他們主張請願運動是「正當國民的自覺發現」，對於那些拿著「革命、獨立運動，以及其他種種負面中傷的文辭」來非難他們的內地人殖民者，他們也不甘示弱地反擊說，這些人是「不理解新世界的非文明國民」。[51]

就像這樣，他們認同自己是「日本人」，主張請願是「國民的要求」，雖

然多少有應付總督府鎮壓的成分在，但其中也有不少是真心話吧。林獻堂等人對於請願運動被冠上「革命反叛的惡名」感到悲歎不已，並寫下這樣的內容：「台灣不過是一座又小又弱的『孤島』……她若是提出獨立的要求，即使母國允許，也會不旋踵地落入其他列強的侵奪當中，這是比什麼都清楚的事實。台灣人雖然愚笨，也不會抱持著這樣的妄想，這是智者不待說明，都能充分理解的道理。」負責引薦的田川大吉郎也在議會中說：「這些抱持著設置台灣議會的希望來到東京的人，雖然對於現在的總督政治感到深深的失望，但對於獨立的獨字卻也絕口不提；我反過來問他們說，為什麼不談獨立呢？對此，他們不斷聲明說，台灣從以前到現在，在歷史上都沒有獨立過，故我們也不敢期望會有獨立這種事情。因為他們如此一再強調，所以我相信他們的聲明是真的。」他們的要求是，在保障身為「非日本人」的獨特性的同時，也成為「日本人」的一員。[52]

我認為最能貼近當時請願者心情的，是林獻堂以下的這一番話：[53]

> 日本帝國……若要保障東亞的和平，必先從團結東亞的各民族開始。而要謀求東亞民族的團結，無論如何又都非得從殖民地開始……看看那美國吧，它的人種之複雜，言語文化宗教之不同到了這種地步，卻還能形成一個國家，而且在世界上躋身成為第一等的富強國度。之所以如此，就是因為他們尊重個人的自由，且利害攸關與共所致。為了台灣，為了我國，我輩希望也能夠達到如此境地。故此，這次提出台灣議會設置的請願，出發點全是基於這種利害攸關與共的想法。

就這樣，多元的日本像與多元的台灣像彼此結合了。林獻堂和蔡培火在前述的小冊子中，強調「台灣議會是由不分住在台灣的內地人或本島人，或是行政區域內的熟蕃人，平等公開選舉出來的代表者所組成」，並非主張只有漢民族的台灣。[54]

當時的《台灣青年》，雖然刊載了很多批判台灣內地殖民者的文章，但他們主要的批判點都集中在這些人的橫暴與歧視態度，還有那種出外撈一票就走的過客心態。作者們不滿地說：「內地人渡海來到台灣，全是為了得到利益；一旦得到了利益，就馬上捲起包袱，回到內地。」在雜誌的一篇報導中，以某位在澳洲誕生的英國殖民者子弟自稱「澳洲人」為例，感歎地說：「在台灣

或朝鮮誕生的日本少年，究竟有多少人能夠認真坦然、大聲地說出：『因為我在台灣出生，所以我是台灣人』，或是『我是在朝鮮出生的朝鮮人』呢？」在這樣的認知層面上，殖民者也是在總督府的支配下被剝奪法律權利的一員，故此，「移住到台灣的內地人，至少也要將台灣當成子子孫孫永遠居住的地方，為促進台灣的發展，盡一份國民的任務……若是對這種責任有所自覺的話，必然不會甘居專制制度之下，而是應當與島民團結合作，要求立憲政治」。他們用這種方式向內地移民訴求，希望移民也支持請願運動。[55] 這種傾向和把「日本人」與台灣人嚴格畫分開來的民族自決運動多少有些不同。

但是這樣的想法並不為殖民者所理解。從這個時期的《台灣青年》雜誌上積極刊載內地殖民者的文章這點，可以看見他們盡可能尋求對話的企圖。可是上面刊載的殖民者投稿，幾乎都是從一視同仁論出發，訴求歧視的緩和（甚至連匿名投稿也是如此），至於陳述支持台灣議會請願的文章，則是完全不見蹤影。

蔡培火記錄了一位自己在歸鄉時遇到的內地人公學校長的發言，這位校長在台灣已經從事了20年以上的教育工作：[56]

你們常在《台灣青年》雜誌上面自由、自由地亂叫，但是這世上根本沒有自由這種東西，若是有的話，也只是在淺薄的西洋文化影響下思考罷了……大和魂就是獻身服從的偉大精神，所以容許自由根本是沒道理的事。然而你們卻隨自己喜好，成天把自由掛在嘴上，這實在是太不謹慎了……你們既然是日本臣民，那就必須把這些東西給改掉才行。拜這26年以來的善政所賜，你們享受了多大的恩惠啊！今後一切的機制也會由內地官民按照既往，好好地處理經營，所以你們最好還是信賴〔內地官民〕，並盡量跟隨他們的腳步，這樣的話毫無疑問，必定會享受到更大的幸福……認為台灣人因為是漢民族，所以是「日中」親善最適當的媒介，這樣的說法根本大謬不然。台灣人要是認為自己是漢民族，那就絕不可能對日本抱持著好感……既然那麼想當漢民族的話，在《馬關條約》簽訂當時有2年的緩衝期，為什麼不回支那去？26年後的今天，還毫無忌憚地稱自己是漢民族，這未免太過任性妄為了吧！這和宣稱「我們是有數千年歷史的朝鮮民族」是同樣一副德行，如果那些是不服王化的朝鮮人，這些就是不服王化的台灣人。台灣人必須要盡早忘記這個漢民族的觀念，為朝

向成為大和民族的一員而盡心努力才是啊！

「日本人」是服從命令的人，要努力成為這樣的「日本人」；這位校長的話，清楚展現了支配者一方所高唱的「同化」與「日本人」代表的意義。吉野作造在 1921 年的朝鮮統治批判中就寫到：「所謂同化政策，其實不是指成為『跟日本人完全相同的人』，而是要求他們成為『聽日本人話的人』。」這的確是一針見血的形容。[57] 至於這位校長認為，保持漢民族的認同，對於成為「日本人」就會有所保留，這種邏輯實在難以理解。對他而言，大概只有成為「大和民族的一員」，要不然就是作為推行獨立運動的「非國民」，滾出日本這兩種選擇吧！

蔡培火將這位校長看成是舊時代的遺物，呼籲新時代的青年同胞：「不要遺漏了具有誠意與遠見的內地人士，應努力和他們和睦協力，打破內台人之間的障壁。」[58] 然而，同化成「日本人」，抑或是依循民族主義走向民族獨立，在這兩道對立壁壘的夾縫間，能理解他們主張的人又有多少？這實在是一個很大的疑問。事實上，日後請願運動之所以走上分裂的路，也正是因為這樣的對立所致。

## 「違憲」的界限

經歷過這樣的過程後，匯集了連署書的第二次請願，在 1922 年 2 月再度向帝國議會提出。可是這次也跟上次一樣，請願委員會連討論都沒討論，就把它給駁回了。

蔡培火和林獻堂在這年春天再度回到台灣，致力於宣傳請願運動。他們以 1921 年成立的台灣文化協會為運動基地，如同伊波普猷般，在台灣各地四處奔波，為了普及科學知識與「新文明」而展開巡迴演講。自 1923 年到 1926 年間，文化協會共舉辦了 798 場演講會，參與的聽眾達到了 30 萬人之多。[59]

台灣總督府方面，對此展開了正式的取締行動。首先，他們通告地方的街庄長會議與保甲會議，嚴厲表示「像設置台灣議會這種自治運動」，是絕對不能容忍的事情，要求島內的有力人士不得跟他們扯上關係；同時，他們在請願運動和文化協會的演講會場上，也配置了懂台灣話的警官，隨時都可以命令演講解散或施予處分。到了 1923 年以後，他們更是將內地的治安警察法延伸施

行到台灣，據此對集會、出版加以限制。儘管以〈匪徒刑罰令〉為首，台灣本身就已經留有許多特殊的律令，但總督府對於便利的治安法規，還是不吝惜「內地延長」一下。除此之外，他們也動用各種明的暗的壓力，包括解雇參與連署的公務員與公司職員，撤銷協助運動的專賣業者的特許執照，命令台灣銀行對參與連署者催債或是拒絕貸款等。[60]

這種鎮壓確實產生了效果，島內的有力人士開始表現出動搖的態度。林獻堂擔任街長的妹夫就呼籲他終止請願，台灣銀行也向林家施壓，要催討他們的債務。1922 年 9 月，大感困擾的林獻堂造訪了總督田健治郎；田氏表示，「請願是憲法賦予我臣民之權利」，所以「我不會做出以職權干涉請願的舉動」，同時卻又說「以朋友的立場，我勸你還是停止請願吧」[61]。總督府一邊在暗地裡用各種手段施加壓力，表面上卻高唱保障權利，還擺出「友人」的嘴臉提出「忠告」，這種做事方法，就是絕對不會在法律上明白表現出歧視態度的日本式統治風格吧！

除了這種暗地施行的鎮壓以外，若有必要，總督府也不會吝惜採取露骨的強硬手段。1923 年 2 月，由蔡培火等人組成的台灣議會期成同盟會就遭到了鎮壓。這個團體是為了讓運動徹底合法化而成立，於是蔡培火按照治安警察法的手續，去申請公認結社的核可，但總督府在此時卻發出了禁止結社的命令，所以同盟本部只好轉移到總督府管轄外的東京去設立。為了對抗總督府的壓迫而利用內地，這的確是很符合此運動的一貫戰術，但是這一年的 12 月，總督府還是將居住在台灣的同盟成員一併逮捕。

台灣本島遭到這般鎮壓，助長了內地請願活動的氣勢。1923 年 2 月，為了第三次請願而來到東京的蔡培火一行，受到揮舞著「自由」、「平等」、「台灣議會」等小旗的台灣留學生熱烈歡迎；一行人一邊合唱台灣議會請願歌，一邊分乘當時還很罕見的汽車，在市區沿途散發五顏六色的宣傳單。提出請願書的時候，他們還在當時也很少見的西餐廳招待新聞記者以及引薦議員；不只如此，他們還讓台灣飛行員在空中灑傳單，並將台灣議會設置請願理由書的小冊子分發給貴眾兩院議員以及報社，可以說是想盡了一切辦法。當然，在這當中他們也一再強調運動的合法性、立憲政治的台灣延長，以及作為「國民」的權利。這種可謂都市型市民運動先驅的時髦宣傳作戰，與大正民主的氛圍不謀而合，因此收到了不錯的效果，大眾媒體也刊載了頗為善意的報導。[62]

然而，最關鍵的議會審議還是狀況不佳。不只是總督府和政府一致對此運

動大表敵視，就連帝國議會內也少有贊成意見。雖然確實有不少議員同情台灣人的處境，當總督府將台灣議會期成同盟會的成員一網打盡時，也有30名議員向政府提出質詢，指責他們「蹂躪國民的權利」[63]；可是在這些聯名提出質詢的議員當中，也包含了植原悅二郎之類的同化論者，他們就算抗議總督府侵害人權，也未必就會贊成請願的主旨。

說到底，台灣議會設置請願，是以和民權派議員一直敵對的「總督府的自治」同樣的論述方式推展出來的產物，而在台灣設置自治議會，無異於設立「第二個帝國議會」，必然會使得帝國議會的權限遭到限縮。於是請願委員會審議後，認為設置擁有立法權的台灣特別議會，有違反憲法中「只有帝國議會擁有立法協贊權」的規定之虞，因此加以否決。雖然他們對於總督的立法權都可以透過一點一滴的解釋手段來讓它合憲，但對台灣人的議會設置請願，卻斬釘截鐵地馬上說是「違憲」。更有甚者，一向近乎無視憲法的台灣總督府，為了對抗請願運動，居然也發表了自治議會的設置「不合憲法宗旨」的談話。[64]

至此，請願運動的弱點暴露無遺。請願者試圖逆轉原屬支配者語彙的殖民政策學、利用總督府用來使特權正當化的「台灣特殊性」邏輯，展開了這次的運動。但是，日本內部的支配者是分裂的，他們請願的對象——帝國議會，採用的是和總督府不同的語彙——內地延長主義。不只如此，台灣總督府也在表面上改換門庭，開始接受內地延長主義，於是站在請願陣營這一邊的，就只剩下一部分的殖民政策學者以及言論界而已。

在這之後的請願運動，基本上還是持續面對著同樣的困難。1924年1月的第四回請願，由於正好碰上議會解散，所以沒能上呈；不只如此，在這一年的選舉中，擔任引薦議員的田村大吉郎不幸落選。於是在同年7月的第五回請願中，由神田正雄和清瀨一郎取而代之，成為眾議院的引薦議員，但是請願也因此發生了微妙的變化。原本就不太贊成「英國式」殖民地政治取向的大亞洲主義者神田，在審議會場上強調台灣議會是「和（內地的）府縣會同樣性質的事物」，極力催促審議會通過決議。[65]

原本這場請願的目標是朝向完全自治的方向前進，但是請願書上卻只有寫到要對「總督實行的立法、以及台灣相關的預算」有協贊權。因為地方的府縣會也有對當地一部分預算審議的權限，所以擴大解釋的話，確實也可以把台灣議會解釋成和地方議會「同樣性質的事物」。請願者一方也提出了說帖，指出台灣議會「就相當於內地的地方議會」，透過這種作戰方式來為神田的主張背

書。[66]這是在清楚明瞭若是帝國議會將之解釋成侵權，請願就絕不會通過的情況下，於無奈之中使出的戰術；可是為了請願通過，他們已經捨棄太多原本的要求了。

的確，關於台灣議會設置這件事，請願者和引薦議員之間，是否真有緊密的共識？這是巨大的疑問。在請願文件裡面，對於議會的具體構成與選舉方式、權限的範圍等等，全都沒有明確的描述。神田把它解釋成如同地方議會的事物，但田川卻在著作中把它描述成採行有限選舉的兩院制、相當具體的議會藍圖，這明顯就和內地的地方議會有所不同。在決定請願的時候，留學生之間原本也有要求「完全自治」或是「設置議會」兩種不同的意見，後來在林獻堂的裁定下，才確定「總之先以設置議會為要求進行請願」。[67]簡單說，「台灣議會」這個詞，是將台灣人模糊隱約的願望，與內地形形色色的統治改革論綁在一起的象徵，可是並沒有十分具體的內容。

或許，要求這些對法制完全是門外漢的台灣留學生想出一個具體方案，未免太過嚴苛了也說不定。不只如此，若是有一個具體的議會建構藍圖的話，且不說根本不可能找到田川和神田這種思想完全兩極化的議員引薦支援，搞不好打從一開始台灣人內部自己就先分裂了。在這層意義上，從對殖民政策學的曖昧理解產生出來的「自治主義」，在運動初起的時候能夠集結眾多的支持，發揮了很大的功用；可是一旦請願碰上阻礙，那麼這個「自治」外強中乾的真相，便一下子全都暴露出來了。

在這第五次請願中，另一位引薦議員清瀨一郎也強調：「若是台灣和內地同樣設置選區，並且能將代表送進（帝國議會），那麼台灣人自會欣喜萬分，不過這起請願案，並沒有要求到那麼高的地步。」請願委員會的議員也覺得若是這樣的話，「同樣是國民，台灣人實在是非常值得憐憫」，因此一時之間傾向接受請願；但是台灣總督府出身的委員卻反駁說：「這個所謂台灣議會請願的精神，其實就是以台灣獨立的陰謀為出發點。」結果這次審議就在懸而未決的情況下，畫下了句點。[68]

有鑑於請願反覆失敗，在1925年的第六次請願中，重新附上了一篇洋洋灑灑的「請願理由大綱」。但是大綱當中還是沒有明確說出台灣議會的具體構成藍圖，只是一味地批判台灣總督府的壓迫性政策，並強調請願是「符合立憲思想、有合理依據的國民要求」而已。[69]他們大概是為了要在以完全自治為目標的激進台灣人的期待，以及神田等引薦議員的意向之間取得折衷，所以才除

了重複以往的老調之外，其他什麼都不提吧！

另一方面，台灣總督府警務局也針對自治議會請願運動擬定了一份反駁的內部文件。這份文件的特徵是，它對請願運動的理論基礎——即依據殖民政策學而來的「自治主義」——提出批判，並且看穿了它的虛構性：「獲得允許自治的英領自治殖民地，僅限於其居民大部分都是與本國同民族的地方，其他殖民地則都不被允許自治。」另一方面，他們也表明了自己的方針，那就是對請願運動除了鎮壓之外，也要試圖說服運動領袖，誘導他們遵循內地延長主義，走上「參政權獲得運動及地方自治制度的改善運動」這條軌道。不過話又說回來，即使轉換為參政權請願運動，要賦予實際的參政權，當然也要在「議員自不用說，就連選舉的住民都要充滿著忠實奉公犧牲的精神」這個大前提下，採取「漸進」的方式，在「長遠的將來」，由總督行使立法權通過才行。[70]

就在這種鎮壓、議會之壁、內部不統一的事態接踵而來的情況下，連理論基礎都被總督府看穿弱點的請願運動，唯一能強化自身的手段，就只有設法增加請願署名人數了。在第六回請願中，儘管遭遇到種種鎮壓，連署人數還是達到迄今為止最高的782人。和前次一樣，引薦議員強調「我們完全可以證明，這項運動和所謂獨立運動或是民族自決，一點關係都沒有」，又說「雖然是掛著台灣議會的名號，但是完全不會干涉到帝國議會的權利」，並反覆強調台灣人在日中親善中扮演重要角色這套大亞洲主義的邏輯。不只如此，神田還把請願者比擬為推動國會開設運動的明治民權運動志士，希望議會在考量台灣民心的情況下，至少在形式上核可請願，但最後還是以未達成共識的情況作收。[71]

1926年的第七次請願，超越了迄今為止僅有數百人連署的天花板，達到兩千人連署的程度。當時的若槻禮次郎首相在議會答辯時表示說：「台灣早晚必然會達到漸漸自治的狀態。」因此請願方抱持著期待，但是從總督府到首相的說明，卻又讓事態為之一變。若槻明白指出，特別議會的設置「違反了憲法」。引薦議員還是如往年般反覆解釋，但委員會卻批判說，請願者對於他們到底要求的是殖民地自治，還是和內地一樣設置地方議會，根本模糊不清，於是單方面地決定駁回請願。[72]

遭到首相明言堅決否定的請願運動，產生了巨大的動搖。蔡培火回到台灣，努力激勵眾人說：「我輩的運動，乃是順應世界情勢的運動，即使若槻首相反對……我們也絕對要抱持著百折不撓的決心，讓它成功才行。」[73]但是，此路不通的情況，已經相當明顯了。

## 分裂的請願運動

若槻禮次郎

　　此後的請願運動，就只有走上衰退一途。

　　首先，作為運動最大母體的台灣文化協會內部對立日益激烈，於 1927 年初正式分裂。運動內在的不統一終於浮上檯面，對融合性請願運動感到無法滿足的左派開始興起。受到共產主義與無政府主義影響的左派後來掌握了文化協會的主導權，於是蔡培火等舊幹部脫離協會，組成台灣民眾黨延續請願運動。林獻堂自 1922 年受到田總督恐嚇後，便態度動搖，暫時退出了運動；到了運動分裂後，又不顧同志制止，啟程前往歐美各地漫遊，在這之後更以養病為由滯留東京，2 年不回台灣。

　　在這場分裂的背後，台灣總督府設下了「盡可能促使林獻堂早早出洋」、「進行讓激進分子間更加分裂的計畫」、「使穩健派轉向參政權獲得運動」等對策；不只如此，針對「進行過激運動的青年階層」，他們也「鎖定容易讓這些人入罪的事項，諸如吸食鴉片、通姦、賭博、詐欺等，即所謂有礙善良風俗的罪名，設法將他們逮捕歸案」[74]。勸誘首腦出國放洋、促使運動分裂，對激進派不以政治犯名義、而是以有礙善良風俗入罪，讓他們聲名掃地，每一種方法都是明治中期用來制壓自由民權運動的成功手段。

　　運動分裂造成了重大的打擊。掌握文化協會主導權的左派，形容台灣議會請願運動是「一味懇求資產階級代議士施予小惠，汲汲營營於和日本主義妥協」，「我們唯一能做的事就是打倒那些傢伙（日本），要不然我們就會被打倒，只有這種決定性的鬥爭之路可走」，擺出明確的對決態度。不只如此，和以前不同的是，他們還公然高喊口號，要求內地人與台灣人「打破共學」。山川均等內地的左派勢力，也開始非難林獻堂與蔡培火這些「和日本帝國主義妥協的融合主義者」。[75]另一方面，請願運動幹部長久以來一直表現出來的啟蒙主義態度，在面對新崛起的台灣勞運與農運時，也顯得左支右絀。時代已經過了大正民主期，內地言論界的左右對立也在激化當中，過去那種讚美文明的樂觀氛圍早已消失無蹤。就這樣，台灣議會請願運動陷在以同化苦苦相逼的日本、以及高舉和日本對決旗幟的民族主義派之間，終於被撕成碎片。

　　就在這段過程中，1927 年的第八次請願還是以懸而未決作收。翌年的第九次請願，迄今為止一直持續增加的連署人數不但沒有增加，反而開始減少；

不只如此，在為了請願而來到東京的蔡培火一行人的歡迎會上，整個會場幾乎都被左派留學生占滿，反對請願的演說聲浪更是快要把會場給淹沒過去。由於這一年在內地首次舉行普選，因此請願派相當期待議會的潮流變化，但最後不只是以懸而未決作收，警戒無產勢力擴張的警察還反過來轉趨強硬，禁止過去原本允許的散發宣傳海報與小冊子行動，違者甚至會遭到逮捕。

就在這種狀況下，1929 年 2 月的第十回請願，署名者跌破了 2 千人。請願委員到達東京的時候，也沒有像往年一樣舉行氣派的公開活動，出來迎接的人數也不過寥寥 10 餘人而已。在議會中，引薦議員還是重複著「台灣的本島人也是日本臣民」、「同樣是日本人，只因為居住在台灣本島的關係就沒有選舉權」等毫無新意的老調；他們甚至還哀求說，「看在請願者的面子上，請至少讓它通過一次就好吧！」但結果還是懸而未決。[76]

至此，請願實現的可能性已經等於零，這是再明顯不過的事實。總督府依循一貫的方針，施壓要他們轉向賦予參政權的請願；但是 1929 年 11 月，台灣民眾黨召開中央常務委員會，討論是否應繼續請願運動，結論是：「即使請願一再不被接受，只要議會願意受理，運動就該持續下去。」第 2 年（1930 年）舉行的第十一次請願，連署人數更進一步減少，只剩下 1 千 3 百多人；就連往年都會派遣 3 人以上委員前往東京，如今也只剩下蔡培火一個人前去。在眾議院當中，雖然再次當選的田川大吉郎和清瀨一郎努力遊說，可是政府委員卻斬釘截鐵地說：「不管什麼時候，（請願）內容都是一成不變的東西；既然如此，那麼歷代內閣答辯的主旨，也是不管何時都不會變的。」就這樣，這次又是在幾乎連審都沒審的情況下被打了回票。[77]

同樣在 1930 年，在世界大恐慌發生、對日本共產黨的極端鎮壓、以及自由主義衰退的情勢下，在文化協會分裂後作為請願運動基礎的台灣民眾黨也宣告分裂。殘留在民眾黨內的左派放棄了台灣議會請願運動，左派色彩更加濃烈，但在第 2 年因為態度過於激進，遭到總督府禁止結社而瓦解。至於退出民眾黨的林獻堂與蔡培火，則是走入當局從以前就設定好的內地延長主義框架，轉而提倡地方自治的整理，並組成了台灣地方自治聯盟。

由於台灣地方自治聯盟是和當局妥協的產物，只能主張地方制度改革，所以不能夠成為支援台灣議會請願的團體。於是運動由林獻堂出資，以志願者的名義繼續展開；蔡培火作為總指揮，在全島配置志工，募集到了 1 千 3 百多人的連署，於是在 1931 年展開了第十二回請願，結果還是以駁回告終。另一方

面，同樣向帝國議會提出、由地方自治聯盟主張的地方制度改革請願，卻得到了「參考送付」[78]的結果，帝國議會對應的態度差距，可說一目瞭然。於是，他們決定終止派遣委員前往東京這種毫無意義的舉動，改將連署書用郵寄的方式，寄到引薦議員的手中。結果，1932年的第十三次請願，居然聚集到了迄今為止最高、超過2千6百人以上的署名。考慮到這個運動已蒙受如此沉重的打擊，還能有這樣的恢復，實在令人不得不驚歎萬分。然而，這次請願也還是沒能被正眼看待，在眾議院又是被擱置了事。

在第二年，亦即1933年，進行了第十四次請願，這年的連署人數比去年少了8百多人。運動內部的動搖已經十分劇烈，要求中止請願的人也不在少數，但蔡培火卻說：「我們是根據請願令，行使國民理應被賦予的權利，沒有一點不適當之處。」強行推動連署。在委員會中，引薦議員也說，這項請願是由穩健派所提出，「若是議會對這項請願的態度不改的話，恐怕會增加激進派的數量」，於是主張接納他們的請願。可是，「這項請願完全是偽裝，不管怎樣強辯，在它裡面隱藏的民族自決主義是無法否認的」、「這項請願的目的中包含了太多民族獨立主義的要素，很明顯是有想要成為第二個愛爾蘭的意思」；這樣的意見占了多數，於是最後又決定駁回。[79]

至此，請願運動事實上已走到末路。1934年提出的第十五回請願，只有不到1千2百人參與連署。對此，議會方面只說，「這項請願我們當作今年沒有提出過」，然後便乾脆地拒絕了。[80]這年，蔡培火前往東京，和迄今為止一直支持運動的內地人士進行商談，之後回到台灣集結幹部，終於決定中止運動。這項持續了13年之久的運動，就在這樣黯淡的情況下畫下句點。之後到了1936年，地方自治聯盟也宣告解散，台灣人的合法政治活動自此名實俱亡。

台灣議會設置請願運動，在某種意義上來說是個不幸的運動。這個運動的概念——在日本的主權下，為了確保包括立法權在內的文化和政治獨立性而設置議會，並且以「國民的權利」為號召而進行請願，在當時幾乎沒有人能理解。支配方將它形容成「徹頭徹尾民族獨立運動的偽裝」，台灣內部的左派則視之為向支配者靠攏的改良主義，並大加批判。這個運動雖然是積極的抽換概念，把台灣人置於既是「日本人」又非「日本人」的位置上，但正因此，它也讓自己處於強迫台灣人成為「日本人」的同化論、與要求和「日本人」完全分離的民族自決主義的夾縫之間，從而受到兩方的敵視。

與這個勉強抽換自身位置的運動相應的是，運動方在闡述自己主張時，使

用的是「文明的傳播」或者殖民政策學，換言之即是支配者一方的語彙。然而，參加運動的台灣人也好、支援的引薦議員也好，他們是否真的互相理解對方在使用這樣的語彙時所想表達的意義呢？我想這是很大的疑問。在運動初期，對殖民政策學的誤讀造成思想上的曖昧不明，反而對聚集支持者產生了很大的作用，但是到了後半，這反而變成了弱點。對殖民政策學的理解反而是總督府更高一籌；帝國議會因為「請願的主旨不明確」而態度冷淡，其實從邏輯層次高低來看，就是會有這樣的結果。說到底，在使用支配者語彙的技巧上，支配者一方會比較高明，這也不是什麼好稀罕的事。

可是，請願一方即使在自己的論點一一被駁倒的情況下，依然不曾放棄運動。他們透過「文明」或者「殖民政策學」這些語彙所想表達的願望，即使在失去這些用以表現的語彙後，依然不曾消失。多元主義這個概念，即使在現今也很難講清它的具體內涵，因此屢屢被批評為只是在國民統合與民族自決間飄盪的一個夢而已。日本方面的邏輯是，平等只有在身為「日本人」的情況下進行統合才能實現，主張政治上獨立性的人，都是要從「日本人」分離出來的民族主義者。然而，儘管這樣的邏輯有一定的「正確性」，那些隨著誤讀與曲解表現出來的願望，也不會就此消失。

蔡培火在運動開始退燒的1928年，出版了一本名為《告日本國民書》的著作。「就性質而言，走在太前端的言論並非我所好」[81]，正如他這樣形容自己的著作般，在這本書裡，並沒有那種思想上令人耳目一新的內容，只是誠實地反覆陳述著請願運動迄今為止的主張。在這裡，他為了呼籲那些過去曾受到歐美歧視，以及藩閥政府壓迫的「內地同胞」響應對話，寫下了以下的內容：[82]

> ……各位從不名譽的被支配地位，一躍成為我們的支配者地位。過去同樣身為被支配者的各位，毫無疑問會以我們的支配者身分，悠遊自在於這個時代當中；各位的欣喜，想必有如登上天堂一般吧！當我在為各位的前途、各位的新生涯道上祝賀的同時，也懇切祈求各位不要忘了過去，自己作為被支配者所嘗到的種種苦澀與悲慘滋味……
>
> 倘若不幸，各位完全陶醉在出人頭地的醇美當中，認為過去的逆境不過是一場夢、只是轉眼雲煙，並且以新支配者自居，將過去自己切齒詛咒的支配者惡行，強加在過往原本同病相憐的我們身上的話，這時，我又該說什麼好呢？我或許會拋棄對各位的滿腔期待吧！然後，我將會帶著有人格

的人類無法被斲傷的尊嚴與權威,另外尋找其他的出路吧!……

　噫!各位,事實不應該是這樣的;對於上面那種不幸的假設,我們連一點都不該抱持才對。我打從心底,呼籲身為同胞的各位;同時也要將我的滿腔熱血,努力傳達給各位。各位啊,我懇求你們,和我抱持著同樣的心情,充滿誠意地聽我一言吧!

　身為引薦議員的田川大吉郎,為這本書寫下了一篇序言。「在我想來,內地的同胞應該無法如你所期待的,對你有所理解吧!不只是現在做不到這點,究竟要花上多少年才能理解,甚至這一天是否真會到來,實在是未可知。」[83] 這段 70 多年前寫下的話語,是否真的已經傳達到他所要訴求的人們耳中,而「那一天」又是否已經真的到來?就非本書所能回答了。

第十四章
# 「生於朝鮮的日本人」
## ——唯一的朝鮮人眾議院議員・朴春琴

至今為止，在日本歷史上，曾經公開承認自己是朝鮮裔的眾議院議員，只有一個人，就是 1930 年代在東京第四選區當選的朴春琴。[1]

儘管如此，卻很少人知道這個人的存在。之所以如此，最主要的理由就是，很難定位他。我們所敘述的歷史，往往是以國家或民族為主體的「國史」，而對於歷史上的諸多人物，我們也偏好以他們對國家民族的貢獻程度來給予評價。在這樣的歷史當中，「日本」和「朝鮮」，或者「反日」和「親日」，被設定為兩極對立的範疇，絕不容許有「既非日本人，也非朝鮮人」這種曖昧的空間存在。於是，在這種分類下既是「朝鮮人」同時也是「日本」國會議員的朴氏，他的存在自然就變得極度難以歸類了。正因如此，迄今為止的歷史研究，若非無視難以歸類的朴氏，就是從血統論出發，把他定位在「身為『朝鮮人』，實際上卻是『日本』走狗」——亦即「親日派」——代表人物這樣的框架當中。然而，正如我們以下會看到的，如果將他的言行舉止只是單純視為追隨日本政府的話，那這樣的言行也未免太過複雜。

朴氏在形容自己時，屢屢使用「生於朝鮮的日本人」這樣的語彙。這種一面公開承認自己是「朝鮮人」，一面又主張自己是「日本人」，亦即相當於所謂「朝鮮裔日本人」的語彙，清楚展現了當時他所處的位置。不只如此，在追溯他所經歷的軌跡時，我們也可以清楚察覺到帝國少數族群的苦惱，以及在屈從與抵抗間掙扎的矛盾。

## 作為「日本人」的權利

在大日本帝國當中，朝鮮人和台灣人原則上並沒有國政的參政權。那麼，既是朝鮮人又是眾議院議員的朴春琴，他又是怎麼得到這個地位的呢？為了了

解這點，我們必須先回顧朝鮮人與參政權之間的種種脈絡過程。

正如我們前面所看到的，隨著日韓合併被納入「日本人」行列的朝鮮人，他們為獲得權利，選擇了好幾條不同的道路。其中一個極端就是以非「日本人」的身分爭取分離獨立，另一個極端則是作為朝鮮裔的「日本人」，以獲得參政權。在台灣，以兩極中間地帶的自治議會設置請願運動盛極一時，但是在朝鮮，獨立運動力量較台灣更為強大，自治運動則相對微弱。儘管有一部分朝鮮人曾經在 1922 年和日本民間右翼聯合，送上一份以「在天皇陛下統治之下解放朝鮮人，給予朝鮮人自由，讓他們治理朝鮮內政」為主旨的「朝鮮內政獨立請願書」，但請願委員會卻將其束之高閣，以後也再沒有這樣的請願運動。主張內地延長主義的帝國議會無法容忍自治，而請願書藉著「天皇直轄統治」來批判「總督政治的失敗」，總督府當然也不會接受。[2]

另一方面，在朝鮮推行眾議院議員選舉法的請願運動，總計橫跨了 18 個會期。朝鮮方面第一次爭取賦予參政權的請願，是和台灣議會設置請願運動幾乎同時期的 1920 年；當時請願運動的領導者是組織「國民協會」、提倡「新日本主義」的朝鮮人閔元植。

閔元植的妻子和朝鮮李氏王朝有姻親關係；在韓國作為日本保護國的期間，他曾在政府裡擔任官員。日韓合併後，他受到年輕郡主的拔擢，當時只有 33 歲，是朝鮮社會的菁英。閔氏在自己所寫的「新日本主義」論文裡主張東洋諸國當中唯一能對抗歐美的就只有日本，更舉了日本提出「人種平等提案」為例[3]，論道：「東洋人應該要一起拋棄小我，以帝國為中心齊心協力，為對抗白人而共同奮鬥。」據閔氏和國民協會的說法，日韓合併不是殖民地化，而是基於大亞洲主義的大義而為的對等合併。「日本已非舊時的日本，而是包含了朝鮮土地及人民的新日本」；故此，「朝鮮是帝國的一個地區」，而非「殖民地」。

朝鮮並非「殖民地」，以及依循大亞洲主義對抗「白人」的這種論調，當然都是大日本帝國對於日韓合併與統治朝鮮所高倡的官方說法。可是，就像台灣議會請願運動採用了殖民政策學的語彙那樣，即使是同樣的辭彙，從支配者角度，和從被支配者的角度來發言，兩者的意義就有很大的差別。國民協會的結論是，正因為（朝鮮不是殖民地），所以「我們對於現在這種造成內鮮區別的制度，實在無法感到滿意」；他們提出抗議，疾呼「朝鮮人應當享有身為國民重要的權利，也就是參政權」。[4] 如果朝鮮人是「日本人」，而非「殖民地」

的話,那麼就應該賦予他們作為「日本人」該有的權利才對,這就是閔氏「新日本主義」的內容。

1928年,有一名朝鮮青年闖過嚴密的警戒,試圖直接向為了舉行即位大典與大嘗祭而訪問京都的昭和天皇當面陳訴。在這封陳情書當中,寫著以下的內容:[5]

> 天皇施政之下若還有民族歧視存在,則必構成東洋和平精神之障礙。
> 草民等2千萬民族亦是陛下之臣民,願為國家肝腦塗地,故俯首叩請以下事項,唯願陛下明察:
>
> 一、朝鮮總督府廢止之事。
> 二、與內地同等選舉眾議院議員之事。
> 三、將朝鮮人等同於內地人適用徵兵制。
> 四、對在外朝鮮人給予內地人同樣保護之事。
> 五、廢止其他政治上差別待遇之事。

這位朝鮮人從「東洋和平」和「陛下的臣民」立場出發,就「民族歧視」的撤廢與參政權,以及「廢止總督府」直接向天皇陳訴。在此姑且不論對直接陳訴這種表現形態的評價為何,假使朝鮮人真的像大日本帝國公開宣稱的那樣,是「日本人」的一員,那麼這些要求理所當然的會導向於此。

在這封陳情書當中,不只要求廢止總督府以及爭取參政權,也要求在徵兵制以及保護在外朝鮮人等方面做出改善。閔元植認為徵兵制的實施也是國民權利義務的一環,故對此明白表示樂見其成,不過作為回報,應該要給予朝鮮人參政權。正如第十章所見,沖繩的地方報紙也是一面強調願意盡服兵役之義務,一面要求參政權。另一方面,關於「保護在外朝鮮人」這點,則主要是指保護居住在朝鮮和中國國境交界處的間島地區之朝鮮人。當時,在日本支配下難以為生的朝鮮人,有很多人流入內地賺錢糊口,或是前往間島地區討生活;但是,在間島的朝鮮人屢屢受到中國政府的壓迫。日本政府基於維持勢力範圍的理由,沒有讓這些朝鮮人脫離日本國籍,但是因為他們沒什麼利用價值,所以也未給予保護。到了1920年代後半,這些人的處境變成了嚴重的問題;結果是在918事變後,這一地區完全處於日軍支配下,問題才總算得以解決。

到了 1930 年代，要求獲得「日本人」權利的朝鮮人，似乎更多了。以獲得參政權為主，這些人的共通主張包括了：完全適用帝國憲法、內地人與朝鮮人共同就學、實施義務教育制度、撤廢渡航內地限制、適用徵兵制等等，總而言之就是希望朝鮮不再是「殖民地」，而是能夠獲得作為「日本」的待遇。如同閔元植的情況一樣，他們從大亞洲主義的立場出發，不斷強調朝鮮和日本在人種、歷史、文化上的「親近」，以及與歐美對殖民地支配的差異。

作為這種主張的論述根據，他們舉出日韓合併時明治天皇的詔書，以及平息三一運動時由大正天皇發表的「一視同仁」敕語。換言之，天皇贊成日本與朝鮮對等合併，且把朝鮮人也視為「日本人」，對其一視同仁相待；然而，儘管如此，日本政府和總督府卻不願意實行這樣的政策。之所有會有「向天皇直接陳訴」這種抗爭形態的產生，也是出於這樣的背景。

對於這些爭取作為「日本人」的朝鮮人來說，最大的屈辱莫過於朝鮮被形容成「殖民地」了。這跟沖繩的知識分子以及報紙對於沖繩被視為「殖民地」感到極度恐懼，是十分類似的情況。第十章曾經提過，將沖繩和台灣一起編入「南洋道」的計畫，在沖繩的地方報紙上引起了激烈的反彈；與此意義相近的是，1929 年發生的拓殖省「朝鮮除外」運動。正如第十一章所述，日本政府於這一年新設了拓務省，和朝鮮總督府展開了權限上的爭奪戰，但這時一部分朝鮮人卻發表聲明，指出「拓殖省就等於是外國的殖民機構」，所以「朝鮮若交給拓殖省來管轄，那就跟殖民地沒有兩樣，這違反了合併的精神，我們絕對反對」。另一方面，就跟沖繩的輿論在主張自己是「日本人」的同時，把愛努人跟生蕃給排除在外一樣，朝鮮人也認為，將自己和「南洋群島置於同樣管轄之下」是種屈辱，於是向政府展開了陳情行動。[6]

當然，這裡所謂「合併的精神」指的是，合併正如明治天皇在詔書中所主張的那樣，是日韓間的對等合併，與歐美的殖民地支配在意義上是完全不同的。面對這種陳情，此時的首相田中義一發表了冠冕堂皇的場面話：「朝鮮統治的終極目的，在於萬事都與內地同等同樣，這是大家共同的看法，我也深信，未來將會是朝著廢止朝鮮總督府，達到與內地同樣的待遇而努力。」但是，政府最後開出的條件就只有：省廳管轄不能變更，但政府可以發表訓示，明白宣告「朝鮮不是殖民地」。[7]最後，在設置的機構名稱上，日方將原本的「拓殖省」的「殖」字刪掉，改成了「拓務省」。自六三法爭議以來，公開稱朝鮮、台灣為「殖民地」，幾乎已經成了日本政府無法言說的禁忌；部分朝鮮

人的感情與政府的官方見解，在這裡得到了表面上的共識。

但是我們必須要留意的是，上述的行為看法僅限於一部分朝鮮人而已。閔元植於1921年為了第三次請願而前往東京時，遭到朝鮮獨立運動派的青年刺殺；至於向天皇直接陳訴等逸脫常軌的舉動，那就更不用說了。儘管如此，高舉自己是「日本人」的旗幟，試圖以此化解歧視與差別待遇，這樣的朝鮮人的存在也是事實；本章所述的朝鮮人眾議員朴春琴，也是其中一員。

閔元植遭到暗殺後，朝鮮還是斷斷續續地提出參政權請願，日本在表面上始終對此抱持著善意的態度；特別是支持內地延長主義的的媒體與帝國議會，對此相當欣然接受。相較於連一次也沒有通過的台灣議會設置請願，朝鮮的參政權請願有9個會期獲得通過。由於若實施選舉法，朝鮮的內地人殖民者自己亦可得到參政權，所以也傾向樂見；和台灣議會設置請願只有台灣原本居民參與署名的情況形成對比，朝鮮的請願運動也有殖民者加入連署。[8]

話雖如此，表面上帶著善意接受請願是一回事，實際展開推動賦予參政權的行動則是另一回事。對於閔元植的請願，當時擔任首相的原敬回覆道：「主旨立意甚佳，但時機尚未成熟。」總督府的水野錬太郎政務總監也表示，首先應該等地方自治制度實施，然後才視情況漸進推展。[9] 朝鮮總督府在三一獨立運動後曾經對這些親日團體進行資金援助，但是在1920年代中葉，這樣的熱度也冷卻了下來。1929年的拓殖省朝鮮除外運動，由於不願受到拓務省的監督這點和總督府的想法一致，所以他們似乎曾動員麾下的親日團體出面抗議，但是總督府對朝鮮方的要求到底支持到什麼程度？還是值得懷疑的。正如所見，對朝鮮人議員團的恐懼是一直存在的問題；假使他們的要求實現的話，那總督府很明顯一定會遭到廢止。

可是，日本方面不管哪個勢力，對於這個高舉帝國官方見解的運動都沒辦法徹底否定。就這樣，這個請願獲得了「交付參考」與通過議會的待遇，但政府實際上卻對之視若無睹。

## 居住在內地的朝鮮人參政權

就在參政權請願運動持續被束之高閣的時候，在意外的方面，卻有一群朝鮮人獲得了參政權。

正如第八章所述，就法律上而言，朝鮮人之所以沒有參政權，是因為朝鮮

沒有實施眾議院議員選舉法，所以連帶地居住在朝鮮和台灣的內地人殖民者也沒有參政權。然而，正因選舉法是如此運作，所以當然也可以預期會有相反的事態發生。換言之，居住在有眾議院議員選舉法實施的內地朝鮮人，他們能不能行使參政權，就成了一個問題。

在審議共通法的時候，因為婚姻或者收養關係而移籍內地的「朝鮮人」，答辯書認為在法律上應視為「內地人」，這在第八章已經提及過。可是這裡又遇到了另一個不同的問題：本籍依舊在朝鮮或台灣，亦即在法律上被視為「朝鮮人」或「台灣人」的人，他們若是住在內地，是否能夠獲得參政權呢？這樣一來，就會出現不用承擔徵兵義務卻享有參政權的事態。

像這種可能性，其實從合併當時就已經有人指出了。合併時，法學家美濃部達吉在報紙上這樣寫道：「因為朝鮮人都成了日本人，所以假使有人移居內地的話，也應該和內地人一樣享有參政權才對。」對於美濃部的這種法律解釋，眾議院議長長谷場純孝駁斥說是「極端誤謬」；他主張說：「琉球人到現在都還沒能行使參政權，北海道也是近年來才漸漸開始施行選舉法；既然如此，那要賦予朝鮮人參政權……前途還甚為遙遠。」然而正如第五章所述，美濃部反對給予朝鮮人「日本人」的權利，即使居住內地的朝鮮人享有參政權，「能當選議員的人畢竟很罕見，所以我想應該不會有上述那樣的危險；不過或許像對歸化人一樣，用法律來限制他們，會是比較好的選擇。」[10]當時的國籍法規定，歸化的外國人不得擔任國會議員或是陸海軍將官，因此美濃部其實是在暗示應該朝這個方向修法。儘管如此，就算在這時候已經暗示了問題的可能性，但還是沒有出現明確的解釋。

政府方面在議會上正式發表解釋，是在10多年後的事了。1921年，在審議第十章所述的台灣統治相關法案《法三號》的時候，有人提出質問，問到這和賦予台灣參政權之間有何關連？這時候，作為政府委員答辯的法制局長官表示：「台灣人如果移居內地，並符合眾議員選舉法規定的要件，那麼就應該擁有選舉權。」不只如此，他還更進一步說：「我們都知道，朝鮮人有被登載在選舉人名簿上，實施選舉權的前例在。」[11]

這個答辯中所提及的「住在內地的朝鮮人被登載在選舉人名簿上」，指的是在前年亦即1920年3月時，被大阪府登錄為選民的朝鮮人。當時大阪府就轄區內的「朝鮮台灣樺太（庫頁島）人」是否應登錄為選民，向中央政府發出照會，對此內務省地方局則是回覆道：「雖然是朝鮮、台灣、樺太人，只要符

合所有的資格要件，照理就該擁有選舉權。」當時是限制選舉，選民的條件是直接繳納國稅3萬以上即可，不過在大阪府符合這個條件的朝鮮人，只有2個人而已。[12]

為什麼內務省會做出這樣的回答，原因不明。不過，3年前審議共通法之際，政府已經默認了將本籍遷移到內地的朝鮮人可以行使參政權，並且表示若是發生問題時，會再予以規制。即使內地的朝鮮人獲得參政權，也和在朝鮮全域實施眾議院議員選舉法截然不同，對於總督府王國的既得權益不會產生威脅，因此總督府對這個問題也頗為寬容。

另一方面，就在大阪府發出照會的1個月前，前述的閔元植才剛進行了參政權請願，因此就政府的立場而言，不得不正視這個問題。這時正值三一獨立運動後不久，政府拚命地想緩和朝鮮人的民心。因此，若是僅給予2名朝鮮人參政權就能緩和朝鮮人情緒的話，可以說是相當划算的事。大多數居住在內地的朝鮮人，因為勞動條件相當嚴苛，納稅額普遍來說都很低，因此他們盤算著，即使給予許可，也應該不會出現太多選民才對。在這之後，住在內地的朝鮮人擁有參政權這一事實，就變成日本方面主張「我們並非歧視朝鮮人，所以才不給他們參政權，只是朝鮮沒有實施眾議院議員選舉法而已」的託詞了。

更進一步說，相較於對大日本帝國而言需要重大決斷力的「在朝鮮和台灣全域實施眾議院議員選舉法」，社會輿論對於給與居住內地的朝鮮人參政權，也顯得比較寬容。1924年1月，當時的綜合雜誌《太陽》就討論聲浪日益高漲的實施普選問題，進行了對各界有識之士的問卷調查，其中的選項之一就是「是否該賦予居住內地的朝鮮人參政權？」從政經界、教育界、學界、法界、到華族，從保守派到進步派，許多人紛紛做出了回答，結果調查出來的比例是贊成的有72%、反對16%，認為為期尚早的人則有12%，壓倒性的多數贊成。順道一提，反對廢除納稅資格限制的比例是20%，至於婦女參政權，在這份問卷中則甚至連提都沒提。也有人即使反對普選，但出於內鮮融合和大亞洲主義的立場，亦贊成給予居住內地的朝鮮人參政權。從這當中可以窺見當時的部分輿論。[13]

可是單憑這點，實在很難說日本政府已經做好準備，要接受朝鮮人進入帝國議會。例如，當日韓合併之際，朝鮮李氏王族與貴族成為「日本人」時，日本人並沒有將他們列入既有的「皇族」或「華族」之林，而是新設了「王族」與「朝鮮貴族」頭銜。根據當時日本政府的內部文件顯示，之所以新設這些頭

銜，就是「不打算給予他們日本華族擁有的參政權之意」。[14]在合併的大前提下，可以給予這些人在經濟等各方面和皇族及貴族同等的待遇，但唯獨不能使之成為貴族院議員。先前合併琉球的時候，琉球王家被編入普通的華族當中，結果沖繩在實行選舉法以前，已經出現了出身王家的貴族院議員；由於有這一先例存在，所以日本政府對此深懷戒懼。儘管和一旦實施眾議院議員選舉法，便可預期會有百名以上朝鮮人議員湧進國會的狀況相比，給予李朝王族 1 到 2 名貴族院議員，在政治上的衝擊可說近乎於零，但政府還是有意避免朝鮮人議員的出現。

但是，居住在內地的朝鮮人選民，並不只限於大阪府的 2 位而已。在議會中特別引起爭議的是，隨著普選制的實施，住在內地的朝鮮人是否也該適用於同樣標準？和有納稅資格限制的時候相比，朝鮮人選民數目有飛躍性的增加，這是不證自明的事實。更進一步說，內務省最初回應的 1920 年，當時住在內地的朝鮮人不過 3 萬餘人，較前一年也僅僅增長了 2 千人左右；但從 1922 年開始，每一年增加的人數都達到 2 萬人，1925 年已經超過了 13 萬人。面對這種現象，朝鮮總督府和內務省試圖對朝鮮人渡航內地做出限制；但是，只要對朝鮮的掠奪以及貧困無法終止，那麼朝鮮人為了謀生而渡航內地的數量就一定會持續增加，這也是再清楚不過的事。

1925 年 3 月審議普通選舉法之際，關於內地朝鮮人待遇的熱議到了最高點。這時候言論的焦點主要集中在以下兩點：第一，給予沒有徵兵義務的朝鮮人和台灣人參政權，這樣是否合理？第二則是，是否要對居住在內地的朝鮮人，設下特別的參政權限制？[15]

在審議委員會當中，質問的火力集中在第二點上。這時候普通選舉法的原案是，居住在一定地區 6 個月以上且年滿 25 歲的成年男子，不問納稅額度多寡，都享有參政權。另一方面，按照當時政府的官方見解，台灣、朝鮮地區因為住民的政治能力和「民度」低落的緣故，所以不能實施選舉法，必須要等到就學率提升、以及歷經地方自治制度的政治訓練之後，在遙遠的未來才能給予參政權。

但是正如某議員的質問：「要是居住在朝鮮或台灣，就沒有政治能力，但是一搬到內地，馬上就有了政治能力；這樣的說法，實在是令人費解。」會有這種疑問出現，自是理所當然。在議員之間因此有意見認為住在台灣、朝鮮的高額納稅者，其政治能力絕對比為了賺錢，只在內地待上 6 個月的勞工來得更

高，所以乾脆藉這個機會，在朝鮮和台灣實施限制選舉，要不然就是應該反過來，對居住在內地的朝鮮人進行參政資格限制才對。

當時的首相，正是後來以內地延長主義為由，反對台灣議會設置請願以及朝鮮總督府朝鮮議會計畫的若槻禮次郎。首先針對在朝鮮、台灣實施限制選舉這點，他反覆強調「必須經過地方自治訓練」的官方見解來拒絕。另一方面，對於是否要對居住內地的朝鮮人設下限制一案，他的回答則是：「由於認為朝鮮人和台灣人不管用麼方式來到內地都能擁有選舉權是不對的事，所以設下法案來限制，在這方面，我們必須謹慎地從長計議才行。」對於朝鮮人和台灣人，只要能掌握戶籍，要對他們實施差別待遇，就技術上而言應該是很容易的事情。可是，一旦剝奪已獲得認可的內地參政權，並將差別待遇明訂在法律當中，那麼對緩解朝鮮人的民心，以及「一視同仁」的官方見解來說，可就是必須「謹慎從長計議」的事情了。再說，要給予整個台灣和朝鮮參政權，對大日本帝國的政治家而言，也是一個頗需要決斷力的賭博。

當時，委員會屢屢打斷場邊速記，進行祕密會議，想來應該經歷過相當的討論才對。最後，普通選舉法案並沒有對朝鮮人和台灣人設下特殊規定，不過把居住限制從6個月延長到1年，就在這種修正之下過了關。

就這樣，住在內地的朝鮮人選民，其人數一下就大幅增加。然而，對生活不安定的他們而言，居住限制的壁壘實在頗高。據新聞報導指出，1928年居住在內地的朝鮮人，估計超過24萬人，但在同年實施的第一次普選當中，有投票權的人數不過是1萬出頭。（順道一提，同一篇報導中說，台灣選民大約是3百多人，愛努選民則有3千多人。）到了1932年的時候，居住在內地的朝鮮人有39萬人，但有投票權的人還是只有3萬5千左右。除此之外，因為手續困難等種種原因，使得即使具備選民資格，卻未被登記在選舉人名簿上，這樣的情況也屢見不鮮。

另一方面，關於投票還有一個問題，那就是文字。在還是限制選舉時代的1924年，岸和田市議會在選舉時曾經使用韓文進行投票，結果被內務省解釋為無效。然而，使用羅馬拼音投票就被認可，使用朝鮮文字卻無效，這點引發了朝鮮人的反彈。1926年，朝鮮的《東亞日報》就刊載了一篇名為〈朝鮮文字的無效，是日本人氣量狹小的範例〉的社論；在這篇社論中，他們抗議說：「使用沒有選舉權的歐美人用的文字就被允許，而使用有選舉權的朝鮮人用的朝鮮文字卻被認定無效，這只能說是他們（日本人）的鼠肚雞腸與偏見罷

了。」[16]之後，在居住內地朝鮮人的勞工團體——在日本朝鮮勞動總同盟——以及和它關係密切的勞動農民黨的抗議之下，1930 年 2 月，政府終於允許使用韓文進行投票。儘管如此，候選人的名字如果不用日文發音，還是無效。（比方說「朴」，如果拼成「Paku」就無效，但拼成「Boku」就有效）

雖然有這些困難，不過伴隨著居住在內地的朝鮮人口增加，選民人數也日增，不久終於出現了候選人。先是 1929 年的堺市議會選舉、大阪市議會選舉、接著在 1930 年的橫濱市議會選舉，1931 年的兵庫縣議會選舉，都出現了朝鮮候選人。雖然這些提倡「內鮮融合」的親日派候選人最後都沒有當選，不過內務省在 1932 年 2 月做出回應，同意僅限於朝鮮候選人可以用朝鮮發音的韓文進行投票；而在次月舉行的眾議院議員選舉中，朴春琴便順利當選為議員。

面對居住內地朝鮮人的參政權，既沒有膽量明言歧視，又沒有實施完全平等選舉氣魄的大日本帝國，只好採且戰且走，慢慢放寬限制，亦即所謂「走法律縫隙」的方式。雖然這是當時朝鮮人既是「日本人」、又非「日本人」的定位中，最具象徵意義的現象，但這並不代表日本為政者的寬大，而應該說是「欠缺理念與諸多偶然累積下的產物」比較恰當。最初只是小小的縫隙，後來逐漸擴大，不久終於出現了朝鮮人的眾議院議員，這是誰也無法預料到的事情；但無論如何，這個人確實以活生生地出現在帝國議會當中。

## 通往「我們的國家」的崎嶇之路

朴春琴生於 1891 年，日韓合併的時候他只是一個 19 歲的青年。沒有受過高等教育的他，渡海來到內地之後，便輾轉各地，四處從事一些體力勞動工作。

1921 年，住在內地的親日系朝鮮人組成了一個名為「相愛會」的團體，朴春琴擔任該會的副會長。相愛會主要的活動是為渡航到內地的朝鮮人介紹工作、仲介住所、設置夜間學校與診所等等。當初它不過是一個「寄居在骯髒雜亂的民家當中，以此為工人的集體宿舍，並進行職業仲介與調解的小規模機構」，但在三一獨立運動後，朝鮮總督府為了緩和民心，積極培養親日團體；於是，相愛會得到了總督府的資助，在 1929 年建起鋼筋水泥的相愛會館，並成長為擁有各地分部的大組織。也迎進了日本政經界的重要人物擔任董事，翻開董事名簿，裡面有犬養毅和河野廣中之類的民權政治家、頭山滿之類的大

相愛會館

亞洲主義右翼分子、澀澤榮一之類的經濟人、東京府知事和政府官員，就連當時擔任朝鮮總督的齋藤實與警務局長丸山鶴吉也列名其中。特別是內務官員出身的丸山，更是之後支援朴春琴選舉活動的重要人物。[17]

值得注目的是相愛會在關東大地震時的活動。據丸山的回憶錄所述，朴春琴在震災時的「朝鮮人虐殺」[18]當中，感覺到自己有危險，好不容易抵達了相愛會本部；在那之後，他一邊收容保護朝鮮人，一邊走訪警視總監，提議道：「要解開對朝鮮人的誤會，由朝鮮人努力進行公眾服務是最好的了；因此，我想從現在起帶領會員，每天進行屍體收殮、道路修建等工作，為大家奉獻一點勞力。」雖然警視總監拒絕了他的提議，但朴春琴還是「從第二天開始，便率領1百多人的朝鮮人會員，一心一意地從事災後清理。朴氏這種拚命的行動極大程度緩和了（市民）對朝鮮人的仇視情緒，甚至還能聽到感激的話語……警署和地檢署也和他們建立緊密的連繫，自此相愛會便奠定了不可動搖的基礎」。[19]

當然，這件「美談」多少含有誇張的成分，不過朴春琴認定若由朝鮮人主動展現模範行動，應該可以有助於彼此融合，並在實際上也獲得了一定的成功，而且相愛會在這次事件中也跟政府的關係更加緊密，這些都是千真萬確的事實。

在這之後，相愛會協助警察，陸陸續續取締朝鮮人「非模範的活動」。因貧窮而竊盜的朝鮮人自不在話下，就連風紀不佳的糖果小販[20]，也為了「提升朝鮮人的信用」，由「相愛會總動員，將之一掃而空」。[21]在幫朝鮮人介紹工作方面，也因為相愛會總是會拜託警察出面，對勞工進行管制，所以得到企業界深厚的信賴，介紹的成功率相當高；但也因此，他們在勞資爭議中，和勞運是處在徹底敵對的立場上。除此之外，他們也組織了「大正天皇御大喪儀奉送團」，更在1928年以後，每年都參加「建國祭」。在相愛會主辦的夜間學校裡，除了韓語和算數以外，還加入「國語」和「修身」課程，甚至連丟垃圾的方式和日常生活倫理等內容也包括在內。即使在追悼關東大地震中犧牲的朝鮮人時，他們也採用日本神道形式，設置了相愛神社來祭拜。總而言之，他們在活動內容上徹底且忠實地展現了大日本帝國的支配價值觀。

　　某紡織公司的人事課長曾經這樣讚道：「若是一般勞資間有相愛會這樣的機構的話，那日本就不會有任何勞資糾紛了！」當然，正因如此，相愛會也被朝鮮共產主義者非難為「日本走狗」。[22] 在相愛會和共產主義者的鬥爭中，雙方都出現了相當的犧牲者；而這樣的對立也使得相愛會和日本警方愈來愈靠攏了。

朴春琴

　　身為相愛會實質領導者的朴春琴，在 1930 年 2 月的大選中，開始試著參選眾議院議員。那是普選通過後的第二次大選，也是首次認可能用韓文投票的選舉；朴春琴一度傳聞很有可能出馬競選，但最後因為資金不足等原因而放棄。這時期朴氏的思想，可以從他在這年 11 月自費出版的《我們的國家　新日本》這本小冊子中窺見一般。[23]

　　正如標題闡明的那樣，這本書稱呼的「新日本」，指的是「由新附的領土、新附的國民合併而成的大日本帝國」，並且倡言說，身為「日本人」的「我們朝鮮人，如此熱愛大日本帝國，真是太不可思議了！」（朴春琴《我們的國家　新日本》p. 1, 11）但是這本書的內容，除了表達對日本的愛國心之外，其實也包含了隱晦的批判之意。

　　朴氏和總督府有密切聯繫，印象中一向被視為親日派，但是他在這本書中對朝鮮統治的評論卻出乎意料地相當激烈。據他的說法，總督府自豪的朝鮮經濟成長，其實只是內地資本侵入的結果：「窮人的數量沒有減少，每年都有人餓死或凍死，實際上他們根本找不到可以特別謳歌新政的理由。」在教育方面也是如此：「他們只是為了讓人學日語而竭盡全力，根本不是為了教育而教育。」（同 p. 25, 27）他對合併後的朝鮮統治，也有這樣一段形容（同 p. 23）：

　　……經常以武裝的態度面對民眾，奪去民眾一切的自由，還對他們說：「你們是一群沒有教養的人、不知道世界大勢、經濟能力低下、而且還很弱小；所以，我們要教育你們了解世界大勢、提高你們的經濟水準，使你們成為各方面堪稱『有文化』的民眾。為了打造你們的幸福生活，政府會竭盡所能的努力，所以你們只要凡事放棄自我，保持柔順就好了。」民眾非常了解，這不過是包裝著偽善的壓迫罷了，雖然不得已只好服從之，但內心卻抱持著深刻的不滿……

這是在經濟上和精神上，奪走一切尊嚴與自由的統治。他對總督府的政策，有著如此的形容：「這絕對不是官員成天掛在嘴上的『朝鮮人本位』，而是更近似於歐洲人榨取殖民地的手法。」（同 p. 49）

雖然有著這樣的認識，可是朴氏並沒有主張朝鮮自治或獨立。朴氏認為，朝鮮自治論不過是「受到某些研究什麼殖民政策，似是而非學者的言論」蠱惑下所產生出來的東西：「論者說要學習英國……可是事實是，英國移民者的實力贏過土著，這才是英國自治領統治成功的真相。」他一語道破了殖民政策派的弱點，做出了這樣的評價。另一方面，朝鮮人自己「普遍也都知道獨立是不可能的事情」，「明知不可能還喊著獨立獨立，不過是不平不滿高漲的結果罷了」。那麼，為什麼會有不平不滿呢？那是因為「政府對待朝鮮人與內地人，有著明顯的高下差別之分」。朝鮮人追求的不是獨立或自治，而是作為「日本人」的平等。正因如此，「若是真愛朝鮮民族的話，就應該立刻遵奉合併詔書上所宣告的『一視同仁』聖意，賦予他們和日本民族同樣的幸福；果真如此，那就必需要有把朝鮮 2 千萬人民打造成日本民族的覺悟才行」。（同 p. 12, 33, 27-28, 32）

可是，在如此論述的同時，朴氏對於同化成他所謂的「日本人」，其內容究竟為何，其實也講得不太明確。他斷言說：「同化的目標如果是從生活樣式到風俗習慣全都同化成跟內地人一樣，就連忠君愛國的誠意也馬上變得跟內地人一模一樣的話，這樣的要求根本就是強人所難。」不只如此，他甚至還形容日本方面的同化論是「對內地人有利的場合，就擺出一副『內鮮一家』、『新附同胞』之類的親愛臉孔，但只要稍微對他們不利，就變成一副又踢又趕、深怕對方礙了自己路的樣子」。（同 p. 13-14, 41-42）總而言之，他在否定自治與獨立的同時，內心也深知同化乃是非現實之事，而日本方面的同化論，只不過是一種機會主義罷了。

既然如此，那他為什麼還要提倡同化成「日本人」呢？他在這本小冊子裡雖然提倡徹底鎮壓朝鮮的共產主義與獨立運動，但也不小心吐露了以下的心聲：（同 p. 38-39）

　　……朝鮮的民眾，隨著「鎮壓」，第一次明白自己「所該走的路」……當該走的路途不定時，就會產生迷惑；在這時候若是明白自己不管喜不喜歡，別無其他路可走的話，那就會放下，放下心情就會變得平靜，這種狀

態就叫做民心安定……安定的話，就會產生想安居樂業的心境，這就是人性；從這裡就會誕生出希望，光明也會跟著燦爛起來……

對自治不抱希望，對獨立也看不見其可能，即使同化，或許也消除不了歧視和差異。在這種四面楚歌的情況下，刻意否定自治和獨立，從而達到「不管喜不喜歡，別無其他路可走的話，那就會放下，放下心情就會變得平靜」的境地；最想要擁有這種心境的，或許就是朴春琴自己吧！

事實上，他在這本書裡最嚴厲指責的，除了統治的慘狀之外，就是日本政府的不明確方針。他說：「朝鮮的統治方針，自從合併以來歷經20年，直到今天都還沒有確定下來，讓民眾不知該往左還是往右好；就算是認真篤實、思想穩重的人，也沒辦法對明天的生活做好心理準備。」日本政府在「到底要實施同化政策好，還是將來要給予自治好」之間搖擺不定，簡單說就是：「這也不是、那也不是，無主義，無方針；這樣下去，只會讓民眾因為無所適從而痛苦罷了。」他又說：「政府自己都沒辦法實施明確的政策的話，民眾對於政府的信賴也會產生強烈動搖；國家不安、人民不幸，沒有比這種現狀更加惡劣的了。」他在說這番話的時候，大概也是在闡述他自己的心情吧！（同 p. 12, 37, 11, 27）

朴春琴極力批判殖民政策派的自治論，又提倡鎮壓獨立運動，但檢證對照他的邏輯，便可發現許多矛盾之處。比方他在反駁自治論的時候說：「朝鮮民族絕對不可能滿足於作為日本的自治領，一旦獲得自治，就會立刻朝向獨立的階段邁進。」但在此同時，他在非難獨立論的時候又說：「一般都知道獨立是不可能的事情。」不只如此，他在表達自己希望作為「日本人」獲得平等的同時，面對殖民政策派的朝鮮議員團威脅論，他又批判說：「『會有那種明明預見會釀成國家憂患，還在朝鮮實施選舉法的愚蠢政府嗎？』這樣的論調，實在是可笑至極。」（同 p. 33）這本小冊子雖然題名為《我們的國家　新日本》，卻把主要的力道放在批判日本政府的無方針，以及對獨立論和自治論的否定上；至於理應作為對照方案的「新日本」，則是完全欠缺具體性。大概他自己對此也沒有什麼具體的願景吧！從此書內容可以看出他並不是打從心底相信「成為日本人」這個言不由衷的選擇，只是為了讓自己更加確信，才去否定其他的選項罷了。

朴氏在這本書中也說：「正因身為『朝鮮人』之故，我擔心自己萬一因為

無心的行為，引發不好的示範，從而累及全體朝鮮人，所以總是十分細心留意，時時不敢輕忽怠慢。」從這裡也可以看出，他深陷於典型的同化模範——少數民族——的泥淖當中。（同 p. 13-14）和日本女性結婚，已經被朝鮮共產主義者和獨立派指責為賣國奴的他，內心就算再怎麼迷惑，從客觀上來說也已經沒有退路可走。然而，他之所以照單全收地相信「一視同仁」、「內鮮一家」這些支配者的語彙，是因為飽經鍛鍊的他已經透徹地看清現實。正因如此，他才會決定踏出成為帝國議會候選人這一步，並且寫下這本書。

朴氏斷言，朝鮮沒有獨立和自治的可能性，因此不管再怎麼困難，都只有同化為「日本人」、獲得平等這一條路可走。另一方面，主張經由同化獲得平等乃是不可能之事，因此即使再困難也必須獨立的朝鮮人也不在少數。以當時那種封閉的環境，到底哪一方的選擇才是明智，誰也說不準。而朴春琴就在這種迷惘與搖擺中，將自己賭在「成為日本人」的這一條路上。

## 「一視同仁」的高牆

1932 年 1 月，眾議院解散，朴春琴以無黨籍純中立派的身分出馬競選。因為這是朝鮮人第一次在眾議院選舉中行使被選舉權，所以警視廳還特地照會內務省，最後確認並沒有違反法律。除了他之外，在大阪也有朝鮮候選人出現，一時蔚為話題。

朴春琴在這場選舉中的口號是「內鮮融合」、「解決滿蒙問題」。後者當然是指前年爆發的 918 事變（滿洲事變），不過以朴氏的情況來說，也包含了保護間島朝鮮人的問題。朴氏過去就曾與相愛會會員一同視察過當地，還發行了一本小冊子，宣稱日本政府不保護身為「日本國民」的朝鮮人，乃是「同胞榮辱的大問題」。[24]

由於朴春琴的口號巧妙地搭上了918事變後對外強硬的風潮，因此頗受當地居民的好評。朴氏出馬參選的東京四區，是以本所、深川等勞工和小商店聚集點為中心的傳統江戶老街，因此這樣的主張很容易打動群眾，形成支持的氛圍。不只如此，他還得到了以丸山鶴吉為中心的智囊團，以及從相愛會時代就關係密切的政經界重量級人物站台演說；於是當初因為沒有政黨背景，被視為不過是陪榜候選人的他，一躍而成為選戰中的大黑馬。從日本官員和政治家的角度來看，若是區區一個眾議院議員的當選，就可以緩和朝鮮人的民心，還可

以作為例證，證明自己並沒有民族歧視，那麼這樣的代價實在相當划算。

　　然而，朴春琴之所以突然出名，其背景並不只於此。相愛會當然也有投入這場選戰，但是當地的朝鮮人選民不過占了整體的 1% 而已，而且朝鮮人當中對於朴氏抱持反感者也不在少數，因此光靠朝鮮票是不可能當選的，這是再清楚不過的事。朴春琴自己也經營不動產業，收入相當可觀，他拉攏了由地方小商店老闆組織的「民眾自治會」，強行賄選戰術。以自治會員為中心，朴陣營被檢舉違反選舉法規，派遣人員離間破壞其他候選人陣營，甚至還鬧到要對他的辦公室和住家進行搜索的地步。結果，這場選戰以跌破大家眼鏡的方式作收——朴春琴在東京四區的 11 位候選人當中名列第 3，高票當選為眾議員。

　　「正因身為『朝鮮人』之故，我擔心自己萬一因為無心的行為，引發不好的示範，從而累及全體朝鮮人，所以總是十分細心留意，時時不敢輕忽怠慢。」正如前述，曾經吐露如此心聲的朴氏，他在使用這種骯髒選舉手段的時候，心裡究竟在想什麼，實在很難斷定。據傳朴氏在這場選戰中灑出去的資金，是他年收入的 10 倍之多。從同時出馬角逐的大阪朝鮮候選人落選這點來看，以當時的狀況，要是不進行賄選，他能當選的機率恐怕相當渺茫吧。不過無論如何，日本史上第一位朝鮮眾議院議員就這樣誕生了。

　　1932 年 6 月，41 歲的朴春琴初次登上議會殿堂。當時他做了這樣的表述：[25]

　　……我以生於朝鮮的日本人之身，站在帝國議會的議事堂上，這絕不是我個人的光榮，而是朝鮮 2 千萬人民的光榮，故此，我要向各位致上最深厚的感激之意……雖然不管怎樣，我都是生於朝鮮，不過我和日本人沒有兩樣，只是遺憾的是，因為生在朝鮮，所以我的言語表達能力不是很流暢，故此還盼各位在聆聽之際，能夠多多包涵……

　　自稱「生於朝鮮的日本人」朴春琴，用「不是很流暢」的日語在議會主張的內容，包括了給予朝鮮參政權和兵役義務、撤廢內地—朝鮮間的渡航限制、以及促進滿洲移民等。

　　正如前述，朴氏的主張可說是從親日朝鮮人的立場出發，要求作為「日本人」權利的典型。關於參政權與兵役，他是這樣說的：「我們從合併那一天起，就是帝國的臣民了；既是陛下親愛的子民，那麼要求國民權利自是理所當然。同樣身為日本國民，當然應該履行兵役義務，同時也該給予參政權。」在

談到撤廢渡航限制時，他也力主這樣的邏輯：「明明同樣是國內交通，卻要對它進行限制，這是什麼道理？」不只如此，他還扛出大亞洲主義的論點，強調日本與歐美之間的差異：「我們都是日本國民，絕對不是英國人或美國人。」因此，朝鮮絕對不是殖民地：「每次聽到有人把朝鮮說成殖民地時，我們都會淚流滿面、憤慨不已。」[26]

正如上述，朴春琴的論調並沒有太過突出的獨特性；加上，他又是倚仗以總督府為首的日本勢力支援而當選，所以在議會裡也像他的著作一樣，對於露骨的統治批判顯得相當保留。不過，身為議員，朴氏和其他親日派朝鮮人不同，有直接質問日本政府的立場在。換言之，儘管他沒有獨特的思想見解，但當他用大日本帝國作為官方見解的邏輯，反過來質疑政府時，會發生什麼樣的反應呢？他自己成了實證案例。

面對朴春琴的質疑，日本方面的反應依舊含混不清。畢竟朴氏所提出的一連串要求，在邏輯上完全符合政府的官方見解，但在實現的可能性上，又是另外一回事。

例如，朴春琴認為這是「陛下親愛子民」該有的權利，於是為賦予參政權的請願進行引薦斡旋；面對這點，政府方面起先表示：「這是再理所當然不過的事，畢竟我們沒有任何差別待遇。」但最後的回答卻是：「就根本而言，儘管政府對此並無異議，但若要現在實行，還有許多不適宜之處。」對於這種回應，朴氏則是強調日本在滿洲問題等各方面，正在持續遭到國際孤立化：「假使日本不論何時都能處於優勢那最好，但倘若有事之際，這2千萬（朝鮮人）究竟會成為友軍？還是敵軍？這是我認為國家必須謹慎深思的問題。」被朴氏氣勢壓倒的政府，只好表示「我們贊成它的根本精神」，並讓請願在形式上得以過關，但最後還是將它束之高閣。[27]

不管怎麼列舉朴春琴在議會的活動，結果都是像這個案子一樣不斷地面臨同樣的結果。面對朴氏「內鮮融合」、「一視同仁」的主張，政府雖然並不直接予以否定，不過實際上都用「時期尚早」或是「我們會慎重進行調查研究」之類的回應，將之擱置。

當他要求參政權與撤廢渡航限制，政府就以就學率低落和經濟差異過大為理由，得出「為時尚早」的結論。當他要求文部大臣實施義務教育時，政府的反應是「朝鮮屬於總督府管轄，和文部省無關」。當他質問大藏省說：「朝鮮經濟不發達，是否跟貨幣不統一有關係？」大藏省表示這個問題該去問拓務

省。結果，當朴氏又跑去要求拓務省統一貨幣時，拓務省卻說他們底下的朝鮮銀行必須受到日銀的監督，而日銀反對貨幣統一。不只如此，幾乎所有政府機關，對他的答辯都是千篇一律的「我們對您的意見深有同感」，再不然就是「我們在考量的時候，完全沒有任何歧視因素存在」。

令人感到頗有深意的是，朴春琴對兵役義務的要求，也同樣遭到了徹底的否定。雖然也有「日語還不夠普及」這樣的藉口，但最大的理由是朝鮮人要是持有武器的話，可能危及他們的忠誠心。對此，朴氏也反駁說：「有人說，要是對我們（朝鮮人）課以兵役義務的話，我們就會朝著自己人開槍，這種說法是絕對子虛烏有的事！」[28] 朴春琴後來降低了自己的要求標準，主張徵兵制如果不行的話，那麼可以採取就語言能力等各方面進行選拔的志願制，關於參政權，也可以採取對內地殖民者有利的限制選舉方式，但政府的反應依舊冷漠。

朴春琴就這樣歷經了 2 年毫無收穫的議員生涯；不久後，他終於面臨到自己在議會最大的考驗，那就是限制朝鮮米輸入的問題。

何謂限制朝鮮米輸入？原來，在 1918 年日本因為米價暴漲之故，引發了俗稱「米騷動」的大暴動，於是日本政府為了確保稻米供給量，便在朝鮮推動「產米增殖計畫」，強制增產稻米。然而，在朴春琴當選的時期，不論朝鮮或是內地都是連年豐收，稻米供給過剩導致價格暴跌，再加上又適逢經濟大恐慌，使得內地的農村更是陷入深刻的經濟苦境當中。為此，在以東北地方為首的農村地區議員推動下，議會開始審議限制朝鮮、台灣稻米輸入的法案。當然，若是限制輸入的話，朝鮮和台灣農民的痛苦理應會更加深刻，可是他們對此卻一無所知。

農產物價上漲則都市地區政情不安，下跌則導致農村凋敝，這種現象即使到了現代，也還是在第三世界地區反覆不斷上演。戰後的日本是採用政府收購的糧食管制制度來渡過難關，但這時期的大日本帝國，一旦有不足的情況就從朝鮮和台灣供應，過剩的時候就進行輸入限制，換言之就是以兩地作為緩衝以進行調整。順道一提，1920 年代擔任朝鮮總督，推動產米增殖計畫的齋藤實，這時候正好擔任首相，站在限制輸入法案的一方。

這個問題正好與「一視同仁」的官方見解互為表裡，象徵了朝鮮對於大日本帝國而言，究竟是怎樣的存在？朴春琴從以前開始，就一直把限制輸入當成是對朝鮮差別待遇的一個明顯例子；在他當上議員之後，就必須正面對抗這個案子。

面對這個法案，朴春琴一方面力陳朝鮮農民的經濟苦境，一方面提出了徹底顛覆大日本帝國官方見解的反對意見。在 1934 年的預算委員會上，朴氏針對朝鮮米輸入問題，做出了以下的陳詞：[29]

> 正如各位所知，我認為朝鮮和台灣同樣都是國內的一部分，而當地的人民也同樣都是日本帝國的臣民。既然同樣是國內，卻要做出這樣的差別待遇，我認為國家的對策絕對是錯誤的……對內地有利的時候就把「內鮮融合」掛在嘴上，稍微有點不利的時候，就說「現在我們不需要你了」，這不是把人視為螻蟻嗎？

數年來已經聽膩冠冕堂皇回應的朴氏，對日本政府完全失去了信心。他說：「最簡單的例子就是，難道對北海道生產的米，你們也要限制輸入嗎？」他一方面再三強調朝鮮是「日本」的一部分，另一方面也做出批判：「既然早知今天會發生這種問題，那為什麼你們還要在朝鮮增產稻米呢？」、「要是日本的米不夠的話該怎麼辦？我相信到那時候，你們一定會慌慌張張地說，要把朝鮮和台灣的米運過來吧！」[30]

作為無政黨支援、純中立派議員的朴氏，能援引的材料就只有外國壓力了。他說：「這樣的國策給英美諸國看了，難道不會覺得『堂堂日本的國策居然如此小家子氣』嗎！」、「假使那邊（歐美）對日本製品進行輸入限制的話，日本會騷動到什麼地步呢？我想一定會舉國一致，要求徹底和英國政府決一死戰吧！」他一方面這樣強調歐美的觀感，另一方面又訴諸大亞洲主義的心情：「假使（中國人）看到日本對朝鮮如此嚴苛，今後他們對於所謂的『日滿親善』，又會怎麼看待呢！」然後他又力陳，若是實施輸入限制的話，「會給人一種『日本這個國家淨選對自己有利的話來說』的感覺；不只是朝鮮 2 千萬人會有這樣的感覺，就連台灣的 4 百萬人也會如此看待的！」、「同樣是國民卻有著差別待遇，這樣還談什麼深植大和魂，根本是不可能的事！」[31]

可是面對朴春琴的激昂陳詞，政府方面的答覆還是一貫地冷淡。齋藤首相還是搬出老套的「一視同仁」門面話來搪塞；過去曾以新進議員之身、為台灣問題糾彈政府的永井柳太郎[32]，也只是搬出日韓同祖論說「若是學者的說法是正確的，那麼我應該也是朝鮮人的子孫」，對朝鮮人表示同情，但也僅止於此而已。前台灣總督府總務長官，當時擔任農林大臣的後藤文夫則是答辯說，因

為狀況差異而在朝鮮與台灣實施和內地不同的政策,「卻因為誤解,使得明明沒有差別待遇的事項,被馬上聯想成差別待遇,這樣的情況屢見不鮮」。換言之,政府對朝鮮和台灣根本沒有歧視或差別待遇。[33]

根據議會紀錄,朴春琴在聽到這些答辯的時候,反應幾乎可以說是怒髮沖冠。他不只直接對著後藤用一句「我沒有誤解」頂回去,面對永井的同情論,他也說:「你講的這些東西,我老早就全懂了!」對於齋藤首相,他甚至批評說是「實在有夠可悲的總理大臣」、「確定沒有精神異常嗎?」激動之餘,連朝鮮米以外的歧視問題也都一併抗議下去,完全脫序的他,在委員長制止的時候,還一直開口說:「我還想再多講一點,讓我再多講一點!」這樣的場面再三發生。[34]

朴春琴說:「我無意在這裡與人多所結怨,但是整整 466 名議員當中,也就只有一個生於朝鮮的朴春琴而已。」然而正是因為身為「僅有的一人」,所以他更不能退讓。終於,他拿出了三一獨立運動的例子,疾呼「2 千萬(朝鮮)人是不會沉默以對的」、「我們搞不好會見到內鮮之間,發生流血的慘劇也說不定」,結果遭到其他委員批評說:「你煽動得太過分了!」[35]他緊咬不放的齋藤與後藤等人,都是在他選舉時曾經幫忙站台演說的人;對他們來說,此刻的心情大概就像是被自己養的狗反咬了一口吧!

朴氏接著又說,倘若不需要朝鮮米和朝鮮志願兵的話,「不要米也不要人,那麼就連土地也可以不要,於是到最後朝鮮只有走向獨立一途,這樣的話就不會發生現在這種米的問題了!」可是現實是,「現在的日本不管就國防或是各方面而言,(讓朝鮮獨立)都是不可能的事」。朝鮮既不被「日本」接受,又不被允許離開「日本」,那麼,「生於朝鮮的日本人,究竟該何去何從呢?我真的完全搞不懂!」[36]

1935 年 2 月 6 日,朴春琴在眾議院院會上的演說,是他整個議會生涯當中的最高潮。[37]已經被迄今為止政府的一連串答辯弄得火冒三丈的朴氏,對總理府、拓務省、內務省、大藏省、陸軍省、海軍省、農林省、外務省等各部門,幾乎是一一點名,一股腦地將他長久以來一貫主張的要求全都傾洩出來,進行了長時間的質詢演說。在這場演說中,他說:「請你們換個位子,設身處地的想一想;會有不滿不平的情緒,難道不是理所當然的嗎?表面上說得好聽,說什麼沒有歧視、說什麼一視同仁,但一掀開表面,裡面就是露骨的歧視……我希望政府能給我一個具有誠意的答覆!」他這樣步步進逼著。

　　然而，政府方面陸續做出的答辯內容，依然還是那些老掉牙的東西。您的
所言甚有道理，然而時機尚未成熟；制度上有差異，並不等於歧視；我們會慎
重進行調查檢討；這並不屬於我們的管轄範圍——聽到這些話的朴春琴，再次
質問道：「難道你們就只會說沒有歧視、沒有歧視而已嗎？」、「所以說，我
希望聽到更有誠意的答覆；表面上說沒有歧視，私底下卻潛藏著歧視，這樣是
絕對不行的！我這不只是為了朝鮮說話，而是從整個大日本帝國的立場出發，
才做出這種要求的！」他繼續緊咬不放，但最後因為超過質詢時間，所以被硬
生生打斷了。

　　再過 1 個月，內閣由齋藤實內閣轉為岡田啟介內閣，而由前內閣繼承下來
的朝鮮米輸入限制法案，也在委員會獲得了通過。這時，朴春琴表明了徹底反
對的意見，表決時更在休息室裡硬是打斷程序要求發言；他大喊著「我絕對反
對到底，岡田內閣是個欺凌弱者的內閣！」但是他的抗議聲卻被委員長的「本
案到此討論結束」給淹沒過去了。[38]

　　即使跟朝鮮總督府以及政經界有著密切關係，但區區一個朝鮮人議員究竟
能發出多少聲音，這是早就可以預見的結果。不只如此，因為朴氏在整個議會
活動中，幾乎都只站在朝鮮的立場發言，相形之下，為他的基本地盤——東京
四區所做的發言，則可說是少得可憐；於是想當然耳，在 1936 年的眾議員議
員選舉中，由地方商店街組成的自治會推舉自己的會長出馬競選，朴氏因此失
去了最有力的樁腳。還不只這樣，或許是他在議會的發言惹毛了很多人，於是
來自政經界的支援也減少了，特別是和總督府有關的人士，更是連一個也沒有
為他背書支持。再加上這時候又正值選舉肅正運動，對朴氏的賄選戰術也是一
大打擊，於是最後，他終於在這場選舉中落馬了。

## 虛像的「日本人」

　　可是在他落選的第 2 年，亦即 1937 年，眾議院再度解散改選；就在宣布
解散的第 2 天，朴春琴馬上宣布要再次出馬角逐議席。

　　在這場選舉中，朴氏所提出的政見，除了和以往共通、根據大亞洲主義而
來的「踏足大陸、內鮮融合」之外，大概是為了針對地方選票，他也提出了
「保護無產大眾」、「平抑物價」的主張，然後再加上對既有政黨的攻擊。在迄
今為止的議會活動中飽受政黨政治家排擠的朴氏，對於政黨政治提出了不斷的

抨擊。

　　沒有組織票的他，就靠著這種對外強硬論，還有一貫的賄選戰術來集結游離票。他已經無法像過去那樣獲得政經界的支持，取而代之的是找來女明星川島芳子和文學家菊池寬等人站台，另外就是地方區議員的支援。就靠著這樣的努力，在這次選舉中，他以僅贏過落選頭 20 票的些微差距，吊車尾地當選。

　　朴春琴在第二任議員任期當中的主張，還是跟以前一樣幾乎沒什麼改變。若要說有什麼改變的話，那就是日本方面的反應了。

　　1937 年 8 月，朴春琴再次為了讓朝鮮人服兵役的請願而進行斡旋，在這裡他還是重複以往的主張，要求「若是有問題的話，那麼就算志願役也可以」，但陸軍的反應還是「為時尚早」。然而，隨著中日戰爭的激化，狀況為之一變。隨著戰爭的日益泥淖化，陷入兵源和糧食不足苦境的大日本帝國，在 1938 年由陸軍率先引入了朝鮮人志願役制度，同時也再度獎勵朝鮮米的增產，朝鮮總督府也將「內鮮一體」的口號喊得震天價響。正如朴春琴之前所預言的，日本政府果然搞起了機會主義的作風。朴氏雖然對採用志願兵制度表示感謝之意，但是對於增產朝鮮米，還是抱怨說：「這未免太過自私自利了吧！」[39]

　　可是，儘管隨著戰爭的延長，朝鮮志願兵投入戰場的數目也持續增加，但是對於朴氏的另一個要求，也就是撤廢渡航權限制以及給予參政權，政府的態度還是依然故我。朴氏在要求參政權之際，除了強調朝鮮人已經以士兵身分為大日本帝國做出了貢獻之外，也力主賦予朝鮮參政權不只是為了朝鮮人，同時也是為了內地殖民者。這到底是被視為親日派的朴氏的本質，還是他為了讓自己的要求通過而採用的戰術，完全不得而知。

　　但是，至少朴氏並不單單只是總督府的傀儡而已。1938 年，他在議會做了這樣的發言：[40]

> 　　我們總是認為，朝鮮的統治總體上是內地的延長……但有人說，如果朝鮮是內地延長的話，那麼朝鮮總督府的權威就會遭到削弱；既然如此，那我們就應該好好思考，即使沒有朝鮮總督府也無所謂、徹底將內地延長過去的可能性……

　　若是想到總督府王國與內地爭權奪利的狀況，就可以知道這絕對不是總督府傀儡會發表的言論。朴春琴早已察覺到總督府的真實想法是不願意朝鮮被編

入「日本」當中的，所以才從大日本帝國的官方見解出發，去要求身為「日本人」的權利。

可是在對應日本政府的時候，朴春琴並沒有像初任議員的時候那樣表現出激烈的反應，反而呈現出他內心隱藏的不安。就在中日戰爭趨於白熱化之際，日本開始討論該如何在中國樹立親日政權；這時朴氏就說：「（我自己也是）對於那些膽敢反抗日本國體的大膽朝鮮狂徒，身先士卒討伐的一人；當時，大家都利用朴春琴利用得很爽快。然而隨著朝鮮漸漸和平，朴春琴這人就變成了礙事鬼，說他是暴力團，是啥都沒用的裝飾品，這樣怎麼可能養成親日派呢！」[41]

就像先前提及的情況，朴春琴極力想成為模範的「日本人」，率領著相愛會和朝鮮獨立運動展開鬥爭。但是 30 年代末期獨立運動處於潰滅狀態之際，日本政府又組成了官定的居住內地朝鮮人團體「協和會」，這代表相愛會已經失去了利用價值。失去日本政府支持的相愛會於是日益失勢，終於在 1941 年宣告解散。朴氏在討論朝鮮米輸入問題的時候曾經如是說：「對內地有利的時候就把『內鮮融合』掛在嘴上，稍微有點不利的時候，就說『現在我們不需要你了』」，如今這種待遇也落到了他自己身上。

在選舉上已經失去了政經界的支持，如今自己一手創建的相愛會也沒了，甚至和總督府的關係也變得十分微妙，對朴春琴來說，自己還能夠以「日本人」的身分為人所接納嗎？這是他心中始終揮之不去的陰霾。他雖然在議會裡這樣說：「有人問說，朝鮮人能不能成為日本人，支那人又能不能成為日本人？我的答案是絕對可以」、「從那些喊著天皇陛下萬歲死去的志願兵身上，可以看出半島人也具備有大和民族的精魂」；但是在這之後，他又說：「以國家的威力，去稱呼人為『清國奴』或者『朝鮮仔』[42]，話都講成這樣了，誰還會想成為日本人呢？」從這段發言中，可以感覺得出他內心的動搖。[43]

就在這樣的迷惘中，朴春琴創造出了一個和現實的日本有別、只屬於他心中渴望相信的日本形象。儘管他在議會裡屢屢主張：「比起在日本出生的日本人，我朴春琴雖然生在朝鮮，反而對於皇室中心主義更加擁有一步不讓的堅定信念」，但是當他在舉例時，還是以天皇在日韓合併和三一獨立運動時頒下的詔書和敕語為根據，把「我們深信，不管內地出生的日本人，或是朝鮮出生的日本人，在陛下的心中都是同樣不變的」當成大前提來看待。朴春琴又在議會中這樣陳述自己的經歷：當他的孩子因為是朝鮮人而在學校被霸凌回家時，他

拿出宮中下賜給議員的糕餅和香菸，放在自家的神龕上，「先敬拜表達感謝之意，再拿下來吃」、「這樣就不會有問題，就是真正的日本人」。44 既然已經賭上一切成為「日本人」，那麼就算遭遇到歧視，也只能把天皇當成他所追求的「虛像的日本」的象徵，予以美化。

同時，朴春琴也像大多數的大亞洲主義者一樣，把這個虛像的日本，看成和象徵人種歧視的歐美相對映的存在。根據他在議會的發言，當他在朝鮮的時候，曾經親眼目睹到某個美國人以偷吃自己田裡的蘋果為由，將朝鮮小孩用繩子綁起來，丟在炎炎夏日下曝曬，最後還在他身上烙下「盜賊」兩字的印記。那個時候，儘管他一開始以朝鮮人的身分提出抗議，但日本官方卻擔心會損及和歐美之間的關係，所以置之不理。朴氏以此強調，日本統治朝鮮，絕不能和英國統治印度一樣，日本是「大亞細亞的先覺者，非得和歐美諸國分庭抗禮不可」。45

他所相信的「日本」，是應當跟「歐美」不同，對朝鮮人沒有排斥、沒有人種歧視和殖民地支配的存在。他說，「我認為在466名議員當中，至少應該要有10到20名朝鮮出生的日本人才對」，「我們要讓日本成為亞洲的日本、世界的日本」；對於那些反對給予朝鮮參政權的議員，他則是批駁說：「難道你們腦袋裡想的，就只是一個狹小的日本嗎？」不只如此，他還力陳說：「日本生的日本人也好，朝鮮生的日本人也好，根本沒有什麼差別，都是在同一個國家裡共生共存的國民啊！」46 儘管他也非常清楚這只是一個夢想，但是他已經無法回頭。

不過，在追求身為「日本人」的平等之餘，朴氏也隱晦地展現出身為朝鮮人扭曲的自尊心。他說：「說你們朝鮮如何、我們日本又如何，我多麼希望這種話語能夠早一日消失啊！」當他為政府方面的答辯怒氣衝天的時候，還會做出這樣的發言：「日本的文化是從哪裡來的？……內地在這方面還要感恩朝鮮呢！」、「朝鮮的歷史說起來，比內地還要古老」。47

他還說：「儘管我出生的地方是在朝鮮……但我認為自己比在這裡出生的日本人更加優秀，所以請一定不要抱持偏見。」就像前面所見的，過去他在自費出版的小冊子中，對於那些稱朝鮮人是「一群沒有教養的人，而且還很弱小」的言辭，感到怒不可遏；這除了是身為朝鮮人的自尊心以外，也是為毫無學歷、憑藉自身的力量一步步往上爬的自己，表露出一種尊嚴。在他極力要求作為「日本人」的權利時從不曾缺席過的例子，就是朝鮮是帝國的一個地區，

而不是「殖民地」。然而，他的理由卻是：「我們不是殖民地……既不是因為日本強才併吞朝鮮，更不是因為朝鮮弱才遭人併吞。」在他的言語中，展現出「朝鮮並不弱」這種經過扭曲的自負。[48]

對朴氏來說，抱持著自己是「被征服者」的認知去追求同化，是一種頗傷尊嚴的行為。假使是經由侵略被征服的「殖民地」，那就必須採取抵抗運動才行；可是，既然同化是不可避免的選擇，那麼為了守住自己的尊嚴，合併就絕不能變成「征服」或「殖民地化」，而是必須基於「東洋和平」的對等合併。在這種幾經扭曲的思維當中，展現了他身為朝鮮人的自尊心。

對朴春琴來說，既然自己已經把一切都賭在成為「日本人」上，那麼就要成為、讓那些在背後指指點點的人無話可說的「日本人」才行。正如前述，他曾經說過：「比起在日本出生的日本人，我這生在朝鮮的朴春琴，反而對於皇室中心主義，更加有著一步不讓的堅定信念。」在這段話中，包含著身為朝鮮人的他，不只有能力成為「日本人」，還能夠做得比「日本人」更好的意味；但是，日本方面對此會有怎樣的回應，那就全然不是他所能控制的了。

在朴春琴的第二屆議員任期裡，除了不是他所能決定的志願兵制度獲得實現以外，其他都在和第一屆完全沒有兩樣的情況下，畫下了句點。然後，在太平洋戰爭爆發初期的 1942 年 4 月，眾議院任滿解散、舉行大選，這次他再度出馬角逐。但是，他在選舉公報裡只是一味地用朝鮮志願兵戰死的美談來妝點自己，具體的政見也只有在朝鮮實施徵兵制而已，因此地方上的支持相當低迷，就連上次支持他的區議員也都背棄了他。從該項徵兵制在選舉後不到 10 天，便由政府公開發表的情況來看，可以推測出他已經完全遭到了中樞的擯棄。在高喊內鮮一體的口號當中，他作為大政翼贊會的候選人受到政府推薦，但在當地山頭林立的情況下，還是以顯著的差距落選了。

落選後，朴春琴渡海前往朝鮮，在當地組成「大和同盟」、「大義黨」等親日團體，但因為他給人親日派巨頭的印象太根深蒂固，所以日本敗戰之後，他在朝鮮無法立足，只好帶著家人逃亡日本。戰後，他被在日朝鮮人聯盟畫定為「民族的叛徒」，大韓民國也以《反民族行為處置法》指定通緝他；他好不容易才免於被引渡回韓國，但是又被日本政府當成是「居住日本的朝鮮人」而剝奪國籍，亦即在法律登記上變成了「外國人」。在這之後，他雖然曾經擔任過一陣子的民間團體顧問，但是「民族叛徒」的惡名始終無法抹去，最後在1973 年於東京逝世。

1935 年，他在議會的演說中，對於「日本」和「日本人」，曾經有過以下的陳述：[49]

> 　　身為日本人的我們，絕對不能失去日本精神；我，生於朝鮮的朴春琴，更是渾身上下充滿了日本精神。所謂的日本精神，就是面對強者挺身戰鬥，遇強不屈，濟弱扶傾，這就是我心目中日本大和民族的精神。然而，欺凌身為自己兄弟的人，還大言不慚說這是日本精神；這在我想來，是和日本精神完全背道而馳的。故我懇請政府針對這問題，做出誠意的回應……

　　親日派、獨立運動的敵人、警察與政經界的爪牙，以及唯一一位朝鮮人眾議院議員。朴春琴，在逆轉大日本政府陳腐的門面話同時，也衝撞著現實的日本；這樣的「日本人」，究竟帶給我們怎樣的意義呢？

　　儘管經過 1940 年的創氏改名後，很多親日派朝鮮人都率先改名為具有日本風的姓名，但朴春琴依然行不改名、坐不改姓，繼續從事議會活動。或許，這就是將一切賭在「生於朝鮮的日本人」這句話上的他，對於「祖國」的無言質問吧！

第十五章
# 東方主義的折射
## ——柳宗悅與沖繩語言論爭


1940 年時，日本中央的言論界、沖繩縣廳以及沖繩的地方媒體，全都捲入了一場激烈的論爭當中。現在一般稱這場論爭為「沖繩方言論爭」或者「沖繩語言論爭」。

雖然日本自領有沖繩以來，即不斷推動普及標準日本語，但此時期在縣廳的指導下更是積極地推廣。這時正值中日戰爭白熱化之際，在朝鮮和台灣，作為皇民化運動的一環，勵行「國語」的聲浪喊得震天價響。沖繩亦不例外，「全家都說標準語」的海報貼得到處都是；學生若在學校裡講沖繩話，就會被罰掛上「方言牌」。就在這時，以柳宗悅為首的民藝協會成員走訪了沖繩，力陳保存沖繩語和沖繩文化的重要性，和縣廳呈現對立狀態。

後世在談及這場論爭時，往往把它套入一種模式：即極力壓迫沖繩語的縣廳，與力圖守護它的良心知識分子之對立。然而正如以下所見的，這場論爭其實包含了其他要素，那就是：沖繩在所謂「日本人」的界線上，究竟是處在何種位置？不只如此，這個問題也引發了企圖對此提出定位的日本中央言論家與與被定位的沖繩人之間的論爭。


## 東方主義視野下的「民藝」

若要檢證這場沖繩語言論爭，我們就必須先檢視看柳宗悅和朝鮮之間的關係。

以發掘日本民眾藝術的「民藝運動」而聞名的柳宗悅，出生於 1889 年。他的父親雖是海軍少將，但他一向愛好宗教與美學而厭惡政治。當他在學習院高等科就讀時，便參加了由武者小路實篤、志賀直哉等人主辦的知名同人雜誌《白樺》。後來他進入東京帝大專攻心理學，還在就學中便發表了自己的第一

本著作，之後又以對宗教哲學、美術、詩人惠特曼與威廉・布萊克的研究而著稱。在美術方面，他對羅丹與馬諦斯，以及後期印象派有濃厚的興趣。

光化門

對這類西洋時髦事物感興趣的柳氏，之所以會轉向注意充滿鄉土味的「民藝」，這當中的轉折點，就是他對朝鮮美術的關心。柳氏在1916年和1920年兩度前往朝鮮旅行，此後便對李朝的美術和建築醉心不已，並提筆寫下了一連串的朝鮮論。

　　柳宗悅的朝鮮論中最為人所知的一篇，是在三一獨立運動尚且餘波盪漾的1922年，也就是他33歲時所發表的〈獻給一座將要消失的朝鮮建築〉。這篇文章是針對為了建造總督府而計畫拆除李朝時代建設的京城（首爾）光化門提出強烈抗議。這項計畫是日方對三一獨立運動後動搖的統治狀態，企圖以建設壯麗的西洋風格官舍來誇示日本威信以及文明力的統治政策之一環。這座總督府在1995年被韓國政府視為「殖民地支配的象徵」而拆除，當時日本的新聞也對此進行報導。柳氏的這篇文章在日本雜誌刊載時，雖然使用了不少「伏字」[1]，但同時也被翻譯成朝鮮語以及英語，廣為流傳。最後，總督府不得不被迫妥協，中止拆除行動，改成將大門建築以原樣保存的形式，移建到他處。[2]

　　柳氏的抗議展現了日本知識分子的良心，但結果是被政府方面派遣刑警跟監了一段時間，不過柳氏自己還是一貫維持不涉及政治的立場。他在論及三一獨立運動後的朝鮮時也說，「我對於武力和政治毫無信仰可言」、「你們（朝鮮人）也不該對自己的武力和政治抱持著信賴」。他的抗議完全只是基於美術保存的立場，1923年時，他曾經這樣寫道：「總督府的官員其實並不是刻意要實施暴虐方針；據我了解，他們裡面有很多教養優秀的人，也充滿熱忱，想要盡可能地施行善政。」[3]

　　那麼，柳宗悅為什麼會如此鍾愛朝鮮美術呢？他在1920年渡航朝鮮之際，以〈我為何特別強調朝鮮的藝術〉為題，做了以下的演講：（《柳宗悅全集》第6卷，p. 660）。

　　在近世的日本，西洋物質文化如同潮水一般洶湧而來，原本固有之美已經漸漸消逝無蹤；然而，幸運的是，朝鮮的固有之美，還沒有受到這種文

柳宗悅

明的威脅。

　在被西洋「文明」的波濤侵襲之前，將象徵東洋之美的朝鮮美術保存下來。柳氏的這種世界觀，跟他的〈獻給一座將要消失的朝鮮建築〉是一貫的。他稱光化門為「純東洋的藝術」，形容總督府的建築物是「不含任何創造之美的西洋風格」，訴說「純東洋的藝術是我們的榮耀，應該要熱愛才對」。為了訴諸日本讀者的感情，他問了一個問題：「如果朝鮮併合日本，並且決定要拆毀江戶城，大家做何感受？」不過他在這裡的假定，是朝鮮蓋的並非傳統朝鮮風建築，而是「洋派的日本總督府」。（6卷，p. 150, 149, 145）

　對柳氏而言，日本的定位已經是「化為西洋一部分」的存在了。當柳氏在朝鮮看到朝鮮學生接受作為實業教育的一環做出來的刺繡模範作品時，他形容那是：「完全否定掉朝鮮固有之美的現代日本風作品──也就是那種半西洋化、既無趣味、也無品味，只是充斥著愚蠢圖案與膚淺色彩的作品。」為此，他不禁感歎：「硬是灌輸這種教育的話，只會造成固有之美的喪失，這是朝鮮的損失。」（6卷，p. 29）。在柳氏看來，日本政府對朝鮮實施的同化政策，是一種「半西洋」對「純東洋」的破壞。

　原本應該是愛好西洋美術的時尚文藝青年柳宗悅，到此時卻態度一轉，對於西洋文明對東洋的破壞大表反感，似乎有點奇怪。不過事實上，柳氏在自身美術與文學取向的形成背景上，是受到了與白樺派關係密切的友人──英國陶藝家伯納德・李奇（Bernard Leach）的影響。根據柳氏的回想，不管是印象派繪畫還是布萊克的詩，都是李奇教給他的；而這些西洋美術的話題，最後總是會歸結到李奇所深愛的日本美術上。柳氏在提及「理解日本的歐美人士」時，總會特別舉出李奇和小泉八雲（Lafcadio Hearn）[4]兩人，認為他們兩人都是熱愛失落的日本傳統藝能，討厭膚淺西洋化的人物。在他的朝鮮論裡，柳氏也還是說，儘管有那麼多內地殖民者移住到朝鮮，「但在居住朝鮮、論及朝鮮的人當中，卻沒有一個像小泉八雲這樣的人」（6卷，p. 24）。另一方面，李奇在1912年於上野舉辦的拓殖博覽會當中，已經對李朝的陶藝表現出強烈的關心，所以柳氏在這點上，可以說是繼承他而來。換句話說，柳氏的反西洋文明取向以及對東洋美術的愛好，都是透過和歐洲人的接觸所薰陶出來的；所以雖

然有點矛盾，不過這種取向，其實也是某種西洋觀點的延長吧！[5]

於是，就像李奇和小泉八雲之於日本美術一樣，柳宗悅也用同樣的態度去捕捉他心目中的朝鮮美術。據柳氏所言，朝鮮的美術是一種「悲哀之美」；簡單說，朝鮮由於長年苦於外敵的侵略與內亂，「在這種漫長嚴酷與苦痛的歷史下，創造出來的藝術充滿了不為人知的孤寂與悲哀」。那是一種「翹首盼望溫暖降臨的藝術」、「沒有一種藝術像朝鮮藝術這樣，如此渴望著愛的到來」。而柳氏對朝鮮統治的批判，也是以這樣的話語為主：「儘管日本輸入了大量金錢、軍隊與政治家到這個國家（朝鮮），但究竟何時，才會把心中的愛也一併給予他們呢？」、「比起金錢、政治或是軍隊，大多數朝鮮人對於一點點的人情溫暖，更加如饑似渴地盼望」。問題不在政治或經濟，而在愛與美；被這種充滿著「悲哀之美」、「象徵著他們對愛饑渴的心」的朝鮮美術之心所深深打動，極力稱讚並熱愛著它的人，就是柳宗悅。（6卷，p. 42-43, 24, 27）

在這之後，柳宗悅於1924年在京城開設了朝鮮民族美術館，不過他在同年，被一尊偶然見到的日本內地佛像的素樸美感所感動，從此便熱中於旅行探索內地的地方美術。1926年，他開始計畫設立一間將自己在旅途中發掘出的內地「民藝」（「民眾工藝」的簡稱）蒐集在一起的日本民藝美術館。原以為日本本地已經在文明化浪潮下消逝，只存在於朝鮮的「純東洋」之美，沒想到能在地方與民眾間發現。

面對都市與上層階級逐漸西洋化的日本，只能在地方與民眾之間找尋傳統的遺澤；就這層意義上來說，柳氏的民藝運動和幾乎同時間興起的柳田國男民俗學，有著共通的要素。在他們展開運動的1920年代後半，正是崇尚時髦、流行啟蒙文明論的大正民主宣告落幕，提倡日本傳統的國粹論調逐漸高漲的時期。明治時期只被當成「怪異的外國顧問」的小泉八雲，他的第一套日譯全集也是在1927年發行；小泉被視為日本文化的擁護者而受到矚目，也是從這時期以後才開始。

然而，柳宗悅和柳田国男，還是有著相當大的差異。相較於1920年代中期後，柳田自稱「一國民俗學」，對於日本民族以外的民俗幾乎不曾言及，柳宗悅則是不僅關心朝鮮，足跡更涉及愛努、台灣、中國的民藝品。柳田的傾向是為了確保日本的民族認同，所以探尋著殘存的日本獨特民俗，故此，他並不關心其他民族的民俗；但是對厭惡政治的柳宗悅來說，只要是能夠發現「純粹」的民藝，不管是哪個地方，他都願意不辭千里地趕赴當地。

　　柳氏不只對朝鮮美術，對愛努和台灣的民藝也大加讚美，但是他的評價套路，基本上都很類似。他在看到愛努的工藝品時，不由得驚歎道：「那是一種毫無虛假的實誠之美，這麼令人驚豔的樣態，還能從現在文化人的作品中看得到嗎？」在看到南洋諸島的服飾時，他說：「這些被蔑視為未開化人類的民族所創造的東西，事實上卻有著動人心魄的美感。所謂文明國的物品……不過是毫無掩飾的虛偽產物罷了。」當他在看到台灣山地原住民的紡織品時，他也給了這樣的評價：「紡織品的歷史，也是愈往前回溯，愈能看到美麗的真實。所以，不隨時間流逝而更替的蕃布，理所當然會讓人感受到美。」對他來說，不受文明污染的事物才是純粹的美，就連愛努美術也是「好好保存了傳統的樺太愛努藝品才算美；北海道的藝品大概是與內地人交往變多的緣故，而漸漸地產生了改變」。在講到台灣漢民族的工藝作坊時，他也忍不住說：「只要內地人不插手干涉，就不會有什麼大問題。」（15卷，p. 501, 503, 564, 525, 606）柳氏這樣的視角，不用說自是近似於現在被批評為「東方主義」的論調。

　　或許此處是過於強調了柳宗悅的一個面向。他批判日本的朝鮮美術研究家：「這些人的研究，完全只是為了滿足自己的知識而努力，完全看不出對闡明或守護朝鮮的價值的期許。不只如此，他們對於這個民族的命運將會走向何處，也完全看不到任何的關懷。儘管他們的知識很正確，感情卻極端冷漠。」（6卷，p. 17）討論到愛努人的時候，他也這樣主張：「對愛努人的憐憫，根本不該大過對愛努人的敬意」、「你們不該對這樣的命運感到悲觀；我深切期盼你們能夠發現，自己身為愛努人，是多麼地值得驕傲」、「我們的祖先曾經有過同樣的力量，但是現在……已經追不上你們的腳步了」。（15卷，p. 508, 536）從這裡可以明白看出，柳宗悅並不單單只是愛好美術品而已，他對於創造出這些美術品的人，也同樣抱持著敬意。

　　可是另一方面，柳宗悅也抱持著這樣的認知態度：「最了解支那民藝價值的，與其說是支那人，毋寧說是日本人。然而相對於此，支那人在民藝方面的生產與製造能力，至今仍然相當的豐富。故此，懂得鑑賞的日本人與懂得生產的支那人應當攜手合作，如此才能得到豐碩的成果。」他在力陳愛努人與台灣人的驕傲之際，也是秉持著這樣的邏輯：「或許，他們其實不太懂得如何區別好東西與壞東西。不管怎麼說，能夠發掘出美的還是日本人。因此，日本人……必須要提升他們的美學意識……不過在這之前，必須先認可他們創造的事物之傑出，並且予以尊重才行。」（15卷，p. 574, 602）也就是說，他雖然

尊敬「未開化民族」在美學上的創造力，但是能賦予其價值並且教導他們的，還是只有站在文明這邊的他自己，以及「日本人」而已。

此處重要的是，那些被柳宗悅「熱愛」的對象，是怎樣看待他這套邏輯的呢？他雖然對朝鮮美術有著如飢似渴的愛，但戰後他的著作在韓國翻譯出版時，卻遭到了這樣的批判：「柳氏的立場不管怎麼看，都不過是近似於主人對下人的同情罷了」、「柳氏對日本帝國主義提出的道德抗議，不過是一種自慰而已。說朝鮮的美是愛憐的美、哀訴的美，完全是日本帝國主義時代的視角」。（6卷，p. 690, 691）雖然柳宗悅在他身處的時代並沒有受到這樣的批判，不過就算受到了，大概也只會因為意外而感到遺憾吧！可是，就如同被他描述成「深刻理解日本」的小泉八雲，在給歐美友人的信中斷言「日本人不過是一群小孩」；又或者如同第七章所描述的種族主義者古斯塔夫·勒龐，也是位東洋美術的熱心研究者一樣，對於傳統美的尊重與東方主義之間的界線，實在是相當微妙。[6]因此，柳氏的思想在沖繩論爭中，也受到了當地眾多直接的批判。

## 沖繩的強烈反彈

沖繩語言論爭的起因，是從1939年底到隔年1月間，民藝協會與國際觀光協會幹部來到沖繩進行訪問時引發的。當他們一行人與沖繩的經濟、文化界人士，以及縣廳的官員舉行座談會時，引起許多爭論。

根據新聞報導以及民藝協會的紀錄，當時柳氏發表了以下的意見：首先，他說「我不反對使用標準語，但是為此而忽視琉球本身的語言，那是不對的」、「應該要積極充實首里、那霸作為觀光都市的設施」、「欠缺充滿沖繩色彩的本地特產，實屬遺憾」。接著，觀光協會的幹部也踴躍提出意見：「應該要保存能讓觀光客賞心悅目的傳統之美與傳統特徵」、「恕我直言，你們獎勵標準語的作法會不會太過頭了？」、「為凸顯地方特徵，希望能夠禁止某些不適當的風景區設施，比如說首里城下的（水泥）柵欄」、「沒有旅館，很不方便」。民藝協會的成員也表示：「之前來的時候就表示過，希望遷走的崇元門前礙眼的電線桿，到現在依然豎立在那裡」、「現代化的汽車車庫，實在是非常煞風景」。總而言之，他們一方面要求旅館設施等各方面的整備，另一方面也從「保存本縣固有的風物、名勝、舊跡」的觀點出發，主張「希望能將琉球

語和墳墓，完完整整地保存下來」。[7]

針對這些意見，當地的電力公司回答，要把電線桿撤走實在是有困難。縣廳的警察部長也說，獎勵標準語和墓葬現代化都是「縣的大方針」，「我們不能只憑藉著縣外偶然前來的觀光客讚賞來做事，這點還請務必三思」，於是這場爭論就在毫無交集的情況下畫下了句點。[8]然而，沖繩縣學務部稍後在沖繩的三家報紙上發表了一篇名為〈告全體縣民，勿為民藝運動所惑〉的聲明，結果使得事情愈演愈烈。

這篇聲明強調，普及標準語是為了翼贊「皇紀2千6百年」的「歷史聖業」而展開的運動。它舉出例子說：「最近出外賺錢的移民紛紛捎來感謝之意，說拜獎勵標準語之賜，他們都不會被蔑視或者遭到差別待遇了」；不只如此，「據軍部觀察，本縣出身的士兵原本有著共通的缺陷，那就是在表達意思上有所困難，但最近已經逐漸好轉」。因此，我們不能被「外來者」的意見所惑，要徹底推行標準語獎勵運動才行。[9]沖繩原本就是為經濟狀況所苦，出外賺錢移民眾多的地方，但在歷經大正期間被稱為「蘇鐵地獄」[10]的嚴重不景氣之後，前往本土打拚或是移居南洋群島的移民更是與日俱增。然而，這些人因為言語和習慣的不同，遭到了強烈的歧視，甚至還被人仿效對當地原住民的蔑稱「南洋番（Kanaka）」，稱之為「日本的南洋番」。雖然這些「出外賺錢的移民」因為講不好標準語而遭到歧視是事實，但是縣廳方面的主張主要是從軍事上著眼，認定為了要和「日本」統合，必須要普及標準語，這是自明治時期以來就不變的邏輯。之後，縣廳以未經許可拍攝防衛措施為由拘捕柳宗悅，於是民藝協會一行人不得不被迫離開沖繩。

針對縣廳的這種論調，柳宗悅也展開反擊。他說，和「不必要地摻雜洋文」的東京語相比，琉球語更加保有純粹面貌。再說，「東洋的美德就是不論何時，都充滿了對祖先的崇拜」、「在世界獨一無二的墳墓前，敬拜自己的祖先、自己的同胞，是沖繩人值得驕傲的事」。不只如此，和那些生活與藝術分離的本土現代都市相比，「活在民謠中的沖繩」更值得讚美。在專門的民藝方面，他也對那些堅守沖繩傳統樣式的作品大加讚賞，說它們「充滿了純粹感」、「展現了了不起的東洋形態」。（15卷，p. 150, 161, 164, 166）

柳氏的這些主張，就跟我們前面看到他關於朝鮮、台灣、愛努的美術論一樣，基本上沒什麼差異。但是，這次他卻在沖繩引發了強烈的反彈。

首先是沖繩縣廳的官員吉田嗣延發表了一篇名為〈愛玩縣〉的評論。他對

那些本土中央的知識分子，做了以下的評論：[11]

　　他們總是這樣高喊著：「我們辛辛苦苦遠道而來，沒有留一些有趣新鮮的東西給我們看，我們會很困擾的。」

　　他們總是把這個縣當成好奇心的對象。說真的，當成好奇心的對象也就罷了，更糟糕的是，他們只把它當成是觀賞用植物或者是寵物之類的事物而已。每次看到那些人在那裡胡亂輕率地歌頌沖繩，總會讓我有種「又來了」的感覺……

　　吉田在戰後成為保守派沖繩復歸運動團體「南方同胞援護會」的代表；他在回憶錄中也曾寫下和柳宗悅爭論時的心情。

　　吉田生在首里，是家中 11 個孩子的長男。他的家庭因為蘇鐵地獄的不景氣而顛沛流離，甚至失去了母親。後來在家族的支援下，他前往內地留學，但對於自己沒辦法「說得一口流暢的標準語」感到相當自卑。苦學之後，他進入東京帝大就讀社會學，專攻貧困問題，但整個大學的氛圍，以擔任助教的羽仁五郎和清水幾太郎為首，全是這樣一副德行：「充滿著小布爾喬亞風格，每天掛在嘴上的都只是哪裡的咖啡難喝。我對那些總是用髮油把頭髮梳得光可鑑人的『討厭傢伙』深表反感，但對於他們那種文雅的談吐、輕鬆有趣的對話，則是抱持著深深的自卑。」他在大學就學期間，正值 1930 年代初期的昭和恐慌期，當時他參加了國家社會主義團體並遭到逮捕，最後在考慮到家裡的情況下，只好放棄活動，含著淚把和組織相關的文件給一把燒掉。[12]

　　吉田開始進入這場語言論爭，是在他寫完研究貧困的論文畢業後，回到故鄉沖繩縣擔任新設不久的縣廳「社會事業主事」一職，一頭栽進生活改善運動時的事。當然，這所謂的「生活改善」，不只是普及衛生和營養知識，也包括了改變習慣和言語。對於抱持著拯救貧困家鄉使命感的吉田來說，民藝協會這群人不過是「穿著手工紡織呢的衣服、充滿著貴族調調，言行舉止充滿小布爾喬亞般作風派頭，令人難以忍受」的傢伙。他強調了「南洋番」這樣的用語所象徵的歧視意味，對柳宗悅批駁說：「我在縣外的一個友人曾經悲痛地大喊道：『在縣外的時候，標準語是僅次於性命第二重要的東西啊！』」、「你知道縣民因為標準語說得不夠得體，而遭遇到多少有形無形的損失嗎？」[13]

　　提出這些批評的，並不只有吉田一人。地方報紙也刊出了大量關於這場論

爭的投書，而且幾乎一面倒都是猛烈批判柳宗悅。有一位曾出外到阪神地區工作的投書者說：「詩人或藝術家看到沖繩人的素樸風俗，總會忍不住稱讚這種『南國風情』或是『熱情的島嶼』；然而抱持這種看法的人，10個人裡面大概找不到1個吧！」、「古物就留給研究古物的那一幫人去處理就好，我們要的是朝向建設明日的沖繩邁進」。其他投書者也主張：「對於那種愚劣的愛情與過度的疼愛，很抱歉我們敬謝不敏。希望你們在看我們的時候，能用看薩摩人或江戶人同樣的眼光來看待──不管是疼愛也好，還是輕蔑也好。」[14]

不只如此，當地的報紙也刊載了以下的報導，對柳氏加以責難：[15]

這些「風雅之士」因為覺得那根電線桿妨礙了他們拍攝古琉球式的景色，所以厚著臉皮要求把它給撤掉。這種想法簡直就是要沖繩人完全不要用電、也不要用燈。若是妨礙了他們賞玩沖繩，那麼市民的利益、國家的興隆都可以不顧，這種徹底的利己主義，除了令人敬佩之外再無他話可說……

沖繩的批判矛頭，也指向了柳宗悅的民藝運動思想。某位投書者就說：「我對柳氏那種『透過直覺發掘沖繩之美』的感性深表疑問。在我看來，那並不是憑藉直覺，而是『柳氏對於他極度嫌惡的資本主義文化機械工藝反彈下的產物』。」另一封投書也說：「（柳氏所讚賞的）古代漆器，多半是貝摺奉行所[16]的作品；那些是無視費用與時間做出來的產物，（不是民藝）而是官方藝品。」認為柳氏忽視了藝術品背後隱含的沖繩內部階級關係以及勞力榨取。[17]

某位國頭地區的教師也投書指出：「雖然普遍都用『沖繩方言』4個字來概括，但其實還包括了10處、20處的地方呢！」、「本島人不懂宮古方言，也不懂八重山方言。所以現實狀況就是，若要團結縣民，獎勵推廣單一的標準語，才是最有效率且最能收到成果的辦法」。據他所言，自己在學習標準語以前，只能講著「和其他村子互不相通的奇特方言」，但是「現在已經可以跟優雅的首里人士自由對話了」。[18]標準語帶來的均一化，打破了依地方和階級不同而有語言區分的琉球王朝時代的秩序，故對這位投書者來說，反而是一種解放。柳氏當成是單一存在的「沖繩」，對住在內部的人而言，其實卻蘊含著複雜的對立關係。

只是這些投書中所展現出來的意見，對沖繩人本身而言，其實也不是什麼

新鮮事物。早在1901年，擔任《琉球新報》主筆的太田朝敷就說過：「我聽聞本土的美術家來到沖繩，稱讚本縣婦女的衣服；他們輕率地提倡保存說，但這樣的作法只是基於美術眼光，至於社會眼光則付之闕如。」伊波普猷在蘇鐵地獄之後不久的1926年，也針對所謂「沖繩的優秀美術」，發表了以下看法：「那些是（沖繩）資產階級的產物，跟住在鄉下的一般琉球人，特別是古琉球人，一點關係都沒有。」伊波之所以口出此言，是因為他接受東京的雜誌邀約，要為沖繩文化特輯寫稿；但在一堆稱讚沖繩情調與風光明媚的文章中，伊波卻說：「就像各位中央人士所想的那樣，琉球的土地既不豐饒，近海也沒有魚類群集。」就差沒直接說出「景色和情調能夠當飯吃嗎」了。[19]

沖繩方面的投書，雖然有把觀光協會和民藝協會會員的發言全都放到柳宗悅身上藉以反駁的傾向，但也有不少論點確實是擊中柳氏思想的要害。

不過，正如在吉田身上可以看到的那樣，沖繩方面對柳宗悅的反彈，多少混雜著一種對東京知識分子的扭曲自卑感。比方說，有一篇刊載在地方報紙上、名為〈致高高在上的人們〉的投書，就有這樣的內容：[20]

> ……現在的沖繩正為了追上日本躍進的步伐，不斷拚命地努力著；但各位卻抱持著誤解的怪異優越感，對此大加批評……我只能說，各位真的是太輕率了！恐怕各位連小嬰兒的紅色衣服，也會說成是世界上最美麗的事物吧！……沖繩的確是個好地方，卻是我們的故鄉；如果各位真的覺得這裡那麼好的話，何不就永遠定居在沖繩呢？但我想，若是我們提出這種建議的話，各位一定會說「你們這些小孩子真讓人頭痛，真難應付！」然後飛也似地逃掉吧！……正因為我們比各位更知道沖繩的慘況，所以才如此拚命在努力著啊！

這位投書者又說：「好比說各位一直稱讚我們的女性服裝，那麼請問各位有勇氣讓日本女性穿上我們的服裝，出現在美國的博覽會上嗎？」對人類館事件[21]記憶猶新的沖繩人來說，這並不單單只是比喻的問題而已。不過就算柳宗悅真的有勇氣想在美國的博覽會上展示琉球服，恐怕也沒有哪位女士有自信真的穿琉球服上台吧！

這場論爭雖然被稱為「沖繩語言論爭」，但實際上語言問題只是論爭的一部分，特別是沖繩方面的發言，提及現代化與開發問題的論述相當之多。可是

這些反駁最大的特徵，就是把開發和標準語的問題全都混為一談。換言之，當他們在批判柳氏的開發觀之際，對於他批評「鼓勵標準語」的論點，也不會有人產生共鳴。對他們而言，沖繩的發展和鼓勵標準語是渾然一體、不可區分的事情。正因如此，不只前述的吉田等人把解決貧困問題和鼓勵標準語一概而論，甚至也有投書者一面批評柳宗悅，一面這樣主張：「與其在縣外一邊吃著沖繩什錦雜燴；一邊結結巴巴說話傷害本縣的體面，還不如在故鄉紅土地裡瀟灑地死去，這樣或許比較對得起全體縣民也說不定。」[22]

和朝鮮或者台灣的情況不同，沖繩的狀況，反映了「文明化」和「日本化」並無區別，同化被視為發展以及消除歧視的唯一方法。柳宗悅雖然未必一概反對獎勵標準語或者沖繩開發，但在沖繩投書者的腦海裡，藉由同化使得生活提升、消滅歧視，和繼續保留未開發、被歧視的狀態，乃是不可妥協的非此即彼二擇一的狀態，在這樣的情況之下，任何質問都失去了轉圜餘地。故此，柳氏的言論只會被當成一種企圖保持沖繩被歧視狀態的「東方主義」來看待，而沖繩方面對於東方主義的反抗意識，則是朝著努力加強同化的方向在前進。

## 「西洋人」視角的方言擁護者

另一方面，這場論爭在東京也成為注目焦點，有許多知識分子紛紛加入發言。和沖繩方面相反的，他們幾乎一面倒地支持柳宗悅。

不過值得注意的是，比起沖繩居民的境遇如何，他們更加關心的是「是否尊重地方文化」這個抽象的命題。而這些中央知識分子，不約而同地將視線投向了某一點上，那就是：將沖繩和日本的關係，視為日本和歐美關係的縮影。

好比說，受邀在《月刊民藝》上面發表意見的詩人萩原朔太郎，就做出了這樣的陳述：[23]

當外國觀光客漫遊日本、驚歎於日本獨特的建築與風物之美時，也總會對於日本人毫不吝惜的破壞這些風物、只顧一味地模仿西洋俗惡風格感到惋惜，並屢屢提出親切的忠告，但日本人不僅將這些忠告當作是耳邊風，還會反過來把它當作是阻礙新興日本發展的無用廢話，或是外國觀光客對異國風情的迷戀。在這種情緒下，日本人往往會感到憤憤不平，反過來指責那些外國人把日本當成他們家鄉的馬戲團來看待。我認為這次琉球的事

件，正好與上面所舉的例子有某種相似之處……

　　……我想，琉球人對鄉土文化的輕侮，與對中央文化的崇拜態度，大概就和一般日本人對西洋文明的態度是一樣的吧！

　　除了萩原朔太郎之外，評論家佐藤信衛也說：「今日內地人對琉球的態度，恰如當年西洋人來到文明開化[24]的日本時的態度，我認為這是非常有意思的。今日的琉球人，幾乎就跟當時的日本人一模一樣。」清水幾太郎也表示：「到訪日本的外國人對都會景觀不屑一顧，卻對某些斷片（農村的傳統文化）極其珍視，這是眾所周知的事實。所以，當那些對所謂『現代日本文化尖端事物』多所省思的人，接觸到琉球文化之際，會為之深深傾倒，恐怕也是理所當然的事吧！」像這樣的例子還有很多。柳田國男也在《月刊民藝》的座談會上表示：「原本那霸人就是抱持著一種膚淺的機會主義，跟明治初期的日本人對外國文物是一樣的態度。」[25]

　　彙整了這些意見後，《月刊民藝》的報導特輯，做出了這樣的陳述：[26]

　　當我們就這次的問題，向中央的一般文化人徵詢意見之際，幾乎大多數人的意見都是：「現在的琉球，就像是前一個世代、也就是文明開化時期的日本人對西歐文化的態度。」故此，我們由衷期望現在那些追求風俗改良、力圖走在文化尖端的沖繩人，在面對中央知識分子投來深切眺望的目光時，能夠有所省思、深深反省才是。

　　這段發言，清楚地展現了中央知識分子是以何種關心和態度，去看待這場沖繩語言論爭。簡單說，他們在論及沖繩的時候，多半只是把它當成談論日本文化認同時的題材而已；至於他們對這塊原本幾乎一無所知的土地，到底有多少真正的關心，那就值得存疑了。

　　不只如此，他們在這場論爭中的立場，並不是站在受文化自卑感所苦的弱者一邊，而是在為了保存地方文化而提出忠告的強者這邊。換言之，他們體會到的是「當年西洋人來到文明開化的日本時」的那種滋味。上述《月刊民藝》的報導中，也隱隱帶著一種把自己當成是「中央知識分子投來深切眺望的目光」，要對方「有所省思、深深反省」的優越感。

　　另外應注目的是，對於中央文人幾乎是一致共鳴的「歐美對日本＝日本

對沖繩」這一模式，沖繩方面的反應卻是敬謝不敏。針對提出反駁的吉田，柳宗悅本人做了這樣的回應：「像吉田這樣的人，正跟明治大正過渡期間受歐美文化所惑；對西洋人展現出屈辱態度的某些日本人是同一類型。」不過被指名的吉田則是回應說：「這還真是讓人意外啊！將當時日本和歐美的關係，直接照搬不動到沖繩議題上來，柳氏對本縣的認識，實在是讓我感到一絲憂心。」[27]柳氏的這番發言，恐怕除了更加激怒吉田以外，再也沒有其他效果了。

　　不只是吉田，在沖繩可說找不到半個認同這種模式的人。若是想到這個模式和中央知識分子的自戀情節有著不可分的關係，會有這種現象，也是理所當然。畢竟，沖繩方面關心的是提升自己的生活水準和消滅歧視，至於近不近似日本對歐美的關係，他們完全不在意。然而，和把這議題當成文化問題大加熱議的情況正好相反，大部分中央知識分子的發言，對沖繩的生活和歧視問題，幾乎都毫不關心。

　　若是稍微反過來說的話，這些中央知識分子套用日本和歐美的關係，來思考當下自身的文化認同問題，是把「日本」這個國家和自己一體化；相對地，沖繩方面即使高舉獎勵標準語的大旗，實際上則還是以地區的利益為最優先。若僅從表面的主張來看，前者看起來是尊重地方文化，後者則是擺出一副重視國家的姿態，但實際上到底哪邊比較算是「民族主義者」，還真是件難以判斷的事。在沖繩地方報紙的時評上，也有人主張柳宗悅在這場論爭中是「從國家的視角出發」、而沖繩方面的論者則是「依據本縣的利害關係」來發言。[28]被人形容成是「從國家視角出發」，柳宗悅或許會覺得很意外吧，然而從某個角度來說，這種批評其實並不算完全毫無根據。

　　當然，在中央知識分子當中，也有人對柳宗悅提出抨擊。在這當中雖有像語言學家保科孝一這樣，從國家統一的觀點表達不樂見方言存在看法的人，然而也有從沖繩開發這一觀點提出反駁的人物存在，其中一人就是文藝評論家杉山平助。杉山根據自己到訪沖繩的經驗，做出了這樣的陳述：「不願直視悲慘與貧窮的生活，只是一味讚美過去的民藝品，然後說這就是讓這座島嶼過著幸福正確生活的方法，這根本就是把沖繩人打入永無翻身之日的境地！」他又接著攻擊柳氏說：「我們不該讓全體沖繩縣民扮演博物館警衛的責任；沖繩縣民不應只活在過去，更應該活在未來。」[29]

　　然而杉山的反駁也沒有跳脫出前述那種非此即彼的二擇一式的論述框架，例如他就主張：「徹底普及標準語、壓迫方言，當局這樣的方針完全正確」、

「作為日本人卻使用那種語言，對於將來的生活恐怕會產生很大的障礙」。沖繩方面會做出這種論述，主要是因為被眼前的處境逼得無路可走之故；可是在使用標準語方面，站在沖繩這邊的杉山表面上和沖繩人講出的話似乎是一樣的，但實際上卻是刻意迴避了自身的有利立場。不只如此，杉山還說：「我只不過在那霸住了兩三個晚上，就已經得出這樣的判斷」、「我只不過是帶著為了觀賞富士山或是櫻花，而來到日本的西洋觀光客那種事不關己的心情，來到琉球罷了」。[30] 由此觀之，恐怕他不過是為了攻擊自己視為偽善的柳宗悅，所以才扛出沖繩發展問題作為反駁材料，主要的動機還是在中央言論界內的對抗意識，而不是真正關心沖繩的命運吧！

　　結果，在東京的言論界裡，那些比起沖繩的種種還更加關心自己文化論述的言論家，幾乎沒有提出任何具有實質建樹的論述。這和內地政治家在談到朝鮮、台灣統治論時，完全無視於當地的實質情況，只是把它當做政爭工具，可說是異曲同工之妙。

## 對「日本人」的強調

　　在這場論爭中，柳宗悅與大多數的論者並不相同；他強烈意識到沖繩的種種困境，並對此發表了一連串的論述。在他看來，沖繩在消滅歧視、開發經濟的問題上：「不應追隨其他府縣的腳步來開拓道路，而是應當以其他府縣所無法企及的自身獨特力量開拓未來，方為正解。」他這樣力陳：「縣民啊！你們要有自信，要深刻省思自己所保有的文化價值，並為自己身為沖繩人而感到驕傲啊！」、「雖然有人說，想要盡早改說標準語是縣民自身的願望，但假使縣民有了自信，事情恐怕就不會是這樣了吧！」柳氏在對沖繩表示同情的同時，也像過去在談論朝鮮的時候一樣，有著這樣的認知：「比起物質的贈予，給予縣民『精神上的自信』，這是比什麼都更珍貴的禮物。」（15卷，p. 182, 177, 595）。

　　另外，柳氏的沖繩論當中，存在著在討論朝鮮、台灣和愛努時所不曾提及的東西。他的主張如下：（15卷，p. 184-185）

　　　　不幸的是，本土的人們對於琉球的概念，一般而言可說是極其粗劣。……因為琉球接近台灣，所以就把它當成是蕃地的延伸；再不然就是因為它接近福州，所以把它的風物想像成全是支那風格……從卑下的地位

中拯救這些縣民，是遠比從貧窮中把他們拯救出來更加緊要的事。所以，我們不僅要把沖繩屬於日本文化圈這一明明白白的事實對外宣揚，對內更也要有這樣的自覺。琉球不是殖民地，不像台灣這樣，就歷史來說不只類型不同、就連本質也不同；它是一處擁有貴重日本文化脈絡的地方，更是傳承了許多對日本而言彌足珍貴傳統的地方。

沖繩是「日本」的一部分，「不是殖民地」也「不像台灣」，我們必須把這件事向縣外的人啟蒙，對沖繩住民則應該讓他們有此「自覺」；這就是柳宗悅所選擇、讓沖繩的人們找回自尊的手段。

其實早從方言論爭的初期開始，柳宗悅心中就已經抱持著這樣的想法。當他到訪沖繩、和當地警察部長展開爭論的時候，他就已經指出，之所以要保留沖繩語，是因為「將來要決定日語的時候，琉球語一定會提供相當重要的啟示」；換句話說，「語言學者一致認為，在日本現存的各種方言當中，保留最多傳統純正和語含量的，就是東北的土語和沖繩語。就這點而言，我們甚至可以說後者具有國寶的價值」。而在最初的反駁文章中，柳氏也說：「在不日可大功告成的《大日本國語大辭典》編纂之際，我們必然可以發現，在討論最純粹和語的條目下，會有許多引用沖繩語的內容存在吧！」（15 卷，p. 355, 149-150）

柳氏之所以會有這樣的主張，事實上是反映了這場論爭爆發之年，亦即1940 年當時的時代背景。那時，和朝鮮、台灣、沖繩等地激化的強制說「國語」運動正好相反，在日本本土，隨著國粹主義高漲，鼓吹地方與農村文化復興的聲浪高聳入雲。之所以如此，是受到反資本主義、反自由主義、反西洋文明的主張大行其道，以及高呼「血與土」的納粹德國，對於「健全」地方農村文化的讚賞影響所致。柳氏在反駁縣廳的文章中也質問道：「最近獨逸（德國）、伊太利（義大利）等國，都在大規模地提倡振興地方語言、風俗、文學、工藝、建築等事務，請問你們對此有何高見？」他主張說：「當中央語被眾多雜亂的語調所混亂，特別是隨著外來語的混入而失去身為和語的純正性之際，沖繩語就像是一道曙光般，驟然出現在我們的眼前。」（15 卷，p. 153, 159）

這樣的論調並非柳宗悅所獨有。好比說，民藝協會的成員式場隆三郎就這樣說：「德國最近很重視文化的地方性，那是因為他們注意到，在那當中保留著相當濃厚的民族特徵」、「健康的民藝已經從中央消失了，剩下的都保存在東北和九州的部分地區，以及琉球；當我們在進行確認日本精神的運動時，這

些地方留給了我們最好的資料」。除此之外，長谷川如是閑和石黑修等人，也都引證納粹的方言復興運動來說明沖繩語保存的意義。英語學者壽岳文章則是說：「如果現在東京年輕女性用的醜怪單字乃至語法，就是標準語活生生的範例，那麼標準語下地獄去吧！」對強制使用標準語大表反對。[31]

柳氏等人的主張，在那個強烈壓抑言論的年代，或許是一種欺敵戰術也說不定；可是，正如前述，以反西洋文明和保護傳統文化為宗旨的民藝運動，本來就含有易於和民族主義結合的要素在。但民族主義本身就具有矛盾的兩面性：在高舉現代化和普遍性，要求將地方的言語與文化均質化的同時，又有高舉反現代和民族的特殊性，抵抗均質化的一面。縣廳一方按照前一種民族主義邏輯，鼓勵實施標準語，而柳氏一方則試圖以後者的邏輯來對抗之。

就在這樣的邏輯下，柳宗悅說：「當我懷抱著和日本不同的想像來到沖繩後，才初次發現一個完完整整的日本。」他傾向這樣的主張：「最近的（工藝品）不管是形狀或是品質都很膚淺，樣式很低俗，色調也難看；唯獨在沖繩這裡還留有大和風範，將優良的質地與美感完整地保存下來。」當然，誰也沒有看過「完完整整的日本」，因此這不過是他想像的產物罷了。而這種主張和日琉同祖論──即沖繩的言語文化並非當地獨有之事物，而是將古代日本的文化保留下來，其特異點亦在此處──之間的連結，自是不在話下。柳氏在論爭中主張：「（在沖繩），至今仍然使用著我們日本的祖先，從鎌倉到室町時期所使用的語彙」、「琉球的傳統衣裳，大體上都近似於室町時代的衣飾」。他說：「天平時代[32]的古都想必一定很美吧！若是對那座古都魂牽夢縈的人，請一定要走訪沖繩。」（15卷，p. 159, 162, 579, 580, 161）

總而言之，柳氏的主張就是：沖繩的現狀已經是「比日本更日本」，因此沒必要讓半西洋化的，已經成為「不像日本的日本」的東京語和東京文化來污染它。另一方面，雖然在保存日本古代文化這一邏輯上，日琉同祖論與日鮮同祖論並沒有什麼差別，不過柳宗悅在語言論爭時曾經寫到：「我想起自己過去曾經為了朝鮮的某座建築公開為文」，並力陳「沖繩和朝鮮、台灣，乃至於支那，是截然不同的地方」。[33]

柳氏這樣的邏輯推陳，在沖繩方面也得到了一些支持。例如，沖繩史學家東恩納寬惇就跟柳氏的思維有共通點。據東恩納的說法，禁止沖繩語很可能會帶來「『沖繩語不是日語』這種毫無道理的錯誤觀念」，那是「搞不清楚狀況的官僚，把沖繩當成和朝鮮或台灣同等看待」、「是一種侮辱縣民的無禮之舉」。

對東恩納來說，比起獎勵標準語，居然把原本應該是「日本」的沖繩和朝鮮或台灣等同看待，這才是真正的「侮辱」。他主張：「從日本文化整體來看，沖繩的一切文化都具有重要的地位，擁有這樣的自覺，比什麼事都重要。」[34]

強調沖繩是「日本」，和朝鮮、台灣有所差異，這樣的邏輯在沖繩方面也較容易獲得認同。批判柳氏的杉山平助，就做了以下的陳述：[35]

確實，到現代還在使用候文[36]的琉球人，比起亂用夾雜翻譯怪異語彙的我們，感覺起來更像日本人。

這是我身為新到當地的旅行者，所得出的一個「發現」。畢竟，普通不負責任的內地人，平日在提到琉球人的時候，總會不假深思、模模糊糊地把他們想成日本人、支那人與朝鮮人的混血兒，這是很失禮的看法……

柳氏高喊「琉球和台灣或朝鮮是不同的」，當我讀到這裡的時候，不禁為之失笑。這正是一部分琉球有識之士持續在高呼的東西，結果柳氏居然幫他們代言了。

他們一直不認為琉球屬於日本之外，對這一點相當敏感。

例如，當你在他們面前使用「內地」這個詞時，他們就會勃然大怒。畢竟，要是九州以北屬於內地，那琉球就變成了「外地」，也就是被當成殖民地來看待了。所以，當我剛到這裡的時候，便被人提出警告說，講到「內地」這個詞的時候，一定要換成「其他縣市」，不然當地人會感到相當不高興。（不過，知識分子以外的琉球一般民眾，還是稱九州以北為內地）

不只如此，他們也不喜歡使用「琉球」這個字眼，因為那是支那皇帝賜給他們的名字。

的確，姑且不論「一般民眾」如何，沖繩方面的投書者，對於從「日本人」當中被排除出去，其實是很恐懼的。有一封支持獎勵標準語的投書，就以台灣的皇民化運動為例，高呼：「沖繩比台灣還要糟糕太多，台灣不管到哪裡都聽不到方言……縣民啊，不要輸給台灣了！」[37]

可是，和中央知識分子的思慮不同，沖繩方面的投書對這種「沖繩文化＝純日本」的論調也有反彈。某篇投書就這樣反駁：「沖繩語作為研究日本古語的資料是很重要沒錯，但是不管多重要，和其他地方不能通用，就是沒有存在價值」、「有人提出意見說，沖繩語對於將來決定標準語，會扮演很重要的作

用，請問這個『將來』究竟要將到哪一天？」對他們來說，「琉球語不是為了『不日可大功告成的《大日本國語大辭典》編纂』而生的語言，事實上它本來的機能，是為了讓琉球人互相交換思想與感情，過著文化生活而發揮的」，但是「今日我們的生活經驗，用古琉球語完全無法表達」，所以「我們現在使用的琉球語，毋庸置疑也不是純粹的東西」。柳宗悅誇讚為「國寶」的沖繩語，其實對使用者來說是日常生活的工具，「說琉球這種古色蒼然的方言，提供了研究大和言語的絕佳材料，相當值得珍重，這跟說北美印地安人的家族形態，提供了研究古代社會的絕佳材料，相當值得珍重沒有兩樣……絕對不是什麼值得光榮的事」。[38]

就連原本提倡日琉同祖論的伊波普猷自己，在 1926 年也說過：「說琉球保存了許多古代生活的樣式，就跟說已經逐漸趨於滅亡的愛努人，應該被當成國寶來愛護是一樣的意味；除了引起學者的注意以外，世間的有識之士、特別是政治家對此根本不屑一顧，這實在是件遺憾的事。」伊波在語言論爭之際，也發表了簡短的意見：「我認為柳氏的態度是真摯且純真的，但是唯獨一件事他搞錯了，那就是他把語言和民藝混為一談了。」和到處都可以陳列的民藝品不同，語言是人們生活的工具，比起保存，更應該以人們的幸福為優先才對。對於沖繩語，伊波的主張是：對地方語的壓制會造成「民族失去尊嚴」，因此他並不喜歡，但是「弱小民族的語言無法普及化，因此會自然消滅；企圖以人為方式去阻止，不過是徒勞無功罷了」。用「純真」來形容柳氏，伊波的指涉，似乎有點暗諷的味道。[39]

但是，沖繩方面的投書者無法接受柳氏主張最大的原因，就像是某封投書中所說的：「對我們來說，獎勵標準語，就是讓所有縣民全都成為日本人的啟蒙運動。」他們覺得自己同化成「日本人」的程度還不夠。[40]只要有差異，就不會被認同為「日本人」；不被認同為「日本人」，就會遭到歧視。對於困於這種恐懼的他們來說，「比日本更日本」這種形容，聽在他們耳裡，只會覺得這是一種企圖將沖繩人排除在「普通的日本人」之外的說法。

## 沖繩同化的最終階段

面對這種情況，柳宗悅認為應該要給予沖繩居民自信：「『在這裡看看日本吧！』為什麼沖繩人不這樣大聲說出口呢？」、「比起其他地方，沖繩所蘊

藏的大和文化獨特性是最多的，你們要有這樣的自覺啊！」他的論述漸漸朝著這個方向傾斜。（15卷，p. 159, 167）此時的他，似乎也體會到沖繩人的心情，因此開始努力地將沖繩納入「日本人」的界限之內。

但是，縣廳方面卻依循著和這場論爭完全無關的另一套邏輯在行動。就在1940年8月論爭正熾的時候，沖繩縣知事淵上房太郎和柳宗悅進行了會面；面對主張「難道沖繩的語言不是純粹的日本語系方言嗎？」而極力想保存它的柳宗悅，淵上是這樣回應的：「要是不改變成標準語，這個縣是不會有發展的。現在徵兵檢查的時候，還有本縣縣民無法正確使用語言，結果被當成笑話看待呢！」、「若是把本縣的事情和其他縣等同看待，那可就麻煩了。畢竟在日清戰爭（甲午戰爭）的時候，本縣還有人受支那利用呢！」（15卷，p. 599-600）

這個回應顯示了自明治中期為了確保沖繩作為國防據點而推動同化論以來，知事的理解完全沒有改變。儘管已經發出了引爆這場論爭的聲明，但縣廳拿出來當作推廣標準語好處的例子還是徵兵檢查，可見重要的仍然是居民在戰時的忠誠度問題。

另一方面，知事在和柳氏的面談中，對於沖繩投書者所言，期望藉著同化為「日本人」這一手段來化解歧視和差別待遇一事，則是完全未曾提及。對知事而言，最重要的不是沖繩文化是否為「完完整整的日本」，而是對於日本政府以及自身的忠誠心，是否有透過使用標準語這一形式顯露出來。柳氏並不反對獎勵標準語，只是希望能夠和地方語並行使用，但知事還是拒絕了。若單單只就語言而論的話，那當然有可能並行使用，但效忠的對象只能有一個。

面對知事這種態度，柳氏一方反而被迫不得不更加強調沖繩乃是「日本」的立場，來與之抗衡。就在跟知事面談3個月後的1940年11月，民藝協會在《月刊民藝》上發表了〈針對沖繩語言問題之意見書〉，作為對這場論爭的最後見解。[41]在這篇意見書中，民藝協會將沖繩標準語政策的歷史，畫分為3個時期：

所謂「第1期」，指的是從琉球處分到日清戰爭後這一段時期。「第1期的基本精神是，透過標準語的普及，促使沖繩日本化，具有極濃厚的政治色彩」。之所以如此，其背景是「當時的沖繩人心……混雜有相當強烈的支那崇拜思想」，所以「在這種情勢下，在沖繩普及標準語，就跟現在日本對支那和滿洲輸出日本語、或是在朝鮮、台灣等地推廣國語，是一樣的意義」。換言之，這是一種「針對沖繩而來的半殖民地政策」。

　　緊接著的第2期，則是「沖繩縣民離鄉背井，或者移民南洋、或者前往大阪等地打工賺錢，隨時可以透過旅行等方式和外部交流的新時代」。在這個時代裡，「沖繩縣民因為自身擁有的鄉土要素，經常遭到其他府縣的人誤解，視為異族」；故此，「人們莫不認為，將這種鄉土文化的臭氣盡早一掃而空，是振興沖繩唯一的道路」。

　　換言之，第1期因為政治、軍事的理由而展開的沖繩「日本化」，到了第2期則是為了避免其他府縣「誤解、視為異類」，並脫離遭到歧視的苦境，所以各有其獎勵標準語的動機。前者是淵上知事，後者則是反對柳氏的沖繩方面論者所依循的邏輯。

　　對此，意見書首先主張說：「對於在這第1、2期的困難期間，為勵行標準而盡心盡力的人們，我們必須由衷地表示敬意」、「在那個過渡期間，這樣的作法是歷史不可抗拒的進程」，不過到了現在，這樣的時期已成過往。接著，他們又說：「沖繩的文化，即使找遍整個日本，也是特別純粹的形態」、「從這次支那事變（中日戰爭）中，那些集結在鹿島[42]等待出征戰地的勇士、以及那霸港熱烈的歡送光景，在在可以看出那種滿溢而出，恐怕是全日本最熱烈的愛國情操」，以此強調沖繩人已經成為堂堂正正的「日本人」。然後，他們又對納粹的保護地方文化加以讚賞，並做了這樣的陳述：

　　　　我們必須再次重申，沖繩的鄉土文化乃是純日本的文化。在這事實已再明確不過的今日，實在沒有必要像對待其他殖民地一樣，從外部盲目地全盤灌輸國民精神給縣民。只要讓縣民能夠明確地認識沖繩文化的定位，並對鄉土充滿無限的自信與愛情，那麼就能復興輝煌的日本精神，如此一來，在戰爭更劇烈、要緊急傳達中央意志之際，必然能夠和其他府縣一樣，傳達順暢而無礙。

　　在意見書的最後，他們用這樣的強調作為收尾：「我們今後的任務，是告訴沖繩以外的人，讓他們清楚知道，沖繩文化就是日系文化。」

　　就這樣，持續鏖戰長達1年之久的沖繩語言論爭終於畫下句點。這場論爭，並非單單只是壓迫地方文化與尊重地方文化兩方之間的論爭。事實上，就像民藝協會給予的定位一樣，這是一場認為沖繩還不夠「日本人」的一方，與認為沖繩已經「夠日本」的一方之間的論爭。

　　就柳宗悅個人而言，他的美術觀因為這起事件而陷入重大的危機當中。他在避免自己的主張陷入東方主義與排他性邏輯的同時，也努力要建立沖繩獨特的尊嚴與自信。可是，按照他當時的言論架構，要把沖繩納入「日本人」框架的內部，就只能強調它和朝鮮、台灣之間的差異，否則這樣的論述便無法成立。另一方面，在這場論戰中，沖繩與中央雙方對於沖繩乃是「日本」一部分，以及沖繩人乃是「日本人」，都有著明確且固定的認知與自覺。所以，也正如民藝協會所定位的那樣，自明治以來持續展開的沖繩同化，可說已經到達了最終階段。

　　柳宗悅在面對論爭過程中諸多反駁之際，寫下了這樣一段話：「此刻的我，正在靜靜地反省：我們迄今為止在沖繩的所作所為，是否錯了呢？」接著他又寫道：「這樣想來，或許我們仍然有力所未逮的部分，但絕非刻意傷害沖繩，而是抱持著堅定且明確的信念，認定他們一定可以得到幸福。」、「或許這會被說成只是我們一廂情願的自戀罷了，但我們對此深信不疑」。（15卷，p. 175）在參加這場論爭的中央知識分子當中，毫無疑問柳宗悅是對沖繩最充滿敬意與感情的人物。但是，對於究竟該怎麼評價他在這場論爭中扮演的角色，即使到現在，依舊不是件容易蓋棺論定的事。

　　在這之後，柳宗悅所深愛的沖繩城鎮在戰爭中化為灰燼，只能藉著過去民藝協會記錄下來的照片與影片，從中緬懷它們過去的身影。他所拯救的朝鮮光化門，也在韓戰當中被破壞到只剩下礎石而已。從二次大戰後，到1961年逝世為止，柳宗悅都沒有再拜訪過朝鮮和沖繩。或許，對他那顆敏感纖細的心來說，要面對自己摯愛的事物此刻活生生的現實狀況，未免太過沉重了。

# 第十六章
# 皇民化與「日本人」
## ——總體戰與「民族」


　　隨著1937年爆發的中日戰爭日益激化，在「內鮮一體」的口號下，朝鮮開始推行「皇民化政策」。強制參拜神社、到處唱和鼓吹對天皇忠誠的「皇國臣民之誓詞」、將朝鮮語從必修科目中排除、推行所謂的「創氏改名」、還有實施志願兵制度乃至徵兵制、勞役徵召等等，漸次地強行要求朝鮮人的配合。類似的運動也在台灣推行。

　　此一皇民化政策，乃是以讓朝鮮人成為「日本人」的名目，對「日本人」的定義給予各式各樣的解釋而展開。隨之而來的是，支配者與被支配者抱持著不同的期待，去使用「日本人」這個詞彙。


## 否定「朝鮮」

　　皇民化政策以前所未有的猛烈之勢，積極推行同化；之所以會突然採取這種極端的同化路線，理由不用說，自然是因為戰爭。如同前面已經提到的，同化路線原本就跟國防之間有著密切的關係，而朝鮮作為大陸的後勤基地，重要性日益增高。故此，在有必要動員朝鮮兵員和勞動力的情況下，才會追求這種急速養成對日本忠誠心的手段。

　　據日本政府的說法，所謂「皇民化的根本」，就是「以對國體抱持堅定的信念為首要之務」。可是就像在沖繩獎勵標準語運動當中所看到的那樣，支配者不只是要對朝鮮人和台灣人灌輸對於國家的忠誠心，還要在諸如文化或言語之類的有形事物上清楚看到同化，否則就無法安心。按照政府另外的說法，所謂「皇民化的根本精神」，應該是「自身由內而外表現出來的敬神崇祖觀念、風俗習慣的改善、以及道義觀念的提升，這是理所當然的道理」。[1] 在這層意義上，皇民化政策比起單純的和日本文化同質化，更趨向於伊澤修二所說的

南次郎

「精神的征服」，也就是一種精神的總動員體制。

這樣的皇民化政策，難免給人一種難以抹滅的印象，那就是從以前就一直存在的同化路線的延長並且突然之間開始強行推動。其實，關於動員朝鮮人和台灣人士兵的想法，在日本內部其實並不普遍。畢竟對於俗稱「士兵的價值只值一張明信片」的大日本帝國來說，不足的不是兵員，而是裝備，以及供給裝備用的資金。要將如此貴重的裝備交給忠誠心值得懷疑的朝鮮人，當然是不值一提。據說，推行皇民化政策的朝鮮總督南次郎陸軍大將，自1936年赴任以來，就已將在朝鮮實施徵兵制列為目標，但在這時編纂的總督府內部資料，列舉出來的重要政策事項當中，並沒有兵役問題，也沒有創氏改名。[2] 這些政策是在中日戰爭開始後，才急速浮上檯面的。

而為了將朝鮮人編入日本軍隊，就有必要讓他們作為「日本人」而存在。畢竟，同時代的英法等國是將殖民地出身的士兵和本國部隊隔離，獨自編成印度部隊等殖民地軍，而日本的作法不同，是把朝鮮人編入正規的國民軍當中。因為害怕朝鮮人叛亂，所以不編成單獨的朝鮮部隊，也不給他們足夠的武裝，只讓他們擔任後方勤務部隊，或者將他們打散編入既有的內地人戰鬥部隊當中。這點和沖繩出身的士兵也沒有被編成統一的部隊，而是納入熊本等地的部隊當中有異曲同工之處。正因要把朝鮮人編入國民軍當中，所以他們不能只是「日本人」，而是必須成為「日本國民」。

在同化路線當中首先實現的，是教育層面的變化。在1938年頒布的《朝鮮教育令》修正案當中，大體廢止了迄今為止以常用「國語」為基準的隔離規定，「普通學校」、「高等普通學校」改名為「小學校」、「中學校」，教學科目也基本上和內地人統一，至於原本一直列為必修的朝鮮語，則被降格為選修科目。雖然沒有實施需要偌大成本的義務教育，但就學率急速上升，1935年不過25%左右，1938年上升到38%，1943年則已經到達50%左右。台灣也在1937年廢止了原本當作選修科目而殘存下來的漢文，1941年實施內地的「國民學校」制度，將原本名稱上有所區別的「公學校」、「小學校」統一為「國民學校」，就學率也在1943年超過了70%。此外，1937年隨著修正《北海道舊土人保護法》，愛努人也廢止了分離教育。[3]

雖然這也可說是總體戰體制下的某種均一化效果，不過隨著戰爭的日益深

化，內地教育變得愈來愈重視培育忠誠心，朝鮮的同化也可以說是它的一種投影。早在1911年頒布《朝鮮教育令》的時候，穗積八束[4]就曾經稱讚朝鮮這種結合了忠誠心培育和實業教育的教育方式，在養成「忠良的國民」上，更勝於內地教育。（參照第六章注釋11）而這次總督府頒布朝鮮教育令修正案時編纂的小學校國史教科書，也被評價為「比內地文部省的教科書更優秀」，給予各界「莫大的鼓舞」。[5]高舉「國體明徵」和「皇國臣民之育成」的朝鮮皇民化教育，說起來其實是跑在內地的前面。

至於在參政權等權利的平等化方面，如之後第十七章所述，因為事關總督府特權，所以在統一官制上的進展並不容易；相較之下，在教育內容和口頭言說上，對於朝鮮和日本的「統合」則是大加倡導。即使是在內地，1935年起的國定教科書上，也已經刊載了名為「國民的民族別及其比例」的圓形圖表，此圖將朝鮮和台灣的居民都明記為「日本國民」。[6]雖然從以前開始，日本政府在官方立場上就不承認朝鮮和台灣是「殖民地」，不過這個傾向在皇民化運動當中，則顯得更加強烈。

1941年12月，日美開戰之際，朝鮮總督南次郎陸軍大將，曾經做了這樣的一番談話[7]：

> 朝鮮並非殖民地，然而長久以來一直有一種盲目的看法，那就是仿效、援引外國的例子，把半島看成殖民地：「異民族是無法同化的。對於殖民地，只要為了本國的繁榮，給予必要限度的培育就行了，企圖一體同化，是永遠不可能的。」對於內鮮一體而言，儘管有這種亂七八糟的異論存在，我們聽在耳裡，也只需要把它當成「不值一哂」就好了。

不用說，南次郎這番反駁，針對殖民政策學下的同化主義批判而來的。

南氏的發言背景，除了把朝鮮人當成「日本人」來動員的必要性以外，也包括了和歐美之間的關係。不管中日戰爭也好、太平洋戰爭也好，日本方面的主張，都是戰爭是為了將亞洲從歐美帝國主義的殖民地支配下解放出來的「正義之戰」。因此，像是日本擁有「殖民地」這樣的矛盾，是絕不能存在的。南次郎批評殖民政策學下的同化主義批判，認為它們是「忘記了基於八紘一宇大理想、一視同仁的大和大愛之崇高，單純借用歐美那種只為本國富裕、以榨取為目的的殖民政策尺度，來臆度皇民化政策」的事物。1942年，南次郎又發

表了這樣的言論：「朝鮮不是殖民地；那些把朝鮮看成殖民地的傢伙，都該被痛揍一頓。」使用這麼強烈的語調，可以看出這個問題對於維持日本的民族認同有多重要。[8]

事實上，總督府在推行皇民化政策時，除了要與朝鮮民族主義為敵以外，也同樣敵視那些「引用外國同化異民族政策失敗的實例，來主張內鮮不可能一體的論調」。總督府警務保安課長古川兼秀在1941年的演講中，就批評那些位處日本內部、主張「不該給予朝鮮人教育」、「軍事教育、志願兵制度太過危險，根本不該推行」、「徒然盼望養成其實力是不可能的，只會被反咬一口而已」的聲音；他認為，這些是模仿「列國帝國主義的殖民地制度」論調，拿列國的異民族政策或是殖民地統治來批評皇民化政策，但事實上，「兩者的本質完全不同；皇民化政策散發著崇高的道德與愛的光輝，是完全無可比擬的事物」。[9]

就這樣，他們一面強調和歐美支配「殖民地」的差異，一面又企圖消滅朝鮮民族主義，於是提出了形形色色的論述。

第一點是和以前一樣，以日韓同祖論為出發點，進行歷史觀的變更。南總督就強調說：「內鮮的關係不管從人類學、語言學還是人文史上來看，都是同祖同源的，這是有鐵證可循的。」總督府情報課長也主張：「祖先繫於同樣血緣的內鮮，今日正可永遠去除差異疏隔，逐步融合，如此，大和民族一億一心之大發展，乃指日可期之事。」他們不只主張合併不是侵略而是復古，就連創氏改名，他們也宣稱這是復古。根據總督府的說法，古代朝鮮的姓名其實是接近日本風的，只是因為受到中國的影響，使得之後朝鮮人的姓名「大部分都變成了支那人的風格」，所以「允許他們進行內地人式的改姓換名，是對過往支那事物的一種反省」，也是「還朝鮮本來面目的首要之道」。關於服裝改善也是如此，過去那種活動不方便的朝鮮服是受到「輕賤勞動的支那風影響」，所以改穿國民服，也被定位為一種復古。[10]

第二個論調是，要把「朝鮮」和「日本」這種有所區別的稱呼漸次抹消掉。雖然在琉球早就已經開始獎勵，用「本縣人」或者「縣民」這種稱呼來取代「琉球人」、「沖繩人」這種區別用語，不過從中日戰爭開始後，「鮮人」或「朝鮮人」也被視為區別用語，因而改採用「半島人」或「半島同胞」。在台灣也一樣，「台灣人」變成了忌諱，而「本島人」則被獎勵。

不用說，這樣的稱呼，意味的是把朝鮮和台灣定位為日本的一個地區。之

所以採用這種稱呼，其動機是混雜了某種「廢除歧視」的論點：「日本人、朝鮮人這樣的稱呼方式，簡直就像是把朝鮮人當成和日本人完全不同的外國人來稱呼」，以及統治上的顧慮：「就算講『朝鮮』不會挑動國家意識、民族意識，也還是要讓它跟九州人、四國人這樣的稱呼沒有任何差異」。雖然這樣的稱呼在出版品方面並未完全確定下來，不過在1938年10月，內地各大報社的幹部召開了一場聯合座談會，會中作出決議，要「消滅報紙、雜誌報導中內鮮人的差別待遇」，並主張要「撤廢內地人、朝鮮人的稱呼」。[11]

　　在這種主張下，朝鮮人被視為「日本人」的一部分，排除了朝鮮人而單獨使用「日本人」這樣的語彙，就是一種歧視。1941年出版的一本啟蒙小冊子裡，就記載著這樣的問答[12]：

「（朝鮮的）人口有多少？」

「2千2百80萬。」

「在那裡面有多少日本人？」

「日本人就是我剛剛所說的人數。」

「胡說，他們不是朝鮮人嗎？」

「你這樣說很令人困擾耶！你到底是從哪聽來這種說法的啊？難道你忘記日韓已經合併了嗎？」

「啊，對不起。我要問的是，當中內地人有多少？」

「內地人的話，有20萬戶70萬人。小心一點，不要再犯下剛剛那種錯誤了唷！」……

　　同時，「日語」這種稱呼也被認定是把日本看成外國，從而變成一種禁忌用語，要改用「國語」兩字才是正確。當時某位住在朝鮮的教師出版的《半島的孩子們》這本書中，就出現了曉諭朝鮮孩童，必須把日語稱為「國語」的場景[13]：

　　大家的祖父輩，總是不自覺地會使用「日語」這種說法……可是大家，這樣的說法是不行的唷。……畢竟，「日語」這種用法，簡直就像是要把國語跟朝鮮語相對立的感覺，不是嗎？這樣的想法是不行的唷。……朝鮮語雖然是我國日本的方言當中，比較難的一種語言，但作為方言，仍然只

是一小塊土地上的言語而已。因此,不會說國語的人,不得已只好使用方言,但會說的人,就非得用國語——標準語不可了唷。

　　……朝鮮或內地,這種有所區分的用語,以及像現在這樣,說我們用的語言是「日語」之類的——這種用法不全部取消,是絕對不行的唷……

就這樣,朝鮮語的定位隨著日本方面的語言學研究,被認定為跟沖繩語一樣「鐵證如山」,不過是日本的一種方言罷了。據總督府保安課長的說法,「國語的普及不單單只是普及內地的言語,而是獎勵正確的標準語」;因此它不是抹殺民族語,而是普及共通語。至於上述教師的學校,則是決議「兒童在學校絕對不得使用朝鮮語」,講朝鮮語要被掛「國語牌」示眾。[14]

但是對這些教師來說,他們自己並沒有歧視朝鮮人的自覺,相反地,認為皇民化是「同情與善意的表現」者反而為數甚多。比方說,有位負責內地朝鮮人兒童教育的國民學校校長,在1941年就這樣說道[15]:

　　簡單說,我認為半島兒童或半島人,都相當可憐。真是太可憐了啊!明明他們就是那麼努力,想盡早成為跟內地人同樣幸福的人啊!我希望身為日本人的我們所受到的幸福,也能讓他們同等擁有,所以……必須讓他們徹底成為日本人才行。但如果只是放任他們自行努力的話,這是毫無希望的,必須要有內地人真心的指導才行;這是同胞之誼,也是我們的責任。

作為「同胞」的善意,要給予「身為日本人的幸福」,這套邏輯恐怕是當時不少教師所共有的理念吧!

## 民族概念的相對化

更進一步,為了否定朝鮮民族主義而提出的第3個論點,就是民族這一概念的相對化。1941年6月,朝鮮總督府發行了一本官定的《內鮮一體理念及其具現方策要項》小冊子。在這裡面,他們主張說,「汲取自西洋潮流的民族主義」,必須要屈服於「效法東洋精神的民族和諧思想」之下,因為「西洋的社會構成,大致上是以民族為其本位」,但與之相反地,「東洋自古以來的社會思想,便是『小者為家、大者為國』,亦即所謂國家本位」。[16]

　　將以民族為單位的「西洋」，和將家國置於優先的「東洋」加以對比，對於這種模式，在此有必要進行若干說明。和「家與國家」相對照的事物，按照當時日本知識分子間流行的黑格爾思想脈絡，就是「由近代個人所建構的市民社會」。將這種意識運用在「同種民族論」上的事例，可以從京都學派哲學家於1942年召開的「世界史的哲學」第三回座談會中窺見一般。

　　這場座談會指出，「現代歐洲最大的病根」，乃是「人倫的分裂」與「現代國家的成立」。這兩者不管哪一者，都是以「從一開始便已完整圓滿的人格或民族為前提出發的思想，換言之即是個體主義的思想，這是他們誤謬的根本」。簡單說，將個人和民族視為一個單位、一個主體的設定，本身便是近代歐洲的病理，必須要用和諧的東洋思想來加以矯正才行。追本溯源，「現在引發最大爭議的國家形態議題，也是從比較年輕的歐洲現代國家所發端的」。東洋的傳統國家「並沒有明確的國境，因此和在國境線上相互對立，彼此相爭的現代國家理念截然不同」。換句話說，「從一個一個既成的『民族』這種固定概念去思考，就會從這樣的立場上，誕生出所謂的民族自決主義；可是現在我們在朝鮮實施徵兵制，使得所謂『朝鮮民族』的整個主體都納入日本當中，亦即其主體已經成為日本人，在這種情況下，迄今為止被當做固定概念思考的所謂『民族』，已經融入了更大的概念當中」。包含朝鮮在內的亞洲人們，如果貿然跟隨民族自決的腳步，企圖建立國民國家，「這樣只會再次重蹈現代歐洲上演的悲劇，毫無意義可言」。故此，他們應該要以日本為中心，在大東亞共榮圈中不分國界的統合起來，方為正軌。[17]

　　根據總督南次郎的說法，「在世界上無與倫比的我國國體，其尊嚴之源的建國精神，也就是抱持八紘一宇大理想的日本精神，乃是……將各種歸化的相異民族，全都融合為一體……具備將之完全統一的偉大包容力」。[18]將民族的概念相對化，在忘卻朝鮮民族的同一性之後，把他們回歸到日本的同一性當中。

　　如此一來，國家便不是以民族為基礎而成立，而是超越民族的事物；而民族只不過是隨國家所好，可以自由破壞或創造的東西罷了。總督府保安課長古川兼秀就說，「在現在這種內鮮一體尚未完成的過渡期，朝鮮人之間還殘存有比較濃厚的血緣民族意識；當他們使用民族語時，本身便構成國民結合的障礙，還會產生不穩性，危險性相當大」。所以，他提出了下面的主張[19]：

　　對於所謂民族的概念，一般都是從血緣乃至人種這方面的意義去稱之，

但是在我看來，這種將民族歸於人類學、生物學範疇所屬的論調，明顯有著極大的誤謬。民族的概念，乃是超越生理學的血液問題，位處於同一世界觀下、擁有共同生活意識、持續發展的人類集團，這樣的解釋才是正確的。擁有共通的經濟、政治、文化，期盼著共同的發展，這才是重點；至於是否為同一種族，則屬次要問題。

按照古川的說法，反對皇民化政策的朝鮮人，和日本方面反對同化論的人都一樣，是抱持著「非國家的民族意識，亦即一種排他的情感」。他說，「民族這種思考方式，無疑是來自西洋思想」，「這和我國一般的想法截然不同；我國的觀念一貫是『大則為國，小則為家』，亦即徹頭徹尾的國家本位」。古川說，忘記這種民族意識，「最近的例子就是沖繩縣」；故此，他主張說，「那些受到西洋感染，認為民族同化不可能的人，看到眼前這再顯明不過的事實，會怎麼想呢？應該有必要深自反省吧！」[20]

古川之所以這樣主張，和他個人的背景也有關係。據他所言，「我家是出自會津松平藩」，在明治維新的內戰當中，「我的家被燒毀，家財也被奪取」；但是，現在他的妻子是過去曾經為敵的佐賀藩出身，所以「只要不失去對皇室的忠誠信念，像這樣的恩怨糾纏，也不過是一時的枝微末節罷了」。[21]古川也是東北出身的總督府官員之一，就像過去的原敬那樣，他把自身的經驗延伸到了朝鮮同化論當中。

較之更加徹底的，是京城大學教授尾高朝雄的民族概念批判。根據尾高的說法，高唱民族純血論的納粹德國，「是以國家法律來分辨，混血到哪個程度以下算是德意志民族，到哪個程度以上就不算是德意志民族」，意即用法律來定義民族；「民族的範圍本來就很模糊，因此能界定一個民族的只有國家的法律以及國家的力量」。故此，民族乃是國家所創造出來的虛構概念，「民族必須存在於既成國家的框架中，才得以成其為民族，所以『強大的民族比國家先出現』，這樣的說法不過是一種詭辯罷了」。[22]

據尾高所言，「在日本是有天皇才有國家，有國家才有國民，因此所謂的民族，並沒有絕對的意義。在一君萬民關係的連結下，即使是外來民族，也會很快成為真正的皇國臣民，被稱作是大和民族的一員」。同樣地，總督府的外圍團體「綠旗聯盟」會長津田剛，在1941年的演講中也強調：「在天皇的大一統前，沒有民族的存在。」[23]對日本人而言，即使破壞民族的概念，也還有

天皇的同一性可依循，卻能對朝鮮的民族主義給予致命的打擊。

在皇民化政策中批判納粹，或許會讓人感到意外；這不只是為了瓦解朝鮮民族主義而有其必要性，同時也是由於日本為了和歐美的歧視對抗，原來就有忌避露骨的人種主義言論的傾向之故。儘管日本和德國締結同盟，但希特勒在著作中將黃種人視為劣等，對此感到不快者也不在少數。不過更重要的是，和批判「西洋」的殖民地支配一樣，在有利的場面下批判人種主義，剛好符合日本的自戀情節。

與之相反的，有一部分的朝鮮人，反而傾向認定希特勒是民族主義的英雄。根據當時特別高等警察（特高）的資料顯示，在從事民族主義運動而被拘捕的朝鮮人當中，主張「在希特勒努力的結果下，民族完成了結合，並建設起了大獨逸（德意志）。我等也應結合朝鮮民族，解放現在被壓迫的朝鮮民族，朝向朝鮮獨立運動邁進才是」這類說法的案例屢見不鮮。[24] 當時猶太人大屠殺尚未正式化，說起希特勒，普遍都把他當成重建第一次大戰下疲弊德國的英雄來看待，當然這是明顯的誤解。不過，就像台灣議會設置請願運動誤讀了殖民政策學，結果產生抵抗思想一樣，這些朝鮮人講「希特勒」的意思，當然也跟現實的希特勒有所差別。只是話說回來，既然會出現這種形式的民族主義運動，那麼皇民化政策一方對納粹的批判，其實也未必是毫無根據。

他們就是如此一味地強調朝鮮人是「日本人」，但對身為「日本人」的平等和權利，則完全不作保證。徵兵制的實施，當然在朝鮮人之間掀起了對於獲得參政權的高度期待，但以南總督為首的日本官方，則是強調「徵兵與參政權是完全兩回事」。借用南氏的言論，「皇國臣民的本質，和歐美那種『主張權利為先』的觀念，根本上是完全不同的」；是故，朝鮮人「在任意主張權利之前，必須要先完完全全地展現出作為皇國臣民的忠良本質才行」。[25] 他的意思其實就是：朝鮮人若是作為「日本人」，為天皇和大日本帝國竭盡忠誠，那就會有獲得身為「日本人」權利的一天到來。

## 平等與現代化的期待

然而，即使如此，在朝鮮還是有一部分人，對於作為「日本人」而獲得平等這件事，抱持著很高的期望。自 1930 年代末至太平洋戰爭初期的這段期間，日本的霸權看似日益強固，朝鮮獨立的可能性幾近絕望。918 事變中，歐

美和國際聯盟無法阻止日本的行動,而在中日戰爭中,朝鮮在歷史上素來尊敬的中國更是節節敗退,這對朝鮮的知識分子也產生了很大的衝擊。就像當年甲午戰爭給琉球王府的士族帶來衝擊般,918事變和中日戰爭,或許也在朝鮮知識分子心中,產生了類似的效應。

同時,民族主義和共產主義運動,也在強力的鎮壓下,陷入了停滯與分裂的絕境。歷經918事變到中日戰爭,朝鮮的思想犯中開始有不少人改變立場;據總督府方的紀錄顯示,1938年底,拘留中的思想犯以及需要注意的人物當中,超過60%都已經轉向。[26]協助皇民化政策的朝鮮知識分子,有不少都是來自這些轉向者。

這些朝鮮知識分子之所以協助皇民化,有很多的理由;其中之一不用說,自是對於作為「日本人」獲得平等抱持著期待。被稱為朝鮮近代文學之父,過去也以起草獨立宣言以及參加流亡政府而廣為人知的李光洙,在1941年就這樣說:[27]

> 所謂日本人,指的就是擁有日本精神,且努力實踐的人。我們的帝國,過去或許是以血緣維繫,但今後將不再是這樣的國度……毋寧說,為了建設大東亞共榮圈,血統的存在反而有害。更何況八紘一宇的大理想,就是要將全人類包容其中啊!

> 既然如此,那怎樣才算是皇民、才算是日本人呢?簡單說,就是敬奉天皇、以日本建國的八紘一宇理想為自身理想的人民……換句話說,朝鮮人必須要和原本就是日本人的內地人抱持著一樣的心情,去敬拜天皇、參拜神社、拿起槍才行。

他也對自己過去所抱持的「偏狹的民族感情」表達反省之意,並對居住內地的朝鮮學生這樣傾訴:

> 各位老是唉聲歎氣,把自己前途無望掛在嘴上。各位老是覺得,自己的前輩明明學問做得那麼好,卻始終在找不到工作的情況下掙扎;就算當上了公務員或其他職務,也只能一輩子在下層打滾,這樣的事實,無疑也預示了各位陰鬱的前途。故此,各位總是憤憤不平地說:「他們根本不肯用朝鮮人啦!」

　　各位在東京就學的朝鮮學生啊，我問你們，也請你們老實回答我：你們有像學校裡的內地人學生那樣，抱持為了陛下犧牲奉獻在所不辭的忠誠心嗎？你們有把一切都獻給日本，把它當成是你們的重寶、以你們的鮮血來捍衛它嗎？你們有這樣的愛國心嗎？若是這樣做了之後，你們還是被國家排擠，你們才有理由抱怨。如果在東京的2萬朝鮮學生，全部都像你們一樣，抱持著對大君的忠誠、對日本國土文化與國家理想的愛國心的話，那就絕對不用擔心會找不到職業、或是遭到歧視。各位的前輩就是因為還不夠果斷成為日本人，所以才不被國家各部門所信賴的。把這當成是歧視，只能說是我們自己的胡思亂想罷了。

　　這種從歧視中脫離的願望，是當時所謂的親日派知識分子，或多或少共有的想法。從社會主義轉向的玄永燮，他在1938年推出的暢銷書《朝鮮人前進之道》中這樣寫著：「我們若是不再懷抱著『獨立共和國』的夢想，完完全全擁抱日本國民的精神，那麼就請給予我們朝鮮人參加國政的機會吧！義務教育、兵役義務、居住自由……全部給予我們，使朝鮮貧困的農民，其人生也有實現希望的一天吧！」他夢想著「從完全日本人化的朝鮮人當中，出現宰相的光榮日子」；然而，這個夢想何時才能實現呢？玄氏說，「或許要20年、50年甚或百年後，端看我們的努力到什麼地步」，也就是單純把歧視的原因，視為同化的努力不足。[28]

　　除了這種對平等的願望外，也有人對總督府提倡的「西洋」對「東洋」模式產生共鳴。前共產主義者李亮，在自己轉向的時候，就這樣提倡道：「我漸漸體悟到，不管共產主義或是法西斯，兩者都拯救不了東洋民族。不管怎麼說，我們都有著悠久的東洋傳統，以及民族實際成果，而這和西洋的政治形態是截然相異的。故此我認為，創造新形態組織的使命，以及將之具體化的任務，乃是我們必須努力去達成的。」作為基督教徒的代表，對中日戰爭大加讚美的梁柱三，則是這樣說：「倘若俄國獲勝，則東洋人種就滅亡了。幸而日本獲勝、創造了滿洲國；作為帝國臣民，能活在這塊令人頓生滿足感的土地上，是何等的幸福啊！」玄永燮也再次強調：「面對將其魔手延伸至東洋的白人帝國主義，我們東洋人有義務團結一致、抵抗到底。」[29]

　　但是，比起以上這些都更為重要的，是和大日本帝國當中許多少數民族知識分子一樣，對於存在自身社會中那種前現代習慣的批判感情。還是以玄永

變的著作為例，他對於李朝時期「支配階級與被支配階級」的差別待遇、在墳墓與婚喪喜慶上浪費鋪張的「形式性祖先崇拜」和「朝鮮人家族主義」、以及「朝鮮人社會裡，上位者無處不在的作威作福」、還有「巫覡信仰、幼稚的交換經濟、原始的農業」都極力批判。而隨著日韓合併，「常民階級與過去身為支配階級的兩班階級，在法律面前同樣平等」、「朝鮮不只現代化、農業技術發達、而且現代工業興盛，教育也相當發達，可說面目一新」、「包括民族主義，以及各種流派的社會主義思想，也全都是從內地移進來的」。就像太田朝敷一邊自稱「進步軍」，一邊連「打噴嚏」也要提倡同化的情況類似，玄氏說：「那些對朝鮮語的愛，不過是保守主義的感傷情懷罷了，而我是站在進步的一方。」主張完全廢除朝鮮語。[30]

玄氏更主張：「將日本當成帝國主義、侵略主義的這種民族主義思考方式，本身就是抱持著殖民地的心態，跟一部分內地人抱持著歐美觀念、稱呼朝鮮為『殖民地』，同樣是不應該的事情，這時候應該要好好清算一下才對。」在和總督府論調相應和的同時，他也主張朝鮮人要避免「被視為殖民地」、從歧視中脫身，並大聲疾呼、鼓勵他們為了去除「殖民地心態」，要不斷地自行努力。這可說是在論及琉球處分時，放言說那是「奴隸解放」，並力陳打破「奴隸心態」重要性的伊波普猷，其心理的一種變形。李光洙也是一樣，從20年代開始力倡朝鮮社會的現代化，與朝鮮人自行努力的覺醒，之後漸漸轉為批判朝鮮事物，親日傾向也日益增強。[31]

另一方面，玄永燮所舉出的朝鮮社會缺點中，也包含了女性的地位。他高呼，「在朝鮮的家庭生活中，婦女的地位極其悲慘」；他不只對「早婚的弊害」、「蓄妾之風」、「同姓不婚」等大加抨擊，還主張「家族制度有必要在法律上改正成跟內地一樣的規範才行」。[32]

除此之外，就像內地的總體戰體制一樣，朝鮮也隨著皇民化政策一併推行總動員，這讓朝鮮的女性知識分子也抱持著參與社會事務的幻想。擔任誠信家政學校校長的李淑鍾，就形容女性服公共勞役或是歡送出征兵士是「半島女性過去未曾體驗、也無法辦到的戶外活動」，並說這樣的行為「完全打破了（女性）蟄居的弊害，實在令人感到欣慰不已」。曾在美國就學、擔任李花女子專門學校校長的金活蘭則說：「我認為最重要的，就是我們朝鮮女性自己懷抱著新希望與理想，參與社會這件事」、「我深信，婦女問題在內鮮一體的宏大歷史當中，必然能夠獲得最好的解決」。過去曾經為共產主義運動遠赴莫斯科的

高明子也表示，「我們朝鮮女性的新足跡」，就是在「今日國家總體戰的這一時局中」，積極參與國家事業。[33]

對於這些朝鮮方面的願望，總督府及其相關團體，巧妙地進行了揀選。比如朝鮮總督府學務局發行的小冊子就說，「因為朝鮮過去忽視婦女教養之故，使得婦女一般來說欠缺理想與希望，只是徒然蟄居內室，孤獨地忘卻了人生的意義，也失去了對於家庭及社會的存在價值」；故此，他們主張「要讓閒居家中的婦女……進而對國家社會生活有所參加與貢獻」，同時也要以知識啟發和「明徵國體觀念」為目標，給予她們教育。綠旗聯盟所刊行，有關創氏改名的指南手冊中，也主張說，創氏改名不只是「內鮮一體的完成」，更是在「提升女性的地位」。在朝鮮的家族制度下，女性只能從父姓、處於比丈夫家族更低的地位，但隨著創氏改名改造家族制度後，「迄今為止只為生兒育女而存在的女性，將會和丈夫平起平坐，並以孩子的母親身分，在作為社會生活單位的家庭中提升其地位」。[34]

同時，綠旗聯盟婦女部也在朝鮮女性活動家的協助下，編纂了結合物資管制與勞動力動員、鼓吹生活合理化的手冊。在手冊中，她們強調朝鮮以往家庭生活與衣食習慣的非合理性、女性在家事勞動中的過重負擔，以及衛生知識普及的必要等等，並將之與內地風的「改良」論相互連結。比方說，朝鮮人穿著白衣的習慣，迫使婦女必須付出很大的勞力去清洗，所以她們提倡「全鮮的婦女應該要把用在洗濯的時間，改用在生產上」；不只如此，「現在也是女子必須快快走出屋外，從事勞動的時候」，以此呼應將朝鮮服改為改良國民服的主張。[35]

就朝鮮女性活動家的角度來說，她們也期待藉著協助皇民化政策以及總體戰體制，能夠改善貧窮農村女性的狀況。金活蘭等人組成了婦女問題研究會，和堪稱朝鮮版大政翼贊會的「國民精神總動員朝鮮聯盟」攜手合作，制定了以生活合理化為目標的生活基準。1938 年，總督府社會教育課也注意到她們，給予她們支援，讓她們到朝鮮各地巡迴演講。根據記錄，這些身穿卡其色「婦女國防服」的女性，在農村地帶「四處奔走，講述具體的生活改善、以及對事變（中日戰爭）正確的認識」；「對於蔑視婦女之風盛行的鄉下地方……非常的有效果，各地幾乎都是座無虛席。在座談會上，也有婦女拿自身遭遇出來請教，而講師們也大多能給予適切的回應」。金活蘭這樣自我批判說：「過去的朝鮮婦女運動……幾乎都只是（部分知識分子女性）在叫囂罷了，現在想起

來，實在非常丟臉」。她又說：「我認為，唯有在內鮮一體的大業當中，才能真正展開確切且有現實性的婦女運動」。這應該是她真切的感受吧！[36]

另一方面，綠旗聯盟的理論家森田芳夫，在1939年針對朝鮮人寫下了這樣的內容：「那些熱中朝鮮民族主義運動的人，假使有1/10去認真關心給朝鮮孩子玩具、革新兒童教育，那朝鮮社會將會有多麼進步呢？」、「朝鮮的共產主義者，假使有1/10的熱情去從事減省飲食浪費、減少辣椒攝取、去除蛔蟲、提升營養的運動的話，那朝鮮的民眾將會有多幸福呢？」[37]對於在激烈鎮壓下，已經因運動陷入絕境與分裂而動搖的朝鮮知識分子來說，要抵擋這種言語的誘惑，實在不是件容易的事。

同一時期在內地，婦女運動和社會主義的轉向者，也都參與了對總體戰體制的協助。就像第十五章提到的沖繩縣廳官員吉田嗣延那樣，放棄運動，致力於讓鄉里的生活合理化，同時也與標準語的獎勵活動產生密不可分的關係，這樣的事例也是存在的。同時也跟吉田一樣，朝鮮人對日本方面那種東方主義觀點的反彈，也是促使他們朝向「日本人」同化的原因之一。轉向者之一的李泳根，對於那些讚賞朝鮮傳統文化的內地知識分子，就做了這樣的批判：[38]

> 前往朝鮮旅行的人，總會對朝鮮的妓生（藝妓）讚不絕口；他們歌詠著在茅草屋頂上，盛開著成串花朵的情景。他們徘徊在新羅、百濟、高麗的古蹟間，吟詠著懷古思昔的詩句。驚豔於高麗燒花瓶的藝術家，在朝鮮的博物館裡飽覽而歸。也有商人將帶著哀調的朝鮮民謠，用錄音帶收錄下來。
>
> 內地的知識分子們，不知為何總要把朝鮮古董化？……為何不願發掘、不去正視在皇恩浩蕩下，活生生的嶄新朝鮮？……在這當中，也有人覺得「朝鮮怎樣不關我事，我只要凝視著百濟觀音就好了」……
>
> 朝鮮真是這麼不可思議、這麼奇異、這麼遙遠的地方嗎？……作為國民的修養，難道不應用平凡的視線，把朝鮮看成是和四國、九州一樣的地方嗎？

在這種論述下，同化成為「日本人」是唯一的道路。在親日知識分子當中，也有像前民族主義者崔麟這樣主張的人認為：「即使時時刻刻尊重朝鮮的民族性、崇拜朝鮮文化，我們也還是能夠盡力成為日本帝國的臣民，能夠為日本帝國對世界的使命做出貢獻，為大東亞的和平盡一份心力。」但這種潛在的支持者，在論壇上畢竟是少數。相反地，像玄永燮這樣主張「當朝鮮人完全採

取內地人的生活樣式、和內地人在心境上毫無二致的時候，內鮮之間的『差別』自然就會化於無形」的論調，還是比較引人注目。[39]

　　然而，這些朝鮮人的言論，其背後有一個大前提，那就是他們認為成為「日本人」，就可以脫離歧視的境地、達成現代化的心願、提升女性的地位。簡單說，他們是懷抱著能讓自身得到幸福的願望，協助皇民化政策不過是達成願望的手段罷了。對支配者而言，「日本人」意味著對天皇和國家的忠誠，但對這些朝鮮人來說，「日本人」則是帶著另一層意涵。儘管如此，他們朝向「日本人」傾斜，或多或少也有清楚認識到日本的軍事勝利，無可奈何的成分在吧！

　　日本方面也很清楚意識到這點。1942年3月，日本政府下達指示，計畫將東南亞的英軍俘虜移送到朝鮮，進行「思想宣傳工作」；其目的在於，「讓朝鮮人明白帝國的實力、認清現實，同時也抹去大部分朝鮮人心中依然懷抱的歐美崇拜觀念」。同年10月，在朝鮮軍參謀長給陸軍次官的報告中記載：移送俘虜的沿路上，聚集了12萬朝鮮人和5萬7千名內地人，其中朝鮮人紛紛表示「把我們當成下等人加以輕蔑的英美人，居然也有變成俘虜讓我們觀看的一天，實在是有如作夢一般」；「半島人也能感覺到身為日本人的驕傲，整個心情為之一變」；「當半島青年作為皇軍的一員監視俘虜的時候，整個人簡直高興到要落下淚來」。[40]

　　然而，這樣的軍事勝利能持續到什麼時候？與之密不可分的「半島人也能感覺到身為日本人的驕傲，整個心情為之一變」的聲音，又能持續多久？誰也無法保證。於是，當軍事上的敗北迫近之際，日本方面便不單單只有皇民化的聲音，具體的統治改革也迫在眉睫。

第十七章
# 最後的改革
## ──戰敗前的參政權


　　隨著太平洋戰爭形勢對日本漸趨不利，對朝鮮、台灣的統治自然也產生了變化。頹勢已然無法掩蓋，但又必須進行更大規模的總動員與徵兵；故此，對大日本帝國而言，迄今為止一直曖昧不明的「漸進」策略，已經難以繼續推行下去。

　　就在這種情勢下，從決定對朝鮮人徵兵的 1942 年起，一直到敗戰為止，他們推行了一定程度的改革，但不久便觸及到戶籍和參政權等攸關「日本人」界線的關鍵問題，而這些改革的結果，也顯示了大日本帝國自我改革能力的局限。


## 界限動搖的三要因

　　日本政府之所以在朝鮮和台灣推動統治改革，有幾個要因：

　　首先，當然是伴隨著徵兵制的決定，朝鮮人對參政權的要求日漸高漲之故。表面上，總督府和日本政府一直主張說「徵兵制的導入和賦予參政權沒有關係」，但這是沒有顧慮到朝鮮人是否願意接受的問題。在一份被認為是完成於決定對朝鮮人徵兵前夕，名為〈有關徵集朝鮮人之具體研究〉的極機密內部文件中，指出若是實行徵兵，則「有關參政權問題議論之高漲，必然明若觀火」；故此，「在決定實施徵兵制的同時，關於參政權問題之處置，至少應確立其根本方針，方為正軌」。[1]

　　話雖如此，1929 年設置朝鮮議會的構想（參照第十一章）受挫之後，賦予參政權的計畫便陷入了停擺狀態。如前所述，在 1936 年時，不管是兵役還是創氏改名，都沒有列在總督府的重要政策項目當中，參政權問題也是如此。

　　就在強行推動皇民化政策的 1939 年 11 月，總督府終於完成了一份關於參

政權問題的極機密內部文件。可是，針對殖民地議會設置案與眾議院議員選舉法進行檢討之後，他們重視的，仍然是和 1929 年朝鮮議會案大同小異的「朝鮮參議院」設置計畫。之所以重視議會設置案，是因為如果實施眾議院議員選舉法的話，則朝鮮將會被納入「日本」當中，結果會使得「總督的制令制定權受到變革影響」，仍然是基於權限上的理由。當然，這裡檢討的朝鮮議會權限，只限於部分的預算審議，至於「自治立法權」，仍然是「不予認可」。[2]

另一方面，正如前述，在皇民化政策下，總督府不斷宣稱朝鮮並非「殖民地」；總督府保安課長在 1941 年的演講中，明言道：「在這裡我想順便提出，關於所謂朝鮮地方議會的設置，由於這是綜合了半島自治領化的思想，恐有逸脫內鮮一體大道之虞，是故，我們對此是絕對無法認可的。」[3] 這究竟是官僚的場面話和真心話之間產生的矛盾衝突，還是總督府內部的本位主義或是信息傳達不順暢所致，不得而知。總之，從重視治安維持與總動員的保安課長立場來說，將灌輸「日本人」意識擺在第一順位，必定是他的真心話；但另一方面，為了維持總督府特權，而迴避實施眾議院議員選舉法，想必也是真心話才對。正因為企圖同時滿足這兩個矛盾的需求，所以這種將朝鮮人既包容又排拒在「日本人」之外的折衷狀態才持續了 30 年之久；即使在戰爭與總動員這種意想不到的事態降臨之際，總督府的自我改革能力，也僅止於這種程度而已。

可是在此同時，外部的壓力持續增大，使得這種不明朗的狀況無法再持續下去。主要的原因正是和歐美的關係。

如前所見，由於和歐美的對抗關係，使得日本政府一再強調朝鮮並非「殖民地」。這種傾向不僅隨著戰爭的進展變得愈趨強烈，而且漸漸地不單止於民族認同問題，更牽扯到該如何獲得亞洲各國信賴問題，呈現出一種外交戰的態勢。

例如 1943 年 1 月，日本和中國的親日政權 —— 汪兆銘（汪精衛）政權之間達成協議，宣布撤廢日本所擁有的租界與治外法權等權益。幾乎就在同時，美國和英國也宣布廢止了和重慶政權之間的不平等條約。同年的 8 月和 10 月，日本宣布給予緬甸和菲律賓形式上的獨立，同年 11 月，亞洲占領地區的代表在東京集結，召開「大東亞會議」，發表共同宣言，決議要將亞洲從殖民地支配中解放，建立共存共榮的新秩序。然後是 12 月，美國宣布修正移民法，大幅放寬對中國人移民的限制。[4]

在這種拉鋸戰中，日本方面自然一貫的站在批判歐美帝國主義的殖民地

支配以及人種主義的一方;他們一面譴責《大西洋憲章》是「一紙空文」,一面主張自己的大東亞宣言才是「可行」的唯一選擇。情報局在輿情指導方針中這麼說道:「我們必須強調帝國大東亞戰爭的目的,以及帝國的言出必行;同時追溯敵國英美為了戰爭目的的欺瞞性質,以及他們的言行不一致。」[5]的確,正如我們可以看見邱吉爾公然宣稱《大西洋憲章》「並不適用於英國殖民地」,可以用來攻擊歐美方面「言行不一致」的材料相當多。可是如此一來,日本方面必然也會面臨到必須解決自己「言行不一致」的狀態。

對朝鮮和台灣關係最具決定性的是,1943年11月由中美英三國領袖舉行的開羅會議。在這篇宣言中,他們宣布一旦聯軍勝利,將會讓朝鮮獨立,並且將台灣歸還中國。對此,日本方面既然不能容許朝鮮和台灣獨立,那就只能給予他們「日本人」的權利了。1944年,列席後述參政權問題的政府審議會之黑龍會主要幹部葛生能久,就一面譴責歐美說:「美國多年以來,一直想(對朝鮮)伸出其野心的魔手」、「盜賊反而強烈抨擊,稱光明正大的我帝國為侵略國」,一面做出了以下的陳述:[6]

> ……我們宣明大東亞諸民族解放的大方針,並且基於此讓緬甸、比律賓(菲律賓)等國家陸續獨立;為此,在朝鮮人當中……也出現了不滿的聲音。
> 他們說,日本既然是為了大東亞復興,而解放一向遭到壓迫的民族,那麼認可這些國家獨立,自是理所當然;然而,為何只有對朝鮮民族,不能認可其獨立呢?因此對我國統治朝鮮的方式感到不滿。……對於抱持這樣論點的人,我經常用以下的話語告諭他們:
> 「朝鮮本來便是大日本帝國的一部分,內鮮乃一體不可分,故此與大東亞的新獨立民族,是不可同一而論的。……最近,隨著徵兵令的開始施行,朝鮮同胞在戰時之際,為了國家負荷的任務日益加重……朝鮮同胞如今已經與內地同胞,幾乎負擔起別無二致的重責大任……如此,朝鮮同胞方得與內地同胞同列平等的立場,共享永遠的福祉。」

這樣的邏輯,幾乎可以說是政府內部的共通意見。1944年8月,參謀本部為最高戰爭指導會議所準備的對外政策指導要領案中就說:「對於半島人、本島人(台灣人)……給予身為帝國臣民的權利義務同時,對於獨立運動也要加以猛烈的鎮壓。」10月,最高戰爭指導會議決定的「摧毀敵方思想謀略對

策」中，也做了這樣的表示：「面對在朝鮮、台灣推行獨立運動的企圖，帝國應該明顯展現出改善待遇的用心。」[7] 不管總督府的既得利益如何，在面臨必須與歐美對抗的外部壓力之際，賦予朝鮮人和台灣人作為「日本人」的權利，已經變成了無可逃避的選擇。

就在這種外部壓力降臨的差不多同一時間，國內各省廳間的權力關係，也開始產生變化。內地各省廳，開始明顯對總督府王國的獨立性展開侵蝕。

正如廣為周知的，1940 年左右建構起來的總體戰體制，是在中央統制經濟的名目下，大幅強化政府各部門的監督權限。故此，隨著戰爭日益白熱化，迄今為止一直被當成聖域般不可侵犯的總督府權限，也漸漸被中央統制的浪潮所淹沒。

早在 1936 年 8 月，朝鮮總督與陸軍大臣會談之際，總督府方面已經針對滿洲國和內地逐漸向統制經濟轉移，發出了不滿的聲音：「朝鮮、台灣等外地，實施的是極度自由主義經濟政策，為此，在產業上進行統制，卻要其他方面運作順暢，那是相當困難的。」[8] 對總督府王國而言，這是往後日益增大的「內政干涉」的先聲。

之後在 1942 年 5 月，內閣發表決議，決定對朝鮮實施徵兵制；但事實上，中央政府和陸軍在這之前，幾乎完全沒有知會過總督府此事。畢竟，這一連串的皇民化政策，都是為了反映了重視動員必要性的軍方意向而行之；從總督府的角度來看，自己這麼努力遵循軍方的意向推動皇民化政策，結果在徵兵制這麼重大的決策上卻被排除在外。光是這樣，對他們的震撼就已經很大了，但在半年後的 1942 年 11 月，更大的打擊又接踵而來，那就是此時進行的官制改革，決定賦予中央省廳對朝鮮、台灣總督府的監督權限。[9]

正如前述，朝鮮總督是不受內地政府機構監管的土皇帝；台灣總督形式上雖要受到拓務大臣的監督，但實際上卻握有相當大的自由裁量權。然而，隨著這次改革，朝鮮和台灣的貨幣、銀行和關稅被交給大藏大臣、高等教育被交給文部大臣、主要糧食農產品被交給農林大臣、重要工礦業和貿易被交給商工大臣，鐵道被交給鐵道大臣，各自受到這些中央部會的監督；不只如此，就連綜合性事務，也變成由內務大臣對總督下指示。這當然是基於總體戰體制下，為了便於中央統制而採取的必要措施，但中央各省廳趁此良機剝奪總督府的權限，也是非常明顯的事。

被形容成讓總督府地位跌落到「宛如各大臣管轄下的低級官署」的此次改

革，必定會引起總督府方面的反彈。[10] 早在 1929 年拓務省新設之際，前任總督齋藤實就曾在樞密院會議中提出抗議，最終否決了它對朝鮮的監督權；這次的改革也一樣，遭到了這年 5 月從朝鮮總督退任、改任樞密顧問官的南次郎猛烈反對。南氏力主這次的改革乃是「貶低總督地位的行為」，「欣然樂見者，只有各省廳事務當局的部分官僚而已」，對此堅決反對。另一方面，他也強調朝鮮是「與內地全然相異」的「特殊案例」，朝鮮人不論在「思想、人情、風俗、習慣、言語等都有所不同，事實上儼然是異民族」。[11]

強調當地的「特殊狀況」也好，把對方當成「異民族」對待也好，都是從六三法問題以來，總督府為了維持獨立性所使用的老生常談。在皇民化問題上強調朝鮮人乃是「同祖同源」的南次郎，一遇到權限問題就高唱「異民族」論調，兩相對照就可以看出明顯的矛盾。不過這是大日本帝國機會主義的典型表現，所以跟明治時期的伊澤修二等人一樣，南次郎對於自己的矛盾到底有沒有自覺，恐怕是件值得懷疑的事。

但是，高喊貫徹總體戰體制的政府，態度十分強硬，最後硬是壓下了南次郎的反對。趁這機會，他們也將「滿洲國」和南洋群島交給新設的大東亞省管轄，內務省則設置了管轄朝鮮和台灣的「管理局」。這個內務省管理局是吸收舊拓務省的部局職員而編成的部門，實際上是拓務省舊瓶新裝。

從內地對朝鮮、台灣管轄機構的變遷來概觀，1896 年設立拓殖務省，第 2 年廢止拓殖務省，移交給內務省統一管理；1929 年再次新設拓務省，到 1942 年又廢止拓務省，由內務省吸收。與「日本」的統合和分離，就在這種盪鞦韆式的來回搖擺中反覆不定。（參照第十一章注釋 29）若是從拓務省和朝鮮總督府的政爭脈絡來思考的話，現階段能對總督府下指示的前拓務省人員，會燃起奪取總督府特權的熱忱也是可以預見的。順道一提，1942 年 4 月，樺太（庫頁島）在法制上被正式編入內地。[12]

就這樣，在朝鮮的總動員、與歐美的對抗關係，以及政府機構間的權力爭奪戰導致總督府地位低落這三大要素影響下，使得「日本」和「日本人」的界限產生了動搖，而這全是在戰爭的非常狀態下所形成的。於是，到了戰爭末期，日本政府開始嘗試著推動兩項改革：朝鮮人的戶籍遷移、以及參政權改革。

## 移籍問題的浮現

正如第六章所述，禁止變更戶籍的本籍，是畫分「日本人」界線的重要區隔。而關於這項禁令的變革，從 1930 年代末期便已開始。

之所以要有所變革，當然還是為了朝鮮人的兵役問題。日本的兵役法是以「適用戶籍法者」為對象，依照戶籍進行國民登錄不只是徵兵實務的基本，在制度上，戶長也必須承擔提供徵兵適齡者的責任。故此，要在朝鮮實施徵兵制，就必然需要進行戶籍制度的整備與改變。

雖然 1938 年 2 月才公布朝鮮志願兵制度，不過在此之前，當朝鮮總督南次郎為了與中央政府幹旋而前往東京之際，在「總督離開時的主要事項」這份備忘錄中，與「志願兵制度問題」並列記載的，就是「實施戶籍法」。不只如此，之後在實施徵兵制前夕的極機密文件〈關於徵集朝鮮人之具體研究〉中，也寫下了這樣的記載：「為了在朝鮮實施徵兵制，戶籍的完備乃是先決要件；故此，將現在內地及樺太施行的戶籍法引進朝鮮，是最為可行的方案。」[13]

實際上來說，正如第八章所見，禁止變更本籍，原本是有防止內地人逃避徵兵的重大目的，但是如果在朝鮮實施徵兵制，那禁止的必要性也就理所當然減低了。戰後住在日本的朝鮮人被全體剝奪國籍，其理由正是他們在法制上並不屬於「適用戶籍法者」；故此，假使這時候能夠實施戶籍法，讓朝鮮人和內地人在法律上的區分根據自此消失，那麼這些戰後在日朝鮮人的命運，或許也會為之一變吧！

但是，就結果而論，這時候在朝鮮仍然沒能實施戶籍法。和內地人的區分消失固然是個問題，但更大的問題是，若是將內地的戶籍法就這樣原封不動照搬施行，考慮到內地與朝鮮家族制度的過大差異，可以想見必然會導致混亂與反彈。前述的極機密文件〈關於徵集朝鮮人之具體研究〉，也因為這樣而對於戶籍法施行案抱持觀望態度。

結果，這個問題最後的解決方法，是在兵役法的「適用戶籍法者」的「戶籍法」3 字後面追加一句「以及朝鮮民事令中戶籍相關規定」；另一方面，在這時期前後，朝鮮戶籍令也被更改為更加接近內地式家族制度的形式（即所謂創氏改名）。在實施創氏改名之際，朝鮮全戶當中有約 2 成處於「行蹤不明」，由此可明顯得知戶籍登錄與實際情況有著重大落差，故此總督府開始進行大規模的登錄整理。[14]從這層意義上來說，創氏改名其實擔任了為實施徵兵

而進行戶籍確認的前置任務。

1944年以後，這個一度被擱置的問題再次浮現出來。日本從這一年開始對朝鮮人進行徵兵，除此之外，隨著強制拉伕等的推動，居住在內地的朝鮮人數量激增，已經達到2百萬之眾。這個時期，日本的敗勢已經相當明顯，所以作為實施徵兵制以及勞役動員的交換代價，有必要給予朝鮮人某種程度的待遇改善才行。就在這種狀況下，1944年12月，日本內閣終於決定，允許一部分居住內地的朝鮮人移籍到內地。以下就來看看做出這一決議的來龍去脈。

依我個人的淺見，作為改善朝鮮人待遇的一環，提倡移籍許可，這樣的想法最早是起自於1944年1月的極機密文件〈朝鮮人皇民化基本方策〉。[15]

在這份文件裡，首先提出的「方針」是：「鑑於戰時對朝鮮人實施徵兵、以及作為戰力增強的要員，有必要讓朝鮮人大量移入內地的現實狀態⋯⋯故此必須要讓朝鮮人的皇民意識更加昂揚，以集結其全力，來完成這場戰爭」，所以主張「對朝鮮人實行待遇上的適切改善」。為此而推動的具體策略，舉例言之，包括了為避免和朝鮮人產生摩擦，要「促進內地人的自覺」；改善朝鮮人和內地人官吏之間的薪金落差；其他還有給予朝鮮人「在內地的升學指導」、「協助就職」、「勞務管理的革新」、「內地警察取締的調整」等等不限於制度改變的眾多項目，然而還不只於此。

在重要的制度改革上，首先是「決定公布在朝鮮實施眾議院議員選舉法的方針及實施時期，並同時開始進行調查」，以及「在貴族院議員當中，採取任用相當數量朝鮮人之措施」。這個問題將於次節詳述，不過在這裡最值得注目的是，作為待遇改善的一環，它主張「在朝鮮實施戶籍法，並對皇民化事蹟顯著的朝鮮人（特別是長年居住內地、與內地人在程度上難以區別的皇民化人士，或是在大東亞戰爭中立下武勳歸還，居住在內地的勇士等），給予轉籍內地的許可」。以「皇民化」人士和前日本軍士兵為限，給予轉籍許可，並實施戶籍法，這可以說是關於「日本人」的界線，在政策上產生的根本變革。

這份文件基本的態度就是徹底的朝鮮人同化論，所以不斷鼓吹對居住於內地的朝鮮人進行「國語」普及、抑制朝鮮服、同化風俗等事項。當時厚生省研究所基於日本民族純血主義的立場，對內鮮通婚抱持反對意見，但這份文件卻主張「不應以人種主義的純血論，來阻止內鮮通婚」、「援用人種主義學說來否定朝鮮人的皇民化，這種言論應該要加以取締」。只是「內鮮通婚應該盡量在內地人與皇民化的朝鮮人之間進行，關於這點一定要指導」、「讓教養低劣

的大量朝鮮人集團移入內地，並非朝鮮人皇民化措施所期望」。故此，「渡航內地定居下來的朝鮮人，要盡可能讓他們就讀國民學校，朝鮮青年則依特別練成令，讓他們完成公立練成所的課程，對其扶養家族也要給予指導，這是將來限定的原則」。限制居住內地朝鮮人的數量，然後在內地人數量占優的基礎上，進行通婚等促進「皇民化」的措施，就是這份文件的基本態度；提倡移籍許可，基本上也是沿著這個架構一脈相承。

1944 年 9 月，被徵兵的朝鮮籍日本軍人開始入營。翌月，朝鮮總督府法務局也完成了一份更具體的極機密文件。[16]從這份文件中，可以一窺當時總督府心目中，認定為「日本人」的朝鮮人，究竟是怎樣的形象。

首先，關於移籍許可的「目的」，在本文件的以下這節中，有著清楚的說明：

> ……內鮮間可能移動戶籍者，以皇民化程度高、且無犯罪、惡疾、遺傳病等的朝鮮人為主，使他們在內地擁有本籍，並依此撤廢內鮮區別的標準，以具現內鮮一體之理念，此即為目的之所在。

根據這份文件，在對朝鮮人強制徵兵的狀況下，促進「內鮮一體」乃是不可或缺之事；但另一方面，「在戰時情況下全面撤廢戶籍上既存的內鮮區別標準，必定會造成朝鮮及內地統治上的一大混亂糾紛，這是顯而易見之事」；故此，「對於適用此規定的朝鮮人，應盡可能地限制在小範圍內」乃是必要條件。又因此，「對於是否真正達到皇民化，應附帶相當嚴格的判定條件，唯有合乎條件者，才能認可其移動戶籍」。

這裡所謂具體的「條件」，茲列舉如下：首先是居住內地的朝鮮人，必須要在內地居住一定年數以上、無前科、且「戶長與家族慣用國語」、「有重大惡疾或遺傳疾病者除外」。再者，對於居住在內地之外的「一般朝鮮人」，則除了前科和遺傳病等當然的限制外，還得加上「服軍務者及其家族」、「接受徵召服國民勞役者」、「對國家有特別功勞者（如日韓合併的志士等）及其家族」、「執行國境警備等公務而殉職者之家族」等等條件。不過，以上的場合都有「隨血統而放寬條件」的可能；例如「父母一方是內地人或已經成為內地人的時候」、「戶長的配偶已經成為內地人的時候」，規定都可以放寬。從這

裡可以發現，當時的總督府在對朝鮮人徵兵之際，也要喚起他們對帝國的忠誠心，所以關於「日本人」的認定基準，是以成為日本軍人、或是內鮮通婚為主。

話雖如此，但設限並不止於此。為了「設下限制，讓戶籍移動的範圍不至過廣」，對於「親族入籍要給予適當的限制規定」；能移籍的親族，主要只限於戶長及其妻子的直系血親而已。之所以如此，主要是害怕1人移籍到內地之後，親族便會藉此大舉入籍。不只如此，移籍條件必須要經過地方法院的審查，在當中又附加了這些條件：「若是審判結果為不許可，對此亦不得有異議或申訴」、「即使裁定結果是許可，檢察官也得以考量不周為由，提出抗告」。另一方面，在立法的刑事上，他們也以內地和朝鮮的親屬法相異為理由，主張「不應將戶籍法按原有形式搬到朝鮮施行」，而是應當按照共通法的特例，制定特別法方為正軌。

一方面設下這些限制，一方面又要讓內鮮一體的訴求更吸引人，所以不能展現出太露骨的歧視意識，必須抱持著一定的顧慮。首先，在法律條文上「僅對朝鮮人設下附加規定，然而當各種嚴苛條件附加上去，無異於在法律上清楚讓人意識到內鮮之間的區別，這在立法技術上是很拙劣的」；故此，「要盡可能設下包含內鮮人的規定，讓人在法律條文上乍看之下難以判斷其差異，這樣的規定才是正確的」。例如，採用在法條上不明記差別待遇的手法。其二則是，即使附加了嚴苛的條件，「也不應該設下比歸化的條件更嚴苛的標準，方為妥當」。在要把朝鮮人當成「日本人」徵兵的這時候，公開設下比外國人歸化還要更加困難的移籍條件，確實是件必須深思再三的事情。

## 無法跨越的臨界點

總督府在提出這個案子的同時，也制定了相關的配套法案。[17] 其中規定，居住內地期間的要件為「3年以上」，至於其他具體的內容，則與上述的文件沒有太大差異。另一方面，在法條上並沒有明確記載「朝鮮人」和「內地人」，純粹是採取地區間相互移動的形式來規範，這也是按照前述的方針來行事。

然而，內務省卻對這項朝鮮總督府提出的方案表示反對。同年11月內務省的一份機密內部文件中，做出了以下的主張：[18]

移籍並不能只當成單純戶籍相關手續上的問題加以考量，在這當中包藏了民族混淆、同化乃至保持血統純正的根本問題，以及對朝鮮人及台灣人的民族政策，和攸關日本民族未來的長久策略之根本。

故此，不能夠只從手續上，對之輕率地做出便宜處置，而是應該要從朝鮮人和台灣人的種類資質、人口、增殖力、順應力、同化力等和內地人進行對比，並慎重檢討，如此才能成為民族統治的根本大原則，並引以為鑑。

根據這份內務省文件，移籍應該只限於允許「言語、風俗、思想、感情等皆已內地人化的特定朝鮮人及台灣人」；假使「以法律規定形式上的要件、一旦具備便通通核可的話，恐怕會導致數10萬的朝鮮人及台灣人驟然移籍，在內鮮人與內台人之間引發重大的混淆紛亂，並在指導取締上產生種種困難問題」。另一方面，因為朝鮮人、台灣人在身分法上的地位與內地人有別，所以「伴隨著移籍，會招來身分法上重大的影響，以及複雜的法律關係」，這點也必須考慮進去。

內務省關於移籍的考量，與總督府之間，有一個根本的差異，那就是，內務省考慮的移籍許可對象，只限於居住在內地的朝鮮人，並且要根據允許定居在內地的時點來加以選別，但總督府卻主張，讓居住在朝鮮的朝鮮人也能移籍。總督府的構想是，允許擔任日軍士兵或是勞務徵用者移籍，但是直到敗戰為止，光是朝鮮籍士兵就已經超過了11萬人。假使總督府這個包括直系親屬都能移籍的方案照章實現的話，內務省所擔心的「數10萬朝鮮人及台灣人驟然移籍」，或許並非杞人憂天。因此，對內務省來說，這種事是怎樣也不能置之不理的。

事實上，總督府和內務省的對立，從以前就已經產生了。原本總督府在1937年南總督前往東京之際，就已經在提倡放寬朝鮮人渡航前往內地的限制。據總督府的說法，「內地渡航限制是現在本府的施政當中，朝鮮人最感憤憤不平的事項之一。雖然我們依照內地懇切的要求，強化了取締」，不過因為朝鮮總督府與內務省警察雙方都在進行限制，「結果變成雙重取締的現象，使得朝鮮人的不滿更加高漲」。不只如此，「在實例上，也有朝鮮這邊同意渡航的人，卻被當成偷渡者送還的情況發生」，這對總督府的威信是很大的傷害。[19]

對總督府而言，渡航內地的朝鮮人要怎麼管理，是自己管轄外的問題，重要的是要避免因為渡航限制升高朝鮮人的不滿，進而導致統治不安。另一方

面，從負責管理內地治安的內務省角度來看，當務之急就是盡可能限制朝鮮人流入內地，至於已經入境者，則要確實進行同化。渡航限制問題時便已存在的矛盾對立，到了移籍問題又再次浮現。

前述的內務省文件主張，移籍問題必須要從朝鮮人的「人口、增殖力、順應力、同化力等」，一併進行檢討；關於這個問題，他們也製作了一份極機密文件。[20] 其基本方針為「盡可能移植大和民族的風俗習慣，讓朝鮮人學習模仿」、「徹底普及國語，大約用 20 年時間，將朝鮮人的用語統一為國語」、「對於家族制度造成內鮮通婚的阻礙，應逐步指導使之改善」，簡單說就是強硬的同化論。同時，「為了讓（朝鮮人的）民族情感大和民族化，必須要在數量與文化上都居於優勢，故此，要讓朝鮮民族的數量盡可能成為少數，方為得策」。於是，「必須在小心留意不要刺激到朝鮮民族，徒增同化困難的情況下，推行部分移住、抑制（人口）增長等政策」。這裡的「抑制人口增長」，主要是透過提倡以下的項目來實現：

一、打破早婚的弊風，讓女子的婚姻年齡比現在提升 2 歲，達到 20 歲婚配，男子則大約提升 5 歲。
二、鼓勵女子勞動，指導女子從內室向社會解放。
三、鼓勵單身男子出外打拼，指導他們積極提升經濟生活。
四、配合抑制政策，實施優生法。

這是一套偽裝成「女性解放」和「經濟生活提升」，巧妙的人口抑制策略。更進一步，對於在這種情況下仍然增加的朝鮮人，則安排他們各自移居：樺太、南洋群島 20 萬，南方各地區 4 百萬、大陸方面（西伯利亞、滿洲、支那）80 萬——當然，內地不用說，完全是「不適當」移居的地區。

對內務省而言，朝鮮人的移籍問題和這種人口配置政策是一體的，因此對於總督府在總動員的必要壓力驅使下所提出的這一方案，他們不能接受。不只如此，移籍與其說是司法事務，不如說是治安問題，因此總督府認為應該要由法院負責移籍審查的權限，但負責治安的內務省，則主張應該要透過自己管轄下的地方長官，確實掌握此事才行。

內務省在 11 月出爐的移籍問題方案，比起朝鮮總督府案，在條件上要更加嚴格。[21] 首先，「移籍必須以在內地擁有固定的住所、生活基礎安定、言語

風俗習慣及其他一般生活狀態與內地人幾乎無甚二致、且將來有永住內地意思者為限給予許可」；至於居住內地的年數條件，則由總督府案的 3 年提升為 5 年，若為「父親或母親是內地人者」、「妻子是內地人者」、「生於內地者」可以放寬到 3 年，但是相較允許直系親屬移籍的總督府案，內務省案僅限「妻及未成年子女」。

不只如此，在內務省案中，移籍僅限於居住內地者，至於居住朝鮮的朝鮮人移籍，則完全不予採納。內務省甚至對那些服日本兵役的朝鮮人，都完全沒把他們視為「日本人」。接著，他們又追加了這樣一項：「身分法上的地位，不因移籍而受到影響」。至於移籍事務不是由法院，而是由內務省管轄的地方長官所掌握，這點自然更不在話下。

對於這項內務省方案，司法省產生了反彈。不過司法省反彈的動機並不是要改善朝鮮人的待遇，只是單單認為戶籍事務應該是由法院和其上的司法省來管轄，出於一種勢力範圍的意識罷了。據內務省所言，司法省方案的「許可條件，比內務省案更加嚴格」。[22] 在這個美軍轟炸機已經開始襲擊東京的時刻，這些官僚還在為了既得利益與權限爭鬥不休。

又過了 1 個月後的 1944 年 12 月，閣議決定公開發表，要對「朝鮮台灣同胞」進行待遇改善。[23] 其內容正如 1 月的極機密文件中所示，包括了「一般內地人的啟發」、「警察對待方式的改善」、「升學的指導」、「協助就職」、「廢止內地渡航限制」，「開拓移籍之道」也在其中；不過在這方面，僅限於「定居內地的朝鮮同胞」。

然而，關於移籍許可只有明示方針，至於接下來的許可條件與管轄問題等具體內容，則是直到最後都沒有統整出共識。1945 年 3 月內務省管理局提出的極機密文件中，一面陳述要抑制朝鮮人的人口數，一面說「關於移籍條件的具體方策，我們眼下正在研討中」。只是在這份文件中也說，「考慮到現今這種無限制的（移籍）認可，恐有伴隨弊害之虞，故此，我們認為應以外國人歸化之例為準，採用類似的許可制度方為適當」。換言之，他們很明顯地要採用朝鮮總督府所忌避的「外國人歸化」，甚至是更嚴苛的條件。[24]

就這樣，第一項改革──關於移籍的改革，就在朝鮮總督府的提案被內務省的反對給壓下去的情況下，虎頭蛇尾的結束了。接下去的參政權改革，也是落到幾乎同樣的下場。

## 名為「日本人」的牢獄

在移籍問題以這種方式畫下句點之後，1944 年底開始，作為賦予「日本人」權利的最後王牌——參政權問題，也開始具體地浮上檯面討論。

這個問題的發動者，是繼南次郎之後擔任朝鮮總督，且在 1944 年 7 月繼東條英機之後擔任首相的小磯國昭。小磯在南次郎反對削減總督權限的時候，被東條評價為「現任朝鮮總督與政府所見略同」。小磯過去曾是朝鮮軍司令官；原本就很重視國防的朝鮮軍，從以前開始就是比總督府更熱心將朝鮮編入「日本」的一股勢力。不只如此，他還曾經向樞密院認真的提倡日鮮同祖論：「台灣姑且不提，朝鮮乃是上古素戔嗚尊[25]曾置根據地之所……是故，朝鮮人要洞徹國體本義，乃是可能且必然之事。」昭和天皇也曾經形容小磯是「有神明附體傾向」的人物。[26]

在小磯的指揮下，原本是賦予參政權最大障礙的總督府，態度開始為之一變。小磯擔任總督時期所提出的總督府內部文件，和之前截然不同，以選出議員進入帝國議會為主軸，至於朝鮮地方議會案，則被降格為附帶案。在他的規畫中，眾議院採取限制選舉，貴族院則採敕選[27]，各自選出 10 名議員進入帝國議會。[28]姑且不論表面上對皇民化的吆喝聲多麼響亮，在總督府內部文件中將選出眾議院議員列為主軸，可說是畫時代之舉。

像是與這項行動相呼應般，內地也展開了剝奪總督府王國權限的行動。如前所述，1944 年 1 月的祕密文件在探討移籍的可能性同時，也主張「決定公布在朝鮮實施眾議院議員選舉法的方針及實施時期，並同時開始進行調查」。重要的是，這項參政權提案是和內地權限擴張相結合的：「在此同時，也要研擬將朝鮮以（總督）制令為原則的現行立法制度，轉移為以（內地的）法律施行為原則的制度」，並且「強化內外地行政事務的統一一元化」。[29]

在朝鮮實施眾議院議員選舉法，必然會與總督委任立法權的消滅密切相連；反過來說，給予朝鮮人參政權，也可以成為內地對總督府王國的攻擊手段。這份祕密文件除了主張賦予參政權外，還主張要「朝鮮總督府政務總監參與列席地方行政協議會會長會議」；如同字面所示，這是劍指朝鮮總督府，要把他們當成內務省管轄下的地方行政機關來對待。不只如此，由厚生省所管轄、有關居住內地朝鮮人的協和事業[30]，也應該「移交給內務省管理局管理」。[31]如前所述，內務省管理局就是拓務省的化身，總督府現在成為其下轄

的部局之一。

　　但是，就算到了這個階段，變化還是有如牛步。
1943 年 1 月，以促進內外地一體化的總督府官制改革
在樞密院進行審議，會中某位顧問官提出這樣的質問：
「期望能早日使（朝鮮人）忘掉獨立時代，成為蝦夷、
熊襲、愛奴這些（古代被日本同化的）人民之列……總
督在官制上的特殊地位，並不是很適當。」對此，法制
局局長則是回答：「我們並不喜歡對總督的地位、特別

小磯國昭

是宮中席次等做出變更。」[32]的確，若是朝鮮在法制上編入「日本」，那總督
府不是可以廢止了嗎？至少總督地位的低落是不可避免的吧！話雖如此，但即
使在這個決定對朝鮮人實施徵兵制，又高唱大東亞會議共同宣言的時期，總督
的宮中席次還是穩若泰山，這就是當時的實際狀況。

　　可是，狀況漸漸不允許再如此拖延下去。自 1944 年夏天開始，日本的防
衛線驟然崩毀，東條內閣也倒台，換成小磯坐上首相之位。可是敗勢已經難以
遏止，10 月的菲律賓戰役中，日本海軍徹底毀滅，戰鬥變成只能一味仰賴特
攻的狀態。當時的預想是，美軍會繼菲律賓之後接著攻略台灣，截斷南方與內
地間的資源輸送途徑，然後更進一步攻擊朝鮮南部，封鎖日本本土與大陸的
交通，也有可能會登陸本土。[33]雖然現實是美軍突然奪取沖繩，並計畫攻擊本
土，不過自明治時期以來的擔憂，也就是朝鮮和台灣成為國防最前線，如今也
已經化為現實。在這種情況下，對失去力量的日軍和總督府而言，當美軍攻來
之際，當地原住居民會倒向敵方還是我方，已經是生死存亡的問題。

　　情況特別嚴峻的是 10 月以來遭受美國航空母艦艦隊激烈空襲的台灣。
1944 年底，台灣總督府完成了「關於島民待遇的處置概要」，決定撤廢迄今為
止一直被當成歧視象徵的匪徒刑罰令、遊手好閒者（浮浪者）取締規則、保甲
制度、鴉片專賣等，並主張整備地方自治，以及活化總督府評議會的功能。然
而，在這份待遇改善案裡，不只高唱親族法規的內地延長、以及「國語」普及
等皇民化主張，對於總督府評議會功能的活化，也只限於「作為諮詢機關，政
府將會如決議機關般，針對其意見加以尊重運用」的程度而已。但就算這樣，
仍然可說台灣總督府在他們的權限內，已經打出了所有的底牌。然而，朝鮮總
督府的祕密調查顯示，即使在這個時候，內地人殖民者仍然對於賦予參政權表
示反彈，他們主張，「這樣會讓朝鮮人更得寸進尺，促使他們進一步提出全面

性廢止差別待遇的要求」、「內地人的地位危險」；這些反彈被報告上來，讓總督府變成觀望內地、由他們決定是否賦予參政權的狀況。[34]

就這樣，小磯首相和總督府都贊成賦予參政權，陸軍基於戰局，更是對此相當熱心。然而，在內務省當中，負責治安的警保局，以及管轄內地行政的地方局，仍然抱持反對意見。這些部門的邏輯是：「光是餵朝鮮人一塊糖，就要他們全心協助戰爭，那是絕對不可能的事。更何況，若是給予朝鮮人（參政權）的話，那台灣人、樺太的愛奴人與鄂羅克人[35]，也都不給不行了。」正因如此，「警保局長和地方局長都公然表示反對」。[36]

就在 2 年前，為了建構總體戰體制而舉行翼贊選舉[37]；儘管以內務省為中心，為了讓政府推薦的候選人當選而費盡了九牛二虎之力，但既存的政治勢力還是根深蒂固。在這種情況下，再從朝鮮和台灣加進議員，讓帝國議會增加不確定要素，這是內務省絕對要避免的事。再者，除了新納入的管理局（前拓務省）之外，即使賦予參政權，也不會讓內務省的權限有所增加，故對內務省整體而言殊少利益。於是就跟移籍問題的時候一樣，內務省對於管轄下增加麻煩的火種，感到相當嫌惡。

內務省在 1944 年 11 月，針對參政權問題提出了自己的方案。這個方案主張，對既有的朝鮮中樞院及台灣總督府評議會進行改革，從民間選出議員，針對政府的諮詢做出回答，也可以提出「建議」。這和迄今為止朝鮮總督府提出的方案不能不說有相似之處，可是朝鮮總督府的案子乃是企圖藉著新設作為議決機關的朝鮮地方議會，來從帝國議會奪取權限，而內務省案則是單就既存的中樞院和評議會改組為諮詢機關，在不觸碰到帝國議會的權限下行事。簡單說，內務省是想避開會抵觸自己管轄的眾議院議員選舉法施行、或是可預期會遭到帝國議會反對的朝鮮議會設置案，提出一個不得罪人的改革方案。另一方面，在上述 1 月的祕密文件中，也有著這樣的主張：「對於朝鮮自治乃至設置朝鮮議會的要求，應不予認可，且對此言論加以抑制；同時，對於可以抱持希望的處置（如中樞院的強化），則應謹慎加以控制。」由此可知，內地的意見其實也並沒有統一。[38]

不過，內務省的抵抗遭到了小磯首相的壓制。根據當時內務官僚的回憶，「最後大達（內務大臣）屈服，連次官、局長們也都服從命令」。就這樣，在 12 月底的時候，決定設置「朝鮮及台灣居民政治待遇調查會」。成員以自任會長的小磯首相為首，再加上內務省、司法省、陸軍省、海軍省以及朝鮮、台灣

總督府的次官及政務總監，委員則有下村宏、後藤文夫、水野練太郎、關屋貞三郎等前總督府幹部，以及法學家山田三良、黑龍會幹部葛生能久、政治學者蠟山政道、外交官鶴見祐輔等列名其中。於是，在小磯「日本對朝鮮和台灣的統治，乃是和歐美流的所謂殖民地統治，在觀念上迥然相異……故，應以達成內外地一體的成果為目標」的一番致詞下，賦予參政權的審議便開始了。[39]

　　然而，正如迄今為止反覆所見，要選出議員進入帝國議會，存在著兩個巨大的問題：第一是和總督府特權有關，第二則是對朝鮮人、台灣人議員團的恐懼。在當時的政治家當中，也有人如樞密顧問官伊澤多喜男（伊澤修二之弟、前台灣總督）認知到「參政權的賦予，理所當然會影響到總督政治的存廢、法律界限的撤廢等重要問題」；故此，他主張「廢除總督政治、撤廢相扞格的法律界線，讓總督成為單純的行政長官」。同時他也認為，「愛爾蘭（議員團）的問題，實際上只會發生在盎格魯薩克遜的環境當中，因為他們有著極端的人種歧視意識；相較之下，只要順著我國的國情與立國精神，理應不會發生這種問題才是」。[40]可是，抱持這種激進且樂觀見解的人並不多。

　　果然，調查會陸續對賦予參政權產生了種種疑問。特別是「是否要在外地實施憲法，乃是本案審議上的一大問題」。畢竟，若要實施憲法，就必須廢止總督府，換句話說，必須在法制上將朝鮮和台灣編入「日本」，否則就算選出議員，他們在帝國議會制定的法律，也沒辦法在現地實施。[41]

　　舉出這點表示強硬反對意見的，是在日韓合併時，提出國籍、戶籍意見書的山田三良（參照第六章）。他主張在法制上若不廢止總督府，就不能實施眾議院議員選舉法，提倡一貫以來的漸進路線：「先在總督管轄下參與地方政治、進行政治訓練，再以將來參與國政為前提，如此方為正軌」，同時也表示「僅需讓若干人員進入貴族院即可滿足需求」，問題也比較小。蠟山政道也同樣從「憲法論」指出其中的矛盾。至於有聲音指出來自台灣、朝鮮的議員「人數過多的話，會對議會運作產生障礙」，更是不在話下。[42]

　　若是按照以往的狀況，討論應該到此就結束了吧；可是，戰局已經不允許如此。小磯首相對主張應該要歷經地方政治訓練的山田大聲斥喝道：「本調查會只考慮參與國政的方案！」陸軍次官也逼迫道：「戰局一日一日愈趨緊迫；故盡早決定本案，對戰力將會有很大的幫助，請務必三思！」朝鮮總督也發祕密電報給內務大臣表示，「由衷盼望在調查會結束之後，能夠在正式議會中通過（關於參政權問題的）決議」；台灣總督府也發電報給內務省管理局長表

示，「以現在的戰局來說，對照台灣的地位，會在民心收攬與治安維持上產生很大的障礙」，所以希望能夠就議員數量的配額，「給予特別的考量」。[43] 過去甚至連回應拓務省電報都不肯的總督府，現在居然到了不得不對內務省發出這種哀求電報的地步，由此可知狀況已經瀕臨危機。

就在這種趕鴨子上架的情況下，1945 年 1 到 3 月，針對這個問題持續進行了審議。結果，眾議院採取繳納直接國稅 15 萬以上者為選民的限制選舉，分配名額為朝鮮 23 名、台灣 5 名，貴族院則由總督推薦者當中，敕選出朝鮮 7 名、台灣 3 名議員。若是單純就人口比而言的話，朝鮮應該要有 150 名、台灣則應該要有 30 名左右的眾議院議員，所以設下的限制門檻是相當之高的。貴族院的議席，雖然有著「非從殖民者、而是從原住居民當中選出」這個大原則在，但是根據法制局長的發言：「絕對非得避免產生類似民族代表的形式不可」、「以不對內鮮、台人做出明文區分為原則」，所以最後並沒有明文記載。[44] 由此可知，即使到了這個時候，法律上不明文記載民族區別的方針，還是被一直貫徹下去。

不過就算到了這個時候，總督府的存廢問題還是被認定為「需要以漸進改革為方針」，於是決定採取將它擱置一邊，先選出議員再說的方式。所以，即使決定選出議員，總督的權限還是沒有任何改變，只是追加了一條規定：「關於選舉，內務大臣得『指揮監督』朝鮮及台灣總督」而已。但就算只追加這條，南次郎還是在樞密院裡主張：要對「持有獨特歷史的異民族進行統治」時，總督的權威很重要；所以「像內務大臣指揮監督總督這種事，和總督政治的維持是絕對相斥的」。即使是熱衷於賦予參政權的小磯首相，在樞密院中也說：「當下的實情是，應該維持總督政治，從而關於其對法令的制定權，也該盡可能予以保留。」與會的朝鮮總督府政務總監則是說，「內務大臣的指揮監督，僅限於選舉事務」；「如此一來，並不會對總督的威信造成傷害」。[45] 恐怕朝鮮、台灣總督府之所以贊成賦予參政權，並不只是為了因應眼前的統治問題，還有以此為前提，和首相達成協議的要素存在吧！

就實際問題而言，誠如調查會所指出的，在總督仍然掌握有制定和帝國議會無關之「制令」和「律令」等「事實上的法律」（參見第五章）的委任立法權下，就算選出議員，他們所贊成通過的帝國議會法律在朝鮮和台灣也無法實施，如此一來必然會產生制度上的矛盾。小磯首相如前所述，主張維持總督的權限，但是深明法制的司法大臣和法制局長官，則在議會答辯時這樣說道：

「若是朝鮮、台灣選出的立法府議員簽署同意某些法律，那麼這些經過立法府同意的法律，當然一定也要在朝鮮、台灣施行」、「我們認為，自以前延續至今的（總督）制令權、律令權，有必要做根本的改革」。故此，閣內的意見是否統一，這點實在頗讓人存疑。[46]

這項法案照著陸軍和朝鮮總督府的主張，在樞密院和議會火速通過，並在4月正式公布。但是，雖然問題較少的貴族院議員選拔能夠從公布之日開始實施，攸關總督府權限的眾議院議員選舉法修正，其施行日期則要透過敕令重新規定。正如第十章所見，在沒有總督府抵抗這層障礙的沖繩，謝花昇等人的參政權請願運動同樣因為修正眾議院議員選舉法，直到13年後才正式施行。小磯雖然希望從下屆大選開始就實施，但是軍人出身、對法制不熟悉的他，究竟對議員選舉和總督府權限的關係理解到什麼程度，實在是個疑問。原本就一直對賦予參政權抱持消極態度的內務省幹部，事後回想起來這樣說：「雖然公布了法律，卻沒有跟著制定施行令。沒有施行令，是不是代表說『我們有這樣的意志，而且展現出來，這樣就已經很夠了』？」總言之，就是口惠而實不至罷了。[47]大日本帝國即使到了崩壞前夕，政府機構之間的既得權益壁壘還是堅不可破。

就這樣，朝鮮人和台灣人作為「日本人」的權利，在什麼都沒有賦予的情況下畫下了句點。但是，他們又不能說完全不是「日本人」。內務省管理局在1945年3月完成的政府答辯用資料中，對於國籍法施行有著這樣的記載：[48]

> 朝鮮之所以一向不實施國籍法，其理由主要是因為有一些國外的不法朝鮮人，藉由歸化外國等國籍法上的理由，喪失了日本國籍；要取締這些人，其實有所困難，所以必須加以防止才行。不過，今日關於這一部分難以認定其國籍消滅的朝鮮人，雖然不宜適用國籍法第二十條（關於脫離國籍）的規定，但還是可以透過其他規定來加以規範……

朝鮮人即使到了大日本帝國崩壞的這一年，還是逃脫不了日本國籍。以間島地方為首的「滿洲國」地區，配合對朝鮮人的徵兵檢查，強制進行了對迄今為止在朝鮮戶籍登錄上一直被遺漏掉的居住滿洲朝鮮人的調查。其結果是，到1944年8月為止，經過就籍與漏籍整理，共登錄了超過22萬人，其中有許多都被當成是「日本人」加以徵兵。[49]所謂「日本人」，就是哪怕沒有得到權

利，也要被要求無條件服從、守護天皇和國家的「資源」。

這種情況，即使在沖繩也沒有改變。1945 年 4 月，美軍登陸沖繩後，日軍將沖繩居民動員起來，充當戰鬥員或輔助人員；同時，他們宣告講沖繩語的人是「間諜」，要被處刑，不能充當戰鬥資源的人，則應該自盡。沖繩的居民對於被承認為「日本人」抱持著期待，積極地響應動員。

在沖繩的慶良間列島，據說有一個國民學校二年級的男孩子在山中要和母親一同自盡時，留下了這樣一幅畫面：[50]

> 「我是日本人，讓我和媽媽一起死吧」……禁不住孩子的再三要求，母親終於還是把孩子的脖子吊到了樹上。但是看著孩子雙腳亂踢、痛苦掙扎的樣子，母親終究還是忍心不下，把孩子抱了下來。
>
> 「媽媽，為什麼這樣子，我是日本人啊！再一次吧……」

另一方面，從 1945 年起便期待蘇聯從中斡旋，達成和平談判的近衛文麿，在他記下的「和平交涉之要綱」中，關於投降條件寫著「絕對要護持國體，一步不讓」；「至於國土，為了盡可能便於他日再起，不得以只好以固有本土為滿足」。關於固有本土，他的解釋是：「最下限為捨棄沖繩、小笠原島、樺太，保留千島群島南半部的程度」。[51] 換言之，就支配者方的眼光來看，朝鮮、台灣固不用說，即便沖繩也不是「日本」，只是可以拿來交易的一顆棋子罷了。要不要將這些地方的人看成是「日本人」，或者是把他們歸入「日本人」，全是看政府的利益與意向來作決定。

在大日本帝國當中，有許多人都被強制編入「日本人」，在既是「日本人」又非「日本人」的情況下，被迫成為國家的資源。他們既不能從「日本人」的身分中逃脫，也不被允許擁有「日本人」的待遇。對當時的他們來說，所謂「日本人」，只是無異於牢獄的代名詞吧！

IV

## 第十八章
# 國界線上的島嶼
## ——沖繩作為「外國」

　　1945 年 8 月，大日本帝國無條件投降，戰爭結束。樺太（庫頁島）、台灣、朝鮮從日本的領土中被切割出去，居住在這些地方的非日系「日本人」，也隨之變成了「非日本人」。然而，在戰後依然有置於「日本人」身分的人們之存在，那就是在日韓國／朝鮮人、愛努人，以及沖繩人。

　　以下的第 IV 部，將要追溯沖繩在這之後的歷史，並加以檢證。雖然在日韓國／朝鮮人與愛努人的問題也不小，但本書的主題是伴隨著領土變更所產生的「日本人」界線問題，因此，有過和日本分斷而又復歸經歷的沖繩，就成為了最大且最值得關注的研究對象。在這當中，也包含了以「戰後日本人」為核心所產生的諸多問題。

## 身為「少數民族」的沖繩人

　　敗戰之後，在日朝鮮、台灣人與愛努人，還有沖繩人，在法律上被定位為各自相異的位置。在此先針對前兩者做概略的說明，之後再探討沖繩人的定位。

　　針對居住內地的朝鮮人和台灣人，日本政府在戰後首先作出的處置，就是在 1945 年 12 月「停止」這些「不適用戶籍法者」的參政權。正如者所述的，他們雖然已經按照屬地法，在施行眾議院議員選舉的內地擁有參政權，不過在戶籍法的法律體系上還是有所區分，因此這樣的處置是可行的。可是在此同時，日本政府也沒有馬上剝奪他們的國籍，還以對持有日本國籍的「日本人」之教育方式實行管理乃是理所當然為由，對在日朝鮮人就讀的民族學校進行介入干預。另一方面，在 1947 年頒布的最後敕令——《外國人登錄令》中，他們被放在「視同外國人」的奇特定位上，成為必須登錄的對象。就這樣，這些人在 1945 年到 1951 年為止，一直身處於既是「日本人」，又非「日本人」的

位置上，直到1952年簽訂《舊金山和約》之後，他們的日本國籍才被無條件全面剝奪。在這之後，儘管他們享有特別永久居留權等其他外國人所沒有的待遇，但基本上已經被視為「外國人」來對待了。[1]

另一方面，在戶籍法上無法區分的北海道愛努人，則和在日朝鮮人不同，按照法律，在戰後也一貫地被視同為「日本人」。但是到了1947年春天，GHQ（駐日盟軍總司令）負責管轄北海道、東北北部的J・M・史溫少將召集北海道愛努協會的幹部，詢問他們是否有從日本獨立的意願。此時，受邀的愛努人明確地表示：「我們是日本人，不是什麼特殊人種。關於（獨立）這種事，我們連想都沒想過。」[2] 雖然我們並不清楚GHQ此舉意圖為何，但即使這時候愛努人在美軍援助下獨立，對照後來沖繩的事例，我們可以推測，它成為對抗蘇聯的軍事基地、並且被傀儡政權化的可能性是很高的。總之，愛努人從「日本人」當中分離出來的機會就這樣消失了；之後，正如大家所知的，他們一直維持著「日本人」的身分，同時直到1997年為止，一直是北海道舊土人保護法的適用對象。

如上所述，儘管包含著不少問題，但在戰後數年間，在日朝鮮人作為「外國人」、愛努人作為「日本人」，各自有其可依循的法律定位存在。然而，相對於此，卻有一個地方直到戰後27年，仍然位處在模糊的邊界領域上，那就是沖繩。

那麼，言歸正傳，沖繩的非日本化，是歷經怎樣的原委而產生的呢？本章將針對此一脈絡以及法律定位來加以說明，不過首先，讓我們從戰時美國的沖繩觀開始檢證。

據說美國自從1942年夏天開始，便不斷針對沖繩的戰後處理議題進行討論。[3] 當時，負責外交的國務院政治小組委員會，認為應該在禁止軍事基地化等附加條件下，讓日本領有北緯30度以南、以沖繩為首的各島嶼；但是更加重視軍事戰略的安全保障小組委員會，則是堅持這些島嶼應該置於美國的單獨支配下。

此後，中國表達了要求歸還滿洲、台灣、沖繩的意願，不過在1943年11月美英中舉行開羅高峰會議時，中國則是主張由中美共同占領沖繩，並交由國際機關進行信託統治。不只如此，在開羅宣言中，除了主張朝鮮獨立，以及將台灣和滿洲歸還中國以外，雖然明載這麼一條：「其他日本以武力或貪欲所攫取之土地，亦應將日本驅逐出境。」這裡所說「以武力或貪欲所攫取之土地」

包括沖繩在內，對當事三國自是不證自明之事，但因為沒有明確記載，所以沖繩到底是不是日本以「武力」強行「攫取」的土地？關於這點的歷史解釋，就成了後來復歸運動的主要爭議點。

　　總之，美國內部強烈主張單獨占領沖繩的，是重視國防的軍方；而值得注意的是，美國方面將沖繩人視為是與「日本人」相異的少數民族。從美國人類學者在攻打沖繩之前的 1944 年秋天所做的幾份沖繩調查報告當中，可以窺見他們的沖繩觀。

　　在這些報告當中，以人類學者托澤（Alfred Marston Tozzer）和梅鐸（George Peter Murdock）為核心的調查團隊所提出的報告最為著名。特別是梅鐸，這位以創造出核心家庭概念而聞名的學者，被授予海軍中校的待遇，率領研究團隊，不只針對沖繩，也對當時日本委任統治下的南洋群島進行調查。當然，以當時的狀況，是不可能對在日本軍支配下的沖繩進行實地調查的，所以他利用了以伊波普猷為首的沖繩學文獻，以及日本政府的統計資料等，對沖繩的歷史、居民人種、宗教、風俗習慣、家族集團，還有行政機構和經濟狀況等，做出了一份詳盡的報告。

　　正如前述，這些調查報告採取的見解是，沖繩人乃是異於「日本人」的民族。儘管參考了以伊波為首的日本沖繩學，也提出了正反雙方的見解，但托澤的報告中，對於日本的沖繩學是這樣描述的[4]：

> 　　關於日本人與沖繩人文化背景的書籍，總體來說可以分成兩類：第一類是強調這 2 個民族之間的共通點，對於相異點則幾乎不去提及。當地沖繩人的著作，幾乎毫無例外都是這個類型。他們大抵在無意識下，認定日本本土的文化水準較高，並且認為自己有義務，將所屬民族的文化提升到同樣的層次。第二類書籍的作者，則大體上屬於非日本人，並對這兩個民族的文化有著明確的區別。正如後面要指出的，南方民族……與北方的日本人有著相當多的特徵差異，是理所當然之事。

　　這樣定位日本的沖繩學之後，托澤與梅鐸團隊以鳥居龍藏和張伯倫的人類學、語言學為基礎，對沖繩做出了以下的定位陳述：日本民族是愛努、蒙古系、馬來系的混血，沖繩人雖然幾乎也是以同樣要素構成的混合民族，但一般而言髮色較深，「比起本土的日本人，混合了更多愛努的要素在其中」。至於

言語方面，「現代日本語和琉球語之間的差距，就像法語和義語之間的差距那麼大；要彼此理解，基本上是不太可能的事」。沖繩人不管是在頭髮、身高、體毛的身體特徵，以及言語、風俗習慣、宗教等各方面，都是「和日本人不同構造的人種」。[5]

至於在歷史方面，雖然他們也提及了「為朝渡來」傳說，但重點則是放在琉球王國直到明治時期為止，都是以「和日本有別的國家」之形式在發展，而琉球處分也是不顧中國和地方民眾的反對，強行推動的行為。在琉球編入日本後，「日本人輕蔑沖繩人、榨取這些島嶼，幾乎毫不考慮人民的福利」；「縣知事總是由日本人出任，而且都是由東京的中央政府指派」；「島民在民族上，根本不被日本人視為平等的存在」，他們這樣指責著。梅鐸等人在「殖民地政策」這條項目下，以「島民的同化」為題，做出了這樣的陳述：[6]

　　……日本政府的目標，是將（琉球）列島完全統合入日本的政治、經濟、文化機制當中……借助那些不厭其煩，指出兩民族（日本與琉球）在人種與言語的類似點，以及其他文化相似點的科學家的力量，日本人認定沖繩人乃是日本人（雖然是多少有點粗野，且身分較低的日本人）的一支。更重要的是，同化政策的成功，也使得幾乎所有琉球人都認為自己是日本人。

不只如此，梅鐸還說：「日本教育制度的整體唯一目標，就是塑造忠實的國民。」並在報告中舉出參拜神社、發放御真影（天皇肖像）、教育敕語和標準語教育等為例。[7]

另一方面，托澤也針對夏威夷的沖繩移民做出了調查報告。在這份報告中，他舉出以下事例：「首先，沖繩人並不『通用』於日本人」；「這2個族群（「日本人」與沖繩人）間，通婚是相當罕見的事，大概只占總數的百分之一不到」；不只如此，在夏威夷的沖繩移民間還會強調說，偷襲珍珠港是日本引發的戰爭，和自己沒有關係。[8]

當然，這些報告的目的不是對日本進行倫理上的批判，而是要把握實情、在進行統治時派上用場。托澤就說：「在現今的戰爭中，是否能利用沖繩人和日本人的間隙呢？」「讓沖繩人愈發覺得自己受到欺侮，並在和全體日本人對比下，產生沖繩人的自覺；我們朝著這個方向進行宣傳活動，亦即採取懷柔政

**美軍傳單**

策，很有可能會產生效果」。經過這樣的調查後，美軍在沖繩戰役當中，便不斷對沖繩居民散發寫有「這場戰爭不是你們的戰爭，你們只不過是被內地人利用罷了」的傳單。[9]

可是，這樣的宣傳策略並沒有起到很好的效果。托澤在占領沖繩之後的1946年2月所作的當地報告中就指出，「很遺憾，關於沖繩人與日本人之間的龜裂，沒有任何值得提交的情報」。[10]事實上，在收容所等地都出現了沖繩住民和日本兵對立的案例，所以龜裂確實是潛在的，但還不到美方所期待的程度。

不過，這樣的沖繩觀對之後的美國統治者，還是產生了影響。1966年就任第五任琉球列島高等專員（High Commissioner of the Ryukyu Islands，日文稱之為「高等弁務官」）——如後所述，此職位相當於「琉球總督」——的陸軍中將安格就表示，「沖繩人在人種上不屬於日本人」、「在政治上，他們是形成了一個王國獨自為生」、「在日本統治下，琉球列島幾乎完全沒有經濟和社會上的進步，這樣的想法在島上不斷被提起」。同樣地，擔任第六任高等專員的蘭帕德中將，也說「沖繩人一般都是被日本人所鄙夷的對象；將他們和美國社會黑人的地位相比，雖然不見得正確，但也頗為相似」。[11]

但是，我們必須留意，美方對於日本歧視沖繩的批判，多半是與美方的自我辯護以及60年以上的時間裡，不斷遭到蔑視他們為鄉下人的日軍和日本商人所壓榨」，因此「當美軍登陸，給予沖繩人糧食和臨時住所的時候，他們既驚又喜」；最後還強調「他們熱愛美國人，殷切期望著沖繩成為美國的屬地」。1952年，有某位美軍當局的人士，在評論美軍與沖繩女性生下的小孩，多半都只有母親單獨撫養一事時，甚至這樣胡扯道：「她們早就已經習慣這種事了，畢竟在美國人來之前，日本官吏往往把老婆留在內地，然後把本地婦女當成情婦嘛！」[12]

當支配一方強調先前支配者的罪惡時，多半也含有相對讚賞自身行為的動機。日本支配朝鮮和台灣的時候，也是極力強調李朝和清朝的壓榨。儘管在某個層面上來說，他們講的是事實，但這和他們的統治是否比以前的支配者更加值得讚美，完全是兩回事。即使是把沖繩人看成和「日本人」相異民族的見解，也是和大日本帝國的日琉同祖論或日鮮同祖論一樣，是為了對統治有利而

傳播開來的東西。事實上，美國人對沖繩的統治，正好和他們對日本統治的批判互為表裡，極其苛酷，甚至到了將沖繩人逼向回歸日本之路的程度。

## 「琉球總督府」的誕生

如前所述，沖繩從一開始，就被美國當成是和日本本土不同的對象來看待。故此，相較於戰後的對本土政策是以國務院為中心，經過美國政府各部門的反覆研究才立案，沖繩的占領與軍政方面的文件，則都是在海軍部的作戰本部指揮下，由軍政課與實戰部隊擬定。[13]

如此一來，沖繩的統治從一開始就帶有濃烈的軍事色彩，激戰後的混亂更加速了這種發展。居民有 1/4 死亡，荒蕪的土地完全不能指望生產糧食，日本時代的貨幣無法通用，經濟只能靠物物交換和配給維持，就在這種狀態下，實戰部隊展開了軍政。沖繩的軍政管轄權歷經陸軍和海軍的多次更替，最後在 1946 年 7 月以後由陸軍組成軍政府，貨幣則暫時由稱為「B 圓」[14]的軍票體制來充當。日本領台的時候也是如此；然而，從軍政統治開始，也決定了沖繩往後的命運。

之後在 1950 年，雖然按照指令設立了「民政府」（實際上是「琉球總督府」），但是這裡必須提及的是，美方派往沖繩的軍政負責人員，素質實在相當的低劣。最初期是由前述進行調查的人類學者梅鐸與其他政治學者，以軍人身分執行勤務，不過他們很快就被純粹的軍人所取代。當時美方的報告是：「關於在遠東地區的布署，比較優秀的人員應該派遣到東京，其次則是橫濱的第八軍，再其次則是前往菲律賓／琉球軍司令部（Phil Rycom）服勤，把他們下放到菲律賓。假使還是不行的話，就派到琉球軍司令部，如果連這樣都不合格的話，就丟到軍政府」；「軍人和文官都一樣，關心的事只有自己的離職日期」。[15]

正因如此，統治沖繩的美國人士氣並不高。有一名自 1949 年到 1950 年間在沖繩服勤的商務官，就對當時的現象有著這樣的惡評：「在這裡（沖繩）做事的人，大多有種自己仕途到了盡頭的感覺」；「那些來來去去的司令官，全都是些既沒能力統治琉球，又缺乏理解力和意願之輩」。儘管在戰前的日本，已經有「沖繩是地方官的垃圾桶」的說法，但當時美國的報導，則更是指出「沖繩是美國陸軍淘汰無才無能者的最佳垃圾場」。不只如此，「軍紀更是世界

上其他美國駐軍所無法比擬的惡劣」，美軍的犯罪相當多。雖說這種狀況到了 1950 年左右有所改善，可是統治初期的這幾年，幾乎已經奠定了後來延續制度的原型。[16]

就在實施這種軍政的情況下，沖繩和日本的分離漸漸成為定局。美國已經在 1944 年排除了將沖繩歸還中國的選項，決定朝向美國單獨占領或是信託統治的方針進行。然後到了 1946 年 1 月，麥克阿瑟元帥公布了〈關於某些外緣地區在政治行政上從日本分離之備忘錄〉，確定了沖繩的分離。麥克阿瑟在 1947 年的發言中說，「沖繩人既然不是日本人，當然不會反對美軍占領沖繩」；從這番發言中可以窺見「沖繩人不是日本人」這一認知背景的存在。[17]

讓美國更加堅定掌握沖繩意志的，是冷戰的激化與中華人民共和國的建立。正如美國空軍某司令官的描述，「從沖繩出動的 B29，其行動範圍北可及堪察加半島，西可橫貫西伯利亞抵達貝加爾湖一帶，還可跨越全中國本土，抵達印度的加爾各答」；因此，沖繩可以稱之為「太平洋的礎石」。[18]

1951 年，當日本從美軍占領下獨立時，他們締結了《舊金山和約》，其中第三條是同意美軍統治沖繩及小笠原群島。因為是很重要的條文，所以全文引用如下：[19]

> 日本同意美國對北緯 29 度以南之西南群島（含琉球群島與大東群島）、孀婦岩南方之南方各島（含小笠原群島、西之島與火山群島），和沖之鳥島以及南鳥島等地送交聯合國之信託統治制度提議。在此提案獲得通過之前，美國對上述地區、所屬居民與所屬海域，得擁有實施行政、立法、司法之權力。

在這當中，「得擁有權力」在日譯中被譯為「権力の全部及び一部」（擁有全部及部分的權力），但原文為「all and any power」，所以很多人認為應該譯為「擁有全部一切之權力」方為正解。總而言之，沖繩、小笠原群島雖然預定交給美國進行信託統治，但在實際決定之前，則由美國暫時實施行政、立法、司法三權（統稱為施政權）。

此一信託統治制度，和戰前日本統治南洋群島的「委任統治」大同小異，即對非統治國的領土擁有全面性的施政權。然而兩者之間的最大差異，在於委任統治禁止統治國進行軍事利用，但信託統治則是視情況而定。由於美國已經

將從日本奪取的南洋群島置於自身的信託統治下，因此若是再獲得沖繩的信託統治，則可將軍事基地從太平洋一路延伸到遠東。[20]

可是，美國之後並沒有執行將沖繩移交信託統治的提案，而是一直持續著原本被規定為暫時措施的施政權獨占狀態。據美國國務院某負責官員的說法，若是執行移交信託統治的提案，就必須要在聯合國安理會進行討論，然而這樣一來，「就會給蘇聯找到可乘之機，來離間日美兩國的關係」。1957 年時，澳洲等國曾經建議美國應該明確合併沖繩，但美國卻擔心這樣會違反主張領土不擴大的《大西洋憲章》，同時，如果在冷戰狀態下斷然合併琉球，恐怕會招致蘇聯和中國的批判。[21]

信託統治制度和戰前的委任統治幾乎無甚差異，其目的在於透過統治國「對當地住民政治、經濟、衣食、教育的促進」，以「促使住民能夠漸漸朝向自治與獨立發展」。但是，1951 年日本政府外務省條約局長在國會答辯時，卻說：「為了維持和平與安全，眼下暫時將這些島嶼（沖繩）交給合眾國（美國）管理乃是必要之事；至於住在這些島嶼上的同胞，在政治、經濟乃至文化水準提升後，有必要走向自治乃至獨立之路，這種事我從未聽說過。」[22] 總而言之，這完全只是為了軍事目的的「暫時性」占領。

對美軍而言，若是合併沖繩、使之成為美國領土的話，那就必須給予沖繩居民身為「美國人」的人權才行。信託統治不只在中蘇的反對下難以實現，還會受到聯合國的規定多有束縛。若是要歸還日本的話，則美軍自然就無法實施軍政了。故此，以「暫定措施」的形式繼續軍政統治，亦即讓沖繩成為「既是美國又不是美國的土地」，最能讓美國獲得自由裁量權。決定這種模糊不清暫定處置的《舊金山和約》第三條，彷彿日本在台灣施行六三法體制下的律令，被形容成「法律的怪獸」一般（參照第五章），在日後的復歸運動中，也被稱為「法律的怪物」。

那麼，在這樣的情況下，美國在沖繩建立的是怎樣的一套統治體制呢？

就在和約簽訂活動愈發積極展開的 1950 年 12 月，美國遠東軍司令部下達了廢除軍政府、建立「琉球列島美國民政府」，亦即實質上的「琉球總督府」的指令。此一「民政府」的民政長官由遠東軍總司令、副長官由琉球軍司令兼任，因此只是有名無實的移交「民政」。

並且在這指令中所規定的各項目中，也完全看不見保障人權的影子。首先，「對於琉球列島的行政運作，美國政府的方針是，在軍事上必要的許可範

圍內，致力增進居民的經濟與社會福祉」；對於琉球居民的人權，則僅是在
「對軍事占領不至構成障礙的情況下」加以保障。民政副長官（琉球軍司令官）
能夠憑藉自己的裁量權，任意公布法令，民政長官（遠東軍司令官）則有修
正、撤回司法判決的權限。換言之，由軍人擔任的民政長官與副長官，事實上
獨占了行政、立法、司法三權。

　　1957年，此「民政副長官」制度變更為「高等專員」，但實質內容並未有
任何更動。沖繩的美國政府是隸屬於國防部管轄，其下則由陸軍主導。身為琉
球民政府之長的高等專員，按規定以現役軍人出任、由國防部長任命，並且得
以頒布等同於法律效力的命令（日文稱之為「布令」）。

　　如此看來，民政副長官和高等專員的權限及地位，明顯酷似於第五章和第
六章所見，大日本帝國時代的朝鮮、台灣總督。儘管如此，筆者還是不認為高
等專員制是參考日本的制度。美國國防部在發表高等專員制度的同時，也提出
方針，要效法「關島、波多黎各、維京群島和薩摩亞等地」的統治組織法，
制定「琉球群島統治組織法」，由此可以得知他們是從何處尋覓統治沖繩的先
例。[23] 話雖如此，不管是戰前的朝鮮和台灣，還是戰後的沖繩，都是出於軍事
的必要，由軍人以「暫定措施」的名目，進行獨占三權的統治形態；因為有這
個共通點，所以會有類似之處，也是理所當然。

　　這樣的統治方式，在美國內部並非沒有異議。1949年，服務於沖繩美軍
當局的漢納（W. A. Hanna）少校就提出意見，認為若是把沖繩歸還日本，再
透過東京占領軍總司令部管理的話，不只可以樹立起美國的大義名分，而且還
可以把重建沖繩的經濟負擔轉嫁給日本。漢納又說，次佳之策則是放棄軍事統
治，將管轄權由國防部轉交給內政部，但結果在軍隊之中，不願意放棄「以
美國人鮮血換來的」沖繩之意向還是占了絕大多數。[24] 對於統治沖繩會出現赤
字營運這點，是美方共有的認知，故如後所述，在美國本國的議會中，也有人
提出應該將沖繩歸還日本，以減輕負擔的意見，但這樣的意見也被軍方給壓制
下來。之後，美軍投入大量預算，對沖繩的基地、港灣和道路大加整頓，到了
1958年，連沖繩的貨幣也轉換成美元。

　　不過另一方面，美國也再三強調，他們並非為了自身的利益而保有沖繩。
1952年，相當於琉球總督的時任民政副長官比托拉就說：「美國沒有任何領土
擴張的野心。我們完全沒有掌控殖民地之類的欲望；我們只不過是因應不安的
世界情勢要求，為確保太平洋的前哨據點而居留此地罷了。」他又說：「美國

軍隊的駐留，並不表示要將此地殖民地化、奴隸化，或是永久進駐，而是為了對抗共產主義侵略，執行相互協防的舉動。」[25] 簡單說，美國統治沖繩不是出於領土野心或是殖民地支配，只是為「東洋和平」所採取的「暫定」措施罷了。

這種發言的背景，並不只是基於美方自身的自戀傾向，而是包含了冷戰的利益問題在內。1956 年，在因為提出一次買斷性的基地用地徵收方針而引發激烈反彈的〈普萊斯勸告〉[26] 中，就有著這樣的認知：「世界的目光、特別是共產諸國暗地裡的目光，都密切注意著我們在沖繩的一舉一動，並且專注地試圖尋找足以利用來反對我們的宣傳材料。」在蘇聯不斷批判「美帝」的情況下，美國自然不能做出「支配殖民地」之類的行為。[27]

為了對抗蘇聯，美軍主張把沖繩變成「民主主義的櫥窗」。但美方統治的實際情況不只距離「民主主義」甚遠，就連原本理應是「暫定的」美軍統治終止期限，在 1954 年民政副長官奧格登的陳述中，都變成了「直到我們在遠東樹立起和平與秩序為止，我們都會一直停留在琉球」這樣的回應。1957 年，有人曾經問首任高等專員穆爾中將說：「由於共產主義造成緊張的關係，美軍會無限期留在沖繩呢，還是在將來一定的時期撤出？」穆爾中將的回應是，這個問題無法回答。1960 年代曾代理國防部助理部長的哈爾貝林也表示，因為由美軍掌握全權的沖繩「從軍事觀點來看，是最理想的狀況」，所以就算要歸還日本，「大概也是 21 到 22 世紀的事了」。[28]

穆爾中將在面對反對徵收土地的沖繩居民時，也表示說：「為了保護遠東的各個自由國家，美國保有軍事基地乃是必要之事。為此，美國不惜投入自己的金錢，竭盡全力地努力……」以此強調美國為了「東洋和平」，所做出的犧牲奉獻。根據當時的報導，不只是他，住在沖繩的美國人都對於「美國明明為了援助沖繩投入了好幾億美金，為什麼大多數沖繩人還是討厭美國人？」感到不可思議。[29] 出於國防動機的赤字經營，就像日本對台灣和朝鮮的統治一樣，隨著統治者的自戀而產生了變形。

## 排除在「美國人」之外

不過美國對沖繩的統治，和大日本帝國對朝鮮和台灣的支配，有一個最大的不同，那就是：大日本帝國朝著將原住居民同化為「日本人」的方向致力，美國則無。

　　美國原本就具有壓倒性的軍事力量，在將沖繩確保進勢力範圍這件事情上，沒有任何競爭對手，因此也沒什麼必要像大日本帝國這樣將它合併進領土，並實施忠誠心養成教育之類的政策。正如前述，將沖繩編入領土，不只要面對《大西洋憲章》的制約、共產國家的注目等種種困難，要給予沖繩人作為「美國人」的人權保護，對美軍來說也是個大麻煩。在《舊金山合約》生效之後的 1952 年 5 月，美國國務院的法律顧問在回答日本提問時表示，沖繩居民不能取得美國國籍。在 1954 年，又有居住在美國領土夏威夷的沖繩人，因為沒有做好外國人所必須的報告手續，結果被判決有罪。後面將會提及，1962 年時，當時的助理國務卿在議會答詢時表示，「我們並不打算把琉球人永久編入美國」。

　　這樣的作法，不只可以讓沖繩當地的統治變得更加容易，也可以充分利用沖繩人作為移民勞動力。某位美軍當局人士就認為，使用沖繩勞工替代菲律賓勞工好處多多：「靠著在關島使用沖繩人，我們得以避免菲律賓勞工藉著和關島女性結婚來取得美國公民權的入侵問題。」1948 年時，沖繩的美軍政府曾經發表禁止當地居民和美軍結婚的布告；這份布告雖然之後被收回了，但還是可以讀出美國人不願沖繩人入侵美國國籍的傾向。[30]

　　對美國而言，斬斷琉球居民對日本的歸屬意識雖屬必要，但因為上述方針的緣故，他們也不曾採取將琉球人同化成「美國人」的政策。在教育上，雖然他們徹底排除了昔日那種重視培養對天皇忠誠心的教育，但並沒有將英語「國語」化的舉動，同時也沒有禁止日本語。他們對初等教育也不甚熱衷，儘管一開始規定初等學校必修英語，但在 1957 年廢止，就連中學的英語必修時數也減少了。除此之外，他們雖然設立了英語中心，並制定從美軍文職人員當中派遣英語教師（志願教師）的制度，但還遠遠不到強制的地步。

　　可以說，美國在沖繩是貫注全力於高等教育上，以期培育出足以成為美方協力者的當地菁英。所以，在因戰爭而荒廢的初等教育重建遲遲未有進展的同時，他們在 1947 年，已經火速推出了設置大學的方針。當時的軍政府聲明是這樣說的：「因為沖繩處於和日本不同的特殊立場，所以麥克阿瑟元帥不喜歡沖繩人前往日本留學……沖繩的教育，應該在沖繩的大學中施行才對。」遵循此一方針，1951 年設立了琉球大學，也採用了派遣留美學生的制度。[31]

　　與之同時並行的，是對琉球文化的獎勵。在美國占領下，原本在日本統治時代幾乎等同禁止的傳統藝能重新復甦了。在美方統治初期，他們還嘗試著以

沖繩語編纂教科書，雖然最後失敗了，不過仍然廣為人知。和日本統治時代相反，他們在官方稱呼上不用「沖繩」，而用「琉球」；1950 年還制定了由藍、白、紅三色與星星組合而成的「琉球旗」並加以推廣。[32]

在政治機構上也是一樣，比起和美國同化，更傾向於讓沖繩人自治。日本戰敗之後不久，美方便召集了沖繩人諮詢會並任命知事，同時也舉行了市町村長的直接選舉。然後在 1951 年，他們將本島、宮古、八重山等各群島的政府加以統合，設立了臨時中央政府，並在第 2 年正式成立琉球政府。這個「琉球政府」，和作為琉球總督府的美軍「琉球民政府」在名稱上容易混淆，不過它卻是基本由沖繩住民組成的自治政府，也設有作為行政首長的行政主席，以及作為議會的立法院。

可是，自從 1950 年群島知事選舉時，沖繩本島的親美派候選人敗北以後，美軍便停止了行政主席的直選，改成由高等專員任命的制度。而高等專員不只靠著布令擁有實際上的立法權，對於沖繩立法院通過的法案也有否決權，即使是已經立案的法律，也有使之無效的權限，更握有對琉球政府公務員的免職權；因此，居民的自治權其實是極其受限的。

對於這樣的關係，美方是怎麼想的呢？從美軍當局人士的數度發言，可以略窺其究竟。1946 年在沖繩諮詢會席上，海軍少校沃金斯就說：「軍政府是貓，而沖繩是老鼠；只有在貓允許的範圍下，老鼠才可以自由活動。」高等專員卡拉威在 1962 年也說：「現在的自治政府是架空且不實在的東西。」這些話都廣為人知。總體來說，美方並不信任沖繩居民的政治能力，當不符合己意的候選人在選舉中勝利時，他們就表示，對於讓「共產主義者」當選的居民感到「失望」。1950 年，美方的記者就這樣寫道：「沖繩的居民，大體上幾乎分辨不出是共產主義者還是極端的保守主義者。相較之下，由於日本的長年統治，一般民眾對於民主主義，反而把它當成奇妙的言詞並感到困惑；所以就算他們對此搖頭拒絕，也沒有什麼好奇怪的⋯⋯」這或許已經是他們普遍的認知了。事實上，把不順己意的人一律視為「共產主義者」，乃是美方一貫的作風。[33]

鹿野政直在提到沖繩第一任知事受到美方如何對待時，舉了一個美方副領事在 1949 年報告中提及的軼聞為例：順道一提，當時美方給沖繩知事的公文上，用的頭銜不是 governor，而是日文音譯的 chiji。[34]

當我向負責軍政的軍官表示要拜訪知事（他們稱呼這個人為「chiji」，

我不知道這個詞的意思是「知事」，還以為是指「行政助手」之類的）時，他便找來了一位負責和民政府聯絡的上尉軍官。那位上尉和我一同搭乘吉普車，在路上他不斷說著自己和知事有多好，對知事又是多麼理解。「哦，那麼知事會說英文囉！」我這樣說道。「不，他一句話都不會說，不過他很了解我的意思。」「那，你會說日語嗎？」「不會，不過知事對我說的英語，在通譯將它翻成日語前，就已經能充分理解了。」我們被引領到知事的辦公室中；當我們圍著桌子正要坐下時，那位上尉簡直像是西部片裡的印地安人一樣，開始喋喋不休起來。首先他指了指知事，然後又指了自己說：「you, me, friends!」知事微笑著點點頭。「你看，他完全懂嘛！」上尉說道。不過我用日語問知事說：「剛才的意思你懂嗎？」知事卻這樣回答：「不，我不懂英語，不過我知道在談話時要點頭微笑，這樣就會相處得很好。」

雖然很難想像知事居然連這種程度的英語都無法理解，不過透過這段由美方觀察者眼中所見的軼聞，我們不難一窺當時美軍的態度。

之後隨著復歸運動的高漲，1962年在甘迺迪總統的指示下，在沖繩進行了一定程度的統治改革，首先是在軍職的高等專員底下，正式設立了文職的民政官。在參議院外交委員會討論的改革方案中，還包括了將高等專員改為文職，並交由內政部或國務院管轄的方案。但是國防部不願意放棄高等專員的位置，而且民政官也是經由國防部長來任命。當時任職的卡拉威高等專員，在議會答辯時這樣說道：「關於民政官的資格要求，第一個要是好人，第二個則是清楚認知『民政官不過是高等專員的輔佐』之事。」[35] 就像原敬推動的朝鮮、台灣統治改革（參照第十、第十一章）一樣，在軍方的既得權力之前，就算是總統，也只能讓改革虎頭蛇尾地結束。

在這種制度下，即使沖繩自治政府推出以保障人權為宗旨的法案，也還是以高等專員的布令為優先。儘管自治政府的立法院在1953年制定了跟本土同樣內容的勞動關係法，但是受僱於美軍的勞工，其勞動條件卻要受到布令壓抑，也沒有集體談判權。至於屢屢成為和美軍衝突導火線的基地用地徵收，美軍也是無視於自治政府的土地徵收法規，而是按照布令任意處置。

不只如此，布令還經常反覆不定，每次變動都會左右沖繩的命運。1957年，以復歸日本為號召的左派政黨「人民黨」候選人當選那霸市長後，布令就

對地方自治法與地方選舉法進行修正，變更了首長不信任案決議的法定人數與被選舉資格，市長的職位因此被追回。又，在1958年，自治政府立法院議決的物品稅法修正案，遭到高等專員的否決，並依布令決定了不同的稅率；據傳這是因法案修正而蒙受不利的部分業者向高等專員陳情的結果。[36]

當然，一連串的治安立法，也是依循布令而制定。1945年，占領不久後發布的布令第一號中就規定，「對美國以武器相向者」、「強姦美軍要員及家族婦女者」、「受敵國雇用，從事間諜行為者」處死刑，「參加或煽動他人參加未經軍政府認可之示威活動或集會者」、「發表對美國政府有害不當言辭者」則處以禁錮或罰金刑。1959年招致激烈反對的布令二十三號中，除了規定「參加對美國政府及美國敵對、有害、不服從的公眾示威活動與集會者」應處禁錮罰金刑以外，還禁止登記有案政黨以外的政治活動，以及對出版業實施登記制。

當時更受矚目的是，這條布令在「為『外國』利益行動的間諜得處死刑」這條項目下，將所謂「外國」規定為「美國及琉球列島以外的所有國家」。此條一出，眾人紛紛抨擊其將日本規定為「外國」的舉動，因為這樣一來，就意味著回歸運動也有可能被當成間諜罪而獲罪。

## 身為「日本人」卻又不是「日本人」的存在

那麼，對日本政府而言，沖繩又是處在何種地位呢？若是單從結論來講，答案是：既屬於「日本」，又非「日本」的土地。

首先，我們必須先確認一件事，那就是從敗戰後到沖繩回歸的1972年為止，並不存在「沖繩縣」這個行政單位。原本的沖繩縣廳組織已經隨著沖繩戰役幾近全滅，而美軍自然也不會重建作為敵國行政單位的沖繩縣。另一方面，在GHQ的戰後改革下，戰前負責地方行政的內務省遭到解體，因此和沖繩相關的幾乎所有事務都移交給了外務省管理。這是自明治初期將琉球相關事務從外務省移交給內務省管理以來，歷經73年後的一大轉變。就這樣，琉球在1951年《舊金山和約》締結之前，在日本政府機構內，是屬於外交而非內政管轄。不只如此，當時昭和天皇在傳遞給美國的訊息中，曾經說到為了「遠東和平」，希望美方半永久性地統治沖繩，這點也廣為人所知。

如前所述，在1951年的舊金山和會中，沖繩被納入美國的施政之下，但

當時的吉田首相仍然做出聲明，指日本對沖繩擁有「潛在主權」。只是當時，「潛在主權」這個詞彙，還是個完全不曾聽過的新名詞。儘管行政、立法、司法三權都掌握在美國手中，但日本仍然擁有主權，這到底該作何解釋？面對國會這樣的質問，當時的外務省條約局長西村熊雄做了這樣的答辯：[37]

> 其實這並非什麼罕見的觀念，當我在大正9年進入東大就學時，在美濃部（達吉）老師的憲法講義裡，就已經可以發掘出這樣的概念……當時老師用來說明的例子，是租界的關係。以租界來說，中國對於關東州（遼東半島租借地）仍然保有主權，在當地居住的中國人，也從來不曾取得日本國籍。

確實，和朝鮮人與台灣人不同，遼東半島租借地的中國人仍然保有中國國籍，這是不爭的事實。所以根據西村局長的答辯，在國籍上，沖繩的「居民依然是日本人」。

可是問題是，這樣一來，日本憲法中所規定作為「日本人」的種種權利，能夠保障沖繩人嗎？面對這個質問，西村的回答是：「他們身為日本人這點，並沒有任何改變，但是……權力的行使，則是在美國手上。」接著他又說：「在不與和約第三條規定相互矛盾的範圍內，可以適用憲法；但如果有矛盾的情況產生，則會被排除。」據西村所言，自從戰前開始，日本就有「憲法的所有規定，並非在國家整體範圍內平等地全部適用」這一性質存在，故此，有主權但不適用人權保護的施行形態，並不罕見。[38]透過美濃部的弟子西村的解釋，朝鮮和台灣的行憲狀態，在戰後的沖繩殘存下來。如此，沖繩在身為「日本」一部分的同時，也從「日本」被排除出去，也沒有辦法選出國會議員。

然而，在這種情況下，日本政府對沖繩仍然有能夠持續掌握的內政事務，那就是戶籍。[39]

沖繩的戶籍，以1944年10月的大空襲燒毀為開端，在沖繩本島幾乎全部散佚殆盡。雖然在戰後暫時使用配給登記簿來代替，但不久因為當地需要，所以在1947年編成了臨時的戶籍資料。因為戰後的混亂，調查進行得並非十分完善；在這時的改名熱潮下，有的人換成了大和風的名字，也有人反而換回了琉球風的名字，在呈報上林林總總不一而足。

不過，日本法務省還是另外於1948年在福岡縣設置的沖繩關係戶籍事務

所中，獨力編成了臨時戶籍資料。因為沒辦法在當時被美軍占領的沖繩進行調查，所以登記有案的幾乎都是居住在本土的沖繩人；但日本政府的立場乃是只承認這一臨時戶籍，不承認沖繩當地編纂的戶籍。

1953 年，隨著冷戰日益高漲，美軍認為有必要嚴密掌握居民，於是制定了戶籍整備法，開始重新登錄戶籍。認為戶籍相關法規應該要受日本政府管轄的法務省，一開始抱持反對的立場，但隨後則方向一轉，轉而試圖藉此機會，掌握住沖繩內部的戶籍。法務省以協助指導戶籍技術的形式介入這項工作，主張為徹底防止虛偽申報，必須要指導琉球政府法務局，朝著戰前戶籍的完全再製邁進。為此，他們一方面提供保存在海外和其他府縣的申報資料、戶籍謄本等文件，另一方面也要求海外的沖繩縣人提出申報，最後在 1954 年左右，法務省也終於掌握了沖繩內部的戶籍。

如前所述，原本沖繩相關事務的大部分，都移交給外務省進行管理；在這當中幾乎唯一一項被當成內政事務承繼下來的，就是法務省所管轄的戶籍。不只如此，法務省的沖繩相關戶籍，在本籍和現住所仍然繼續使用「沖繩縣」的稱呼。在沖繩縣這個行政單位已然消滅的當時，「沖繩縣」這個名詞，就只存在於官方的戶籍資料當中。

可是，這樣編纂成的戶籍，也同時被美軍使用。美軍的琉球民政府，在1952 年的《琉球政府章典》中，已經明載著：「琉球居民，乃是在琉球戶籍簿上登記有出生及姓名的自然人。」以戶籍記載為居民的判斷基準，在 1954 年戶籍整飭完畢後，美方便針對迄今為止一直保持自由的、在琉球列島和日本本土之間的轉籍，發出了限制的指令。不只如此，在 1956 年底，美方更規定經由婚姻或過繼等關係入籍琉球，必須要有民政副長官（之後則為高等專員）的許可才行。[40]

官方並沒有明述為何設下這種移籍限制的理由。不過這個時期，先是 1954 年發生了對沖繩左派政黨「人民黨」的鎮壓事件，接著在 1956 年，反對徵收土地作為美軍基地之用的「全島鬥爭」又如火如荼展開，嚴重動搖了美國的統治；而在美國本土也掀起了追剿共產主義者的麥卡錫旋風。原本在《琉球政府章典》中，就已經規定琉球政府行政主席和副主席的就任資格，以及立法院議員的被選舉權，僅限於戶籍上的「琉球居民」，故美軍的意圖很明顯是要防止「共產主義者」從日本本土移籍，並就任公職的事態發生。

就在制定移籍限制的幾乎同時，美方也在 1955 年整飭先前的旅行限制規

定，發表了「琉球居民的渡航管理」布令，與日本本土的往來，也必須獲得民政副長官（之後為高等專員）發出的渡航證明書才行。在渡航時，只要是美軍認為有必要關注的人物，就必須提出記有過去及現在所屬團體、與共產黨員及其外圍團體的交游關係、停留期間訪問的個人團體名稱等資料的輔助申請書，甚至被要求訊問的情況也不在少數。

就這樣，透過制定國籍取得限制以及出入境管理等一連串的措施，本土的「日本人」因應美軍的需要，受到了「外國人」的對待。1958 年，在發生前述人民黨候選人被剝奪那霸市長職務等一連串事件後，應邀負責辯護的本土「自由人權協會」律師要渡航前往沖繩時，遭到美軍當局以不需要「外國律師入島」而拒絕。[41]

另一方面，沖繩居民變成了擁有日本國籍，但又是屬於美軍法定支配下的屬地人民。因此，只要沖繩居民住在本土的時候，就可以和一般「日本人」獲得同樣的法律地位，也可以行使參政權和被選舉權。可是，這些都是在日本施政權內才有的權利，跟居住沖繩的居民毫無關係。

就這樣，在被美軍與日本政府固定在某種曖昧位置的情況下，沖繩人在國外，不管是哪個政府，都沒把他們當成外交保護的對象。日本政府的見解是，因為沖繩的施政權是由美國管轄，所以進行外交保護，等於是干涉美方內政。另一方面，美國政府則是認為，沖繩人既然沒有美國國籍，所以自然不屬於外交保護的對象。可是美國又因為沖繩的軍事價值而捨不得放手，所以日本政府只好在和美方不產生摩擦的範圍內，繼續主張領土權。

作為領土是「日本」的一部分，國籍也是「日本人」，但卻不能實施憲法、沒有參政權、戶籍遷移和渡航受限制，還要受到獨占三權的軍人總督統治；這種既是「日本人」卻又不是「日本人」的存在，就是日方眼中的沖繩。至於對美方而言，沖繩人不是「美國人」，也不受到公民權和法律上的保護。

1962 年，當美國助理國務卿強森在議會答辯時，他做了以下的陳述：[42]

> 他們（沖繩人）不能被認定為美國人，所以也不能獲得美國人的待遇。我們並不打算將琉球人永遠編入美國，因此他們在可預期的將來，也不會更接近美國。再者，因為琉球實在太小，所以當我們判斷已經沒必要留在那裡的時候，他們也不會擁有作為獨立國家生存下去所必需的資源……
>
> 另外，就心理上的問題而言，他們不是美國人也不是日本人，但也沒有

把自己當成「獨立國家琉球群島的琉球人」這樣的想法存在……他們在旅行的時候，高等專員會給他們旅行用的文件，但不是護照，海外的海關和移民官員看了之後，常會感到不可思議地問道：「你到底是日本人？還是美國人？」……他們在遇到麻煩事情的時候，也不知道到底要向美國領事館還是日本領事館求助？我們雖然會和日方合作，但不論如何，這還是因為模稜兩可的立場所產生的問題。

這裡所謂的和日方「合作」，究竟是為了使這種狀況改善？還是為了讓它固定下來？其實並沒有一個定論。沖繩的詩人山之口貘，在1958年發表了這樣一首詩：[43]

> 嘴裡說的話，是日本話，
> 手裡用的錢，是美金；
> 看起來像日本，卻又不那麼像，
> 看起來像美國，卻又不那麼像；
> 啊～～真是個難以捉摸的島哪～

既沒有國家的保護，也沒有認同，只有被國家利用的存在。在這種狀態下，沖繩人究竟該走向何方？關於這點，將在下面幾章透過檢證，逐步加以闡明。

第十九章
# 從獨立論到復歸論
── 戰敗後的沖繩歸屬論爭

　　自 1945 年戰爭終結，到 1951 年舊金山和約締結為止，在美國施行的軍政之下，沖繩始終處於一種身分不明的地位。當時所能想得到的選項，若是除掉幾乎不曾有人主張的歸還中國，還有三種選擇：復歸日本、交由美國信託統治、以及獨立。然而現實情況是，在 1951 年時這三種選項都沒能實現，而是由軍政以「暫定措施」的形式延續下去，而在這個時候，關於歸屬問題的討論，也不像後來一樣，朝向復歸日本這條路前進。

　　本章中將針對直到 1951 年為止的歸屬議論進行檢證。而在這當中，沖繩人的日本觀與美國觀，自然對他們決定自己是否為「日本人」，扮演了決定性的要素。

## 沖繩獨立論與美國觀

　　1945 年 11 月，住在日本本土的沖繩人以伊波普猷為會長，成立了「沖繩人聯盟」。雖然主要目的是在於促進因敗戰而陷入混亂與飢餓的沖繩人之間的相互扶助，不過它的官方刊物《自由沖繩》，也刊載了不少關於歸屬問題的論述。

　　其中最早的一篇文章，是在 1946 年 1 月發行的第二號中刊載，由永丘智太郎所撰。永丘在戰前是《改造》雜誌的記者，同時也曾經擔任過駐莫斯科特派員，之後成為沖繩協會理事長。在這篇文章裡他如此說道：[1]

　　　……根據報導，沖繩本島的人民已經開始請願，要求沖繩永遠不要歸還給日本。無論如何，這應該都是真切的事實。到現在為止，連一處國家級建設都不曾提供的日本政府，在這次的戰爭中，又強迫沖繩人陷入無差

別、無意義的死鬥當中；他們為了軍隊工事的營建需要，強逼沖繩人進行勞動，甚至予以鞭打，就連僅有的一點點糧食，也都被他們掠奪殆盡。是故，沖繩的民眾對於日本軍閥的鬱憤，可謂極其之深。因此，在日本尚未徹底民主主義化的情況下，不希望他們再來統治，這樣的心願，在我看來是極其理所當然的。

永丘在1946年底出版了一本名為《沖繩民族讀本》的小冊子，在這本冊子中，他表示自己對於「沖繩民族」身為「弱小民族的悲哀」深感哀痛，他說：「我因為深愛琉球，所以絕不可能成為偏狹的親日主義者。」然後他又以伊波的日琉同祖論為基礎，主張「沖繩人雖就人種來看，乃是日本人之旁系」，但「他們在歷史上已經是獨立發展」、「並且擁有民族自我的軌跡」。雖然在明治以後被強加了「一連串的同化政策」，但隨著日本戰敗，「我們沖繩人已經成為了『非日本人』」。[2]如後述，這樣的歷史觀與「沖繩民族觀」，在當時幾乎可說是沖繩人共有的看法。

依照永丘的預期，沖繩一旦成為美國的信託統治領地，就會沿著「由自治到獨立的軌跡」向前邁進。這個主張的前提是「美國既然是民主的大本營，那應該會非常尊重沖繩人的民意才是」；或許是和對日本的警戒心成反比吧，他顯得相當信賴美國。他舉出美國統治下的巴拿馬為參考範例：「巴拿馬人凡事都交給美國，美國印製紙幣給他們使用、給他們自來水飲用、殺蚊子讓他們安眠、造汽車讓他們乘坐、製衣服讓他們穿用、蓋房子讓他們居住、運糧食讓他們有飯吃，而他們也過著開朗自在的生活，一點都沒有卑屈之處」，完全是一派田園牧歌的悠然景象。永丘又接著說：「從以上巴拿馬共和國的概貌，感覺已經可以看到我們沖繩理想的將來。」換言之，他預想的是沖繩會在美國的經濟援助與文化恩惠下，走向繁榮的未來。[3]

然而，當時沖繩人光是相互救濟就已經自顧不暇，因此即使是沖繩人聯盟，對歸屬問題也沒有太深入的議論。會長伊波的態度是，「當下最要緊的問題是，對居住本土沖繩人的救援。沖繩歸屬的問題乃是由聯合國來決定，將來或許會由居住家鄉的沖繩人舉行公民投票決定也未可知，但這並非我們這些人眼下的問題」。就算是熱心於歸屬問題的永丘，也說「對聯盟而言，目前還不到處理這些問題的階段」。[4]

話雖如此，在戰後居住本土的沖繩人媒體間，對日本的批判以及「沖繩

民族」的意識都相當濃烈。雖然繼伊波之後成為第二任沖繩人聯盟總本部會長的仲原善忠這樣表示：「提出沖繩民族，並不是刻意要和日本民族做出區別」、「相信自己是沖繩民族而非日本民族的人，歸根究柢只是自己的感情，並沒有強迫他人接受的意思」，但是在各種傳媒間，還是可以看見「祖國沖繩的再建」與「拯救民族」之類的字眼躍然紙面。[5] 這裡所謂的「祖國」與「民族」，幾乎都不是指日本，而是指沖繩。

即使是在沖繩當地，要求復歸日本的聲音，一開始也不算太多。1947 年在宮古島，新聞記者團向美國軍政官訴說：「希望能讓琉球人成立獨立的琉球國，在美國的保護之下生活。」同年成立的宮古社會黨，也以「我黨確信琉球民族的幸福，乃是歸屬於美國之下，並且期待將來有一天能成為沖繩州」為綱領。與那國島在 1949 年的町長選舉中，三位候選人提出的歸屬論，分別是復歸日本、琉球獨立、歸屬台灣。[6]

在沖繩本島，1947 年成立的沖繩民主同盟，以高舉「樹立獨立共和國」宗旨而廣為人知。又，根據吉田嗣延所述，他在 1946 年渡航沖繩之際，「兼次佐一、瀨長龜次郎等幾位先生，向我表達了希望成為美國保護國的構想。當我問他們具體的形式為何時，他們的回答是：『就像巴拿馬共和國那種形態吧！』」[7] 如後述，兼次與瀨長乃是之後反美基地鬥爭以及復歸運動的核心人物，但是倘若吉田的話屬實，那麼他們當時也還是基於對美國的信賴，主張巴拿馬型的保護國計畫。

在 1946 年這個時間點上，對日本的懷疑與對美國的信賴，這樣的世界觀廣泛滲透到各個角落。這年 4 月，當美軍任命沖繩人為知事的時候，琉球的地方報紙《Uruma 宇流麻（琉球古稱）新報》便大表歡迎：「為了沖繩重建與保護居民，不惜代價犧牲奉獻的美軍政府，如今在和平的道義下，讓吾等的鄉土沖繩獲得解放」，並刊載了報社社長島清的一段祝詞：[8]

> 琉球王國改稱為沖繩縣、由沖繩時代改為大和時代，改變封建並施行自治制，這不過是徒具虛名罷了，在政治行政上的真相，依然是殖民地的官僚行政。吾輩宇流麻居民恆久以來，一直在殖民地的重壓下呻吟，還以敗戰國民的身分，迎來了今日的悲運──當我們試著檢討日本對沖繩產業的補助政策內容時，不管是誰都可以察覺到，補助的主要目標和重點，都是那些有可能移往日本本土的產業──

　　一直到和約締結為止，美方的立場理應將我們視為是敵國人民；然而，美方不只沒將我們視為敵國人民，這次還從吾等宇流麻人當中，選出總理政治行政的知事與副知事，這不只讓我們擺脫了現在的地位，而且還是近世宇流麻島史上未曾有過的最大快事，足以讓後世史家，永久讚嘆今日。

　　這份祝詞的前提，不用說當然是戰前從沒有任命過沖繩出身的知事這一事實。當然，這位「知事」遭到美軍怎樣的對待，在前一章已經敘述過，但在這時，還沒有人預料到會發生這種事態。

　　就這樣，擔任首任知事的志喜屋孝信，在 1947 年 8 月會見美國記者團的時候，有記者問道：「沖繩的居民是想復歸日本，還是將來在美國的保護下走向獨立呢？」面對這個問題，知事回答道：「儘管也有少數人希望復歸日本，不過大部分人都希望在美國的保護之下，建立起一個和平的國家。」他在這年 11 月會見美軍高官時，也表示「當我們親眼見到美國人之後，便打從心底信賴著美國」，並在第 2 年、也就是 1948 年明白表示希望沖繩獨立。9

　　這種獨立論，並不只是在沖繩內部高唱而已。1946 年 2 月，日本共產黨舉行黨大會之際，便滿場一致通過，對沖繩人聯盟全國大會致以下面這篇「祝沖繩民族獨立電文」：10

　　　數世紀以來隸屬於日本的封建支配下，明治以後又苦於日本天皇制帝國主義榨取壓迫的各位沖繩人，這次在民主革命的世界性潮流當中，終於實現多年的願望，得以朝向獲得獨立與自由之道邁進，對各位而言，想必感到欣喜萬分吧！迄今為止，日本的天皇主義者對內主張天皇與國民乃是血脈相連的家族，對外則主張日本人與朝鮮人乃是系出同源，亞洲民族與日本民族同屬亞洲人，並藉此讓日本天皇僭稱亞洲的指導者。即使對各位沖繩人，他們也強加「同一民族」的帽子在各位頭上。各位想必早就看透這種帝國主義的奸計本質了吧！

　　　即使沖繩人在古代和日本人有著同樣的祖先乃是事實，在近世以後的歷史中，日本還是清清楚楚地對沖繩加以支配。換言之，沖繩人即是受到壓抑的少數民族。

在這篇將日鮮同祖論與日琉同祖論並列批判的電文當中，可以看出在他們

德田球一

的認知中，沖繩是類似朝鮮的受支配地域。

發出這篇電文的背景，也和時任共產黨委員長的德田球一的個人經驗有關。沖繩出身的他，在1947年沖繩青年同盟主辦的座談會上，述說了這樣的回憶：「我的祖父是鹿兒島人，但我卻因此事，反而有過令人恨之入骨的體驗。當時我雖然和薩摩的親戚叔父等同居，但只因在沖繩長大，就不被允許進入同一間浴場洗澡。」他認為：「不管從政治面也好，或是經濟面也好，琉球完完全全都是被當成殖民地在榨取。」因此他主張，必須要建立一個尊重沖繩「民族自主權」的「民族自治共和國」，方為正解。[11]

這樣的主張，並不只是共產黨所獨有。在沖繩青年同盟舉辦的座談會上，社會黨代表也表示「將來當然必須考慮沖繩民族自覺的意義」、「我們認為沖繩毫無疑問，必須朝著自治國家的方向邁進」。朝鮮人聯盟代表也主張「沖繩人能夠將沖繩打造為自由的國度，是當地人民之福」。[12]「沖繩民族」獨立的主張，在當時的本土左派當中，毋寧說是普遍的觀點。

只是，這種獨立論，還是受到兩個前提的局限：

第一個是，沖繩人乃是異於日本民族的「少數民族」這種民族觀，與琉球處分乃是日本侵略行為的歷史觀。在上述的座談會中，朝鮮民主青年同盟的代表就說：「日本和沖繩若是自古一家的話，那當然應該復歸日本，但倘若並非如此，那就應該建立自主的共和國。」由此可隱約窺見，他們對沖繩獨立論的支持，其實很可能是受到了民族觀和歷史觀所左右。

另一個局限則是，正如前論所述，必須透過對日本的懷疑，反襯出對美國的信賴。高唱復歸美國論的宮古島島民，為了歡迎美軍決定全島動員，在街上搭起牌樓，其領導者當中也有人將生活徹底美式化、並將英語當作日常語言在使用。日本共產黨的賀沖繩獨立電文，也和那些從大日本帝國監獄中解放的黨幹部認為美軍是解放軍的觀念密不可分。之後擔任沖繩人民黨委員長，與美軍全面對決的瀨長龜次郎，在1949年8月的時候也表示：「要和作為解放軍的美軍攜手合作」、「要為琉球民族戰線的組成奉獻全心全意、為打下我民族堅定不移的生活根基而奮鬥到底」。[13]然而，一旦這種美國觀崩潰，歸屬議論也必定會產生重大變化，這是可以預見的事。

敗戰之後的沖繩獨立論，就在這種日本觀與美國觀，以及與之連動的「沖

繩民族」觀上建立起來。然而，隨著對美軍支配的幻滅逐漸擴散開來，這種世界觀也開始產生了變化。

瀬長龜次郎

## 由保守派主導的復歸運動

在這之中，復歸運動最早為人所知的事例，是前首里市長仲吉良光的請願。

仲吉展開復歸運動的契機，據說是當他身為俘虜在沖繩監獄服勞役的時候，閱讀美國雜誌所產生的體驗。他在那本雜誌上看到一篇報導，主旨是：「即使今上陛下作為戰犯被迫退位，應該也還是會由皇太子繼位，結果還是會維持天皇制。」據他說，看到這篇報導，「讓我莫名地從身體內湧出了勇氣」。以此為開端，他和友人展開商議，最後在敗戰前夕的 1945 年 8 月 4 日，向沖繩占領軍提出了復歸請願書。[14]

這份請願書的主旨，按照仲吉本人簡單的概括，就是「無關任何理論或理由，只因為沖繩人是日本人，就像孩子會回到父母的家裡一樣，這是人類自然的感情流露」。可是，美軍集結當地有力人士所組成的沖繩諮詢會卻表示，「這絕對不是大多數居民的意見」，於是美軍也就將它拋之腦後了。然而，仲吉並沒有因此屈服，在 1946 年 10 月，他又向麥克阿瑟元帥提出了復歸請願書。這份請願書的主張如下所述：

　　……因為沖繩人與日本本土同胞之間乃是血脈相繫，所以燃起了念頭，希望能像戰前一樣，復歸到日本政府的行政之下。誠所謂血濃於水，沖繩全體居民有著強烈的日本民族自覺，不管陷入怎樣的境遇，都願與本土同胞命運與共。

　　歐美有部分人士，認為日本國民輕視沖繩人民、把他們當成貧窮的親戚、對他們處處冷落，但這完全是胡思亂想。日本政府與日本人對沖繩人有差別待遇，這絕對不是事實；沖繩人民一直以來都享受著和本土各府縣人民同等的待遇。

這份請願書更高唱，「沖繩人乃是日本人種，不管言語、風俗、習慣、信仰都是一樣的」；它稱源為朝是「琉球最初的國王」之父，還形容琉球處分

是「如同孩子復歸父親的家中，乃是極其自然之事，絕非武力行為等導致的變革」。

可是，當時在大多數沖繩人之間，幾乎察覺不到任何支持仲吉這種復歸論的氛圍。永丘智太郎在提到復歸請願時就嚴屬批評說，這是只有「受到日本軍國主義者乃至帝國主義者教育影響下，腦袋轉不過來的人」才會支持的主張。[15] 志喜屋知事也如前述，在 1947 年的記者會上表示：「儘管也有少數人希望復歸日本，不過大部分人都希望在美國的保護之下，建立起一個和平的國家。」

或許是因為這個緣故吧，仲吉給麥克阿瑟的請願書，並沒有列上任何組織名稱，而是以他本人為首，由沖繩的志願者聯名提出。在這些聯名者當中，除了有在沖繩語言論爭中支持推廣標準語的伊江朝助男爵以外，還有之後成為沖繩協會會長的神山政良，以及沖繩史家東恩納寬惇等人。在請願中提及到日琉同祖論，有可能是東恩納對仲吉的指點。前往東京的仲吉，不久後便集結這些成員，組成了「沖繩群島日本復歸期成會」。

若說仲吉等人的運動乃是民間復歸運動的先驅，那麼和日本政府關係更加密切的，便是之前在沖繩方言論爭中和柳宗悅相爭的吉田嗣延的活動了。

在和柳氏進行論爭之後，吉田受到徵召，前往布干維爾島參加戰鬥；當他退役之後，便因為身為舊縣廳倖存官吏之故，被任命為沖繩縣東京事務所長。這個東京事務所，是在沖繩縣廳毀壞的當時，日本方面仍殘存有「沖繩縣」名稱的行政單位之一。吉田雖然以官員的身分，從事救濟居住本土沖繩人的事情；不過，對於本土沖繩人聯盟的組成，他則是斷言道：「這不過是巧妙利用第三國人特權、來謀取生活優渥待遇的朝鮮人聯盟的模仿品罷了。」他認為，這是「自己放棄了作為日本人的身分」，因此「堅持反對」。吉田這樣的態度當然招致了反彈，沖繩人團體甚至向首相以及 GHQ 提出了一封決議文，表示「吉田嗣延是個身邊經常圍繞著保守反動分子、倡導沖繩復歸日本的超國家主義者」。[16]

在東京的吉田，一邊和仲吉等人的復歸期成會進行聯絡，一邊繼續營運事務所，但在 1947 年隨著內務省解體，「沖繩縣」也跟著消滅，於是他被任命為外務省管理局的沖繩班長。他就這樣一面從事「外交」事務，一面又在 1956 年擔任「南方同胞援護會」的事務局長，從事復歸運動。這個南方同胞援護會，會長是澀澤敬三[17]，副會長則是由柳宗悅論爭時的縣知事淵上房太郎

擔任，和自民黨的關係密切，在訴求歸還沖繩的同時，也主張歸還小笠原群島和北方領土[18]。

從仲吉和吉田的取向，我們可以發現，最初的沖繩復歸運動，不管從哪個角度來看，都是一種保守傾向下的產物。1947年7月，當時擔任外務大臣的蘆田均，在和外國記者團會談時談及千島與沖繩的歸還，結果被社會黨議員在國會詰問，指稱他違反了《波茨坦宣言》，對領土有所要求。這時，蘆田表示：千島與沖繩「不管人種也好、或是歷史也好，和我國本土都是一體的；自古以來，它們便一直是日本民族安居樂業的島嶼」。同時，他也針對這個質問力陳：「我們從來沒有夢想過，要以武力來獲得領土。」[19]由此可見，要求沖繩歸還，在當時的本土是被視為等同於帝國主義侵略的嚴重問題。

## 急遽浮上的歸屬問題

復歸論聲勢微弱的背景，也和1940年代後半期的國際情勢有關。美國已經明言，基於軍事的必要性，打算長期占領沖繩。中華民國要求將它歸還中國，英國工黨和上海市參議會則因為日本占有沖繩乃是危險之事，所以明白表示反對。菲律賓則是對中國領有沖繩抱持警戒態度，因此主張信託統治。[20]不管何者，在國際動向上都不支持沖繩復歸日本。

另一個復歸論勢弱的理由，則是本土的情報無法傳遞到島上之故。1948年，沖繩的地方報紙上就有一篇向本土通信社介紹，在封鎖狀態下「與世界斷絕的孤島沖繩」的報導；可是報導中也說，在這裡有美軍供給的滿滿糧食，居民也可以享受音樂會與電影，所以「從日本看來，簡直是極樂世界」。[21]儘管考慮到這大概是靠著美軍提供資訊才發表的報導，但當時沖繩的報紙只能透過收音機廣播來取得外部的新聞，因此不可能和本土之間比較實情。正如後述，之後隨著本土的復興與經濟成長的情報傳來，復歸運動也隨之增強，可是在這個只能得知「沖繩的生活比本土更好」這種情報的時間點上，復歸的願望自然也就顯得薄弱了。

又，光從大眾媒體上來看，40年代對沖繩歸屬問題的關心程度似乎也不高。看看當時的沖繩報紙《宇流麻新報》的內容，一直到1950年為止，有關歸屬問題的報導可說少得可憐，許多的報導如前所述，都只是偏重於傳達國際資訊而已。報導的大部分都是日常生活的改善，以及傳達美軍具體的政策。就

算有獨立論的存在，在當時因戰爭導致全土荒蕪、失去 1/4 人口的沖繩狀況來說，光是忙於日常生活以及戰後復興，就已經自顧不暇了。

這種狀況開始改變，大約是在 1950 年 9 月舉行群島知事選舉之際。就在前一年，中華人民共和國成立，美軍為準備冷戰體制，持續強化沖繩的軍事化傾向，這讓沖繩人從對美國的幻想中開始稍微清醒過來。

這場群島知事選舉，共有三位候選人：留學美國、受到美軍支持的松岡政保、沖繩人民黨委員長瀨長龜次郎、以及平良辰雄。這位平良在戰前是大政翼贊會沖繩縣分部的幹部，敗戰之後曾經有一段時間遭到「公職追放」。一般來說，相較於本土，沖繩對戰前高層的追放較不那麼嚴厲，因此平良在這個時期也重新復歸了。所以這場選戰，事實上是代表美國統治下新興勢力的松岡，與代表日本統治時代既有勢力的平良一對一對決，但結果是平良獲得壓倒性勝利。在這之後，美軍便取消了知事和行政主席的普選制，改為任命制。

不過這場選戰中，三名候選人都沒有公然提出復歸與歸屬的問題，只是一般咸認平良的勝利代表了居民的傾日取向。然而這場選舉之後，第 2 年便傳來有關舉行和議的消息，於是時序進入 1951 年之後，歸屬議論便驟然高漲起來。

在 1951 年急速高漲的歸屬議論中，主張復歸日本的是以瀨長為委員長的人民黨，以及平良所屬的執政黨——社會大眾黨。高唱信託統治的是社會黨，主張獨立的則是共和黨。在這當中，共和黨的獨立論是「當下採取信託統治，然後逐漸朝向獨立邁進」，因此實際上可說是復歸與反復歸（信託統治及獨立）兩個選項之爭。在這裡，讓我們先看看高唱信託統治的《宇流麻新報》時任主筆池宮城秀意的主張。

池宮城舉出的反對復歸理由，大致上包括了以下幾點：首先，日本經濟不過是受到美國援助，才勉強得以維持，因此就算復歸，「我們在日本經濟中，也很難預期能分潤到多少」。相對地，美國給予沖繩的援助，一旦復歸日本，反而會遭到削減。更進一步說，「倘若美蘇開戰的話，日本很明顯，一定會成為美國防衛的第一線」，因此，「若是復歸日本的話，沖繩的青年勢必再次遭到徵召」。再說，只要遠東的緊張不緩和，美軍就絕對不會對沖繩基地放手，即使復歸日本，他們也會用租借的方式繼續保留基地用地下去吧！[22]

池宮城因為沖繩獨立的現實性薄弱，所以主張信託統治，不過他所舉的復歸不利點，在高喊獨立的共和黨議員中也是同樣的主張，所以可視為是反復歸派的共同觀點。反對派更主張，復歸後的基地租金一定會被日本政府截留，而

日本政府從美國那裏得到的援助，連一點都不會用於沖繩，並再三強調戰前沖繩受到日本歧視的往事。池宮城也指出，「在日本施政時代，沖繩人被日本當成殖民地對待乃是事實」，共和黨議員更說，希望在受到美國支援下，「能夠重建往日的獨立琉球國家」。[23] 總體來說，反對復歸派的主張便是，一旦復歸，從美國這裡得到的恩惠便會被日本奪走，還要負擔徵兵與納稅的義務。

此處重要的是，反對復歸派的日美關係觀。誠如上述，反對派的認知是，日本比美國更貧窮，民主化的程度也遜於美國，因此不論在經濟上或是政治上，復歸對於沖繩都沒有好處。但這種觀察的前提是，冷戰狀態下的日美關係不會產生改變。比方池宮城就說：「只要日本不變成蘇聯的衛星國，日本在美國指導下行動就是既定的事實。因此，美國在政治、經濟上會給予沖繩更甚於日本的自由，這樣的想法並沒有什麼不對。」共和黨議員也說：「沖繩是美國的國防第一線，比起日本在美國眼中更占優勢，因此美國一定會日益強化沖繩的基地，並且隨之給予援助。」[24] 換言之，這時期反復歸論的特徵，就是以冷戰體制下對美國的從屬關係為前提，這點和之後高舉反戰、反基地的反復歸論，有著極大的差異。

另一方面，復歸派的主張，首先便是日本與沖繩的不可分關係。1951 年 3 月，社會大眾黨在聲明中高呼：「日本和琉球乃是同一民族，這是毋庸置疑之事；而同一民族置於同一政治態勢下，乃是極其自然之事。」人民黨的聲明中也主張：「琉球民族乃是日本民族的一部分，故琉球人的幸福，不管在各方面，都必須與日本人相結合方為正理。」用社會大眾黨書記長兼日本復歸期成會會長兼次佐一的話來說：「不管怎麼說，一個國家的成員若是由同一人種、同一文化、同一風俗習慣、同一語言與文字、以及同一生活樣式和經濟條件所構成，乃是最為理想之事。」復歸派又說，「離開日本經濟，沖繩經濟是無法獨存的」、「只有與日本人民結合，才是將沖繩人民從貧窮之中解放出來的正道」。簡單說，即是強調日本和沖繩在經濟上也是密不可分的一部分。[25]

和反復歸論形成對照的是，復歸派明白地對日本表示信賴。他們強調的重點是，戰前的大日本帝國和戰後的民主國家日本並不相同，日本的支配者和民眾也不相同。社會大眾黨的兼次就強調，戰後的日本是「由主權天皇轉變為主權在民、由帝國主義轉變為民主主義、由好戰國家轉變為和平國家，產生了 180 度的大轉換」；人民黨的瀨長則是說，戰前「壓榨沖繩人民的，是日本的資本家、大地主、銀行家，及與之相勾結的惡質官吏和軍閥」，認為日本的勞

工與「東北的農民」，和沖繩人一樣都是被害者。[26]

復歸論陣營和反復歸論另一個相反的地方，就是對於琉球王國的評價甚低。瀨長就主張，重要的不是「日本對沖繩」，而是「支配者對人民」；他提醒大家，不要忘了「琉球國王」和「沖繩的大人們」也都在「榨取（沖繩的）農民」。後來成為「復歸尚早論者」的西銘順治，這時候也批判琉球王國，說它是「建築在平民階級的血與汗之上，它的繁榮不過是特權階級的繁榮罷了；一想到這點，我就會覺得過去的琉球是令人憎惡的對象，而不是什麼美好的對象」。[27]相較將沖繩視為一個整體，高舉沖繩民族主義的復歸反對論，這邊則是指出沖繩內部的階級分裂，以對抗他們。

然而，人民黨與社會大眾黨，在主張上也不是完全相同的。相較於強調階級要素的人民黨，社會大眾黨更傾向於主張和日本的民族同一性。兼次就說，「我們可以對今後日本的財經界，抱持著相當樂觀的態度」；這一點不只和對日本經濟抱持悲觀的復歸反對論陣營相左，就連批判日本「財閥」的人民黨也與之相異。此外，人民黨的主張是「復歸日本和擁護和平是彼此相連的」，但社會大眾黨的平良知事則是說：「反美主義是有排斥性，但日本歸屬問題並不能以反美主義來做考量，畢竟日本現在和美國，是處於全面攜手合作的態勢之下。」[28]所以，總體來說，主張懷疑日本、信賴美國的反對復歸論，與主張沖繩和日本同一性的復歸論，兩派之間的對照是相當鮮明的。

## 搖擺中的復歸論

姑且不論政治家與新聞記者的論調，一般民眾對於復歸又是怎樣的看法呢？當時的報紙，也曾數度採訪街坊鄉里的聲音。

根據這些訪談，支持復歸論的聲音認為，「我們和日本是同一個民族」、「回到雙親的膝下，乃是人之常情」，對日本抱持著一種親近感；除此之外，也有這樣的聲音：「因為和日本人是同民族，所以能夠融合，但是換成美國人，不管在言語或習慣上都不同，實在是很難順暢地彼此交流」、「在日本時代看不到的人種歧視，現在常常會讓人感到壓迫」，換言之即對美國抱持戒心。相對於此，反對復歸的一方則是主張，「那些反對歸屬美國的聲音，總是說著人種歧視之類的問題，但是日本在這一點上，不是反而更加嚴酷嗎？」、「若是接受美國的經濟援助，將來的生活水準必定可以提升，同時也可以讓基

督教與民主主義的思想普及，使我們成為堂堂正正的世界人」。[29]簡單說，在民間輿論上，也是結合了日本觀與美國觀，形成支持復歸與反對復歸的兩陣營。

可是不管在議會也好、或是在民間也好，反對復歸派始終都是少數。根據1951年3月到4月間，沖繩青年聯合會進行的青年民意調查，在大約1萬2千名調查對象當中，支持復歸的有86%、信託統治7%、獨立2%，以及其他4%。然後到了8月，復歸請願集結了高達7成以上的選民聯署，並在9月和約締結前，送抵了聯合國與聯軍最高司令部。[30]

在敗戰初期處於弱勢的日本復歸論，為何能夠得到這麼多的支持呢？

確實，在表面上有很多人主張「畢竟我們原本就是日本人，因此從歷史、地理、政治關係，或是經濟、文化關係來看，當然應該復歸日本」、或是「孩子對雙親的思慕之情，那是無法說明也無法抑止的感情」之類的論調。[31]可是，這真的是他們的真心話嗎？這點實在很值得懷疑。畢竟，有很多人是在合約締結迫在眼前的這個時期，才轉換看法支持復歸論的。

例如，1946年時曾經援引巴拿馬為例，主張「沖繩民族」獨立的永丘智太郎，在1951年2月就主張「即使討厭我們還是流著沖繩人的血液，難道現在會高興地把鄉土提供給美國作為軍事殖民地嗎？」因此他說，「希望沖繩還是保留在日本當中，成為日本的一部分」。5年後，他更說：「俗話說『血濃於水』。沖繩人乃是日本人，而且沖繩語也是日語的方言，彼此有著近親關係。」另一方面，在1951年高唱「同一民族」論，並擔任復歸促進期成會長的兼次，在1947年的演說也曾斷言：「我等在日本民族的名下，只會變成日本的奴隸」、「對於數萬我等同胞戰死、沖繩化為焦土、人民流離失所，這種悲慘至極的模樣，我完全無法視而不見；一想到這點，我就對日本抱持著深深的怨恨」。[32]如前所述，兼次與瀨長在1946年的時候，似乎都是支持巴拿馬型保護國計畫的。

主張信託統治論的池宮城，曾經這樣說道：「沖繩人抱持著日本人意識，究竟是從何時開始的事？當我們試著回顧這一點時，不感到驚訝的沖繩人應該很少吧！」然而，不用回溯到明治初年，光是在1946年高喊「沖繩民族」獨立的人，到了1951年似乎都開始自稱「日本人」了。而且，這種現象並非是在5年間緩慢發展而來，而是在1951年的幾個月之間迅速形成的。共和黨、人民黨、社會大眾黨，不管哪個黨在1951年1月底的時候，對於歸屬問題的態度都還是搖擺不定，但到了2月以後，就陸續推出方針，3月在群島議會上，

社會大眾黨與人民黨都通過多數決議，明白表示歸屬日本的意思。[33]

如果「因為是日本人，所以要復歸」這個邏輯只是表面理由的話，那麼支持復歸論的動機到底是什麼？當然，對美國的幻想破滅逐漸擴大是事實，但在這個時期，關於基地用地徵收所產生的對立，尚不如之後那麼激烈。最接近復歸論者當時真正感受的，大概是在以下社會大眾黨的聲明中，可以窺見的感情吧：[34]

> 經由過去 1 世紀間的努力，使得日本和琉球得以享有同等的權利，並在同樣的風俗習慣中渾然融為一體；如今若是貿然分離，過去 1 世紀的奮鬥便將化為泡影。

與其說「因為是日本人，所以要復歸」，不如說是不想讓「過去 1 世紀」為了成為「日本人」而付出的努力成為流水。在群島議會的討論上，社會大眾黨的議員，對這份感情做了更具體的描述：「儘管在被日本統合的時候，我們在言語、風俗、習慣上都有幾分差異，但之後伴隨著教育的進步，這些方面也發展到相差無幾的程度。即使從政治方面思考，我們也被賦予了和日本其他府縣同樣的參政權」、「能夠到達這種地步，全是拜 1 世紀間全體居民共同努力所賜；就這一點來說，我們希望能夠復歸日本」。[35]並不是忘記了自己不被當成「日本人」對待的那段記憶，而是反過來，因為記得那種苦痛，所以才主張復歸論。

此處重要的是，沖繩的情況和朝鮮、台灣不同，在戰前已經在各種制度上，達成作為「日本人」的平等。即使在上述的聲明中也指出，獲得以參政權為首的「同等權利」，是再次復歸「日本人」的大前提。面對「若是復歸必定會遭到徵兵」的反復歸論，復歸陣營則反駁道：「本島也已經……選出了議員，透過這種方式，絕對可以形成有效的反對運動。」[36]倘若戰前的沖繩，也只是和朝鮮、台灣適用同等制度的話，那麼這種復歸論肯定是不會出現的吧！

在這一點上，前述被當成「皇民化教育的殘渣」看待的仲吉良光等人也有同樣的意見。他在 1947 年 6 月向本土的民主黨提出的復歸請願書當中，就提到「直到戰時為止，在眾議院裡有 5 名議員是由沖繩選出」；在 1951 年向遠東委員會提出的請願中，他也陳訴道：「沖繩居民……一直到終戰前始終保持的日本國政參與權，以及其他和本土同胞平等享有的權利也全都喪失了，只能

過著無味枯燥、了無生氣的生活。」不過，他的請願書雖然都是寄給本土的保守派政治家，但在那當中卻看不見讚美天皇的句子。[37]也就是說，他們雖然表示希望沖繩復歸「戰前的樣子」，卻不意味著他們也想復歸到徵兵、皇民化、蘇鐵地獄和歧視的境地當中。

在經濟方面也是如此。社會大眾黨聲明，「琉球位居日本的經濟圈內，要與之分離乃是絕不可能之事」，而一般大眾也有這樣的聲音：「為了合理開拓商路，無論如何都應該和日本保持聯繫，並實現戰前那樣的自由交易」、「站在商人的立場上，當然是希望能夠以國內交易的方式，達成自由的商業流通；如果歸屬到美國底下，那交易變成外貿，就沒那麼簡單了」。[38]又如下一章將會提到的，戰前的郵政儲金、養老金、退休金等都還保管在日本政府的手上，是否能夠順利取回這些金錢，也是關心的重點。是故，對沖繩而言，日本存在著某種程度的經濟既得利益。

再者，從經濟上來看，若是復歸便可以獲得日本政府的援助，抱持這樣觀點的也不乏其人。比如平良知事就說：「關於戰災保障，目前是由（群島）政府提出要求，但若是歸屬日本，我想應該更能促進這方面的推動。」社會大眾黨的議員也表示：「在歸屬日本的情況下，能夠從日本政府得到相當多的援助。」當時的一名沖繩財經界人士則說：「只因為沖繩人與日本人血濃於水，所以就主張歸屬日本，這樣的理由是錯的。我們該思考的是，透過復歸日本，能夠讓沖繩更快復興，這是我的主張。」[39]在1951年這個時間點，本土經濟復興的情報已經一點一滴傳達過來，相較於遲遲不見復興進展的沖繩，人們開始意識到其間的落差。

另一方面，相較於復歸，在美國底下進行信託統治，那種未知數也讓人產生深深的不安。雖然不管復歸也好、信託統治也好，沖繩人共通的感情就是「絕對反對殖民地式的歸屬形式」，但是，相較於復歸好歹是作為「日本人」，在制度上有個平等可以確保，信託統治則是賭上自己的命運，賭在美國人的心情好壞上。「信託統治除了被特定國家利用來當作軍事基地化以外，其他什麼都沒有」，這樣的預測也已經開始浮現了。[40]

即使在文化同化的意義上，也不能無視於「過去1世紀」的成果。那些強調日本歧視、反對復歸的聲音，他們是這樣說的：「戰時，我們懷抱著大和民族的驕傲與責任感，被疏散到九州，結果等著我們的，是當地居民把我們當成異民族、用輕賤眼光來看待我們」，對於自己被當成「異民族」多所譴責。因

為害怕被當成「異民族」而遭到排擠，所以對歧視提出抗議；然而，在這種型態中潛存的，其實是某種和支持同化傾向同質的心理。在這種心理作用下，將「過去1世紀」卓有實績、和日本的同化，以及必須從零開始努力、和美國的同化，兩者的困難度相比──「假使受到美國信託的話，恐怕會被嚴重當成異民族看待吧！」──如此一來，支持復歸論的一方自然會占優勢了。在反對復歸論者當中，也有人一邊批判日本過去把沖繩人當作「異民族」對待的態度，一邊主張在美國的統治下「成為英語國民」，但不論是誰都眼下雪亮，知道這是不切實際的事情。[41]

對於付出偌大努力，才終於學會日本標準語的父母輩世代來說，他們害怕若是實施信託統治，則孩子將會淪為「既不是日本人，又不是美國人的結果」；所以，他們站在「就孩子的教育面來說，我們受的是日本教育，喜歡日本教育自是理所當然」的立場上，表達支持復歸的聲音。反復歸論當中也有聲音主張，一旦在信託統治下養成實力，等到有利的時期再來考慮是否復歸日本也無妨，但兼次對此的看法則是：「不幸的是，當我們面對沖繩從日本被隔離這一事態之際⋯⋯日本人會把沖繩人當成外國人，最後甚至會當成是異民族、異國民來看待。」他表示，自己對此「深懷恐懼」。[42] 一旦和日本的關係被切斷，即使之後又復歸，還是必須陷入無止盡的同化努力當中，這樣的恐懼存在眾人的心裡。

在這些議論中，其實都有一個未意識到的前提，那就是是否贊成復歸，其實是牽涉到這樣的選擇：要和日本同化？或是和美國同化？由於沖繩戰爭的悲劇，對日本國家的忠誠心也嚴重相對化，因此支持復歸的人，也都不主張這方面的動機。可是，被支配者視為「異民族」的恐怖，以及透過同化作為逃脫方法的意識，都像是條件反射般，深深烙印在論壇上的復歸論當中。當透過這種世界觀來思考沖繩未來的幸福時，長久以來積累的同化努力，就可以看成是復歸陣營有利的著力點。

不過另一方面，這種因為害怕被視為「異民族」而產生的復歸論，也和戰前一樣，包含著把那些比自己更應該被視為「異民族」的人排擠出去的要素在。一部分復歸論者就認為，信託統治只適用於沒有自治能力的「野蠻人」，是戰前日本在統治下南洋群島施行的委任統治的變形，換言之，信託統治就是讓沖繩跌落到跟「南洋」以及「南洋番（Kanaka）」同等的地位。不只是仲吉和吉田這些保守派論者主張「和塞班島、天寧島這些島嶼同樣接受信託統治，

不只是無顏面對祖先，也是對沖繩人自身教養的否定」、「沖繩只要置於美國的信託統治下，就必定會變成南洋番那樣」，就連理應是左派的人民黨瀨長也主張：「信託統治論者……是否定自己有邁向自治的能力。」一名反復歸論的人指出，復歸論者「內心真正的聲音，大概就是『我們既不喜歡接受聯合國信託統治、導致淪落為殖民地民族，又不想成為國際孤兒』吧？」這句話從某個角度來說，還真是一針見血。[43]

不過從這種世界觀來說，沖繩方面主張的復歸論，絕不是出於對日本無條件的忠誠，而是基於對沖繩有利與否的選擇來進行判斷。熊本地區一份本土沖繩人的報紙就這樣說：「即使同樣是討論歸屬問題，但本土『日本人』和沖繩人的主張，在本質上就是有差異，這點是我們絕不能忽略的。」然後就如我們所見的，即使表面上復歸論大占優勢，但在戰後 5 年間，大多數論者之所以改換陣營，則跟各主要政黨在幾個月內決定方針類似，是隨著情勢的急遽變化而做出的決定。當時某雜誌刊載的報導上，有著這樣一段最貼切的形容：「每個人都一方面渴望著復歸日本，一方面在心底的某個角落，又期望著信託統治。」誠如此言，大家的心中都隱含著這樣的擺動。[44]

歸屬議論，既是沖繩認同在日本與美國兩個「他者」夾縫間的擺蕩，也是迄今為止持續「1 世紀」之久、作為「日本人」爭取權利的努力是否要繼續下去的搖擺。這樣的擺動，在之後情勢的變化中，振幅也愈發增強。

第二十章
# 「祖國日本」的意涵
## —— 1950 年代的復歸運動

在 1952 年 4 月生效的《舊金山對日和約》規定下，沖繩被從日本畫分出去，並由美國繼續以軍政方式「暫時」統治。隨後，美軍的基地擴張政策與人權侵害變得日益露骨，於是對美國的反感，以及與之平行發展的復歸日本傾向，也變得愈發高漲。

然而，1950 年代的復歸運動，和 1960 年代被稱為「反戰復歸」的運動，其性質上還是略有不同。在本章中，想對於至 50 年代中期為止的復歸運動，究竟是如何展開的進行檢證。從中也可以窺見沖繩人在使用「日本人」這個詞彙時，所想表達的意義。

## 作為人權代名詞的「日本人」

自 1950 會計年度開始正式編列預算的美軍沖繩基地建設，在《舊金山和約》締結後更是來勢洶洶。此時正逢韓戰爆發，幾乎每天都有美軍的戰略轟炸機從沖繩基地起飛，對朝鮮半島發動攻擊。如美國某家報紙的社論所言，「我們在遠東的攻擊力繫於沖繩；在戰時，若是日本政府不予認可，我們便沒辦法從日本進行作戰」。對美軍而言，沖繩不只是地理位置絕佳的基地，更是自己可以自由行動的土地，在這層意義上，乃是極其重要的存在。1953 年，琉球駐軍司令官就說：「一旦從沖繩撤退，就等於宣布美國放棄了整個遠東。」第 2 年，艾森豪總統在國情咨文中也說，「我們打算無限期地在沖繩保持基地」。[1]

面對這種局勢，就在和約締結、美軍繼續統治明確化不久的 1951 年 10 月，沖繩方面的臨時部長會議彙整了十五條要求事項遞交給美軍。[2] 其中第一項要求便是「國籍為日本人，允許懸掛日本國旗」。在當時，懸掛日本國旗是

被視為反美行為，遭到禁止的。

可是沖繩方面的期望，並不只是單純想同化成「日本人」而已。這份要求書的第二條以下就列出了這些要求：「最大限度採用日本法規」、「和日本的交易全部視為國內交易，不設任何限制」、「盡早支付（戰前的）退休金、養老金、存款、保險金、國債等」。換言之，這裡所謂的「日本人」，即代表著在日本的法律下享有人權保護，以及與日本的交易權，還有從日本政府領取退休金等各方面福利的意味。不只如此，要求書中也提到「在琉球設立自治政府，由人民普選出首長和議員」、「今後美方也持續提供的經濟援助，日方亦積極援助」等事項。雖說這和復歸日本在邏輯上是兩回事，不過沖繩方面也提出了很多對他們而言相當重要的事項。

這份要求書中還提到了一個相當重要的問題，那就是「軍事用地的租金應盡早支付，因設置軍事設施而導致荒廢的土地亦應做出補償」。在這之後，直到1954年為止，美軍使用的土地增加到沖繩總面積的14%、耕地面積的41%，事實上，這個問題已經變成復歸傾向高漲的一大要因。之所以如此，是因為美軍在日本本土徵收土地的話，必須要遵照日本政府制定的《美軍用地特別措置法》（特措法）手續，在徵收用地時也有租賃價格的限制，但這些規定在沖繩都不適用，不管徵收或補償，全都按照美軍自己的意思任意為之。

1953年，沖繩的一名立法院議員就說，「若是說到村議會為什麼做出復歸日本的決議，還不是因為（美軍的土地徵用）實在太過胡作非為；若是決議復歸日本的話，至少可以和日本處在同樣的法規下，也可以按同樣的基準領取補償金啊！」[3] 這部特措法，是因為戰後的土地徵用法規不允許為了軍事目的徵用土地，所以在《日美安保條約》成立後，由日本政府特地為美軍制定的；但，即使如此，還是如50年代的立川基地擴張反對鬥爭以及90年代在沖繩所見的情況，給當地的自治體首長保留了透過土地調查書的公告、閱覽等手續，進行抵抗的餘地。可是在復歸之前的沖繩，卻完全不存在這樣的法律。

另一方面，在這份1951年的要求書中，也提出了「適度提升琉球人工資」，這與復歸問題也是密不可分的。被奪去土地的農民成為軍事勞工的比例日益增加，但在同樣接受美軍雇用的情況下，比較最低時薪，美國人是沖繩人的14倍、菲律賓人是5倍、「日本人」是2.6倍。不只如此，沖繩人並沒有日本勞動法規中規定的集體交涉權等權益。故此，若是復歸為「日本人」，不只可以得到日本的勞動法規保護，工資還可以提升2倍以上，這是無庸置疑的

事。1952 年，沖繩方面在勞動爭議請願書中就說，「我們琉球人民一直到今天為止，都沒有蒙受到祖國日本各項民主法規的恩惠」，同時還拿出「祖國日本」戰前的工廠法，向美軍抗議。[4]

可是，雖說使用了「祖國日本」這種詞彙，但這和對日本的無條件熱愛，到底還是兩回事。這時期的勞動爭議，有不少都是以包攬美軍基地建設的本土業者為抗爭對象。本土的營建業者，比起必須遵守日本勞動法規的「日本人」勞工，更願意雇用可以用廉價工資和惡劣勞動環境下工作的沖繩人；而且按照美軍布令，他們還不需負起事先通告解雇的義務，可以任意解雇沖繩人。1952年 6 月，一份和本土企業爭議中提出的控訴就說，「和日本勞工的待遇相比，簡直就是天堂與地獄」、「琉球勞工不管到哪裡，都只能等著日本業者各式各樣的剝削」。然而，他們在譴責「日本人」的同時，卻又說道：「這就是根據和約第三條，從日本被畫分出去的我們（琉球）勞工，乃至於全體琉球人的現狀」，因此要求「復歸祖國」。在這年舉行的沖繩第一屆勞動節上，也做出了「立即制訂保護勞工的法規」，以及「即刻復歸日本」的決議。[5]在這種形式下，沖繩人即使再怎麼主張自己是「日本人」，也不能說是單純的傾向同化，這是不言自明的事。

可是，美軍的反應相當強硬，完全沒有商量餘地。沖繩方面的琉球立法院，制定了和戰後本土同樣的勞動關係法，但是美方卻說：「日本的基準法……乃是只適用於高度工業化的日本、完整且複雜的概括性法律，對於以農業經濟為主的琉球，完全不適用。」也就是以沖繩「異於本土」為藉口施予壓力，要他們不許通過這種延伸內地法的法案。1953 年時，立法院不顧美方壓力，通過了勞動立法，於是美方發表布令，把與軍隊相關的勞工排除在外，在1955 年更規定，所有工會團體的組成，都必須採認可制。[6]

在土地問題上，美軍也透過布令進行單方面的土地徵用，據說付給農民的租金，甚至只有土地收穫量的 1/50。話說回來，在日本本土，支付給美軍基地用地地主的租金，並不是由美方，而是由日本政府負擔。1955 年 4 月的本土某報紙就有這樣的評論：「美軍的基本方針是，盡可能由這個國家來負擔地租和徵收費；因為日本在經濟上有餘力，所以能夠付得起，但是沖繩付不起，所以美軍自己就稍微付一點。美國民政府當局在 13 日的記者會上也說：『哪有要求戰勝國付地租的道理！』這句話可說是發自內心的真心話吧！」[7]當然，各地居民也發動了抗爭，但是美軍屢屢出動武裝軍隊強行徵收，並將抗議者以

「共產主義者」的名義逮捕。

隨著本土經濟日益復興，沖繩方面的落差就顯得格外醒目。1956 年 3 月舉行的「要求沖繩復歸國民大會」的決議，就指出了以下的復歸理由：首先，「在沖繩，對軍用地的補償遠遠低於本土，連合理價格的 1 成都達不到」、「留在本土的存款以及其他債權，不管兌現或是支付都有問題，使得數億的金錢以無息方式，死死被留在本土」、「過去和其他府縣平起平坐的沖繩公務員與教職員，如今待遇和本土相比，已經淪落到遠遠不如的地步」、「軍事勞工的待遇和本土相比甚為惡劣……遭到了人種上的歧視待遇」。不只如此，還有在締結《舊金山和約》時所不曾預料到的事態：「在日本本土，國庫對地方的援助金額，占了地方預算的 1/3……因為行政分離的緣故，沖繩蒙受了超過美國援助金額數倍的損失。」按照他們的試算，若是復歸的話，可以從日本政府那裡得到至少是現在美方援助的 3.5 倍補助金。當然，他們也不忘加上一句：「對於（和日本的）分離，造就沖繩同胞精神上的痛苦，這點也絕對無法視而不見」，不過我們還是可以窺見，當時的復歸運動，是暗藏於人權和經濟的具體要求之中。[8]

之後，仲吉良光在 1961 年做了這樣的陳述：[9]

> 沖繩若是復歸日本的話，可以和全國國民一起負擔國稅，也可以作為日本大家族的一員，和全國府縣同樣領取政府的補助金。義務教育費、地方財政補助金、公共事業費、各種產業振興費、社會福利費、社會保障、公共衛生補助費、還有其他林林總總，1 年加起來可以獲得將近百億圓。這不是施捨，而是作為「沖繩縣」，應該享有的權利。根據憲法規定，「全體國民都享有健康與文化上最低限度的生活權利」，沖繩縣民作為日本國民，國家自會永遠保障最低限度的生活水準。這和若是不能當作軍事基地利用，就全都置之不理，甚至捨棄到一邊的美國是截然不同的。

若是復歸成為「日本人」，就可以享有豐饒而和平的生活，這樣的期待年復一年、日益高漲。1958 年，當地報紙《沖繩時報》就進行了長達 39 回、名為〈沖繩縣的藍圖——如果復歸本土實現的話〉的連載，描述隨著復歸，稅金降低、在補助金支應下使財政改善、經濟發達、知事也可以普選等未來的願景。當然，當時並不存在「沖繩縣」這個行政單位，所以這篇報紙連載用的

「沖繩縣的藍圖」這一標題，以及仲吉所謂「作為『沖繩縣』享有的權利」，都是刻意要使用「縣」這個稱呼的。另一方面，1954年沖繩諸島祖國復歸策進協議會的會報也表示，若是復歸的話，各種社會保障和公務員薪金的提升自不用說，農業、交通、建設等也可獲得大量的補助金；針對這些進行試算後，「若是復歸，以上這些都可以成為現實，而沖繩成為日本最豐饒的縣分，也是指日可待」。[10]隨著美方的鎮壓愈趨嚴厲，這種充滿希望的預測，也愈是像海市蜃樓般，緊緊抓住眾人的心。

另一方面，在美軍接連不斷的政策下，沖繩人對美國的觀感可說一路惡化到底。土地被徵收的伊江島農民阿波根昌鴻就說，「戰爭期間，我們遭到日軍苛酷的對待，為此，我們一開始認為美國是民主主義的國家、是誕生林肯的國家，所以很相信他們」，可是「雖然和戰時日本政府宣傳的涵義不同，不過對方果然是『鬼畜』啊！」[11]在思想上產生了這麼大的變化。從1955年到1956年間，美軍連續發生姦殺幼女事件和射殺居民事件，但因為美方握有司法權，所以犯人並沒有受到審判。「甚至在日本軍國主義最高潮的時候，也從沒有聽說過軍人對民眾開槍的事例」，沖繩立法院在決議中這樣說道。1956年的報紙，對美軍支配下的沖繩，做了這樣的預測：「沖繩人完全變成黑髮黑眼的洋基佬，然後也變成完完全全的奴隸」、「想想美國國內黑人的生活，再想想過去半世紀菲律賓人的生活，就可以想得出會變怎樣了」。[12]

不只是未來的希望而已，面對眼下美軍的鎮壓，想與之對抗，也只能對本土方面更加期待了。1953年11月，全沖繩勞動者大會發表宣言指出：為了改善美軍支配下的狀況，全沖繩的勞工都期待「祖國8百萬有組織勞工的全力支持」。另一方面，土地被徵用的農民阿波根等人，在與美軍交涉、非暴力抵抗、向琉球政府請願等各種手段都用盡，卻仍然無法解決問題的情況下，只好表示「現在的我們除了依賴祖國的各位以外，已經不知道還能拜託誰了」，並在1955年將這份題為〈致母國內地諸位〉的請願書，送到了本土各團體的手上。[13]

可是，對於沖繩人這套「祖國」和「日本人」的表現詞彙，本土方面的「日本人」未必就領情。例如1953年11月，本土眾議院議員前來沖繩聚會時，以兼次佐一為首的沖繩代表，便提出由日本政府提供地租與年金保障，以及援助學校建設等要求，並且力陳道：「琉球人全體的渴望，就是復歸日本。」可是本土的自由黨議員，在說著「我們一直都不曾忘記，把各位當成是

日本人的一員加以看待」的同時，卻只是一味地說些「我們必須為了守護日本美好的歷史與文化而共同奮鬥」、「魂與魂、誠與誠的相互交流，正是日本民族真正的姿態」之類的空話。至於沖繩方面的各項要求，他們則只是回應：「因為我們也有財政的問題，所以不能代表政府發言。」[14]即使同樣使用著「日本人」這個詞彙，雙方的想法還是有不小的差異。

將瀨長龜次郎描繪為誘拐孩童模樣的反共小冊子

## 以親美反共為號召的復歸運動

《舊金山和約》締結後，主張琉球獨立與信託統治的共和黨和社會黨慢慢瓦解，最後終於解散。美國方面任命了對美協調的行政主席，並且組成了親美保守的執政黨——民主黨。就這樣，沖繩形成了民主黨、社會大眾黨、人民黨三足鼎立的局勢。

在這當中，美國最極力鎮壓的對象就是人民黨了。1952年8月，當時的民政副長官（琉球總督）比托拉就在送交琉球立法院的咨文中表示：「琉球人民黨的目的和國際共產黨完全一致，或許可以說，這兩者本身就是一體的也不為過。」並且四處分發畫有人民黨委員長瀨長龜次郎肖像的反共小冊子。[15]

話雖如此，儘管之後人民黨和日本共產黨的關係確實也日益親密，但他們是否打從一開始就像美軍主張的這樣，相當令人存疑。1950年群島知事選舉，瀨長出馬角逐之際，支持親美候選人的人士就攻擊「人民黨是共產黨」，但人民黨陣營則反駁「這完全是顛倒事實」。1950年時的人民黨，曾在官方文件上高歌「感謝擊碎日本軍閥、解放沖繩人的美軍」，而瀨長也如前述，曾稱讚美軍是解放軍。[16]人民黨用「美國帝國主義」來形容美軍、和他們展開全面對決，是在這之後的事；讓人感覺是在美軍的鎮壓下，才出現激進化的傾向。

美軍的高壓姿態，以及設置親美政黨作為執政黨，結果使得原本被視為比較穩健的社會大眾黨也開始強硬起來。1953年4月，當社會大眾黨在沖繩中部的補選中獲勝之際，美方卻以當選人有微罪前科為由，下令保留當選資格。這時，社會大眾黨為了抗議，與人民黨共同組成「殖民化反對共同鬥爭委員

會」，但美軍卻說「將委員會的名稱取成這樣，是對美國的侮辱」，因此下令解散。[17] 對美國而言，沖繩不是「殖民地」，而是為了國防和「東洋和平」而保有的地區。

可是在此同時，若說這時期的復歸運動全都是標榜反美反戰，倒也未必如此。相反地，從文字上來說，主張和美軍攜手合作以及反共的內容並不在少數。例如 1954 年 2 月，當時擔任沖繩諸島祖國復歸期成會長的屋良朝苗，在寄給奧格登副長官的書信中，就這樣說道：[18]

> 沖繩作為面對世界共產主義侵略的自由各國之防衛基地，在戰略上具有重要意義，這點居民全都能夠充分理解；故此，居民也為了這個目的，和美國攜手共進，將貴重的土地和勞力提供給美國的基地建設工事之用。另一方面，基地的存在，在現行的國際情勢下，乃是維持居民生計的一項重要事務，這點我們也都有著清楚的認知。因此，對於美國在沖繩維持基地，我們不管從理念上還是經濟上，都沒有立場去反對。可是在此同時，我們並不認為讓沖繩諸島的居民享受日本人的生活，會對美國維持基地產生任何的不便。我們的祖國日本，和美國之間有著密切的合作關係，而透過美日安保條約，美國在日本本土內也維持有相當多的大基地。我們認為，一旦沖繩復歸日本，沖繩基地當然可以按照同條約繼續維持下去。雖然復歸之際，多少會有反美活動流入本地，但要說沖繩居民會去參與這樣的活動，那真是既蠢又不現實的看法。

屋良在 1954 年 1 月的《每日新聞》投書上也說：「統治權歸還祖國，和美國的遠東防衛體制之間，並沒有任何矛盾與衝突。一直以來，我們都是在確信有助於美國與沖繩攜手合作的情況下，來推進復歸運動的。」這段話可以視為當時復歸期成會的官方見解。又，和屋良一同率領沖繩教職員會，領導復歸運動的喜屋武真榮，在 1954 年 4 月的報紙上也說：「我們雖然高喊著復歸運動，但是倘若為了守護包含日美在內的自由主義國家陣營，需要沖繩基地的話，那我們也會予以提供，並且協助軍方的作業。」[19]

這樣的論調，從復歸運動一開始便已存在。正如前章所述，1950 年時，平良知事便已表示，「日本歸屬問題並不能以反美主義來做考量，畢竟日本現在和美國是處於全面攜手合作的態勢之下」；兼次佐一在 1951 年也寫道：「我

們的復歸日本運動，絕對不是反美運動。相反地，是依循著美日兩國共存共榮的路線，防備威脅民主主義外敵的行動，同時也是基於較現在更密切與美國攜手合作，這一宏遠構想上的合法運動。」仲吉良光等人在 1954 年 1 月遞交給美國國務卿杜勒斯的請願書中也說：「沖繩諸島即使完全恢復日本施政權，也會按照美日安保條約維持美軍基地，對美國的太平洋防衛不會造成任何不便；相反地，美國的好意會讓日本國民感激更深，也使得日美結合更加強化。」同年 3 月，在致奧格登民政副長官的公開信中，他們也主張，若是復歸進程延遲，將會「給予共同的敵人——共產主義者可乘之機，並助長其勢力，這是我等最為恐懼之事」。[20]

這種取向的世界觀，和將日美對比描繪的復歸傾向大相逕庭，是以排除共產主義這一共通敵人為設定，強調日美之一體性。他們打出的訴求是，既然日美是一體的，那麼復歸日本就不是反美之舉。

本土主要媒體的論調也有同樣的傾向。雖然這時期的本土報紙幾乎不曾關注沖繩問題，不過在極少數的相關報導中，還是可見這樣的主張——1952 年 12 月的《東京新聞》社論就說：「既然現在在本土到處都有我國提供的基地……那麼，拒絕在兩地區（沖繩和小笠原）提供軍事基地並且相互合作，實在是沒有理由。」1953 年 1 月的《每日新聞》社論中也說：「復歸並不會削弱美軍的防衛計畫。相反地，美國對於蘇聯不法占有日本北方領土的譴責，也會隨之更加堅定吧！」[21]若說革新陣營是 40 年代高唱沖繩獨立論構想的延長，那麼復歸論成為保守陣營的主張，也是理所當然之事。

只是，我們也必須考慮，沖繩人寫下這些文章的時期，是在單單推動復歸運動就會被視為「共產主義者」而被拘留偵訊的時代。比方說伊江島的農民在 1955 年 2 月向本土的朝日新聞社寄信陳情、請求支援的時候，就是這麼說的：[22]

　　我們不是反美主義者，也不是共產主義者……可是，除了搬遷費以外，我們沒有得到任何補助，替代的土地也是滿布石礫的劣等地，使用費只有 1 年收穫量的 1/50 程度，這種條件我們無論如何也沒辦法接受……我們下定決心，就算死也要死在自己的土地上，於是在上個月 26 日的時候，以村長的名義發電報給內政局，表達拒絕徵收的意思。因為我們一開始陳情的時候被當成暴動，遭到軍方的調查偵訊，所以我們這次訂立了慎重的陳情規定：①和軍方會面時要保持笑容；②會面時不能手持農具（否則會

被誤解為反抗）；③離開的時候要低頭致意，說：「拜託您了。」無論如何，都請您務必幫幫沖繩人民吧！

在這種情況下，不得不在表面上高唱願與美軍合作，並且絕口不提戰前的歧視，期待「祖國日本」的支援，對於這樣的作法，我們實在無法苛責。但是即使如此，除了人民黨之外，正面主張撤廢安保條約與基地，在當時的復歸運動中也並非主流──應該說，面對眼前的狀況，已經沒有餘力去做這樣的主張，這種看法才是正確的吧！

50 年代的復歸運動，大多數的主張都是保持美軍基地，只在民政施政權上復歸日本。特別是在 1954 年 1 月，艾森豪總統在國情咨文中明言要永久確保沖繩基地之後，撤除基地便被認為是不可能之事。故此，屋良朝苗便表示：「『無限期確保沖繩基地』和『統治沖繩』是兩個截然不同的問題。從這裡開始，將沖繩統治權歸還祖國的可能性，便強烈地浮上了檯面。」或者又如仲吉在請願書中的主張，「美國專注於軍事上，將民政委任給日本，和日本一同支援本地，這樣子得到本地居民打從心底的協助，反而更有利於美國的軍事活動」，屢屢提及軍事和民政分離這一邏輯。若復歸的目的是為了提升沖繩的民生，那就暫且擱置反戰和反基地，總之先朝著實現復歸前進；因為美國本國也有若將沖繩的民政歸還日本，會有助於支出削減的意見，所以這樣的路線，看起來比較實際。[23]

為此，當時的復歸運動請願並沒有強調反戰之類的特定思想，反而以「吾等的促進復歸祖國運動，並沒有任何深奧的理論或道理。只是因為身為日本人，所以想復歸日本，這是人情自然的流露」之類，強調不具意識形態的論述居多。既然不能光明正大拿沖繩的利益當成復歸理由，主張反美或反戰又會遭到鎮壓，剩下來的當然也只有連呼「因為是日本人，所以想復歸日本」了。可是，即使在這種情況下，「日本人」這個詞彙還是跟憲法提供的人權保障，有著密不可分的關係。例如屋良朝苗在 1954 年就主張，「復歸運動，是我們身為日本人，渴望在日本國憲法底下、過著日本人的生活，是一種出自極其自然且本質的理念而生的運動」；喜屋武真榮也說，「我們（沖繩）居民也希望能盡早以真正日本人的身分，在日本國憲法對我們的基本人權、生命、財產保護底下，打從心底（和美軍）同心協力、攜手並進」。[24]

可是，姑且不論美國本土的部分人士，那些在冷戰意識形態下，重視國防

的外交官與軍人，甚至連這種復歸運動也覺得反感；至於那些不願意放棄既得權力的沖繩美軍，就更是無法接受了。1954年，奧格登副長官就明言，「在琉球的軍事基地自有其特殊性格，在防衛上，無法將民間行政與軍事切割開來」。杜勒斯國務卿也擔憂，「將教育權還給日本的話，恐怕會讓日教組[25]滲透進來，灌輸反美理念」。據1952年《東京新聞》的報導，某位「美國政府高官」表示：「一旦（日本）出現反美政府，美軍就必須撤離日本……所以必須在日本附近的地域，擁有一個不受日本政府影響的基地才行。」美方1953年的新聞報導中也說，「沖繩的美國當局人士普遍相信，即使日本要求歸還沖繩，這樣的期望也完全沒有實現的一天。這些軍政當局人士不能理解，日本光是追求本國的經濟安定就已經自顧不暇了，為什麼還要背負經濟無法自給自足的沖繩這個大包袱呢？」雖然只是一篇報導，不過這也是美方多數派的認識。[26]

即使是主張和美軍合作的屋良，對於他的陳情信，美方的回應也是相當冷淡的：「閣下在沖繩持續煽動復歸，只會引起琉球人的混亂，並且讓共產主義者坐收漁利而已。」奧格登副長官更在1954年5月，發表了以下這樣的信念：[27]

> 共產主義不只反美，也同樣抱持著反日的意圖。不管是誰，都不可能在身為共產主義者的同時，也身為忠誠的日本市民……假使沖繩的居民想要透過復歸，使沖繩成為日本一部分的話，那我們就等於是對全世界宣告，我們美軍要完全撤出遠東，任憑共產主義者猖狂橫行……而這也會導致日本政府遭到顛覆的結果。既然復歸會帶來日本政府的顛覆，那麼作為忠誠日本市民的立場，還會希望復歸嗎？

美方稱復歸運動乃是反美、反日，非「日本人」之舉，同樣的邏輯，在1954年審理人民黨事件中也可以看見。當時美方的檢察官表示：「瀨長雖然說自己是日本人，為了和平與人民盡心竭力，可是……日本人就應該協助美國和它的盟友，但瀨長卻反對美國。」[28]

奧格登又說：「在共產政府底下，土地所有權都會宣告終結。所以擁有土地的人，應該一直都是反共的。」因此，雖然美方要求沖繩農民讓出土地，卻仍然可以堂而皇之講出一套顛倒是非的邏輯來自圓其說。[29]對他們來說，所謂「日本人」，就只是服從自己統治的人罷了。

## 日本民族主義的語彙

在這種狀態下，日本政府的反應又是如何呢？吉田茂首相在舊金山和會上，主張日本對沖繩擁有「潛在主權」，鳩山一郎首相在國會答辯時也說：「雖然我們沒有（沖繩的）施政權、統治權和立法權，但至少領土權還是屬於日本的。」[30]可是若從結論來說，政府對於取回沖繩完全沒有什麼熱誠可言。

若要舉一事例，那就是前章所述，對於1951年和會連署的反應。根據吉田嗣延的回憶錄所述，當時從沖繩透過航空郵件寄給首相的23萬份連署書，在到達東京時居然下落不明了。焦急不已的吉田四處奔走搜尋，才終於在首相官邸一個放置雜物的角落發現了這些連署書。日方的外務省條約局長與外務大臣在國會答辯時表示，若是相信美國善意的話，沖繩總有一天會歸還；但是被問到「具體究竟是何時會歸還」時，他們也只能說「目前為時尚早」或是「等到問題一一解決之後，才能夠逐步掃清障礙」，總之就是主張「漸進」的手段。[31]

可是就算如此，沖繩方面還是得向這個政府以及保守派執政黨請願才行。對大多數復歸運動而言，與其受到意識形態所左右，倒不如以復歸可帶來的狀況改善為優先訴求。正如前述，主張和美方合作的復歸運動，其邏輯也有和本土保守政黨的親美路線合流的傾向。1953年前來沖繩的某本土議員就曾叮嚀道：「你們沖繩人，可別像內地那樣強化反美運動的聲浪喔！」[32]

事實上，日本政府也沒有勇氣甘冒為沖繩而刺激美國的風險。1949年沖繩報紙的社論就說：「日本政府之所以提出沖繩復歸，不過是在沖繩已經失去作為日本帝國主義前進據點的意義之今日，不得不對被日本犧牲的沖繩表示同情，也就是說，他們只是單單擺出人道主義的姿態罷了。因此，所謂的重視，不過是一種錯覺而已。」這點恐怕是說中了吧。美國政府相關人士在1955年1月的說法也是，「日本政府並沒有正式要求歸還小笠原和沖繩群島」。[33]

1955年5月，左派社會黨的議員，在眾議院與重光葵外務大臣間展開了一段對話：[34]

議員：「沖繩的居民到底是不是日本人？他們的國籍是屬於哪一國？」
外相：「我們既然認定對當地擁有潛在主權，那麼沖繩居民當然是日本人。」

議員：「這樣的話，身處外國的沖繩人，也會被日本的駐外使館當成日本人來給予保護嗎？」

外相：「是這樣沒錯。」

可是重光的回答，並非日本政府的統一見解。事實上正如第十八章提及的，日本政府以沖繩的施政權屬於美國為由，認為在外交上沒有保護沖繩人的權力。結果，在1956年爆發「全島鬥爭」之際，沖繩人在法制上到底算不算是「日本人」，這個問題便嚴重暴露出來。

所謂「全島鬥爭」，是以1956年6月發表的美國眾議院軍事委員會特別分科委員會報告（即所謂「普萊斯勸告」）為導火線，在沖繩引發的跨黨派鬥爭。如前所述，在沖繩，徵收土地只需要支付些許租金而已，但因為這是沖繩美軍和國防部專斷決定下的處置，所以美國眾議院便對此進行調查，而沖繩方面也對這項調查充滿期待。可是，「普萊斯勸告」的內容卻是，強調在沖繩維持軍事基地的重要性，並且主張一次付清地租。別提歸還土地了，連地租都要以一次付清（亦即實質上買斷）的方式支付，這種「勸告」，在沖繩引起了強烈的激憤，於是沖繩人提出了所謂的「四原則」：反對一次付清、給予適當補償、損害賠償、反對新接收規定，並在沖繩全境召開集會。

對此，美軍的反應依然相當強硬。穆爾副長官表示，「軍隊和居民應該是攜手合作的，但本地卻出現了煽動者，那些都是和日本共產黨有聯絡的傢伙」，甚至還威脅若繼續抵抗下去，將廢止自治政府，復歸美軍直接統治。美軍這種對應態度，無異是火上加油，沖繩方面陸續湧現了這樣的聲音：「我們和美軍合作了10年，卻只給了美國人『沖繩是可以任他們為所欲為的地方』的印象」、「我們因為信賴美國的民主主義，所以跟他們合作，但他們卻完全背棄了我們的期待」。親美派的民主黨甚至有這樣的意見：「都說沖繩是民主主義的櫥窗，但，如果強行推動這份勸告的話，毫無疑問會變成反美的櫥窗。」[35] 隨著這份勸告，沖繩人確認到，迄今為止高揭親美反共口號的運動，除了讓美軍更加傲慢以外，再無其他效果了。

在這種情況下展開的運動，當然會放棄迄今一直使用的親美語彙。可是，這場「全島鬥爭」所使用的語彙，仍然和之後高呼反戰和平的60年代後半有所不同。這場鬥爭所使用的，是為守護沖繩土地而鬥爭，亦即「日本人」為守護「日本國土」而進行的鬥爭，也就是一種作為「日本人」的民族主義語彙。

　　之所以使用這種語彙展開運動的原因之一，是因為必須要向本土的保守政權求援。例如，1956 年 6 月琉球立法院致日本首相與外相的決議中，就強調「美國政府取得沖繩的土地所有權，或者實質上進行無限期租借」，都會「影響到日本的領土主權」。為了鬥爭組成的「四者協」（立法院、市町村長會、軍用地聯合會、行政府），也向日本政府這樣請求：「懇請銘記，保護為守護國土而抱持必死決心團結在一起的日本居民，乃是日本政府的責任，故由衷盼望政府能以強硬態度，展開對美幹旋。」除此之外，市町村長會也發出電報說，「亟待 8 千萬同胞的救援」，教職員會也做出決議，「我們的國土，連一寸也不能讓人奪走，必須斷然尋求對策」。當時正值電影《姬百合之塔》[36] 上映，引發熱烈迴響，屋良朝苗在演說中就說：「16 萬同胞的英靈為了防衛祖國的土地、為了和平而奮戰。為了不讓他們白白犧牲、為了回報他們，我們連一片土地也不能賣給別國！」強調沖繩戰役乃是「防衛祖國」的犧牲。總而言之，沖繩方試圖透過主張沖繩的土地乃是「日本」的領土，居民乃是「日本人」這點，來打動保守政權和本土輿論。[37]

　　可是，除了對本土的聲明以外，在這場鬥爭中，也使用了其他類似的論調；換言之，在對內與對外之間的界線，看起來並沒有那麼分明。之所以採用這種論調，其另一個理由大概是對當時的沖繩人來說，能用以表現政治意志的語彙種類實在太有限了。在之後的反戰復歸論語彙尚未普遍流傳的當時，他們在談論政治時，主要的表現方式就只有戰前植入的日本國家主義語彙，以及戰後經由美國流入的民主主義和反共語彙了。這當中，在使用美國傳來的反共親美語彙為主的運動面臨局限後，沖繩人為了表現和美軍戰鬥的意志，在媒體中下意識地使用日本民族主義的語彙，也沒有什麼好令人驚訝的。在這點上再加入向本土保守政權求援的要素，或許就是最接近於實情的狀況。

　　可是，如同大日本帝國的少數族群使用支配者的語彙來表達抵抗的願望般，就算表面上使用的是日本民族主義的語彙，其實還是蘊含著另一層意味。事實上，沖繩人強調自己是「日本人」的同時，在鬥爭中所發表的內部聲明文裡面，也可以看到許多諸如「我們民族正陷入毀滅的危機中」，或是「民族生存最後的手段」、「民族生存的悲願」等的表現手法。儘管敗戰之後，「沖繩民族」或是「琉球民族」的說法都已隨風而逝，但在這個時期，我們還是能窺見，依然殘留著將沖繩形容成一個「民族」的意識。但，在 6 月底向本土出發的代表團，便已經徹頭徹尾地訴求道：「我們失去的土地是日本的領土」、

「這場鬥爭並不只是為了沖繩 80 萬人而鬥，而是為了日本 8 千萬人而鬥」，並以此發表聲明，要和日本政府進行斡旋了。[38]

可是，日本政府為了擔心刺激美國，決定採取「靜觀」的姿態。這時就面臨到一個大問題，那就是沖繩人到底在法制上算不算「日本人」？對此，法務省的見解是：「沖繩的居民當然是日本人，因此日本政府當然有權，對美國政府提出保護居民的要求」；不過外務省和內閣法制局則從「沖繩居民的國籍是否可以解釋為雙重國籍？」出發，認為「日本政府來和美國政府交涉的話，是對美國的內政干預」，而表示反對。彷彿在替外務省的主張背書般，東京大學教授橫田喜三郎也表示：因為「沖繩人和美國國民具有同樣的地位」，所以「日本在國際法上不能行使外交保護權」，最多也只是「在政治的立場上，出於道義意味，進行一點協商斡旋的程度吧！」[39]

橫田在前一年，國際法學會編輯有關沖繩法律地位的論文集時，已經發表了這樣的觀點。順道一提，當時的國際法學會理事長，正是先前曾就朝鮮人國籍問題提出意見書的山田三良（參見第六章）。必要的時候就無法逃脫身為「日本人」的枷鎖，不需要的時候就說他們不是「日本人」，省得自找麻煩；這樣的法律解釋，在這裡又再次出現了。事實上，正如第十八章所述，美國並沒有將沖繩居民編入本國國籍的打算，所以這種國籍爭論事實上只是日本在唱獨角戲，不過從政府內部對國籍一事並沒有統一見解來看，也可以隱約窺見日本政府對沖繩問題所抱持的態度。

誠如前述，在內務省解體、「沖繩縣」這個行政單位消滅時，能掌握幾乎唯一的內政事務——戶籍的，就是法務省了。正因如此，法務省會主張沖繩人是「日本人」，自是理所當然，但就政府整體而言，還是以重視日美關係為優先。當這個問題被拿到內閣會議上討論之後，法務大臣便表示：「昨天發表的法務省見解，認為沖繩人就是日本人；不過這點還需要由重光外相的斡旋決定為宜。」簡單說，就是推翻了前言，因此被報紙諷刺說：「在閣議上不要說多餘的話，否則會踩到釘子啊！」[40]對日本政府而言，沖繩居民到底是不是「日本人」，仍舊是要看外交上的角力而定。

再者，政府所謂的「斡旋」，其實質內容也讓人感受不到誠意。當時的鳩山首相說，「將斡旋美國妥善安排替代用的土地」，但是渡航來到本土的沖繩代表卻表示，「現在的政府不足以讓人信任」。聽了他們的意見後，鳩山說：「或許真是這樣吧！我所講的替代用土地，或許是在『內南洋』一帶，不過目

前還沒有具體的政策出來。」[41]明明戰後都已經過了10年,卻還口出要沖繩居民移住到「內南洋」這種話,讓人感覺起來就是完全不清楚問題所在。

另一方面,日本本土的輿論,對於沖繩方面強調「日本人」、「祖國」、「同胞」的論點表示同情,也對政府的「軟弱」大加抨擊。但是深究內情,也不見得就是像沖繩居民所期待的那樣。沖繩方面用日本民族主義的語彙來表達他們的心情,希望能夠藉此引發本土的支援,但是本土的輿論卻只是透過這些話語,傾向於高唱民族主義與領土擴張而已。在當時的《朝日新聞》上,就針對關於沖繩問題的投書,做出了這樣的評論:[42]

> ⋯⋯這些投書幾乎都有一個共通點,那就是在要求政府以強硬態度對美斡旋的同時,也期望日本全體國民,奮起支援沖繩居民的「對美抵抗」運動⋯⋯對美國的懷疑,與對沖繩居民的同情,讓要求歸還沖繩的單純意見也變得很強烈。以東京的某技師為首,甚至還可以看到部分人士提出所謂的「次善之策」:要是不能歸還沖繩的話,「那就租借阿拉斯加的一部分,要求美國開放門戶移民吧!」我們也可以發現,這種對沖繩問題的思考方式,同時也和日蘇談判強硬論,亦即不放棄南千島的意見彼此相結合。例如東京的某位學生就主張,「和要求沖繩一樣,我們也該要求南千島;如果這點很難做到的話,那麼就跟日本對沖繩擁有潛在主權一樣,我們對南千島也應該擁有『沉睡的主權』才對」。諸如這般,沖繩問題在這個層面上,讓日本人對於領土問題的關心更加提高了。

這樣的投書占了絕大多數固不用多說;在那個時候,對它不做批判便照單引介的情況,也不是什麼罕見的事。

只是,正如下一章中會詳述的,反美民族主義是當時左派共有的情緒;毋寧說,他們傾向為了批判保守政權的對美依附政策而強打民族主義牌。此時正當參議院選舉期間,在野黨幾乎是口徑一致,就這個問題針對政府的「軟弱」進行批判。左派社會黨的委員長就表示,沖繩的土地徵收是「攸關民族興廢的重大問題」,同時也抨擊政府的北方領土問題傾向,主張「全面支持沖繩島民的運動,今後也以改訂《舊金山和約》與廢除《美日安保條約》為目標而奮鬥」。同時,社會黨也要召開超黨派的「沖繩問題解決國民總決起大會」,並且向自民黨提出邀請,但自民黨卻說,「因為有共產黨、總評[43]等左翼團體參

加，恐怕會演變成反美運動」而拒絕參加。[44]

可是，本土革新陣營的路線，實在很難說和沖繩方面的路線一致。正如我們所見的，將沖繩問題與廢棄安保結合的主張，並非當時復歸運動的主流；對包含親美政黨在內，展開「全島鬥爭」的沖繩陣營而言，土地鬥爭與反戰和平也不是處於直接連結的狀態。雖然在「全島鬥爭」漩渦中發出的聲明文，很多都是訴諸於「本土8千萬同胞」的支援，但把復歸擺在優先地位的情況，卻是出乎意料的少。這年夏天，當琉球大學的學生與本土大學的返鄉學生召開座談會之際，本土的革新勢力質問道：「土地問題應該要與『反對基地、沖繩歸還、和平問題』相互結合展開運動才對，可是在地方陣營，卻看不到把它與和平、復歸日本這些最終目標相結合的傾向，理由為何呢？」琉球在地學生則是回答：「這個問題很複雜。」[45]

當時報紙刊載的沖繩方面聲音，不是主張「我們絕對沒有要求美軍撤退。只是反對土地被半永久地占用而已」，就是說，「保守也好革新也好，不是應該一起站在國家的立場，想出解決之道嗎」？簡單說，從這些言論中，看不太出左右對立的情況。可是本土的動向，卻促使沖繩陣營提出這樣的意見：「看了日本的迴響後，雖然革新陣營有對我們聲援，但保守陣營卻相當冷淡。這跟對蘇聯要求千島群島的時候正好反過來。」[46]

「鳩山首相說，要你們移居到其他的島嶼」、「蘆田均[47]說，因為有美軍在，沖繩的生活才會提升」……在7月舉行的沖繩代表團記者會上，面對力求支援的代表，本土記者的這些質問，幾乎要把他們給淹沒過去。代表們一方面答道：「我們是為了死守日本的領土而戰鬥」、「為什麼政府這麼軟弱呢？」一方面作了以下的陳述：[48]

> 我們的抵抗既不是親美，也不是反美。倘若在推行政策之際，將軍事利益的重點放在居民利益之前，那麼不管是哪一國統治沖繩，我們都會毅然決然和他們戰鬥下去。

恐怕，這才是他們真正的要求吧！這段話暗示了，不管美國也好、日本也好，只要推行的是「將軍事利益的重點放在居民利益之前」的政策，那麼他們就有可能「毅然決然與之戰鬥下去」。事實上，在復歸之後，這句話也變成了現實。

　　對沖繩方面而言，首要之務就是民生提升，至於自己的運動究竟是被分類在右還是左，並不是那麼優先的問題。可是對本土的左右各政治勢力而言，沖繩的運動究竟該分類到左還是右，則是相當緊要的問題。因此，當必須得到本土某方勢力更多支援的時候，沖繩方面也必須就自己的主張，在這種分類上進行圓滑的轉換才行。在這當中，與其期待不可信賴的本土保守政權，還不如接近革新勢力，而要招來革新勢力的支援，就必須轉換過往那種高歌親美反共的論調，這是再明白不過的事。另一方面，原本主張對美協調的復歸運動，在遭到美國拒絕的態勢下，也轉換戰術，改為承襲沖繩在戰中戰後一路培養出來的反戰情感。

　　就這樣，自50年代中期以後，復歸運動的論調逐漸產生變化。迄今為止那種親美反共，以及歌詠身為「日本人」的人情自然的請願文，漸漸消失了蹤影，主張反戰和平的論述則是多了起來。即使在本土，沖繩復歸也漸漸開始轉移成革新而非保守的主張，這和敗戰之後那段時間正好呈現明顯對比。就在這樣的趨勢中，沖繩人作為「日本人」的定位，也在不同的脈絡下，做出了不同的陳述。

# 第二十一章
# 革新民族主義的思想
## ——受學者的「日本人」論點影響的沖繩觀

　　如同第十九章所述，日本共產黨在1946年曾經發表一篇〈祝沖繩民族獨立電文〉。在這篇電文中，他們一邊抨擊日琉同祖論，一邊表示「即使對各位沖繩人，他們（日本帝國主義者）也強加『同一民族』的帽子在各位頭上」、「沖繩人即是受到壓抑的少數民族」。

　　可是到了1956年2月，日本共產黨的官方刊物《前衛》，卻刊載了這樣一篇論文，明白表示放棄了上述的見解：[1]

　　　美國侵略者一夥從占領伊始，便不斷宣傳琉球人並非日本人，並且為了找尋可靠證明，不只在琉球、奄美大島，還找遍國內關於琉球的文獻，加以蒐集並研究；可是，愈是研究，琉球人乃是日本人的事實就愈明顯，於是他們只好放棄透過設立獨立琉球國的傀儡政權，來支配諸島的統治政策，只是一味緊抱著舊金山和約第三條，下定決心要永久保有沖繩基地。

　　　……（認定沖繩人為）少數民族的觀點，會對歸還沖繩、小笠原的鬥爭產生極大的阻礙。我們必須徹底克服這種見解，並透過鬥爭的發展完全將之粉碎。

　　共產黨這種堪稱是180度大轉彎的路線變更，對於日本方面對沖繩的見解，產生了重大的影響；其中最重大的是，沖繩在日本史上的定位。畢竟，不管怎麼說，要提出沖繩人是「日本人」、復歸本土乃是正理的運動方針，其論述根據都需要尋求一套歷史觀才行。

　　在本章中，我將檢視1950年代到1960年代前半，左派歷史學者關於「日本人」的論點，從而追蹤這些論點對「沖繩觀」產生了怎樣的影響。沖繩定位的變化並非單獨產生，而是包含在當時歷史學對「日本人」觀念變化的脈絡

當中。另一方面，和美國這個「他者」之間的對應，也為這樣的變化投下了陰影。

## 作為「亞洲殖民地」的日本

對 1950 年代的日本、特別是通稱進步派的左派知識分子論調，我們常有一個最大的誤解，那就是：「那是一個民族主義情感不受注目的時代。」[2] 因此，不知當時思想狀況的人，閱讀到這個年代的進步知識分子著作時，往往會被其中浮現的民族主義主張所震驚。在這個才剛從大日本帝國超國家主義解放不久的時期，而且是對抗反動勢力的進步知識分子，照理說應該不會主張民族主義才對啊——因為有這樣先入為主的觀念，所以才會震驚。

但是在這個時代，丸山真男、南原繁、大塚久雄、矢內原忠雄這些所謂的進步知識分子，都積極地主張「民族主義」或者「國民主義」。不只如此，1950 年代以後的政黨當中，最強調民族主義的，就是日本共產黨了。當然，主張自由主義的南原和丸山與共產黨的思想是有差距的，不過本書特別將後者這一系的民族主義，稱為「革新民族主義」。[3]

話雖如此，然而在這個時代的進步知識分子中，為什麼會出現高舉民族主義旗幟的趨勢呢？雖然對了解當時情況的人不必多加說明，不過在此處還是從對這個時代的政治狀況之確認開始進行。

1950 年前後的日本，既不是過去的軍事大國，也不是現今的經濟大國。不只軍力已經遭到解體，貿易收支也經常是赤字，因此克服飢饉與復興經濟就變成了眼前的課題。不只如此，直到《舊金山和約》締結為止，日本都一直處在美軍的占領之下，連國家的獨立性都失去了。而這份和約也是欠缺蘇聯承認之下的所謂片面講和，同時還締結了《美日安保條約》，承認美軍繼續駐留。為此，以共產黨為首的左派勢力對這份合約的定位是：它只是加深了日本對美國的從屬，而不是讓日本達成真正的獨立。

這時候隨著冷戰激化與韓戰爆發，以及美軍的赤色清洗[4]之後，共產黨放棄了敗戰之後將美軍視為解放軍的規定，取而代之的是將其定調為「美國帝國主義」。另一方面，日本共產黨受到 1949 年中華人民共和國成立的影響，也打算在日本採取類似的革命路線。也就是說，共產黨將日本的狀況定義為受美國帝國主義支配的半殖民地狀態；為了打破這種狀態，必須組成「民主民族戰

線」。這就是他們力主的方針。

於是在這種情況下，反對《美日安保條約》與美軍基地擴張的鬥爭，在被認定為和平運動的同時，也被定位為將祖國從殖民地支配中拯救出來、贏得真正民族獨立的「愛國」鬥爭。直到稍後的60年安保鬥爭為止，「反美愛國」這個口號經常被拿出來使用，這點也廣為人所知。

現在的我們，有很多人一聽到「民族主義」這個詞就覺得反感。但是，從另一方面而言，當弱者扛起民族主義大旗時，也未必就應受到批判。擺脫大日本帝國取得獨立勝利的朝鮮民族主義、和美國奮戰的越南民族主義、抵抗蘇聯的波蘭民族主義；只因使用了「民族主義」，就批判這些運動的人，恐怕找不到半個吧！強者為了排外與侵略而高舉的民族主義，和弱者為了獨立與解放所提倡的民族主義，背後其實還是有所區別。因此日本共產黨就將因敗戰而衰弱的1950年代日本，定位為和中國、印度、越南、朝鮮一樣，是遭到歐美帝國主義支配的亞洲一員。

從50年代到60年代初的這段時間裡，進步知識分子在談到亞非諸國的殖民地獨立運動與日本的關聯時，相較於過去從軍事支配者的立場，以及後來從經濟支配者的立場進行自我批判的脈絡，毋寧說更偏向於「在政治上從屬（於美國）這一點上，（我們日本的狀況）不是正與亞非諸國有著共同之處嗎？」的觀點。在這種情況下，高唱「反美愛國」的民族主義，與「反戰和平」、「聯合亞洲」的口號融為一體；1952年勞動節因警察暴行而死亡的學生，就被作為進步歷史學者團體的「民主主義科學者協會」形容成「在民族解放的戰鬥中倒下」的「民族的英雄」。[5]

在1950年代前半的言論界中，針對共產黨這樣的狀況定義，產生了：「日本是美國的殖民地嗎？」的相關議論。在此，我針對各政治黨派的見解作個簡單的梳理，情況如下所述：[6]

首先是共產黨。他們主張日本是在軍事、經濟上受到美國帝國主義支配的半殖民地狀態，日本的保守政權與大企業則是從屬於美國的買辦勢力與反民族勢力，只有共產黨才是真正愛國的黨。為了打破這種狀態，比起階級鬥爭，更該優先的是民族獨立，必要要把沒有從屬於美國資本的日本民族資本家拉攏過來，以共產黨為中心，創造勞工、農民、民族資本的民族統一戰線才行。

對此，自由黨的政治家則是反駁道：「日本絕對不是殖民地。」他們主張，美國的軍隊和資本進入日本，在互相交流與國際化的時代乃是理所當然

石母田正

之事，過度強調外國影響的「自卑感」，只會妨礙國際間的友好關係。不只如此，日本是殖民地之類的主張，不過是左翼的煽動罷了，日本在締結和約時已經恢復了獨立地位，為了一掃這種自卑感，更應該和美國攜手合作，以圖經濟之復興才對。

另一方面，左派社會黨認為，日本雖是從屬國，但非殖民地，與重視階級鬥爭的共產黨民族統一戰線路線相互對立。而右派社會黨則是主張，日本雖是獨立國，但應該透過議會實現社會民族主義。勞農黨更是明確將日本定義在殖民地的位置上。大體來說，左派政黨主要仿效亞洲諸國的民族解放鬥爭路線，保守政黨則採取與美國協調的路線，於是的確產生了左派主張反美民族主義的狀況。

就在這種情況當中，以進步派歷史學者著稱的石母田正，他的著作《民族與歷史的發現》在 1952 年成了熱門暢銷書。從石母田正的思想中，可以一窺這種革新民族主義的心態。

石母田正在此書的序言中提到在戰後的「日本人」間蔓延著利己主義和虛無主義的現象。因為敗戰而失去了自信與尊嚴後，日本人因為生活困窮的緣故，大多變成了「極端自私自利唯利是圖之輩」，在「年輕人」當中，更是「只想要往上爬升以求出人頭地的心情很強烈，對於認真勸告的話語，完全聽不進去。就連工會發出的文件，也沒有什麼勞工在閱讀」，這種狀況是愈來愈普遍。[7]

這種利己主義蔓延最大的表徵，就是對政治的漠不關心。石母田正舉了一段軼聞為例：當時作為反美基地鬥爭象徵性指標的石川縣內灘漁民，雖然向附近的城鎮哭訴自己的困境，但城鎮居民卻充耳不聞，若無其事的繼續熱鬧的生活著。之後，政治學者坂本義和也引用觀察者的話，說這些對內灘狀況漠不關心的人「讓人覺得，這真的是同一國的國民嗎？」在人群之中蔓延的利己主義，破壞了所謂「同一國民」的連帶感與共同感。

儘管祖國陷入半殖民地狀態、國土被外國基地奪走、身為「日本人」的同胞陷於苦境之中，人們卻依然沉浸在利己主義與事不關己的冷漠裡，石母田正形容這種狀況是「民族的危機」。於是，身為歷史學者的他，為了讓「日本人同胞」從這種「單一」的危機中醒悟過來，並且恢復彼此之間的連帶感，努力研究歷史，並思考著著：「要怎麼做，才能找回民族的尊嚴與傳統呢？即使多

一個人也好，如何能讓更多的日本人產生自覺呢？」據他自己的說法：「要證明日本民族不該心甘情願地臣服於美國之下，而是擁有值得驕傲的歷史；擁有為了祖國的和平、獨立與民主主義，寧願奮戰到底的偉大革命傳統；在這個變革的時代裡，要發揮巨大的文化創造力，唯有透過日本人的歷史展現出來。」換言之，創造一個「這就是日本」、與革命主體融合為一的「日本國民的歷史」，乃是他身為歷史學者的使命。[8] 石母田正與其說是訴諸於民族主義的覺醒，倒不如說是企圖醞釀一種民族的連帶感，以及進行政治動員。

這裡必須留意的是，即使到了現在，「國民」這個詞還是被當成「民眾」的意味來使用——比方說「國民是政治的主人翁」之類的；不過在當時，「民族」這個詞彙，也常常有被當成「人民」或「民眾」的同義語來使用的傾向。例如敗戰不久後，日本歷史學會就說，從今以後的歷史不是國家與天皇的歷史，而是「『人民』的歷史——或者必須稱之為日本民族的歷史」。[9]

這樣的「民族」，在定位上是與天皇和國家權力相對抗的。身為德國史學者、同時也以進步知識分子著稱的上原專祿就說，敗戰以前，「所謂民族意識，其實不過是國家意識的投影罷了」。他說，「至少到太平洋戰爭為止，那種與國家對立、或者對它有所反感、甚至是超越它的民族自覺，都未能形成大勢」；因此，「在現今的日本人當中，整體的民族意識——此處，我們應該將它和固有的國家意識與官方塑造的愛國心加以區別——其實是相當稀薄的」。[10]

上原又進一步批判，隨著利己主義與虛無主義的蔓延，「特別是在年輕人當中，幾乎不曾擁有身為命運共同體、以及民族一員的意識」。他是這樣說的：[11]

> 換言之，要讓年輕人擁有民族共同體的意識，第一要務就是要把迄今為止一直混淆不清的民族共同體與國家間的糾葛，給徹底洗刷乾淨。因此，我們對國家的想法必須改變：並非先有國家，才創造出民族共同體，相反地，國家只是民族共同體在政治上的展現而已，這點必須清楚理解。同時，正因國家不過是民族共同體在政治上的外貌，所以不管它以怎樣的形式呈現出來，其實都是可以的；我們應該抱持著這樣的想法，不是嗎？

上原說，年輕人之所以對「民族」這個詞彙反感，是因為戰前的愛國教育主張民族（民眾）必須從屬於國家所致；若能克服這點，那麼要將因反美獨立

鬥爭而振起的民族意識深植人心，也會變得更加容易。如果國家不過是民族在「政治上的外貌」，那麼以民族為主體，創設一個民主的國家，自是一件正當合理之事。毋寧說，要盡可能形成改變國家的主體，那就必須形塑出民族才行。正如下一章所述，他以這種思想為根基，回應「該如何克服國內各集團及個人間的原子化問題，並且形成統一國民戰線」的問題，主張「將每一個日本人，都教育成為民族的一員」，並和日教組一起提倡「國民教育運動」。[12]

作為實體而存在的是民族，國家不過是它在政治上的表現，上原的這種主張，和皇民化政策高唱的「民族不過是國家創造出來的事物」論調，正好互為正反對照。（參照第十六章）相對於意圖否定民族自決的皇民化政策言論，革新民族主義則是將民族自決高舉到優先地位，所以會產生這種強烈對比，也是理所當然。

和上原同樣，石母田正以「日本人」在「民族意識」的培養上不夠充分為前提，主張健全的民族主義若要成長，則必須面對兩個敵對的存在：一個是排外且封建的復古主義；另一個則是「現代主義與世界主義」。

首先就前者來說，石母田正認為，「排外主義和健全的民族意識，是截然不同的東西」；所謂排外主義，是必須透過支配者有系統的教育，才能夠在民眾之中養成。因此，贏得民眾的信賴，對他們而言是絕對必要之事。另一位著名的進步歷史學者藤谷俊雄認為，天皇制已經是沒有美國帝國主義支援就無法存續下去的東西，因此只要提高日本民眾的民族意識，就可以對抗天皇制。雖然不見得每個人都如此樂觀，不過在當時的進步知識分子之間，認為民族主義本身並無善惡之別，而是隨著組織的構成走向進步或反動之路，抱持這樣看法的人為數不少。於是，為了和保守政權重振戰前型態的民族主義舉動相抗衡，「由誰來掌握民族」的鬥爭就變得很重要了；他們的認知，大抵上是依循著這條路線前進。[13]

那麼，所謂的世界主義，又是怎麼一回事呢？據石母田正的說法，這種觀念，其實是戰前許多日本知識分子無法有效抵抗法西斯主義的元兇。在這當中，他舉出永井荷風和幸德秋水為代表事例。石母田正說，永井比較西洋和日本，對於日本民眾的落後不由得發出感歎，最終成為一位超逸的批判者。而否定國家、主張無政府主義的幸德，雖然是企圖改革日本，對祖國抱持著真摯感情，可是他把支配者刻意創造出來的排外主義跟這種感情混淆在一起，結果陷入了游離於民眾之外的恐怖主義當中。不只如此，對於追求祖國獨立的朝鮮民

族主義，他也只是抱持著否定國家觀念的態度去看待而已。[14]

　　就是因為知識分子的這種態度，才使得戰前民眾的愛國心無法導向革命，而是隨著支配者的腳步，朝著侵略的方向被組織起來。以這樣的認知為出發點，石母田正對戰前的知識分子做了這樣的批判：[15]

　　　　眼見國民被侵略主義和民族主義動員的大勢難以抗拒，就想說「反正我自己不是愛國主義者」，從而把大眾的愛國主義當成和自己絕緣的東西，對它們冷眼旁觀。擺出一副只有自己高高在上的樣子，對於組織者有意創造的民族主義，和大眾素樸且熱烈的愛國心之間的矛盾，卻完全無法掌握。這些力圖促進祖國現代化的知識分子，其善意與熱情也往往伴隨著對「民族」這一詞彙與思想的強烈憎惡。若是要抵抗，除了成為世界主義者之外別無他途；若要在祖國扎根，則又往往會被拖向民族主義與帝國主義這一方。

　　石母田正所謂的世界主義者，乃是游離於民眾（民族）之外，比起拯救祖國的危機，更寧願選擇讓自己的手保持乾淨的利己主義者與虛無主義者。對這些人來說，比起示威抗議的學生在東京遭到殺害，他們更重視巴黎或紐約出版的新書。石母田正批評說，這種世界主義轉換成無視他人不幸、只想出人頭地的利己主義，就變成了官員和大老闆的態度，從而為大日本帝國提供了有力的支撐。即使到了現在，還是可以看見自稱世界主義、利用日本對美國的從屬地位謀取利益的買辦勢力，「所謂世界主義，其實就是在美國獨占資本的世界帝國下，扮演支柱的角色」。[16]

　　另一方面，石母田正所謂惡劣的「現代主義」，則是沒有植基於民眾之間，只是打著現代化的名號，一味追隨外國的態度。他舉了一個例子：當戰前中國人民發動對日本製品的拒買運動時，日本知識分子大表反彈，認為「哪裡的產品既廉價又優質，就應該購買才對啊！」不只如此，戰前的日本也有人從「和日本合併有助於促進朝鮮現代化」的觀點，對日韓合併大表贊成。[17]

　　在和共同體的復古主義、以及原子化的世界主義兩面鬥爭中，將會產生出更高層次的團結；這可說是將當時馬克思主義階級鬥爭論高唱的辯證法應用到民族主義上的結果。正如前述，這些總稱「進步知識分子」的人當中，其實仍然有所差異，比方說認為現代自我的確立，乃是民主主義不可或缺之事物的

人，以及認為所謂現代的自我其實不過是近於利己主義之物的人，其主張形形色色，各有不同。不過在當時的言論界，對於復古主義與過度的個人主義雙方同時進行批判，並主張與「國家主義」或「超國家主義」有所區別的「民族主義」與「國民主義」——換言之，即是與由上而下推動的「惡質民族主義」相對抗的、由下而上產生的「健全民族主義」，抱持這樣認知的知識分子不在少數。在這種情況下，歷史學被定位為肩負形成「日本國民」、創造「國民歷史」重責大任的學科。石母田正在《續歷史與民族的發現》中，讚賞當時的年輕歷史學生網野善彥，說他熱心於在勞工學校中推動歷史教育，是「國民歷史學」的實踐模範；在石母田正看來，為了讓勞動者更加成為國家變革的主體，所謂「健全民族意識」的養成乃是必要的。[18]

這樣的思想的確可以稱為民族主義。但是當時也有批判「說日本是美國的殖民地、徒然沉浸在悲壯感當中的，也就只有日本人罷了」。[19]不過石母田正卻明白表示，「日本是從實行帝國主義的支配民族轉化為從屬國乃至於被壓迫民族」、「被壓迫民族，要從帝國主義的外國支配者手上搶回權力，並確保自己獨立的主權；換言之，若是不形成『民族國家』，則不單無法謀求民族之解放，欲求國內之進步與革命亦不可得」。[20]對於戰前的朝鮮獨立運動，不只是第十六章提到的哲學家，還有很多人都將之批判為「對國民國家的幻想，乃是時代落伍的民族主義」；然而，若從石母田正的論點來看，這又代表了什麼意義呢？

以石母田正為首的革新民族主義，就是靠著這樣的理論支撐。可是，把日本定義為亞洲殖民地，並以培育民族主義為目標的這種思想，不久就面臨到許多必須突破的界限。

## 「健全民族主義」的極限

當時，在革新民族主義論內部成為一大爭論焦點的，是「健全的愛國心」與「排外主義」究竟該如何區分？這個問題，隨著歷史學者內部反覆不斷的論爭而逐漸浮上檯面。

舉例來說，1952年在民主主義科學者協會的《歷史評論》上，刊載了一篇名為〈民族的吶喊〉的文章。這篇〈民族的吶喊〉，是抄錄自一位夕張煤礦的青年勞工以幕末時期為題材撰寫的小冊子；它的內容是說，面對為了將日本

殖民地化而渡海前來的美國黑船，壓榨日本人民的幕府採取了「與吉田政權完全相同的作法」，簽訂了賣國的不平等條約，於是人民以及攘夷派的武士揭竿而起，打倒幕府，建立了明治維新的獨立國家。[21]

守護日本獨立，並成功推動了現代化的明治維新，即使在進步派歷史學者當中，也得到相當高的評價。而這些學者也期望，能夠從勞工開始，喚醒這樣的「民族傳統」並採取行動。

但是這篇煤礦勞工的文章有很多刻板印象的激進論述。「對於玷污日本的外國髒鞋子，感到憤怒的人民站起來」、「令人憎惡的洋鬼子」、「吉田松陰的弟子，為了攘夷而奮起」、「薩摩的愛國者，為了守護日本獨立而奮鬥」，光是從章節名稱就可以看得出這種論調。到了結論處，他甚至還主張「把那些布滿日本土地、爪子黝黑的死洋鬼子全部趕出去」。[22]

這種論調引起了古代史學者禰津正志的批判。據禰津的說法，薩長的攘夷論者不過是封建的排外主義者，而吉田松陰更是主張支配朝鮮與中國的侵略主義者。簡單說，「這篇文章的作者把企圖倒回封建制度的攘夷與今日的民族獨立混為一談，這和過去軍部的『英鬼米鬼』論調，根本沒有什麼不同」，這就是禰津的結論。[23]

不過，稱讚這篇〈民族的吶喊〉是「在抵抗外國壓迫與賣國政府鎮壓下，迸發而出的熱血吶喊」的一方，則是這樣說的：在這當中，確實有很多和歷史事實不符之處。然而，這是在把它當成歷史學論文來看的時候才會出現的問題；而它其實是一篇假借歷史形式的煽動性反美演說，因此，「那些因為這部作品中有若干史實與歷史推論上的謬誤，就將這部作品的價值加以否定的歷史學家，是否有必要再三思呢？」[24]

事實上，在當時的進步歷史學者之間，對於究竟該怎樣評價攘夷和明治政府，也是意見紛歧、莫衷一是。按照井上清等人的見解，從攘夷之中誕生出超越藩界、發展成日本全體民族意識的明治維新，對它們的定位是：「將日本從半殖民地化的境界中拯救出來，並在當時以及之後的一段時間，都處於亞洲進步的先驅地位，擔負起亞洲人的希望與光榮」。然而，這仍然是有限度的，因為攘夷本身不過是保守的排外主義，而明治維新也在「不久之後」轉變為侵略主義。[25]

儘管民族主義是民族傳統的運動能量泉源，但若將歷史上民族主義排外與侵略的部分去除，剩下來的眾多解釋拿來鼓吹煽動，就顯得含混不清、曖昧不

明了。結果便會出現像平野義太郎這樣，主張「即使攘夷（排外主義）本身是
被封建的行動與思想所推動著，但它仍然展現了民族的抵抗性格」的人，[26]從
而陷入必須肯定民族主義惡質部分的兩難之中。

　　同樣的問題，也展現在關於歷史上民族英雄與民族文化的論爭當中。從戰
前就以進步歷史學團體而聞名的歷史學研究會，在 1951 年以「歷史上的民族
問題」為主題召開了大會。在這場大會上，以致力於民族問題，和石母田正並
稱的歷史學者藤間生大發表了一篇名為〈古代的民族問題〉的報告。據說藤
間也深受前面那篇〈民族的吶喊〉所感動，而他的報告在各種意義上都引發
了論爭。

　　藤間在報告主文之前，先寫了一段說明自己意旨的短論。據他的說法，面
對現今的「殖民地化」危機，有必要「以勞動者為指導者，團結整個民族」；
但，「遭到世界主義、現代主義等思想滲透殆盡的教養主義，不只讓全民對外
國人抱持過度的自卑感，而且還妨害了民族的團結」。因此，「要抵抗這種民
族的危機，就必須讓整個民族理解到民族的驕傲，讓我們的民族擁有自信，讓
全民知道迄今為止，我們民族是歷經多大的苦心才形成；為圖團結我輩現今之
民族，必須要給予這樣的教訓才行」。[27]

　　根據藤間的大會報告，人種、語言、國土、文化共通的日本民族，從古代
就已經形成了。這種民族意識，在記紀[28]神話中，以倭王武和日本武尊這種民
族英雄的形式呈現出來。之後，在中國輸入文化的侵蝕下，民族意識漸漸喪
失，貴族的支配日益增強，但仍在支配者與民族（民眾）的相互鬥爭當中，集
結了民族的力量建立起東大寺、發明日本獨有的假名、將佛教消化形成本地垂
跡說[29]，形成了民族獨特的文化。[30]

　　藤間的這份報告在大會中掀起了沸騰的議論之聲。奉天皇家命令征服各地
的日本武尊，怎麼會是民族英雄呢？這不等於是回到了讚頌神武天皇、配戴
金鵄勳章[31]的戰前嗎？茶道、花道、東大寺、本地垂跡說，都被當作是「民族
性」的事物，這不是沒原則的選取嗎？若是發掘民間故事與民眾文化的民族藝
術運動，那還可以姑且不論，支配者虐使人民建立的東大寺，又怎麼是民族文
化了？

　　對此，藤間也提出了反駁。將日本武尊視為天皇家的爪牙，是支配者將本
來健全表現民族精神的神話扭曲紀錄之後產生的結果。東大寺雖是在貴族的命
令下建立的，但沒有人民的協力，是不可能建成的。將日本武尊這種眾所皆知

的人物高舉為民族英雄是有意義的，藉此正可以對支配者投注心力的愛國教育給予反手一擊。大部分的批駁都是從知識分子的角度出發，「不曾踏足到人民之中」，這樣只會讓民眾的民族意識被支配者給奪走罷了。[32]

　　雖然歷研大會的爭論在沒有交集的情況下畫下句點，不過在歷史學界內部卻陸續出現了支持藤間的聲音。根據他們的說法，這些「將由下而上湧現的鬥爭力凝聚於一身、克服全體民族的舊階段，扮演進步英雄角色的人」，就算是身處支配階級，也是民族英雄。「文化遺產是以所有民眾的生產力為基礎產生出來的東西，因此，就算是為了支配者的欲望而創造出來的事物，也仍然是民族發展下的產物」。[33]另一方面，如果支配階級的產物就不算民族文化，「那將來的國寶就只剩下農民起義的紀錄了」、「要是說『大佛是支配階級的作品，不是人民的事物』，對方應該會說，『是嗎，那你們這些人民不甘心的話，就試著把它造出來看看啊！』」但是這樣的邏輯，很有可能會導致將民眾參與的活動全部正當化的後果。[34]

　　就在這個時候，1951年丸山真男撰寫了一篇以〈日本的民族主義〉為題的論文。據他的說法，日本是整個亞洲當中唯一有將民族主義轉化為侵略的經驗，亦即「已經失去民族主義處女性的唯一國家」。不只如此，戰前的傳統民族主義並沒有消滅，以美日舉行棒球比賽時狂熱辱罵美國隊的大眾為象徵，它已經深入社會底層、完全分子化了。「假使進步陣營被片斷的發現型態所迷惑，將它誤認為未來民族意識的萌芽，或者明知這是民族主義前期的性格，卻為了眼前的政治目的動員而遭到誘惑驅使，那麼終將會產生嚴重的反作用，並且反噬自身」，他做出了這樣的批判。[35]丸山雖然並沒有全盤否定民族主義，但他的理想是在每個人確立現代的自我之上，自發性結合的國民主義，因此無法苟同強調「民族文化」和「民族英雄」的議論。但是這種冷靜的分析，若在藤間等人看來，大概也不過就是「沒有走入人民之中」的論調吧！

　　儘管為了建構起連帶感，民族主義乃是必要之事物，但這樣的建構，往往會掩蓋了「民族」內部的對立，並且連結到對支配階級的讚美上。當初伊波普猷在創造沖繩民族主義時所面臨的困難（參照第十二章），這些歷史學者也同樣嘗到了苦果。可是，放下這點不提，還有另一個尚未形成爭論，但已經在醞釀中的問題。

## 單一民族史觀的興起

革新民族主義的思想，孕育出了一個意料之外的問題，那就是將「日本人」描繪成單一民族的問題。然而，正因此等思想以「民族自決下的獨立」為號召，所以幾乎無法避免這種現象的產生。以民族自決為原則，雖可達成獨立的結果，但其心照不宣的前提，便是這個國家必須屬於「單一民族國家」。假使有多個民族在同一個國家之內，那就會演變成民族自決不夠徹底的狀態。

不只如此，革新民族主義還把日本民族定義為「被壓迫民族」，主張要把「美國帝國主義」趕出國土。為此，日本民族必須是「自太古以來便居住於列島的住民」才行。在戰前的考古學與古代史中，主張愛努族乃是整個日本列島的原住民，建構起繩文文化，之後遭到與彌生文化一同渡海而來的天皇家及其民族所征服，這樣的說法占了壓倒性優勢。[36]但是，假使日本民族是征服原住民之後占據列島的話，那麼趕走美軍的主張，其正當性將會一落千丈。不只如此，倘若日本文化並非日本民族獨有，而是強烈受到以渡來人[37]為首的外部影響，這對高舉民族文化的主張，也是相當不利的。

姑且不論他們究竟對這些事情意識到什麼程度。戰後的歷史學確實是將日本民族與日本文化描述成單一的事物。最顯著的例子，可以從藤間生大的論述一窺究竟。

藤間在前述歷研大會的報告上，做出了這樣的宣言：「我們的祖先從遙遠的以前，便已生活在日本列島上；而隨著今日的考古學成果，我們也漸漸得知，這裡並沒有所謂的『原住民』存在。」在他於1951年寫成與石母田正《歷史與民族的發現》並列暢銷書的作品《日本民族的形成》第一頁中，他也用「日本人乃是日本列島最初的居住者」這句話來當作開場白。[38]這些話，大概都是用來鼓舞土地正在被美軍基地侵奪的人心的吧！

根據藤間的說法，言語、國土、文化共通的日本民族，早在遙遠的古代就已經成形，「之所以如此，是因為居住在日本列島的人們都是同一人種」。雖然列島各地的小社會，是像日本武尊神話所表現的那樣，被大和政權強制統合，但並非如羅馬帝國那般以軍事支配異民族的「世界帝國／多民族國家」，而是在天皇的統一下，結合同樣的人種，因此是「為民族的形成立下重大的里程碑」。[39]

藤間又斷言，「當國家靠著征服其他人種而成形時，不只不會形成民族，

相反地還會對民族的形成產生障礙」。這也是他對美軍占領表達抵抗意志的方式吧！同時，他對當時廣受好評、主張天皇家乃是從大陸渡海而來、征服列島原住民的騎馬民族渡來說，也表達了強烈的反對立場。[40]

藤間說，從繩文到彌生的變化，並非因征服民族的渡海導致民族交替，而是從狩獵採集到農耕的生產力發展現象。他對古代的日本民族大加稱讚，並且如此強調：「就像現在的階級社會一樣，未開化民族要追尋自己生活上的發展，有兩條路線可循：其一是走發展生產力的路線，其二則是採取征服、剝削的方式。在這兩者擇一的路線中，當時的日本人正是選擇了前者的方法，而不是採取後者的方法。」[41]

當時正值韓戰爆發，在美軍的命令下，日本創設了現今自衛隊的前身——警察預備隊。隨之而來的是，對於日本是否會變成美國帝國主義的尖兵、靠著軍事侵略來脫離經濟的困境，這樣的疑懼不斷蔓延開來。藤間高呼「日本民族的傳統不是選擇征服，而是生產力的發展」，也有暗示日本應當前進方向的意味在。

藤間更進一步主張，就算稻作是從大陸傳來，「也完全不會妨礙當時日本人的主體性」。縱使種子和技術是從大陸傳來，但它能發展起來，也是因為日本民族已經具備了發展的內在條件所致。對藤間而言，「稻作乃是隨著渡來人的集體移居傳播開來」這種說法是無視於日本民族主體性與文化能力的偏見。[42]

對於一邊感嘆世界主義「給予全體人民大眾對外國過度的自卑感」、一邊祈願「希望全體民族都能理解到民族的驕傲，並擁有民族自信」的藤間來說，會有這樣的見解，乃是必然之事。另一方面，他也將當時主張脫離在文化與技術上對歐美的從屬、由內部自力更生發展的論點，當成是亞洲與非洲民族獨立運動的一環而給予讚賞。

藤間的想法是，日本民族的民族意識在古代便已達到健全發展的地步，但是後來中央的貴族引入中華帝國的「異國風文化」，使得民族意識喪失；他們借助人民所無法觸及的舶來文化的權威，對民族（民眾）進行剝削。[43]不難想像，在他的內心，必定是把這種現象，和受美國文化浸染、侍奉美國的日本買辦勢力重疊起來了吧！

在韓戰當中出版的這本《日本民族的形成》，就以這樣的史觀，來處理包含繩文時代到7世紀前後的日本在內的東亞史。他將這段歷史，有點蠻橫地歸

納為「由內部自發發展而成的單一日本民族，重蹈了企圖支配朝鮮的中華帝國覆轍，犯下侵略朝鮮半島的錯誤，結果遭到朝鮮民族反擊打敗」的歷程。

藤間在這本書中指出，相對於後世貴族對中國文化的從屬，被他形容成民族英雄的倭王武，在面對中國時，則是毅然決然在文件上主張日本民族的尊嚴。在這裡可以讓人意識到他是在和從屬美國的保守政權進行對比，只是沒有明白指出來罷了。另一方面，他在序文中也說：「本書所描述的，乃是極為古早以前的事情。可是從孤立的境遇中，走進當時的世界政治之內，並在內外的驚濤駭浪中，一步步走出自己的道路；這樣的我們與朝鮮人祖先的行動，實在是深深打動人心……我認為，就這種全力推動東亞的事蹟進行敘述，對於寧願選擇輕鬆的道路、締結對日和約與日美安保條約的今日日本，必然有其重要意義在。」[44]

具有這種傾向的，並不只有藤間而已。例如藤谷俊雄就主張：「（日本民族）在狹小的島國日本上，歷經數千年的獨立營生，早已隨著共通的言語結合為一，並朝向幾近均等的經濟發展。在這段期間中，他們不曾受到其他民族的支配，獨立開拓出共通的歷史發展，從而深厚地形塑出共通的心理性格，這就是封建以前日本民族的歷史結合。」據他的說法，「從人種來看，日本民族的祖先乃是新石器時代的原日本人，在那之後幾乎看不到什麼顯著的變化」。就算是在歷研大會上帶頭批判藤間的井上清，在主張「我們日本民族，幾乎可以稱得上是單一人種……這同一的日本人種，2千年來在同一地域共同生活，成長為民族」這點上，也和藤間等人是共通的。石母田正也說，日語乃是繩文時代以來固有的語言，比起稻作的發展和渡來人的影響，對日本民族的主體性更是重大的要因。[45]

1952年，日本史研究大會的開幕致詞是這樣說的：「曾經輝煌的民族歷史，現在卻沉淪為美國的殖民地，遭到他們的軍靴恣意踐踏……這自古以來優秀的文化，在民族不斷的覺醒中誕生成形，這樣的傳統屢屢將我們從絕望的深淵中拯救回來。」「脫離民族，就不能認定形成文化的主體」；抱持這種脈絡的歷史學家，將不根基於民族傳統的文化形容為「殖民地文化」。儘管藤間將東大寺的大佛舉為民族文化的典範，但也有人提出議論，認為「大佛是大陸文化的拙劣模仿，甚至將它貶為『污辱的紀念碑』」。[46]

不只如此，在這群人之間，「多民族國家」這個詞彙，幾乎不帶任何正面意象。當時對民族問題的模範解答並非多民族共存，而是民族自決。藤間把

「多民族國家」這個詞彙，當成是征服民族支配異民族的「世界帝國」的同義語來使用。藤谷俊雄形容現代的殖民地爭奪戰是，「原本是以單一民族構成國家的英國、法國、義大利等，隨著將其他民族的領土納入手中，變成了多民族國家、以及領有殖民地的國家，早就不是民族國家了」、「日本的支配者領有台灣和朝鮮，又從中國獲得租借地，於是日本便如同形成多民族國家般，成為領有殖民地的國家，從而漸漸堵塞了通往民主民族國家的道路」。在這種論述下，大日本帝國只是「多民族國家」，而將來日本所該走的道路，則是「單一的民族國家」。[47]

　　這裡必須留意的是，就跟「民族」幾乎被當成是「民眾」的同義語一樣，「單一」這個詞也經常被當作「團結」和「統一」的同義語來使用。日本代表性的國語辭典《廣辭苑》，到 1983 年的第三版為止，在舉出「單一」這個詞的用例時，使用的是「單一組合」，這是對勞動者的組織化以及團結賦予積極評價的用語之一。換言之，「單一」這個詞所代表的，並不必然是負面的意象，而藤間與藤谷的「單一民族」，若是以微言大義來翻譯的話，或許也能解讀成「民眾的團結」吧！順道一提，在《廣辭苑》對「單一」的用例中，首次出現「單一民族論」是在 1991 年的第四版，內容是以 1986 年中曾根康弘首相的發言為依據，用來解說排外的政治意識形態。從這裡可以看得出，「單一」或者是「大家團結一致」這種詞彙給人的感覺，在 1970 年代到 1980 年代之間產生了某種變化。

　　然後，被當作多民族國家的範例列舉出來的，無論現今或者過去都是美國。然而在當時，對革新民族主義的立論者而言，美國是人種歧視和帝國主義的象徵；美國的黑人問題，屢屢被他們當成是「多民族國家底下，少數民族如何遭到悲慘支配」的論題來強調。[48] 在日本，「多民族國家」開始被當成正面意義詞彙來使用，要等到美國少數民族透過民權運動，幾經曲折終於獲得身為「美國人」的權利，以及越南戰爭告終、反美基地鬥爭也幾近平息的 1970 年代後半了。

　　在 1977 年的對談集中，小說家金達壽對於日本歷史學輕視渡來人的存在一事提出了批判。據他所言，有不少歷史學者認為，若是描述渡來人的影響，「將會對日本人的主體性產生削弱」。不只如此，在關於古代日朝關係方面，「家永（三郎）先生的教科書在這部分完全是糟糕透頂，要說是皇國史觀也不為過」。[49] 很諷刺地，將「日本人」描述為單一民族、並寄望以此將人們團結起

來的歷史觀，卻和呈現出民族主義惡劣姿態的「皇國史觀」，變得極其接近。

　　當然，所謂單一民族神話有著形形色色的面向，革新民族主義這一面，也不過是眾多顯現出來的面向之一罷了。再說，即使高舉著身為單一民族的「日本人」旗幟，到底是不是真的就算「皇國史觀」，還是要看是否肯定侵略和鎮壓這個重大界線而定。在這個時期，之後作為單一民族神話批判而浮現的國內少數民族問題，幾乎沒有得到任何注目。在日的韓國、朝鮮人，比起被視為日本國內少數民族問題，更多被當成殖民地支配的戰後處理問題來看待；而他們也被認為，比起在日本國內共存，更渴望返回祖國。[50]另一方面，這時的日本經濟還在復興當中，所以對外國勞工流入之類的問題，完全沒有料想過。遭到否定為列島原住民的愛努族，其存在對革新民族主義來說，很可能會變成致命的阿基里斯之腱，但因為這畢竟是少數人的問題，所以幾乎不曾被觸及過。

　　然而，在位於「日本人」領域分界線上的人當中，還有一個重大的爭議點存在，那就是沖繩。


## 從「殖民地支配」到「民族統一」

　　在企圖讓日本國的居民擁有身為「單一民族」的自覺，以謀求統一之際，究竟什麼範圍內的人該被視為「日本人」，就成了一個非常大的問題。首先，朝鮮人和台灣人當然不被視為「日本人」，而愛努族幾乎遭到無視；但就算如此，沖繩是否該作為「單一民族日本人」的一部分，被納入統一的對象？關於這點，在50年代產生了重大的轉變。

　　誠如前面一再提及的，在1946年的時候，日本共產黨將沖繩人定義為受大日本帝國以「殖民地」方式支配的「少數民族」。可是如本章開頭所述，50年代中期以後，他們放棄了這種定義，轉而強調沖繩人是「日本人」，那些把沖繩人視為「非日本人」的論調，都是「美國侵略者一夥」的宣傳。

　　這種轉換的背後，其實有很多的要因存在。就國內政治而言，正如前面所見，敗戰不久後無論從哪個角度來看，都是保守派主張的歸還沖繩要求，已經因為保守政權重視對美關係、畏首畏尾之故，而逐漸轉移到革新派的手中。就國際上來說，沖繩在韓戰期間作為美軍的出擊基地，在那之後也成為美國注目以中國為首的東亞地區，最大的軍事據點；因此，蘇聯和中華人民共和國都支持將沖繩歸還日本，並對美國支配沖繩表示強烈批判。

　　就像這樣，在國內與國際間都存在著轉換的要因，可是影響最大的，還是沖繩本身的輿論急速傾向於復歸本土。原本共產黨的反美路線，在沖繩方面的復歸運動不得不高唱親美反共的 50 年代，並不見得就和沖繩輿論的主流那麼吻合。可是在這當中，遭到美軍以「共產主義者」強烈鎮壓的沖繩人民黨，在向本土尋求支援的過程中，漸漸與日本共產黨建立了深厚的關係。

　　就這樣，在左派扛起復歸運動重擔的時候，他們也應用了革新民族主義的思想。換言之，沖繩的復歸，被認為是遭到美軍分斷為沖繩和本土兩地的「日本人」，隨著民族統一合為一體的過程。

　　在將日本定位為亞非諸國的一部分、高舉殖民地獨立與民族解放鬥爭旗幟的革新民族主義思想中，沖繩和本土的分離，被比擬為朝鮮及中國的分裂。在這時候，朝鮮和中國已經分裂為走社會主義路線的朝鮮民主主義人民共和國與中華人民共和國，以及受美國援助的大韓民國及台灣。面對這種狀況，日本共產黨的定位是，韓國和台灣都是美國帝國主義的傀儡政權，在北朝鮮與中共成功解放韓國與台灣的民眾、達成民族統一之前，朝鮮與中國的民族獨立都不算完成。這樣的思維也延伸到後來的越戰中，對北越解放南越與民族統一的支持，不過這樣的邏輯論述，同樣也適用於沖繩。換言之，正如本章開頭的論文中所見，「美國侵略者一夥」即使在沖繩，也嘗試「透過設立獨立琉球國的傀儡政權來進行支配」，但在本土民主勢力的支援下，這樣的企圖被粉碎了；讓沖繩復歸，意味著沖繩民眾的解放，同時也意味著日本民族真正的統一，以及民族獨立的大功告成。

　　「復歸運動」或是「歸還運動」最喜歡使用的比喻之一，就是相對於隔斷朝鮮民族的 38 度線、隔斷越南民族的 17 度線，日本民族則是在北緯 27 度線，被硬生生分割成本土和沖繩兩個部分。每當舊金山和約生效的 4 月 28 日（被稱為「沖繩日」）和 8 月 15 日，本土和沖繩就會派出船隻，在這條「27 度線」的海上，舉行主張民族統一的集會。

　　1964 年的海上集會因為牽扯到本土的政黨對立，所以由社會黨系和共產黨系各自召開。共產黨系出版了一本記錄此次集會、名為《民族的吶喊》的小冊子，由東京的亞非團結委員會發行。1963 年，在坦尚尼亞召開的亞非人民團結大會（Solidarity Council of the Afro-Asian Countries）通過決議，對美軍支配「日本不可分割的領土沖繩」提出譴責，於是將沖繩復歸定位為「亞非民族解放鬥爭一環」的主張也愈發高昂。在這本小冊子中，記錄了頭上綁著「沖繩

縣解放」布條的人民黨委員長瀨長龜次郎，高呼「打倒將沖繩和祖國分斷、踐踏日本獨立的美國帝國主義，贏得沖繩解放與日本獨立！」的姿態。儘管「沖繩縣」是當時並不存在的行政單位，但這場集會卻以「沖繩縣解放國民大行進」為名，在小冊子的後記裡也訴求道：「要將美軍從被美國帝國主義軍事殖民地化、變成亞洲火藥庫的沖繩趕出去，並贏得民族的獨立。」[51]

當然，在這裡所謂「民族的吶喊」與「民族的獨立」，指的並不是「沖繩民族」的獨立，而是透過歸還沖繩所達成的「日本民族的獨立」。在這當中，直到「全島鬥爭」時期還偶爾可以零星見到的「沖繩民族」說法已經消失無蹤；復歸運動中若是提到「民族」，指的都是包含沖繩的日本民族。復歸運動喜歡演唱的歌曲〈把沖繩還來〉，就很清楚展現了這種「民族」的用法：[52]

> 打破堅硬的土壤　燃起民族怒火的島嶼　沖繩啊
> 我們和我們的祖先　以血和汗守護撫育的沖繩啊
> 我們要大喊　沖繩啊　我們的地方　沖繩啊
> 把沖繩還來　把沖繩還來

當然，這裡所說的「民族」也好、「祖先」也好，指的都是包含沖繩人在內的全體「日本人」，以這個「日本人」的概念為基礎，要求「把沖繩還來」。於是，成對照地，在將沖繩和日本定義為「同民族」的同時，美國的統治則被固定稱為「異民族支配」。

在這樣的背景下，即使在歷史學者當中，「沖繩乃是日本民族一部分」的見解也變成了主流定見。早在1952年，藤谷俊雄就主張，「（自太古以來），從東北到九州，再到更南方的奄美大島，以及現在被迫從日本分離的沖繩，使用的都是共通的言語，因此隨著共通的感情與心理，也產生了深厚的羈絆」；換句話說，「單一的日本民族」從古代就已經將沖繩涵蓋其中。另一方面，雖然政治流派不同，但在《舊金山和約》生效的次月，柳田國男在一場名為「海上之道」的演講中，也強調沖繩乃是日本的一部分。接著在次年、也就是1953年，《歷史評論》推出了沖繩史特集，不過它的論點基本上是延續戰前的日琉同祖論架構，主張沖繩人自古即是日本民族的一系分支；至於沖繩為什麼會被視為異民族，其實不過是因為薩摩的禁止同化政策，使得日本與琉球的差異日漸擴大，以及戰前的沖繩歧視所產生的偏見罷了。本章開頭所引用的《前

衛》論文也主張，沖繩人自古以來，即是「作為日本列島繩文式文化圈的一環，發展著同質的文化」，所謂「少數民族的偏見」不過是日本帝國主義助長下，創造出來的產物罷了。[53]

之後，這種否定「沖繩＝少數民族」的觀念，在歷史學當中便一直被當成定見流傳下去。歷史學者井上清在1957年表示「我們日本民族，基本上就是單一人種」，並且做出了以下的論述：[54]

> 沖繩人究竟是單一不可分割的日本民族一部分，還是說，他們並不是日本民族的一部分，只是到敗戰前為止擁有日本國籍、位在日本帝國內的少數民族？根據這個問題的答案，日本人對沖繩問題的方針，將會產生決定性的差異。沖繩人在明治以後，伴隨著日本現代的發展，雖然還濃厚地保留著方言，但是基本上說的話是和一般日本人共通的日語、和一般日本人有著共通的生活地域、在經濟生活上也已經成為日本經濟不可分割的一部分、還有著跟一般日本人共通的性格；換句話說，他們就是日本民族的一員，絕非彼此相異的少數民族。因此，現在沖繩被置於美國的統治下，乃是將原本理應單一不可分割的日本民族，毫無道理地分割為二；而從民族問題的角度來看，將沖繩置於美國的統治下，跟把四國或九州硬是從日本切割出來、交由美國統治，本質上並沒有甚麼差異。

最諷刺的是，這種將想要統合的對象區域比擬作「四國或是九州」的說法，和戰前在朝鮮、台灣同化論中屢屢使用的論調極其相似。井上更進一步批判說，德田球一委員長領導的共產黨發表的那篇「祝沖繩獨立」電文，是「完全搞錯了馬克思主義關於民族的理論」。井上如此說道：

> 之所以會產生這樣的錯誤，多少也是源自歷史的理由。沖繩人自與日本民族融合，還不到百年的時間，而且這種融合，並非出自於沖繩與本土在經濟文化發展上理所當然且順暢無礙的結果，而是天皇制權力對琉球王國侵略性的統合，並且在之後的一段時間中，還將沖繩是當成半殖民地進行剝削與壓迫。因此，有階級意識的沖繩人，才會基於這樣的理由，而陷入德田氏的錯覺當中。然而，這又是多麼悲劇的錯誤啊！

　　即使是在「天皇制權力侵略性的統合」下遭到「半殖民地式的剝削與壓迫」，只要結果是成為「說日本話、在經濟上彼此統合」，那麼就算「單一不可分割的日本民族一部分」了嗎？

　　之所以會做出這樣的定位，和井上為首的這群人當時對馬克思主義的理解有關。馬克思曾經認為，法國革命政府壓迫奧克語[55]等南法少數語言，是「歷史進步不得已必須付出的代價」。列寧也主張，隨著經濟結合的強化，蘇聯內部的少數民族非得漸漸地去學習俄語不可。史達林本身也是說俄語的同化喬治亞人，他認為民族的條件是言語、地域、經濟、文化的共通性，至於過去的歷史如何，則不需太過重視。[56]

　　這種對馬克思主義的理解認為，即使是一時遭到強權支配，只要結果能形成統一的民族，那麼對歷史來說，便是進步的必要之惡。石母田正就認為，俾斯麥雖然是以強權進行支配，但對促成德意志民族的統一與現代化產生了很大的貢獻，因此對他的評價很高。[57]藤間對於雖然身為天皇家一員、卻是民族統一英雄的日本武尊的評價，也是基於這樣的背景而產生的。

　　按照這樣的思路，他們一方面譴責戰前沖繩的歧視是一種將沖繩人視為「異民族」的舉動，但另一方面對於同化政策的批判，卻顯得相當薄弱。在1953年《歷史評論》沖繩史特集中，關於「對琉球的同化政策」是這樣評論的：「雖然使用掛牌之類的處罰來禁止使用方言，做得有點過分，不過，在和標準語（在沖繩稱為普通語）的強制普及相互配合下，成果便急速地浮現出來。過去動輒被本土人民視為異人種、強加歧視待遇的沖繩人也……不管在生活樣式或者事物的思考上，幾乎都和本土毫無二致。」換言之，在他們的評價中，統合雖然是強權性質的，但對民族統一仍然有著相當程度的貢獻。[58]

　　當然，這樣的轉換，必然伴隨著某種程度的扭曲。石母田正在1960年的沖繩論中，對於戰前日本對沖繩做出的種種歧視大加批判，甚至還說：「（受到這樣的歧視），縣民不想再當日本人，也不是什麼值得大驚小怪的事。」[59]可是，同時他又主張，「儘管如此，沖繩縣民卻不畏（美軍）鎮壓，高喊復歸祖國，那是因為他們自己的民族意識，已經和受到過去民族主義利用的時代截然不同，是一種和民主主義的要求結合、充滿自信的新民族意識」。同時，他也對日本明明和德國一樣是分裂國家，但本土卻對沖繩毫不關心一事提出批判：「『琉球』這個名詞，是代表著封建且半獨立的過往沖繩；相對之下，『沖繩』才是代表身為日本一部分的現代沖繩」。[60]

石母田正對於大日本帝國在沖繩推行的同化政策，做了這樣的描述：

　　我聽沖繩出身的朋友回憶說，當他在那霸中學就學的時候，只要在教室裡不講標準語、而是使用沖繩方言的話，每一次就要在胸前掛上一塊牌子作為懲罰。這讓我不禁想起了從前讀過的《居禮夫人傳》中，俄羅斯帝國治下波蘭學校的景象，同時也不由得重新思考，在現代民族形成史上扮演重要一頁的標準語，究竟是怎樣形塑出所謂的「國民」？

　　以自由、平等、博愛為標榜的現代法蘭西民族，也是對南法的普羅旺斯人採取了同樣的過程，才達成民族的統一。所以，要形塑現代民族，除此之外別無他法。

　　照石母田正的看法，大日本帝國的同化政策乃是民族統一的必要之惡；而他的這種沖繩論，其原型乃是來自他在 1952 年所寫的一篇討論東北地方與標準語之間關係的論文。[61] 在這篇文章中，他說：「東京方言驅逐東北地方方言的過程，就跟中央政府的壓抑與剝削一樣，讓熱愛著熟悉鄉土語言的東北人感到驚恐不已。」他形容，東北就是「天皇制與獨占資本底下的一處殖民地」。而這樣的東北，其實正是他的故鄉。

　　自己就是「殖民地」出身、深知文化剝奪痛苦的石母田正，為什麼會對沖繩的同化政策抱持肯定的態度呢？在此他引用了馬克思的這樣一段話，來反駁擁護地方語言的木下順二：「國民公會的鐵拳讓南法居民開始變成法國人，並且作為從他們手中奪走民族性的補償，給了他們民主主義。」

　　正如南法是法國的保守地區般，在石母田正眼中，東北也是受到「最古老形式的封建制」所支配的落後地區。那裡在明治維新時是佐幕派的核心據點，戰前是「『忠良』健壯步兵」的供給源，戰後也是保守黨議員輩出，可謂「反動與反革命的據點」。他說：「為此我總是感到顏面無光，不由得對那些即便是 3 歲小兒，也能高唱『自由民主誕生之地』童謠的土佐出身同學感到欽羨萬分。」

　　石母田正說，東北在現代日本當中，是最能體會強權支配下的現代化，也就是馬克思所說「歷史發展的殘酷」的地方。因此他說：「天皇制絕對主義對封建東北的征服與支配，可說是極其苛酷……維新以後，東北脫離封建下的孤立，投入形成統一日本國民的偉大進步運動當中；不用說這為解放東北創造了

條件，光是促進解放這一點，就已經是偉大的歷史進展了。」接著他又主張：
「讓東京方言成為全國的標準語……乃是讓孤立割據的封建日本，形成統一國
民的必要條件。」他對沖繩的見解，其實不過是這種論述的延伸罷了。

這些學者為了尋求從「美國帝國主義」當中獲得獨立與解放，而高舉擁有
單一文化和言語的「日本人」這面旗幟。然而，若是這種追求必須伴隨著強權
支配下的同化政策才得以實現，並且為此必須將對周邊地區的支配當作是「解
放」來加以肯定的話，那他們所高呼的民族獨立、以及從支配中獲得解放，究
竟又有什麼意義？對於這點，他們始終不曾做出回答。

## 作為民族統一的琉球處分

在這些歷史學者當中，對於沖繩有一個爭論的焦點，那就是究竟該如何定
位琉球處分？

正如前面已經看到的，敗戰之後不久產生的沖繩獨立論，其前提有二：一
個是沖繩人乃是異於「日本人」的少數民族，另一個則是沖繩原本是獨立國，
是在明治以來才受到大日本帝國侵略的歷史觀。換言之，琉球處分乃是侵略，
這樣的歷史觀正是獨立論的前提，而這與標榜民族統一的復歸運動是絕不相
容的。

不只如此，復歸運動在對外也不能主張琉球處分是侵略行為。之所以如
此，是因為如第十八章所見，1943 年的開羅宣言中，除了主張讓朝鮮、台
灣、滿洲獨立或歸還中國以外，也指明要將日本從「以武力或貪欲所攫取之土
地」驅逐出境。這裡所謂「以武力或貪欲所攫取之土地」因為沒有明示地名，
所以是否包含沖繩在內，就和對於「琉球處分是否屬於侵略」的解釋密切攸
關。換句話說，琉球處分若是侵略，那麼日本要求歸還沖繩，在國際上就喪失
了依據，這對復歸運動而言，是生死存亡的大問題。所以從結論來說，同化政
策也好、琉球處分也好，儘管都是由強權所推動，但都屬「由上而下的民族統
一」，也都對歷史進步有所貢獻，因此並非侵略——這樣的歷史觀，於是成為
了主流定見。

在這方面，此種歷史觀也同樣是以戰前的日琉同祖論為基礎。在 1953 年
《歷史評論》的沖繩史特集中，沖繩歷史學家金城朝永就引用伊波普猷的話，
主張「（琉球）廢藩置縣是一種奴隸解放」；他論道，「對於廢藩置縣這種新

制度抱持反對態度的，主要都是與王府有關係的上層支配階級」。[62]雖然這種歷史觀，之前已經存在於人民黨等沖繩方面的復歸論者當中，不過在這時候，則更進一步得到了歷史學賦予的權威背書。

1957年，同樣是《歷史評論》刊載的沖繩史特集企畫，為之後直到60年代的復歸運動歷史觀奠定了原型。由沖繩出身的歷史學者新里惠二為中心編纂的這份特集，主張「沖繩人在人類學上是日本人的一個分支，其言語就語言學來說也是日語的一種方言」，薩摩禁止沖繩和日本在言語文化上同化，是「對正常民族意識成長的重大阻礙」，反對廢藩置縣的是琉球王府的保守士族，「開明士族則對『合併』相當歡迎，農民也是一樣，對明治政府的新制度，毋寧說是抱持著深切的期待與盼望」。這些學者對琉球士族的評價極低，對這些士族，他們是這樣批判的：「置縣處分以後，有舊王府背景的前代高層、特權支配階級中，保守退廢之輩依然眾多，他們期待清朝的協助，事事和政府的政策起摩擦。」[63]

當然，即使是新里等人的歷史觀，對明治政府的政策也不是全然肯定的。他們抨擊的重點，主要是本土方面把沖繩人看成「異民族」的態度，以及其他府縣的「差別待遇」和「晚娘面孔」，還有優遇琉球王府士族的舊慣溫存政策。他們對這些政策導致的經濟苦境、以及冷落沖繩出身者的人事行政等，提出強烈的批判。另一方面，他們也做出了這樣的定位：「在沖繩置縣以後的政策當中，最具成果者乃是教育。」他們認為，「在年輕世代當中……毫無罣礙地認定自己是日本人的人，不斷在增加當中」，因此給予教育很高的評價。按新里等人的說法，「『同化』為『日本人』的過程，同時也是集結受到壓抑、彼此分散的日本國民，排除民族偏見，將沖繩縣民視為同胞，一同排除老舊事物的意識，確實成長起來的過程」。[64]

在這種歷史觀下，本土方面存在的、將沖繩人視為「異民族」的態度，乃是支配者刻意向人民灌輸偏見所致。諸如薩摩為維持琉球王國框架、以獲取利益的同化禁止政策，以及明治政府用來懷柔舊士族的舊慣保存政策，都是明顯的例子。在戰前沖繩的運動當中，琉球士族的琉球救國運動，以及追尋特別自治的公同會事件，都被定位為保守士族的反動行為。與之對照獲得讚賞的，則是農民出身的謝花昇（參照第十章）為了成為「日本人」而進行的參政權請願。它們認為謝花昇的運動，是從權利面推進沖繩國民統合的先驅，因而給予極高的評價；而因為據說謝花昇曾經和中江兆民與幸德秋水等人交流，所以史

家們也稱這項運動為「沖繩的自由民權運動」。

本土自由民權運動與謝花昇之間有所交流的說法，是出自戰前自費出版的大里康永《義人：謝花昇傳》一書。大里是一位從事睦鄰運動（Settlement movement）的社會工作者，他所活動的區域是朴春琴（參照第十四章）的選舉地盤深川，也是朝鮮和沖繩勞工飽受歧視與貧困之苦的地區。他在這種狀況下，寫下了這本將追求沖繩與本土間制度平等的謝花昇形容為「義人」的書。

事實上，由謝花昇自己寫下、關於參政權問題的原始資料，幾乎現在都已不存，所以謝花昇究竟是抱持著怎樣的思想對議會進行請願運動，至今仍然不明。只是，大里在書中曾經多次這樣表述：「讓沖繩獲得參政權，並不單單只是要求獲得選舉權，更是要將藩閥政府任命的『總督』奈良原逐走，從而廢棄總督式政治。」因此，我們或許可以推斷，大里在 1935 年初版的這本書中，將當時朝鮮、台灣的爭取參政權運動，和謝花昇的身影重疊了。[65]

謝花昇的運動在復歸運動中急速受到矚目，戰前自費出版的這本大里《義人：謝花昇傳》，也在 60 年代重新再版。正如後面第二十三章會提及的，隨著對復歸運動的疑問萌生，對於謝花昇的評價也再次遭到質問，而大里說他和本土自由民權運動曾有交流，這種說法的可信度也相當值得存疑。我們若是想到第十三章中提及，日本方面曾經將台灣議會設置請願運動與自由民權運動相比擬，那麼大里將謝花昇的運動與自由民權運動相結合，或許也是受到時代的影響吧！

這樣的沖繩史，特別是對琉球處分的定位，在當時並非看不到反駁；井上清和新里的論爭，在日本史領域就相當有名。正如前述，井上對於把沖繩人當做少數民族的觀點抱持批判態度，但對於琉球處分，他抱持的前提是「琉球雖小，但自古以來便是獨立國家」，所以主張「明治政府對琉球的合併，毫無疑問就是侵略」。[66]

新里雖在 1957 年就對井上的見解提出反駁，不過 1963 年由他和比嘉春潮、霜多正次合著、岩波新書出版的《沖繩》一書，則對井上做出了更徹底的駁斥。在這本書中，他們再次強調沖繩人不論在人類學、語言學、考古學上，都是日本民族的一部分，將他們視為異民族，是薩摩禁止同化以來流傳下來的偏見。同時，他們也主張，「反對琉球處分的是琉球的支配階層」、「人民說起來並不怎麼反對，就客觀意義上來說反而是種解放」。另一方面，針對井上的見解，他們則是主張，琉球自從薩摩侵犯[67]以後，就已經不是獨立國家，

是故，「在日本作為現代國家的統一過程當中，它不過是和其他藩一樣，作為『沖繩縣』被納入版圖中罷了，根本不能說是『侵略性的合併』」。[68]

這本《沖繩》，強烈反映了這個時代革新民族主義的色彩。換言之，「沖繩歸還祖國，是全民族的課題」。儘管「沖繩縣民為了防衛祖國而付出的犧牲，並不遜於其他任何日本人」，但是「國民對於沖繩的認同與歸屬感」卻很薄弱。之所以如此，是因為「日本的民族主義，亦即民族的認同歸屬感很薄弱」之故。按照這種邏輯，將沖繩視為「異民族」，是日本民族意識不成熟、以及支配者政策下所導致的歧視；「琉球人」是歧視用語，應該要用「沖繩縣人」這種稱呼才是正確；「『琉球』這個詞彙，原本就不是沖繩本來的名稱，是中國人冠上去的名字」。[69]至於對戰前的舊慣保存政策加以批判、以及對謝花昇的參政權運動加以讚揚，那就更不在話下了。

新里等人之所以一直強調沖繩是日本的一部分，其背景不只是前述的政治因素，也是因為日本社會對沖繩的不理解和偏見。《沖繩》一書中，就舉出了這樣的例子：1954 年，路過沖繩的日本社會黨訪蘇使節團長曾說：「沖繩有日文報紙嗎？」前首相蘆田均還說：「沖繩土人在戰前都是吃椰子、打赤腳過日子，現在拜美國之賜，才能過著比較好的生活，不是嗎？」至於一般常見的偏見，則包括了「沖繩和琉球是同樣的地方嗎？」、「離菲律賓很近嗎？」、「教科書是用英語嗎？」、「明明是沖繩（出身），日語卻講得很好呢」；除了諸如此類的話語以外，也有人問，「沖繩人在人種上，真的是日本人嗎？」新里說，他曾經有過這樣的經驗：當他在敗戰之後不久就讀於本土的舊制高中時，曾經被同學問到：「沖繩的原住民過著怎樣的生活呢？」當時他馬上就回應說：「我就是沖繩的原住民，你覺得我跟日本人有什麼不同嗎？」，然後大大陳述了一番「沖繩人＝日本人論」。為了對抗對沖繩的偏見，日琉同祖論是必要的；而這種狀況即便到了戰後，也一點都沒改變。[70]

當時在本土，一般對沖繩理解和關心的程度，不過是相當於遙遠異國的層次罷了。對沖繩發生了怎樣的人權侵害，他們所付出的關心，也不過是跟對韓國和台灣的人權侵害差不多而已。是故，對復歸運動而言，如何將本土的關心，從「國際新聞」提升到「國內新聞」的層次，就變成相當重大的課題。為此，他們非得強調沖繩是「日本」的一部分、「同樣是日本人」不可。沖繩方面也屢屢使用「牽一髮而動全身」這種國家有機體論的比喻方式，來喚起本土方面的關心。

　　作為當時沖繩問題的寶貴入門書，新里等人的這本《沖繩》廣泛獲得了各界的接納。井上清不久後也修正了自己的見解，此後復歸運動的歷史觀，幾乎就是依循著這本書所陳述的路線一路走下去。這種傾向一直延續到對復歸運動萌生疑問的 60 年代末期。

　　在這個時期，戰前將朝鮮和台灣人「日本人化」的行為被視為是一種歧視，但另一方面，對沖繩的歧視，卻是將他們從「日本人」的範圍中排除出去。1966 年發行的《現代日本的歧視》一書，就對戰前「抹殺朝鮮人的朝鮮意識的政策」、「強硬灌輸自己是日本人觀念的政策」大加抨擊；然而在同一本書中，卻說「支配者一方，或明或暗地灌輸『沖繩人不是日本人、沖繩縣民雖是「日本國民」，但和其他府縣的人就是有所不同』這樣的思想，直到現在也依然如此」、「好比說，他們故意把沖繩縣稱為『琉球』，將沖繩縣民稱為『沖繩居民』或『琉球人』，指本土則是刻意用『日本』或是『內地』來稱呼；簡單說，就是意圖將沖繩偽裝成像是日本之外的另一個獨立國（或者是與『內地』相對的『外地』，亦即殖民地）之類的」。不只如此，在這本書中也強調，「作為日本人的沖繩人民復歸日本，作為日本固有領土的沖繩縣歸還日本，乃是回復原有的樣貌」；若是沖繩不復歸，則「日本就不算達成真正的獨立」。[71] 在這種復歸運動的論述下，琉球處分當然不是侵略，只是回復「日本原有樣貌」的一種復古罷了。

## 成為批判用語的「琉球獨立論」

　　即便在這種大勢所趨之下，仍有人對新里歷史觀提出反駁。這個罕見特例便是新聞工作者森秀人。1963 年，森氏寫了一篇針對《沖繩》的書評，他在文中強烈批評道：「從人民的立場來看，靠著日本軍隊出動才首次得以實現的沖繩合併，乃是一件可喜之事──對於這種奇妙的民族主義史觀，我恐怕到死都無法接受吧！」森氏也說，繩文式土器存在沖繩的說法是「民族主義史家」的宣傳，「是人為的、意圖為『沖繩人自古即是日本民族』尋求立證的極端政治民族主義者」所捏造出來的學說。他主張，沖繩直到明治政府的侵略為止，都是一個獨立國家。[72]

　　森氏之所以這樣主張，其背景與當時左翼運動中共產黨的存在問題密切相關。正如前述，共產黨的民族統一路線將日本定位為美國的從屬國，因此應以

反美鬥爭和民族獨立為優先，並在當下謀求與日本內部民族資本家的合作。可是，隨著急速的經濟成長，復興的日本資本已經開始踏足亞洲，將日本和亞非諸國一樣定位為從屬國的說法，也喪失了說服力。不只如此，激進派的學生組織從50年代後半開始，因為無法滿足於共產黨的路線而開始分離，而和之後的新左翼相互連結、形成潮流；於是，在這個時期，共產黨在日本左翼運動中的領導力，也隨之籠罩上一層陰影。話說回來，森秀人從很早以前就已經開始採訪沖繩的甘蔗栽培實態，他一方面控訴本土資本對沖繩勞工的剝削，另一方面也反對那種將反美鬥爭放在比和日本資本鬥爭更優先地位的方針。

　　根據森氏的說法，日本共產黨和與之合作的沖繩人民黨，其所謂的民族統一路線，充滿了「人種上的偏見與民族主義的傾斜」；「沖繩人民遭到日本獨占資本侵犯，結果陷入非人慘狀的事實遭到隱蔽」，只將沖繩人民的怒火「集中到反美鬥爭上」；放眼望去，盡是「為了將復歸運動合理化，而將日本描寫成民主烏托邦的宣傳」。他更進一步指出日本共產黨與沖繩人民黨在敗戰之後並沒有高舉復歸運動路線這一事實；為了沖繩解放，重要的並不是沖繩人到底是不是「日本人」，而是「否定一切國家、否定一切階級支配，並以此創造出真正的國際主義」。[73]

　　對於森氏的意見，新里的反應相當激烈。他說，沖繩有繩文土器的發現已經是定論，而琉球王國是獨立國家的說法，就跟「『獨立的滿洲王國存在』一樣，根本是胡說八道」、「我很難相信有哪一個正經的沖繩研究者會想跟森某人就學術進行討論的？他也未免太瞧得起自己了吧！」言談之間毫不客氣。接著他更進一步，對森氏的思想提出批評：[74]

　　　　列寧曾經在〈論大俄羅斯人的民族自豪感〉一文中說，俾斯麥主導的德意志民族統一，是「將分散的德意志人統一，助長了經濟發展」，因此是「進步的歷史事業」。馬克思也說，中世紀末北法民族對南法民族的鎮壓，不應該稱為「可恥與不當的行為」。

　　　　從歷史的整體來看，在嚴厲批判明治政府對沖繩政策的同時，也清楚認知到置縣處分乃是歷史之必然，這種立場的正確性，對談論日本革命的人而言，乃是不證自明之事。

新里更進一步說：「森氏所高唱的『否定一切國家、否定一切階級支配的

真正國際主義』之類論調，不過是痴人說夢的革命理論罷了；對我們而言，真正必要的是將日本這個特定民族國家的國家權力，奪回人民的手中。」

新里將對森氏的反駁文，題名為〈極度不負責任的發言——森秀人是琉球獨立論者嗎？〉、〈琉球獨立論者的『胡言怪論』——對無知且誇大其詞的挑釁者森秀人的批判〉；由此可知，在這個時期「琉球獨立論者」已經變成了批判用的形容詞。隨著共產黨的路線轉換與復歸運動的進展，「琉球獨立論者」這個詞，也被當成是將沖繩視為「異民族」的「歧視論者」，或是追隨美國意圖分裂民族統一戰線、擁護「傀儡國家」的「賣國奴」的同義詞來使用。

這場新里與森的論爭，隨著沖繩人民黨前中央委員國場幸太郎的加入，逐漸發展成對復歸運動路線質疑的議論。國場曾因為在運動路線上和瀨長龜次郎為首的人民黨主流派對立而退出了人民黨。

和森氏不同，國場重視將沖繩視為少數民族的觀點遭到美方利用的經驗，所以對過去的民族統一戰線路線也有相當正面的評價。只是國場也認為，本土有件必須面對的事實，那就是「在美軍占領統治的沖繩底下，根本沒有這樣的『民族主義』運動型態存在」；「現在，我們必須從唯心論的『民族主義』蛻變出來，並確實掌握住階級性與國際性」。接著他又說：「我認為，單單將日本革新政黨的綱領機械式地移植到沖繩，或是將日本革新政黨的某種模型硬套到自己身上，是無法達成這種任務的。」新里等人利用強調沖繩人是「日本人」的民族主義來推動復歸運動，但國場的看法是：「這只是把沖繩問題的重點，放在民族統一這種資產階級民族主義的課題上，從消極的考察結果，產生而出的情緒性民族主義偏向罷了，距離眼前的實踐課題，可謂遠之又遠。」[75]

只是新里對於國場的意見同樣嚴厲地加以抨擊：「您所提出的理論，在政治上不只毫無建樹且有害，在科學上也是充滿謬誤。」根據他的說法，沖繩不是美國殖民地的見解，結果只是低估了美國對沖繩的奪取，換言之即是「美帝主義的『免罪論』」。[76]簡單說，新里是深陷在一種「破壞運動團結者即是通敵內奸」的世界觀當中。

從新里對森和國場的反駁中，可以看出讓他最感焦慮的，就是森和國場雖然批判民族統一戰線路線，卻「一貫地沒有展現出任何實踐性的結論」。從新里的角度來看，若是批判復歸運動，不就等於是把沖繩置於美軍的支配下不理嗎？在當時，「全島鬥爭」與60年代安保鬥中的熱度一度冷卻，運動也陷入了停滯期，在《沖繩》一書中也寫到，1962年4月在東京召開的「要求歸還

沖繩國民大會」，甚至連5百人都聚集不到。[77]在這種狀況下，強調沖繩人是「日本人」，至少可以稍微提高一般民眾的關心；對於不斷致力推動消除歧視與復歸運動的新里而言，那些沒有提出具體替代方案的單純批判，實在是令人焦躁難耐。他之所以形容森氏的主張是「癡人說夢的革命理論」，或許也是這種焦躁感的展現吧！

從50年代到60年代，認為沖繩是「日本人」的一部分、復歸運動是民族統一的見解，伴隨著與之相呼應的歷史觀，形成了確切的定論。在這當中，指出沖繩和本土的對立、以及琉球處分侵略性的主張，都被認為是將沖繩視為「異民族」的歧視觀點，以及私通美國帝國主義的「琉球獨立論」。這種論調不久後，也對沖繩內部的動向與意識產生了影響。

第二十二章
# 1960 年的方言牌
## ──戰後沖繩教育的復歸運動

談到沖繩復歸運動，就不可不提沖繩教職員會。在教職員會中，不只屋良朝苗和喜屋武真榮這些復歸運動的核心人物輩出，在 50 年代到 60 年代，它也是支撐起整個復歸運動的組織。

在這章中，我們將探討沖繩教職員會推行的「國民教育」運動。正如本章所述，這項運動原本是基於前章所提到的革新民族主義思想，為養成作為「日本人」的自覺，而由本土的日教組在 60 年代開始推行的運動。可是，當它進入一直以來對「日本人」意識都很微妙的沖繩時，便開始呈現出複雜的樣貌。而這項運動，也刻畫出了在復歸運動中，「日本人」這個詞彙究竟代表了什麼意義。

## 作為復興活動一環的復歸

沖繩的戰後教育，乃是從極度荒廢當中重新開始。因為沖繩戰役，喪失了 80% 的校舍，殘存的教室也只有極少數耐得住使用。教科書、筆記本、文具等全都付之闕如，只好輪流閱讀燒剩的教科書，在沙灘上用手指寫字教課；這些事情即使到現在，依然是大家談論的話題。

不只是設備面，教職員的損失也很慘重。在沖繩戰役中，約有 1/3 的教師死亡，特別是青壯年層的犧牲相當慘重。不只如此，對身為公務員的教師來說，日本行政單位「沖繩縣」的消滅，也就意味著薪金來源的喪失。之後雖然美軍政府有提供薪水，但金額不過是服軍事勞役者的半數而已。因為不能保證生活，再加上激烈戰爭後的生活困苦，在戰後 8 年間，沖繩本島的教師中，退職轉業者高達 57%。師範學校瓦解、也無法前往本土留學，因此教師的缺額

只好由短期育成設施等的畢業生來填補。[1]

　　儘管面臨這種狀況，美軍對教育的態度還是一派冷淡。儘管沖繩方面屢屢提出增加教師薪水與重建校舍的要求，但美軍除了些微的增額以外，其他就都以「這是不合理的預算增加」為由拒絕了。雖然靠著居民的捐助，總算是改善了校舍，但在 1951 年的時候，永久校舍也不過占了全體的 1/4，其他將近 7 成都是靠著美軍提供的帳篷蓋起來的臨時校舍，甚至還有 7% 的兒童必須在露天下授課。[2]

　　說到底，美軍本來就不信任這些教師。在占領前的調查中指出，沖繩的教育極力在灌輸國家主義；因此，據某位初期軍政府當局人士的說法，「（這些教師）都是從狂熱的大日本帝國宣揚者中選出來的。是故，不管是何種學校，軍政府當局對於重建學校的許可都感到相當猶豫」。首先，儘管美軍在嚴禁「軍事訓練及謳歌日本的教育」條件下，允許教育的重新開始，但根據當時的當局人士所言，「雖然制定了規範，但因為言語上的困難，要調查教師們在教室裡到底憑自己的意思教了些什麼，根本是不可能的事」。[3] 為這些可能推行反美教育的教師以及校舍撥出預算，對美軍而言實在興致缺缺。

　　美軍一方面禁止日本教材，另一方面因為希望透過教育，讓人們重視琉球認同以及對美親善，所以考慮編纂沖繩語的教科書，但美軍對初等教育畢竟沒什麼熱忱，所以這項教育方針也沒有充分地獲得實現。在初等、中等教育方面，雖然戰後初期禁止從日本輸入教科書，不過美軍也沒有編纂取代用教科書的能力和熱誠，所以教科書在 1948 年後，還是由本土輸入沖繩。對美方而言，最簡單能夠做到的，就是設置少數培育當地親美菁英的高等教育機構；所以他們一方面任由初等教育荒廢，另一方面又在 1951 年便已開設了琉球大學。

　　了解沖繩戰後教育的這種狀況，對了解沖繩教職員會為何會成為復歸運動核心這件事，具有重要的意義。當地居民的努力已經到達了極限，不管是校舍或設備，還是教師的薪金與待遇，都和經濟持續成長的本土之間有著明顯的落差。在這種狀況中，教師們的復歸運動，便首先以教育環境改善運動的面貌登場了。

　　話說，若是提到沖繩教職員會的復歸運動，就不能不提身為首任會長，同時也是復歸期成會會長的屋良朝苗。屋良出生於 1902 年，他先是在沖繩擔任教師，不久之後前往台灣的台南二中和台北師範學校就任，並在那裡迎接敗戰。沖繩出身、前往台灣就任的教師為數不少，這些教師成為台灣教化的支

屋良朝苗

柱，而屋良也是其中之一。

不過，光從回憶錄來看的話，負責理科教育的他，並沒有過分勤於推動皇民化教育的痕跡。相反地，他對台灣印象最深刻的是，在日本的支配下，學生因求學與就業之路都被封閉，陷入萎縮與自暴自棄中的模樣。戰後的沖繩也是這樣，即使從學校畢業，也沒辦法前往日本本土繼續就學，只能去從事軍方的勞役；這種毫無未來的狀態，一直持續著。屋良在之後的復歸運動中就表示，他對於沖繩的青年「處在殖民地的狀態下、失去希望、陷入頹廢的生活」深感憂懼，這恐怕有一部分是反映了他在台灣的經驗吧！[4]

從台灣返鄉的屋良，面對沖繩的荒廢，以及同輩的中堅教員大多死亡的狀況，不禁為之愕然。他以高等學校校長的身分，致力於沖繩教育的重建；1950年，在群島選舉中當選的復歸派知事平良辰雄拔擢下，他就任為文教部長。

成為文教部長之後，屋良最優先的課題，不用說自然是重建校舍與改善教師待遇。這時給予他重大刺激的，是他在1950年因為教育指導者講習會，前往日本本土見習一事。本土的復興以超乎想像的程度在進展，為此大感震驚的沖繩教育界人士，在同年夏天召開的返鄉座談會上，做出了這樣的發言：「（在本土），就算專心投入教職，也可以享有基本俸給、過著舒適的生活，這在沖繩是想都不敢想的。」屋良回想起來也說：「那種落差實在太驚人，讓人一想到沖繩的現狀，就不由得為之感嘆。」[5]戰前不斷努力，好不容易終於縮小了和本土間的落差，結果現在又拉開到了超乎意料的距離——這種震驚，是驅使他們展開「向本土看齊」的教育環境整頓運動的一大要因。

只是正如前述，美軍的反應完全就是一派冷淡。根據屋良的回憶錄，當他要求設置足以「看齊本土」的校舍時，美軍的負責人是這樣回答的：「因為本土有這樣的校舍、所以在美國這邊的我們，也應該要比照辦理——這種模仿人家的行為，並不是民主主義。所謂民主主義，就是做和自己本分相應的事。」[6]不只如此，美軍還主張，若要學習民主教育，那不必經由日本，只要直接跟美國人學習就好了，因此應該中止前往本土進行講習視察的制度。

就在無法期待美軍的狀況下，1951年2月，屋良試著透過受邀前來沖繩參加琉球大學創校儀式的日本政府文部政務次官，向文部大臣進行陳情。陳情內容除了援助校舍重建和維持講習制度以外，還有另一項讓在戰前有累積年資

的教師很關心的事，那就是退休金的支付。在前述的教育講習視察團返鄉座談會上，「只要日本政府不恢復行政權，領取退休金就很困難」，這件事也引起相當的注目。[7]

在這種狀況下，1952 年 1 月，全島校長會議做出決議，要求復歸日本。接著，當親美派的行政主席接手平良的位子後，屋良也從文教部長的職位上退下來，並擔任 1952 年春天成立的沖繩教職員會會長。他重新組織了自舊金山和會以來便處於解體狀態的復歸期成會，並且開始了巡迴日本各地、募集重建校舍基金的運動。

在這之後，屋良便率領教職員會，成為復歸運動的領導者；可是就他的情況來說，他對「祖國」的感情，其實也並不算那麼單純。1951 年 3 月，屋良擔任文教部長時，在群島議會上曾經這樣說：「（沖繩）在歷史上雖然有時號稱是獨立，但其實都是處於從屬支那、或是從屬日本的悲慘狀態之中。」然而另一方面，當他在 2 個月後向日本政府文部政務次官提出請願書時，卻這樣寫著：「沖繩的年幼學生們……全都深深懷念著母國。」並向對方提出要求，希望給予沖繩「看齊本土」的援助。[8] 他在面對本土政治家、高唱「懷念母國」的同時，在面對沖繩自己人時，卻用「悲慘」來形容「從屬於日本」的歷史；這樣的態度，實在不能用單純的「復歸傾向」一詞籠統概括。

屋良在 1968 年的訪談中，這樣描述了復歸期成會的組成經過：[9]

我在擔任文教部長的時候，就認為沖繩的教育，應該要置於國家（日本）的義務與責任之下才對。沖繩在重建因戰災毀壞的校舍這一目標上，完全無從著力……教師們的生活改善、薪俸過低，也都是相當重要的問題……於是我們發行了幾十萬份教育報，準備開始推動向本土全國陳訴沖繩狀況的大運動。但是，若要推動這樣的運動的話，單單只是訴求校舍重建是不夠的。所以，非得發動復歸運動不可。而若要推動復歸運動的話，那就必須要建立起組織才行，所以我們便十萬火急地，組成了沖繩縣復歸期成會……這時期的期成會，是以教職員會為中心，再加上青年團協議會、PTA（家長會）聯合會、婦女聯合會，4 個民間民主團體所組成，並沒有政黨介入。

從這裡可以發覺到，是因為校舍重建和教師待遇改善等事項有賴本土的援

助，所以他們才「非得發動復歸運動不可」。姑且不論他們是怎麼意識到要把復歸運動當成整頓教育環境的手段，至少有一點很明確，那就是他們並非出於單純對日本思慕的動機而已。

對於在這種情況下展開的復歸期成會，似乎也有政黨提出要求想參加，不過屋良卻以「想法上有所不同，恐怕會引起糾紛」為由拒絕了。當時，把復歸放在最優先的是人民黨，不過正如第二十章所述，這時候的屋良主張和美軍攜手合作，在1952年也表示要「在美國的協助之下，堅持自由主義的意識形態」。[10]既然復歸運動是把教育環境改善放在最重視的立場上，那麼會迴避不必要的意識形態對立，也是理所當然的事。

不只如此，1950年代復歸運動的要求是，若不可能全面歸還施政權，那至少歸還部分民政部門的行政權，特別是教育權就好，簡單說就是有限定的要求。1951年10月屋良擔任文教部長時，沖繩臨時部長會議對美軍的要求，也是在沒有觸及其他施政權歸還的情況下，特別提出了「在教育及文化方面，全面性受日本政府對其他府縣等同的監督、指導及援助」這一項。對此，美軍方面的回答依然是一派冷淡：「將沖繩文教部納入日本文部省直轄下是不可能的，沒有必要再多加議論。」不過從這裡也可看出，在復歸運動中，教育權的歸還打從一開始便受到重視。[11]雖然是再次重申，不過還是要說，就算運動是以「懷念母國文化」的形式表現在外，但實質上是與校舍重建以及教師待遇改善的問題密切結合的。

另一方面，美軍在因土地問題導致沖繩全境激烈反彈的1954年，終於認真開始著手重建校舍。可是，沖繩和達成高度成長的本土之間，那種落差完全沒有縮小。在本土已經確立原則，義務教育中的教師薪金，其中一半將由國庫來負擔，在60年代也已經實現教科書的免費提供與營養午餐的徹底實施。然而，沖繩教職員會到1965年還在陳訴，學校備品的充足率只有文部省標準的2成左右，教師實質的薪水也只有本土類似縣的2/3而已。[12]在這種處境中，屋良於1954年，因為美國民政府的壓力而辭去復歸期成會長的職務，在60年成為新組成的沖繩縣祖國復歸協議會長，並以教育費獲得期成會會長[13]的身分，反覆不斷向日本政府陳情。

復歸運動在教育方面最重要也最為人知的成果，是琉球政府於1958年公布的所謂「教育四法」。這項法令在1956年經琉球立法院議決通過，之後在美國民政府的意向下廢案，但在之後又歷經第三次的議決，終於得以公布實

施。這項法案最重要的關鍵，是在教育基本法的前言中插入「作為日本國民的教育」這樣一段話。在當時的沖繩固不用說，即便在「沖繩縣」這個行政單位已經消滅的本土，這也是唯一一項明述沖繩人是「日本人」的法令。

可是，這項「日本國民」的規定，是否從戰後一開始就被熱切期待，實在難以判斷。在教育四法以前實施的沖繩教育基本條例中，作為對象的居民不是「日本國民」，而是被規定為「沖繩人」。當 1951 年 3 月此條例在群島議會審議之際，身為文教部長的屋良在說明條文時，也說這只是「將日本教育基本法中的國民，改為沖繩人而已」。而對於這一點，以屋良為首，與會的所有人都沒有表達任何疑問或異議。[14] 群島議會議場上的眾人，對於採用「沖繩人」這樣的規定，似乎並不特別感到有問題。

至於在 1950 年代後半，追求「日本國民」這種規定的理由，則是在與美軍壓力對抗下，在精神意義上強調自己身為「日本人」的明確自覺下的產物。當然，這種精神意義上的強調應該也很重要，不過同時，和屋良一起率領教職員會與復歸運動的喜屋武真榮則說：「迄今為止，琉球政府對日本政府做出了許許多多的陳情，可是總是遭到對方的迴避；對方總是用『這樣是干涉內政』、或是『沒有任何法令可以證明沖繩人是日本國民』之類的理由，來把我方的要求擋回去⋯⋯故此，當教育基本法立法以來，各部會對沖繩的援助，才有了依據得以行事。」這項規定在和本土保守派政治家的交涉上似乎也很有用，比方說屋良自己在 1958 年，為了建設教職員會的活動中心而展開募集援助的交涉；當自民黨的文部大臣看到主張「日本國民」的這條條文時，當場感動不已，之後也借助自民黨的力量，壓下了財政官僚反對的聲音，成功獲得政府方面的補助。1965 年教職員會發行的刊物中也要求，「相對同樣是在教育『日本國民』的日本人教師，至少我們的教育給付也該由本土政府來負擔」。[15] 這項教育基本法，雖然只是被日美兩國定位在「既是日本人，又非日本人」位置上的沖繩居民，在自己的權限內，以法律自行規定自己是「日本人」，但這絕非單純的認同問題而已。

就這樣，教職員會自從成立以來，就一直是復歸運動的中心旗手，但在沖繩社會內部，也潛藏著對他們的批判。在 1966 年教職員會的教研集會上，就有人報告說有這樣的輿論：「教師們從事復歸運動，只是為了獲得退休金罷了。」而大田昌秀在 1968 年的座談會上也說：「對教職員會的批判主要是，施政權的歸還一旦實現，教職員會完全不會產生任何損失，但是中小企業之

流卻會徹底失去基地經濟的恩惠,我聽說很多人都為此感到憂心忡忡。」[16]可是,這樣的聲音在復歸運動高漲的時期,並沒有公然浮上水面,而教職員會方面也沒有做出明確的回應。

不只如此,復歸運動有一個難以去掉的傾向,那就是屢屢將本土理想化,而教職員會也確實有這樣的傾向。據某位在1967年,為了和沖繩教職員會交流而來訪的本土日教組幹部所述,教職員會的某位領導人,曾經做出這樣的發言:「在本土,縣預算的80%都是由國庫補助不是嗎?既然如此,那一旦復歸,國庫也會做出這樣的補助吧!」對此,這位日教組幹部評論道:「確實,他們有在薪水這些『至少應該和本土等齊』的實際層面上進行抗爭,可是他們提出的許多層面,是即使在本土,也達不到他們所說的『和本土看齊』的程度的」、「『一旦復歸就能看齊本土,一切問題也都能迎刃而解』,他們有點太過強調這種論點了;這種把本土想成宛若玫瑰色現實般的幻想心態,讓人不禁感到危險」。[17]對於這類的意見,沖繩教職員會做出了怎樣的反應,也是不甚明確。

只是,我們有必要留意,就算是這種對本土的理想化,也和戰前的情況有所不同。教職員會在作為復歸運動核心的同時,也反省教師在戰前沖繩皇民化運動中扮演的角色,並且根據這樣的脈絡做出批判:「在復歸運動當中也是如此……在最初的階段中,我們只是從『想回到有天皇陛下的日本』、『想唱〈君之代〉』、『想高舉日之丸旗』這樣的念頭出發而已。」這種批判,在60年代末就已經存在了。正如後述,包括「日之丸」揚旗問題等就算被人任意解釋也沒辦法的部分,其存在也是事實。可是率領教職員會的喜屋武真榮,在面對復歸運動是否蘊含著「對天皇的思慕」時,他則是這樣回答的:「沒有這回事;天皇和皇太子,並沒有為沖繩做出什麼貢獻啊!」[18]不過,因為這是在復歸運動被賦予反戰和平運動形象的1968年所作的訪談,所以其可靠性究竟有幾成,或許需要再評估一下。只是就事實來說,從敗戰後直到1950年代,在屋良和喜屋武撰寫的復歸運動文件當中,確實看不到思慕天皇的影子。他們一貫主張的,都是透過復歸來整頓教育環境。

故此,我們應該可以把「天皇和皇太子,並沒有為沖繩做出甚麼貢獻」這句話,當作是他們打從復歸運動一開始就抱持的真心。對屋良他們來說,「成為日本人」這件事,並非是對天皇效忠誠,而是透過日本政府的援助,修復學校、改善教師待遇,讓自己獲得幸福的意味。但是,在復歸運動高漲的過程

中，「成為日本人」這件事，也漸漸開始呈現出「為目的而目的」的樣貌。

## 方言牌的復活

　　教職員會對復歸運動的推行，有一個和其他團體性質迥異之處，那就是他們會透過教育活動，對兒童產生影響。在這方面具體呈現的，就是養成兒童身為「日本人」的自覺，以及對標準語（共通語）的鼓勵。

　　在對戰前皇民化教育的批判已成定論的現在，對於1950年代到1960年代的沖繩曾經推行過共通語獎勵運動這件事，幾乎不甚了解。正如前述，教職員會的復歸運動之所以產生，其原因乃是與教育環境的整頓密不可分，而不是指向復歸戰前的日本；但是隨著對美國的對抗意識日益增強，不久後在「復歸祖國」與「養成日本國民」成為主要號召的情況下，那些從戰前便參與教育的教師們，開始感到能走的路變得極其有限。

　　敗戰後不久，因為美軍也鼓勵沖繩語和沖繩文化，所以沖繩語的使用幾乎沒有任何限制。在這種情況下，究竟獎勵共通語的行動是從何時開始復活的，其實並不清楚。只是，在荒廢混亂至極的教育狀況中，教師們把獎勵共通語視為活路的傾向，似乎從敗戰之後不久便已經產生了。某地區的報告中，便有這樣的陳述：[19]

　　　　戰敗、受到美軍占領、被美軍指揮和監督、並且受到他們的保護，讓那些堅定抱持必勝信念的人，陷入了極度迷惘與混亂的精神狀態。過去自己所依循前進的道路，完全遭到了否定。收容生活的第一步就是踏入英語世界，在每一天的體驗中，都感受到它的必要性，於是對國語產生了懷疑與動搖；在當時的混亂中，確實有這種現象產生。學校教育究竟該往哪個方向走？事實上在我們耳邊，一直都聽到有人在問這個問題。

　　　　這時，在石川市有一位對文教感到憂心的⋯⋯老師，對我們傳達了一段話語；他說，語言教育無論如何都應該以標準語（日語）為主，請你們不要迷惘。那時候學務課職員、學校職員猶如雨過天晴般，充滿喜悅與安定感的樣子，我到現在都還忘不了。

　　在敗戰而產生的價值觀動搖之中，因為「過去自己所依循前進的道路」獲

得肯定，而充滿「喜悅與安定感」的心理，是促使共通語獎勵重新展開的要因之一，這是不容否定的事實。另一方面，沖繩原本受到追究戰爭責任與公職追放的影響就較弱，再加上教師嚴重不足，因此戰前的教師只要沒有太大問題，基本上都可以回任教職。

雖然在地方上從1947年到1948年左右開始，和戰前一樣的「方言牌」便已經在小學中重現蹤影，但要普及到沖繩全體，則是1950年前後的事。然後在1951年4月，就在向舊金山和會提交復歸聯署的運動進行期間，在第二次全島校長會上，也已經通過要將「徹底鼓勵施行標準語」，當成是「本年度的重點目標之一」。[20]

話雖如此，在1955年1月由教職員會舉辦的第一屆全沖繩教育研究大會，會上的主要議題，還是教師的生活與校舍問題，以及學生的經濟、學業環境。但在次年的第二屆教研大會上，文教部長喜屋武真榮就說：「我們教育出來的孩子要成為堂堂正正的日本人，要跟日本的青少年完全沒有差別。」並且主張「要每天不斷養成具有正確日本國民意識的孩子」。[21] 接著，在經過「全島鬥爭」的1957年第三屆教研大會上，在自本土邀請東大校長矢內原忠雄前來演講的同時，共通語的獎勵問題也掀起了熱烈的討論。

一位針對此問題做出報告的那霸地區中學教師，做了這樣的陳述：[22]

> 矯正不正確的語言、指導正確的說話方式，乃是理所當然必要之事，因此不論哪一所學校都在實施；然而，最優先該做的就是讓學生能夠使用共通語，而不是方言，總而言之，就是要養成說共通語的生活態度……
>
> ……可是，僅僅是強制性的督促獎勵，那是沒有效果的。不管值周教師再怎樣怒斥，也只能維持當場的效果；等老師一離開，學生或許又會同樣開始使用方言了。故此，必須要讓學生打從心底感受到日語之美、從靈魂去掌握語言、深刻感受日語所醞釀出的那種無以言喻的氛圍，讓他們感覺說共通語是件喜悅的事，這才是最重要的指導。

在這場教研集會上，也針對各地區的語言狀況作出了詳細的實態調查報告。根據這份報告，即便在共通語理應最普及的那霸地區，在生活中完全使用共通語的中學生也不過占了13%，名護地區的報告則指出，在學區內單純使用共通語生活的家庭僅占0.3%，就算加上常用共通語的家庭，也不過10%而

已。在「共通語難以推行的理由」當中，有很多都是「因為沒辦法講得很流利」、「朋友大部分都是講方言」、「雖然有留意，但一不小心就講出方言了」之類的，其他也有「會被朋友嘲笑」、「就是不想用共通語」之類的理由被舉出來。[23]

教師們關心的不只是沖繩語，也包括矯正誤用共通語語彙的「不正確語言」。當中舉出的不正確語言，雖然包括了「磨鉛筆（削鉛筆）」、「披斗笠（戴斗笠）」之類的例子，但是其中也有很多諸如「退開（避開）」、「讓留聲機響起（打開收音機）」之類，要說是「誤用」也有點微妙的例子存在。關於指導的方式，除了製作努力表與發音矯正表以外，其他被報告出來的方式有：在班會上做成決議，要「彼此留意會用出不正確詞彙的場合，並當場相互糾正」、「在課外活動時間，由值日生發表使用不正確語言的人、以及糾正他的人」、「在每天的反省會上，由委員製作表格彙整」、「隨時在聯絡簿上向家庭通報，請求他們協助排除不正確語言」等。[24]

不只是校內，教師們也在地區社群中積極展開行動。在教研即會的報告中，可以看見諸如「有很多學生說，共通語之所以不能順暢推行的原因，是因為他們講話的對象都是使用方言；既然如此，為了除去這些障礙，我們教師就必須進行有計畫的指導，在他們所處的集團或是生活環境中，營造出全體使用共通語的氛圍才行」，或是「在方言使用較多的鄉下，教師應該要站在第一線指導語言」之類的話語。然後也介紹了一些學生父兄的心聲，比方說「家裡的每個人都使用共通語，讓我們感覺家中充滿了幸福的光彩」、「最近來買東西的人若是講方言，我們都不賣他；遇到說不正確語言的時候，我們都會等著對方說出正確的言語」。[25]

「方言牌」的使用，也在教研集會上被報告出來。只是關於這一點，多半都是被當成「會讓班級陷入陰暗」而廢棄的例子來介紹，或是說「會造成學生去窺探有沒有方言牌，一旦不用擔心被掛狗牌的時候就使用方言，結果養成雙重人格的兩面兒童」，簡單說就是被定位為「不是好方法」的手段之一。在以學生為對象、有關指導方法的問卷調查中，方言牌也跟「對使用方言者罰掃除」、「叫使用方言的學生站在大家面前」一起，被評為「不好的方法」。[26]話雖如此，在這裡我們還是可以發現，儘管大家都認知到這不是什麼好方法，但為了獎勵共通語，它仍然是會被拿出來使用的。

據新崎盛暉所言：「方言牌直到1960年代中期、也就是日本政府採納復

歸政策的 1965 年左右為止,都普遍存在於各地。」他更進一步說:「或許是感受到復歸日本的日子將近了吧,(1940 年的)方言論爭因其與皇民化教育之間的關聯,而受到廣泛的引用與注目。」[27] 在沖繩教職員會的教研集會中,有關獎勵共通語的相關報告一直持續到 1966 年為止,這也和新崎的證言相吻合。

　　儘管如此,戰後民主主義教育的氛圍,和讓人不禁聯想起戰前的獎勵共通語,究竟是如何調和的呢?在教研集會報告中,有人指出獎勵共通語,能夠「扶植學生會的發展,對促進學生自治也有效果」,由此可知他們也在摸索這種「民主」的方法。另一方面,關於共通語和「民主主義」教師之間究竟怎樣結合,從 1957 年教研集會中,一位中學老師所說的這段話,也可以隱約窺見一般:[28]

　　　　人類有自由表達自身想法與意見的能力,活在能夠實踐這點的社會當中,乃是莫大的幸福;也唯有這樣的實踐,民主社會才能成立。

　　　　然而,從我們負責照料的這些學生的語言生活來看,他們甚至連基本上應該要能流暢表達的共通語都沒辦法確實掌握好;因為受到方言與共通語的雙重生活所影響,讓他們在共通語的表達上也有很大的錯誤。故此,如何透過錘鍊,讓他們能夠使用更加美麗的語言,將是今後指導的重要著力點。

　　　　能夠讓思想無限伸展的自由聽說能力,不僅是讓所有教科學習順利展開的基礎,就算是在出社會的適應力這一點上,也被公認為是學校教育的關鍵要務;故此,我們一定要設定好這個主題(獎勵共通語)才行。

　　「能夠讓思想無限伸展的自由聽說能力」是民主主義的基本,為此要獎勵共通語才行。這樣的意見,也有其他教師提出。比方說有位名護地區的小學老師,就這樣強調共通語的必要性:「沒辦法靈活運用言語詞彙,就沒辦法清楚表現出自己的意思,也就沒辦法營造出具有活力的人格。故此,我希望能夠培育出不管何時、何地、對象是誰,都能輕鬆自在與對方交談,充滿明朗個性的孩子。」邊土名地區的報告也說,「我想創造出不管什麼話都能流暢表達的快樂班級」,因此主張獎勵共通語。另一方面,在各地的報告中也指出,學生普遍有這些問題:「逃避被人攀談」、「講話含混不清」、「說話的時候膽怯沒有自信」。[29] 可是,這些都不被認為是推廣共通語的弊害,相反地被視為「只要學會共通語,就能夠解決的問題」。

　　這些教師並非意圖虐待學生，所以才推行這項運動；相反地，在集會報告中，可以聽見許多像是這樣的聲音：「老師即使對於一點點的不正確或不純語言，都要用敏感與慈愛的耳朵去聆聽，一句都不放過，同時也必須給予滿懷溫暖與愛的指導和稱讚才行。」「想要注視著每一個孩子，將他們堂堂正正地養育成人，為將來做好充分的準備。」從這些言論中可以察覺到，這項運動乃是出自對學生的愛而做的考量。當然，在教研集會中，也有部分像是這樣的聲音存在：「我們對共通語的教導不能太操之過急，那樣反而會讓學生在發言的態度上退縮不前。」但是更多的意見都主張：「也有人擔心推廣共通語，會不會讓學生產生自卑感、或是覺得自己不如人，不過學生自己反而都不會這樣想。」「相反地，出了社會以後沒辦法流利使用共通語，結果反而湧起自卑感，光是預想到這樣的場面，就會覺得這才是大問題。」[30]

　　從這些教師作為理想表述的「無論是誰，都能輕鬆自在與對方交談的孩子」這句話裡，可以明顯看出他們是以「能夠流利地說共通語」，來當作自己理想的前提。當然，老師們應該也很清楚，在地方上幾乎不使用共通語的情況下，學生根本找不到可以「交談」的對象。儘管如此，想像中的「祖國」與「本土」，卻依然作為應當趨近的目標，儼然存在於教師們的腦海中。

　　對以屋良為首的教職員會幹部而言，在復歸運動中連呼「祖國」或「日本國民」，並不必然意味著文化上的同化，而是為了整頓教育環境而推動的戰略；就某種程度上，他們應該也意識到了這一點。但是，對身處第一線的教師來說，朝向憧憬的「看齊本土」教育環境前進，必然也要和言語及意識上的「看齊本土」密切結合才行。


## 對「日之丸」、〈君之代〉的獎勵

　　經過上述的共通語獎勵運動之後，沖繩教職員會於 1963 年第九次教研即會中，新設置了「國民教育分科」，開始推動「國民教育運動」。談到這一點，就必須稍微提及本土日教組的動向。

　　本土日教組在教研集會中新設「國民教育」分科，是在 1961 年。承繼前一年（1960 年）安保鬥爭的高漲，並沿襲革新民族主義的思想，為了提高兒童作為「日本國民」的自覺，而展開了此項運動。在這場日教組的教研集會中，演講國民教育運動理念的，是歷史學者上原專祿。

上原專祿

　　如前章所述，上原從 50 年代初期開始，就以「日本人」的「民族意識」稀薄為前提，力陳要打破蔓延至年輕階層的虛無主義，喚醒作為「民族共同體」的自覺，讓他們勇敢站起來從事反美鬥爭。熱心於教育的上原，從 50 年代到 60 年代前期不斷在各地的教研集會演說；根據他的說法，戰後採行的「美式民主」，讓教育只重視個人的自由，結果促進了虛無主義的蔓延與原子化，從而使得「民族意識形成的問題與培育愛國心的問題，在『新教育』中幾乎被忘卻殆盡」。以這樣的認識為基礎，他主張「所謂『國民教育』，是要提升現代日本，使之在面對外部世界時，能夠形成具有主體性和自律性的緊密民族集團；以創造作為行動與責任主體的『日本國民』為普遍目標，以實現此一目標為普遍性課題」。[31]

　　近年和民族主義有關的議論中，常常認為所謂「戰後民主主義」只重視現代的個人解放，對於「創造」面對國際與國內情勢，擔起行動與責任主體的「日本人」，則抱持輕視態度。然而，這完全是誤解，戰後左派對於「民族的主體性」這一命題，抱持著相當的熱忱。日教組的國民教育運動也是依循此一主題，在教育第一線展開的；它的開始時期，正好與 1995 年高唱「自由主義史觀」，引發議論的藤岡信勝[32]，作為教育學部大學生參與親共產黨社團的時間相互重合。

　　不過，就像革新民族主義常常展現的那樣，上原也強調國民教育運動與戰前的教育有所不同。據他的說法，戰前日本的教育不只是「將民族意識抽換成國家意識」，還欠缺國際聯繫感，以至於陷入偏狹的本國中心主義。新的國民教育運動，則必須重視與正在和美國為首的歐美帝國主義鬥爭的亞非諸國、以及世界民主勢力之間的深切聯繫。為此，應該要在戰前以天皇為中心的「官製愛國心」與真正的國民意識間做出區別，並達成重視日本獨立與和平的教育方為正解。[33]

　　作為上原「國民教育」樣板的，是他專研的德意志古典時代至 19 世紀初期的民族主義。他對於費希特和克萊斯特[34]在 19 世紀初敗於拿破崙之手、淪為戰敗國的德意志中，對國民積極鼓吹重建祖國的愛國心的作為大表讚賞，並且批判戰後日本的所謂「新教育」「欠缺了費希特那種把孩子們當成民族一員來培育的志向與用心」。費希特在著名的演講〈告德意志國民書〉中，闡述了

關於國民教育（Nationalerziehung）的構想，可以推測上原也受到他的影響。在當時的日本，不只是上原，南原繁等人也強烈表示和費希特有所共鳴；在他們所掌握的教養方式中，費希特的思想，被視為是最適合敗戰後日本的方法。於是，上原和南原一邊強調費希特的祖國愛與納粹種族主義的差異，一邊鼓舞敗戰國日本「國民」的愛國心。

　　延續這樣的思想，本土日教組展開了國民教育運動。正如前述，沖繩教職員會創立國民教育分科，是在 1963 年的教研集會上，因此明顯是受到了本土日教組的刺激。在這場集會的分科報告中也說：「（在本土），民主主義教育已經被認定為國民教育了。」[35] 然而，就跟革新民族主義所要面臨的問題點一樣，上原所譴責的「官製愛國心」，也有和國民教育運動中的國民意識相混淆的疑慮存在。結果，這個問題在沖繩變得更加顯著，其典型就是對於「日之丸」、「君之代」的對應態度。

　　事實上，本土日教組之所以展開國民教育運動，其背景是源自於對文部省在指導要領中，將〈君之代〉列為小學必修教材的反彈。換言之，日教組的國民教育運動，是依循著和文部省對抗、由革新陣營來組織國民民族主義這樣的脈絡而存在。然而，在沖繩教職員會這邊，因為他們還要向本土文部省以及保守派政治家進行各種陳情，所以很難採取完全的對抗態勢。結果，文部省的「日之丸」、「君之代」必修方針，和日教組的革新民族主義，就這樣在「國民教育」這個詞彙底下混淆在一起。

　　另一方面，在戰後的沖繩，「日之丸」的定位也是一個微妙的問題。自敗戰以來，沖繩全境便禁止懸掛揮舞美國以外的國旗；雖然在 1952 年 4 月《舊金山和約》生效以後，這樣的禁令有部分放寬，但在公家機關或是集會上亮出旗幟，仍然是被禁止的。當然，這也是針對持續興起的復歸運動的一種鎮壓行為。然而，相當諷刺的是，「日之丸」在沖繩卻因此成為復歸運動與反美的象徵，而且一路被定調下來。事實上，在 50 年代到 60 年代前半的反基地運動與復歸運動集會上，可以毫不誇張地說一定會懸掛「日之丸」，這從當時的照片也可以略見一般。

　　1953 年的元旦這天，僅限個人在家庭與私下聚會的場合，在不帶政治意味的範圍內，允許懸掛「日之丸」。回想起當時的樣子，某位教師這樣說道：「只有元旦這一天，被允許懸掛日之丸。愉快、愉快，大家都不想把旗子降下來了哪！」喜屋武真榮也說：「民政府的建築物上，掛的是星條旗。我們這邊（教

公共機關的日之丸旗

職員會）的會館上，掛的是日之丸。——老實說，看起來還真讓人心曠神怡啊！」[36]教職員會為了在學校推動「日之丸」懸掛運動，從本土購入了大量的「日之丸」，分發到各個家庭與學校當中。雖然美軍屢屢警告不得在學校懸掛，不過經過1961年池田勇人首相與甘迺迪總統會談的結果，終於允許日本與「琉球」的學校和公共機關，在節慶與正月的頭3天，能夠懸掛「日之丸」旗。

1961年從本土來訪的新聞記者，在報導中介紹了沖繩「正以本土有點難以想像的方式」來對待這面旗子。在這裡，教職員會賣出了1萬面的「日之丸」、理應是最左翼的人民黨，「黨本部的牆壁上掛滿了日之丸」、「某家巴士工會的辦公室裡面，紅旗和日之丸友好地掛在同一根竿子上」。屋良朝苗在參加表示反對「日之丸」的本土日教組教研集會之際，也力陳說：「懸掛日之丸運動，是被置於異民族支配下，希望從中掙脫的吶喊。」[37]

由於美軍將復歸運動一貫視為共產主義者的煽動，因此在這種由視線創造出的空間中，和美軍對抗的沖繩一方，會產生出把「日之丸」視為和紅旗類似事物的習慣，也不是什麼值得大驚小怪的事。可是問題在於，和「日本人」這個詞彙一樣，「日之丸」在本土雖還有別的意義，但透過國旗這樣的媒介來抵抗美軍，即使是教職員會，也很難避免另類的聯想滲入。在沖繩國民教育運動堪稱最盛期的1963年到1966年左右的教研集會報告中，就可以隱約察覺到這種狀況。

在沖繩的國民教育運動中，對兒童的意識調查被廣泛地推行。調查的項目包括了以下這些：「你家裡有國旗（日之丸）嗎？」「你家裡在節日慶典的時候會懸掛國旗嗎？」「你喜歡唱〈君之代〉嗎？」基本上，他們的方針表明是要「建立起一套指導計畫，讓學生從小學低年級開始，便透過切身貼近『日之丸』與〈君之代〉，培育出國民的感情」。胡差地區的調查顯示，保有「日之丸」的家庭比例，大約停留在60%上下，調查者對此做出的評論是：「要盡全力指導，以期達到每家一定都會購買一面的程度。」讀谷‧嘉手納分部的調查顯示，對「日之丸」滿懷感動的兒童占了90%，但他們是這樣解讀的：「那表示還有剩下10%的國民意識，是值得憂慮的問題。」除此之外，在八重山地區，「不知道（君之代）是日本國歌的兒童，總計占了52%之多」，是個嚴重

的問題。於是他們下了這樣的結論：「要讓全體學童有意識地將迸發而出的國民意識與國家感情歌詠出來，仍然需要很大的努力，以及相當的時間才行。」為了更進一步進行指導，他們還在各地組成了「教育鄰組」，靈活推進「日之丸」的懸掛運動。[38]

　　另一方面，和「日之丸」、〈君之代〉一起，在調查之中必定會存在著以下這些質問：「你是哪國人？」「沖繩是屬於哪個國家的？」在大部分的地區裡，回答自己是「日本人」的比例都超過了90%，回答「沖繩是日本領土」的也有大約80%（回答「美國領土」的占10%左右），但他們還是認為，應該要朝向100%的目標努力才夠。特別是回答自己是「日本人」的比例只停留在67%的八重山地區，被評為「實在是很可悲的回答」；「在過去台灣還是殖民地的時候，那邊的居民在想到自己是日本國民前，不管大人小孩都會先認為自己是『台灣人』；然而，儘管現在的情況不完全相同，但不管是中學還是小學，沒辦法清楚答出自己是日本國民的兒童還是占了將近30%，這實在是件嚴重的事情。」[39]

　　為了養成「日本人」意識，除了獎勵「日之丸」、〈君之代〉以外，還要改變歷史觀。胡差地區的調查指出，「復歸日本的障礙之一」是「80年前的琉球人，並不被認為是日本人」這樣的想法；八重山地區的報告則強調說，要教導兒童「沖繩縣民是日本人、他們使用的方言是日本的一種地方語言」。除此之外，在日常用語當中，不能使用「日本」，要用「祖國」；不能使用「沖繩人」，要用「縣民」，對這種用法要給予獎勵。同時，他們也發動要求本土出版社發行的日本地圖應該插入沖繩的運動，並且在和本土的文書往來中，貫徹必定使用「沖繩縣」3字的原則。當然，當時並不存在「沖繩縣」這個行政單位，所以為了讓兒童產生「縣」的自覺，只好獎勵他們去確認唯一記載有「縣」字的公文──戶籍謄本。在文化層面也是一樣，要養成「守護、保育日本美麗傳統與文化的態度」，高舉「共通語的獎勵」和「風俗習慣的改革」為目標。[40]即使柳宗悅的主張已經過了25年，但沖繩的言語和「風俗習慣」，仍然沒有被當成「日本美麗傳統與文化」的一部分來看待。

　　當然，對於這種國民教育運動的展現形態，也不是沒有質疑之聲出現。特別是，他們在運動的推廣方向上，和本土的日教組截然不同，這點令人不知所措。在教研集會的報告裡，也有人提出這樣的意見：「不該採取以國旗為中心，嘗試將思想傾向統一化的行動，也不該利用日本精神之類的元素，來作為

統合的旗幟。」可是另一方面，其他地區的報告則是提出了這樣的問卷：「如果天皇和皇太子蒞臨沖繩島上，你會怎麼想？」關於這個問題，回答「高興」的比例，在小學占了80%，則中學則只停留在66%，被視為「應當留意的問題點」。運動的目標是要培育愛國心，可是到底怎樣才算愛國心？規定始終搖擺不定，即使在1965年1月的第十一次教研集會全體會議總結中，也仍舊說：「我們還沒能提出一個統一且固定的方針。」[41]

儘管對於推廣懸掛「日之丸」，各地區似乎都沒什麼異議，但是提到〈君之代〉，因為和天皇密切相關，所以議論就開始搖擺了。1962年教職員會發行的資料中，介紹了教職員會內部在如何處理〈君之代〉方面，正反兩面的論點。反對獎勵〈君之代〉一方的意見認為，這是「天皇讚美主義」、「軍國主義的支柱」、「應該要公開徵選新的國歌」，但是贊成方則有以下五點意見：[42]

一、能夠提高作為日本國民的意識，並促進復歸的念頭。

二、因為教科書裡有提及，所以在立場上非得教導不可。

三、既然自由懸掛日之丸代表著我們的吶喊，那麼詠唱國歌自也是同樣的理由。

四、〈君之代〉長久以來便是國歌，當各國參加奧運以及日本接待外賓的時候，也都是當成國歌來演奏。

五、參加本土的各種重要儀式時，不會唱君之代實在是非常丟臉。

在這裡我們可以察覺到，復歸願望、對美軍的抵抗、對文部省的服從，還有扭曲糾結的「本土」指向，全都交織在一起了。

即使在教研集會中，也有「老把『不管怎樣，只要和本土看齊就好』掛在嘴邊，結果連本土開倒車的教育政策，也毫無批判地引進來」這樣的內部批判存在。但是這份1962年的資料當中，在並陳了關於〈君之代〉的正反兩面意見後，也還是做出了這樣的結論：「基於沖繩所處的現實立場，我們認為這首歌還是應該教導才對。」不過，在這裡也附上了但書：「像戰前我們被教導的那樣，用超國家的思考方式去指導的話，那是很糟糕的。」「教導的教師自己要站在嶄新的國家意識上，給予正確的指導。」然而，到底什麼是「嶄新的國家意識」，在這裡並沒有明確的指示。[43]

1966年1月的教研集會中，針對〈君之代〉的問題進行了討論。在討論

中，雖然有諸如「這首歌在本土都被當成右翼勢力的象徵在使用」，或是「嶄新的民主國家，難道不需要更適合它的國歌嗎」這樣的意見出現，但結果還是只得出「關於〈君之代〉，就暫且按照一直以來的原則，拿回學校再研究」這樣的結論。[44]

在這樣的狀況下，各地區的對應報告也是一人一把號、各吹各的調。有某位與會的教師說，「把〈君之代〉的問題變成國民歌普及運動吧！」另一位教師說「我們要站在和本土〈君之代〉論爭相異的立場上來指導」，因此主張獎勵；還有另一位教師要求，「能不能得出更明確一點的結論」。在好幾個地區的推行中，紛紛把這首歌的解釋做了變化，比方說「我們不要把〈君之代〉的『君』硬是跟『天皇』做連結，把它當成具有主權的『彼此』來解讀不就行了嗎？」又或者「試著把它解釋成『光明正大善美的世代』」。[45]在有意識地批判讚美天皇之舉的同時，卻又需要國歌，為了滿足這種充滿矛盾的要求，只好採用這樣的苦肉計了。

在這場 1966 年的教研集會上，除了一如往年對學生進行「你是日本人嗎」的意識調查以外，有某地區也對教師做了意識調查，並做出報告。根據報告，在這個地區的教師中，回答「培養愛國心乃是必要之事」的比例占了 88%，而回答「莫名地有種排拒感」的，則占了 10%。同樣地，對於「你能驕傲地將〈君之代〉當成國歌，放聲歌唱嗎？」這個問題，回答「能夠」的人占了86%，「莫名有種排拒感」的人則占了 12%。然而從反面來看，回答「願意把〈君之代〉當作國歌，積極教育給學童」的人，只占了 58% 而已。由此可見，教師本身其實也在迷惘。[46]

可是在地方上，「日之丸」、〈君之代〉的普及已經變成了大勢所趨。1966 年 1 月的某篇新聞報導中說，在某地區的教職員會分科會上，一名教師發言表示，〈君之代〉因為是崇拜天皇的歌，所以不該被當成國歌來教導，結果他遭到了「許多與會者的責難」，認為他「將個人的偏見帶進教育兒童的場所，認定這首歌不是國歌，所以不該教導，這樣的教師實在是大有問題」。即使在教研集會上，也有「在歌唱〈君之代〉時，應該要特別留意姿勢，最好是以『立正』的姿勢來演唱」、或者「在製作『日之丸』的（紙製）小旗時要特別留心，在整個工作流程上，從頭到尾都要給予密切的指導」這樣的報告出現；就某部分來說，這樣醞釀出來的氛圍，還是令人不禁聯想到戰前。[47]

## 憧憬與拒絕的共存

話說回來，儘管有復歸運動這樣的背景，為什麼這種國民教育運動，會呈現出熱烈發展的盛況呢？

在教研集會的報告中，可以見到諸如「對我們沖繩縣民而言，『日之丸』是教育的象徵、自由的象徵、復歸的象徵，也是抵抗的象徵」，或是「所謂和平思想，不是當中不存在民族的世界主義，而是必須徹底懷抱著立足祖國的國際精神」之類的話語；從中可以看出，他們明顯將沖繩的狀況，與本土的革新民族主義思想相互結合了。而在此同時，也可以看到以文部省指導作為獎勵「日之丸」根據的報告，所以這也是要因之一。[48] 然而，拋開這種表面上的要因不提，教師自己又是懷抱著怎樣的心情呢？

首先，在這些教師心中一貫存在的，是與本土間的落差意識。在教研集會上，不管哪個地區都有「為盡早確立各項教育條件之整頓改善、使能和本土並肩看齊，要向本土政府要求大量的援助」這樣的意見產生；就連會長在大會致詞上也說：「雖然我們焦急吶喊著要和本土的教育水準並肩看齊，但就在這段期間，本土教育還是以超越沖繩的速度，持續不斷地往前邁進，結果差距只有愈來愈大而已。」因為對平等感到焦慮而產生的「日本人」同化傾向，不管戰前或是戰後，始終都禁錮著教師們。[49]

這種在教育環境整頓上落後於本土的自卑感，又與學力上的自卑感相互結合：「沖繩的孩子學力非常的低，比日本學力最低的縣還要低上許多，簡直就是差中之最差。」在1963年的教研即會中，有人這樣表示：因為學力落差的關係，沖繩的學生們「和本土學生相比，自然會深植著非常強烈的自卑意識」；接著他又說：「果然，必須要讓他們抱持著日本人意識才行。」[50] 教師們其實很理解，學力之所以無法達到「和本土看齊」，是因為教育環境無法整頓到「和本土看齊」之故；在這種狀況下，他們於是抱持著責任感，要透過養成「和本土看齊的日本人」的國民教育運動，來解決問題。

確實，當時沖繩學生的學力測驗平均分數是較本土為低的。可是，已經有部分人士指出，這一方面是教育環境的惡劣所致，另一方面則是沖繩語和共通語的雙重語言教育造成負擔之故。根據某份調查結果顯示，沖繩兒童的測定智商在非言語式的測試中較高，但在本土流用的語言式測試中則較低。可是，教研集會的各報告卻沒有意識到這點，反倒認為「只要能把共通語說好，學力自

然就會提升」。[51]

　　從上面的發言中可以看出，「抱持著日本人意識」就能克服「自卑意識」的這種邏輯，跟「學會共通語就能成為說話開朗有活力的孩子」的邏輯基本上是如出一轍。在 1963 年的教研集會中，就出現了這樣的發言：「在沖繩培育日本國民的時候，讓他們擁有作為日本國民該有的自信，乃是最重要的事。透過這樣的翻轉，便能將自卑感驅除殆盡。」[52]

　　可是正如第十八章所見，沖繩居民在法律上並不能說是「日本人」。他們若是沒有日本國政的參政權，那也就沒有理應受日本國憲法保障的人權。國民教育運動，可說是一種讓人們在文化與認同面上先行成為「日本人」，然後再進而獲得身為「日本人」權利的運動；可是，就算擁有了身為「日本人」的意識，也不保證日本政府就會賦予沖繩人民權利。要讓在權利上不能說是「日本人」的兒童，擁有身為「日本人」的自覺；教師們雖然也感覺到了箇中的矛盾，但他們仍舊將這份不安潛藏在心裡，繼續推動著運動。

　　在 1965 年的教研集會上，八重山地區做了這樣的報告：[53]

　　　……縣民雖然有心，卻不被日本憲法所守護；他們對於到底該怎樣做，才能算是真正的日本國民，感到特別焦慮憤怒……即使如此，我們毫無疑問，還是徹頭徹尾的日本國民無誤。會有這樣的想法，是因為在我們大人這個世代，沒有接受過成為正確日本人的國民教育；故此，我們不能讓下一個世代，還和我們一樣為相同的疑問而煩惱。又，倘若我們民族的悲願達成、亦即施政權歸還之際，縣民作為真正的日本人，卻在國民意識與國民文化等方面有著重大落差的話，那麼就很難避免本土同胞疑惑的目光，以及差別待遇的降臨了。

　　縱使對於能否獲得身為「日本人」的權利感到不安——不，應該說正因為如此，所以才必須被認可為「毫無疑問的日本國民」，教師們身陷在這樣的立場當中。

　　另一方面，這裡所說的「民族的悲願」，已經不是「沖繩民族」，而是革新民族主義所說、包含沖繩在內的「日本民族」。當然，對於以培養「日本人」自覺為目標的國民教育運動來說，「沖繩民族」之類的詞彙完全是禁忌。當談到沖繩與本土之間的關係時，教研集會的報告也是這樣表現：「我們自己

很不幸，在面對自己民族（日本民族）時，產生了對自己集團（沖繩）的自卑意識；但我們唯獨不希望孩子們再成為這種自卑意識的犧牲品了。」[54]

然而，沖繩人必須克服「自卑意識」的對象，並不只是本土而已；毋寧說，還有比本土更巨大的陰影，那就是直接支配他們的美國。1961年，西表島小學的班級報紙，就刊載了一篇以〈我們是日本人嗎？〉為題的文章：[55]

> 最近美國人為了叢林戰鬥演習而來到西表……據說聚集到那邊的孩子們……就像餓狗一樣尾隨在美軍背後，看到美軍丟給他們麵包和巧克力時，就很高興地吃了起來。儘管他們已經不被當成人，而是當成小狗來輕蔑，但也是沒辦法的事。沒有把這些東西看成是真正的日本人不該吃的東西、一腳踹開的勇氣，就沒辦法背負起今後的日本。我們是堂堂正正的日本國民，不想遭到輕蔑……我們是創造出和平日本的日本之子。絕對不能忘記被當成「狗」來輕蔑的事情，要不斷鞭策自己的內心向前邁進，這才是堂堂正正的日本國民。

在這篇文章中，明顯表現出受到美軍壓力逼迫的人們，不得不逃避到「日本人」認同當中的心理。介紹這份班級報紙的教師說，「這樣下去會喪失身為日本人的資格。就算不能守護培養日本人教育與孩子們的靈魂，至少也要不論何時何地，都不忘自己是『日本人』才行。」接著他又說，「母親是生育形成國家的國民的母體」，所以出於這樣的動機，應該要一邊啟蒙地方女性，一邊積極推廣國民教育運動才是。[56]

就在美國的這種壓迫下，過去蔑視的對象「南洋番」，也同樣被描述成美國的受害者。1960年左右，沖繩的某大學生就如此陳訴：「誰能保障沖繩居民，不會重蹈被美國支配而滅亡的夏威夷南洋番同樣的悲慘命運呢！」因此他主張，「讓孩子們擁有身為日本人的自覺與驕傲」，乃是「最為重要之事」。[57]在這裡可以隱約窺見，戰前那種「日本—沖繩—南洋番」模式的變形。

在上面引用的西表島班級報紙中，作為和美軍對抗依據的「日本」，被認為是戰後的「和平日本」，但是對受戰前教育的世代來說，則未必如此局限。同樣在1960年左右，一位戰前世代的人士就做了這樣的表述：[58]

> 我在偶爾聽到軍歌或是〈君之代〉的時候，總是會有種比誰都更加懷念

的感動。甚至直到現在，我都認為在戰爭中輸給美國，是件相當遺憾的事。當然，軍國時代的日本殘殺了許許多多無辜的他國人民，而支撐這種殘殺的是教育、是〈君之代〉和其他的軍歌，所以要否定這些東西。但，遺憾的感覺還是會不自覺地湧現。當感到必須抵抗巨大權力的時候，弱者該探尋追求的不是戰後的民主主義教育，而是戰前的軍國主義教育，這是我的看法。

這位人士絕對不是抱持反動政治觀的人物，而是位對本土反安保條約鬥爭懷抱著「絕大共鳴」的人士。當時在沖繩出現的「日之丸」與紅旗同居的情況，可說背後也是有這樣的心理在支撐。

朝鮮史研究者宮田節子，對於自己身為皇民化教育世代的在日朝鮮人朋友，曾經有過這樣的描述：「白天滔滔不絕，力辯『朝鮮民族的主體性』，但是只要三杯黃湯下肚，就只會唱『軍歌』了。」就連和日本政府對立的在日朝鮮人，戰前教育的烙印也是如此深刻。更不要說沖繩的教師，平日要一邊和「巨大的權力」美國對峙，一邊還要把「身為日本國民」的教育當成方針了。某位教師在 1967 年就寫到，「對於『日章旗』、『君之代』這些詞彙有感的人，反而是居住在沖繩的 30 歲以上世代；對他們來說，這些東西往往會喚起他們強烈的鄉愁。」在教研集會裡，也有這樣的報告：國民教育運動「沒有年輕人來參加」；對於「日之丸」的感覺，年輕層和「30 歲以上的落差相當明顯」。戰前世代教師的感性，似乎成了國民教育運動隱藏的背景。[59]

另一方面，國民教育的心理背景，也是源於教師之間，對學生風紀的紊亂，以及戰後價值觀的變動抱持警戒所致。在教研集會中，一方面對美軍基地周邊的風紀提出警告，另一方面也大力列舉出「學生不守禮節規矩、公共道德低下、措辭和敬語退化」等現象，並將它們和「國家觀念薄弱、民族觀念漸漸淡薄」相提並論。在國民教育運動的相關報告中，也可以看見「戰後的民主主義，將重點放在自由與解放上，結果使得社會性喪失，並產生利己與自我中心的社會傾向」，或是「家庭、學校、社會的管教不再嚴格，導致模仿美國人惡習的情況屢見不鮮」之類的發言；因此，作為解決問題的對策，必須祭出「培育國民意識的教育」才行。在共通語獎勵運動上也是一樣，「要求針對（年輕人）雜亂的方言給予指導的聲音很多」、「平日對於長輩都不使用敬語」，從這些報告中，也可以查覺到端正綱紀的意識，乃是其背景之一。[60]

這種端正綱紀的心態，其實也反映了全島被基地籠罩的沖繩，老早就被人批評為風紀紊亂的狀況。如前所述，屋良朝苗也對學生們在只能服基地勞役、看不見未來的情況下，逐漸淪落到「頹廢的生活」與「殖民地的性格」深深感嘆，並因此極力主張推動「向本土看齊」的教育環境整頓，以及「日本國民」的養成。可是在教研集會中，也有像是「親子關係與長幼順序之類的東洋美德正逐漸喪失，這難道不是對民主主義的一種誤解嗎？」或者是「大人也就算了，現在的小孩子完全沒有（道德秩序方面的概念）；對此，只能大喊是『沒有修身教育』的緣故吧！」之類的報告出現，這和年長教師對戰前的懷念，在傾向上是如出一轍。另外，在報告中也有這樣的發言：「戰前歷經千辛萬苦，好不容易獲得的地位和名譽，隨著戰爭結束完全掃地；我認為這完全是伴隨著新世代出現而產生的誤謬自由感、以及對民主主義的誤解所導致的後遺症。」從中可以看出，在戰前便以身為地方領導者而自負的教師當中，有一部分人似乎對於戰後的地位低落，也感到徬徨不知所措。[61]

到此為止所舉出的國民教育運動心理要因，也就是和本土的落差意識、美軍的壓力、戰前教育的殘存，以及端正綱紀的意識，這些東西並沒有辦法明確區分，而是雜然交織在一起。比方說 1966 的教研集會上，某份報告針對為了集體就職要前往本土的學生，做了這樣的陳述：「關於言語方面，要不斷告訴他們過去沖繩人在本土失敗的事例與經驗，強調其必要性，同時在校內督促獎勵多說共通語；在教養面上，他們對打招呼、行禮的方式等，也都很欠缺……」或者「要針對教科書、日之丸、言語、風俗、習慣、日常生活等的實質一體化（有關集體就職的說話方式和禮儀規範等）給予指導」；從這些當中也可以看出，關於本土同化的指向和端正綱紀，彼此是交錯混雜在一起的。[62]

在教師的眼中，映照出的是美軍壓倒性的壓迫、惡劣的教育環境，以及身處此等環境之中，漸漸遭到「頹廢生活」侵蝕的學生。當他們面對這種狀況、焦慮不已之際，提出來作為「奮鬥前進目標」的，除了「看齊本土」的教育環境整頓、「看齊本土」的學力培育、「看齊本土」的共通語獎勵、以及「看齊本土」的「日本人」意識育成以外，就再也沒有別的了。所謂國民教育運動，其實是對學生的責任感與愛、對眼前狀況無處可宣洩的焦慮，以及對自身群體幸福的祈願等多樣感情，透過「成為日本人」這一形式爆發出來的現象。

然而，在當時的沖繩，即使表面上「日之丸」大量被使用在各種場合，內心卻仍然有著難以磨滅的糾葛。中部地區的某位教師就曾提到，在「54 或 55

年」，曾經發生過以下這樣一段插曲：[63]

當時，我帶著歌唱社團去參拜南部的戰爭遺跡。當我們從姬百合塔朝著健兒之塔前進的時候，不知道是誰帶來的，在行列的前頭揚起了日之丸。那是個戰爭傷痕還在隱隱作痛的時候，沿著玉米田縫隙間前進的隊伍與迎風飄揚的日之丸，給人一種彷彿幻覺般的異樣光景。當我們到達健兒之塔時，那面日之丸被豎立在雕像的旁邊。這時，後方忽然有怒罵聲傳過來：

「馬上把日之丸丟掉！就是為了這玩意，他們才會死的！」

那是個帶著顫抖的聲音。然而下一個瞬間，從另一側又傳來一個聲音：

「這是復歸祖國的象徵。」

聲音停止了。只有沉默——不斷持續。

這位老師說：「在懸掛日之丸運動的時候，人們爭先恐後購買日之丸，表現出一派懷念祖國的氛圍。可是，在他們的心底，應該是共存著對祖國的憧憬與拒絕吧！」國民教育運動就是這樣，在「憧憬與拒絕」共存於「心底」的情況下持續推動著。

## 「祖國是日本嗎？」

面對這種國民教育運動，學生的反應又是如何呢？

在 60 年代，作為復歸運動的一環，沖繩與本土兒童之間彼此通信，以及學校之間的相互交流都非常盛行。因為那還是有渡航限制的時期，所以學校之間的合作，大多是透過選拔出來的代表學生交換參訪的形式。在這樣的運動中，參訪後發行感想文集乃是慣例，而從這當中，也能一窺學生的心聲。

學生的作文中，為數最多的是重複教師們的國民運動思想。在本土日教組與沖繩教職員會共編、於 1966 年發行的作文集《沖繩的孩子們》當中，刊載了一篇中學一年級學生所寫，名為〈母親日本〉的文章：[64]

日之丸，是我們國家的標誌，也是象徵。對我們日本國民來說，日之丸是一面威風堂堂的國旗。旗子中心的紅色圓形，毫無稜角，被認為是和平的象徵……為什麼升旗和降旗的時候，就不能靜默不語、筆直站立呢？對

於國家的象徵，就不能用嚴肅的態度去面對嗎？對此，我感到相當疑惑。

當時發刊的這類文集，不管翻開哪一本，裡面都充滿了這種沖繩學生描述自己身為「日本人」自覺的內容。為交換參訪渡海來到本土的學生，將自己看著富士山感動不已，在港口對著「祖國」歡聲雷動的樣子，寫在作文當中：「當踏上祖國土地的瞬間，我的眼角一下子熱了起來；那種終於來到祖國的感受，真真切切地從心底湧出來」、「我不由得深深地感到，果然沖繩和本土是一體的，而我們是留著相同血脈的日本國民」、或者「老師說，『沖繩即使在軍事上隸屬於美國，但我們身體裡流的都是日本人的血。』每當想起這句話，我都會打從心底深深湧現『是啊，我是日本人』的喜悅」。這類的話語不斷地出現。某位少女寫道：「從鹿兒島的碼頭下來的時候，我的胸口忽然為之一熱，心想『終於來到祖國日本了』……我踩踏著祖國的土地，竭盡全力四處奔跑。」過去曾是支配者的鹿兒島（薩摩），現在也被看成「祖國」了。[65]

話雖如此，這些「學校作文」，究竟能夠表現學生的真心到什麼程度，實在是很難說。我們也無法否認，這些被教師選拔出來、由「優等生」所寫成的作文，箇中傾向其實是忠實反映了學校灌輸的理想價值觀。事實上，仍然有少部分的學生，對國民教育運動公然表示了疑問。在沖繩教職員會 1965 年 1 月的教研集會上，就報告了這樣一篇作文的存在：[66]

受到日本帝國教育的大人，總是一派自然地稱呼日本為祖國；因為是祖國，所以希望能再次成為日本的領土，他們對此深信不疑。他們甚至硬是把這樣的思想，灌輸給敗戰後出生的我們……

1963 年，當文部大臣來到沖繩島上的時候，發生了這樣的事。受到日本帝國教育的老師說：「全體同學一定都要揮舞日之丸小旗喔！」這時，A 同學問道：「如果不想揮的人呢？」老師一聽就說，「當然也要揮。」然後還說，這個問題應該要到課外活動時間再討論。於是到了課外活動時間，我們立刻開始討論。首先發言的還是 A 同學。他說：「歡迎這種事情，不該強制人去參與，而是應該要出於自己自發的信念去從事才對。」A 同學的意見，獲得了 75% 的人贊成。但是，老師卻下命令說，因為這是教職員會的決定，所以就算不想揮的人，也要去揮旗子……

新聞報導裡面，寫得好像學生都是發自真心去揮旗子一樣。為什麼我們

不認同日本祖國論呢？我們成長到現在，有受過日本在經濟上、乃至於精神上的恩惠嗎？說什麼民族的團結，這種思想只會讓還有大好未來的我們，路愈走愈窄而已。稱日本為祖國，這種話既沒資格也沒道理。等我們成為大人的時候，就不會再聽到日本祖國論這種東西了吧！到那時候，我們應該會擁有更宏觀的思想吧！

在當時那種環境下，這個學生寫下這樣一篇作文，恐怕需要相當大的勇氣吧！從 50 年代到 60 年代，每當本土政治家來到島上的時候，幾乎十之八九都會有兒童手持「日之丸」前來歡迎；雖然這樣可以贏得保守派閣僚的好感，但在它的背後，其實是存在著如此的複雜糾葛。

然而當時的教職員會，並不存在能認可這個學生聲音的氛圍。教研集會之所以會介紹這篇作文，是為了要報告讀過它之後的地區中學生寫下反駁文章的來龍去脈。這些反駁文章，當然都是像這樣的內容：「即使沒受到日本的恩惠，我也還是深信日本是祖國」、「要成為能夠擁有身為日本人驕傲的人」、「這樣的人在這次奧運會上，就算看到『日之丸』升起、聽到〈君之代〉演奏，恐怕也不會有任何感動吧！」[67]

話雖如此，這個學生的聲音，還是對教師產生了很大的衝擊。傳達這場教研集會狀況的新聞報導，除了寫下〈我們是日本人〉、〈血在吶喊〉之類的標題以外，還記下了這樣一段話：「『祖國是日本嗎？』這個素樸的疑問，不只是讓教師，就連父兄輩也感到相當的震撼。」然而，教職員會對此展現的方針，卻是「更加努力推進國民教育運動」。[68]

這件事所掀起的漣漪，隨著有位 17 歲的女高中生看了這篇新聞報導後，寫了一篇名為〈日本不是祖國〉的投書，而在言論界更加擴散開來。這篇投書列舉了從薩摩征服到琉球處分的歷史，從而主張：「或許有些日本崇拜病的患者狂信著『只要復歸，一切問題都會獲得解決』」，但，日本對沖繩而言，不過是單單的支配國罷了，根本不是什麼祖國。」對此，又有其他高中生再次提出了反駁：「即使從民俗學上來說，本土人和沖繩人也同樣是日本民族」、「作為同樣民族卻反對復歸，自己捨棄身為日本人的驕傲，成為無根漂萍般的人，這是最讓人害怕的」。[69]

學生之間的這場論爭，乍看之下似乎是壁壘分明。可是，在這個時期學生的作文當中，大家縱使斷言自己是「日本人」，但在背後總感覺有著微妙的動

搖。例如，「希望日之丸真正能成為屬於自己的東西。即使節慶懸掛日之丸，對沖繩的人們而言仍然只是形式而已，並不覺得那真的就是自己的東西」。又或者「我對本土的思慕，毫無疑問是自然產生的，沒有什麼好大驚小怪的」。諸如此類的話語，讓人無法不感到內心的糾葛。本土的某位作家，在他的沖繩訪問紀錄中，記下了某位高中生的話語：「我們在情感上並沒有日本人的感覺，只是隨著理性和教養，認為自己是日本人罷了。」這恐怕是論爭雙方共通的心情吧！[70]

就在這種動搖當中，對那些以成為「日本人」為目標而努力的學生來說，最讓他們感到受傷的，莫過於本土方面的態度了。和沖繩對本土寄予的思念恰恰相反，本土方面對當時沖繩的理解程度相當之低。1967 年，針對本土 1 百多所高中進行了一場問卷調查，結果回答沖繩所屬的國家是「美國」的人占了43%、發行的報紙是英文報的人占了 31%。交流作文集中，也幾乎無一例外地都會寫到，從沖繩渡海而來的學生在本土遭到像是「原來沖繩人也會說日本話啊！」「你們的語言是英語嗎？」「看的書跟我們一樣是用日語寫的嗎？」之類的詢問，感到很受傷的情況。[71]

面對這種極度的不了解，沖繩的學生們為了與之對抗，產生了更加強調自己是「日本人」的傾向。在 1968 年本土雜誌召開的座談會上，沖繩的高中生就說：「那些從本土來的人，總是對我們講些莫名其妙的話，像是『你們真的是日本人嗎？』之類的，聽都聽夠了啦！」「外國人總是主張，『沖繩人在明治以前都是從屬於中國，不是嗎？』」正因如此，「我們更要主張自己是日本人」。[72]

愈是深刻感受到東方主義的視線與歧視，就愈熱中於披上「日本人」的外衣，在這裡明顯存在著這樣的結構。

可是，想要成為「日本人」這個指向本身，也經常變成遭到本土方面投以奇異目光的根源。某位女學生就寫到，當她在本土「透過汽車車窗看到日之丸的時候，不禁發出『是日之丸耶！』的喊聲，結果周遭的人全都露出不可思議的表情」。1967 年，本土雜誌企畫了一場以「在沖繩教育大和魂的困難」為題的教師座談會，在會上，本土方面的主持人說：「住在內地的日本人，即使平時不去特別想到自己是日本人，也沒有什麼大問題。」對此，沖繩的教師則是回答說：「可以自然到忘掉自己是日本人的行為動作，終究是騙人的。」[73] 為了成為「日本人」，必須「向本土看齊」，以「忘記自己是日本人」為目標而

努力，事態之諷刺莫此為甚。

　　儘管如此，學生們仍然朝著成為「日本人」的方向持續努力；之所以如此，最大動機在某種層面上和教師們相同，都是為了渴望脫離身陷其中的苦境。具體來說，說到當時沖繩有為年輕人的出路，要不成為琉球政府的公務員、要不成為教師，再來就是前往本土了。然而，因為前往本土有渡航限制、教師的薪水偏低、地方產業也不安定，所以成為軍方僱工的人也為數不少。1967 年，有一名哥哥是教師、母親在基地當日薪勞工的高中生這樣陳訴：「只靠哥哥薪水的話，真的連糊口都很勉強」、「基地的工作根本看不到任何希望，也沒有任何生存意義」，於是他說，「唯有成為名符其實的日本國民，才能擁有真正的生活」。也有另外一位因為美軍造成的事故，導致朋友親戚喪生而悲痛不已的高中生，他一面說著，「這件事一輩子都會永遠留在心中吧」，一面則說，「希望能帶著身為日本人的尊嚴，抬頭挺胸的活下去」。[74] 在這裡，「日本人」這個詞彙，變成了人的尊嚴與未來希望的同義詞。

　　某位女學生也說：「也有些人說，『日本不是祖國』……真想讓他們也踏上祖國的土地，如此一來，他們或許就不會這樣說了吧！」接著，她又這樣說道：[75]

> 　　我曾經一再見識到祖國人投來，不甚理解的目光。似乎也有人認為我們是說英語、打赤腳生活的人。也曾經遇到過紙上談兵、胡攪蠻纏的人。可是對我們來說，這就是現實。表面所能見到的痛苦，不過是冰山一角罷了……
>
> 　　……被稱為「受虐民族」的我們，實在很討厭再被這樣稱呼下去了。在所謂的美名下，被強加種種犧牲，我們已經受夠了。我想用這雙手，盡速擁抱真正的幸福。希望我所深愛的沖繩，能夠成為日本的一縣、成為南部美麗豐饒的縣。希望我們能作為日本民族，共享民族的喜悅與悲傷。

　　這裡所見到的「受虐民族」這個詞彙，很明顯就是指「沖繩民族」的意思。可是，要從這種狀況中逃脫的手段，總之除了成為「日本民族」、「日本的一縣」以外，再也找不到別的方法了。

　　1967 年，本土的雜誌以〈我們日本人〉為題，刊載了沖繩某高中的課外活動討論。在這場討論中，「贊成立刻復歸者、反對者、以及不置可否者，三

種意見幾乎占了同樣的比例」。也有主張「沖繩民族」獨立的學生表示：「為什麼我們要一直拘泥於日本國民這點上呢？」對此，主張復歸的學生則回應道：「如果今後我們不再是日本國民的話，那麼，對方便會對我們變得更加專制；我們恐怕會變成奴隸一般，不會有人賦予我們任何權利──沖繩，將變成完全的殖民地。」因此，「總而言之，還是應該以成為日本國民為前提才對」。這裡所謂「變得更加專制」的對方，究竟指的是美軍、還是本土，其實不太確定。又或許，這裡其實並不一定是指特定的國家或政府，而是學生們將隱約帶給他們閉塞與恐懼感的某種東西，表達出來的樣子。不管怎麼說，「我們認為變成日本人的話，就能獲得平等對待的權利；絕對可以！」復歸陣營的學生這麼主張。[76]

在這樣的座談會上，學生們針對自己是否為「日本人」展開議論，而教師則以「不管從考古學、民族學、語言學、還是人類學層面來說……都已經證明了沖繩人就是日本人」做結論，這樣的情況屢見不鮮。[77]根據教研集會的報告指出，在他們所做的問卷調查中，擁有身為「日本人」的自覺，並渴望復歸的學生，大約占了9成左右。即使有基地經濟帶來的恩惠，對美軍支配抱持肯定態度的學生還是極少數；大致上來說，學生們共通的見解都是：因為獨立看起來不可能，所以剩下的現實選項，就只有復歸了。

但是，借用1967年某篇投書的話，「若要從數據上去確切掌握居住在沖繩人們的心情，未免還是太複雜了」。這份投書說：「即使打從心底盼望復歸祖國，但在心裡的某個地方，仍然持續質問著『祖國是什麼』；居民的這種心理狀態，正呈現著『靈魂的雙重性』。」[78]教師也好學生也好，他們的「日本人」指向，完完全全都是建立在這種雙重性的危險平衡之上。

## 政治上的變動與轉換

1966年前後左右，這樣的國民教育運動，開始逐漸產生了變化。之所以如此，是和沖繩內外的政治變化有關。

首先成為變動導火線的，是以本土法規為準則，制定《教育公務員特例法》以及《地方教育區公務員法》，也就是所謂的「教公二法」問題。本土在1950年代廢止了教育委員會的公開選舉、改採任命制，限制教師的政治活動與爭議行為，強化文部大臣的指揮監督權；包含這些內容的法案，在保守政

權的強行操作下，一一獲得通過。接著在沖繩，當國庫負擔教育費率先實現之後，這些內地法規也被延長適用過來。

限制政治活動對鎮壓復歸運動來說是絕佳的武器，因此自然引發了沖繩教職員會的強烈反彈。特別是從 1966 年起，反對運動便一路激化；不過沖繩的執政黨——親美的民主黨，卻攻擊說：「迄今為止事事都主張要和本土看齊的教職員會，為什麼要反對和本土法相同的教公二法？」[79] 1967 年 2 月，在立法院前聚集了以教職員為首、超過 2 萬名的群眾靜坐抗議，結果和武裝齊備的警察發生衝突；最後，這兩項法案終於廢止了。可是，在這場鬥爭過程中，教職員會與沖繩保守政黨間產生了決定性的裂痕，反過來與人民黨為首的革新派在野黨，形成並肩作戰的體制。更重要的是，教職員會因此痛切感受到「和本土看齊」並不一定如此美好，所以在鬥爭過程中，開始主張起「沖繩的特殊狀況」。

不只如此，從這時期前後開始，本土日教組和教職員會的關係也變得愈形密切。從 50 年代到 60 年代前半，屋良等人雖然和日教組保持聯繫，但也還是透過和自民黨的關係在爭取援助。1963 年訪問沖繩的自民黨文部大臣荒木萬壽夫，看到揮舞著日之丸的歡迎兒童，心情愉悅地評論說：「沖繩也有教職員工會，但在這裡我完全看不到腦袋裡裝滿日教組那些愚蠢倫理綱領[80]的人。我想，這也是教育基準法中明記『身為日本人』所發揮的重大作用吧！」反過來說，在 1960 年前後，沖繩教職員會要求本土革新團體提供「日之丸」時，他們的反應也十分冷淡。[81]直到 60 年代前半為止，沖繩教職員會在本土方面的評價中，毋寧算是保守的一派。

說到底，從曾任校長與琉球政府文教部長的屋良成為首任會長這點也可以明顯看出，沖繩教職員會並不是像本土日教組那樣的工會組織，而是包含校長等管理職在內的職員團體。在美軍對本土日教組的反美路線入侵抱持高度警戒的當時情勢下，這或許也是不得已的選擇；然而，在組織面來說，文部省的教育路線比日教組更容易獲得反映，也是事實。在教研集會方面，在本土，日教組和文部省會召開各自的集會，但在沖繩因為復歸運動之故，必須要和琉球政府的文教局協調。1961 年，以青年部為中心發起運動，企圖將教職員會改組為教師工會，結果遭到無限期擱置；從這裡可以看出，教職員會有為了「民族團結」而抑制黨派活動的傾向。可是，就在教職員會針對教公二法問題和保守派執政黨以及文教局對立日深、相對也與革新陣營關係增溫之際，本土日教組

開始出現聲音，對沖繩的國民教育運動展開批判。

　　1967年作為沖繩交流代表團成員被派遣到當地的日教組幹部，在官方刊物上提出的報告，就是其中一例。這份報告批判了教職員會受本土文部省的指導，在琉球政府文教局的協助下進行教研集會運作，並主張：「單單把『日之丸』從戰術上理解成應該推行的策略，無助於解決更加本質的問題，那就是思想統一性的必要。」這份報告更指出，為了在復歸後將沖繩教職員會納入日教組的旗下，「有必要迫使孩子們轉換價值觀；更重要的是，沖繩的教師本身也必須大幅度的轉換價值觀。」「盡早在交流中，向沖繩教師講授促進自我變革的手段，乃是必要之事。」[82]

　　更進一步促成轉換的，是1965年8月，時任首相的佐藤榮作訪問沖繩一事。走對美協調路線、不明示沖繩歸還目標的佐藤首相訪沖，讓沖繩內部的對應產生了分裂。此時又正值越戰白熱化，使得反美反基地的情感愈發高漲。琉球政府與保守派執政黨表明歡迎佐藤首相訪沖，但另一方面以人民黨為中心的革新勢力，則把它和現狀的固定化連結在一起，因此提出阻止的方針。這時候，琉球政府文教局一如往常，主張動員兒童手持「日之丸」前去歡迎，但因為教公二法問題而處於對立狀態的教職員會，則拒絕了這種要求。

　　佐藤首相雖然做了「沖繩不復歸，戰後就不算結束」的演說，但在沖繩還是出現了激烈的反佐藤示威，路上到處可以看見丟棄的「日之丸」。某位教師這樣形容當時的狀況：「迄今為止一直和睦相處的日之丸與紅旗，如今隨著各自扮演的角色，彼此分道揚鑣。心情上憧憬祖國，期待早一日擁抱祖國的人，揮舞的是日之丸。戰後迄今20年，沖繩仍然是核基地與出擊越南的前線；無法容忍這點的人，他們心中對於立刻全面歸還的渴望爆發出來，於是豎起了紅旗。」[83]

　　不過另一方面，屋梁朝苗在這場首相來訪中，卻獲得了重要的成果。這時候屋良向佐藤陳情，並獲得了對方承諾，要解決長久以來一直懸而未決的比照其他府縣、由國庫負擔教育費的問題。根據他在回憶錄當中所述，針對這件事，他動用了迄今為止培養出來的人脈，在事前做了充分的打點，而會有這樣的成果，是因為「即使在這裡，宣明『日本國民』的教育基本法序言，還是提供了非常大的助力」。[84]一如約定，自民黨政權在1966年預算中，對沖繩的援助增加了1倍，特別是教育費增長了大約7倍，教師薪金接近本土水準，教科書免費提供也獲得實現。如此一來，教職員會透過拉攏本土文部省以及自民

黨的方式，讓長年的課題獲得一定程度的解決，從而打開了專注於反對教公二法、以及反戰和平復歸運動的道路。

60 年代後半，隨著反越戰運動的高揚，本土對於沖繩的關心也開始提升。這種關心和 50 年代保守派的關心大相逕庭，是從反戰和平的立場出發。從這時候開始，在沖繩的復歸運動中，「日之丸」的身影開始漸漸消失。然後，屋良朝苗在 1968 年舉行、沖繩人渴望已久的行政主席選舉中，以革新共鬥會議[85]統一推舉的候選人身分，高舉「反日美安保」、「反基地」、「即刻無條件復歸」的主張，擊敗了保守派候選人，成功當選。

這樣的政治動向，也讓教職員會的國民教育運動產生了變化。就在佐藤訪問的 5 個月後，在 1966 年 1 月的教研集會上，環繞著前述有關〈君之代〉的討論，首次對迄今以來的國民教育運動做出反省。「光是高舉日之丸，這種徒具形式層面的方法，真的能夠提升國民意識嗎？」「本土的教師正在強烈反省戰爭責任，為什麼在沖繩卻看不到這種態度？」這樣的內部批判不斷湧現。教職員會的方針，也開始提倡「支持家永訴訟運動[86]」、「不配合自衛隊徵募運動」等和平運動的強化。另一方面，雖然他們還是認為「共通語是必要的」，但也開始認為「對於方言，不需要抱持過度的自卑感」，並提倡「深入理解鄉土文化的運動」。[87]

可是，就如同〈君之代〉論爭並未得出結論所象徵的，這場大會尚未達成明確的方針轉換。相反地，強調「抱持著『日本是祖國嗎？』、『我們是日本人嗎？』之類疑問的學童日益浮現」，對此深感危機，並以一貫的「日之丸」〈君之代〉獎勵為前提的地區報告還是很多。[88]

明確的轉換發生是從第 2 年，也就是 1967 年 1 月的教研集會開始。這時候，教職員會為了教公二法，在立法院前絕食抗議；就在這樣的事態中，召開了這次集會。在會上，不只出現了像是「對於透過日之丸與〈君之代〉，來培養提高日本國民意識的作法，在各地已經引起了很多的批判」之類的意見，也有這樣明白表示的反省：「（一直以來），我們感覺起來都是用『家裡有國旗、節日慶典掛國旗、我是日本人、沖繩是日本領土、因為日本的國歌是〈君之代〉所以喜歡』這樣的回答，來判斷國民意識的有無以及高低。」同時，鼓吹獎勵共通語的報告，也從教研集會中消失了。取而代之浮上檯面的，是「我們在提到國民意識的時候，並不單單只是身為日本人的意識……而是抱持身為主權者的自豪與責任，堂堂正正地主張憲法所明定的國民權利……是渴求和

平,無論如何都要生存下去的決心與意志」這種將革新民族主義更加純化的方針。[89]

　　希望獲得憲法倡導的人權,這樣的論調從 1950 年前後便已存在;但在不得不主張和美軍合作的 50 年代復歸運動中,論及日本國憲法和平性的論述並不多。即使是教職員會,在 1966 年的教研集會中,面對是否在國民教育中應重視憲法的意見時,也是這樣回答的:「我們沒有想過要把日本憲法挑出來當作重點。希望今後能夠針對這個問題多所討論。」[90]儘管如此,認為應該在國民教育運動中,用提倡和平憲法代替「日之丸」、〈君之代〉,來作為「日本」與「日本人的象徵」,這樣的論調在「日之丸復歸」遭到清算的 60 年代後半,還是在復歸運動中廣泛流傳著。可是,第一線的教師們未必會跟著這種方針轉換做出對應,因此站在獎勵「日之丸」立場的報告,一直到 1968 年的教研集會都還出現。

　　然而,不久後屋良朝苗在革新共鬥的支持下當選主席,接著在 1969 年 11 月,佐藤首相與尼克森總統發表共同聲明,宣布到 1972 年,除了保留美軍基地以外,沖繩的施政權將歸還給日本的方針。於是,曖昧不明的氛圍整個一掃而空。這種所謂「保留基地、比照本土」的歸還方針,不只在本土的言論界受到了強烈的批判,在沖繩也如下一章所述,反復歸論急速地湧現。隨著「復歸本土」從遙遠的夢想變成現實,迄今為止一直被美化的、對本土的幻想,也開始清醒過來。就這樣,在 1969 年 12 月的教研集會上,終於演變出以下的定位:「幾乎所有學校在重大活動時都會懸掛『日之丸』,運動會時也會播放『君之代』,這是相當明顯的事實。應該要重視這種行為與本土反動化之間的關聯。」「覺得說方言很可恥,和其他府縣沒辦法用共通語溝通,這是戰前以學務課為中心,實施掛牌方言政策的遺毒。」[91]

　　可是,這樣的轉換,想當然耳會在各地引發不知所措的聲浪。某地區的報告,就表示了這樣的擔憂:「戰後 24 年間,作為祖國復歸與抵抗殖民地主義的象徵,不管是學校或是民主團體都積極獎勵懸掛『日之丸』,現在突然 180 度大轉彎,可以預想到會造成學生的混亂。」這份報告也表示:「現在要廢止『日之丸』的話,就得面對該怎麼教導、說服把『日之丸』和祖國日本相連結的 75.6% 學生這個大問題。」結果,這年的教研集會上對於「日之丸」獎勵的問題,做出了這樣的結論:「因為現在立刻停止會產生問題,所以應該要交給各分會更充分的討論之後再做決定。」但是進行討論的地區,呈上來的報

告也是：「支持與反對的意見相當分歧，也沒辦法達成意思的統一，所以只能維持現狀。」1971年的教研集會也是一樣，地區報告指出「日之丸、〈君之代〉……的問題依舊沒有解決」。由此可察覺到，在教育第一線的層級上，這個問題仍然留下了沒有解決的尾巴。[92]

　　儘管如此，國民教育運動還是沿著革新民族主義的路線繼續前行；即使到了1970年前後，仍然有老師和學生在持續出版歌頌「祖國」的文集。然而，到了這個時候，就算在這些文集裡，也可以看見描述對「祖國」複雜曲折感情的文章。在這裡，我想引用兩篇都是發表於1970年，由沖繩的教師所寫的文章：[93]

　　　　戰後20幾年來，首次獲得本土政府免費配發給義務教育各校的教科書，不禁流著眼淚教課的沖繩教師們，不知道該如何解決自己的苦惱。雖然不想說是一肚子怨氣，不過在軍事優先政策，以及異民族的支配下，不只不被允許自治，還得被迫和核武同居，憲法的保障連一項皆無，像這種只能忍氣吞聲的悲情，說起來有一大堆。我們已經厭透身為沒有祖國人民的苦痛了。身為站在講台上的人，我希望至少讓這些孩子能夠在和平憲法下，無條件過著日本人的生活。

　　　　為了脫離歧視的苦海，而讓自身積極同化；這樣的要素在復歸運動中，是否仍然揮之不去，我覺得有必要抱持疑問。

　　　　……朝鮮人的那種悲傷，與沖繩的人們是如此酷似。「憧憬著預科練[94]，志願成為特攻隊，以自己的生命換取（身為日本人的）權威」，從在日朝鮮人當中，也可以看見戰爭中沖繩縣人的身影。

　　　　……「半日本人」，是用來稱呼那些掛著日本姓名、流利使用日語，努力想從朝鮮人的身分中逃脫，成為像樣日本人的朝鮮人。但是，就算再怎麼用生命來換，也無法成為日本人。在這樣傷害自己、侮蔑自己、自虐的時候，遭人滿懷憎惡批評的話語就是「半 jokbari[95]」。在這層意義上，沖繩人也同樣是「半日本人」。

　　屋良朝苗在回憶錄中，講到他在撰寫給本土官僚「聲淚俱下的陳情書」時，是這樣描述的：「我花了一個晚上寫完陳情書。聲淚俱下似乎已經變成

了我的拿手好戲。畢竟自從展開校舍復興運動以來，我能做的也只有這樣了。」[96]假如沖繩的一般教師與學生，都能具備屋良這種堅強的話，那麼這場以培養「日本人」為號召的運動，就不會留下這麼多充滿糾葛的話語了吧！沖繩的國民教育運動，以結果來說是獲得了本土的援助，也成功達成了教育環境的整頓，以及教師待遇的提升。但是為此付出的代價，是否真能與成果相抵，這就只能由當事人自己來判斷了。

沖繩復歸本土後，沖繩教職員會被納入日教組旗下，改組為沖繩教職員工會，對文部省「日之丸」懸掛方針的反對運動也日趨增強。1978 年，沖繩教職員工會廢止了國民教育分科，取而代之的是新設的和平教育分科。沖繩成為全國中相當突出對「日之丸」〈君之代〉強烈抵抗的地區，並因此受到各界矚目是邁入 1980 年代的事。

# 第二十三章
# 反復歸
## ── 1972 年的復歸與反復歸論

　　沖繩的「日本復歸」是什麼？這個命題和以下兩者相關：對沖繩而言，日本是什麼？究竟是什麼？今後又應該成為什麼？對日本而言，沖繩是什麼？又應該成為什麼？這其實是思想上的大哉問。正因如此，對這個問題在思想上的欠缺定位，影響了戰後沖繩的「祖國復歸」運動（包括「日之丸復歸」和「反戰復歸」）形成；也正因這樣的緣故，導致了今日沖繩在思想與運動上的種種悲喜劇。

　　然而，這樣的狀況並不只是在戰後沖繩的思想及運動中才顯著。回溯到古早時期，以羽地朝秀、向象賢的「日琉同祖論」為開端，包括明治時期謝花昇的民權運動，乃至於由伊波普猷確立的所謂「沖繩學」，這一切政治理論與行動指標，以及學術要素，都從根柢決定了這樣的悲喜劇。

「反復歸」論者當中最為人所知的新川明，做了以上的陳述。[1]

「反復歸」的思想，自從 1969 年美日政府決定將在 1972 年歸還沖繩的方針之後，便急速地興起。迄今為止一直認為沖繩人都是壓倒性支持復歸的本土政黨、運動與知識分子，對於這種思想的出現，有人感到困惑、有人產生共鳴，也有人激烈反彈。

這種重新質問迄今為止的復歸運動的思想，和 1940 年代以來便已存在、舊有的琉球獨立論，在性質上略有不同。它不只是對同化為「日本人」進行批判，更是對直到當時為止不分左右都支持的國民國家邏輯，高唱「否定」的思想。這種思想的出現，是對百年間不斷進行將之包容入「日本人」與將之排除在外的國民國家這一邏輯所提出的質問。

## 琉球獨立論的譜系

在檢討反復歸論之前，必須要對自舊金山和會前後便已存在的琉球獨立論進行概觀。儘管復歸運動陣營屢屢將反復歸論和獨立論視為一體，但這兩者的性格，其實存在著相當的差異。

論到戰後沖繩主張獨立論的政治家，以組成沖繩民主同盟的仲宗根源和，以及琉球國民黨黨魁大宜味朝德等最為人所知。首先，仲宗根對 1950 年代初期日本的認識，大致如下所述：[2]

> 日本之所以希望把沖繩還給他們，不過是為了想要沖繩的土地罷了。人口過剩的日本，並不想要沖繩人，只想要沖繩的土地……日本的政府和政黨希望歸還沖繩，也只是在想要沖繩的土地同時，希望增加選舉的票數罷了，完全不關心沖繩全體人民的真正幸福。
>
> 之所以如此，是因為日本政府與日本政黨隨著領土縮小，在人口過剩的情況下，光是要給現在的日本人民幸福都難以辦到了，若是還要負擔沖繩，那就更加麻煩了。對日本的勞動者而言，大多數的人都必須忍受低薪，若是要從他們的薪水當中再分出一部分，讓他們的生活條件更加困難，我想應該不會有人感到開心吧！假使日本有人感到開心，那也只是想雇用甘於低薪勞動者的資本家而已。假使日本和沖繩之間沒有任何束縛、能夠無條件地讓人力和資本自由流通，那麼日本的失業者便會大量湧入，導致沖繩勞動者陷入更加困難的境地。在無可奈何的情況下，沖繩勞動者只好回流到日本；假使這樣，那麼他們在日本，就必須被迫接受比原本的最低還要更低的條件。從日本流入的資本，要完全壓倒沖繩弱小的資本，也不需要多少時間。這麼簡單易懂的道理，沖繩的政治家理應明白才對，但為什麼他們還在那裡叫嚷著要復歸日本呢？那是因為他們要隱藏自己對於現實政治無力的責任，為了取得「人氣」才這樣做罷了。

仲宗根對狀況的這種認識，其實有部分說中了之後的現實。可是，說日本政府為了解決過剩人口問題而想要沖繩的土地，以及復歸後會有大量本土失業者流入沖繩，這樣的預測完全失準了。雖然他對沖繩人在本土會淪為下層勞動者的預見是對的，但這是復歸以前就已經產生的事態。不只如此，隨著分裂的

固定化，本土與沖繩之間的經濟落差，助長了沖繩人出外勞動賺錢的態勢，本土資本為了利用這點，所以支持復歸尚早論；可是這個問題到了60年代初期，反而變成了促進復歸運動的根據。就跟50年代初期大部分反對復歸論的人士一樣，仲宗根完全沒有料想到，本土的經濟成長會比美國占領下的沖繩來得更加迅速。

另一方面，正如50年代的反復歸論或信託統治論所顯示的，當時的獨立論大體來說，親美色彩相當濃厚。仲宗根雖然說「我既反對向美一面倒，也反對向日一面倒」，可是他對日本抱持著相當明顯的懷疑；另一方面，因為他將美國支配沖繩視為不變的國際環境，所以也主張對美協調。他在和沖繩人民黨的對抗中，反共色彩日益鮮明，不只大聲叫嚷著「人民黨的日本復歸論是戴著復歸日本的面具，實際上是俄羅斯歸屬論」、「為了守護熱愛的琉球民族，我要與共產黨奮戰到底」，甚至在復歸前夕，他還在讚美美國的統治：「異民族支配的數十年，比起同民族支配的數百年（慶長以降）[3]，遠遠地有著讓人驚異的大進步。」[4]

組成琉球國民黨的大宜味，則是更加把親美反共色彩放在優先地位。以他為中心在1947年組成的社會黨，主張的政策便是「吾黨確信琉球民族之幸福乃在於歸屬美國，期盼產業教育文化之美國化」；在1951年的歸屬議論中，他也高唱「支持美國的世界政策」、「強化防共精神」，主張信託統治。之後社會黨瓦解，於是他在1958年又組成了琉球國民黨，主張「琉球的反共自治」、「讓英語教育成為小學的正規科目」。即使本土經濟成長後，他也還是強調日本經濟的脆弱，主張在美國的援助下，和台灣、韓國一起作為亞洲反共堡壘而獨立。當然，他這種「琉球比日本時代變得更好」的論調，讓他在60年代參選立法院與那霸市長的時候，不只是泡沫候選人、得票數少的可憐，還被譏為「馬戲團的小丑」。[5]

就像這樣，戰後初期的沖繩獨立論，或多或少都是走親美反共路線。1957年琉球獨立協會發行的小冊子中就說：「即使有很多共產主義者對美國多所責難，但美國在琉球實施的民生經濟輝煌成果，是無法否定的。」一份以沖繩基督教同志會名義發行的文件也說，「美國正是因為基督教而興起，是受基督教引導的我等前輩與兄長」；因此，他們主張借助「福音的宣傳與美國的力量」來促使沖繩獨立。[6]由於這種獨立論是建立在「依賴美國比日本在經濟上更有利」這樣一個大前提之上，所以當日本經濟出現超乎預期的成長，再加上沖繩

人民因為土地問題等和美軍對立日益深刻，在這種狀況下，會失去支持也是理所當然之事。

可是這種獨立論，除了親美反共路線以外，還有一個很大的特徵——不用說，自然是對日本強烈的懷疑。前述沖繩基督教同志會的小冊子就說，「從薩摩的暴政到日本政治這 3 百年間，沖繩的剝削經濟，絞盡了島民最後一滴肉與血」，琉球獨立協會也引用美國學者的話說，「日本政府使盡各種方法來利用琉球，卻不願意為琉球付出任何一分犧牲」，形容復歸論是「從屬日本的同化論」、「脆弱的反民族奴隸感」。大宜味也說：「日本統治的這 80 年間，琉球歷史在其經濟與權力的支配下，歷經了貧困、虐待、劣等化等驚人的非民主受難，可謂是民族苦難的時代，這點我們絕對不能忘記。」「對於這樣的事實，現在的年輕人完全一無所知，真是太過悲慘了！」[7]

仲宗根源和在 1955 年的論述中，說道：[8]

> 我懷疑那些強調「復歸日本」的人，他們是不是站在一種自己比眼中那些該受責難、親美乃至依附美國的人更加優越的心態上。就算依賴美國不好，難道就該過度傾向日本嗎？……與之相反地，一般民眾既沒有向美一面倒，也沒有向日一面倒。一般大眾的首要目標，只是想要舒舒服服的過日子，其次則是提高生活水準，這才是他們最大的希望……
>
> 現在的沖繩並沒有狂信的美國依存主義者，卻有很多狂信的日本依存主義者。之所以如此，是因為沖繩與美國在現實的政治經濟關係上有著緊密的結合，因此對於現實，多少會有不滿與不平；可是日本因為被隔離在外的緣故，一切都被理想化，隨著懷念和戀慕的感情日趨強烈，結果不管什麼都被美化。

仲宗根接著又繼續強調薩摩與明治政府的支配歷史，並提出這樣的警告：「若是覺得對現實的不滿，只要隨著復歸日本的悲願實現，就可以理想地全部解決的話，這就犯了難以想像的大錯了！」[9]

以仲宗根為首的戰後獨立論潮流，其實是誕生於潛在沖繩、對日本本土懷疑的土壤之中。姑且不論這些論調的內容與現實性，它們確實包含了對復歸論者那種在和美國對抗中形成的日本形象提出質問的要素。可是，這些論點在復歸仍舊是夢與理想的時代，幾乎喚不起任何的關心。然而，到了 1960 年代末，

沖繩的復歸已經開始具有現實雛形的時候，反復歸的思想也隨之爆發而出。

## 復歸的現實化

作為檢討反復歸論的前提，在此必須要大致說明一下當時的時代背景。

沖繩的復歸運動為人所知的變化，是在前章也已提及的、從「日之丸復歸」到「反戰復歸」的轉換。一般感認這種轉換的關鍵點，是 1965 年 8 月佐藤榮作首相訪問沖繩，而其背景則是越戰的白熱化。由於越戰之故，沖繩作為補給基地與空軍基地，對美國的價值又再度高漲，但是美軍的犯罪也隨之接踵而來，讓沖繩原本就潛存的反戰反基地情感愈發強烈。

佐藤首相的訪問沖繩，確實是美日沖三者關係的轉捩點。如前章所述，從這個時期前後開始，伴隨著自民黨政權積極與美國政府展開歸還交涉，自 1966 年度起，日本對沖繩的援助增加了 1 倍，一口氣達到美國政府援助金額的將近 2 倍。這種傾向每年持續升高，到 1972 年的時候，本土對沖繩的援助已經增加到 1966 年的 6 倍以上；與之成反比地，美國方面的援助比例則日益減少。[10] 對美國而言，為了基地的運作，有必要透過經濟援助平息沖繩內部的不滿，但是光執行戰爭的負擔就已經很大，因此把老早就已經是重擔的沖繩統治費用轉嫁給日本政府，也是勢在必行。

可是在經濟援助增加的同時，對於基地的縮小、以及壓迫人權的元兇——美軍施政權的議論，卻都暫時被擱置了。官方稱這種路線是「漸進式」或者「一體化政策」，亦即不放棄沖繩歸還，但首先要透過經濟援助等方式，將沖繩的水準提升到「看齊本土」，至於施政權問題，則採取「漸進」解決的方式來處理。本土的革新勢力對於自民黨的漸進路線將現狀「固定化」這點大加抨擊，從而強調撤廢美軍基地、主張「無條件即刻全面歸還」。

60 年代後半以降，伴隨著本土反越戰運動的高漲，沖繩問題也開始普遍受到大眾的關注。可是在此同時，本土方面的關心，總給人一種到這時候才突然間急速冒出來的感覺。正如前述，經過「全島鬥爭」這一時期以後，一般輿論和大眾媒體對沖繩的關心顯得相當消極，有關沖繩問題的出版物幾乎都是集中在 60 年代後半發行。這些出版物幾乎都是站在革新系的反戰復歸立場上，現在既存對復歸運動的印象，幾乎都是在這個時期形成的。

在這裡必須要指出其關聯的是，直到 60 年代前半為止，本土的和平運

動，往往都無視於沖繩的存在。比方說 1960 年《日美安保條約》修正之際，其中的共同防衛區域，亦即條約所謂的「日本」是否包含沖繩，便成了一大問題。仲吉良光等人認為修正的安保條約理所當然應該包含沖繩，於是向自民黨政權請願，但是革新勢力以及自民黨的部分人士則表示反對。反對的理由是，沖繩已經是美國在亞太地區相當重要的軍事基地，因此若是將沖繩包含入「日本」，將會把本土徹底捲入冷戰軍事體系當中。他們稱將沖繩包含在日本當中，是一種「火中取栗的行為」；最後，條約中規定的共同防衛地區，僅被限定為「日本國施政下的領域」。[11]

這時，本土的和平運動，意想不到地反而促成了沖繩的更加軍事基地化。1957 年，當岸信介首相與艾森豪總統會談之際，美方因為反美基地鬥爭的激化，於是做出承諾，要從日本本土撤出地上戰鬥部隊，但這些部隊卻全都集中到了不受條約與法規束縛的沖繩。從 50 年代到 60 年代初期，沖繩陸續築起了基地，本土的美軍基地大約減少了 1/4，但相對地，沖繩的基地則增加了 2 倍；對此，本土方面從沒有任何顯著的反對運動。[12] 在 60 年的反安保條約運動時，示威隊伍包圍了國會，迫使原本預定訪問東京的艾森豪不得不轉向沖繩；這時示威隊伍的執行部報告說：「我們阻止了艾森豪的訪日！這是我們的勝利！懦弱的艾森豪逃到沖繩去了！」示威隊伍頓時歡聲沸騰。[13] 在他們所要守護的「日本」和平當中，完全沒有沖繩的立錐之地。

本土方面和平運動的這種心態，到了 60 年代後期雖說幾乎整個消失了蹤影，但仍不能說完全沒有留下殘跡。比方說 60 年代，「本土的沖繩化」這種詞彙就經常被提及。這個用語的意思是：即使沖繩復歸，但核武與美軍基地卻依然保存著，那就反而變成「日本」擁有核武和美軍；換句話說，不是沖繩「向本土看齊」，而是本土的和平狀況變成「向沖繩看齊」了。雖然這也是基於貫徹反戰復歸的意圖下而做出的主張，但沖繩方面也有人將它視為本土的利己主義，大表反彈。[14]

總體來說，60 年代後半本土對沖繩問題的關心，是以越戰為背景而產生的。若說保守政權是伴隨著越戰，在考量到與美國的國際關係下開始對沖繩進行援助的話，那麼革新陣營就是在反越戰運動中，開始注目到沖繩問題。從結果來說，以甲午戰爭為背景、遭到日本統合的沖繩，隨著第二次世界大戰和日本分離，又因為韓戰而被固定在既是「日本」又非「日本」的狀態下，然後又隨越戰帶來的國際關係變化，再次被「歸還」給日本。

　　越戰帶來的變化，也表現在沖繩的內政層面上。1968 年，正當越戰到達最高潮、同時沖繩居民的反基地情緒也日益高漲之際，一直採取任命制的行政主席，終於得以實現直選。在這場選舉中，主張漸進路線與「復歸尚早」的自民黨（民主黨改稱）陣營發動攻擊說，假使革新陣營勝利，沖繩將會在經濟上變成「吃番薯打赤腳的島」；相對於此，革新共鬥陣營則是打出「即時無條件復歸」和「反基地」的和平問題公約，最後在他們的支援下，屋良朝苗當選為主席。此時，伴隨著復歸運動由「日之丸復歸」轉化為「反戰復歸」，在飽受戰爭激化威脅的沖繩居民間，也從 50 年代復歸運動那種對經濟利害的關心，轉化成對「和平祖國」展現出的高度期待。透過對這場選舉的支援，本土的革新政黨也和沖繩建立了更深一層的關係，同時也將因革新共鬥成為執政黨的人民黨等政黨，從復歸運動更加牽引往反戰和平的路線。

　　然而屋良本身，若是以競選對手的形容來說，是個「民族主義者兼人道主義者，卻不是個高談革新意識形態的人」，同時也和本土自民黨保持著友好關係。[15] 就在他當選之後不久，發生了戰略轟炸機 B52 墜落的事件，1969 年 2 月，發動總罷工以迫使美軍撤走 B52 的聲浪一時高漲，但在屋良設法和美軍與自民黨折衝之下，成功避免了總罷工的發生。接著在 1971 年 2 月，因為美軍的經費節約方針遭到大量解僱的全軍勞（沖繩基地勞工工會）揚言要發動罷工，屋良對此也是採取迴避的態度。

　　屋良藉以緩和和平問題與罷工造成對立的方法之一，就是憑藉著他與生俱來的交涉才能、以及活用和自民黨之間的關係，從本土政府那裡獲取經濟援助。面對全軍勞罷工時，他試著透過由本土政府發放（一次支領性）補助金的方式，來避免罷工發生；1969 年 7 月美軍基地發生毒瓦斯外洩事件，因此引發了瓦斯遷移問題，結果卻遭到了移送路線沿途居民的強烈反對，這時他也是透過由本土政府出資建設新移送道路的方式，來讓事件畫下句點。[16]

　　就在這種狀況下，經過 1969 年 11 月尼克森與佐藤的會談後，美日雙方共通發表了將於 1972 年將沖繩施政權歸還日本政府的計畫。俗稱為「撤除核武、看齊本土」或者是「保留基地、看齊本土」的這項計畫，在保留美軍基地方面「看齊本土」，至於持有核武問題，則要和日本政府進行「事前協議」。就在 4 個月前，美國政府已經發表了將從越南撤兵的構想；為財政負擔而苦惱的美方，開始傾向於長久以來便已存在的見解，那就是在確保基地的情況下，將施政權歸還給日本，以期達成削減成本的目標，同時也說服了一直固執於既

得權利的軍方。

正好在1970年，《日美安保條約》的改訂期限又逼近眼前；不論對於力圖確保反共同盟國日本的美國，或是日本政府與自民黨本身，如何避免讓1960年因反對運動導致日本保守政權陷入危機的狀況重演，都是他們必須要面對的事態。透過放棄美軍在沖繩的既得利益，以及將沖繩的施政權歸還，可以奪取反戰運動的爭論焦點，並滿足日本方面的民族主義，從而使得保守政權安定下來，可謂得策。而且，歸還沖繩的美方也得到了相當優厚的條件，那就是歸還後美軍用地的租金由日本政府負擔，美軍在基地外建設的設施，也由日本政府買下。[17]

對於這樣的「復歸」方式，不管保守派或革新派都有批判之聲。說到底，在保守政權之中，本來就根深蒂固地留有如先前蘆田均所言，「沖繩對日本經濟並沒有太大的重要性」這樣的感覺。[18] 1969年，自民黨參議院議員今東光就發出了這樣的反彈意見：「說白了，我實在不想要一個除了番薯和黑砂糖以外什麼都沒有的島。」本土經濟界中，也潛藏有「沖繩復歸只會造成財政上負擔增加」的意見。正如前述，分裂狀況與落差這樣持續下去，就可以從沖繩獲取出外打拚的廉價勞工，這對企業是很有利的，因此財經界人士也有不少人主張復歸尚早論。沖繩對日本而言，已經失去了戰前作為國防據點的價值，因此在這些政治家和財經人士看來，這只不過是為了和美國的關係，把負擔轉嫁到自己身上罷了。因此，當沖繩方面對歸還不滿的聲音高漲時，他們便頻頻發言說：「別寵壞沖繩了！」

另一方面，對革新陣營來說，保留美軍基地的復歸，就反戰立場是絕不容許之事。從革新陣營的角度來看，這種復歸，其內容總的來說，就只是統治費用由日本政府負擔，至於基地事實上的自由使用權，則仍然由美方確保罷了。新左派和革新政黨都對自民黨的這種復歸案表示反對，當佐藤與尼克森會談的時候，本土和沖繩都出現了激烈的示威與罷工。

但，屋良並不排拒這樣的復歸。身為現實主義者，屋良認為這種復歸型態雖不能說是理想，但也算是往前邁進，而且這原本就和他在50年代提倡的復歸構想頗為相近。而後在屋良與自民黨的交涉下，成功地讓日本政府負擔起琉球政府高達1千8百53萬美金累積赤字的半數，從而鞏固了復歸的成果。[19]

本土語沖繩的革新政黨，雖然對於屋良的這種姿態潛藏不滿，但因為他畢竟是由革新共鬥支持的當選人，所以也只好繼續支持他。1970年秋，作為復

歸的先聲，沖繩選出了參眾兩院議員，實現了「參與國政的目標」。（屋良原本站在強化與日本統合的立場，認為「比起主席直選，我反而更希望讓參與國政率先實現」。）[20]對本土革新政黨而言，即使從這層意義來看，也必須避免革新勢力的分裂才行。為此，本土與沖繩的革新政黨，一方面對自民黨與他們的復歸構想，高舉「反戰復歸」大旗，擺出強硬的對決態勢，但面對和自民黨保持友好關係的屋良，卻又只能用曖昧不明的態度，繼續支持他下去。

話雖如此，革新陣營在批判自民黨的復歸構想之餘，卻也不否定復歸這件事本身。革新派強調的是，要明確地以「反戰復歸」克服「日之丸復歸」，要以本土的和平憲法，取代「日之丸」作為「日本」的象徵。這種主張與其說是路線變更，不如說是對長久以來的革新民族主義進行確認，並排除「日之丸」、〈君之代〉這些夾雜不純的東西。故此，人民黨與共產黨，對於將復歸定位為日本民族的統一這點並沒有改變。

在這個時期，人民黨與共產黨也傾向於對沖繩的傳統文化進行再評價，不過相對於支配者由上而下的文化，他們則是讚賞由下而上的「日本民族文化」或「日本地方文化」，也就是所謂「民族藝能運動」的變形。比方說在1971年，以鄉土演藝為主題的本土革新系劇團訪問沖繩，並以「民族藝能晚會」為題，和琉球的傳統舞蹈共演；沖繩人民黨的官方刊物《人民》對此評論道：「與美國……流傳下來，殖民、頹廢的侵略『文化』相對抗」、「為了守護培育民族文化，沖繩與本土的民族藝能要堅定團結，以贏得由下而上的民族統一」。在此同時，他們也批評說：「本土文化團的創作相當優秀，相對之下，沖繩的創作就顯得落後了。」[21]

在這種環境中，會出現不光對復歸的現實感到幻滅、同時也對屋良的施政與革新政黨感到不滿的人，也是理所當然。不滿的表現形式雖說各式各樣，不過大致可分為以下兩類：

一類不用說，自然是對復歸的理想破滅，並對日本方面的自私任性大加批判。身為歷史學者、後來成為沖繩縣知事的大田昌秀，對琉球處分以後日本對沖繩的處置態度進行研究，寫了一本名叫《醜陋的日本人》的評論。以沖繩第一位芥川賞得獎作家而受到矚目的大城立裕，也對日本以及沖繩內部的復歸運動展開批判。[22]另一方面，本土共產黨與新左派的對立關係也波及到沖繩，支持屋良、主張依據民族統一復歸的人民黨與共產黨，和琉球大學的學生組織等展開了對立。

還有另一類人，則是自一直以來的琉球獨立論中汲取養分，屬於保守或親美的一派。原本自民黨提倡復歸尚早論的理由已如前述，不過沖繩自民黨的前身民主黨乃是親美政黨，因此獲得了在美軍支配下享有既得利益的財經界人士與企業家的支持。又如前述，經濟上的利害關係乃是 50 年代復歸運動陣營的邏輯，但到了 1968 年行政主席選舉時，強調經濟利害的反而是與本土自民黨結合的復歸尚早論陣營；換言之，這時期重視經濟既得權利的沖繩保守陣營，主張的是復歸尚早或是反對論。比方說任命主席松岡政保，原本就是以琉球獨立論者而為人所知；琉球商工會議所理事松川久仁男等人，也批判教職員會的復歸運動只是「打著日本人教育的幌子，實為爭取教職員的退休撫卹金」。隨著復歸的情勢日益具體，基地周邊的業者也興起了一股反對復歸或者尚早論的風潮，讚美琉球王國、強調琉球處分侵略性的「琉球議會」運動，以及「創造沖繩人的沖繩會」等也陸續出現。[23]

後者這種保守系的復歸反對論或尚早論，與存在於本土保守勢力中，基於成本論或歧視意識等的反復歸論，產生了微妙的交集。1969 年 4 月，櫪木縣的某位醫師就投書到《琉球新報》，寫了這樣的一段話：[24]

> 琉球國人啊，你們原本應該是屬於獨立國的……只是因為明治維新趁著混亂之機，將你們變成日本的沖繩縣民並領有罷了。然後，他們派遣從內地被貶官的官僚進行統治，把你們變成了日本的赤字縣……非常幸運的是，拜第二次世界大戰所賜，各位遠離了日本，被納入美軍的施政下，為此各位……除了軍事設施以外，擁有內地完全無法想像的自由。同樣作為領土，朝鮮已經獨立了，台灣也獨立了。既然如此，那各位的琉球，為什麼不獨立呢？……財政方面無須擔心，靠觀光和博弈就可以養活自己了……做個歡樂的國家吧。早點忘記戰爭的傷害吧，只要把它想成遭遇到大颱風就好了……放棄無聊的復歸本土悲願吧，這是能給予各位的最好選擇。

針對沖繩選出議員參與東京的國會一事，這位醫師更進一步說：「為什麼要干涉外國的政治呢？現在這個時刻沖繩是外國，日本也還是外國啊！」對此，沖繩方面當然是產生了批判：「只把沖繩當作異質的事物……來掌握；以蔑視的態度，認為是在日本摻進了這些異質的東西，這實在是讓人難以忍

受！」[25]

新川明

換言之在當時，自民黨與美國提示的復歸計畫、革新派的反戰復歸與民族統一路線、以及保守派的琉球獨立論等，全都複雜地交織在一起。為此，即使是對復歸抱持異議，若要和保守派獨立論保持距離，在結構上就很難高唱反對復歸。無論怎樣都找不到理想的復歸型態，故此，若是改善人權狀況實屬可期的話，那就是更加重要的當務之急。為此，大田昌秀和大城正裕也好，或是當時本土以良心派知識分子著稱的中野好夫與大江健三郎也好，雖然批判本土方面的歧視意識與支配的歷史，卻也沒有明確打出反對復歸的口號。在這種情況下，一面和保守派獨立論保持距離，一面又高唱「反復歸」的新川明，便成為眾人注目的焦點。

## 對「面具」的嫌惡

成為反復歸論主要論者的新川明，從很久以前就以詩人而廣為人知。在談到他之前，有一些不能不觸及的事情。

首先，1931 年出生的新川，是琉球大學創立當時的入學生。正如前述，琉球大學原本是為了培育親美菁英而設置的大學，但在戰後沖繩是極少數能夠接受近代高等教育的場所。從支配者提供的高等教育機會中，產生出對於統治的反抗，這一現象以第十三章提及的台灣議會設置請願運動為首，在世界的殖民地支配中屢見不鮮；琉球大學也一樣，培育出了許多對美軍統治抱持疑問的學生。

新川在八重山迎接敗戰時，心裡想的是：「聽到失敗的消息，覺得好不甘心，如果自己是大人的話，就可以拿槍對抗敵人了！」身為「軍國少年」的他，在琉球大學入學時專攻的是英語科，不過之後卻變更為國文科。他入學的時候，琉球大學的設備也相當糟糕，大部分的人都以前往美國或日本本土留學為志願。「以留美為志願的傢伙大多選擇英文科」，而新川對這些人相當反感，認為他們是「沾染了美國流風，可說是一種趕時髦吧！」在這之後，新川試著「留日」卻沒有成功，於是便以雜誌《琉大文學》的創刊成員身分，沉浸文學之道。[26]

在爆發「全島鬥爭」的 1956 年，《琉大文學》遭到禁止發售、社團活動停止半年，責任編輯也受到懲戒。其中原因之一，就是新川的詩〈「有色人種」抄〉。在此茲摘錄部分內容：[27]

即使在黃色人種中
也有各式各樣的人種。

也有守護純粹的血
相信純粹的血
互相勉勵　堅定團結
踏著共同步調前進的人們。

背叛這樣的血
出賣這樣的血
用巧妙的面具　遮掩住宛如猿猴般醜惡的面相
靠著獻媚　在世間悠游度日。

我們　要剝掉那樣的面具
為了將他們押到白日的底下
要睜開眼睛。

為了揭發讓我們的血混濁
而設下的種種陷阱
24 小時　都要睜開眼睛。

我們是黃色人種
抱持著驕傲的黃色人種
為了將黃色人種中的猿猴
與威脅我們的血的白狼
他們鼓脹的腹部撕裂
我們昂首前行。

猛地睜亮眼睛

我們昂首前行。

　　新川要帶著遭到蔑視的「黃色人種」的驕傲，和蔑視他們的「白狼」，以
及等而下之，背叛「血」的「黃色人種中的猿猴」戰鬥到底。即使在當時的沖
繩，也有靠著學習美國文化，謀求社會地位上生的人；在琉球大學裡，也有這
種新川所謂「沾染美國流風」的人存在。對於作為支配者的「狼」的視線感到
反彈，以及對於與之同調的「猿」的嫌惡，乃是在殖民地狀況下誕生的知識分
子，所共同會發生的現象。新川後來展現的反復歸論態度，正可說是將這首詩
中的「黃色人種」替換為「沖繩人」，「狼」替換為日本；而他要做的，就是
將他視為沖繩內部的「猿」，也就是那些復歸論者的「面具剝掉」吧！

　　可是，在這首詩中歌頌「血」的新川自己，其實也不是擁有「純正血統」
的沖繩人。他是沖繩出身的父親，與本土出身的母親生下的孩子，直到長大成
人為止，他的沖繩語始終都講得不是很流利。從大學輟學後，新川進了報社，
在大阪任職，在這裡也有一個本土母親和沖繩父親出身的同事。新川對這個
同事常因為母親的出身，便不斷強調自己是「日本人」，「在內心感到相當的
反感與輕蔑。我總是在心中反覆地唸著，『雖然你和我同樣都有一位屬於大和
民族[28]的親人，但我絕對就是沖繩人』。」他在大阪任職的時候，「以妻子為
交談對象，試著學習沖繩話」，「即使重音錯誤或語彙貧乏，也是無可奈何的
事，總之至少要能做到口才無礙」。新川自從開始以反復歸論批判日本以來，
就一直這樣說著：「對我而言，意識到自己母親出身的國家是日本、自己的血
液中流著日本人的血，這個事實讓我感到恥辱難耐。」然而，他所懷抱的苦
惱，應該可說是和殖民地的「混血」知識分子異曲同工吧。[29]

　　另一方面，在談到新川思想時不可或缺的，就是他在那裡度過童年、又在
從大阪回到沖繩後任職的地點──位處沖繩的邊陲，飽受琉球王國剝削的八
重山。對於八重山，他的看法是：「正如大和與沖繩以『中央』和『邊陲』的
形式相互定位，彼此相關般，沖繩與八重山之間，也可以成立同樣的等式關
係。」在文化上也是如此，「近代以降的沖繩人，渴望透過讓自己的文化與大
和文化等質同根，將自己從邊陲提升上來，並確保對等的地位；八重山人同樣
希望透過將自己的文化遺產和沖繩人相互比較，確立兩者之間的等質，從而脫
離自己心中的邊陲感」。換言之，「狼」與「猿」的關係，即使在這裡依然存

在。（新川明《反國家的凶區》p. 35, 37。）

就跟伊波一樣，這種對於沖繩內部地域落差的自覺，也讓新川對沖繩民族主義抱持著相當複雜的態度。他在面對「日本」時是擁護沖繩的，但是如後述，在70年前後，他和琉球獨立論也保持著一段距離。這不只是因為保守派的琉球獨立論讓他反感，也是因為他有這樣的意識：「談到沖繩的自立或獨立時，萬一遇到八重山或宮古的人反彈說，『那我們該怎麼辦？難道只有沖繩（本島）獨立嗎？』也只能面對現實，摸摸鼻子認了吧！」[30]

在支配關係中，特別是處於文化自卑感的時候，便會出現憧憬「狼」，而將自身貶為「醜惡的猿」的情況。這是新川一貫以來所嫌惡、將它視之為敵的事物，即使在之後的反復歸論中，比起經濟政治的不平等，他的關心更集中在文化以及精神的自尊心問題上。同時，對於自己繼承了「狼之血」的意識，以及對沖繩內部支配關係的關注，都使得他的思想不單單只是停留在沖繩禮讚或是沖繩民族主義的，而是帶有一種邊陲性。

話雖如此，新川在著作中明白展現出反復歸姿態是從60年代後半開始，在那之前他是一名復歸論者。據新川說：「在度過戰敗的混亂中，對沖繩而言，當然還有對我自己而言，日本都是一個烏托邦。」對他個人來說，「日本是我母親誕生的國家」。可是他對復歸的想法，跟50年代復歸運動領導階層以實利為重的看法迥然相異：「對過去的我來說，『復歸』是為了解放包含我在內的全體沖繩（人），不允許逃避的『戰鬥』。」簡單說，是一種對於真實存在的極度期待。

但是新川心中對這種期待的失望，從60年代初期已可見端倪。收錄在他1960年發表的詩畫集中，名為〈看得見日本〉的詩，是他的詩作當中相當知名的一首，這首詩是這樣寫的：[31]

　　日本啊
　　祖國啊
　　來到眼前的日本
　　面對我們的喊叫
　　無賴地轉過臉去
　　沖繩的海
　　日本的海

　　　　將它畫開的
　　　　北緯27度線
　　　　融化在海浪中
　　　　就像折刀般
　　　　將我們的心
　　　　割裂

　　這首詩雖是新川任職大阪時候所寫，不過據他說：「這個時候，在我的心中……那個作為烏托邦的日本，已經隨著踏入現實的體驗而消滅了。」話雖如此，在他心中對於復歸這件事並沒有完全否定；他自己也說，這首詩中「無賴地轉過臉去」這句，只是表明「對日本的懷疑」而已（新川明《反國家的凶區》p. 73）。

　　可是這首詩在復歸運動中，經常被當成沖繩詩人對日本所表現的思慕來引用。光是在北緯27度線上舉行的「民族統一」海上大會的報告裡使用也就算了，就連某電影在片尾之際，也為了演出沖繩「純粹的思念」，而把「無賴」那句刪掉後引用。正如前述，直到60年代前半的復歸運動，為了喚起本土的關心，也為了彌補理論的欠缺，常常亂用「民族之間血濃於水」、「像孩子仰慕母親的純粹心情」之類的形容，而盡量避免表明對歧視的控訴，以及對日本的懷疑。

　　可是新川本人卻覺得，「對於我在這首詩裡打算掩埋的那種曲折心情，無法受到他人的理解，我感到十分焦灼」。（新川明《反國家的凶區》p. 75）這也是理所當然的事。這種焦灼到了復歸已成清晰現實的60年代末，愈發難以遮掩，最終便以反復歸論的方式表現出來。

　　從這種立場出發，新川所提倡的反復歸論，與其說把復歸當成政治經濟的現象，倒不如說是把它當成一種認同問題在處理。他認為反復歸論最應該被批判的是，打著復歸和「民族統一」的名號，「把沖繩人畫分為『完全且優秀的日本人』」的思想。（同 p. 85）他是這樣解說自己的「反復歸」思想的：（新川明《反國家的凶區》p. 304）

　　　　……我在講「反復歸」時的「復歸」，並非意指被隔斷的日本與沖繩在領土與制度上再統合這種外部的現象，而是一種沖繩人自己持續投身於

「國家」當中，內在的思想建構。從這層意義上來說，「反復歸」即可說是對於個人定位與「國家」合而為一，徹徹底底地持續拒絕，是這樣的一種精神志向。說得更精確一點，反復歸即是反國家、反國民志向。

比起政治概念上的主權國家，新川所謂的「國家」，乃是要求構成成員忠誠與同化，和個人認同息息相關的國民國家。因此他的「反復歸」，可以說是徹徹底底從「個人定位」出發，對與國家的合而為一表達拒絕的思想。故此，他重視的是「在成為日本人之前，要先有作為沖繩人的頑固自覺這一意識構造」，亦即沖繩的「異族」性；要「讓這種異質感由內而發，形成否定國家的思想，並以此作為持續反國家權力的戰鬥思想據點」。（新川明《反國家的凶區》p. 8, 97）雖然這或許有受到當時在新左派間普遍受到好評的吉本隆明「共同幻想論」的影響，不過大半都還是新川自身經驗衍生出的思想。

由此繼續推演下去，既然和日本國家的同一化與統合已經遭到拒絕，那麼就無所謂統合的形式平等或不平等的問題。相反地，新川指出，為了脫離歧視，而局限在追求「身為國民的平等」當中，「撤廢歧視運動，也不過是被包含在一個更大的國家與民族主義當中罷了……根本不可能進行徹底變革國家體制的鬥爭」。在這樣的構造下，「乍看之下似乎是反體制的運動，其實也包含著……依據歧視的規模大小而做出對應，從沖繩內部引發『擺脫歧視』的強烈渴望，以及從沖繩內部導出積極與日本同化的動力之機能」。因此，「所謂『復歸』，換言之即是扎根於和日本同化的志向，除了將日本與沖繩融解為等值的國民（nation）以外再無他物，而沖繩的我們，只是抱持著心願，希望能被賦予資格，成為和日本人毫無差別、同等的國民罷了」。（新川明《反國家的凶區》p. 122, 119, 66）

根據新川的說法，沖繩為了脫離歧視，而強化與日本同化的志向，這一過程就有如「日本近代天皇制意識形態與民眾意識的對應關係，特別其中接納與持續的狀況極其酷似」。人們愈是面臨現實的歧視與生活的悲慘，就愈是對象徵「一視同仁」與救贖的天皇抱持幻想，對之崇拜也愈發熱烈。然後，這種試圖脫離歧視的努力，「在現實上具體且實在的大和＝日本，毫不留情且持續地將自身納入其中的機能運轉下，背棄了自己的志向；於是，自己愈是努力，就反而愈是讓扼殺包含自己在內的日本及亞洲人民的國家存在變得更形堅固，從而重複著愚蠢又可悲的自轉循環」。（新川明《反國家的凶區》p. 27, 31）

　　新川說，像這種追求身為「日本人」平等的運動，在歷史上的先驅別無他者，正是革新系復歸運動視為英雄的謝花昇參政權請願運動，以及伊波普猷的日琉同祖論。特別是謝花昇的運動，在身為「沖繩近代史上最突出的反體制運動」同時，也在「日本民族主義與沖繩民眾的統合上，扮演著極重要的先驅角色」。他對當時流傳的謝花昇與中江兆民、幸德秋水的交流說表示存疑：「（謝花昇的）發想並不像中江與幸德那樣，是以否定身為專制壓抑與強制掠奪根源的天皇制國家權力為方針……他除了要求獲得身為日本帝國臣民的完全權利以外，並沒有跨出這個範圍任何一步。」接著他又說：「謝花昇思想的內涵……反而比較可以納入板垣等所謂民權右派的範疇當中吧？」（新川明《反國家的凶區》p. 121, 123-124, 168-169）假使新川知道板垣曾組織過「台灣同化會」（參照第十三章）的話，應該在這裡也會多所著墨吧。

　　事實上，正如新川也指出的，謝花昇的參政權請願運動廣受矚目，是1970年秋天沖繩舉行參與國政選舉前後的事。在這場選舉中，代替屋良率領沖繩教職員會的喜屋武真榮，以及人民黨委員長瀨長，在本土革新勢力的支援下獲得當選，但新川卻疾呼應抵制投票。他說，這是日美政府在1972年歸還沖繩已成既定事實的情況下，本土革新勢力希望藉此增加議員的策略，其目的只有一個，那就是透過所謂參政權的形式，讓沖繩與「日本」之間的統合更加深化。

　　既然已經拒絕與國家統合，那麼被統合的國家到底是「好國家」還是「壞國家」，其實並不是問題。新川說，「我們本來必須要戰鬥到底的對象，就是孜孜不倦壓抑人民的國家權力本身」，因此「鬥爭的對象到底是同民族還是異民族，其實完全不是問題」。「資本主義國家也好、社會主義國家也好……國家『權力』將民眾視為受支配者，要求他們服從，這種行使強制力的機能，並沒有任何改變」。所以他又抗聲說，右翼的民族主義與共產黨的民族統一戰線，「不過是一方高唱『反共民族主義』，另一方就高舉『反美民族主義』的旗幟罷了」。（新川明《反國家的凶區》p. 184, 215, 218-219）

　　不論就當時的狀況來說也好，或是就憎惡「面具」的新川自身傾向也好，比起明顯表露歧視心態的美軍與保守派論者，他對「持續將沖繩的鬥爭，強制導向民族主義的偏向，從而使它在『作為國家的日本』當中擴散溶解」的人民黨與共產黨系復歸運動，給予更加強烈的批判。他批評屋良的施政，對於革新勢力高舉的反戰復歸，也說「這仍然是所謂『復歸』思想的一種變種，並沒有

脫離日本民族主義的射程範圍」，接著又形容說：「他們所爭論的『要不要撤廢基地』，其實只是將沖繩問題矮小化，只是一種在民族主義的競爭上，爭著想要『更好的復歸』罷了。」（新川明《反國家的凶區》p. 11, 66, 84）

新川的「反復歸」，比起單純的復歸反對論，更加重視以沖繩的「異族」性，來對抗國民國家的邏輯本身。正因如此，對新川展現出最強烈反感的，乃是高唱民族統一思想與革新民族主義的共產黨和人民黨。

## 與獨立論的距離

沖繩人民黨和日本共產黨之所以對新川大表反感，並不單單只是出於思想上的理由而已。當時的人民黨和50年代不同，已經與日本共產黨合為一體；但如前述，60年代開始興起的新左派運動，不只在本土對共產黨在革新勢力中的領導權造成威脅，在沖繩也對人民黨與共產黨展開批判。對共產黨以及人民黨來說，儘管新川個人不過是一介報社記者，但他們還是有必要對被視為復歸批判論代表人物的新川展開攻擊與反駁，以證明民族統一路線的正確性。

首先是沖繩人民黨的官方刊物《人民》，不只一次刊載對於新川的匿名批判報導。這些批判說，新川的主張是「侮辱祖國復歸民主勢力、不可原諒的行為」，「他的立場與見解，是想在『反共反人民黨』的『左』右潮流中，贏得一、兩個角色，這是客觀的事實」，「反復歸論只能看成是意圖繼續延長美國帝國主義占領支配的『敗北思想』」。復歸乃是「『由下而上的民族統一』，是克服歧視之道」，反復歸論則是「受到日美支配階級以及其掌控的國家權力舉雙手歡迎」的論調。[32] 當時的人民黨官方刊物上，陸續刊載了許多抨擊新左派興起的報導，對新川的批判，很明顯也是其中的一環。

日本共產黨的雜誌《前衛》，也在沖繩問題特集中對反復歸論大書特書，強烈抨擊心川的議論是「對沖繩與本土統一戰線的破壞，同時也扮演著妨礙者的角色」。在這篇特集中，上田耕一郎評論道，「新川在對作為日本民族主權問題的沖繩問題掌握上，犯下了根本的錯誤」，接著又形容說，「這很有可能和他在思想上、實踐上認可美國奪取施政權一事，有著密切的關聯」。新川對於屋良的批判，也被批評成帶有「反人民的犯罪性」；最後上田又重申主張：「（復歸運動）是為了追尋真正獨立與和平、民主主義的日本人民鬥爭當中，相當重要的一環。」[33]

特別引起共產黨和人民黨反感的，是新川將沖繩形容為「異族」這件事。根據共產黨的說法，因為「我們對參與國政的要求，還有縣民的要求都是⋯⋯從（沖繩人）乃是日本國民這一原理出發」，所以新川的主張被視為是「對伊波普猷以來的『沖繩學』命題全面性的否定」。換句話說，「從有關民族的指標試著檢討，我們可以發現在語言學上，萬葉時代的古語還存留在沖繩，因此沖繩方言乃是不折不扣的日語；不只如此，在地域、歷史、乃至經濟生活上，（沖繩和本土）也都有著共通性」；因此，「不管新川再怎麼倡言『異族』，也只是感覺上的『異族』罷了」，「從對國家和民族的思考來看，毫無任何科學根據」。[34]

當然，新川的歷史觀也遭到了抨擊。新川的琉球處分觀，被說成是「和某歷史學者（指井上清）在某一時期所主張、明治政府合併的是『琉球獨立國』的議論站在同一線上」。他們又說，伊波與謝花昇的目標是「真正的民族統一」，因此「絕對不是像新川記者所說的那樣，在『天皇制國家權力的確立』做出貢獻的方向下，所展開的民族統一」。共產黨和人民黨說，新川的思想「完全無視於既往的研究成果，只是一味地歪曲歷史事實」，是「對復歸祖國的民主勢力與人民黨進行攻擊，意圖造成混亂的雜學大集合」。[35]

就跟過去的森秀人一樣，新川也被貼上「穿著一身『左』派的裝扮，實際上卻是『獨立論』的分支」這種抨擊的標籤。人民黨的官方刊物說，「歪曲的『被歧視意識』，正是 50 年代初期沖繩獨立論者的『理論根據』」，因此反復歸論乃是「和迄今為止沖繩歷史中的反復歸論＝獨立論一樣，是在歷史轉換期間不合時宜綻放的花朵」。當時的共產黨，在黨發行的沖繩問題小冊子裡附的年表類當中，刪去了戰後時分黨曾經發布「祝沖繩民族獨立電文」這件事的內容，將琉球獨立論明確定位為「私通美國的保守反動勢力，對民族統一的背叛行為」。[36]

對於這樣的批判，新川也做出反駁。他說，「異族」是對於和國家同一化的拒絕，是一種個人指向的意味，「和沖繩人在學理意味上是不是『日本民族毫無疑問的一員』這類議論，完全無緣（在層次上迥然相異）。」至於共產黨和人民黨的所謂反戰復歸，不過是「打著『在沒有核武和基地的沖繩完全復歸下，建設和平日本』的大義名分，意圖在日本民族主義下溶解沖繩擁有的（拒絕）可能性，使之無毒化」罷了。因此，沖繩不過是日本反戰和平運動的道具，或者說是為了「日本獨立」與「日本民族化」之類國家改良，而被利用的

事物罷了。（新川明《反國家的凶區》p. 11, 137）

　　新川對於共產黨的反戰復歸論，有著以下的看法：（同 P. 89）

　　　　說到底，「民主、和平、中立日本的建設」這種和當今體制者的招牌如出一轍、完全可以通用的題目，就連餵狗用的剩飯，也比這個要來得強一些。和平美麗的獨立國「日本」什麼的，對我們而言根本是怎樣都無所謂的東西；把日本國的和平存續，當成沖繩鬥爭的目的，這種事請恕我們不奉陪。毫無意義地，將「為國殉身」這種把近代戰爭的慘禍一身扛下的沖繩戰役邏輯，現在對照起來，不過是披上了「民主」化的衣裳罷了。

　　　　沖繩從歷史上所擁有的、以及從過往沖繩戰的慘禍中所學到的決定性道理，沒有別的，就是應該否定這樣的邏輯；由此導出的沖繩鬥爭，我敢說，不論何種政治權力掌握這樣的鬥爭，最終必定會走向對於國家存在本身的否定。

　　據新川說，反戰復歸論將作為「日本」象徵的「日之丸」，轉換為對和平憲法的強調，其實不過是將日本描繪成烏托邦的同化願望，所衍生出的邏輯延長罷了。

　　沖繩人為了逃脫戰後貧窮與悲慘的人權狀況，而創造出了一個夢想的空間，那就是豐饒且保障人權的和平之國——日本的形象。可是新川說，正如所有的烏托邦般，「我們應該要將它理解成只存在於沖繩人意識之中的意象、是人們不斷渴求的遙遠樂土，但絕不是指現實的日本國本身」。儘管如此，「戰後沖繩的『祖國復歸』運動，正是從這種虛妄的幻想中出發，不只如此，運動組織者除了用『血濃於水』這種情緒性的民族主義來進行煽動以外，也說『總之復歸日本的話，人權就可以受到憲法守護，生活也可以獲得保障；一切都會變得更美好』，用這種超乎邏輯的日本（本土）烏托邦論來描繪玫瑰色的美夢；換言之，他們一面作為素樸的民族主義者，一面又作為利己的功利主義者，藉此來收攏民眾的情感」。然後，現實的狀況愈困苦，這種幻想就「愈是逼迫人們，燃起從眼前的現實中跳躍而出的情感，將人們不停驅向這個『開放的世界』」。但是，「不用說，日本的現實是，在這部憲法所言及的範圍內，並沒有烏托邦，甚至也沒有朝著這個方向去努力；那不過是在所謂戰後民族主義的虛妄下，由人們幻想出來的東西罷了，這點在今日已經相當清楚了」。

（同 p. 28-29, 61-62, 32）

　　另一方面，雖然共產黨與人民黨抨擊新川是在搞「獨立論」，但新川自己也明確表示，自己的主張和以往的獨立論之間是有差異的。他用了以下的方式形容琉球獨立論：（新川明《反國家的凶區》p. 133）

　　　　正如我一再言及的，要超越、克服「和日本同化的志向＝復歸思想」，就要將日本相對化，並強調「日本與沖繩的異質性＝異族性」。然而，我也認為，這樣的思想確實有被人當成不過是日本民族主義的翻版、甚至是將其與矮化琉球民族主義的琉球獨立論思想體系同等看待的危險。只要這種認為沖繩在歷史、地理上具備相對於日本的異質性和異族性的思想，在逼退保守立場後開花之際，毫無疑問，也就是它與作為琉球民族主義顯現的琉球獨立論結成一體的時候……這就是在「沖繩人的沖繩」主張下，重現過去的琉球王國，宛若夢想般言行的展開。

　　新川強調獨立論與自己的主張不同，其理由有二：一是舊有的獨立論，以及當時的「創造沖繩人的沖繩會」運動，在他眼裡不過是「主要以保護在美國占領支配下既有利權為目標的運動」。其二則是，因為他抱持著「反復歸即是反國家、反國民志向」這種思想，所以不能被評價為「復古的沖繩民族主義」。（新川明《反國家的凶區》p. 21, 78）新川當時曾有這樣的發言：「獨立黨把『沖繩的獨立』當成一個自我完善的迴圈。那是在現今這種地表完全被國境圍起的、由國家群形成的世界狀況下，獲得承認的『獨立』，而且是以此獲得自我完善。」之後他也說：「分權也好獨立也好，如果都是透過非常狹窄意義下的沖繩民族主義這一閉鎖的生存空間、社會空間來給予意象化，那我認為是毫無意義的。這簡直就只是日本現在血統主義的微縮版，而以此意象化的國家，也只是微縮的日本而已。」[37]

　　新川所要對抗的復歸運動思想，是為了「日本」作為國民國家的「獨立」，高呼「日本民族」的統一，將沖繩與「日本人」進行統合（照新川的說法是同化）。

　　另一方面，假使沖繩真的作為國民國家而「獨立」的話，單一「沖繩民族」的界線要設定到哪裡？好比說，宮古和八重山人到底要不要包含在「沖繩人」範圍內，還是要將他們排除？這就是個非面對不可的問題。排除的話，就

變成把他們視為「異民族」來歧視，包含的話，又變成像伊波在創造沖繩民族主義時一樣，很有可能得對「同化」做出肯定。故此，就算沖繩「獨立」，如果這種獨立仍是依據既有的民族主義或國民國家原理的話，那也不過就是排除與同化關係的縮小再生產罷了。

新川反過來批判人民黨與共產黨「以『復歸』運動為沖繩人民解放鬥爭的絕對前提，只要有人稍微敢插嘴講出一點批判的話，立刻就把他們貼上『附和日美支配階層的分裂主義者』標籤，或是更進一步打成琉球獨立論者，整個腦袋只會在這樣的範圍內轉動而已」。（新川明《反國家的凶區》p. 183）換句話說，在他的眼中，只能掌握「復歸」或「獨立」、亦即「包含與排除」這種二元對立事態的思考型態，是應該要大加批判的。

## 「否」的思想

然而，共產黨與人民黨對新川思想最大的批判是：「簡單說，就是儘管有『拒絕』，卻沒有任何『該怎麼做』的展望」、「完全沒有現實性可言」。上田耕一郎在《前衛》雜誌上，將新川定位為「思想上的小資產階級激進主義之流」；接著他做出總結，「我們現在必須聚焦的問題中心是，在沖繩的全面歸還這一政治課題下，該如何採取統一行動，而不是進行哲學立場的論爭」。[38]

先前曾經就琉球處分的評價問題與森秀人進行論爭的新里惠二也主張：「要透過民族國家內的階級鬥爭，以勞動者階級為先鋒，率領人民掌握國家權力，從而贏得解放；就算在嘴皮子上逞強說要『否定國家權力』，國家這個暴力機構也不會消失吧！」作家當間嗣光也批判說：「新川這些人應該要舉出堂堂正正的綱領與政策，稍微勞動一下筋骨，用自己的思想去組織大眾，推行運動才對吧！」總之，「新川的議論一言以蔽之，就是敗北者的思想、將放棄鬥爭合理化的思想」，這是共產黨與人民黨陣營的邏輯。[39]

新川對此的反應，從某種意義上來說則是完全沒有交集。原本他的反復歸論，與其說是政治運動，就不如說是環繞著認同的一種思想建構。對於上面那些批判，他的回應是，因為「思想是徹底由個體中孕育出其生命，在個人性中獲得自立」，所以他反問道：「對於想要萌生出某種思想的個人而言，為什麼一定要綱領或政策呢？」新川說：「作為切斷綱領或政策等咒縛的思想建構，我提出了反復歸＝反國家這樣的命題。」（新川明《反國家的凶區》p. 325）

　　正如上田耕一郎在《前衛》雜誌上所述，這種「哲學的」議論，從組織大眾運動和政黨，亦即政治的立場來看，確實是毫無意義可言。可是新川卻主張，「個人對國家與國家權力的告發和彈劾，不該成為被固定化的表現行為。」（新川明《反國家的凶區》p. 55）在這當中，兩者的議論從一開始就處於無交集狀態。

　　即使不看共產黨，批評新川思想乃是非現實的聲音其實還是不少。在1971年，雜誌《世界》舉辦的座談會上，新川與沖繩主婦外間米子以及琉球商工會議所常務理事安里芳雄之間，有了以下這樣一番對話（發言中所指「沖繩獨立論」乃是對反復歸論的誤解）：[40]

外間　我想問新川先生，沖繩獨立論，跟發表復歸共同聲明之前的「琉球議會」或是「創造沖繩人的沖繩會」之類的思想之間，究竟有什麼關聯？

新川　一言以蔽之，「沖繩人的沖繩」或是「琉球議會」，對於美軍支配的視野完全付之闕如，不是嗎？結果他們只是為了守護在這25年的苦境中，自己所培養出來的特權與利益，就只是這樣的意識罷了。

外間　我有另一個問題，就像英國有自治領一樣，琉球獨立論，是否也是構想在全體國家當中，創造出一個自治領？

新川　雖然這也是一種想法，不過若是以日本全體和九州來看，就是要試著形成以九州這種區域有別的自治體所共構的聯合政體，對吧？

外間　既然如此，那最後就需要更加擴大與確立地方自治權才行呢。

新川　但就我最終的理想而言，果然還是要否定國家本身才對。說到底，資本主義國家也好、社會主義國家也好，直到否定國家權力本身為止，我們的志向都非得向前持續邁進不可……不這樣做的

話，最後也只是以由下而上的方式，補完體制中由上而下的民族
主義罷了……

安里　世界上有哪個地方沒有權力呢？我真的很想問問您。不管哪個國
　　　家，權力應該都是存在的啊。

新川　因此我們所要獻身的、或者該說要持續行動的終極目標，如果不
　　　設定成沒有權力的狀態，那就毫無任何意義可言了。

　　這段對話，清楚顯示了新川思想較為容易讓人理解的一面。他的反復歸
論，明顯不可能讓人以「獨立」「自治領」「地方自治」之類既存的政治用語來
分類；就連「世界上有哪個地方沒有權力」這種想法，也要徹底捨棄。

　　對新川來說，現實的情況是，「復歸往前邁進了一步，這是理所當然的
事，至於其他方面，則全然不值一提。因為美國總統行政命令規定下，乃是
對人權或其他事務一概無視的狀態，所以（隨著復歸），又往適用憲法邁進了
一步，這是不證自明的事」。確實，比起將沖繩一直放置在既是「日本人」又
非「日本人」這種「無祖國之民」的無權利狀態下，被分類為正規的「日本
人」，總還是要來得好一點。可是新川又說，「將我們拘束、讓我們身陷在
『國家不明』這種壓抑狀態的元凶，就是『國家』本身……儘管如此，我們卻
不朝著否認『國家』這一元凶的方向前進，反而抱持著想要更強力地受『國
家』拘束的心願，在推動大眾運動」；他所指的，除了戰後復歸運動之外再無
他者。[41]

　　話雖如此，隨著復歸的腳步愈發穩固前進，新川自己也承認：「相當清楚
地，我們只是極少數的『異類』罷了。」「一言以蔽之，一想到1972年，我的
心情就感到灰暗不已。」他也只能這樣陳述了。可是，儘管如此他仍要高唱反
復歸的理由是，他對於「沖繩（人）對沒入國家＝日本毫不遲疑，不斷支持著
支配體制的強化，對這種既愚蠢且悲慘的內在感情，必須要從思想上予以痛
擊；故此，作為正本清源的方式，我才要執拗地不斷說『No』」。[42]對新川而
言，反復歸最重要的，就是「否」的思想。

　　隨著權力的運作，人們只能被分類，包含在「日本」、「美國」乃至於
「沖繩」這種國民國家中，成為其中的一員嗎？有從中解放的方法嗎？問得更

深入一點，不管是透過被分類為「日本人」而獲得權利、透過「獨立」形成新的國家，還是在國家之內獲得「自治」，難道沒有與這些對抗的手段嗎？當時新川對於所有的既存議論，日本復歸和美軍支配自不在話下，就連沖繩獨立，也以「否」的態度加以抨擊；「反復歸」這個詞所要質問的，正可說就是這一點。這是透過不斷重畫「日本人」的界線，進行支配的日本這個近代國民國家，在百年間的歷史最終所呈現的、明確的「反國家」思想。但是，這仍然無法阻止復歸的潮流。

　　1972年5月15日，沖繩「復歸」日本。

# 結論

　　透過本書正文的檢證，我們已經大致釐清了近代日本對於「日本人」界線設定的來龍去脈。接下來將針對這些設定的要因，以及它們與「日本人」國族認同的關係進行分析。

## 後進帝國主義的特徵

　　正如本論的檢證中已經闡明的，要對日本的周邊地區政策論做出分析，就必須考慮到一個要素，那就是：相較於 18 到 19 世紀的英法，或者 20 世紀的美國這樣，沒有足以威脅「自己」的更上位存在，日本的情況則有些許不同。故此，我們首先必須從日本帝國主義的「後進」這一點，來開始進行考察。

　　希望各位留意的是，這裡所謂的「後進」並不是指資本主義經濟上的不成熟這種實體問題，而是指「先進」勢力的存在、以及對它的意識所產生，在關係上以及認同上的問題。正因如此，不管日本社會的近代化發展到甚麼程度，在有「先進」勢力的存在下，始終都是「後進」。

　　再說這種後進性質的影響。首先，日本的論者與政策制定者在擴大支配地區時，總會強烈意識到「歐美」這個競爭對手的威脅。在日本的周邊地區政策論中，輕視經濟成本、重視國防，以及十分執拗於確保原住居民的忠誠心，這種種的姿態，如果排除和「歐美」的競爭意識不論，就無法清楚解釋。

　　日本對周邊地區的支配，總合起來到底是不是赤字，這點還有待今後的研究證實；不過完全把經濟成本拋在一邊，只是強行要求領有，這樣的論調並不在少數，這也是事實。說起來，像沖繩和朝鮮，或者是台灣這樣，資源少、人口密集、幾乎沒有什麼新開發餘地的地區，領有是否合乎經濟利益，從最初就有人抱持疑問。以石橋湛山為頂點，透過成本計算主張的放棄論或領有慎重

論，在這種情況下雖有成立的餘地，但即便如此仍下定決心要占領，且不願放手、甚至也不肯給予自治權利，之所以如此的背景，乃是與害怕「歐美」奪取這些地區的心態密切相關，這點在本論中清楚可見。

所謂重視國防並不是只有嘴上說說，就現實也是如此。日本在朝鮮半島部署了兩個師團，在台灣部署了兩個連隊（團），相較於英國在東非只部署了一個大隊（營）的事實，可以說是呈現極端的對比。[1] 之所以如此，雖有朝鮮半島原本就是對蘇戰爭以及踏足大陸的基地，必須確保的重大原因在，但也有相對於間接統治路線，在治安上維持較困難，以及不願編組以原住居民為核心的殖民地軍的影響在。

英法等國的殖民地支配，會利用編組印度人或塞內加爾人部隊成為殖民地軍，鎮壓當地的叛亂，從而減少宗主國的部署成本。日本在領有台灣初期，也曾在乃木希典總督的麾下，編組過鎮壓叛亂用的台灣人部隊，但因為成績不佳，所以旋即遭到了解散。在這之後，三一獨立運動過後不久，朝鮮軍司令官宇都宮太郎曾提議編組朝鮮人部隊，但最後並沒有實現。[2] 中日戰爭以降，對朝鮮人和台灣人的動員是採取編入國民軍的方式，和殖民地軍的編成有著原理上的根本相異。

之所以如此，原因在第十六章也提過，那是因為日本動員本國士兵的成本頗為低廉，再加上無法信任朝鮮人與台灣人的忠誠心之故。英法等國在支配殖民地時，只給予殖民地軍舊式的裝備，如此一來就算爆發叛亂，也可以用比較少的宗主國軍便能鎮壓。但日本的情況是，擔心一旦歐美各國的軍隊攻來，朝鮮人和台灣人部隊恐怕會群起呼應。因此，雖然日本也有把人口稀少、判斷一旦叛亂起來也容易鎮壓的台灣山地原住民，編組成稱為「高砂義勇隊」的民族部隊，但對朝鮮人部隊的編成，還是會覺得頗有危險。

這種後進意識導致的對「歐美」恐懼心態，當然也影響到統治論的型態。英國史家，以研究大英帝國史著稱的隆納‧羅賓森（Ronald Robinson）在分析這種「協助體系」時指出，支配方會盡可能的在支配地區尋求獲得當地勢力的協助（colllaboration），一旦出現問題時，便會採取公然支配的態度。[3] 日本的情況也是如此，他們在朝鮮和台灣，曾有試著透過維持舊慣，來獲得原住居民協助的跡象，但要求不單單只是協助，而是要確保絕對忠誠的論調，始終不絕於耳。不用說，這正是因為單純建構協助關係，不足以抹去遭到「歐美」奪取的不安。在這種狀況下，便產生了在統治形態上，促進非保護國、而是作為正

規領土的合併，在教育政策上，則是移植「國語」和日本文化，並施行培養對天皇忠誠心的初等教育，也就是與所謂同化論彼此相連。但其結果是，統治成本以及當地反彈日益增加，從而陷入惡性循環當中。

從構築協助體系的觀點來看殖民地的教育政策時，就像第四章科克伍德的提案所言，會採取重視培育當地菁英階層與親宗主國派的高等教育與獎勵留學，而輕視初等、中等教育的路線。比起設立好幾百間初等教育機構，設立一間大學，或是提供前往宗主國的留學獎學金，在成本上自然比較低廉；戰後美國對沖繩的統治，也沿用了這樣的手段。就日本來說，在琉球處分後選拔留學生前往東京的政策，也符合這種類型。然而不採取透過協助體系的間接統治，而是重視獲得當地居民全體忠誠心的取向，讓日本開始介入初等教育，也成為同化論的泉源。

不只如此，在這種同化論下，熟習「國語」和日本文化，不單單只是學習共通語言而已，更被認知為證明自己身為「日本人」忠誠心的行為。正如第四章所樹，若要培養忠誠心，用當地語言教導教育敕語或許更好；換言之，也是有文化與忠誠心可以分離的論調存在。但是正如第十六章的政府見解，在大多數人眼中，忠誠心應該要透過和日本文化同化這種「外形」來呈現才對。因此，日本方面屢屢要求當地居民不只要學習日本的標準語，還要付出拋棄舊有言語文化的犧牲代價，以展現他們的忠誠心。同化政策造成當地居民的痛苦與反彈，早從明治時期外國顧問的建言中就已經清楚傳達出來，但日本方面因為自信不足之故，對此視若無睹。為了化解自己的不安與自信不足，於是要求對方必須犧牲奉獻，以證明自己的愛情和獻身的忠誠，這種心理，或許可稱為是一種虐待狂吧。

後進性質的第二個影響，是作為弱小帝國主義，必然只能踏足附近的地區。故此，日本對朝鮮、台灣的統治論，一直都陷在某種認知的混亂當中：是要把這些地方當成「日本」的一部分，進行國民統合呢？還是要把它們當成「殖民地」，從「日本」當中排除出去呢？不只是地區的接近性，自1868年明治政府開始著手統和本國國民以來，歷經了北海道、沖繩的統合，接下來僅僅20年左右，又獲得了台灣和朝鮮，這種時間的連續性，更加速了混亂的發生。當然，這種時間連續性，也是想要急速趕上的後進性格所導致的結果。

正如第五章中美濃部達吉所指出，假使日本獲得的地區是非洲那種遠隔的土地，或者與內地國民的統合需要相當時間，或許就不會出現強硬主張非要將

領有地區「日本人」化的聲音占多數的事態了。實際上，日本在文化方面推行同化論的強度，以朝鮮最強、台灣次之，在南洋群島的統治則影響甚微。這顯示了文化面的同化論，是按照「日本人」眼中的「民族性」、地緣性，以及軍事重要度的順位而定的。相對於此，在法制上的同化程度，排除內地殖民者占人口9成的樺太，則是按照沖繩、台灣、朝鮮、滿洲，時代愈近，同化程度就愈低。

　　相對於朝鮮和台灣直到最後都沒被包容到「日本」當中，沖繩則在法制上幾乎完全被納入日本體系之中。之所以如此，原因主要是地理接近、領有時期較早，有趕上憲法發布也是一大要因。還有另一個重要原因是，沖繩比起朝鮮等地，人口少了許多。當然，這並不是說因為人數少，所以容易被日本社會給同化的意思（若從現實生活的沖繩社會來看，原住居民比移居者占了壓倒性的多數），而是因為人數少，所以政府方面實施賦予參政權和徵兵制的決斷相對容易。沖繩選出的眾議院議員不過5名，徵召的士兵也被分散配置到九州等地的部隊當中（在未編組「沖繩人部隊」這點上，和朝鮮以及台灣是一樣的）；但若對朝鮮實施賦予參政權和徵兵制，就意味著百名以上的眾議院議員，以及數10萬計的朝鮮人士兵（至少是學會使用武器的朝鮮人）的出現。施行義務教育也是一樣，相較於可預期會造成龐大財政負擔的朝鮮和台灣，在沖繩施行要容易得多。如果沒有這種在法制上進行的國民統合，就不會促進文化的同化，而戰後的回歸運動也就不會興起了。不過話說回來，雖然是原住居民人口甚少的地區，但領有時期較遲的樺太和南洋群島並沒有推進法制的整合，因此領有時期的早晚，果然可說是一大要因。

　　從人類學、語言學、歷史學上，強調周邊地區與「日本人」的「相近」，這雖然顯示出所謂「相近性」是一種被構成的概念，不過從某種程度來說，這也是實質上接近的結果。通常在支配殖民地的時候，會強調原住居民與宗主國人的差異，但在有國境紛爭的時候，狀況則剛好相反。比方說，第一次大戰後的戰間期，當德國與波蘭針對西利西亞地方的領有權產生紛爭之際，古代原居此地的民族是日耳曼人還是斯拉夫人，就成了爭論焦點。在這種時候，不會去強調與住在這裡的人民之間的差異，反而是會設法證明彼此有著「相同的祖先」，並藉此主張領有的正當性。正如琉球處分時所見，對於當地居民究竟是「日本人」系統還是中國文化系統的論爭，就是這種在國境紛爭中，對歷史學、人類學進行政治利用的典型。這種利用法後來也反覆出現在台灣和朝鮮，

不過這也是因為日本所踏足的地區都是鄰近地區，適用於國境紛爭政策這一類型的結果所致。順道一提，日本政府直到戰後，仍然以所謂北方領土自古以來乃是愛努人所居住，而愛努人乃是「日本人」一員，當作對該地擁有統治正當性的論述一環。[4]

　　領有時對人類學、語言學、歷史學的利用，也會影響到對原住居民的教育。換言之，教導「日本人」與支配地區居民乃是「同祖」的歷史觀，和同化政策被認為是彼此一貫的。在這種情況下，不用說，支配與作為「日本人」的國民統合延伸之間產生了混同，從而導致強調「國民」作為民族一體性的國民教育邏輯，流布到朝鮮與台灣。日本的政府機構與學校人事系統，並沒有培養殖民地專門的官吏與教師，而是按照時期與內地的國民統合產生連動；配屬到朝鮮、台灣的教師，也因此將內地和沖繩實施的國民教育經驗，直接延伸到了這些地區。當然，之所以必須靠「同祖」來強調領有正當性，也是因為在對「歐美」處於軍力較弱的情況下，仍要進行奪取競爭的意識在起作用。話雖如此，就算對「歐美」再有競爭意識，如果支配地區相距遙遠的話，「同祖」論也沒有多少成立的餘地就是了。

　　後進性質的第三個影響，則是與文化上的民族認同相關；而這也與同化的內容密切相關。之所以如此，是因為在同化教育中，雖然教導強迫同化一方較為優越的內容也很重要，可是日本一方的論者，不得不意識到所謂的普遍文明，已經被「歐美」所獨占的事實。再加上儒教文化方面，反而是被統治者較優越，所以日本方面能保持權威的，就只剩「國語」和日本文化，以及對天皇的忠誠心罷了。

　　不過，原本俗稱的「日本文化」這個概念，就是為了對抗「歐美」與中國的普遍性，為了強調特殊性而創造出來的事物。故此，原本即是特殊事物、不適用於「日本」國境外的所謂「日本文化」，就與必須要求普遍性的帝國主義支配意識形態下的擴張，產生了無法化解的矛盾。在這一點上，儘管同樣稱為「同化主義」，但正如第七章所見，日本的同化和高舉普遍文明的法式同化主義意識形態，有著相當大的差異。「文明化」與「日本化」之間之所以產生分離現象，原因也可以說正是來自這裡。

　　針對上述的後進性導致之特徵進行整理，可以得到以下幾點：①意識到外部威脅，重視對支配地區的確保；②支配對象是鄰近地區，因此混入了國境紛爭與國民統合的要素；③因為意識到文化上的劣勢，所以只能靠對「特殊」文

化的強制，來作為權威的依據。這些全都是導致意圖擴張「日本人」的界線時，會偏向同化論的要因。

這些後進帝國主義的特徵，雖與英國等先進國的殖民地支配略有不同，不過也並非日本所獨有。比方說，19世紀後半的俄羅斯，也對波羅的海、烏克蘭、波蘭等周邊地區，高唱俄羅斯化政策。[5]在這種情況下，隨著與德國關係惡化，俄羅斯也開始對波海地區德裔居民的忠誠心產生懷疑，一方面推進俄語的公用語化，另一方面也積極促使他們改宗俄羅斯正教；在烏克蘭，「烏克蘭」這個稱呼也被官方明令禁止。再者，不只在高等教育領域，從初等、中等教育開始，都要強制教育俄羅斯的言語、歷史、文化。更有甚者，俄羅斯正教徒與非正教徒之間生下的孩子，在法律義務上也被規定要成為正教徒，若和非正教徒的路德派等結婚，則婚姻無效；諸如此類，事實上是在鼓勵和俄羅斯人進行通婚。

當然正如本論中也記述到的，英法等國的殖民地統治資訊也有輸入日本，因此同化論也未必就是直接原封不動地移植到政策實行上。但總體而言，日本的支配論述特徵，可說是以「歐美」為模範的「殖民地」統治論，大幅混入以後近性為背景的同化論（約等於國民統合論）的結果。

## 國民國家的包容

接下來，為了分析同化論（約等於國民統合論）的性質，我想在此先考察一下近代國民國家的統合原理。

若是按照一般的說法，從法國大革命去尋找近代國民國家理念的話，那麼我們便可以發現，它有著革命政權為了防衛周邊諸國的干涉戰爭，而建立起軍事體系的一面。套句西川長夫的話來說，那就是隨著法國大革命而形成的「徵兵制的國民軍」，乃是「國民統合的最尖端試驗場，也是國民國家原理最徹底受到質問的場所」。[6]

在國民國家成立以前，君主制下的軍隊乃是建構在身分制度的延伸上，位居上位的是貴族軍官，最低階則是由底層民眾和外籍傭兵為核心所編成。故此，受到金錢僱傭、隸屬於貴族軍官管理下的士兵，自然沒辦法期望他們產生自動自發奮戰的士氣。[7]

相對於此，隨著法國大革命而產生的革命政權，則是不問身分、性別，一

律為了保衛革命而進行總動員；這些動員的對象，就是所謂「國民」。這樣的「國民」，乃是把革命政權當成共通的效忠對象、高舉共通的理念與象徵，同時也與共通的敵人作戰的集團。

不問身分或地域，也不分性別或職業，均質且單一的「國民」集團，這個概念對前人來說，其實相當陌生。說到底，在長久以來的君主制下，國王與平民以同樣言語溝通、共享同樣文化這種事本來就不可能，而且也沒有確保居住在領域內每一個成員忠誠心的必要。各地區交給各自的領主去管理，只要能確保這些領主願意出力合作，那就有辦法達成間接的統治。但是，新成立的國民國家，意欲產生的是全國共有且共通的語言、歷史、法律、議會、權利，同時也透過創造共通的國民教育，來進行共通價值觀與生活樣式的再生產。在它盡可能增加受共通「文化」同化的「國民」，以強化戰鬥力之際，也將未同化者貼上「忠誠心可疑」的標籤，並將他們和對提升戰鬥力派不上用場的人（比方說殘障者）一起排除。

這種國民國家體制，在誕生後僅僅不到兩世紀間，便已普及到了全球。之所以如此，理由之一正是此體制壓倒性的軍事力量。法國大革命誕生的「國民軍」，陸陸續續擊敗了周邊各國的傭兵部隊。擁有自發忠誠心的國民軍，不只士兵士氣高昂，而且兵力的供給來源乃是取之不盡、用之不竭的「國民」，在後方還有全力支援「我們軍隊」的「國民」。相形之下，舊式的體制則只有士氣低落的傭兵、受身分秩序限定的兵力與軍官供給源、以及對國王和貴族的戰爭漠不關心的居民。

國民國家又高舉思想，主張加入作為動員對象的「國民」，乃是脫離舊有的身分秩序，獲得平等權利的手段。對徵兵和納稅等「國民」義務做出貢獻者（比方說高額納稅的男性），則可以獲得參政權。正如富勒將軍（J.F.C. Fuller）所說，伴隨著法國大革命，「從步槍的誕生中產生了步兵，從步兵中又創造出了民主主義」。換句話說，「擁有一把步槍的人，就有一票的價值；當數百萬士兵誕生時，就出現了數百萬票」。[8]

當然，身分秩序完全消失的理想國民國家，在地球上從來不曾真正實現過。但是，國民國家高舉的平等夢想，不斷驅策著民眾，而這一體制所發揮的軍事力量，也讓統治者為之深深傾倒，因此歐洲各國陸陸續續改頭換面，變成這種強力的國家體制。19世紀後半，整個歐洲幾乎都已被國民國家體制所分割，且全體居民都已屬於各國「國民」。當這種狀態趨於飽和之後，便開始和

歐洲以外的地區產生「殖民地」性質的接合。這些「殖民地」地區，不久後又「獨立」建構起另外的國民國家；不過也有些幸運的地區，得以跳過「殖民地」階段，直接形成國民國家。這種極少數的事例之一，就是日本。

在國民國家形成之際所能看到的現象，就是包容與排除的同時發生。將某種界線內的人當作「國民」而包容，也就意味著將這條界線外的人予以排除，兩者的成立乃是不可分的。在這層意義上，包容與排除乍看之下毫不相容，但其實不過是在某個點上畫定界線、區分，並賦予其「內側」和「外側」的稱呼罷了，原理上是表裡一體的。

故此，當我們要對界線「內側」發生的各種現象做出評價時，就絕不能遺漏掉對於「外側」所作的排除。比方說，當我們給予民族主義肯定的評價時，經常會指出它不論身分，給與某個領域內的人們作為「國民」的權利和平等（如參政權和福利政策等）；喚起公共與政治責任意識，建立起民主主義的基礎；強化國民間的聯繫意識，產生和他者之間的共同感等。[9]可是這些國族主義的正面意義，全都是「國民」內部才享有的東西，而它們往往與對「國民」以外者的歧視、侵略、冷漠等負面事物，是表裡一體、共生共存的。試圖只抽取出對民族主義肯定的一面有多困難，這在第二十一章有關戰後革新民族主義的事例中，已經相當清楚了。

在這裡有一個必須要提出的問題，那就是包容或排除某一群人的界線設定，究竟是基於怎樣的要因而展開的呢？關於這一點，若是從上述國民國家的作法出發，便可以看得相當清楚。簡單說，當有外部威脅存在、作為國家資源必須盡可能動員多數人的時候，包容範圍擴張的必要性是最高的。近年的研究早已指出，總體戰體制下會有促進國民統合的現象。意識到「歐美」威脅的「後進性」，之所以會成為對周邊地區同化論（≒國民統合論）的要因，其理由也在於此。

在此相當重要的是，即使包容的範圍擴張，它和排除也還是一體的。比方說，當大日本帝國的論者主張將朝鮮人和台灣人包容入「日本人」範圍中時，大部分情況，都是要將「歐美」這些更加「遙遠」的他者排除出去。說得更簡單一點，在這種情況下對台灣和朝鮮進行包容，不過就是換個說法來排除「歐美」罷了。這時，以朝鮮獨立運動為首，那些不響應同化和動員的「非國民」，都會被當成是「敵人」亦即「歐美」的私通者。

這種包容範圍的擴張，並不代表「日本人」的界線就此消失，只是因應需

要，挪動一下界線罷了。所以這種界線並非固定的實體，而是可動的概念。正如本論中已經見到的，以朝鮮和台灣為首，這些位在「日本人」界線上的地區與人們，隨著時期與政策不同，在國家的判斷下，有時會成為包容的對象，有時則被排除在外。比方說在大日本帝國中，朝鮮人的國籍受到包容，戶籍卻被排除在外，兵役則隨著狀況變化，從排除逐漸變成包容。

更進一步說，既然界線是隨著國家裁量而移動的，那麼即使是「內地人」，也有從受到國民國家保障權利的正規成員——「日本人」當中，遭到排除的可能性。這當中有思想和行動被國家視為危險，因而被當作「非國民」剝奪掉權利的情況，也有像是在朝鮮和滿洲安置的殖民者，隨著狀況被當成「棄民」放棄的例子，這些都清楚呈現在日本近現代的歷史上。

今日，我們一般都認為日本對朝鮮和台灣的統治，乃是一種將「依血統進行排除」視為基本理念的統治方式。[10]確實，在提倡排除的言論中，可以看見有些例子會使用「血統」這個詞彙；可是這樣的定位，不只經常是從將「血統上的日本人」預設為一種固定存在的前提出發，而且也遺漏了包容與排除，乃是同時發生在界線的「內側」與「外側」這一點。

比方說，若是朝鮮人和台灣人因為「血統」的關係，要被排除在「日本人」之外，那麼沖繩與愛努人，就能被包容進這種「日本人」的範圍中嗎？從原理來思考的話，「將朝鮮與台灣人排除在外」這種定位，只有與「將沖繩與愛努人包容入內」同時成立才行。若是沖繩人和愛努人被列入排除的對象，那麼接下來，馬上就會發生這樣的問題：「內地人」的女性、殘障人士、受歧視的部落民、無產階級、共產主義者，乃至移民等，能夠被包容入這個結構當中嗎？

大日本帝國的排除，並不一定只是以民族為單位來進行。比方說，若是以參政權的有無作為包容與否的標誌，那麼即使是朝鮮人，只要居住在內地，就會被賦予參政權；但相對之下，女性即使是內地人，也沒有參政權，而住在朝鮮和台灣的內地人殖民者，也沒有參政權。可是從這些個別的政策事例，來主張「大日本帝國的性別歧視要比民族歧視更嚴重」，這也是沒有意義的。正如我一再強調的，將人們從「國民」中排除的界線，是隨著時期與狀況，亦即為政者的裁量而經常在移動的；故此，要進行排除或是包容，完全是按照個別的政策、乃至於個別的對象而做出決定。所以，「朝鮮統治的基本理念乃是排除」這個定位固不用提，就連「（總體來說），朝鮮統治的基本理念救濟究竟是排除還是包容」這個問題，本身的立足點都是有所局限的。

　　話又說回來，在近年的國民國家論中，相較於對排除國民進行批判的力道，對於包容國民這種支配型態，是否過於輕視了呢？說到底，如果國民國家真的是只以排除原則為主的體系，那麼日本政府為什麼除了朝鮮、台灣、愛努和沖繩以外，不連東北、北陸、九州、四國也一起排除掉呢？不用說，是因為將這些地方的人包容入體系之中，會相當有利之故。遭到國家同化；被灌輸忠誠和皈依的信念；作為士兵、作為勞工，乃至於作為母親，將自己的生命貢獻出來，當作人力資源進行改造；這種意味下的包容，其實是絲毫不遜於排除的壓迫。

　　說到底，歷史上乃至於現在大多數的國民國家，除了當今一小撮在普通參政權和福利政策上都相當完備的先進國外，在包容國民這方面，提供的利益都不算太多。這些先進國家，因為已經確定了自身支配性的地位，所以對國民要求貢獻的程度較低，分配給國民的政治經濟資源也相對豐富。可是，比方說被明治時期的大日本帝國所包容好了，沒有國民年金和健保自不用說，不是高額納稅男性也沒有參政權，簡單說就是只能一味地負起納稅和兵役的義務罷了。

　　對大日本帝國而言，國民統合比什麼都重要的，就是透過它來確保國防以及財政上的人力資源。正如第八章所見，當審議朝鮮人、台灣人和內地人通婚的法律規定時，政府和軍方最擔心的，既不是守護「日本人」的純血，也不是朝鮮人和台灣人會透過入籍之類的方式，獲得「日本人」的權利，而是作為貴重冰員資源的內地人男性，或透過取得朝鮮籍等方式而脫離「日本人」；這也清楚顯示了就當時來說，「日本人」究竟代表著什麼意義。從這方面來想，大日本帝國的為政者即使積極擴張國民的包容範圍，也沒什麼好奇怪的。但是另一方面，如果狀況有變，這些人對國家資源不再有幫助，那麼也會隨時將他們從「日本人」當中排除出去，這在本論中也可以看見。

　　在此有必要再次強調，包容是絲毫不遜於排除的一種支配型態，而且兩者是伴隨著界線的設定同時產生的。畢竟，正因為欠缺這樣的認識，所以歷史上才會有很多少數族群，認為「被國家包容乃是對抗排除的手段」，從而落入了邏輯的陷阱當中。

　　比方說在戰前，甚至在戰後的某段時期，以沖繩為首的周邊地區人們，為了對抗從「日本人」當中遭到排除的視線，以及「殖民地的待遇」，而強烈主張自己要擁有身為「日本人」的待遇。在這種情況下，從「日本人」當中被排除，會讓人感到受歧視，也是理所當然之事。畢竟這是透過包含暴力在內的手

段，在人群之中硬是畫下界線，將之區分為「日本人」與「非日本人」。可是對於這種狀況，即使主張將分類從「非日本人」變更成「日本人」，也不過是尋求界線的移動，對於設定界線本身，仍然是肯定的。若從他們屢屢使用的表現手法來看，他們透過主張自己是「日本人」、從而企圖化解歧視的努力，其實是很容易與「若不是『日本人』，則受到歧視也是理所當然」的認識，彼此相互結合的。

不只如此，當自己被編入「日本人」的界線內側時，在自己的外側，也會同時產生出「非日本人」。正如本論中所見，琉球人對愛努人與「生蕃」的歧視，就是這樣發生的。針對這樣的事態，雖然也介紹過朝鮮人因為被包容為「日本人」這種界線變更，而導致歧視化解的事例，可是不用說，這當然不是解決之道。問題並不在於，這些人到底是不是「日本人」；我們必須要做的，也不是譴責排除、接受包容，而是質問「設定界線」這種現象本身。

## 官方民族主義

儘管如此，少數族群的人們因為期待「身為國民的權利」，而傾向接受國民國家的包容，這點我們也不能一味地責難。然而在這裡有個問題，那就是就現實而論，為政者所期待的「國民」，與被包容一方所期待的「國民」之間，往往是有落差的。

好比說，正如本論中所見，當被支配者傾向「日本人」化的時候，往往是期待著獲得身為國民的種種權利。但是，支配一方大多數只是一味站在要求他們向國家與天皇效忠、把他們當成國家資源的意義上，來使用「日本人」這個詞彙。支配方的邏輯是，被支配者要先展現忠誠心、證明自己是「日本人」，然後才來個別考慮是否賦予他們身為「日本人」的權利。

例如在皇民化初期發布的《內鮮一體理念及其具現方策要項》中就說，「當世人提起『內鮮一體』四個字的時候，往往立刻就想到權利義務的完全同一化」，但是「去除私心、竭力奉公，徹底抱持身為陛下真正子民的自覺，這是所有制度一體化的先決問題」，因此，「不能躬行實踐這種根本前提，只是徒然追求制度上的平等，當它不能馬上實現，就開始誹謗這種終極的理念，這種行為正是妃皇國臣民的態度，也是純正內鮮一體運動的阻礙」。[11]「皇國臣民」乃是「去除私心、竭力奉公」的人，而「徒然追求制度上平等者」，則是

「非國民」；這種邏輯，清楚展現了支配方所謂「日本人」的定義何在。

在這裡值得注目的是，在內地當中，對「日本人」亦即「身為國民的權利」之意義有所深思的民權論者，他們和抱持著上述支配邏輯的為政者相比，對於擴張「日本人」的界線，顯得更為消極。在六三法問題中的美濃部達吉、公然稱朝鮮人為「納豆菌」的犬養毅，以及最明顯的、為了取得身為「日本人」的權利而和總督府產生衝突的民權派殖民者（參照第八章），都是明顯的例子。不用說，在把「日本人」當作國家資源考量的情況、和把「日本人」當成從國家領受權利者來考量的情況下，對於「日本人」的增減能為國家帶來多少利益，其計算自然也有很大的差異。而這個問題，也與國民國家中民族主義的理想狀態為何，有著密切的關係。

有人說，近代國民國家的特徵之一，就是其均質性與閉鎖性。正如近年來本尼迪克特・安德森（B. Anderson）等人廣為人知的議論中所言，國民國家出現以前的秩序，是以王朝為基礎，在其底下的領域內存在著擁有各式各樣言語及文化的集團，貴族與王室則進行著「國際性」的政治婚姻。[12] 不用說，比起「本國」的平民，他們對於「別國」的貴族反而更加親近。但是國民國家成立後，伴隨著國內身分秩序的均質化，文化上也制定了單一的「國語」，從而使得國內喪失了多樣性。緊接著，迄今為止一直強調自身與平民差異的王室，也開始謳歌自己跟國民「有著同樣的祖先」，從而喪失國際性，成為「國民的」存在（「我們的王室」）。

這種社會秩序的轉變，並不能說全都是壞事。畢竟，國民國家的均質性意味著平等，而閉鎖性則意味著彼此互不侵犯（對國境線的尊重）。反過來說，以前體制的多樣性，則是和階級秩序互為表裡，國際性也跟國家膨脹密切相關。

在這裡相當重要的是，當在保留舊有王朝的情況下，轉移到國民國家的時候，在前述的「國民」兩面性，亦即「國家資源的確保」和「賦予身為國民的權利」之間，會有很強的傾向是以前者為優先。在舊有由身分決定的階層秩序，仍有某種程度殘存的情況下，若是能確保作為國家資源的國民，那對於朝著「由上而下國民國家化」前進的為政者而言，乃是最好不過的機會。抱持著這種傾向的國家，就算將其他「民族」集團納入領域之中，也會將它們連結到階層秩序的底層；透過這樣的世界觀，高唱同心圓狀的無限擴張，遂變成了可能之事。這樣的取向，因為和原本理念型的國民國家形成略有不同，所以即便在「國民」當中，有著「多樣」的權利賦予型態，也不會讓人感到矛盾。

　　當然，對那些追求平等且均質的「國民權利」的論者，亦即傾向建立理念型國民國家的勢力來說，這種「多樣」的國民型態是無法容許的。可是這種主張在大多數的情況下，並不是走向給予新編入的人民身為「國民」權利這一方向，而是傾向於保留權利分配、限制「國民」範圍這一方針。特別是像明治時期的日本這樣，可以分配的政治經濟大餅甚小，因此一部分的民權論者在爭取將不均質的權利適用於「國民」、而與藩閥勢力對抗的同時，也認為應該要先有一套架構，來限制給予均質權利的「國民」範圍才是正軌。

　　在這些民權論者的主張當中，我們可以隱約看見，他們認為最優先的，是保護日本好不容易終於誕生的憲法與議會政治。美濃部之所以反對在朝鮮、台灣施行憲法，其理由是因為在明顯侵害人權的朝鮮和台灣施行憲法，反而會使憲法的人權規定變得徒具虛文。犬養之所以反對賦予朝鮮人參政權，也是為了要避免已經因為收買和私議而變得空洞化的帝國議會，再更進一步增添混亂要素之故。

　　實際上，更加促進朝鮮和台灣在制度上統合的，並不是給予這些地區「看齊內地」的權利，而是使內地人權狀況「看齊朝鮮」、日趨低落的國家總體戰體制。因此，民權主義者透過排除朝鮮、台灣，守護內地的公共圈與「國民權利」，這種戰術姑且不論是非，就狀況判斷而言，或許可說是相當正確的。可是這種傾向，往往也與「朝鮮人不具備理解近代憲法的能力」，或是「朝鮮人是陰謀與收買的慣犯，因此不適合議會政治」這樣的主張是一體的。

　　於是，追求作為「國民」權利與平等的傾向，便與主張限制「國民」範圍的種族主義，以一體兩面的方式呈現出來。換句話說，在這裡，包容與排除也是同時發生的。

　　另一方面，若是只把國民當成國家資源來理解，那就完全沒必要對它的範圍做出限制。換言之，人不會因為權利意識不足而變成種族主義者，卻會因為意識到權利而認為種族主義是必要的。這種情況在位處是否要給予「國民」權利的邊界、對於權利激烈要求的人們身上，最有可能熾烈地展現出來。受到藩閥勢力掌控的內地疏遠，不得不流落到周邊地區的下層大眾民權論者，最強烈主張歧視的理由，從這裡也可見一斑。相反地，總督府的「一視同仁」並非平等論，毋寧說是欠缺權利意識下的發言，這點在第八章也已經清楚看見了。故此，兩者雖然使用著同樣的民族主義語彙，但彼此卻是激烈對立的。

　　對於民族主義在國民國家中的變形，安德森稱呼這種現象為「官方民族主

義」。官方民族主義這個詞，原本是用來稱呼19世紀後半俄羅斯為了進行帝國統合，而創造出來的思想，不過安德森在這裡乃是用它來指稱某種也可以適用於其他事例上的普遍概念。據他的形容，這是一種「同時結合歸化與保存王朝的權力，特別是他們對從中世紀開始累積起來的廣大的、多語的領土之統治權的手段。或者，換個表達方式來說，是一種把民族那又短又僅的皮膚撐大到足以覆蓋帝國龐大身軀的手段」。[13]筆者對於安德森將官方民族主義的概念普遍化的作法未必贊同，所以在此便引俄羅斯為例。

正如前述，19世紀後半的俄羅斯傾向於對周邊地區推動同化政策，不過在這以前的時代，俄羅斯內部的各個集團，則是在自己的居住區域中，擁有一定政治自治與文化多樣性的保障。不用多說，這是根基於階層秩序與多樣性，由舊有的王朝秩序所生的產物。可是，當這片廣大領土直接轉化成國民國家的時候，便開始透過同化政策，高唱將帝國內各集團全都「俄羅斯化」的主張。所謂官方民族主義，便是在這種將多民族帝國的現實，強行街上國民國家原理時所發生的事物。

雖然安德森沒有提及，不過這種思想之所以稱為「官方民族主義」，是因為相對於這種由王朝和官僚所提出，由上而下促進國民化的大俄羅斯主義，在民間還有所謂「非官方」的小俄羅斯主義存在。所謂小俄羅斯主義，是一種鼓吹俄羅斯民族的優秀性，對於異民族編入「俄羅斯人」感到反彈，認為比起帝國的擴張，更應該優先保持「俄羅斯人」純粹性的斯拉夫派。這些斯拉夫派譴責對西歐文明的模仿，高唱俄羅斯文化的獨特性；他們一方面將由上而下推動近代化的王朝貴族視為西歐的模仿者，另一方面則將「民眾」視為俄羅斯傳統文化的保持者而大加讚賞。為此，他們屢屢遭到政府的查禁與鎮壓。直到蘇聯時代，這種思想潮流仍然存在，以反體制思想家著稱的索忍尼辛，就是其代表性的存在。[14]

在高唱民族純粹性、主張排外主義的同時，也重視民眾（民族）權利與獨特文化的這種思想，可以視為是和「由上而下」的官方民族主義相對立，主張「由下而上」的國民國家形成運動。就日本來說，對帝國膨脹表示反彈而遭到政府壓抑、視民眾為「國民」文化推手而予以讚賞、同時又主張確立日本民族文化的單一民族主義者——津田左右吉，就是最好的事例。另外，將民俗學構想為救濟「國民」（民眾）的「經世濟民之學」，在批判對朝鮮的同化政策之餘，同時也擁護日本文化民族主義的柳田國男，或許也能歸入此一潮流之中。[15]

　　即使在本書中，也可以看到像是第九章所引石橋湛山的小日本主義這樣，包含有不認同多民族共存的傾向，或是第二十一章中的戰後日本革新民族主義，在高唱「國民的權利」同時，也形成一套單一民族論。就像前面已經充分指出的，以重視經濟、歐美協調、有限國防為基礎的石橋小日本主義，在戰後保守政權採取的路線中，占了相當重要的地位；至於戰後的革新勢力，則是一方面重視「國民的權利」，一方面提倡和平主義，主張避免捲入國外的紛爭。這些要素不管哪一點，都很容易具備對「國民」範圍進行限定的機能。

　　另一方面，大日本帝國的官方民族主義，則是若國策有需要，便不會那麼拘執於民族的純粹性。以皇民化政策期為中心，作為同化政策的一環，對所謂「內鮮結婚」予以獎勵，就是眾所周知的好例子。雖然也有人說這種鼓勵通婚只是表面手法罷了，不過從第十章和第十七章來看，即使是官方的內部文件，也有主張促進通婚的意見存在。對總督府和軍方高層而言，內地殖民者不過是些「愚民」罷了，因此比起保持這些「愚民」的純血，安定朝鮮統治的國策顯然更該優先才對。既然他們對於平民出身的殖民者沒有超越階級的「日本人」聯繫感，那當然也不會有想要守護這些人的民族純粹性的傾向。

　　在朝鮮、台灣，乃至於滿洲，相對於原住居民，殖民者獲得的待遇比較優厚，這乃是事實。在本論中也可以看見，有不少意見主張應該驅逐忠誠心可疑的原住居民，然後招攬內地人前來，將該地改造成「日本人居住的土地」。可是這些被招攬而來的內地殖民者，最後也不過是為了國策而被安排的棋子罷了。從敗戰時殖民者被日本軍方以及政府怎樣對待這點來看，要說政府將統治方針定位在最重視內地殖民者利益的種族主義上，怎樣想也不可能。稍微反過來說，這樣的定位，未免給對大日本帝國為政者的人權感覺太高評價了。不過在此同時，這種官方國民主義，不會去貫徹給予「國民」均等權利的國民國家公認理念，也是理所當然的事。

　　在前節，我強調了「包容是絲毫不遜於排除的支配型態」，不過從以上的論證看來，我們還是有必要留意，國民國家所高唱的「包容」，其性質事實上也是隨著狀況而有所不同的。比方說即使到了現在，福利政策充實的國家和沒有那麼充實的國家，哪一方在擴張「國民」上會比較慎重呢？又或者說，保衛勞動者既有權利的公會，和歡迎低薪勞工的企業主之間，哪一方會比較歡迎移民流入呢？在這種情況下，主張包容的一方，就未必比主張排除的一方更值得讚賞了。

## 「脫亞」與「興亞」

接下來，我想試著以上述國民國家中包容與排除的機能為基礎，對近代日本的周邊地區政策論做一個基本的分類整理。

首先，我將夾在「歐美」與「亞洲」這些他者之間的日本民族認同之形成，以圖形的方式表現，這就是圖1。日本究竟是「亞洲」的一部分，還是接近「歐美」的存在？打從明治時期開始，這個問題就持續議論不休；不過此處的「脫亞」，指的是日本與「歐美」同化，並排除「亞洲」，「興亞」則是意指日本與「亞洲」聯合，對抗「歐美」。在「脫亞」的情況下，「亞洲」與「日本」的界線清晰而強烈；反之，在「興亞」的情況下，「亞洲」與「日本」的界線則曖昧而模糊。

在這裡應該要留意的是，這種「歐美」—「日本」—「亞洲」的關係並非對稱，而是以優劣順位來決定。假使意識到三者是對等關係的話，那麼便會出現「歐美」為日本所同化，或是日本同化於「亞洲」這樣的邏輯，可是這畢竟只是少數。說到底，「脫亞」是日本同化於「歐美」，「興亞」則是日本作為「亞洲」的盟主，三者之間的順位是不動的。

再者，儘管「脫亞」「興亞」都是以討論「亞洲」為其形式，但實際上其間的主變數是日本與「歐美」的關係，與「亞洲」的關係反而是從屬變數。與「歐美」關係良好，或者說處在沒有其他選項的不利狀況下，則會選擇「脫亞」；反之，若是與「歐美」關係緊張，且與亞洲有聯合對抗「歐美」餘地的時候，則會高唱「興亞」。不論何者，都很少以和「亞洲」方面的關係為優先。

這種關係應用在周邊地區政策論上，就如圖2所示。在這裡，「間接統治」和「脫亞」的圖一樣，將周邊地區稱呼為從「日本」排除出去的「殖民地」。相對於此，「同化政策」則是將「外地」（不稱「殖民地」）當成是存在於日本和「歐美」中間的前進防衛地帶，所以為了應對「歐美」的奪取競爭，應該要將其包容入「日本」當中。當然，前者提倡的是仿效「歐美」的殖民地統治先例，者則是主張採取和「歐美」支配殖民地不同的手段，這不在話下。

不過，也是有像植原悅二郎這樣，主張日本應該同化於「歐美」，而周邊地區應該同化於日本，從文明化觀點出發的同化論或統治批判論存在。將包含這些的關係表現出來，即是圖3。

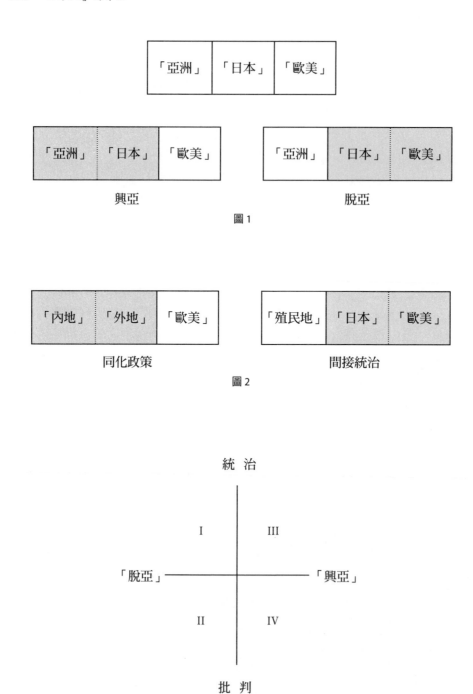

圖 1

圖 2

圖 3

　　這裡的 I 是「脫亞」型的統治論，主張模仿「歐美」殖民地統治的間接統治，高唱「亞洲」與「日本人」的「距離遙遠」。II 是「脫亞」產生出的統治批判論，主張要有文明統治國的自覺，「尊重舊慣」、擁護人權，或是抱持將之揉合在一起的「自治主義」立場，對相較於「歐美」顯得「落後」的日本，在統治上的拙劣予以批判。相對於前兩者，從「興亞」出發的統治論（III），則一邊強調與「歐美」殖民地支配間的差異，一面高唱「亞洲」與日本「彼此相近」的同化路線。至於 IV，從「興亞」產生的統治批判論，則是批評日本的統治與「歐美」的殖民地統治並沒有不同，站在「一視同仁」與亞洲團結論的立場進行批判。

　　以上的整理，不只適用於大日本帝國的事例，在任何國家面對有比「自己」更上位的支配者存在下，仍要展開支配的情況時，都可以應用。

## 分類外的曖昧

　　只是，以上全都是理念型的分析，實際的論調未必如此界線分明。特別是如前述的象限圖分析，雖然對視野的整理很有幫助，但還是有一定的局限。

　　在此，我想試著舉個例子來說明象限圖的局限。比方說民族（ethnic）關係的社會學分析，就常常會使用圖4這種象限圖。[16]可是這種圖表，必須基於兩個不成文的前提才行：

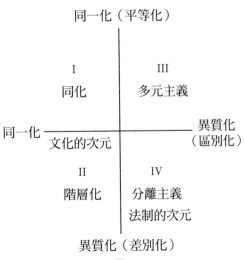

圖4

　　第一個前提是，文化和法制可以設定為不同的軸，亦即得以明確區分。然而現實上，強迫同化的問題往往涉及到文化與法制交界的領域，例如公用語、婚姻、宗教等大部分。

　　以日本對朝鮮、台灣的支配為例，日語的公用語化到底算是法制，還是文化問題？再者，所謂創氏改名，也不單單只是將朝鮮人的名字改成日本風格，而是將朝鮮人的家族型態（因為是父系血統制，所以夫婦有不同的姓），改變成日本戶籍法中的家族型態（登錄在同一戶籍底下的家族成員，全都是一樣的姓）。[17]在這裡，戶籍法這種法制，已經清楚反映了特定的文化。若是覺得「日本的家族制度是特殊文化」，那麼我們也可以想想，現在西歐蔚為問題的伊斯蘭系移民（習慣的）一夫多妻制，和一夫一妻制的家族法之間的衝突。像這樣的問題，在這個象限圖中就無法對應。

　　第二個前提是，這個圖表乍看之下是客觀的分析，但實際上仍有特定的政治立場在。之所以如此，是因為這個圖表主要是以「多民族統合於一個國家內」為前提，因此獨立運動和種族隔離政策（apartheid）都會被歸納入 IV 的範圍內。若以國家統合為優先立場的話，對少數族群的歧視，和少數族群的對抗運動，都會被視為單純的民族間對立。故此，以這個圖表來分析的人，很容易會被誘導得出一個結論，那就是：確保法制平等以及文化多樣性的多元主義是最好的政治制度，少數族群的異議應該停留在不致產生相互對立的範圍內方為良善。

　　為了避免這樣的問題，我們有必要清楚意識到讓分析成立的框架才行。以上述的例子來說，法制與文化區分的政教分離原則——在這裡，其實也屢屢潛藏著一種認知，那就是西歐的法制是普遍的「文明」，而非西歐的習慣則是特殊「文化」——以及視鬥爭為脫序狀態的社會統合模式發想，是讓這種分析圖表成立的前提。若是不能意識到這個前提，那麼分析本身便有可能變成一種權力結構的再生產。

　　本書前述的圖表，也是基於某種前提而存在。好比說，若是沒有「亞洲」與「歐美」、「脫亞」與「興亞」、「統治」與「批判」乃是可以區分這一前提的話，那張圖表就不能成立。故此，那張圖表不能分析所有既存的論調，只能對「『脫亞』和『興亞』間涇渭分明的論調」產生效果。它對於以本書中擷取的論點為首、為數眾多的論調有整理的效果，但要以這張圖表去分割一切論點時，就有可能會發生將「無法納入區分內的存在」而割捨的危險。

　　實際存在的論調，並非如此單純。好比說，若以支配者一方為例，正如本論中所見，他們在很多案例上，經常會隨著利害關係而變更自己的論調；所以要將特定的論者固定分類在象限圖上的某個位置，這種努力只是白費工夫罷了。不過，就算是變更，他們很多時候採取的論調，還是在這個圖表之內變動；但更重要的是，因為現實的人們在做出這種變動時，內心往往隱藏著無法清楚表達的願望，所以他們的論調呈現出來，經常是搖擺不定且曖昧的。這種搖擺與曖昧，才是真正重要的重點。

　　比方說，正如在本論中所看到的，支配方在定位周邊地區原住居民的時候，並沒有貫徹將他們包容入「日本人」、或是排除在「日本人」之外的主張到底，而是常常把他們置於一種既是「日本人」，又非「日本人」的曖昧定位上。若是明言他們是「日本人」，那就必須給予他們身為國民的權利；若是明言他們是「非日本人」，則又沒辦法把他們當成國家資源來動員。

　　不只「日本」國家總體的立場存在著這種矛盾，總稱為「支配方」的總督府、帝國議會、內地部會、軍部、殖民者等，也都出於各自的利害關係，而有不同的矛盾。比方說，對朝鮮總督府而言，對朝鮮人灌輸身為「日本人」的忠誠心，在養成協助者和維持治安上是有利的；可是若將朝鮮完全編入「日本」，則他們又會擔心總督府會遭到廢止。對帝國議會以及內地各部會而言，奪取總督府的權限、將朝鮮人和台灣人定位為「日本人」乃是必要之事，可是他們又想避免這些人以「日本人」的身分進入帝國議會以及內地。只有從「日本人」的擴張中看不到任何利益的殖民者，主張徹底的歧視論調，但其他各勢力就沒有這麼單純。而且在當時的政策論中，政府各部門間的本位主義之爭，往往是用民族政策或是民族認同的語彙來包裝，因此使得事態更加錯綜複雜。

　　我們在分析論調的時候務必要留意，民族主義或種族主義未必一定是決定政策的本質動機，有時候正好相反，不過是拿來包裝其他動機的表現形態而已。

　　為了守護集團的既得權利，而在「我們」和「他們」之間畫下界線，這種界線並不一定是以國家或民族為單位而畫，比方說在「內地人」內部，也有排除女性等的界線設定，另外還有各種本位主義的設定。可是，像本位主義這種絕不會受到原本應當均質的國民國家所肯定的主張（因此，官僚的本位主義與對既得權益的保衛，往往會敵視「由下而上」的民族主義者），必須要用國民國家公認的語彙來表現才行；此時，使用「國策」或「民族」等民族主義語彙的情況便不在少數。

為此，總督府的本位主義常常使用「當地特殊狀況」、「尊重異民族的舊慣」等語彙，而內地方面對總督府的攻擊，則以意味著「日本」總體均質化的「內地延長主義」或「內外地行政一元化」的語彙來表現。這種將本位主義以民族主義或民族政策語彙包裝的現象，因為總督府的管轄範圍正好與民族單位的界線重合，所以是相當容易發生的。

於是，總督府的本位主義作為將朝鮮和台灣從「日本」排除的要因，而內地方面的攻擊則成為包容的要因，兩者多半都是功能性的考量；不過，結果卻未必總是與民族單位的排除或包容相互一致。比方說，居住在內地的朝鮮人和台灣人可以獲得參政權，但居住在朝鮮和台灣的內地殖民者卻反而沒有參政權，這種奇妙的事態，用「排除民族單位」的邏輯很難說明清楚，但用本位主義造成的管轄範圍界線設定來解釋，就相當合適了。

台灣議會設置請願運動的指導者蔡培火在著作中曾說，「台灣實在是官僚的天國」。確實，相較於內地，朝鮮和台灣沒有議會與司法的限制、可以任意鎮壓當地居民、還可以行使為數眾多的特許權利，這種狀況對行政官員而言，正是名符其實的「天國」。蔡培火還說，總督府的官僚若是為了「自身的利益」，「就算叫他們高喊台灣獨立，他們也沒什麼不敢的吧？」確實，總督府官僚為了捍衛既得利益，對保持台灣和朝鮮的「獨立」性有很強的慾望。[18]

隨著日本逐漸形成國民國家，內地從中央都市地區開始，發展出「國民」權利的均質化（民主化）；而朝鮮和台灣，則漸漸淪落為舊有威權主義體制殘存的周邊區域。為此，總督府極盡全力捍衛這個體制，並設法從「日本」這個國民國家的包容中逃脫。這樣的舉動，與其說是朝鮮和台灣被從「日本」排除出去，不如說是朝鮮和台灣將「日本」給排除。另一方面，在進行沖繩統合時，正如前述，除了領有時期較早、人口較少以外，因為領有時的抵抗微弱，所以沒有進行軍事占領，結果就沒有形成總督府這個分離要因，這點的影響相當大。

只是，也不見得總督府就是主張排除，而內地就是主張包容；比方說總督府反對在朝鮮、台灣實施眾議院議員選舉法，因為會削減總督的立法權，而內務省則反對總督府對本籍移動的改善案，因為會讓朝鮮人流入內地。總之，大日本帝國的各勢力，為了緩和朝鮮和台灣人的民心，都曾對限定性的統治改革進行過檢討；但是，這種檢討都只停留在和本身權限擴張有關的方向（比方說總督府的朝鮮議會設置案），再不然就是管轄外的事務（比方說總督府提案撤

廢內地渡航限制）。各勢力對於既得權益的縮水，以及徒增管轄內麻煩的改革都採取反對姿態，結果就是一事無成。居住內地的朝鮮、台灣人之所以能獲得參政權，是因為：①緩和朝鮮、台灣人的民心；②和內地延長主義的官方見解一致；③因為處在總督府的管轄權之外，所以不牴觸權限問題。唯有以上這麼多條件加起來，才偶然得以實現過關，真可說是相當例外的現象。由此可知，在現實情況中，對「日本人」的包容與排除，並非只是單純的歧視或種族主義，這些微小的利害關係，其實也有很大的影響。

　　至於言論界的知識分子，他們和這些具體的利害關係較無瓜葛，但也有其他的矛盾存在。儘管他們希望把朝鮮人和台灣人從「日本人」當中排除出去，可是這樣一來就不能批判「歐美」對「日本人」的移民排斥和種族歧視了。正如第三章所述，以日本的人類學為首，在言論界很少有人露骨地提倡種族主義，相反地主張種族平等的人很多，這就是原因之一。為了確保日本的民族認同，強調與「歐美」殖民地支配的差異、主張「一視同仁」的同化論是很好用的工具，在言論界的聲音也占了多數。可是另一方面，這樣的論點自然也與法制之類的平等相去甚遠。

　　就像這樣，對「日本人」進行包容與排除的主張彼此糾結，各勢力之間的矛盾相互積累，結果就像本論中所見到的，變得極其複雜與曖昧。馬克・皮亞提（Mark Peattie）以後藤新平、東鄉實、持地六三郎、竹越與三郎、新渡戶稻造的著作為根據，認為日本的殖民地統治與英法之間，並沒有太大的差異；可是，這當然只是片面的見解。[19]假使人選換成中野正剛、神田正雄、宮崎滔天、大川周明，或是原敬、梅謙次郎、植原悅二郎、福田德三，甚至是伊澤修二、寺內正毅、南次郎、宇垣一成的話，毫無疑問會導向完全不同的結論。

　　大日本帝國的周邊地區政策論，並沒有足以斷言為主流的潮流存在；實際施行的政策，也是極端曖昧折衷的產物。就以教育政策來說，它是重視「國語」和「修身」的包容要素，和徵收學費、授課年限縮短這些被視為排除要素之間的折衷，很難說有貫徹哪種一定的原則。通婚也是一樣，套用1945年3月內務省內部文件的話來說，就是保持「雖然作為制度上認可，但政府抱持的態度，乃是既不特別獎勵，也不抑制」這種曖昧的姿態。[20]

　　日本對朝鮮和台灣的支配，乃是強制同化卻不願給予權利，這種態度屢屢被形容成「只結合了包容與排除的負面成分」。可是，與其說這是立基於長期視野、有計畫的行為，倒不如說日本方面一向欠缺總體一貫的計畫，而是由主

張包容與排除的各方勢力，在權力政治的角逐中，採取折衷的政策所決定；這樣的決策，最後又波及到發言力最弱的原住居民，全都投射到他們身上，於是就產生了所見的這種結果。

話雖如此，正因前述的理由，同化論在言論界中占了多數，可是制度上卻有不少排除的要素，這樣的不平衡確實是存在的。對這種悖離裝糊塗，將既是「日本人」又非「日本人」的曖昧定位正當化者，就是「漸進」與「同祖」。這是一種試圖將眼前產生的同一性矛盾，透過設置時間軸的延遲來解消的手法。換言之，現在雖然有著差異和歧視，但在遙遠的未來（「漸進」）或是遙遠的過去（「同祖」），都會是同一的。

如上所述，筆者認為要將整個「日本對殖民地支配的理念」分類為特定的「○○主義」，基本上是不可能的。在現代，也有「日本的殖民地支配，乃是世界找不到其他類似案例的獨特同化主義」，或是「它與歐美的殖民地支配相同，乃是以排除為根本」這樣的議論產生。乍看之下，這些都是客觀的學術討論，但實際上，這也不過是延續大日本帝國時代形成的日本民族認同論述架構，在這個框架內討論「日本」的同一性與性格特質罷了。

若是硬要將日本對周邊地區統治的整體冠以「○○主義」的名稱，那或許只能像後藤新平和寺內正毅說的，是「無方針」、「漸進主義」，或者說是「機會主義」了吧！不明講支配下的人們是不是「日本人」，而是隨著瞬息的狀況判斷，分別使用包容與排除的手段，這種態度從「包容」、「排除」，或是「日本人」、「非日本人」這種二元對立來看的話，乃是充滿矛盾且無法分類的行為。然而，這是因為支配方在內心抱持著無法用「日本人」、「非日本人」這種分類語彙來清楚表現的願望，所以結果必然會變成這樣。這種曖昧，乃是支配方為了確保自己擁有裁量權、能隨時依據利害關係，決定「日本人」的界線，而設下的制度性漏洞，可說是最能發揮支配的場域。

## 被支配者的反應

那麼，相對於支配方的這種態度，被支配一方又是怎樣的反應呢？

首先，其中一種反應就是，渴望從既是「日本人」，又非「日本人」的狀況當中逃離，從而徹底被分類為「日本人」。被支配方無法忍受半吊子的曖昧認同狀態，於是透過積極尋求被徹底分類為「日本人」，來迴避自身的認同危

機，這樣的例子不在少數。畢竟，既是「日本人」，又非「日本人」的狀態下，不僅存在著歧視，而且還要被迫同化；所以光從權利面來看，被分類為正規的「日本人」，至少不會那麼糟糕，這樣的想法也不足為奇。又如第 III 部所見，期望透過近代化，改良以女性地位低落為代表的本地社會缺點，因而傾向同化，這樣的動機也相當多。當然，這裡所謂「日本人」，指的是獲得權利與近代化，而不能說是對天皇效忠誠。

可是這種追求，往往會不知不覺變成「為同化而同化」的情況。之所以如此，是因為不管他們當初是怎樣詮釋「日本人」這個詞彙，最後卻還是照著支配者對「日本人」的定義在走，期待著被當成「日本人」來理解認知。正如我再三陳述的，支配方透過隱約亮出作為「日本人」的權利和近代化的果實這種遙不可及的夢想，要求被支配方首先必須表示對天皇的忠誠心，並按照他們對「日本人」的定義恭順臣服。

又如第十二章的伊波普猷與太田朝敷，或者第十六章的玄永燮，被支配方的知識分子，往往會有為了敦促自身所處集團覺醒奮起而焦灼不已，並因此積極鼓吹憑藉自身努力，脫離「奴隸性格」與「殖民地性格」的傾向。以太田和玄氏的案例來說，他們把狀況沒有改善歸咎於「同化的努力不足」，從而將之轉化成一種自我責任論。在不能改變支配方態度的狀況下，他們被自己的認知所囚，認為現實中所能採取的手段，就只有更加努力激勵少數族群做出努力而已。又如第十五章的沖繩語言論爭，以及第二十二章中沖繩學生的談話，在與支配者投來的東方主義或是排除視線對抗時，被支配方也會有主張自己是「日本人」的傾向。

這些現象都是順著支配方所說的「日本人」來主張權利、進行抵抗，最後卻不知不覺被對方對「日本人」的設定所囚的案例。一旦陷入這樣的循環，便不得不被支配方時時按照自己利益而變更的「日本人」定義牽著鼻子走，從而無法脫離「模範少數族群」的軌跡。

被支配方的第二種反應，就是形成「少數民族主義」（minority nationalism）。儘管同樣在尋求脫離既是「日本人」、又非「日本人」的狀態，但和追求與「日本人」同化相反，這些人趨向於形成一種從「日本人」分離、「非日本人」的認同模式。朝鮮人等族群企圖透過民族自決贏取獨立的舉動，正是在此種民族主義的形成與發展下，認為採取這樣的手段，乃是對抗當時大日本帝國支配的合適戰略之故。

可是，最大的問題是這種少數民族主義，也無法輕易逃脫民族主義所產生的包容與排除的連鎖。伊波普猷在創造沖繩民族主義之際，就同時創造了將愛努族與「生蕃」排除在外的歷史觀。再者，即使是被支配者集團的一體性，也只能靠著將內部多樣性進行同化、予以消解才得以達成；伊波普猷對那霸人的看法，以及第二十一章所描述的戰後革新民族主義，都面臨了這樣的問題。

之所以會有這種局限，是因為從民族主義形成的原理本身之中，必定會產生出這種狀況。即便是少數族群的民族主義，為了畫定「〇〇人」與「非〇〇人」之間的界線，在將「非〇〇人」當成排除對象的同時，也會輕易去消除「〇〇人」內部的多樣性。不只如此，少數民族主義還不具備官方民族主義那種虛擬的包含性。故此，經由「民族自決」所形成的國家，很容易就會呈現出「單一民族國家」的意象。特別是戰後革新民族主義的事例，更如實呈現了縱使是為抵抗支配者與追尋民族獨立而創造的民族主義，還是很難逃脫民族神話的創造，以及同化周邊地區的危險性。

根據社會學的民族（ethnic）研究，為了殖民地獨立運動而形成的民族主義，與國家創立後對少數民族的同化政策、以及對周邊地區的侵略彼此相連結，這樣的例子絕非罕見。[21] 原本大日本帝國的民族主義，就帶有很濃厚的、為對抗「歐美」而形成的少數民族主義性格。故此，少數民族主義在不知不覺間，和大日本帝國一樣，走上一邊對抗強者、一邊支配弱者的覆轍，也沒有什麼好大驚小怪的。當然，正如第十六章所見，大日本帝國時期也有透過強調少數民族主義的封閉性，強迫進行同化的論調，因此也不能這樣單方面給予評價。話雖如此，單就被支配者而論，他們確實沒辦法超越民族主義的局限。

相對於前兩者，本論中可以看見的被支配者第三種對應方式，就是將支配方給予的既是「日本人」、又非「日本人」定位，積極抽換概念的作法。也就是說，既不同化為「日本人」，也不創造出「非日本人」的民族主義，而是持續忍耐認同的懸而未決狀態。在這種情況下展現出來的，就是將「同祖」論（參照第十二章）和殖民政策學（參照第十三章）等支配方的語彙，用自己的方式抽換概念。

在這裡很重要的是，為什麼被支配方會選擇「同祖」論和殖民政策學，作為抽換概念的對象呢？正如前述，「同祖」論是支配方用以強迫被支配者同化為「日本人」，又把他們當成非「日本人」進行歧視的正當化論調。而殖民政策學，雖說摻入了大量誤解，不過原本就是一邊將被支配者從「日本人」當中

排除，一邊又不讓他們從「日本人」的勢力圈當中逃脫，將這種行為正當化的「差別即平等」論。換言之，這些言論就像前節所述，是隱含著支配方無法用「日本人」「非日本人」這種二分法來清楚表現的願望、充滿曖昧與矛盾的表現語彙。

於是當支配方反過來，既要保障身為「日本人」的權利，又要保有和「日本人」相異的獨特性，並且也同樣具備了無法用「日本人」「非日本人」這種二分法來清楚表現的願望時，他們所採行的手段，便是將這種語彙抽換概念。不只如此，支配方為了時時保有判斷「日本人」界線的裁量權，所以在這些語彙裡，往往留有容許多樣解釋的曖昧性。因此，被支配者將自己的願望寄託其中，並且抽換概念的空間就相當的大。也就是說，他們選擇「同祖」論和殖民政策學，未必只是單純的偶然而已。

令人感到很有意思的是，支配方的論調，有不少乍看之下似乎是多元主義的論述散見各處。像是第九章的中野正剛，以及第十三章《台灣青年》上的投稿，都不只是出於對被支配者抱持同情與良心的立場，而是包含著明顯歧視的論調。比方說，第七章提到的種族主義者東鄉實就說「三弦作為音樂的價值，就在於每一根弦都有其各自特殊的音色存在……內地、朝鮮、台灣這三條弦，各自擁有獨特的音色，才是名為日本帝國的巨大樂器真正的價值所在」，並因此提倡「共生主義」。第十六章曾經提及的皇民化政策意識推手津田剛也主張：「日本的整個社會就像是交響樂團一樣，對於和諧絕對沒有妥協餘地。用新的解釋來說的話，『和諧就是作為作為有機體、以有機的方式來運作的原理』，我們可以這樣思考。」[22]

將多樣性事物的有機共存，比喻為交響樂曲或者樂團，或者用「共生」之類的語彙來表現，並不是只有日本才看得到的現象。比方說以美國文化多元主義先驅而聞名的荷瑞斯・卡連（Horace Kallen），在1915年便提出廣為人知的主張，認為美國應該要成為「人類的交響樂團」。在日本，即使是被支配方，也有和伊波並列、提倡多元主義的最早期例子，那就是沖繩出身的島袋全發；他於1911年便已主張：「正如管弦樂，若能發揮各樂器的特色，則能形成巨大的和諧……現在及將來的日本帝國，在包含種種分子的情況下，其國民性才能擁有豐富的內容。」[23]

當然，正如我們在東鄉和津田的論述中可以看見的，「此樂器的音色要能流暢調和，則不得不仰賴日本人音樂家的技巧」，或是「指揮者透過真正的力

量與德行，將它調和起來的時候，則真正的交響樂才能完成」；簡單說，這種「共生」或是「交響樂」，都是以「指揮者」的存在為前提。[24]換言之，這可說是一種殘存著國民國家出現以前的階層秩序意識、屬於官方民族主義的變形。相對於此，島袋的主張當然不是以這種階層性為前提。但是在這裡，也可以窺見當支配者與被支配者各自表述自己的願望時，使用同樣語彙的現象。從這樣子產生出來的、既是「日本人」又非「日本人」的定位出發，環繞著「日本人」這個語彙的定義，支配方與被支配方，對於它的解釋產生了激烈的爭執。

這種解釋之爭，在支配方持續握有對「日本人」定義權的狀態下，對於包容入「日本人」範疇內這件事，也有可能會選擇異於同化的戰略。比方說在沖繩回歸前夕，教師儀間進就這樣寫道：「如果日本不允許沖繩人原樣轉變成日本人的話，我會覺得很討厭，也不想成為這樣的日本人」、「沖繩的人們並非因為身為日本人，所以才要回歸日本，而是自己選擇了成為日本人。故此，反過來提出要求，說自己『想成為怎樣的日本人』，我想也是行得通的」。儀間當初曾經隨著回歸運動的大勢，以民俗學和古代史的研究為論述基礎，提出「沖繩人乃是日本人」的主張，但不久後便對於「為什麼不是日本，就理所當然一定會被歧視」產生了疑問，從此遠離了這種「日本人」的定義手段。[25]在這裡，對「日本人」定義的權利，是掌握在他的手中。

不只如此，保有對「日本人」解釋的自由，也是打破少數民族主義身陷之閉鎖性牢籠的一線曙光。例如岡部一明，在介紹舊金山的日裔第三代舉行女兒節祭典時，就提到了這樣一段插曲。這些第三代為了「傳承日本文化」而企畫了這樣的祭典，但他們否定了「隨身分有著高低差異的祭台」[26]，而是把手製的人偶平擺在一起。對此岡部說，「因為高低差異代表身分制所以不好，或許還真是個單純的見解」，不過他也評論說，「從這裡也可以看到另一種可能性」。的確，「他們想追求、想回歸的日本」，和「我們所知道、我們所創造的日本並不一樣」。可是「並沒有人能決定，我們所創造出來的日本，才是『真正的日本』」。[27]

被支配方的知識分子，為了「傳統文化」中階級與性別的落差而苦惱，被逼著要在完全否定「傳統」、進行同化，以及讚美「傳統」、歸屬於少數民族主義之間做出選擇，這樣的事例在本論中也已得見。不用說，這種兩者擇一的發想，乃是「同化＝文明化」、「非同化＝野蠻」這種支配方設定框架的延伸。相對於此，行使對「日本人」以及「傳統」解釋的權利，乃是從支配性語

彙所設定的作繭自縛之窮途（aporia）中脫穎而出的契機。

正如第十三章所見，吉野作造在評論日本方面的同化論時，曾經這樣說：「所謂同化政策，其實不是指成為『跟日本人完全相同的人』，而是要求他們成為『聽日本人話的人』。」換言之，「同化政策」最重要的部分，與其說是讓被支配者「成為日本人」，還不如說是「讓他們順應支配者所決定的『日本人』定義」；而「『日本人』的定義權，只能由支配方掌握」。在這種狀況下，少數族群自然沒有選擇「想成為怎樣的日本人」的權利。若是不怕誤解地說，少數族群因這種「同化政策」而遭到苦痛的最大理由，不是必須學習日語與日本文化的艱辛，而是自己將來要朝向哪個方向前進的決定權，並非掌握在自己手上。

「民族自決」這個詞之所以能夠抓住被支配者的人心，正是因為「我們將來要朝哪個方向前進，應該由我們自己決定」，亦即將支配狀態下失去的「自決」權利奪回來的原理，廣為人所接受的緣故。可是，這種「民族自決」，結果變成只是用來成立特定國民國家的邏輯，比方說將「朝鮮人」的決定權掌握在韓國政府手中，只能同化於韓國政府決定的「朝鮮人」形象，如果拒絕就會遭到排除；變成這種狀態的話，我們可以說它本身就已經具備了壓抑的機能。我們之所以必須重視對「日本人」以及「朝鮮人」變更解釋的權利，其原因就在這裡。

對「日本人」變更解釋的行為，並沒有辦法歸類到前面的四象限圖裡。或許從民族運動的角度來看，這不過是沒有意義的東西罷了。[28] 故此，在迄今為止的歷史研究中，也有不少人將這樣的舉動定位為未到獨立運動程度的微溫抵抗，甚或僅僅是與支配者妥協的態勢。

但是正如到現在為止我們所看見的，相較於照著支配者設定的「日本人」進行同化的取向，形成「非日本人」的民族主義這一取向，同樣難以逃脫排除與同化的連鎖。相對於此，既是「日本人」又非「日本人」的位置，正如我一再反覆陳述的，是種不管對支配方或是被支配方都好，無法順著國民國家邏輯所設定的語彙之網來籠罩的願望領域。確實，在很多情況下，這樣會造成無權利狀態以及認同危機，更會達來「無祖國之民」的最糟糕狀況。這種定位，與其說是希望到達的領域，倒不如說幾乎都是受到國家強迫而產生的立場。但在此同時，從支配方達成這一願望的殘餘夾縫間，其實存在著對「日本人」這一分類框架做出改變的抗爭立足點。這樣的抗爭，可以評斷為被支配方所能採取

的戰略之一。[29]而這種立足點，在支配方為數眾多的願望下必定存在；它在具有危險性的同時，也暗示著從民族主義連鎖中逃脫的可能性。

## 有色的帝國

至此為止，我們已經透過對國民國家秩序原理的驗證，以個案研究的方式，呈現出近代日本對「日本人」的界線設定，並記述其中的種種現象。最後我想提出一個將大日本帝國的分析略為普遍化的概念，那就是「有色的帝國」。

正如本書中所述，近代日本的論者，始終在自己是受到「歐美」與「白人」歧視威脅的「有色」人種、以及身為具有支配地區的「帝國」一員，這兩種自我認識之間搖擺不定。只是這裡的「有色」，未必就是指生物學上皮膚顏色較深的意思。當時作為主流的「西洋＝白人＝文明＝支配者」、「東洋＝有色人＝野蠻＝被支配者」這種論調，其中的「東洋」乃是認識上的問題，而非地理或實體的概念。比方說皮膚應該屬於「白色」的俄羅斯，就屢屢被西歐諸國形容成「野蠻的亞洲人」而廣為人知。和皮膚的顏色無關，若是處於劣勢地位，在這裡就會被定義為「有色」或是「東洋」。這不僅象徵在帝國主義競爭中處於「後進」地位，在認同上也是個帶有傷痕的位置。

被賦予「有色」地位的人們，往往必須直面憧憬「白人＝文明人」、以及反對「白人＝支配者」兩種取向之間的矛盾。這樣的矛盾在「有色」國家持有支配領域的時候，會變得更加顯著。儘管從和「白人」同化的傾向來說，擁有支配地區應該是值得滿足的事，但從獨特性的傾向來說，卻被視為是一種危機。在這當中，大日本帝國產生了怎樣的論調，其各種型態都已如前面所述；但因為特定的論調型態並無法解決矛盾，所以現實的論者往往會在論調的變更與曖昧的言詞間搖擺不定。就像這樣，在兩個極端的位置間搖擺不定的支配型態，我想就將之稱為「有色的帝國」。

這種「有色的帝國」，當它在對強者的憧憬與對抗意識之間搖擺的同時，也對弱者進行支配。在這裡，儘管有著優越感與自卑感、先進意識與後進一事、支配者意識與被害者意識的複雜糾葛，但一貫都是為了帝國自己的利益與認同安定，而利用被支配者。其中，被害者意識雖然有緩和支配嚴酷性質的作用，但很多時候也會反過來讓認同的動搖更加激烈，從而增加對被支配者的虐

待意識。

　　這種「有色的帝國」，並不只有在大日本帝國才顯著呈現。相對西歐處於劣勢，而仍進行著支配的案例，不只是前述的俄羅斯，當國民國家隨著殖民地獨立運動的成果遍布全世界的時候，很諷刺地，也形成了「有色的帝國」在各地陸續誕生的溫床。

　　19世紀末到20世紀前半的時代中，非「歐美」的「有色人」形成近代國民國家，對周邊地區進行侵略的事例，只有以大日本帝國為首的極其少數。可是到了現在，印尼對東帝汶的合併、中國對西藏的統治、孟加拉對吉大港山區的支配[30]等，原本屬於殖民地的國民國家，對周邊地區的支配可說不勝枚舉。當然，具體的政策表現方式未必相同，可是共通的特徵都是，在高唱受「歐美」傷害的歷史同時，也一邊將侵略正當化。印尼對東帝汶的合併，標榜是要將之從葡萄牙的「殖民地支配」中解放；伊拉克對科威特的侵略，也是打著「阿拉伯團結」的名號行之；以色列也是一面高舉大屠殺的歷史，一面對周邊地區進行殖民，將之改造成「以色列人居住的土地」。故此，我們可以說大日本帝國，在作為最晚期的先進國型帝國主義同時，也是第三世界型帝國主義的最先驅。

　　在這種狀態下，即使自己遂行支配和歧視之舉，也不會有所自覺。雖然在日本，「殖民地」這個詞彙乃是禁忌用語，種族主義的論調也不多，可是這並不代表支配與歧視並不存在，只是沒有用「殖民地」或「人種」之類的語彙來表現罷了。

　　在1921年排斥日裔移民問題引發議論時，某位日本眾議院議員說：如果是我來開拓美洲大陸的話，「說什麼會排斥白人移民，根本是不可能的蠢事」。他還主張，「對於黑人，應該要像北海道人對『愛努人』那樣一視同仁，甚至是給予更多的慈悲同情待遇」。[31]假使這位議員聽到有人指責日本對愛努人的所作所為是「人種歧視」，一定會大感意外並表示抗議吧！儘管行使支配和歧視一方欠缺自覺的現象並不只限於日本，而是隨處可見，但是日本的論調有一個特徵，那就是「殖民地支配」和「種族主義」只存在於「歐美」，和日本可說全然無緣。假使用第五章的比喻方式，朝鮮和台灣之不屬「殖民地」，就跟戰後的自衛隊不屬於「軍隊」的程度是差不多的；不過這只是他們欠缺支配的自覺，所以筆者寧願稱日本的行為是「前殖民地支配」或是「前種族主義」。

即使在現代日本，這種「有色帝國」的意識依然殘存著。比方說，對戰後50年的「非戰決議」[32]表示反對的自民黨議員奧野誠亮，在1995年的訪談當中，便作了以下陳述：「日本是靠著甲午戰爭與日俄戰爭，賭上國運一戰才得以維持獨立的。不這樣做，有色人種鐵定會遭到全體白人所欺凌，不是嗎？」、「（日裔移民）遭到了嚴重的歧視待遇」、「日本曾經努力要把人種平等提案，放進條約（《凡爾賽和約》）當中」、「在那以後我們進入了與美國的戰爭，並致力於建設『大東亞共榮圈』……亞洲的人們會變成白人的殖民地，為了他們的生活安定，我們才不得不去解放他們的」、「我認為日本的活躍，有助於打破白人優越的世界秩序……在這方面，日本的貢獻很大，也令我與有榮焉」。近年引發議論的「自由主義史觀研究會」的《教科書沒教的歷史》也是一樣，將排擠日裔移民以及提出人種平等提案等事例放大，並強調印尼等國的獨立也是日軍的貢獻云云。[33]關於這些言論的定位，在此沒有多加評論的必要。

於是，「有色的帝國」就在「歐美」與「亞洲」、「加害者」與「被害者」、「有色」與「帝國」這些二元對立的縫隙間，寄生成長了起來。把世界看成只有「加害者」與「被害者」明確對立的人，當認為某集團也有一部分「被害者」要素時，便會傾向於將這個集團即刻分類為「被害者」。當然，現實世界並不能用這麼單純的模式來掌握。但是「有色的帝國」就是利用這種現象，企圖藉由強調自己所擁有的「有色」要素，來蓋過「帝國」的要素，好讓自己整個被分類在「有色」範疇底下，簡單說就是一種擬態戰略。在這裡，他們將通例來說，原本乃是少數族群主張立場之用的戰略和論調，利用來讓自己的支配正當化。故此，「有色帝國」最大的特徵，就是利用這種少數族群的特性，來遂行其支配。

面對這種「有色的帝國」，我們該怎樣應對呢？一種是揭發它的「真面目」，明確將它分類到「帝國」一邊。可是，這不過是在「有色」與「帝國」的二元對立當中進行內部處理，並沒有辦法動搖這個框架本身。更重要的是，若在現實中進行這種單純套用模式的切割，必定會產生反動。就算大日本帝國侵略的事實占了99%，也還是有日裔移民問題這個確切身為「被害者」的事實存在。不管再怎樣努力將日本描繪成100%的「帝國」，反駁的一方只要提出一個「有色」的事實，就足以作出反證。這時，反對方就會以揭露「隱藏的真實」或是「教科書沒教的歷史」的挑戰者之姿，出來魅惑眾人。所謂歷史修正主義之所以不絕如縷的理由之一就是這點；只要世界持續被分類為「有色」和

「帝國」，「有色的帝國」就會持續在這縫隙間生存下去。

　　故此，筆者認為，應該要從承認「有色的帝國」之雙重性這點出發才對。以大日本帝國為例，我們應該要在承認它有身為「歐美」被害者一面的基礎上，再進一步對它的「帝國」性質進行分析。這樣一來，就能把歷史修正主義陣營，逼到非得證實大日本帝國乃是「100% 受害者」不可的窘境當中。

　　承認大日本帝國也有身為受害者一面的做法，或許也會讓一部分人難以忍受。特別是被支配一方，一直想將「日本」描述成有史以來便在天皇的陰謀下，找尋侵略機會的邪惡勢力，因此他們難以接受，也不是沒道理。但是這樣下去，不只會讓「有色的帝國」得以苟延殘喘，更伴隨著陷入民族主義惡性循環的危險性。比方說，按照「日本支配朝鮮」這一模式去描繪出的「日本」形象，往往會把愛努人、沖繩人、乃至在日朝鮮人等少數族群抹去，而把「日本人」描繪成自太古以來，便是同質且行動連貫的族群。換言之，這一模式在無意識間，將「日本」和「朝鮮」設定成了內部不含多樣性、純血的單一民族國家。於是，本書所引的朴春琴這種人物就因為無法分類而遭到無視，甚至是只將之定位為身心都出賣給「日本」的「親日派」。反之，則是將金日成的抗日游擊鬥爭神格化。

　　將這個世界二分為「神」與「惡魔」之際，必定會產生神話，也必定會產生出憎惡與蔑視的對象。此時，原本應該屬於抵抗邏輯的民族主義，也在不知不覺間步上了「有色帝國」的道路。當大家都相信只有自己才是毫無過失的時候，也就無法從罪業產生罪業、悲傷又產生悲傷的循環當中逃脫。但是，現實的人當然既不是神，也不是惡魔。按照國民國家設定好的界線，創造出神與惡魔的形象；為了從自己對認同的搖擺中逃脫，從而誕生出皈依與排除的對象，這都是我們自己的所作所為。

　　或許人們會問，在這世上，是否真正存在著不屬於特定「國民」的人們？我們往往都會傾向將現在的狀況，視為由無限的過去連續而來。可是只要試著冷靜想一想，就會發現隨著殖民地獨立、使地球上佈滿了近代型的國民國家，這樣的事情也不過是不滿一個世代、僅僅 30 年到 40 年的事情罷了。而就現實來說，在保持著國家間的階層秩序而成立的現今世界上，能夠就普遍參政權與福利政策等「國民的權利」給予不完全的保障、從而完成國民國家的例子，也只有一小撮的先進諸國而已。

　　從盧安達等事例來看，位在這種國際階層秩序底層位置的各個地區，不只

沒能收穫「國民的權利」這國民國家唯一最大的果實，而且還因為物理上的窘迫，導致國家本身崩解。若是世界經濟的落差、第三世界的政治狀況、以及貧困和壓抑作為導火線，導致「有色帝國」的連鎖狀況持續發生，恐怕這種國家崩解的狀況，今後還會更加擴大吧！這種世界整體的變化，即使對本來就已經走進死胡同的先進各國民國家來說，也到了不得不被迫作出變更的時候。近代國民國家這一體系，在 2 百多年間誕生，又在尚未充分成立的情況下，便已走上崩解之途；很明顯地，它只是一時的現象罷了。不管喜不喜歡，我們現在都必須被迫去構思，取代國民國家的關係結構才行。

在本書中，是以「有色的帝國」這種具備兩面性的現象，來為既是「日本人」，又非「日本人」的存在找尋定位。它既是隨著「有色帝國」誕生出來的支配場域，又是支配者與被支配者進行抗爭的場域，同時更是將國民國家的邏輯相對化的可能性場域。當然，這也伴隨著最糟糕的人權剝奪所帶來的恐懼，而且要忍耐這種認同的半吊子狀態，也絕非易事。可是，近代日本百年間的經驗，清楚顯示了期待「國民權利」、或是安穩的認同而投身到「日本人」當中，只會產生更多痛苦與悲劇的連鎖。不將這種經驗引以為戒，反而高唱「創造嶄新的國民自覺與認同」，只是重複著沒從歷史中學到教訓的愚行罷了。

在本書中，許許多多的人投身「日本人」這個詞彙裡，並在其中看到了各式各樣的願望。比方說精神上支配的慾望、作為國家資源的計算、對權利與幸福的期待、憎惡與失望的念頭、乃至於對話與共存的夢想。從這樣的歷史中，我們可以學到什麼呢？這或許就因人而異了。但是，不管對站在怎樣立場的人來說，在今後的時代裡，應該賦予「日本人」怎樣的意義，以及要怎樣構想這條界線的形式，都是我們應該深思的課題。畢竟，我們的命運並非由國家或「日本人」所賜予，決定它的權利，理應掌握在我們自己的手中。

# 後記

　　本書乃是一部透過對位在現代日本邊界領域上的沖繩、愛努、台灣、朝鮮等地的相關政策論進行檢視，來考察所謂「日本人」國族認同問題的作品。

　　本書以明治初期的琉球處分與北海道開拓為開端，經歷台灣、朝鮮的合併與支配，直至 1972 年沖繩「回歸」為止，針對這些地區住民的日語教育、「日本人」意識的育成，或是日本國籍及參政權的賦予，亦即在文化面以及法制面上的「日本人」化，其走向究竟如何，採擷了種種相關的議論。在這當中，筆者透過這些人在「日本人」同化、分離傾向間的相互碰撞，重新質問「日本人」究竟是什麼。筆者在前著《單一民族神話的起源》中，針對以日本民族論形式呈現的「日本人」國族認同之搖擺進行驗證，本書便是以上述的政策論為題材，來處理相似的主題。

　　本書的各章構成，雖然必定有相互關聯，不過當成獨立論文來閱讀也是可以的；因此，讀者從各自關心的章節開始讀起，也是一種樂趣。詳細情況請參照目次，不過舉例來說，有關日本的東方主義是在第十五章，關於日語和日本文化教育的糾葛問題，則可見第二、第四、第二十二章。關於殖民政策學與種族主義是在第七章，構思作為「多民族國家的大日本帝國」的文化多元主義在第九章，描述以少數族群身分參加政治、成為戰前日本唯一一位朝鮮人眾議院議員的人物，則是在第十四章。

　　關心沖繩問題歷史背景的讀者，在閱讀完沖繩人如何被編入「日本人」歷程的第一、第二章和第十章第二節之後，可以直接跳到集中討論戰後回歸運動的第十九章以後也沒問題。關於被編入大日本帝國的朝鮮人與台灣人的國籍和戶籍，以及和「日本人」通婚的法律規定等，這些不起眼卻重要的主題，主要是在第六章、第八章和第十七章進行檢視。日本方面以朝鮮、台灣統治為核心的內部政治鬥爭，被安排在第五章、第十章、第十一章。關於戰後進步知識分

子的民族主義，這個出乎意料不為人所知的，但卻是討論「戰後」不可或缺的
問題，則是由二十一章來處理。關於愛努人政策以及北海道舊土人保護法在第
三章，面臨同化與抵抗的矛盾，搖擺不定的沖繩、台灣、朝鮮人事例，則散見
於第 III 部各章。不只如此，有關少數族群社會內部的女性地位，這個微妙但
無法迴避的問題，在第十二章和第十六章也有提及。

　　所提出的問題每一個都相當重要，因此身為作者，我對每個問題絞盡了腦
汁；結果就像大家看到的一樣，讓本書變成了相當厚重的一本大書。就分量來
說，4百字的稿紙大約用了 2 千張，幾乎是前著的 2 倍。若是從頭開始讀起，應
該也會有些讀者感到畏怯吧！迄今為止閱讀過的讀者，在他們的意見當中，對
第十四、十五、二十二章印象深刻的聲音很多，所以若是姑且從這一部分開始
讀起，再試著銜接上內容的輪廓，這也是一個可行辦法。透過各章節，特別是
有關法制關係與政治鬥爭的第十七章，也可以獲得之前文本脈絡所不曾提供過
的理解，不過我想還是不能勉強，以自由閱讀銜接的方式，慢慢理解全書會比
較好。又，還有很多雖然相當重要，但不在本書文脈討論範圍內的問題，對於
關注它們的眾多論述，若讀者也能相互參照，那就極其有幸了。

　　本書在對上述問題進行個別處理的同時，在全體方面，也以對現代日本進
行個案研究的方式，試圖從各個角度，對國民國家以及民族主義相關的各個問
題進行考察。本書的記述中特別重視的是，在被視為「東洋」的「有色人種」
同時，卻也和「西洋」的「白人」一樣屬於支配方的「日本人」所處的兩面地
位。本書在構想的階段，原本考慮取名為「有色帝國主義」；在以排斥日裔移
民為代表、承受「西洋」歧視的同時，卻也對「東洋」各地區進行支配，這對
日本國族認同的形成有著怎樣的影響？對於這點的驗證，也是本書的一大重要
主題。

　　內容的介紹大致就是如此。雖然是我本人在對以上的題材進行研究，不過
這本書的主角當然不是我，而是在本文中登場的當時的人。我所扮演的角色，
不過是將這些人的身影傳達給讀者的介紹人罷了。

　　在對上述主題進行研究的時候，透過史料，我得以和形形色色的狀況當中
出現的形形色色人物相遇。舉例而言，我想介紹一段讓我印象深刻，但在本文
中未曾引用的史料。這是在日本統治下的帛琉（帕勞）群島，當地居民為了歡
迎前來慶祝教導日語的公學校落成的南洋廳官員，準備表演「傳統舞蹈」而
進行練習時，一位日本記者對當時情況的記述（松崎啟次〈我南洋之島民〉，

《改造》1935 年 4 月號）：

　　我因為對其中一段舞蹈特別感興趣，於是便向在我旁邊站著的青年請教。令我驚訝的是，這段舞蹈是新作，而站在前面的老人似乎就是編舞者。舞蹈的名字是《飛機之舞》，內容大概是「帛琉島雖小，可是希望大家都能快樂的生活在一起。日本的軍艦和飛機啊，請無論何時都守護這座島吧；雖然我們還沒有見過，不過聽說有炸彈這種東西，會轟地一聲，可怕地落下來炸開呀！」這樣的意思。只見老人手舞足蹈，模仿著飛機和炸彈投下的模樣。這位對我說明的青年，接下來又說了這樣一段話：

　　「你應該會把這段舞拍成照片，然後拿回內地，當作我們是多麼野蠻又無知的樣本來使用吧？──老實說，那些老人家，是除了跳舞以外什麼都不會的人，簡單說就是舊時代的遺物。可是，帛琉現在還有更多其他的東西。自從大正 3 年（日本占領）以來，我們都說日本話，也穿上了西裝。可是，那些老人卻還是認為嚼檳榔、全身只穿一條紅內褲是最棒的，而且只要這樣就很滿足。我對日本人明明為了（這邊的）年輕人投入種種教育，卻又對那種舞蹈特別珍重，還在內地的雜誌上大書特書，說『這就是土人』，實在大惑不解。總之，如果你要拍照的話，無論如何還請附上一行字，說這是舊時代的遺物。」

　　我驚訝地重新打量起這位青年的臉龐。然而，我發現，這位提出令人震驚且聰明意見的人，果然還是唇齒都染滿了檳榔的赤紅，手腕上也布滿了各式各樣的刺青。他和那些舊時代遺物的老人在外表上的差異，不過是他身上穿了件皺巴巴的襯衫，以及短褲罷了。我不禁感到相當諷刺，於是忍不住開口問道：「但是，你本身不也是在嚼檳榔嗎？」

　　這時，青年露出很認真的表情，對我說道：

　　「我不一樣，我知道嚼檳榔是件壞事；只是從小就嚼習慣了，吃飯的時候不嚼檳榔就覺得沒有味道，所以沒辦法，只有嚼了。可是，因為知道這樣不好，所以我也一直在想，該怎樣才能戒掉。年輕人當中，大家也都是這樣想的，而成功戒掉的人也很多。我們和那些什麼都不知道、也什麼都不去想的老人，是完全不同的。」他在最後更加重了語氣說，「從現在開始的年輕人，絕對會和我們不一樣，在完全沒有染上惡習的情況下長大的！」

　　我聽了這番認真的話，反而有種寂寥的感覺。南洋的數百個島嶼，大家的言語都不同，且不說他們無法為了自身種族的利益而團結起來，就算他們真正團結起來，區區5萬數千名島民，又能做些什麼呢？因此，不論何時，弱小民族總是必須隸屬於某個文明國，跟隨這個文明國的利害關係，並以居於這個文明之下而感到滿足，只能永久處於這樣的命運之下，這令我不禁感慨萬千。

　　對於從支配者角度書寫的文章裡所描寫的情況，雖然不能毫無批判地當作事實照單全收，而是必須慎重解讀；不過在這篇短短的文章當中，還是存在許許多多值得今日社會學與文化研究注目的問題。「歧視」是什麼、「文明」是什麼、「傳統」是什麼，以及這樣的記述追根究柢又代表了什麼，這些問題都會立刻在腦海中浮現出來。可是，我在看到這份史料時，對於要對它進行論述和分析，卻又不免感到躊躇；總覺得不管怎麼論述，以我對問題的全部理解，似乎也很難清楚道盡。

　　在本書中，以「日本人」的界線設定為主軸，擷取了支配方與被支配方的形形色色論點。支配方為了什麼、又是用怎樣的方式，將周邊地區的人們吸納進「日本人」範疇、或者排除呢？被支配方又是為什麼、用怎樣的方式來試著成為「日本人」，或者是拒絕它呢？人為什麼、又是用怎樣的方式把「日本人」這種民族認同當作必要，或者是從中脫離呢？一想到這些疑問，就覺得儘管已經舉出這麼多事例來檢討，但剩下的問題還是多不勝數。這種感覺，在想到那些原本構想本書時想處理，但最後卻不得不放棄的議題時，總會縈繞於心；不只如此，對於那些採擷的對象，我是否已經充分描寫了呢？這樣的懸念，也總是掛在我的心上。

　　本書所處理的主題，是個將數千萬乃至以億為單位的人們命運捲入其中，跨越百年以上的問題。在我所接觸到的範圍內，每一段史料，都陳訴著當事者的苦惱、煩悶、希望、期待、盤算、慾望，以及其他各式各樣的感情。即使是方才引用的那一段史料，也封印著我想伸出手去接觸、卻躊躇不前的好幾個問題。身為作者，我的責任並不單單只是在本文中引用史料，而是要用自己愚拙的筆觸，去嘗試進行自己的分析與定位；我能將書中採擷的當事者，他們的身影與思想清楚流暢地傳達給讀者嗎？這令我不禁抱持著一抹不安。

　　當然，我雖愚拙且無能，但還是竭盡所能地努力了。另一方面，對於採擷

的對象，我也以最低限度的方式，避免從特權的立場對當事者施以單方面的責難，甚或是對之揶揄。可是結果究竟會是怎樣，就只能等待讀者的判斷了。可以的話，但願讀者能透過我這個不是很充分的傳播媒介，從本書中獲得某種收穫；同時也希望透過本書，能讓人對未來人類的走向有所省思，若能如此，則幸甚是也。

　　本書是我在 1997 年 11 月提出的博士論文。雖然我並不喜歡在公開的版面上書寫私事，不過我還是想在此對那些直到它完成、乃至出版為止，給我諸多教誨、以及關照的人們，致上最深的謝意。

1998 年 5 月

小熊英二

# 圖片出處

# 注釋

## 序章

1 參照《日本教科書大系》（講談社，1979 年）第 17 卷，地理（三）的 p.489、p.579。

2 嚴格來說，除了「日本人」之外，「日本」、「歐美」、「西洋」、「東洋」，甚至「亞細亞」、「朝鮮人」、「台灣人」、「沖繩」、「愛努」等全部都可視為被建構出來的概念，皆有必要加上「」。更進一步，「琉球」人稱呼日本人的「大和（Yamato）」、「愛努」人稱呼日本人的「和人」，皆是在相互關係中發展出來的概念。而「殖民地」與「回歸」也是如此。然而，這些詞彙全部加上括號閱讀上未免過度繁雜，因此只在標題、本文中主作為要檢討對象的「日本人」加以註記括弧，除此之外便以普通概念的方式來使用這些詞彙。

3 馬克・皮蒂（Mark R. Peattie）《植民地》（淺野豐美譯，讀賣新聞社，1996 年）

4 姜尚中《オリエンタリズムの彼方》（岩波書店，1996 年）中的論述廣為人知，但在他之前便有先行研究：Stefan Tanaka, *Japan's Orient,* Berkeley, Univ. of California Press, 1993. 姜尚中關注的焦點，是日本為了對抗「歐美」作為一種手段想要調查「亞細亞」的日本東洋學理論。但依照本書之後的探討可以看出，對抗「歐美」的各種情況，其實更加複雜。

5 Edward W. Said, Orientalism, Georges Borchardt Inc., 1978. エドワード・サイード《オリエンタリズム》（板垣雄三、杉浦英明監修，金沢紀子譯，平凡社，1986 年）。此外 Edward W. Said, *Culture and Imperialism*, New York, Alfred A. Knopf, 1993. 也大致具有相同的傾向。

6 對於包括經濟政策、近年來受到矚目的衛生政策等在內的社會政策討論分析，基本上不在本書的檢討範圍之內。

7 理所當然，言說並不等同於「現實」。對於筆者前著作《單一民族神話的起源》（新曜社，1995 年）有人批評，檢討言論界的民族論，並無法直接套用到殖民地統治的現實狀況及政策理念，這點筆者也理解。如果著作中使用了容易招到誤解的表達手法，即便收到批評也得甘之如飴，然而筆者前著作的探討意圖，在於分析民族論中展現出來的「日本人」集合性認同，在統治關係之下受到什麼樣的影響，以及又以什麼樣的形式構成同化政策，甚至是非同化政策的「論述」，並非要討論「殖民地政策」本身。本書之中雖然檢討了包含法令、官廳的意見書等政治性言說，但這與

統治、歧視的「現實狀況」如何連結，嚴密來說還需要個別的研究來處理。例如法律條文上書寫的語言即便給「現實」帶來很大的影響，但被統治者所感受到的「現實」，不必然會與法律條文上所書寫的一致，這點應該是不言自明的。

8　如此設定探討對象的方法，恐怕也存有異議。只使用穩健派甚至「親日派」的言說來代表被統治者一方，本身肯定就會出現問題。不過本書主題設定並非要全面性描繪被統治者，至多只是以重新檢討「日本人」的概念為目標。

## 第一章

1　關於琉球處分除了《新沖縄文学》38 號（1978 年）出過特集之外，1979 年以前的研究有橫山學編《琉球所屬問題関係資料》（本邦書籍，1980 年）第 1 卷有製作列表目錄。關於處分與該當時期的論調研究，雖有金城正篤《琉球処分論》（沖縄タイムス社，1978 年）、我部正男《明治国家と沖縄》（三一書房，1979 年）、我部正男《近代日本と沖縄》（三一書房，1981 年）、比屋根照夫《自由民権思想と沖縄》（研文出版，1982 年）、辺土名朝有〈琉球処分〉（鹿野政直、由井正臣編《近代日本の統合と抵抗》，日本評論社，1982 年收錄）、安岡昭男〈明治前期官辺の沖縄論策〉（《沖縄文化研究》10 號，1983 年）、山下重一〈琉球処分概説〉（《国学院法学》27 卷 4 號，1990 年）等，但都未從談判交涉中「日本人」的界限設定觀點來進行論證。另外有關左院的〈国内の人類〉回答與松田的史論，大田昌秀〈伊波普猷の思想とその時代〉（外間守善編《伊波普猷　人と思想》平凡社，1976 年）中有所介紹，但沒有論及琉球王國維持論與歐美觀的關係，也未討論日、清及仲介談判中的史論。此外，本章中不檢討由琉球士族發起的救國運動，而本章中引用的史料原文皆為漢字片假名文。

2　芝原拓自、猪飼隆明、池田正博校注《日本近代思想大系》第 12 卷《対外観》（岩波書店，1988 年）p.420。

3　河原田盛美〈琉球備忘錄〉。引用自琉球政府編《沖縄県史》（琉球政府，1967-1977 年）第 14 卷 p.204。

4　下村富士男編《明治文化資料叢書》第 4 卷《外交編》（風間書房，1972 年）p.9。以下從回答中的引用也出自同頁。

5　同上書 p.8。有關山縣有朋與琉球處分的關係，參照安岡昭男〈山県有朋と琉球処分〉（《政治経済史学》312 號，1992 年）。

6　前揭《沖縄県史》第 12 卷 p.235。原文無標點。

7　前揭《明治文化資料叢書》第 4 卷 p.28。1873 年 6 月於北京的談判。日本方面的發言者是與副島大使同行的柳原前光。另外關於台灣事件近年的研究有小林隆夫〈台湾事件と琉球処分〉（《政治経済史学》340、341 號，1994 年）等論文。

8　重引自安岡前揭〈明治前期官辺の沖縄論策〉pp.11-12。

9　〈仏人パアソナードノ意見〉（平塚篤編《続伊藤博文秘録》復刻版原書房，1982 年）p.32。日期為 1875 年 3 月 17 日。以下該文書的引用來自同書 pp.32-35。關於波索納

德則參照大久保泰甫《ポアソナード》（岩波書店，1977年）

10 外務省編《日本外交文書》第8卷（日本国際連合協会，1950年）p.300。1875年3月24日談判。

11 松田的主張參照前揭《明治文化資料叢書》第4卷p.105。日清談判參照前揭《日本外交文書》第14卷p.288。後者來自1885年4月20日榎本駐清公使與李鴻章的談話。兩者原文皆無標點。

12 前揭《明治文化資料叢書》第4卷p.94, 121, 105。

13 同上書p.127。原文無標點。

14 同上書pp.137-138。原文無標點。

15 前揭《琉球所属問題関係資料》第8卷p.132, 139。

16 前揭《明治文化資料叢書》第4卷p.203, 214。另外，沖繩統治初期是否出現赤字眾所紛紜，請理解此處只確認了政府方面存在有必然會出現赤字的論點。

17 前揭《琉球所属問題関係資料》第8卷p.328。

18 同上書。以下引用自pp.330, 333-335。

19 譯注：日本平安時代末期的武將。源為義的八男。源賴朝、義經兄弟的叔父。

20 前揭《琉球所属問題関係資料》第1卷p.171。

21 〈琉球ノ国語宗教種族慣習〉（国立国会図書館憲政資料室《伊藤博文関係文書》伊藤家文書p.356）。內務省專用紙，無頁碼記載無署名。有提及言語學者阿斯頓（William G. Aston）等人，推測可能是外國人顧問的答覆。

22 與格蘭特的會見引用自前揭《琉球所属問題関係資料》第1卷pp.242-243, 252, 254, 257。

23 前揭《日本外交文書》第14卷p.288。同注11的談判。日本軍的裝備參照原剛〈明治初期の沖縄の兵備〉（《政治経済史学》317號，1992年）

24 兩書皆收錄於前揭《琉球所属問題関係資料》第4卷，p.254, 172。

25 前揭《明治文化資料叢書》第4卷p.269。原文無標點。

## 第二章

1 此時期上杉縣令的動向參照前揭《沖縄県史》第11卷。關於初期的沖繩教育，有阿波根直誠〈初等教育〉（前揭《沖縄県史》第4卷）、吉原公一郎《沖縄》（三一書房，1968年）、浅野誠・佐久川紀成〈沖縄における置県直後の小学校設立普及に関する研究〉（《琉球大学教育学部紀要》20集第1部，1976年）、佐竹道盛〈明治期の県政と教育〉（《沖縄文化》42號，1974年）、同〈沖縄近代教育の特質〉（《北海道教育大学紀要》第1部C教育科学編29卷1號，1978年）、西平秀毅・宜野湾嗣剛《教科書と沖縄教育》（沖縄時事出版，1982年）、安里彦紀《近代沖縄の教育》（三一書房，1983年）、島袋勉〈近代沖縄における同化政策の展開〉（東洋大学アジア・アフリカ文化研究所《研究年報》22號，1987年）、浅野誠《沖縄県の教育史》（思文閣，1991年）、田中宣子〈沖縄教育と臺湾教育〉（《新沖縄文学》

60 號，1984 年）等，除此之外尚有近藤健一郎的一連串研究（如〈学校が『大和屋』と呼ばれた頃〉、〈沖縄における徵兵令施行と教育〉、〈国定教科書の沖縄像〉等，個別刊載於《北海道大学教育学部紀要》，年份分別是 1993 年、1994 年、1995年。以及〈琉球処分直後の沖縄教育〉教育史学会《日本の教育史学》36 集，1993年；〈日清戦争後の沖縄における『風俗改良』運動の実態〉《南島史学》44 號，1994 年；〈日清戦争直前の沖縄教育政策〉《南島史学》48 號，1996 年等。）本書特別針對「日本人」意識形成時「文明化」與「日本化」間的矛盾，並且更進一步把重點放在歷史觀改造時被教導的世界觀等，對此進行綜合性的結構分析。

2　前揭《明治文化資料叢書》第 4 卷 p.202, 204。原文為漢字片假名文。但，松田在租稅方面主張選擇性的「舊規改良」，該意見不必然會被如實反應出來。有關所謂舊慣溫存政策，西里喜行《論集　沖縄近代史》（沖縄時事出版，1981 年）中有詳細說明。

3　山縣有朋〈復命書〉。收錄於国立公文書館《明治十九年　公文雑纂九　内務省一》。內務省用紙，無頁碼記載。原文為漢字片假名文。有「明治 19 年 5 月」的日期紀錄。

4　吉原公一郎〈天皇制国家確立のための教育〉（橋川文三、後藤総一郎編《明治の群像》第 4 卷，三一書房，1970 年）。重引自 p.187。

5　辻敬之〈画一教育法ノ利害〉（《教育時論》175-177 號，1890 年）。原文為漢字片假名文。引用 176 號 p.5，177 號 pp.5-6。前揭佐竹論文有言及本篇論文。另外辻的論文對於這種國防目的的邊境教育，主張「當然需要更大量的費用，此等除靠國庫支出外別無他法」（177 號 p.7），此點也提示著日後朝鮮、臺灣教育政策中同化理念與財政負擔的矛盾，饒富深意。縣廳上報書（上申書）引用自前揭《沖縄県史》第 12 卷 p.10。原文為漢字片假名文。

6　大里康永《沖縄の自由民権運動》（泰平出版社，1969 年）p.49。

7　前揭《沖縄県史》第 14 卷 p.508。原文為漢字片假名文。

8　參照《那覇市史　資料編第 2 卷中－3》（那覇市役所，1970 年）p.249, 176，及安里前揭書 p.160。

9　刊載於《琉球教育》3 號（1896 年）。以下到第十項目為止連續都是風俗改良或禁止刺青等項目。項目本文之後附有各項目的需注意內容，但此處只引用項目本文。引用自《琉球教育》復刻板（本邦書籍，1980 年）第 1 卷 p.115。

10　川上豊蔵〈本県児童ニ日本国民タル精神ヲ発揮セシムベシ〉（《琉球教育》8 號，1896 年）。原文為漢字片假名文。引用自前揭《那覇市史　資料編第 2 卷中－3》pp.34-35。

11　前揭川上論文。引用自《那覇市史　資料編第 2 卷中－3》p.33。

12　大城彦五郎〈本県小学校に於いて地理科を授くるに就きて思ひあたりしことゞも〉（《琉球教育》四號，1896 年）。引用自前揭《那覇市史　資料編第 2 卷中－3》p.88。

13　大城彦五郎〈沖縄教育に関する所見〉（《琉球教育》53 號，1900 年）。引用自前揭《那覇市史　資料編第 2 卷中－3》p.88。

14　誉田豊吉〈沖縄教育の方針〉（《琉球教育》32 號，1898 年）。引用自前揭《那覇市

史　資料編第 2 卷中－3》p.57。

15 衛生指導參照〈服装に関する心得〉（《琉球教育》64 號，1901 年），勞動觀念參照平良保一〈実業教育ニ就キテ〉（《琉球教育》66 號，1901 年）引用自前揭《那霸市史　資料編第 2 卷中－3》p.101。

16 前揭上川論文。引用自前揭《那霸市史　資料編第 2 卷中－3》p.33。此處雖刻意以對立性的方式描繪「文明化」與「日本化」，但在歐美諸國的「文明化」中許多都伴隨該當國家的語言、文化均質化同時並行。因此筆者對於是否可能存在不限定於特定國民國家框架內而具普遍性的「文明化」與「近代化」，抱持著質疑。從而更正確來說，這裡位於「日本化」相對位置上的（根據當時議論者們意識到的情況）是「歐美化」，甚至可以說在風俗改變與近代化政策中被認為是「歐美化」的部分剔除後，剩下的就是「日本化」的部分。此處預設「文明化」與「日本化」的對立，某種程度上帶有故意把大多數時候會同時並行的近代化政策與國民統合政策之間的矛盾圈定出來，讓讀者進行思考的意圖。

17 安藤喜一郎〈国体論ニツキ前説ヲ敷衍シ併セテ本邦教育ノ性質ヲ述ブ〉（《琉球教育》22 號，1897 年）復刻版第 3 卷 p.42。原文為漢字片假名文。

18 安藤喜一郎〈本県ニ於ケル女服改良ニ就キテ〉（《琉球教育》64 號，1901 年）引用自前揭《那霸市史　資料編第 2 卷中－3》p.96。原文為漢字片假名文。

19 〈首里小学校女生徒の普通服〉（《琉球教育》47 號，1899 年）引用自前揭《那霸市史　資料編第 2 卷中－3》p.83。原文為漢字片假名文。

20 帆足登梔〈言語ニ就イテ〉（《琉球教育》89 號，1903 年）引用自前揭《那霸市史　資料編第 2 卷中－3》p.125。島岡亮太郎〈国頭郡夏期講習会ニテ島岡教諭ノ演説筆記〉（《琉球教育》21 號，1897 年）復刻版第 3 卷 p.4。兩篇原文皆為漢字假名文。

21 前揭島岡演講 pp.3-4。帆足論文 p.124。

22 《沖縄県用尋常小学校読本》（復刻版為文化評論社出版，1982 年）。1897 年卷 1 發行之後，至 1899 年卷 8 完結。復刻版附有淺野誠的題解。有關提到源為朝部分見卷 6，pp.21-24，其子「尊敦」成為琉球首任國王舜天的記述則見卷 7，pp.5-7。

23 前揭川上論文，前揭大川論文。引用自前揭《那霸市史　資料編第 2 卷中－3》p.34, 88。

24 沖縄源太郎〈沖縄教育所感〉（《琉球教育》65 號，1901 年）。引用自前揭《那霸市史　資料編第 2 卷中－3》p.98。原文無標點。

25 〈本県師範学校女子講習科の服制〉（《琉球教育》44 號，1899 年）。前揭川上論文。引用自前揭《那霸市史　資料編第 2 卷中－3》p.77, 35。

26 〈首里尋常高等小学校所教師久場鶴子女史〉（《琉球教育》44 號，1899 年）。引用自前揭《那霸市史　資料編第 2 卷中－3》p.79。

27 前揭帆足論文、前揭川上論文，〈郡視学会〉（《琉球教育》95 號，1904 年）。引用自前揭《那霸市史　資料編第 2 卷中－3》p.125, 35, 133。

28 新田義尊〈沖縄は沖縄なり琉球にあらず〉（《琉球教育》2 號，1895 年）。復刻版

第 1 卷 p.49, 53。新田此處論文屢屢提及同化教育論的事例，但對該歷史觀卻未檢討。隋書中「琉球」指台灣的說法，雖然新田主張是自己的發現，但其真偽今日已無可考。關於書中「琉球」係指台灣或者沖繩，之後伊波普猷與東恩納寬惇曾論爭過，有關此論爭請容別稿討論。

此外，戰後的台灣把該說法當作中國王朝古代史書中刊載過台灣的歷史證據，成為中國與台灣不可分割的歷史性論述根據，並在國民黨政權下流傳散布。為了讓沖繩歸屬於「日本」而排除台灣的論說，變形為台灣屬於中國一部分的論述根據。

29　前揭新田論文，《琉球教育》2 號的刊載部分。復刻版第 1 卷 pp.48-50。

30　前揭新田論文，《琉球教育》2 號的刊載部分。復刻版第 1 卷 p.50, 52。

31　前揭新田論文，《琉球教育》10 號（1896 年）及 14 號（1897 年）的刊載部分。復刻版第 1 卷 pp.411, 413-414；第 2 卷 p.103, 107。前者原文為漢字片假名文。

32　前揭新田論文，《琉球教育》14 號（1897 年）的刊載部分。復刻版第 2 卷 p.104, 108。

33　前揭新田論文，《琉球教育》17 號（1897 年）的刊載部分。復刻版第 2 卷 pp.198, 200-201。

34　〈沖縄県私立教育会常集会〉（《琉球教育》44 號，1899 年）中椿秦一郎書記官演講及前揭川上論文。引用自前揭《那霸市史　資料編第 2 卷中－3》pp.78, 36。

35　篠原一二〈普通語ノ普及ニツイテ〉（《琉球教育》100 號，1904 年）。引用自前揭《那霸市史　資料編第 2 卷中－3》pp.140-141。原文為漢字片假名文。

## 第三章

1　東京帝国大学《大日本古文書》幕末外国関係文書之三（東京帝国大学史料編纂所，1911 年）p.406, 390。關於明治時期愛努教育政策與北海道舊土人保護法的成立有竹ケ原幸朗〈近代日本のアイヌ教育〉（《北海道の研究》6，清又堂，1983 年）、海保洋子《近代北方史》（三一書房，1992 年）第 1 部、小川正人《近代アイヌ教育制度史研究》（北海道大学図書刊行会，1997 年）等研究，岩谷的思想也在前揭竹ケ原論文，及高木博志〈アイヌ民族への同化政策の成立〉（歴史学研究会編《国民国家を問う》，青木書店，1995 年）等處有所檢討。總體而言愛努教育政策與北海道舊土人保護法強調「同化」的側面，而小川前揭書籍則大量包含了排除的要素。本章在這樣的基礎上，再提出①近世以來愛努同化論的背景中，存在與歐美對抗的意識及國防上的動機、②同化與排除的矛盾在「漸進」的概念下得以兩立，等這兩點。

2　以下，關於從幕末到明治初期愛努政策，參考高倉新一郎《新版アイヌ政策史》（三一書房，1972 年）。幕府的直轄領命令自同書 p.139 重引。

3　同上書，重引自 p.373。原文為漢字片假名文。戶籍登錄部分參照海保前揭書第一章。

4　譯注：黑龍江下游區域。

5　譯注：指「移植」到當地去的人民，可以理解做「遷移到當地墾殖的民眾」，以下依照日語原文使用「移植民」一詞。

6　桑原真人《近代北海道史研究序說》（北海道大学図書刊行会，1982 年）第一章中，

有將當時主要的北海道殖民論表格化。

7 〈征服者の視点——100年前の北海道・沖縄用教科書〉（《朝日新聞》，1997年6月9日）。

8 小熊前揭《単一民族神話の起源》。

9 譯注：Japanese nationalism。日本民族主義。近代日本國家主義的一種，由眾議院議員志賀重昂於1888年《日本人》雜誌上發表〈國粹保存旨義〉時所使用的詞彙。明治維新時期導入許多西歐文化知識，國粹主義則站在批判此種西化的立場上，主張應著重日本原有的文化歷史，維持以天皇為頂點的國家體制，在國體論上則強調日本的優越性與長久性。

10 《日本主義》1號（1897年）揭載。引用自p.66。

11 清野謙次的人種平等論引自《日本人種論變遷史》（小山書店，1944年）pp.67-71。有關清野參照小熊前揭書第十三章。

12 坪井正五郎〈人種談〉（《東京人類学会雑誌》205號，1903年）p.207。同〈北海道旧土人教育事業〉（《東京人類学会雑誌》245號，1906年）pp.432-433。

13 高倉前揭書p.527。

14 安田一郎〈バチェラー小伝〉（ジョン・バチラー《アイヌの伝承と民族》）解説，青土社，1995年）p.509, 501。

15 ジョン・バチラー《アイヌ人と其說話》（富貴堂書房，1925年）p.35, 52。

16 這些意見文書重引自高倉前揭書p.528。原文為漢字片假名文。大正時期，北海道廳贈與巴徹勒表揚狀等。

17 岩谷英太郎〈アイヌ減少〉（《北海道教育会雑誌》6號，1891年）p.18。原文為漢字片假名文。同作者〈日高国浦河郡の旧土人〉（《北海道教育会雑誌》116號，1902年）p.83。北海道舊土人保護法的成立過程已經明朗的今日，並無證據顯示岩谷思想有反應在該條文上。此處所嘗試的，是透過在北海道教育界中針對愛努發言最多的岩谷思想，徹底探求愛努教育政策的論理結構。

18 岩谷前揭〈日高国浦河郡の旧土人〉p.83。同作者〈アイヌ教育の必要〉（《北海道教育会雑誌》18號，1894年）p.9。

19 岩谷英太郎〈本道旧土人の伝説保存について〉（《北海道教育会雑誌》182號，1908年）p.3。同作者〈北米土人保護法を論してあいぬ人種保護法に及ぶ〉（《北海道教育会雑誌》87-88號，1900年）87號p.2，88號p.3。此外關於道斯法案參照富田虎男〈北海度旧土人保護法とドーズ法〉（札幌学院大学《人文学部紀要》45號，1987年）。

20 岩谷英太郎〈昔時土人教育の沿革〉（北海道教育会雑誌86號，1900年）p.36, 38。阿部喜代治〈アイヌ教育に就て〉（北海道教育会雑誌24號，1894年）p.5。

21 譯注：當時擔任第一高等中學校囑託教員的基督教徒內村鑑三，在1月9日於禮堂舉行教育勅語奉讀儀式時，未對明治天皇的親筆署名以最敬禮進行「奉拜」，之後遭到同僚、學生非議，最終成為社會議題。之後在校長的委請下內村同意重行最敬

禮，但旋即感染惡性流感病倒無法執行，改由木下校長代行。事件經由媒體渲染而全國喧騰，甚至演變成基督教與國體論爭問題。1月底內村本人名義的辭職函被提出，2月初同意其辭呈。此事件被稱為「內村鑑三不敬事件」或「第一高等中學校不敬事件」。

22 譯注：內地雜居問題是指明治時期為了更新平等條約（條約改正），在明治政府要求外國撤除治外法權時，得同時廢止日本規定外國人只能居住於居留地的規定，亦即必須承認外國人擁有不動產所有權及容許外國人在日本國內享有居住、旅行自由。針對是否同意這樣的條件，當時引發了一連串的論爭。

23 參照小熊前揭書第二、第三章。

24 岩谷的政策類型論參照前揭〈アイヌ教育の必要〉及〈旧土人教育談〉（北海道教育会雑誌》125號，1903年）。

25 岩谷前揭〈アイヌ教育の必要〉。

26 岩谷前揭〈旧土人教育談〉。

27 北海度ウタリ協会アイヌ史編集委員会《アイヌ史　資料編三》（北海道出版企画センター，1991年）pp.291-292。1919年2月5日第41回帝國議會眾議院「北海道旧土人保護法中改正法律案委員會」上，小西和的發言。

28 岩谷前揭〈昔時土人教育の沿革〉p.38。

29 前揭《アイヌ史　資料編三》pp.276-277。第41回帝國議會眾議院本會議的北海道舊土人保護法中改正法律案一讀會（1919年2月1日）上，小西和的發言。

30 岩谷前揭〈アイヌ教育の必要〉p.7。同作者前揭〈旧土人教育談〉p.31。

31 岩谷前揭〈アイヌ教育の必要〉p.8。

32 岩谷前揭〈アイヌ教育の必要〉p.8。同作者前揭〈旧土人教育談〉p.32。

33 岩谷前揭〈旧土人教育談〉p.32。同作者前揭〈本道旧土人の伝説保存について〉p.2。

34 岩谷前揭〈アイヌ教育の必要〉p.8。

35 前揭《アイヌ史　資料編三》p.38。以下的審議引用自第五回帝國議會眾議院本會議的北海道舊土人保護法案一讀會的續篇（1893年12月15日）。

36 加藤的法案參照同前書 p.26。

37 同前書 p.42, 46。發言者為立川雲平與角利助。

38 譯注：勒令是日本舊憲法下的法律形式之一，指不經過帝國議會協贊（同意），直接由天皇大權制定、公布的命令。勒令案為勒令發布前的提案，雖不需經過帝國議會，但需經樞密院諮詢（同意）。

39 關於國籍法審定，身為政府委員進行答辯的法律學者穗積陳重，對於規定歸化條件的國籍法第七條第三項設置「需品行端正」一條，說明「其立法旨趣在於防止對我國不利者歸化取得國籍」，「品行端正的認定標準原本依照內務大臣的認定，若要追究內務大臣又據何標準認定，主要是根據對我國利益的考量」。然而根據穗積的說法，國籍法中「並沒有寫道『如果是具備（一定）條件者，未必一定需要內務大臣

的許可』這樣的方法」，因此「所謂品行端正這個標準……無法裁定之處反而適當地達成本法案之目的，個人認為這正是其有趣之處。」亦即，所謂的「品行端正」，是在國家裁量下認定是否可以成為「日本人」時，以確保自由裁量權為目的而有意識地採用此等巧妙的表現。甚至戰後日本國籍法第四條第三項的「需素行善良」的歸化條件，也可說承繼於此。穗積的發言引自第十三回帝國議會眾議院〈国籍法案審查特別委員会速記録〉第 1 號（1899 年 1 月 28 日）p.2。原文為漢字片假名文。

40 譯注：上級官廳對下級官廳就所轄事務所發布的命令。訓令對下級官廳有約束效力，但原則上不具法規性質因此對一般個人不具約束效力。

41 高倉前揭書 p.527。安田前揭論文 p.501。

42 政府委員的發言引自前揭《アイヌ史　資料編三》p.91, 93, 88。發言者前者為白仁武，後者為松平正直。皆引自第 13 回帝國議會眾議院本會議的北海道舊土人保護法案一讀會（1899 年 1 月 21 日）。

## 第四章

1 伊澤修二〈台湾の学事〉（《台湾協会会報》2 號，1898 年）p.24。本章的先行研究有提及該當部分。另外本章的一部分來自於已公開發表的小熊英二〈「日本」への道〉（田中克彦、山脇直司、糟谷啟介編《言語・国家、そして権力》新世社，1997 年）。

2 以下引自〈台湾ノ実況〉（收錄於国会図書館憲政資料室〈松方正義文書〉第 51 冊，微卷 R27）。無作者名與頁碼註記。原文為漢字片假名文，無標點。台灣統治初期的狀況有許世楷《日本統治下の台湾》（東京大学出版会，1972 年）、涂照彦《日本帝国主義下の台湾》（東京大学出版会，1975 年）、小林英夫〈初期台湾占領政策について〉（8 卷 2 號、4 號、10 卷 1 號，1976-1978 年）等眾多研究，此處記述把重點放在日本方面的論者，其觀點如何被反映出來上。

3 《福沢諭吉全集》（岩波書店，1969-1971 年）第 15 卷 p.266, 355。關於當時的台灣人國籍問題，參照黃昭堂《台湾総督府》（教育社，1981 年）pp.51-55，以及戴國煇〈日本の植民地支配と台湾籍民〉（《台湾近代史研究》3 號，1980 年）。

4 後藤新平〈台湾の実況〉（《台湾協会会報》7 號，1899 年）p.29。添田寿一〈台湾と福建〉（《東京日日新聞》，1900 年 3 月 21 日）。後者的引用取自《台湾協会会報》19 號（1900 年）轉載的 p.67。

5 土屋元作〈台湾の現状〉（《台湾協会会報》6 號，1899 年）pp.9-10。

6 引用水野遵〈支那朝鮮漫遊談〉（《台湾協会会報》19 號，1900 年）p.7。《台湾政弊の根本》（《日本》1899 年 8 月 30 日，《台湾協会会報》12 號轉載 p.78）。對台灣下層民眾的批評參考川原清市〈移植民として観たる我が民族の欠点〉（《帝国教育》443 號，1919 年）。另外關於在台灣的內地人女性，參考竹中信子《植民地台湾の日本女性生活史》（田畑書店，1995 年）。又，著眼於沖繩女性的研究可舉又吉清盛〈沖縄女性と台湾植民地支配〉（《沖縄文化研究》16 號，1990 年）。

7　關於台灣財政引自栗原純〈明治憲法体系と植民地〉（東京女子大学《比較文化研究所紀要》54 卷，1993 年）p.53，及〈台湾自営の機や甚だ遠し〉（《万朝報》1899 年 8 月 15 日）。引用自《台湾協会会報》11 號（1899 年）轉載 p.73。〈一億円壳却説〉則見於後藤新平《日本植民政策一斑・日本膨張論》（日本評論社，1944 年）p.47。

8　信濃教育会編《伊沢修二選集》（信濃教育会，1958 年）p.641。

9　〈水野遵氏の台湾談〉（《京都新聞》1899 年 8 月 3 日）。引用自《台湾協会会報》11 號轉載 p.72。原文無標點。

10　水野的發言引自〈台湾事業公債案の通過〉（《台湾協会会報》6 號，1899 年）p.64。後藤新平引自〈台湾協会設立に就いて所管を述ぶ〉（《台湾協会会報》2 號，1898 年）p.3。前揭福沢全集第 16 卷 pp.40-41。前揭土屋論文 p.11。

11　石塚的發言重引自前揭栗原論文 p.59。原文為漢字假名文。之後科克伍德引自《カークード氏　台湾ニ関スル覚書説明筆記》（国会図書館憲政資料室《後藤新平文書》7−33−3）。原文為漢字假名文。同筆紀錄中有「明治 31 年 3 月 8 日」的日期及「祕」的戳印，收錄了第 1 回到第 3 回說明會的模樣。關於科克伍德的經歷有手塚豊〈司法省御雇外国人カークード〉（《法学研究》40 卷 3 號，1967 年）；從台灣統治體制論著手的有春山明哲〈近代日本の植民地統治と原敬〉（春山明哲・若林正丈《日本植民地主義の政治的展開 1985-1934 年》アジア政経学会，1980 年）；大谷正〈台湾における植民地統治機構の成立〉（《歴史科学》99-100 號，1985 年）；江橋崇〈植民地における憲法の適用〉（《法学志林》82 卷 3、4 號，1985 年）；吳密察〈外國顧問 W. Kirkwood 的台灣殖民地統治政策構想〉（國立台灣大學歷史學系編《日據時期台灣史國際學術研討會論文集》，1993 年）；栗原前揭論文等，但科克伍德的教育政策論，特別是非同化的側面，僅有注 39 的長篇論文中有部分提及。

12　前揭《カークード氏　台湾ニ関スル覚書説明筆記》第 1 回 p.2。

13　同上書第 1 回 p.30, 49, 41；第 3 回 p.13, 15, 19。

14　同上書第 1 回 pp.4-7, 30。

15　同上書第 1 回 p.27, 31, 29；第 3 回 p.27, 34。

16　引用同上書第 1 回 pp.21, 37-38。殖民限制論引自第 3 回 pp.7-8。關於殖民地官僚培養的主張參考〈カークード顧問ノ演説〉（《琉球教育》29 號，1898 年）。後者為科克伍德從台灣返回的途中，1898 年 2 月在沖繩縣私立教育會常集會演講的紀錄。做紀錄的《琉球教育》記者表示「沖繩本來不是殖民地」，但好不容易來到沖繩的教員或官僚，「大致 3 年，甚至只有 2 年或 1 年左右就歸鄉了」，且一併批判了台灣政策的拙劣程度（復刻版第 3 卷 pp.288-289）。在不受歡迎的地方執行勤務，缺乏經驗又沒有熱誠的官僚，經過幾年勤務便調動，這種模式無論在台灣或沖繩都一樣，從該記者的描述中可以看到沖繩方鬱積的不滿。另外，關於英國殖民地官僚培養，參照浜渦哲雄《英国紳士の植民地統治》（中公新書，1991 年）。

17　前揭《カークード氏　台湾ニ関スル覚書説明筆記》第 1 回 p.42, 45。

18　同上書第 1 回 pp.43-44。

19 楢原陳政〈台湾ノ法律教育ニ関スル調書〉(伊藤博文編《台湾資料》秘書類纂刊行会,1936年)。引用自 p.50, 53。原文為漢字片假名文。

20 〈台湾統治の大方針〉(《読売新聞》1899 年 1 月 2 日)及〈国民膨張の要義〉(不明,1900 年 3 月 1 日)。各別引用自《台湾協会会報》4 號 p.75 及 18 號 p.73。

21 中山孝一〈アルゼリーの状況及制度〉(《台湾協会会報》3 號,1898 年)p.49;前揭〈台湾政弊の根本〉p.78。

22 添田寿一〈教育卜植民〉(《台湾協会会報》3 號,1901 年)p.18。原文為漢字片假名文。

23 新渡戸稲造〈教育雑感〉(《台湾協会会報》2 號,1901 年)p.13。原文為漢字片假名文。

24 原敬〈台湾問題二案〉(前揭《台湾資料》)。以下該文書的引用引自同書 pp.32-34。原文為漢字片假名文。原敬文書研究會《原敬関係文書》(日本放送出版協会,1984-1989 年)第 6 卷 pp.228-230 中收錄了此意見書的謄寫稿,但因為增刪修改繁雜,因此引用《台湾資料》。

25 〈カークード氏 台湾制度、天皇ノ大権、及帝国議会ニ関スル意見書〉(前揭《台湾資料》)pp.96-97。原文為漢字片假名文。

26 米歇爾・盧朋(Michel Joseph Revon)〈遼東及台湾統治ニ関スル答義〉(前揭《台湾資料》)p.407。原文為漢字片假名文。盧朋更進一步提議,把獲得的領土上設立的總督府人事,當作排出國內不滿分子的洩壓閥,藉此企圖保持內政的安定。這與科克伍德的人事構想相異,但作為殖民地官僚制度的機能,卻饒富深意。

27 前揭〈台湾統治の大方針〉p.76。

28 〈時事見聞志〉(《日本》1899 年 9 月 17 日);〈台湾の鉄道〉(《朝日新聞》,1899 年 2 月 21 日);〈台湾の経営〉(《京華日報》1898 年 12 月 11 日)。各轉引自《台湾協会会報》12 號 p.83;6 號 p.78;3 號 p.77。

29 渡部春蔵〈新領土ノ教育方策ニ就キテ〉(《台湾教育会雑誌》1 號,1901 年)p.23。原文為漢字片假名文。

30 高岡武明〈公学校ノ修身科ニ就キテ〉(《台湾教育会雑誌》4 號,1902 年)p.13。原文為漢字片假名文。

31 前揭《カークード氏 台湾ニ関スル覚書説明筆記》第 4 回 p.21, 47;第 3 回 p.25。

32 中村進午〈教育征服論〉(《台湾教育会雑誌》3 號,1901 年)p.62。

33 德富猪一郎《国史より観たる皇室》(藤巻先生喜寿祝賀会,1953 年)p.16。雖然是戰後的著作,但作為能夠表現大日本帝國時代知識分子想法的文章而引用。

34 水野前揭〈支那朝鮮漫遊談〉p.4, 8。新渡戸前揭〈教育雑感〉p.10。

35 前揭〈台湾統治の大方針〉p.76。

36 高野孟矩〈雲林地方巡視前ニ於ケル台湾ノ施政方針ニ関スル意見書〉(前揭〈松方正義文書〉第 51 冊)。1896 年 7 月提出。無頁碼,原文為漢字片假名文。關於高野去職事件有小林道彦〈一八九七年における高野台湾高等法院長非職事件について〉

（中央大学大学院研究科《論究》14卷1號，1981年）；楠精一郎〈明治三十年・台湾総督府高等法院長高野孟矩非職事件〉（手塚豐《近代日本史の新研究》III，北樹出版，1984年）等研究，不過都把重點放在高野對統治的批判與去職事件的經緯，並未注意高野的同化思想。另外高野在這份意見書上說明「朝鮮人民把加藤清正當作神一般崇拜，當作父親一般來敬愛」，並在巡視後的意見書中把台灣人形容為「最容易化育的可憐人種」。我們必須留意這種對朝鮮人、台灣人蔑視般的樂觀，是他融合性的「一視同仁」論的前提。

37 〈台湾経営策〉（《後藤新平文書》7－78）。無頁碼記載，原文為漢字片假名文。提出者尚未能確認。

38 条約局法規課編《台湾ニ施行スヘキ法令ニ関スル法律（六三法、三一法及び法三號）の議事録》（外務省条約局，1966年）p.211。原文為漢字片假名文。以下，將同書略記為《律令審議録》。

39 前揭《伊沢修二選集》p.592。以下關於伊澤記有頁碼的引用，引自此選集。包括伊澤修二在內研究台灣領有初期教育政策論的，有村上嘉英〈旧植民地台湾における言語政策の一考察〉（《天理大学学報》144號，1985年）；近藤純子〈戦前台湾における日本語教育〉（木村宗男編《日本語教育の歴史》《講座　日本語と日本語教育》第15卷，明治書院，1991年）；京極興一〈「国語」観と植民地言語政策〉（《信州大学教育学部紀要》74-75號，1991-1992年）；石剛《植民地支配と日本語》（三元社，1993年）；駒込武《植民地帝国日本の文化統合》（岩波書店，1996年）；長志珠絵〈教化と文化の間〉（《文化交流史研究》，1997年）。改觀日本統治下教育政策的有，鍾清漢《日本植民地下における台湾教育史》（多賀出版，1993年）。以上採取的觀點皆是把台灣當作與「日本」切割開來的「殖民地」，以此建立論述，因此與本書採取同化論／非同化論是影響台灣是否為「日本」一部分的對立性議論思考有所不同。這些論述不僅無法完全掌握同化論的動機，也有可能忽略了與其把非同化論當作對統治的批判，更可以視為當時合理的殖民地統治方策。駒込的前揭書中雖然沒有這種傾向，卻忽視了同化論上的國防動機以及科克伍德的構想。有關伊澤的經歷可參考上沼八郎《伊沢修二》（吉川弘文館，1988）等。

40 伊沢修二《明治廿八年ノ教育社会》（国家教育）33號，1895年）p.10。原文為漢字片假名文。無標點與濁音標示。

41 對朝鮮的宗教政策可參考韓晳曦《日本の朝鮮支配と宗教政策》（未來社，1988年）。關於芝山巖事件，上沼八郎〈台湾における植民地教育行政史の一考察〉（《国立教育研究所紀要》121集，1992年）有詳細的討論。

42 前揭伊澤〈台湾の学事〉p.34。

43 伊澤的教育計畫可以參照〈台湾学事施設一覧〉（選集pp.596-603）。對科克伍德的非難參照前揭《カークード氏　台湾ニ関スル覚書説明筆記》第3回p.1。另外伊澤對於教育政策除了等同於間接統治的「假他主義」之外，還提出了「自主主義」與「混和主義」等類型。期中「自主主義」是德國對亞爾薩斯、羅倫的統治，或者美國

併入夏威夷後施行的同化政策；「混合主義」則以加拿大法語系居民和英語系居民「混合」的狀態為例。伊澤把亞爾薩斯、羅倫同化定位為失敗，將夏威夷同化視為成功，並主張若統治者與被統治者之間沒有階級差別「自主主義」就會失敗，以此提倡對台灣採取「混和主義」。不過他對加拿大的看法，認為「語言也是英國，整體國家也屬英式，並位於大英帝國女皇之下」（p.683），因為實質上就是同化，所以本文故意不舉此處。他恐怕是認為統治者與被統治者之間差別過少的狀況下強權式的同化政策容易失敗，但又懷抱著同化的志向，在這樣的矛盾下，才不得不打造出「混合主義」這個第三種類型。此外，小熊前揭〈「日本」への道〉中有稍微詳細的討論。

44 高岡前揭〈公学校ノ修身科ニ就キテ〉（《台湾教育会雑誌》6號，1902年）p.4。平井又八〈公学校における漢文問題敢えて橋本君の教を乞ふ〉（《台湾教育会雑誌》6號，1902年）p.16。

45 伊澤的意見書參照〈乃木総督ニ提出シタ具申書〉（pp.627-631）。學務部縮編的經緯則參照台灣教育會《台湾教育沿革誌》（台湾教育会，1939年）pp.44-48。

46 前揭《台湾教育沿革誌》pp.223-238。

47 引用自高岡前揭論文p.1, 16。石田陸舟〈公学教育につきての雑感〉（《台湾教育会雑誌》15號，1903年）p.9。前田孟雄〈公学校の修身科を如何にす可きか〉（《台湾教育会雑誌》8號，1902年）p.19。有關就學率參考前揭《台湾教育沿革誌》pp.408-409。

48 此論爭的該當論文有橋本武〈台湾公学校に於ける漢文科について〉（《教育時論》616-619號，1902年）、同作者〈平井又八君に答ふ〉（《台湾教育会雑誌》10號，1903年）、平井前揭論文（《台湾教育会雑誌》6-8號，1902年）。此處引用自《教育時論》617號p.9、《台湾教育会雑誌》7號p.2, 9。駒込前揭書有舉此論爭，把平井的漢文存續論定位成「從民族主義邁向自由」的「普遍主義」主張（p.67）。不過如統引用中所述，平井熱心於培養對日本的忠誠心，如果能夠確保就學率並不反對廢止漢文教學。但對主張日語教育和培養忠誠心不可切割的橋本而言，平井將兩者分離，筆者以為較諸日語教育平井只認為培養忠誠心更為優先。此外，與橋本主張漢文教育會誘發對中國的忠誠心相對，平井表示「台灣的人們，以一般支那人的性質來看，因為是非常缺乏國家概念的人民，正好根據此點（加以利用），應不至於出現被養的狗咬到自己手之虞」（8號，p.3），藉此可以得知，平井與高野一樣對台灣人抱持著蔑視性的樂觀論。

49 出自同上記論文。引自《教育時論》617號p.8、《台湾教育会雑誌》8號p.7。談及阿吉諾多的部份引自《台湾教育会雑誌》6號p.17。

50 木村匡〈台湾の普通教育〉（《台湾教育会雑誌》28號，1904年）p.3, 5。

51 持第六三郎〈県治管見〉（《後藤新平文書》7－73）。無頁碼，原文為漢字片假名文。關於持地的經歷參考金子文夫〈持地六三郎の生涯と著作〉（《台湾近代史研究》2號，1979年）。駒込前揭書所重視的是持地構想中表現出台灣教育上排他的性格。筆者的想法與伊澤相同，認為持地的提案只能以妥協的方式才能實現。

52　最後採用的是歷史假名標示法，關於這個論爭將擬於別稿討論。

53　前揭《台湾教育沿革誌》p.261, 264。

54　持地六三郎〈台湾に於ける現行教育制度〉（《台湾教育会雑誌》31 號，1904 年）pp.1-2, 5。

55　同上論文，pp.5-6。前揭《台湾教育沿革誌》p.287。

56　清水岩生〈戦争遊戯　包囲攻撃〉（《台湾教育会雑誌》33 號，1904 年）等。

57　石田新太郎〈台湾教育家の使命〉（《台湾教育会雑誌》61 號，1907 年）p.2。

58　〈後藤長官の訓示〉（《台湾教育会雑誌》27 號，1904 年）pp.1-2。原文為漢字片假名文。

59　同上論文，p3, 5。

60　後藤前揭〈台湾の実況〉p.33, 26。

61　前揭〈後藤長官の訓示〉p.2。

62　鶴見佑介《後藤新平伝》（後藤新平伯伝記編纂会，1937 年，復刻板勁草書房，1965 年）第 2 卷 p.373。

63　法制局〈台湾統治上ニ関スル政綱〉（前揭《松方正義文書》第 51 冊）。無頁碼，原文為漢字片假名文。與《後藤新平文書》7－2 相同文件，係 1897 年 8 月 3 日松方正義內閣閣議內部決定，並內部送給乃木總督的文件。〈台湾ニ於ケル教育施設ノ要領覚書〉（前揭《後藤新平文書》7－87－2）。兩篇原文皆為漢字假名文。後者的執筆者為持地六三郎，執筆時期推估約在 1905 年 8 月左右。

64　後藤前揭〈台湾協会設立に就て所感を述ぶ〉p.8。

## 第五章

1　大日本帝國憲法起草者的井上毅，在 1882 年起早的私人憲法草案第三條記有「北海道及沖繩縣和其他島嶼不依一般法律，應以內閣命令權宜施行其他制度。」亦即北海道及沖繩，與台灣、朝鮮相同，存在不以法律而使用命令來統治，作為憲法例外地區的可能性，但是這並未被實現。井上尚寫下附則「但待兩議院進一步通過審議，各地方得以施行一般法律時，無需拘泥於此條文」，可以看出近似日後漸進式施行內地法律的「內地延長主義」發想。但管轄北海道與沖繩的並非總督而是內閣，這與日後台灣、朝鮮統治大不相同，這可說以兩院協議立即可以延長使用內地法為前提的想法。此外個人憲法草案第一條「國土」提及「凡我八洲土地暨明治 （依原文保持空格）年所定北海道疆域，嗣今（今後）非經兩院依法不得分割變更」。如果憲法中有類似這樣明示性的領土範圍規定，圍繞是否把台灣編入「日本」的六三法問題，或許將不會那麼錯綜複雜。《日本近代思想大系》（岩波書店，1989-1992 年）第 9 卷 pp.229-230。

關於六三法問題及台灣統治機構的成立，除有大谷前揭〈台湾における植民地統治機構の成立〉、江橋前揭〈植民地における憲法の適用〉等，尚有山本有造〈日本における植民地統治思想の展開〉（《アジア経済》32 卷 1、2 號，1991 年。後收錄

於，山本《日本植民地経済史研究》，名古屋大学出版会，1992 年），透過連結日韓併合與皇民化政策加以討論，但春山前揭〈近代日本の植民地統治と原敬〉有更詳細分析。此外關於後藤新平與岡松參太郎等台灣舊慣慣立法構想，有春山的〈台湾旧慣調査と立法構想〉（《台湾近現代史研究》6 號，1988 年）、〈台湾旧慣調査と立法問題〉（《新沖縄文学》64 號，1985 年）、〈植民地における「旧慣」と法〉（《季刊 三千里》41 號，1985 年）等文。但春山疏忽了台灣領有時科克伍德提案，因此沒有把握岡松等人的構想乃踏襲科克伍德提案，而且也未言及後藤的思想。此外春山把原敬的內地延長主義與後藤的特別統治主義當作對立的概念來討論，因此即便同樣是自日本分離，也未認識到「總督府的自治」、「殖民者的自治」及「當地居民的自治」的區別。大谷論文和栗原論文有注目科克伍德的計畫，但對於設置立法院與殖民地長官的個別提案，並未整理背後是基於何種的統治思想。

2  引用自前揭〈カークード氏 台湾制度、天皇ノ大権、及帝国議会ニ関スル意見書〉p.105, 81。附有 7 月 24 日的日期。

3  科克伍德〈大日本帝国植民地制度組織制度方案〉（《後藤新平文書》7－34），無頁碼，原文為漢字片假名文。附有 8 月 6 日的日期。此外，科克伍德提案中關於殖民長官與內閣之間的聯絡，被保存在從內閣獨立出來的台灣會議中。

4  同上文書。「立法院」及「行政會議」的原文各為 legislative council 及 executive council。

5  同上文書。

6  同上文書。

7  科克伍德〈殖民地制度〉（前揭《台灣資料》pp.112-113）。原文為漢字片假名文。附有 4 月 30 日的日期。

8  關於各地原住民的狀況參考上村英明《先住民族》（解放出版社，1992 年）pp.53-55, 64-69。科克伍德的引用同上文書 p.112。此外，自治殖民地中紐西蘭算是例外，較早賦予原住民毛利人參政權，但因過往殘殺之故，其人口遠遠少於殖民者。

9  前揭〈カークード氏 台湾制度、天皇ノ大権、及帝国議会ニ関スル意見書〉p.98。

10  科克伍德前揭〈大日本帝国植民地制度組織制度方案〉。

11  原敬前揭〈台湾問題二案〉。以下從該意見書引用。pp.32-35。

12  中田敬義外務省政務局長送給野村政明台灣事務局長的〈機密送第 37 號〉。有「明治 31 年 3 月 19 日」的日期。《後藤新平文書》pp.5-7。關於台灣和條約改正，淺野豊美〈近代植民地台湾に於ける条約改正〉（《台灣史研究》14 號，1997 年）有更詳細的整理。此處關於條約改正在台灣統治上造成的影響，淺野提出許多富於啟發的見解，包括日本方面適用條約的動機，在基於想要奪取歐美人權益等理由。

13  江橋前揭論文，p.12。

14  栗原前揭論文 pp.46-48。另參照山崎丹照《外地統治機構法の研究》（高山書院，1943 年）pp.15-16。

15  科克伍德前揭〈大日本帝国植民地制度組織制度方案〉。

16  原奎一郎編《原敬日記》（福村出版，1965 年）第 1 卷 p.230。日期為 2 月 2 日。

17 〈台湾条例〉收錄於前揭《原敬関係文書》第 6 卷 pp.223-225。原文為漢字片假名文。推定於 1895 年末寫成。引用處附近有原敬寫下的「給（總督）超過國務大的權力」、「立法議會為何」等字，可以感受到他對此規定的反感。

18 前揭（第四章注釋 38）《律令審議録》p.2。

19 〈台湾総督府評議会章程〉引自伊藤前揭《台湾資料》pp.161-163。原文為漢字片假名文。

20 前揭《律令審議録》p.3。

21 同上書，p.4, 6。

22 同上書，p.19, 15, 12。

23 同上書，p.15, 12。

24 梅謙次郎〈㊙台湾ニ関スル鄙見〉（《後藤新平文書》7－5）無頁碼，原文為漢字片假名文，無標點、濁音符號。此外梅謙次郎的意見書中也提及英國法及法國法的性質不同。根據梅謙次郎的說法，「英國憲法主要為習慣法」，因此在慣習不同的殖民地無法適用，在此基礎上若能進行簡單的憲法修改，那麼科克伍德的主張是有可能成立的。然而成文法的日本並不適用英國模式，與同樣屬成文法的法國相同，得將憲法延長到海外領土。此種基於自由、平等、博愛等理念成立成文法並藉此企圖改善社會的法國法律理念，與法律應該忠實反映社會一般規則所以採取習慣法的英國法律理念不同，或者也可以視為一種間接反映的結果吧。關於梅謙次郎可參照岡孝、江戶惠子〈梅謙次郎著書及び論文目録〉（《法学志林》82 卷 3、4 號，1985 年）。另外，法學者關於六三問題的研究，春山前揭〈近代日本の植民地統治と原敬〉與江橋前揭論文也所檢討，但以憲法適用的對錯問題作為討論重點，與本書透過與當地居民權利相關的「日本人」概念進行檢討，觀點有所不同。

25 江橋前揭論文，p.10。盧朋前揭的意見書中雖然主張台灣的同化，但主張給予總督相當權限之處，與原敬想法不同。如此即便採取編入「日本」的路線，也與削減總督權限的主張沒有直接關聯，在這層意義上也可以看出，原敬的同化論，與其說是討論殖民地統治，不如說是討論總督權限的問題。

26 美濃部達吉〈帝国憲法は新領土に行はるゝや否や〉（《国家学会雑誌》25 卷 7 號，1911 年）p.1056。1911 年 3 月 18 日於帝國大學法科大學綠會辯論部討論會上的演說。

27 同上論文 p.1069。

28 參照穗積八束〈台湾総督ノ命令権ニ付キテ〉（《法学協会雑誌》23 卷 2 號，1905 年）原文為漢字片假名文。同篇論文收錄於穗積重威編《穗積八束先生論文集》（有斐閣，1934 年）pp.669-672。此外，把台灣總督府發布的律令形容為法律「妖怪」的，就是這篇論文。

29 伊沢修二〈帝国憲法ノ全部ヲ台湾ニ実行シ得ベキヤ否ヤノ疑問〉（《国家学会雑誌》11 卷 130-132 號，1897-1898 年）p.1141, 1007, 1011, 1009。因為是把 1897 年 10 月 19 日及 12 月 3 日的演講進行收錄，故原文為漢字片假名文。此外，伊澤去職後的 1898 年 12 月第 13 次會議上，為了打破總督府評議會僅是「如同屬僚會議」的現

狀，總督提出了讓包含2位當地居民的民間人士四人參加評議會之修正案，但遭到否決（前揭《律令審議錄》pp.66-67）。這可以視為伊澤考量當地居民政治參與的產物，但從他的意向來看，可以推測打算讓願意協助自己教育政策的親日台灣人有力人士參加評議會。另外，他在上記演講中說明，因為自己在地方擔任教育業務，因此「經常在城外的村落……總督府內的事情未能詳知，只有擔任議會成員在出席時透過決議」才能獲得關於總督府的相關資訊（p.1005），可以看出他對評議會的偏好。恐怕，伊澤對那些把他置於得不到資訊狀態導致他最終去職的總督府「屬僚」們充滿不信任，在這種背景情況下，他才會提議在評議會啟用民間人士及當地居民吧。

30 前揭福澤全集第15卷 p.270, 360, 473。

31 同上書第16卷 p.41，第15卷 p.268。

32 美濃部達吉〈律令ト憲法トノ関係ヲ論ス〉（《法学志林》7卷1號，1905年）pp.43-44。原文為漢字片假名文，無濁音符號。

33 乃木希典〈建議書〉（《後藤新平文書》7−3）無頁碼紀錄，原文為漢字片假名文。此外，以乃木的名字提出，內容大致相同的意見書還有〈台湾島ニ新条約実施ニ関スル意見書〉、〈憲法行否ニ関スル総督意見〉（《後藤新平文書》7−5）。

34 〈訓地六二六號〉（《後藤新平文書》7−5）。日期為98年6月，但因6月底政權由伊藤博文轉移至大限重信，進入7月後訓令才得以傳達。關於拓殖務省的廢止，可參照山崎前揭書。

35 關於此時間點的法制可參照春山前揭〈台湾旧慣調査と立法構想〉p.89，以及栗原前揭論文 p.55。此外淺野前揭論文論及，區別台灣當地居民與歐美人、內地人適用法律的屬人式雙重法制，是基於解決台灣實施修正條約時對歐美關係上的必要性，以及台灣當地居民不適用近代法的統治上必要性，而為了解決這種矛盾而採取的手段。筆者也同意這樣的論點。另外淺野也提及這種雙重法制的起源，來自1898年5月美國顧問丹尼森（Henry Willard Denison）的意見書，以及1897年11月由大限重信外相及清浦圭吾司法相提給松方正義首相的文書等。

36 鶴見祐輔編著《後藤新平》（後藤新平伯伝記編纂会，1937年）第1卷 p.916、第2卷 p.36, 40、第3卷 p.296。一部分的原文為漢字片假名文。關於後藤及其台灣統治，林道彥〈後藤新平と植民地経営〉（《史林》68卷5號，1985年）為代表性的研究，但並未關注後藤思想與施政上的關聯。關於後藤的國家衛生思想有尾崎耕司〈後藤新平の衛生国家思想について〉（《ヒストリア》153號，1996年）、笠原英彥〈明治一〇年代における衛生行政〉（《法学研究》70卷8號，1997年）等論文，但未論及與台灣統治的相關處。有關一連串的治安法規，可參照前黃前揭書 pp.84-88。

37 《後藤新平文書》7−101。有關渡海前往台灣前的意見，可參考鶴見編前揭書第1卷 p.915。

38 〈台湾統治救急案〉收錄於鶴見前揭第1卷。原文為漢字片假名文。引用自 p.913。關於德國的國家學與警察概念，參照後藤新平《衛生制度論》（忠愛社，1890年）pp.35-37。只是，當時內地警察也擔任著範圍廣泛的內務行政，因此後藤的思想並非

特別特殊。

39　鶴見編前揭書第 1 卷 pp.913-914。第 2 卷 p.36。

40　同上書第 1 卷 p.915。第 3 卷 p.297。

41　同上書第 1 卷 p.915。

42　關於經濟政策引用自黃前揭書 pp.74-84。另外，台灣的鴉片政策參照劉明修《台湾統治と阿片問題》（山川出版社，1983 年）。關於後藤對鴉片政策的見解，山田豪一〈台湾阿片專売史序説〉（《社会科学研究》38 卷 1 號，1992 年）中有所檢討。

43　關於科克伍德的招聘計畫，可參照芳川顯正寫給兒玉源太郎的書簡（《後藤新平文書》7-31）。日期為 1898 年 4 月 26 日。另外，後藤與科克伍德的統治思想雖在舊慣立法與自「日本」分離有類似之處，但也有不少相異之處。科克伍德重視削減經濟成本，後藤則如大家所見是整備大型基礎建設的積極財政論者。這種相異的原因，大概有兩點。第一是科克伍德依循財政均衡、最小政府、重視議會（立法院）等 19 世紀英國自由主義思想，與此相對，後藤則相信積極財政、大政府、行政官僚優位，這可以看見他受留學時的德國社會政策思想。第二，與把經濟利益當作殖民地統治目的的科克伍德相較，後藤則把殖民政策當作「世界競爭的競技場」、「與白人的競爭」，即便短期內出現赤字也要採取積極財政策進開發政策，他主張「若能各處發現新富源，就無需顧慮自己的實力如何，更不用躊躇，而要盡力開拓。」（鶴見編前揭書第 2 卷 p.346、第 3 卷 p.294, 296）後藤在〈台灣統治救急案〉中，用英國殖民政策學者盧卡斯（Charles Prestwood Lucas）的著作提倡「利用科學的設施、鐵道、自來水、汽船、電信、醫院等文明得利器，盡力改變民心。期待以法令取得重大改變，並非英國殖民的原本意義」（鶴見編前揭書第 1 卷 p.917），在正當化英國殖民地統治時這種文明的傳播雖然確實擔任重要的角色，但募集外債進行基礎公共建設整備，卻難以說是模仿英國的統治政策，給人一種他大概是為了替自己的政策主張增加權威感，而提出這種他自己解釋的英國政策的感受。他為了正當化自己的政策，雖然也屢屢提出英國的例子，但在某些場合卻又表示「類似那種主張模仿其他大國政策與方法的人，實在是錯誤至極的人」。（鶴見編前揭書第 3 卷 p.297）從這種後藤的意向來看，即便總督府僱用了科克伍德，最終遭遇意見衝突的可能性相當高。實際尚在後藤日後的述懷中，可以看見他雖對科克伍德的意見書有很高的評價，但對他的定位卻是「統治的根本方針並不在於獨創的思考，而要遵從科學與生物學的原則，將其應用在統治上的方針，以及殖民地的財政經濟，如此便可樹立根本」。（自淺野前揭論文 p.82 再引用）

44　《後藤新平文書》7-38。原文為漢字片假名文。引自春山明哲《台湾近現代史研究》6 號（1988 年）復刻的版本。以下引用自此文書者有，復刻板 pp.218, 228-229, 227。關於岡松的經歷與立法作業，參照復刻版春山撰寫的介紹〈法学博士・岡松参太郎と台湾〉。

45　有關舊慣調查參照春山前揭《台湾旧慣調査と立法構想》。岡松的再引用引自春山前揭〈法学博士・岡松参太郎と台湾〉p.207。另外科克伍德提案與岡松提案的差別，

可舉在於科克伍德提案中，要在內閣之外設置監督總督的殖民長官，與此相對岡松提案則提倡總督應由與大臣同等級的行政長官中拔升。兩者的構想皆把總督置於內閣的監督之外，但如前所述，科克伍德提案相當於殖民地長官的拓殖務大臣僅暫時設置，之後便遭廢止，因此岡松以這樣的計畫作為代替。另外《後藤新平文書》7－9 的〈台灣統治之型態研究〉中，針對台灣總督的內地方面管轄，列出了「內務省所屬說」、「殖民省設置說」、「總督列位於內閣說」、「以總督為行政長官說」、「內閣所屬說」、「內閣中設置台灣事務局之議」等諸說進行比較與檢討。

46 鶴見編前揭書第 2 卷 p.399, 25。

47 總督府關於亞爾薩斯、羅倫的調查文書有〈独逸領有後ノエルザス、ロートリンゲン〉、〈仏語ノ行ハルゝ程度〉（《後藤新平書》7－76）等。勅語的草案重引自春山前揭《台湾旧慣調査と立法構想》p.99。

48 參照鶴見編前揭書第 2 卷 p.58 及金子前揭〈持第六三郎之生涯と著作〉p.120。關於沖繩出身者與台灣出身者，參照又吉盛清《日本植民地化の台湾と沖縄》（沖縄あき書店，1990 年）

49 前揭《律令審議録》pp.110-111。政府委員為森田吉（內務省台灣課長）。

50 同上書 p.146。發言者為花井卓造。

51 同上書 p.129, 131, 135, 169。

52 同上書 p.194、桂太郎〈台湾所感〉（《台湾協会会報》，1899 年》p.26。

53 前揭《律令審議録》p.209。

54 同上書 pp.211-212。另，在議會中拿必須賦予台灣人參政權來威脅「日本」編入論的，竹越並非第一人，野間五造於 1902 年第 16 次會議中也曾提出同樣的主張（同上書 p.154）。此外野間在同一議會的發言，陳述了由內地人殖民者實施台灣自治的可能性，也饒富深意。

55 同上書 p.198, 218。

56 同上書 p.267。關於其間的經緯春山前揭〈台湾旧慣調査と立法構想〉有詳細討論。

57 參照春山前揭〈近代日本の植民地統治と原敬〉pp.36-38。

58 前揭《律令審議録》p.224。

59 同上書 p.236。

60 後藤前揭《日本植民政策一斑・日本膨張論》p.50。

## 第六章

1 《続伊藤博文秘録》（春秋社，1929 年。副刻板由原書房出版，1982 年）p.230, 221, 231。

2 市川正明編《韓国併合史料》III（原書房，1978 年）p.1256。原文為漢字片假名文。

3 關於朝鮮、庫頁（樺太）等法制決定的經緯，參照春山前揭〈近代日本の植民地統治と原敬〉pp.40-42。

4 有關朝鮮的舊慣立法調查，參照春山前揭《植民地における「旧慣」と法》。寺內的發言參照第 27 回帝國議會眾議院「明治四十三年勅令第三二四號（承諾ヲ求ムル

件）外 11 件委員会議録」第 3 回（1911 年 2 月 1 日）p.18，及第 44 回帝國議會眾議院「共通法案委員会議録」第 7 回（1918 年 3 月 13 日）p.51。帝國議會議事速記錄有東京大學出版會與臨川書店的復刻板，但因有部分復刻板並未涵蓋到，因此以官報的頁碼來記載。帝國議會的議事速記錄原文皆為漢字片假名文。今，關於朝鮮的治安立法，鈴木敬夫《朝鮮植民地統治法の研究》（北海道大学図書刊行会、1988年）有詳細討論。

5 〈朝鮮の財務方針〉（《読売新聞》1910 年 9 月 2、3 日社論）。

6 松村文部省普通學務局長談話〈朝鮮経営意見〉（《万朝報》1910 年 9 月 1 日）。此處松村認為義務教育「難以急速推行」，主張「漸進主義甚為重要」。

7 收錄於渡辺学、阿部洋編《日本植民地教育政策史料集成（朝鮮篇）》（龍渓書社，1987-1991 年）第 69 卷。原文為漢字片假名文。引用自 pp.28-29, 31, 35, 37, 39。論及此意見書的有渡辺学〈隈本繁吉文書《㊙教化意見書》解題〉（《韓》3 卷 10 號，1974 年）、駒込前揭《植民地帝国日本の文化統治》、李妍淑《「国語」という思想》（岩波書店，1996 年）等。駒込與李想從這篇意見書中窺探日本的朝鮮教育政策理念，但他們對此文的定位和認為「從結果來看總督府並未善加活用」（p.120）的渡部不同。筆者認為，最終施行的政策是各種理念與意見妥協下的產物，任何特定的意見書都只有反映出部分的現實。

8 阿部洋〈併合直前の韓国におけるキリスト教主義学校〉（《韓》115 號，1989年）。關於對朝鮮書堂的打壓可參照井上薫〈日本統治下朝鮮の日本語普及・強制政策〉（北海道大學《教育学部紀要》69 號，1995 年）。

9 關於帝國教育會併合時的關係，參照井上薫〈日本帝国主義の挑戦に対する教育政策〉（北海道大學《教育学部紀要》62 號，1994 年）。引用自〈朝鮮教育の方針（評議員会決議）〉（《帝国教育》344 號，1911 年）p.97 及〈社說　新領土の教育〉（《教育時論》915 號，1910 年）p.12。

10 関屋貞三郎〈朝鮮人の教育に就て〉（《朝鮮》35 號，1911 年）pp.22-23。〈時事彙報　朝鮮教育と総督〉（《教育時論》934 號，1911 年）p.36。

11 幣原坦《朝鮮教育論》（六盟館，1919 年。收錄於前揭《日本植民地教育政策史料集成》25 卷）p.2。另外，穗積八束被徵詢關於第一次教育令草案的意見時，在回信中針對朝鮮教育「保留修身及實用各科目」一點「最為稱讚」。根據他的說法，國民教育要養成「崇敬皇室的精神」與「注重秩序服從規律的概念」，而且只教導「日常生活上必須的知識技能」便足夠，並認為內地教育有走向太過高等的傾向，批評是「內地教育行政的失策」，把朝鮮教育令視為較內地更優秀的政策（大野謙一《朝鮮教育問題管見》朝鮮教育会，1936 年，p.44。收錄於前揭《日本植民地教育政策史料集成》28 卷）。這件事情使在折衷下提出的培養忠誠心搭配實業教育的政策成為既成事實，內地方面相繼出現獎勵實業教育的風潮，表現出宛如擁有明確概念般自行運作的狀態。另外關於穗積的參與，可參照小沢有作〈同課教育の歴史〉（《朝鮮史研究》56 號，1966 年）。

12 青柳綱太郎《總督政治史論》上卷（京城新聞社，1928年。復刻板由龍溪書舍出版，1995年）p.263。

13 山田三良〈併合後ニ於ケル韓国人ノ国籍問題〉（国会図書館憲政資料室《寺内正毅文書》439－4）。原文為漢字片假名文，無標點與濁音符號。引用該文書 pp.69-70, 72。文書末尾有山田的署名及「明治42年7月15日」的日期。此外，本節的史原文全數為漢字片假名文。

關於戰後在日韓國、朝鮮人的戶籍問題、國籍問題雖然有許多研究，但戰前的研究卻相當有限。關於國籍問題，在田中宏的傳統式研究〈日本の植民地支配かにおける国籍関係の経緯〉（愛知県立大学外国語学部《紀要》9號，1974年）中，把重心幾乎都放在參政權及兵役義務問題上，關於朝鮮未施行國籍法，只說明「依照通說，理由不明」，並舉出兩點推論，即整個國家遭到併合，以及防止歸化。此外，金敬德、金英達編《韓国・北朝鮮の法制度と在日韓国人・朝鮮人》（日本加除出版，1994年）p.15中，金英達試圖推論其理由是「使用保護本國國民的藉口，使軍隊不致出動」，但卻未提出論證根據。此次則證實這些推測。另外文京洙〈戦後日本社会と在日朝鮮人（2）〉（《ほるもん文化》7，1997年）有提及本章所舉併合時山田的意見書。關於禁止朝鮮人遷移本籍，筆者尚未見到處理其形成過程的研究。另，本節的內容曾發表於小熊英二〈「日本人」という牢獄〉（《情況》1997年4月號）。

14 市川正明編《日韓外交史料》第8卷（原書房，1980年）p.325。

15 小松緑〈間島及鴨緑江沿岸ニ於ケル領事裁判ト朝鮮総督府裁判トノ関係ニ関スル意見〉（《寺内正毅文書》439－28）p.33。以下關於圍繞間島的各種經緯參照李盛煥《近代東アジアの政治力学》（錦正社，1991年）。關於間島問題，在李的研究之後尚有神戸輝夫、黒屋敬子〈間島領有をめぐる日清の角逐〉、〈初期間島問題における日清間の紛争事件〉（《大分大学教育学部研究紀要》13卷2號、14卷1號，1991年、1993年）；申奎燮〈日本の間島問題と朝鮮人社会〉（《朝鮮史研究会論文集》31號，1993年）；崔長根〈韓国統監伊藤博文の間島領土政策〉（《法学新報》102卷7、8、9號）等，但有言及國籍問題的僅有李前揭書。李基於當時的雜誌報導，推測①不施行國籍是因為「如果在朝鮮施行國籍法，朝鮮人的地位將與日本人完全相同……就必須給予他們參政權」（p.157），②不允許變更國籍可能是因為歸化的朝鮮人難以取締。李的第②點主張透過政府文書獲得確認，但第①點則為誤解，國籍法施行與當時的參政權問題沒有直接的關聯。這件事情大致可以透過即便國籍法在台灣實施，但台灣居民依舊沒有參政權一事得知。

16 斎藤季治郎〈北韓経営ニ関スル意見〉（篠田治策〈間島ノ状態改善ニ関スル意見〉別紙附錄，〈寺内正毅文書〉439－28）p.26。日期為1909年9月。根據篠田〈間島ノ状態改善ニ関スル意見〉p.14，這份意見書「根據當時齋藤所長的談話，在東京會面之際桂總理大臣大致表示同意」。

17 小松緑〈極祕　在間島朝鮮人ニ関スル協議　第一回報告〉（〈寺内正毅文書〉439－23）p.206。前揭篠田〈間島ノ状態改善ニ関スル意見〉p.15。

18 〈山田博士送付　国籍問題外三件〉（国会図書館憲政資料室〈大塚常三郎文書〉108－7），無頁碼。原文為漢字片假名文，無濁音符號。在朝鮮總督府用籤第18枚中，封面有「6月18日受領　正毅」的字樣。此處山田除了國籍與戶籍之外，也論及外國人等的土地所有權問題及內地人居留民團的待遇問題。這些除了戶籍以外，都是寺內於1910年7月送至閣議的前述方針所談及的部分，1913年居留民團居留民團遭到解散，因此大概1912年前提出的。

19 坂元真一〈敗戦前日本国における朝鮮戸籍の研究〉（《青丘学術論集》10集，1997年）pp.260-271。此篇是從統監府時代到敗戰為止追蹤戶籍法變化與程序的貴重論文。

20 山田前揭〈国籍問題外三件〉。

21 坂元前揭論文p.263，及田代有嗣、吉田和夫、林田慧〈共通法三条三項と兵役法との関係（二）〉（《戸籍》271號）p.4。此外，根據內鮮結婚等入籍朝鮮戶籍的內地人在法律上是「朝鮮人」，而入籍內地戶籍的朝鮮人在法律上則被當作「內地人」來處理。從而本書論及之法概念上的「朝鮮人」，正確來說應該是「被登記在朝鮮戶籍中的人」，並不必然意味著擁有朝鮮系血統。實際上，因為內鮮結婚入籍了丈夫的朝鮮戶籍，戰後身為「朝鮮人」而被剝奪國籍的原內地人女性，為數並不少。

22 山田在〈併合後ニ於ケル韓国人ノ国籍問題〉中主張，與清國人結婚的大韓帝國女性，應承認其喪失國籍，此外〈国籍問題外三件〉中有關應把朝鮮當作兵役免除地區一事，已經討論過。可是，朝鮮女性與清國人的結婚申請並不被受理，兵役免除問題也如第八章論及的，山田的意見並未被採用。本書中舉例的意見文書中有一個共通知處，那就是大日本帝國統治政策中完全實現單一意見書主張的，幾乎是沒有。

23 大隈重信〈日本民族の膨張に就て〉（《太陽》16卷15號，1910年）pp.6-7、〈朝鮮経営の遅緩〉（《大阪朝日新聞》，11月20日社論）、〈併合後の朝鮮問題　林董君談〉（《太陽》16卷13號，1910年）p.78、沢柳政太郎〈朝鮮教化の方針〉（《読売新聞》8月2日）、某法學博士談〈同化難からず〉（《東京毎日新聞》8月29日）、〈朝鮮併合と世論　大隈伯〉（《万朝報》8月28日）。分析併合時新聞、雜誌論調的歷史研究，姜東鎮《日本言論界と朝鮮一九一〇－一九四五》（法政大学出版局，1984年）一書最具代表性，其他尚有吉岡吉典〈「朝鮮併合」と日本の世論〉（《朝鮮研究》，65・72號）、同作者〈日本国内諸階級の思想状況〉（渡辺学編《朝鮮近代史》勁草書房，1968年）、宇井啟子〈「併合」をめぐる日本と外国の新聞論調〉（井上秀雄編《セミナー日朝関係史I》桜楓社，1969年）、平田賢一〈「朝鮮併合」と日本の世論〉（《史林》57卷3號，1974年）等。此外，調查社會學者在併合時論調的有山中速人〈朝鮮「同化政策」と社会学的同化〉（関西学院大学《社会学部紀要》45、46號，1982、1983年）。本書並不針對特定議論者的思想，而把重點放在總體的同化論言說結構，把重點放在歐美觀、歷史觀以及沖繩觀的連接上，進行分析。此外，本節的報紙報導均為1910年的報紙。

24 大隈前揭〈日本民族の膨張に就て〉p.7。島田三郎〈合併後の財政〉（《読売新聞》

8 月 29 日）。金沢庄三郎〈朝鮮教育根本問題（上）〉（《読売新聞》8 月 26 日）。

25　〈朝鮮移民政策〉（《万朝報》9 月 11 日社論）。海野幸徳〈朝鮮人種と日本人種の雑婚に就て〉（《太陽》16 卷 16 號，1910 年）p.103。〈寺内総督の帰朝〉（《大阪朝日新聞》10 月 18 日社論）。〈今後の朝鮮移民〉（《万朝報》9 月 5 日社論）。關於包括海野在內的的優生學者與朝鮮、台灣統治政策的關係，參照小熊前揭書。

26　〈経済上の影響〉（《万朝報》8 月 29 日社論）。

27　〈朝鮮語研究〉（《読売新聞》8 月 27 日社論）。〈同人種の和合〉（《万朝報》九月一日社論）。〈隈伯の併合観〉（《東京日日新聞》8 月 30 日）。

28　〈韓人待遇の道〉（《東京日日新聞》8 月 21 日社論）。前揭〈併合後の朝鮮問題　林董君談〉pp.77-78。〈朝鮮人の風俗〉（《東京日日新聞》9 月 4 日社論）。〈朝鮮の女学生〉（《東京日日新聞》8 月 26 日）。大隈前揭〈日本民族の膨張に就て〉p.5。

29　〈王朝時代と今の朝鮮〉（《東京日日新聞》8 月 30 日）。〈韓族の風儀（続）〉（《東京日日新聞》8 月 29 日）、〈朝鮮と我宗教家〉（《万朝報》9 月 2 日社論）。

30　〈併合後の朝鮮問題　大石正巳君談〉（《太陽》16 卷 13 號，1910 年）p.90。犬養毅〈合併後の要務〉（《東京朝日新聞》8 月 25 日）。某外交大家談〈朝鮮人の参政権〉（《東京朝日新聞》8 月 25 日）。有關實業教育有〈朝鮮の教科目〉（《東京朝日新聞》九月三日社論）、「所謂実業教育」（《万朝報》9 月 13 日社論）等文。

31　〈併合後の朝鮮問題　松田正久君談〉（《太陽》16 卷 13 號，1910 年）p.88。

## 第七章

1　關於法國同化主義中根植法國大革命精神，在石井寬治〈問題提起〉（《社会史経済学》51 卷 6 號，1986 年）、中村哲〈日本植民政策一斑解題〉（後藤前揭《日本植民政策一斑‧日本膨張論》p.7 等論文中有片段論及，但在日本並沒有正式的驗證論文。關於日本殖民政策學研究有浅田喬二《日本植民地研究史論》（未来社，1990年）等著作，各自在文中提到相關的部分，但對於批判法國同化主義的影響卻未見言及。櫻井哲夫〈フランスにおける植民地帝国主義と民主性〉（《歴史における民族の形成——一九七五年歴史学研究会大会報告》，後收錄於《知識人の運命》，三一書房，1983 年）則有若干言及法國同化主義批判論。此外，本章係由小熊英二〈差別及平等——日本植民地統治思想へのフランス人種社会学の影響〉（《歴史学研究》662 號，1994 年）加筆改稿而成。

2　以下記述引自浜忠雄〈フランス学名の植民地問題〉（《歴史学研究》419 號，1975年）、C. L. R. ジェームス《ブラック　ジャコバン》（青木芳夫監訳，大村書店，1991 年）、Carl L. Lokke, *France and the Colonial Question*, New York, Columbia U. P., 1932, pp.119-41。

3　Raymond F. Betts, *Assimilation and Association in French Colonial Theory 1890-1914*, New York, Columbia U.P., 1961, pp.17-21。

4　關於這種摩擦可以參照：Stephen Roberts, *History of French Colonial Policy 1870-1925*,

London, King & Co., 1929, pp.95-171。

5　以下引自 Betts, op. cit., pp.10-32. 有關法國的論調本書多依據 Betts 的說法。

6　關於具體政策與緊密相關的思想，可參照喜安朗〈第三共和制の形成とフランス植民地主義〉（《史艸》8 號，1967 年）、権上康男〈フランス植民地帝国主義〉（《エコノミア》50 號，1974 年）、菅原聖喜〈フランス植民地思想の形成とナショナリズム（上）（下）〉（東北大学《法学》46 卷 4 號，48 卷 5 號，1984 年）等。

7　Roberts, op. cit.

8　關於勒龐可參照 Betts, op. cit., pp.64-69. 及セルジュ・モスコヴィッシ《群衆の時代》（古田幸男譯，法政大学出版局，1984 年）等。

9　Gustave Le Bon, *Les Lois psychologiques de l'évolution des peuples*, Paris, Félix Alcan, 17ᵉ ed., 1922(1ᵉʳ ed. 1894), pp.15-31, 38-47, 65-78. Psychologie des foules, Paris, Félix Alcan, 15ᵉ ed., 1910(1ᵉʳ ed. 1897), pp.82f. ル・ボン《民族発展の心理》（前田長太譯，大日本文明協会，1910 年）pp.1-23, 32-43, 67-82。《群衆心理》（大山郁夫譯，大日本文明協会，1910 年）pp.126-127。

10　有關孔德參照《コント　スペンサー》（《世界の名著》36 卷，中央公論社，1970 年）。新渡戶部分引用自《新渡戶稲造全集》（新渡戶稲造全集編集委員会編，教文館，1969-70 年）第 4 卷 p.329 等。Betts, op. cit., pp. 61f. 也把涂爾幹包含入此一潮流中。

11　Le Bon, *Les Lois psychologiques de l'évolution des peuples*, pp.63f. 勒龐前揭《民族発展の心理》p.63。Betts, op. cit., p.68.

12　關於法國的各論者，僅舉其主要著述。Léopold Saussure, *La Psychologie de la colonization française*, Paris, Félix Alcan, 1899. Louis Vignon, *Un Programme de politique coloniale*, Paris, Plon-Nourrit, 1919. Carl Siger, *Essai sur la colonization*, Paris, société de Mercure de France, 1907(2ᵉ ed.). Pierre-paul Leroy-Beaulieu, De la colonization chez les peoples modernes, Paris, Guillaumin, 1906(6ᵉ ed.). Saussure 的上記著作筆者尚未見過。在 Betts, op. cit., pp.69-74. 中有介紹內容。貝茨把 Leroy-Beaulieu 也包含入此一潮流（Betts, op. cit., pp.80f.）。要掌握概要可見 Betts, op. cit., pp.59-89。關於芮恩施對日本的影響可參照金持一郎〈我国に於ける植民政策学の発達〉（《経済論叢》，1934 年 1 月號）。引用部分也出自同論文。關於杉本美越乃和泉哲接受芮恩施授課的經過，參照若林正丈〈大正デモクラシーと台湾議会設置請願運動〉（春山、若林前揭《日本植民地主義の政治的展開一八九五一一九三四年》）p.148, 156。新渡戶介紹睿恩斯書簡的模樣，參見新渡戶全集第 4 卷 p.328。

13　Paul S. Reinsch, *Colonial Administration*, New York, Macmillan, 1905, pp.15-21, 38-79, 358-91. *Colonial Government*, New York, Macmillan, 1902, pp.346-62. 但，芮恩施雖然強調人種的特性，但並非奴隸制度的支持者。

14　Betts, op. cit., pp.75f.

15　關於轉換成協同主義引自 ibid., pp.106-32。另外勒龐也有關於印度和阿拉伯文化的著

作。

16 原著為勒龐的 *Les Lois psychologiques de l'évolution des peuples.* 本書中也接載了協會規則摘要與協會成員簿。關於大日本文明協會，可參照佐藤能丸〈大日本文明協会試論〉（早稲田大学大学氏編集所編《大隈重信とその時代》，1989年）等。

17 關於決定翻譯的經緯參考勒龐前揭《烏合之眾：大眾心理研究》序文 p.1。關於浮田的種族觀，參照間宮国夫〈大正デモクラシーと人種問題〉（《人文社会科学研究》30卷，1990年）。

18 竹越与三郎《台湾統治志》（博文館，1905年）pp.65-66。竹越与三郎《比較殖民制度》（読売新聞社，1910年）pp.25, 192-193。竹越批判同化主義一事，小野一一郎〈第一次大戦後の植民政策論〉（小野一一郎、吉信粛編《両大戦間期のアジアと日本》大月書店，1979年）、石井前揭論文等雖有提及，但對他殖民思想的整體研究尚未出現。關於他的帝國主義、國家主義思想可以參照西田毅〈從「平民主義」到「自由帝國主義」〉（《年報政治学》，1982年）等。筆者個人以為，竹越感知到包含批判法國同化主義的殖民政策國際潮流，因此思考應該參考英國的統治方法。

19 竹越前揭《比較殖民制度》序文 p.3。

20 同前書 p.226。竹越前揭《台湾統治志》pp.70, 72。

21 同前書 pp.279-235。也參照前揭小野論文。有關朝鮮統治的引用來自〈併合後の朝鮮統治問題〉（《太陽》1910年10月1日號）。關於兩班的利用參照竹越与三郎《南国記》（二茜社，增補版1915年，出版1910年）pp.203-205。此外這本《南國記》乘著太平洋戰爭前進南方的風潮，於1942年由日本評論社重新出版，但因為時值皇民化政策最熾烈的時期，把朝鮮形容為「殖民地」是為一種禁忌，因此有關主張間接統治的部分全都因為檢閱制度的關係而遭畫除。

22 勒龐《民族心理及群眾心理》，本野所寫的序文 p.11, 13。

23 引用自石坂音四郎〈殖民地における立法問題〉（《太陽》1911年2月1日號）p.58, 61及赤木格堂〈対鮮私議（上）〉（《日本及日本人》1919年2月1日號）p.23, 31, 30。進一步參照赤木格堂〈非同化政策論〉（《日本及日人》1911年8月1日號）。有關芮恩施的翻譯與殖民學會參照金子文夫〈日本における植民地研究の成立事情〉（小島麗逸編《日本帝国主義と東アジア》アジア経済研究所，1979年）。石坂、赤木的論文雖有提及奧田修三〈大正期における朝鮮問題論〉（立命館大学《人文科学紀要》18卷，1968年）與姜東鎮前揭《日本言論界と朝鮮一九一〇—一九四五》，但皆未認識到受到來自海外的影響。

24 東郷実〈殖民瑣談〉（《台湾時報》13號，1910年）p.41。他的德國對波蘭政策調查，彙整成《独逸内国植民論》（拓殖局報第21，1911年）。關於東郷的殖民思想，小野一一郎〈日本帝国主義と移民論〉（小野一一郎、《世界経済と帝国主義》有斐閣，1973年）有論及初期的著作，此外還有金子文夫〈東郷実の年譜と著作〉（《台湾近現代史研究》創刊，1978年），但仍缺乏整體性的研究。

25 東郷実〈非同化論〉（《台湾時報》23號，1911年）pp.16-17, 20。東郷翻案的芮恩

施書籍，對照處參照 Reinsch, *Colonial Administration* 的 p.20。

26　東郷實〈植民政策上の共生主義を論ず〉（《台湾時報》24 號，1911 年）p.3。

27　東郷實《植民政策と民族心理》（岩波書店，1925 年）序文 p.7。

28　言及塔爾德的是東郷實《植民政策》（社会経済体系第 105，日本評論社，1928 年）p.31。言及克魯泡特金的是東郷前揭《植民政策と民族心理》p.327。

29　東郷前揭《植民政策と民族心理》pp.198-227, 305-307, 320-323。

30　東郷實〈植民地教育制度論〉（《太陽》1927 年 3 月 1 日號）pp.34-36。他與芮恩施同樣都重視實業教育。此外東郷雖然在這篇論文中斷言「人種民族絕不平等一事，從近代遺傳學而論，毋寧是不容置疑的真理」，但對於戈比諾、張伯倫等雅利安人種和條頓人種是最優秀人種的主張，則表示「並不盡然會無條件表示贊同」（p.34）。及便是種族主義者東郷，也可看出本身既然被分類到黃色人種一方，就無法贊同白人優越說的傾向。

31　東郷前揭《植民政策と民族心理》p.333；前揭〈植民地教育制度論〉pp.39-40；《植民政策と民族心理》pp.336-339。

32　新渡戶全集第 5 卷 pp.279-280。序文為東郷實《日本植民論》（文武堂，1906 年），本書的題辭者是後藤新平。關於新渡戶的殖民論、人種觀，有許多的討論。浅田前揭書、田中慎一〈新渡戶稲造と朝鮮〉（札幌市教育委員会文化資料室編《新渡戶稲造》北海道新聞社，1985 年）、太田雄三《「太平洋の橋」としての新渡戶稲造》（みすず書房，1986 年）、平瀨徹也〈新渡戶稲造の植民思想〉（東京女子大《比較文化研究所紀要》47 卷，1986 年）等等，除此之外飯沼二郎氏與佐藤全弘氏在報紙上的論爭（飯沼《每日新聞》1981 年 8 月 26 日；《朝日新聞》1984 年 11 月 27 日、1985 年 2 月 1 日；佐藤《每日新聞》1981 年 9 月 4 日、《朝日新聞》1984 年 12 月 25 日、1985 年 3 月 1 日，各為晚報）；北岡伸一〈新渡戶稲造における帝国主義と国際主義〉（前揭《近代日本と植民地》第 4 卷）；姜尚中〈社会科学者の植民地認識〉（岩波講座《社会科学の方法》第 3 卷，1993 年）等大概是較具代表性的。總體而言，這些論述大概都有一種傾向，就是在討論新渡戶是否符合現在我們所認定的「種族差別主義者」與「帝國主義者」，而認為他持有他種思想的觀點則鮮少見到。

33　新渡戶全集第 4 卷 pp.137, 163, 138, 154-155。但是新渡戶認為隔離制並非絕對有利，對「某種發展到程度的原住民」有時也並不適用。然而這樣的論述也留下了由誰，憑借什麼基準來判斷「發展程度」的問題，但關於此一部分他並未說明，只是強調統治者一方取得優秀人才的重要性。同前書 pp.155-156。

34　同前書 p.144。

35　矢內原的軼聞引自《矢內原忠雄全集》（岩波書店，1963-1965 年）第 24 卷 pp.390-391, 723。新渡戶的主張各引自新渡戶全集第 6 卷 pp.460-461, 292；第 2 卷 p.207, 171；第 4 卷 pp.137-139。

36　新渡戶全集第 4 卷 p.158, 145。但從政策用語的定義文中引用。

37　後藤的發言見鶴見前揭《後藤新平》第 2 卷 pp.25, 399。另外前揭《日本植民政策一

斑・日本膨張論》的 p.54 中後藤有提及芮恩施。中村的形容見中村哲《植民地統治法の基本問題》（日本評論社，1943 年）p.130。關於新渡戶對廳舍與人才等的見解見新渡戶全集第 4 卷 p.141, 144, 155。

38 以下引用見山本美越乃〈植民地統治の二大主義に就いて〉（《外交時報》232 號，1914 年）p.28, 32。關於杉本的殖民思想見小野前揭論文、若林前揭論文、金持前揭論文、金子前揭〈日本における植民地研究の成立事情〉、山本前揭〈日本における植民地統治思想の展開（II）〉等論文有論及，此外浅田喬二〈山本三越乃の植民論（上）（下）〉（駒澤大学《経済学論集》18 卷 1、2 號，18 卷 3 號，1986 年）論文中也有總括性的檢討。但這些論文皆為提及來自海外的思想影響。

39 參照山本美越乃〈植民地の教育政策〉（《台湾時報》1927 年 3 月號）。

40 山本美越乃《增訂　植民政策研究》（弘文堂書房，1921 年）pp.156-164, 240-255。引用各出自山本《植民地問題私見》（弘文堂書房，1921 年）p.15；山本前揭《增訂　植民政策研究》p.223。後者的原文為漢字片假名文。

41 山本《增訂　植民政策研究》的第四章、第六章第三節，與 Reinsch, Colonial Government, Chapter I-VI, Chapter VIII-XII；第七章、第八章、第九章與 Colonial Administration, Chapter II, Chapter IX, Chapter VIII 的標題、結構、內容等類似。

42 永井柳太郎《植民原論》（嚴松堂書店，1921 年）pp.232-241。東郷前揭《植民政策と民族心理》p.307。「自治」批判見高木繁〈朝鮮統治私案〉（《日本及日本人》1919 年 7 月 1 日號）pp.27-28。高木的朝鮮研究統治私案提議在朝鮮設置與印度立法院不同形式的立法機關，並提出了相當詳細的制度規定，在大正民主期論壇上的統治類意見當中，算是最具體的提案。

43 矢內原全集第 1 卷 pp.248, 310-311。關於矢內原的殖民思想，見浅田前揭書、姜前揭論文、村上勝彥〈矢内原忠雄における植民論と植民政策〉（《岩波講座　近代日本と植民地》岩波書店，1992-1993 年，收錄於第 4 卷）、楊井克己〈矢内原忠雄先生の学問的業績〉（《経済学論集》28 卷 3 號，1962 年）、川田侃〈国際経済〉（《東京大学経済学部五〇年史》，1976 年）、涂照彥〈「南北問題」の課題と方法〉（《アジア経済》18 卷 11 號，1977 年）、田中和男〈地域研究としての植民政策〉（同志社大学《社会科学》47 卷，1991 年）等。這些論文都未正式論及同時代來自海外的思想影響。

44 矢內原全集第 18 卷 p.13。

45 矢內原全集第 1 卷 pp.312-313, 250。

46 同前書 p.495 中有提到維尼翁與希杰，p.157 有提到索緒爾等。此外，矢內原經常使用「從道德到領帶的顏色為止」來作為同化主義的形容，這原是引用自索緒爾（Saussure, op. cit.）。參照矢內原『植民政策講義案』（有裴閣，1924 年，全集未收錄）p.141。此講義案 pp.100-103, 141-146 已經提及自主主義與協同主義。舊慣調查以及對東郷的稱讚是在矢內原全集第 1 卷 pp.314-315。

47 矢內原全集第 1 卷 p.732。

48 同前書 p.733。東鄉前揭《植民政策と民族心理》p.73。新渡戶全集第 4 卷 p.138。當時日本除勒龐之外的，知名的民族心理學者還有馮特（Wilhelm Maximilian Wundt）的主張，但在殖民政策關係上勒龐更具影響力。 矢內原對勒龐的討論在矢內原全集第 4 卷 p.289。

49 矢內原全集第 1 卷 pp.734-735。p.249 亦相同。

50 同前書 p.740。矢內原全集第 2 卷 pp.632-634。反對隔離政策的部分見第 1 卷 p.301-302。

51 矢內原全集第 1 卷 p.293, 268。

52 同前書 p.483。

53 1910 年至 1945 年的主要報紙、雜誌上，關於朝鮮相關論文的全部總覽，可參見姜東鎮前揭書，可以清楚看到數量與內容的變化。

54 矢內原全集第 2 卷 p.367。矢內原全集第 4 卷 p.301, 289。

55 同前書 p.324。淺田將此視為矢內原同化主義的定義（淺田前揭書，pp.339-340），但在《植民及植民政策》中卻沒有如此定義。但，作為日本同化政策的時態分析概念，可說這個定義更為有效。

56 平野義太郎〈鯛の目と比良目の目〉（《改造》1939 年 10 月號）。平野義太郎、清野謙次《太平洋の民族＝政治学》（日本評論社，1942 年）pp.232-236。

## 第八章

1 再引用自松岡静雄〈統鮮策要旨〉（国会図書館憲政資料室《斎藤実文書》pp.104-148）。無頁碼。原文為漢字片假名文，無標點與濁音符號。

2 朝鮮総督府《朝鮮総督府編纂教科書概要》（朝鮮総督府，1917 年。前揭《日本植民地教育政策資料集成》第 18 卷）pp.5, 9-11。

3 同前書 p.13。朝鮮総督府《教育ニ関スル勅語ノ奉釈上特ニ注意スヘキ諸点》（朝鮮総督府，1918 年，前揭《日本植民地教育政策資料集成》第 16 卷）pp.3-4。後者原文為漢字片假名文。

4 前揭《教育ニ関スル勅語ノ奉釈上特ニ注意スヘキ諸点》p.7。鳥居龍蔵〈日鮮人は「同源」なり〉（《鳥居龍蔵全集》朝日新聞社，1975-1977 年）第 12 卷 p.538。為 1920 年的演講。金沢庄三郎《日韓両国語同系論》（三省堂書店，1910 年）序 pp.1-2。關於此種歷史觀可參照小熊前揭《単一民族神話の起源》。

5 〈極秘　朝鮮統治上ヨリ観タル国史ノ問題案〉（收錄於外務省外交史料館所蔵〈本邦内政関係雑件　植民地関係〉第 2 卷）原文為漢字片假名文。應是 1944 年末內務省管理局所做成的文件。關於此時期的統治改革論可參照第十七章。

6 幣原前揭《朝鮮教育論》p.20。

7 寺內的發言再引用自松岡前揭《治鮮要旨策》。前揭《教育ニ関スル勅語ノ奉釈上特ニ注意スヘキ諸点》p.5。

8 幣原前揭《朝鮮教育論》p.129。

9　同前書序 p.1, 130。寺內的發言見前揭〈共通法案委員会議録〉第 7 回（1918 年 3 月 13 日）p.50。

10　關於此時其的報紙論調，在姜東鎮前揭《日本言論界と朝鮮一九一〇—一九四五》中有要約整理，不過姜東鎮把重點放在批評日本對朝鮮的統治，對日本內部的對立有定位不清的傾向。批判軍人總督引用自〈朝鮮総督府官制〉（《東京日日新聞》1910 年 10 月 1 日社論），〈総督は軍人乎〉（《東京毎日新聞》1910 年 9 月 1 日社論）、〈人の為めの官乎〉（《東京毎日新聞》1910 年 9 月 21 日社論）。

11　來自總督府的脅迫事例引自〈専任総督論（二）〉（《東京朝日新聞》1911 年 10 月 4 日）。關於澀澤的部分，見前揭〈共通法案委員会議録〉第 5 回（1918 年 3 月 9 日）p.37，牧山耕藏議員表示：「澀澤男爵等在公開的席間明言，在朝鮮有會社令的期間，我們連一分一厘也不會投資朝鮮。」

12　〈猛烈なる会社令〉（《東京朝日新聞》1911 年 1 月 13 日）、〈朝鮮会社令〉（《読売新聞》1911 年 1 月 14 日社論）。採取重視經濟主張與歐美調和論調的，有東京毎日新聞前揭〈総督は軍人乎〉，文中說明「今後朝鮮應擔憂經濟上的狀態」，除認為任命軍人總督「反而不方便」，且在這樣的前提下舉出「俄國，以及我同盟國英國共同表示贊成盡速進行日韓併合之意」等意見。另外東京朝日新聞的大石正巳談論〈朝鮮の会社令〉（1911 年 11 月 13 日），也提及歐美人的企業會因為該制令壓迫，而有發生「歐美各國非難攻擊」的可能性，並把此當作反對的理由之一。

13　〈㊙意見書（韓国行政ノ根本要義）〉（前揭《日本植民地教育政策史料集成》第 69 卷）pp.8, 21-22, 24。原文為漢字片假名文。

14　旭邦生〈証警務総長と語る〉（《朝鮮》31 號，1910 年 9 月）pp.72-73。原文的發言者名字有加上引號。根據木村健二《在朝日本人の社会史》（未来社，1989 年）第五章，《朝鮮》在 1909 年時發行冊數約 2 萬 4 千本，與《朝鮮之実業》並列是「當時關於朝鮮的月刊雜誌中具有重大影響力者。」「旭邦生」的本名是該雜誌編輯長釋尾旭邦，據說是 1900 年前往朝鮮後歷任過中學校教師、居留民團役所課長等職務的人物。這個訪談引自山中前揭〈朝鮮「同化政策」と社会学的同化〉，但該文僅側重於總督府方面的高壓態度。另駒込前揭《植民地帝国日本の文化統合》中認為《朝鮮》「在定位上是比總督府更偏『右』的雜誌」（p.408）。關於當時殖民者的一般狀況與居留民團解散，參照《梶村秀樹著作集》（明石書店，1990-1993 年）第 1 卷 III 和木村前揭書及木村健二〈在外居留民の社会活動〉（前揭《岩波講座　近代日本と植民地》第 5 卷）。另，尹健次〈植民地日本人の精神構造〉（《思想》778 號，1989 年）分析了殖民者的心理。但無論何者都為注意到殖民者具「民權」與「差別」的雙重性，以及因為重視權利而強調差別的現象。

15　旭邦生〈寺内総督に奉る書〉（《朝鮮》40 號，1911 年 6 月）p.5。

16　旭邦生〈寺内総督と記者団〉（《朝鮮》36 號，1911 年 2 月）pp.51-52。

17　前揭旭邦生〈寺内総督に奉る書〉p.3。〈何ぞ一の会社令に限らんや〉（《朝鮮》三六號，1911 年 2 月）p.6。〈朝鮮総督府官制の発布〉（32 號，1910 年 10 月）p.6。

18 旭邦生〈総督政治の方針を論ず〉（《朝鮮》32 號，1910 年 10 月）pp.1-3。前揭〈寺内総督に奉る書〉p.5。

19 〈朝鮮人とは如何なるものか〉（《朝鮮》31 號，1910 年 9 月）p.9。

20 〈友に与へて朝鮮の近事を語る〉（《朝鮮》36 號，1911 年 2 月）p.8。

21 前揭〈総督政治の方針を論ず〉p.2。前揭〈寺内総督に奉る書〉p.4。〈寺内総督の憤言〉（《大阪朝日新聞》1911 年 1 月 28 日社論）。

22 前揭〈寺内総督に奉る書〉p.3，〈客に答ふ〉（《朝鮮》36 號，1911 年 2 月）p.1。關於朝鮮的法規，參照《朝鮮植民地統治法の研究》。

23 總督府方面的理由引用自居留民團的〈陳情書〉（《斎藤実文書》104－2）p.2。日期為 1912 年 11 月 25 日。原文為漢字片假名文。

24 同前書 p.2。古城菅堂〈陳情書〉（日期為 1911 年 6 月 26 日）皆收錄於《斎藤実文書》104－2，原文為漢字片假名文，後者無頁碼記載。古城為當時京城居留民團會長。前揭〈友に与へて朝鮮の近事を語る〉p.9。

25 〈商業会議所大連合会に望む〉（《朝鮮》38 號，1911 年 4 月）p.5。

26 〈言論取締に就て明石警務総長の一顧を促す〉（《朝鮮》39 號，1911 年 5 月）p.5。

27 山田前揭〈国籍問題外三件〉。後藤新平〈台湾経営上旧慣制度の調査を必要とする意見〉（刊載於《東京日日新聞》8771-8773 號，1940 年再次收錄於東亞研究所第六調查委員會報告）p.8。

28 田代、吉田、林田前揭〈共通法三条三項と兵役法の関係〉270 號，p.11。

29 後藤前揭〈台湾経営上旧慣制度の調査を必要とする意見〉p.7。

30 關於共通法的內容，實方正雄《共通法》（日本評論社，1938 年）有詳細討論。法案原文為漢字片假名文。關於共通法的戰後研究，除了田代、吉田、林田前揭論文之外，松田利彥《戦前期の在日朝鮮人と参政権》（明石書店，1995 年）書中有言及在日朝鮮人的參政權首次在帝國議會提出處理的例子。此外坂元前揭〈敗戦前日本国における朝鮮戸籍の研究〉中，針對共通法審議中「朝鮮人」的規定進行重點性的檢討。本書中對於「日本人」界線設定的互相矛盾諸要素，舉共通法審議來驗證日本政府以什麼樣的優先標準進行判斷。此外，依據森田芳夫《在日朝鮮人処遇の推移と現状》（法務研究所，1955 年，復刻板為湖北社出版，1975 年）p.249，即便從1926 年到 1939 年為止的累計，入籍內地戶籍的朝鮮人也不過 1 千 5 百 16 名。
此外日本政府方面害怕以與朝鮮人、台灣人通婚作為逃避兵役的手段，是因為曾在1913 年發生過一起事件。那是居住朝鮮的內地人殖民者因為沒有前往接受徵兵體檢，因此被以違反徵兵令起訴，但朝鮮總督府法院認為徵兵令並未在朝鮮施行，故法院並無管轄權，因而駁回公訴。這個駁回的理由，是因為顧慮 1913 年解散居留民團給殖民者們帶來權利義務關係不均等，讓他們累積相當的不滿，加上之後第十一章將討論的朝鮮總督府法院基於本位主義（sectionalism）以及對內地法院的對抗意識，可以推測他們想要做出與內地相異的獨自判決。然而對陸軍省而言，他們不得不祭出對付手段，結果，殖民者逃避徵兵的人會遭原籍地徵兵官叫回內地檢查場，

如果不前往報到將受原籍地法院的管轄（大江志乃夫《徵兵制》岩波書店，1981
年，p.109）。如上所述，因為實際上存在以移居朝鮮作為躲避徵兵的手段，思考到
如果能夠移動更改原籍，那麼陸軍採取的這個方法將會失效，如此便可理解謂何共
通法審議上，政府對於這種問題會採取強硬的處理方式。

31 前揭〈共通法案委員会議録〉第4回（1918年3月7日）p.28。

32 同前書第4回 p.28。

33 同前書第4回 p.29、第6回（3月12日）pp.47-48、第7回（3月13日）p.57。回答
政府委員為有松英義，而主張模仿國籍法進行修正的則是野村嘉六。此外議員牧山
耕藏在第5回（3月9日）p.36提示，反日朝鮮人在逃往大陸方面之後若能入籍內地
戶籍，那麼就有可能脫離日本國籍。這點也顯示出牧山理解到政府方面為何不在朝
鮮施行國籍法的理由。

34 同前書第8回（3月16日）p.61, 59, 62。提問者為柵瀨軍之佐。

另外，也要註記一下，此共通法也意味著內地與朝鮮、台灣等處相互間的婚姻法規
並未統一。

首先在朝鮮1911年5月總督府通牒已經回答：①內地人入籍朝鮮人戶籍尚未解決，
暫時「停止」辦理；②根據內地戶籍法，朝鮮人得以入籍內地人戶籍。亦即，從這
個時間點開始認定朝鮮人入籍內地戶籍應當可行，可視為把戶籍法做屬地性的解
釋。之後在1915年8月的通牒中，則表示：①內地人女性與朝鮮人男性結婚時，編
入朝鮮的「民籍」；②朝鮮人女性透過婚姻入籍內地戶籍的狀況，則刪除其在朝鮮
的民籍；③朝鮮人男性透過領養關係入籍內地戶即時，並不刪除民籍，僅記載入籍
的要旨（坂元前揭論文 pp.261-262）。當時的法律解釋是，被記載朝鮮民籍者就是
「朝鮮人」，因為如前所述，日本政府不承認朝鮮人脫離日本國籍，因此入籍內地戶
籍的朝鮮男性不刪除民籍的方針，目的在於防止朝鮮人男性抗日勢利透過入籍內地
戶籍來脫離日本國籍。接著在此通牒發布2年之後也針對此處沒有記載的第4種樣
態，也就是根據共通法「內地人男性入籍朝鮮民籍的場合」，設置了兵役上的限制。
之後，朝鮮民籍令也隨著共通法的施行而被修正，對送、入籍（送籍係舊民法的規
定，指透過婚姻或收養將戶籍送移至其他人家的戶籍）進行規定，除共通法限制以
外，通過婚取得戶籍得以合法化（實方前揭書 p.45）。但是總督府高等法院檢事長國
分三亥在朝鮮三一獨立運動後提出的〈關於總督府施政方針的意見書〉（參照第十一
章）中提及「雖然施行了共通法，但關於相互入籍的的第三條規定，因為朝鮮的民
籍法尚不周全，故至今未見實施。」他主張為了推進同化，「除去加諸於婚姻上的
法律障礙乃當務之急」，可見共通法施行在現實中似乎並未起到作用。之後1922年
朝鮮民事令改正與民籍法廢止，隨著朝鮮戶籍令的制定，關於內地—朝鮮之間的通
婚法律獲得補強。

然而在台灣卻經歷了與朝鮮相當不同的狀況。首先，台灣沒有戶籍制度，而以總督
府製作的戶口調查簿代替。因此台灣人與朝鮮人一樣不適用於戶籍法，且不僅無法
將原籍移動至內地，且因台灣官廳方面沒有民法規定的戶籍申報手續，因此在台灣

內地人與台灣人無法辦理婚姻手續（但是在內地提出婚姻或領養申報時，台灣人可以「無籍者」身分入籍內地戶籍）。因此台灣施行共通法時，規定婚姻手續的第三條並不適用。朝鮮三一獨立運動之後，受原敬之託前往台灣赴任總督的田健治郎，雖然於1920年提出受理婚姻申報的通達（參照第十章），但這是蘊灣內部的行政措施，並沒有法律的根據。到了1933年，透過勅令認可了台灣的戶籍制度，並隨之規定了送、入籍手續，婚姻合法化大致獲得體現。另，南洋群島當地居民及關東州租借地的中國人並無日本國籍，原則上大概與共通法成立之前的台灣人相同，因為不具有戶籍故無法辦理婚姻手續（唯在內地有可能提出申報）（實方前揭書pp.44-45）。此外，在庫頁島居民大部分都是內地人殖民者，共通法第一條記有「內地包含樺太（庫頁島）」，1924年4月在勅令第88號下內施行內地的戶籍法和國籍法。但與台灣相同，對當地居民以戶口調查取代戶籍制度，1920年5月勅令第124號中規定「於樺太在無相關第三者情況下，關於土人（「愛努」人除外）的民事事項依慣例為之」，因此鄂羅克人（Orok）與尼夫赫人（Nivkh）與內地人的婚姻手續，推估應與南洋群到當地居民相同。1943年庫頁島在法制上編入內地，但除了來自內地的轉籍者與愛努人之外，依舊保持「戶籍法不適用者」的狀況（清宮四郎《外地法序說》有斐閣，1944年，p.43）。此外，北海道愛努人在此點上被當作內地人來處理，庫頁島愛努人如上記一般，不適用於內地民法，且1932年12月根據司法省令第47號設定戶籍。

　　如後述第十七章，內務省管理局的內部文書〈朝鮮及台湾在住民政治処遇ニ関スル質疑応答〉p.10中記有「內鮮間婚姻自大正7年以來，內台間結婚自昭和8年以來，已視為制度加以承認」，但這個說明卻包含了上面說明的整個複雜情狀。

35 同前書第5回p.34、第3回（3月5日）p.11、第7回p.51。回答者為馬場瑛一與山田三良。

36 同前書第6回p.48。發言者為野村嘉六。

## 第九章

1 若槻秦雄《排日の歷史》（中公新書，1972年）p.146。日本知識分子關於日系移民相關問題的論調，可舉麻田貞雄〈日米関係と移民問題〉（斎藤真編《デモクラシート日米関係》南雲堂，1973年）等，但沒有檢討到本章列為討論對象的三位。另外把這些研究與朝鮮統治論進行連接的，依筆者管見目前仍舊闕如。最後，本章係改寫自小熊英二〈有色の植民帝国〉（酒井直樹／ブレット・ト・バリー／伊豫谷登士翁編《ナショナリズムの脱構築》柏書房，1996年）。

2 高橋亨〈朝鮮人国家観念の変遷〉（《太陽》1920年4月號）p.121。另，對以上大正時期統治批判論的評論，是根據姜東鎮前揭《日本言論界と朝鮮一九一〇―一九四五》書中登載的主要報紙、雜誌上朝鮮關聯報導列表的彙編調查結果而來。針對此時期朝鮮統治論的研究，其他還有奧田前揭〈大正期における朝鮮問題論〉、高崎宗司〈日本人の朝鮮統治批判論〉（《季刊　三千里》34號，1983年。日後收錄於

《妄言の原形》木犀社，1990 年）等。唯與日系移民論串接的相關研究，根據筆者管見目前尚闕如。

3　《吉野作造選集》（岩波書店，1995-1997 年）第 9 卷 p.149, 52, 167。吉野作造〈朝鮮の暴動について〉（《中央公論》1920 年 11 月號，選集中並為收錄）pp.84-85。關於吉野的朝鮮統治批判，可參照松尾尊兊的一連串研究，松尾認為吉野根據民族自決原則主張朝鮮獨立（如〈吉野作造と朝鮮〉《人文学報》25 號，1968 年；〈吉野作造と在日朝鮮人学生〉松尾尊兊編《中国・朝鮮論》平凡社，1970 年的解說等）。另外還有內山進、高崎宗司等認為吉野僅止於融和性想法，只要求消除歧視與主張限定式自由論的研究，與松尾的見解相異。此外，也有針對這種相異之處嘗試對吉野的朝鮮論進行再定位的研究，如中塚明〈朝鮮の民族解放運動と大正デモクラシー〉（《歷史学研究》355 號，1969 年）；平野敬和、三木信吾〈吉野作造の「朝鮮論」を読む〉（《文化交流史研究》1 號，1997 年）等。然而，筆者認為吉野的朝鮮統治論很難說具有一個一貫性的具體構想。此外，筆者也以為吉野的朝鮮論大部分都是口述後被整理在《中央公論》的時事評論上，因此他自己的主張和記者的主張有可能出現混同的狀況，此點也不容忽視。

即便如此在此仍要先說明，這並不代表貶抑吉野朝鮮論的評價。一如在松尾尊兊〈吉野作造と在日朝鮮人学生〉（《東西文化史論叢》，1973 年）或吉野選集第 9 卷解說中可見的一般，及也在當時的日本知識分子當中，是一位以誠實態度和朝鮮人學生接觸的人物。如同本書後半與結論中所論述的一般，筆者以為不只是統治者這方，在日本統治下的被統治者們，都帶著無法完全以包容或排除等所謂形式一貫的理論來加以說明的矛盾。恐怕吉野也從他所接觸的朝鮮人學生處，同時大量聽到要求平等與取消歧視，以及希望自治或獨立的願望吧。若吉野以誠實的態度面對這些聲音，那麼他的朝鮮論在形式理論上，必然不得不欠缺一些一貫性。較吉野更具理論一貫性或法制知識的優秀朝鮮論雖不在少數，但這些理論因為具有一貫性，所以會成為強制要求朝鮮人方面在包容或排除間二選一的理論，而不是能夠釐清前述矛盾的理論。與此相對，吉野的朝鮮論因為曖昧與缺乏一貫性，因此無論是消除歧視的希望或民族自決的期待，都可以根據閱讀一方的解釋而看到不同的面向。朝鮮人學生們面對日本論壇大量存在的朝鮮論中，他們最歡迎吉野理論的實際現象，除了表示因為那是政治評論之外，也說明人們在評價文本的時候，評價基準不必然一定是理論的一貫性。原本吉野朝鮮論研究會如此分歧，也是因為解釋的自由度很大之故。筆者以為，在吉野的朝鮮論研究中，執意要把理論分類到「民族自決論」、「微溫的同化論」或「自治論」等特定的框架中，對他的「真實意向」進行分類，這種努力不會具有太大的意義。

4　吉野選集 9 卷 p.53。〈総督文官制〉（《万朝報》1919 年 3 月 19 日社論）。

5　福田德三〈朝鮮は軍閥の私有物に非ず〉（《黎明会講演集》大鎧閣，1919 年）pp.571, 574-575。關於福田的朝鮮論，在姜尚中〈福田德三の「朝鮮停滯史観」〉（《季刊　三千里》49 號，1987 年）等論文中有所檢討。黎明會舉辦了包含吉野作造

在內的多場大正民主啟蒙演講活動，福田與植原悅二郎具有類似的單線式文明觀，據此肯定日本為朝鮮帶來的文明化，但他的主張如本章討論的一般，相較於植原顯得缺發具體性。

6　吉野選集 9 卷 p.75。

7　内ケ崎作三郎〈朝鮮問題の背景としての形式主義〉（前揭《黎明会講演集》）p.599。此處討論的内ケ崎的朝鮮統治論，基本上是包含帝國議會參政權在內的「日本」統合論。

8　植原悅二郎〈排日の真相と其の解決策〉（《太陽》1920 年 11 月號）pp.3-4。另植原在〈米国近時の対日態度〉（《太陽》1919 年 9 月號）中指出，排斥日系移民並非人種問題而是經濟問題，他也站在批判日本對中態度上認為日本沒有資格提出人種平等的提議，支持威爾遜的否決提案。關於植原，在大正民主論中有松尾尊兊、鈴木正節、宮本盛太郎等人的研究，而酒井正文〈自由主義政治家の中国観〉（《法学研究》68 卷 1 號，1995 年）中討論了植原的中國觀。此外若林前揭〈大正デモクラシーと台湾議会設置請願運動〉將其朝鮮論定位成內地延長主義的例子之一。關於植原的日系移民論，據筆者管見目前尚且闕如。

9　植原悅二郎〈米国近時の排日問題〉（《太陽》1920 年 9 月號）pp.57, 62-63。

10　植原前揭〈排日の真相と其の解決策〉p.4。

11　同前論文 p.4。

12　同前論文 p.6。

13　同前論文 p.5。

14　植原前揭〈米国近時の排日問題〉pp.68-69。植原前揭〈排日の真相と其の解決策〉p.12。

15　植原前揭〈排日の真相と其の解決策〉p.20, 17。

16　植原悅二郎〈朝鮮統治策〉（《日本及日本人》1919 年 7 月 1 日號）p.24。同作者《デモクラシーと日本の改造》（有斐閣，1919 年）pp.189-191。

17　植原前揭〈朝鮮統治策〉p.24。

18　同前論文 p.24。

19　同前論文 p.23, 25。

20　此時期中野的朝鮮論以〈總督政治論〉（《朝日新聞》1914 年 4 月 16 日到 5 月 1 日）最著名，此處引用自〈同化政策論（下）〉（《日本及日本人》1915 年 4 月 15 日號）。關於中野的研究，有中野秦雄《政治家中野正剛》（新光閣書店，1971 年）、同作者《アジア主義者中野正剛》（亜紀書房，1988 年）、猪俣敬太郎《中野正剛》（吉川弘文館，1988 年）、木坂順一郎〈中野正剛論〉（《龍谷法学》3 卷 2 號、6 卷 1 號，1971 年、1973 年）、Tetso Najita, "Nakano Seigo and the Spirit of the Meiji Restoration in Twentieth-Century Japan", in James W. Morley ed., *Dilemmas of Growth in Prewar Japan*, New Jersey, Princeton U. P., 1971. Leslie R. Oates, *Populist Nationalism in Prewar Japan: A Biography of Nakano Seigo*, Sydney, Allen & Unwin, 1985. 等，其他提

及朝鮮論的，有高崎前揭論文與若林前揭論文，皆對中野的朝鮮論進行檢討。無論何者皆給予他「即便表示同情但仍不認同朝鮮獨立」的有限評價，且並未注意到中野文化多元主義的主張。

21 以下引自中野正剛《講和会議を目撃して》（東方時論社，1919 年）。

22 以下引自中野正剛《満鮮の鏡に映して》（東方時論社，1921 年）。

23 前揭《律令審議録》p.408。

24 關於石橋湛山，近年來的代表性研究有增田弘《石橋湛山研究》（東洋経済新報社，1990 年）、姜克實《石橋湛山の思想史的研究》（早稲田大学出版局，1992 年）等，由增田和姜進行的一連串研究。另外包括長幸男編《石橋湛山》（東洋経済新報社，1974 年）在內，松尾尊兊、朝川保、安藤實、上田博、岡本俊平、鹿野正直、菊池昌典、判沢弘、松本俊郎、筒井清忠等大量研究中，皆論及他的小日本主義，此外尚有深川博史〈石橋湛山の植民政策論〉（《経済論叢》66 號，1986 年）、將其理論當作朝鮮論來檢討的大沼久夫〈石橋湛山の朝鮮独立論〉（《季刊三千里》32 號，1982 年）及高崎前揭論文等。對於他的小日本主義，出現「評價分裂成『非帝國主義』與『經濟性帝國主義』兩方面」（姜子克實〈戦後初期の石橋湛山思想〉《歴史学研究》652 號，1993 年）的傾向，而在當時少見地主張朝鮮「獨立自治」雖然獲得高度評價，但也被批評「對朝鮮民族主義缺乏感同身受。」（高崎前揭論文）關於日系移民論的研究雖不多，增田前揭書的第一章中，認為石橋的「移民引揚（撤退、返國）論」是反對膨脹主義的，因此給予肯定性的評價，並認為此與「殖民地放棄論」和小日本主義是相連結（linkage）的思想。本稿在石橋日系移民論與小日本主義有連結一點，採取相同的觀點，但另一方面仍將其定位為對移民排斥運動的追隨。以下的引用出自《石橋湛山全集》（東洋経済新報社，1970-1972 年）。

25 參照前揭麻田論文。

26 大塚健洋《大川周明》（中公新書，1995 年）pp.93-94。宮崎對理查（Paul Richard）的共鳴參照《宮崎滔天全集》（平凡社，1971-1976 年）第 2 卷 p.108。
之後第十三章會論及在大日本帝國中提倡文化多元主義的不僅只有中野。此處且舉一例，法律學者穗積重遠書寫的朝鮮遊記文〈朝鮮を通って〉（《中央公論》1926 年 2 月號）。他在文中提及：「朝鮮及台灣這些地方，無論語言上、風俗上、制度上如何不同，但在國民情感上我期待，而且深切期望，能與九州或東北地方沒有不同。」他一方面如此主張國民統合，另一方面又認為「服裝不同是什麼？語言不通又是什麼？我們與九州，與東北服裝上多少有所不同，至於語言，如果雙方都使用當地方言便如外文一樣不法溝通，但這完全不會妨礙把九州或東北當作同胞」，如此提倡保存語言和文化的多樣性，並表示「朝鮮的審判必須保持以朝鮮為本位，朝鮮的政治必須保持以朝鮮語為本位」。而且他把擊退豐臣秀吉侵略朝鮮的李舜臣形容為「朝鮮的東鄉納爾遜（海軍大將東鄉平八郎的外號之一）」，認為「像李舜臣的事蹟，實在是應該放入內地的教科書中」，提倡「同樣是發揮愛國心，在日韓倂合的今日，毋寧應該把李舜臣當作我國英雄向世界誇耀」。這樣的態度雖然表現出知識分

子的樂觀多元主義，但他即便身為法律學者，對此卻沒有任何法制上的提議。在法制方面，他專只反對朝鮮家族制度上的異姓不養，並強調早婚的弊端，批評「朝鮮婦人至今為止都尚未被承認其社會地位」，但其力道也不過是在 1921 年朝鮮民事令修正之際，表示期待「矯正早婚之弊」而已。在這種場合，他反對單方面地延長內地法制，表示「內地的文物制度也不必然是最好的。何況也不見得能適合朝鮮」，但這類意見最終似乎沒有走到提出一套綜合性法制計畫的地步。引用自前記遊記文 pp.44, 49, 51, 53-54。

27 《北一輝著作集》（みすず書房，1959-1972 年）第 2 卷 p.260, 262。宮崎全集第 2 卷 p.222。

28 北著作集第 2 卷 p.262。

29 清沢冽在《闇黑日記》（岩波文庫，1990 年）p.300（1945 年 3 月 14 日）中，除了批評政治家的無能，還寫道：「有考慮如何結束戰爭者，大概僅有石橋湛山君和植原悅二郎君二者而已。」

## 第十章

1 原敬對朝鮮官制的著手改革，春山前揭〈近代日本の植民地統治と原敬〉中有詳述，本章也多所根據春山研究。另關於朝鮮統治改革，姜東鎮《日本の朝鮮支配政策史研究》（東京大学出版社，1979 年）等有詳細研究。此處提出①分析至今為止大量將原、朝鮮軍、長谷川、田等人的同化主義採同一稱呼的議論者們，彼此間存在什麼差異，又持有什麼樣的價值觀；②追加確認原敬和沖繩「日本」統合過程的關係；③調查下山與法三號審議的世界觀等。

2 原敬〈朝西統治私見〉（国立国会図書館《斎藤実文書》104-19）無頁碼。原文為漢字片假名文，無標點與濁音符號。

3 後藤前揭《日本殖民政策一斑・日本膨脹論》pp.51-52。

4 宇都宮太郎〈㊙朝鮮時局管見〉（《斎藤実文書》104-3）此為「大正 8 年 5 月 17 日」發送給田中義一的文件。無頁碼。朝鮮軍參謀部〈騒擾ノ原因及朝鮮統治ニ注意スベキ件並ニ軍備ニ就テ〉（騷動之原因及關於朝鮮統治需注意處暨軍備事宜）（姜德相編《現代史史料》第 26 卷，みすず書房，1967 年）p.647, 651。原文皆為漢字片假名文

5 關於山縣的知悉，見春山前揭論文 p.60。陸軍遷都案參照八幡和郎《遷都》（中公新書，1988 年）pp.37-38。

6 以下引用自長谷川好道〈騒擾善後策私見〉（姜德相編《現代史史料》第 26 卷，みすず書房，1967 年）pp.494-495, 498-499, 500。原文為漢字片假名文，無濁音標記。另，把統治失敗的原因歸結到歧視與下級官吏的對應不當等，這種主張可在執政者方面廣泛見到。內地方面的論者，也加入了對總督府高壓政策的批判，但認為失敗的原因其實不在政策或併合上，而歸結到自身勢力以外的人處理不當上，亦即採取一種責任轉嫁論的態度。

7 原敬前揭〈朝鮮統治私見〉及春山前揭論文 pp.58-59。

8 例如持地六三郎在下一章將討論的〈朝鮮統治論〉中，便把「本國延長主義」對應到此法語詞彙。另，原敬在 1921 年 2 月 7 日的眾議院委員會的法三號審議上，面對永井柳太郎主張歐美殖民地統治皆放棄同化主義的質詢，表示：「並非完全如您所言，如法蘭西的『阿爾及利亞』、英吉利的澳洲和加拿大，便非如此。」（前揭《律令審議錄》p.456）

9 前揭《律令審議錄》p.456。《原敬全集（上）》（原敬全集刊行会，1929 年）p.784。原敬前揭〈朝鮮統治私見〉。

10 奈良原的發言刊載於 1902 年 4 月 16 日《鹿児島実業新聞》。再引用自大田昌秀《沖縄の民衆意識》（新泉社，新版 1995 年）p.148。政策的形容見高橋拓也《起テ沖縄男子》（金刺芳流堂，1915 年）p.39。後者的原文為漢字片假名文。關於把謝花昇形容為「反叛者」部份，見大里前揭《沖縄の自由民権運動》p.53, 72。關於謝花昇的運動及沖繩取得參政權的研究眾多，關於謝花昇的部分在大里知子〈「謝花民権」論についての一考察〉（《沖縄文化研究》22 號，1996 年）中有加以條列化，但針對原敬的台灣、朝鮮統治改革加上賦予沖繩參政權的平行關係，在筆者管見範圍內仍缺乏相關研究。松尾尊兊〈沖縄の印象〉（《本倉》みすず書房，1983 年）p.469；比屋根照夫《近代沖縄の精神史》（社会評論社，1996 年）p.104 等，將原敬把沖繩當作朝鮮統治模型的見解，批評是「不把沖繩當作日本國內的一個地區來處置，而將其定位為……殖民地」（比屋根），但筆者認為實際上應該正好相反。對原敬而言，為了不把朝鮮、台灣當作「殖民地」，所以才舉出作為「日本國內的一個地區」的沖繩當前例，因為如本書所論及的一般，原敬一直促進沖繩於法制上要統合為「日本國內的一個地區」。

11 〈沖縄県宮古、八重山両郡民選挙権に関する請願書〉（《琉球新報》1907 年 2 月 17 日）。再引用自大田前揭書 p.411。

12 〈我れに参政権を与へよ〉（《琉球新報》1911 年 7 月 12-21 日，收錄於前揭《沖縄県史》第 19 卷）。〈沖縄県民に一言す〉（《琉球新報》1906 年 1 月 23 日）。再引用自大田前揭書 p.439, 409。

13 〈三たび大白を挙げ〉（《毎日新聞》1911 年 6 月 29 日）。再引用自大田前揭書 p.469。

14 〈沖縄県ニ衆議院議員選挙法施行ノ件〉（前揭《沖縄県史》第 13 卷）p.948。原文為漢字片假名文。關於沖繩的地方制度改變在高江洲昌哉〈島嶼行政構造の基礎研究の前提として〉（《沖縄関係学研究論集》3 號，1997 年）中有詳細檢討。另，1912 年 3 月 28 日樞密院對沖繩實施選舉法的勅令進行審議，當時原敬推動的眾議院議員法修正，原本預定把沖繩包含在議員選舉施行範圍內，但因「該案於帝國議會無法獲得協贊，故為了在現行法之下使沖繩縣選出議員」，所以轉煥方針改以發布勅令方式來執行，對於這個問題的處理方式，我們可以感受到他的機型性。參照國立公文書館《枢密院会議録》第 15 卷（東京大学出版会，1985 年）p.407。

15 前揭《原敬日記》第 3 卷 p.114, 131。日期為 1911 年 4 月 24 日及 5 月 31 日。原敬想以

沖繩作為台灣與朝鮮統治模型的想法，已經於 1897 年 12 月 8 日《大阪每日新聞》的報導中，針對反對在台灣施行條約改正一事，早已指出「琉球不用說新法典，即便現行各種法律規定，也有許多尚未施行」，但即便如此，「在此情況下仍實施修改後的新條約，想必締約各國也不會提出什麼異議」，可見他這種想法不是 1911 年才出現的。此外在後文第十二章會提到的，這個沖繩在 1897 年發生的自治運動「公同會事件」上，對事前起底並率先報導此次運動計畫，進而導致該運動失敗的大每記者佐佐木笑受郎，原敬還寫了感謝函給他。感謝的原因其實很明顯，因為如果這次運動成功讓沖繩取得特別自治的權利，那就無法拿沖繩來作為打破台灣總督府王國化的前例。

16　有關南洋道設置問題，參照大田前揭書 pp.296-302。有關後藤反映的報導，見〈沖繩の独立会計を論ず〉（《琉球新報》1908 年 12 月 16 日，收錄於前揭《沖繩県史》第16 卷）。山本美越乃〈誤れる殖民政策の奇形児・琉球〉（《経済論叢》23 卷 1 號，1926 年）。

17　比嘉春潮《新稿　沖縄の歴史》（三一書房，1970 年）p.458。

18　前揭〈我れに参政権を与へよ〉。

19　這段期間的經過原委，見春山前揭〈近代日本の植民地統治と原敬〉pp.64-65。

20　《田健次郎伝》（田健次郎伝記編纂会，1932 年）pp.384-385。

21　原前揭〈朝鮮統治私見〉。長谷川前揭〈騒擾善後策私見〉p.495。

22　春山前揭〈近代日本の植民地統治と原敬〉p.66。有關田健治郎一連串的統治改革，參照黃前揭書 pp.151-155

23　下村宏〈台湾統治ニ関スル所見〉（天理大学所蔵《下村宏文書》）記有「大正 4 年11 月 23 日稿」。無頁碼。原文為漢字片假名文，無濁音標點。

24　同前文書。

25　柳田國男推薦下村的經過，參照岩本由輝《柳田国男》（柏書房，1982 年）第四章 8。推薦山本的經過見岩本由輝《論争する柳田国男》（お茶の水書房，1985 年）p.301。

26　前揭《原敬日記》1920 年 11 月 15 日（第 5 卷 p.313），及春山前揭〈近代日本の植民地統治と原敬〉pp.66-67。

27　春山前揭論文 pp.68-69。

28　前揭《律令審議録》p.401, 457。

29　同前書 pp.403, 442, 492-493。

30　以上田健治郎的發言同前書 p.444, 467。

31　同前書 p.404, 433, 419。

32　同前書 p.418, 434, 433, 419, 420。

33　原的發言，同前書 p.458, 456, 448, 462。

## 第十一章

1 一連串的統治改革，可參照〈朝鮮施政ノ改善〉（《斎藤実文書》71－12）；〈朝鮮
に於ける新施政〉（朝鮮総督府，1920 年，《斎藤実文書》71－1）等總督府文書。
關於這個時期的統治改革，除姜東鎮前揭《日本の朝鮮支配政策史研究》之外尚有
許多研究，但在筆者管見範圍之內，仍沒有從「總督府自治」的期望，或從該些議
論的世界觀進行檢討的文章。另近年的相關研究有今西一〈帝国「日本」的自画像〉
（《立命館言語文化研究》8 卷 3 號，1997 年）。

2 水野錬太郎〈朝鮮教育令公布の際して〉（《朝鮮》85 號，1922 年）p.4。沢柳政太
郎〈共学問題〉（《朝鮮》85 號，1922 年）p.67。

3 柴田善三郎〈新朝鮮教育令に就て〉（《朝鮮》85 號，1922 年）p.7。

4 此修正經過可參照広川淑子「第二次朝鮮教育令の形成過程」（北海道大學《教育学
部紀要》30 號，1977 年）、久保義三《天皇制国家の教育政策》（勁草書房，1979
年）第四章等，有詳細說明。引用部分，再引用自広川論文 pp.83-84。原文為漢字
片假名文。總督府的調查引自《国語普及の状況》（朝鮮総督府学務局，1921 年，前
揭《日本植民地教育政策史料集成》第 17 卷。

5 柴田前揭論文 pp.7-8。

6 〈朝鮮教育令改正ノ要旨及朝鮮教育ノ現状〉（《斎藤実文書》76－18）無頁碼，原
文為漢字片假名文。關於京城大學設置的引用部分，再引用自広川前揭論文 p.84。
關於京城帝大設立與朝鮮民立大學設立運動，參照阿部〈日本統治下朝鮮の高等教
育〉（《思想》565 號，1971 年）。

7 〈普通学校、高等普通教育及女子高等普通学校ニ関スル件〉（《斎藤実文書》76－
20）無頁碼，原文為漢字片假名文。殖民者的意見引自〈朝鮮教育上最高留意すべ
き事項──各方面の所見〉（《朝鮮》85 號，1922 年）p.212。

8 前揭〈共通法案委員会議録〉第 5 回，p.33。發言者為岡田栄。

9 朝鮮総督府学務局〈㊙裁判所構成法ヲ朝鮮ニ施行スル可否〉（《斎藤実文書》71－
22）無頁碼，原文為漢字片假名文。本文旨在討論將朝鮮的司法置於司法省管轄下
（司法權的統一），具體上朝鮮是否要選擇實施內地的裁判所構成法。

10 齋藤的演說許多都收錄在《斎藤実文書》，暫且先參照〈訓示〉（《斎藤実文書》
69－1）等。

11 以下國分的引用見国分三亥〈総督府実施方針ニ関スル意見書〉（《斎藤実文書》
104－4）有 1919 年 5 月的日期。無頁碼，原文為漢字片假名文。

12 松山常次郎《朝鮮ニ於ケル参政　問題》（《斎藤実文書》75－1）p.29。原文為漢字
片假名文。記有 1924 年 1 月 11 日的日期。

13 引用皆見國分前揭書。

14 副島道正《朝鮮統治に就て》pp.3-4。副島在《京城日報》從 1925 年 11 月 26 日起
連續 3 回刊登標題為〈朝鮮統治の根本義〉的統治改革論，後於 1926 年尚發行了以
此為主要內容的小冊子。

15 持地六三郎〈朝鮮統治論〉。收錄在持地以《安辺私言》為書名自費出版的的手冊（1992 年發行），論及的部分見同書 p.10 或副島前揭書 p.5。這個持地意見書於 1920 年 10 月提出，與《斎藤実文書》104－27 為相同一文章。

16 同前書 p.14。

17 同前書 p.12。

18 財政報告見〈朝鮮統治ノ概説〉（《斎藤実文書》71－9）。推斷唯 1925 年的文書。無頁碼，原文為漢字片假名文。見松前前揭書 pp.12, 45-46。

19 副島前揭書 p.1。國分前揭文書。

20 持地前揭書 pp.29-30, 19。

21 〈朝鮮統治ノ方針〉（收錄於：外務省外交資料館所藏〈韓国に於ける統監政治及同国併合後帝国の統治策に対する評論関係雑纂〉）。再引用自姜東鎮前揭《日本の朝鮮支配政策史研究》p.319。原文為漢字片假名文。

22 持地前揭書 p.17, 19, 37, 32。持地的第二篇意見書，是在〈朝鮮統治論〉發表後隔月提出的〈朝鮮統治後論〉，在此持地提到自己的自治論遭人批評為「不愛國的、學究式的、不實際的」（p.27），可以一窺當時自治論不受歡迎的狀況。

23 參照木畑洋一〈英国と日本の植民地統治〉（前揭《岩波講座　近代日本と植民地》第 1 卷 pp.275-276。

24 〈朝鮮議会（参議院）要項〉（《斎藤実文書》75－2）中的〈大塚内務局長私案〉。無頁碼，原文為漢字假名文。此朝鮮議會案為一院制，審議項目例如有衛生與教育預算等。大塚是從韓國統監府時代起便在韓工作的老資格官僚，在此之前於沖繩縣擔任警視。1907 年時，他反對在沖繩導入町村自治制度，因他主張「談起自治制度的精神為何，別無他者，僅在義務」，所以「對公共觀念尚未十分發達的地方人民而言，只把選舉純粹當作是一種權利，並可能會據此成為他們爭取權利的口實」，故認為自治等措施並不恰當（高江洲前揭〈島嶼行政構造的基礎研究的前提として〉p.73）。大塚這樣的「自治」與「選舉」觀念，可以推測也反映在本論中提及的朝鮮議會案上。其後論及的一連串參政權相關文書，在姜東鎮前揭《日本の朝鮮支配政策史研究》第三章第三節中有討論，之外楠精一郎〈外地参政　〉（手塚豊編著《近代日本史の新研究》IX，北樹出版，1991 年）中也有檢討，但卻疏忽了「總督府自治」的意圖與岡松案的相似性。

25 〈極祕　朝鮮在住者の国政並地方行政関与に関する意見〉（《斎藤実文書》71－13）p.4。此意見書還附帶 1926 年 11 月的府協議會選舉的有選舉權者調查資料，楠的前揭論文也推論是在 1927 年製作的。此意見書將賦予參政權和朝鮮議會設置兩項目並列進行檢討，在這個時間點上也採用了「朝鮮地方議會」的名稱。此外，文中也提及朝鮮人有內鬥的習慣，無法成議員團體的預測，此與松山的意見書有共通之處，這也是賦予參政權時強調安全性的論述根據，是當時常見的觀念之一。第四章高野高等法院長院長也是如此，大致而言提倡「一視同仁」型的統治改革論者的主張，都有把被統治者描寫成軟弱無力，即便統合也不至於構成威脅的傾向。

26 同前書 p.7。〈朝鮮選挙　問題ニ関スル件　制度改正ニ関スル諸資料〉（国会図書館憲政資料室《大野緑一郎文書》1256－1）p.5。後者的原文為漢字片假名文。

27 前揭〈極祕　朝鮮在住者の国政並ニ地方行政関与に関する意見〉pp.8-9。〈㊙選挙制度ノ沿革並ニ現状〉（《斎藤実文書》75－8）。後者無頁碼，原文為漢字片假名文。後者的調查乃使用 1928 年度的統計，且統整為 1929 年年末朝鮮地方議會的最終計畫，因此推估是在 1929 年內製作完成的。

28 〈㊙朝鮮ニ於ケル参政ニ関スル制度ノ法案〉（《斎藤実文書》75－5）。附有 1929 年 12 月 2 日的日期。與大塚案相異之處在於，例如把議員人數約 1 百 20 名，改為約 1 百名。

29 此政爭過經過可參照山崎前揭《外地統治機構の研究》pp.29-39。另，齋藤實於 1927 年 4 月暫辭總督，1929 年 8 月回任之前由山梨半造擔任總督。這個時期在山梨的統治下抵制拓務省的電報，並且總督府過往職員的身軀在樞密院抱怨拓務省的監督權，接下來齋藤更採取他回頭擔任總督，展開高層會談解除監督權的方法。以擔任過總督的身分加入樞密院保衛總督府統治權限的做法，在第十七章舉的南次郎例子中也可見到。

另外，於此補充管轄朝鮮、台灣的中央官廳的變遷。首先，領有台灣時在內閣總理大臣之下設置了台灣事務局，接著設立了拓殖務省但於 1897 年廢除，重新把台灣事務局設置在內務省，但又於 1898 年廢除，改由內務省大臣官房管轄台灣。之後庫頁島由內務省、關東州租借地由外務省管轄，但朝鮮併合後在桂太郎內閣之下設置了總理大臣直轄的拓殖局，成為了管轄朝鮮、台灣、庫頁島、關東州的機構。然而，第一次護憲運動中桂太郎內閣下台，改為山本權兵衛內閣，於 1913 年廢止了拓殖局，朝鮮、台灣、庫頁島改歸內務省、關東州改歸外務省管轄。已如第十章前述，山本內閣中由原敬等人發動了修改原本朝鮮、台灣總督由武官擔任的制度，這個組織變革可以視為是該修改的配套措施。但之後在寺內正毅內閣下，1917 年又恢復了總理大臣直轄的拓殖局，隨著由該局管轄朝鮮、台灣、庫頁島、關東州，原本內務省對台灣、庫頁島等的監督權，又遭總理大臣剝奪。簡要而言，可以視為由原敬等人主張將朝鮮、台灣等地歸於內務省管轄，以及桂太郎、寺內正毅等主張由總理大臣直轄機構管轄，這兩派政爭的演變結果。之後到 1922 年接續原敬內閣的加藤友三郎內閣，廢除了拓殖局，將之改為內閣「外局」的縮小版拓殖事務局，但 1924 年加藤高明內閣之下又恢復了拓殖局的原本等級（山崎前揭書 pp.15-23）。經過如此複雜的過程，1929 年拓殖局升格成為拓務省，之後又如第十七章所述，在總力戰的體制下再度廢止，重新回到內務省的管轄之下。

30 〈㊙朝鮮ニ於ケル参政ニ関スル制度ノ法案〉（《斎藤実文書》75－7）p.3, 9。原文為片假名文。記有 1 月 4 日的日期，推定寫成於 1930 年。此文推測是為了與內地進行談判折衝，而將注釋 28 的文書修改後，加以活字印刷的成品，而且還收錄了地方制度改正案。與內地的折衝可參照姜東鎮前揭《日本の朝鮮支配政策史研究》pp.385-386。

另根據《子爵斎藤実伝》（財団法人斎藤子爵記念会，1941 年）第 2 卷 pp.665-667，

齋藤說明一段經緯，就是在他第一任總督時代的末期，亦即1927年2月前後，他曾製作改革案並口頭向當時的若槻首相陳述意見，但4月若槻內閣下台，齋藤本人也以日內瓦裁軍會議日本代表的身分，辭去總督職務離開任地，因此該改革案便隨之雲消霧散。如果此處所言屬實，那麼也就是齋藤提出大同小異的計畫，特別向內地方面進行了兩次的折衝談判。如果判斷齋藤基於統治政策上的理由、意圖設置議會，造成他與包括拓務省在內的內地官廳關係惡化，加上選在由若槻等人的民政黨所構成的內閣期間進行折衝談判，可說並非明智的做法。會在這個時機提出朝鮮議會設置提案，背景除了如姜東鎮所指出，是被迫必須處理來自朝鮮人方面的抵抗之外，還加上了前一年因為權限爭議而造成總督府對內地干預的不滿，可能是積累一定程度之後發洩的結果。

31 宇垣一成〈時局斷片〉（1932年）pp.20-21。引用自東京銀行俱樂部員集會的演講。此小冊子雖然是把宇垣公開演講之類的內容集結成冊，但收藏於東京大學東洋文化研究所的該書上卻印有㊙的圖章。這恐怕是因為到了完全強調同化政策的1930年代末期，不願讓朝鮮人閱讀到總督仍表示統治方針尚未確定的說法而施行的措施。

## 第十二章

1 《伊波普猷全集》（平凡社，1974-1976年）第2卷p.417。關於伊波的研究除了有金城正篤、高良倉吉《伊波普猷》（清水書院，1972年）、外間守善《伊波普猷論》（沖繩タイムス社，1979年。增補新版為平凡社出版，1993年）、外間守善、藤本英夫《伊波普猷　金田一京助》（日本民俗文化大系第12卷，講談社，1978年）、比屋根照夫《現代日本と伊波普猷》（三一書房，1981年）、鹿野正直《沖繩の淵》（岩波書店，1993年）等之外，尚有收錄於外間守善編《伊波普猷　人と思想》（平凡社，1967年）、《新沖繩文学》31號（1976年）等的一連串論考，另外還有最近村井紀〈起源と征服〉（《批評空間》11號、12號、第2期1號、1993-1994年）、和村望《G・H・ミードと伊波普猷》（新樹社，1996年）、冨山一郎〈「琉球人」という主體〉（《思想》878號，1997年）等研究。另外提及伊波的研究中相當重要的可舉新川明《異族と天皇の国家》（二月社，1973年）、安良城盛昭《新沖繩史論》（沖繩タイムス社，1908年）等。包括愛努、「生蕃」的排除以及以蘇鐵地獄為契機發生的變化等，本書也多所參考這些研究，不過至今為止的所有研究都站在「沖繩」對「大和」的對立結構上，把伊波當作象徵沖繩同化與自立二義性的人物來討論。本書對此透過①伊波在與首里和琉球王朝關係中表現出的二異性、②伊波對「政治」及「權利」的矛盾情緒（ambivalence）、③乍看之下具備「同化」「獨立」二義性的日琉同祖論，與強調沖繩「特質」，其實是一體的、④作為創造沖繩民族主義的沖繩學及其界限，等等進行驗證。在此基礎上，對歷史觀的創造與啟蒙活動等現代民族主義者的特徵，與少數族群的民族主義形成等問題點，把伊波當作個案研究來進行分析。

2 《大田朝敷選集》（琉球新報社，1993-1996年）中卷p.58。關於太田有比屋根照夫著的同選集上、中卷之解說（收錄於比屋根前揭《現代沖繩の精神史》）和〈沖繩—

自立・自治への苦闘〉（《世界》1996 年 8 月號）等。比屋根對過往被描繪成主張連「打噴嚏」也要同化成日本式的「日本化」論者太田，重新進行評價，但是讓人感覺太過強調太田同化論中「『文明』化」（《現代沖縄の精神史》p.127）的側面。筆者反而認為應該重視原本傾向「文明化」的太田，被統治者設定的「日本化」言說吸收的過程。石田正治〈沖縄における現代化の希求〉（九州大学法学会《法政研究》64 卷 1 號，1997 年）一文便關注太田的現代化希求與化論的連結問題。

此外，鹿野正直〈太田朝敷の文明観〉（《大田朝敷選集》下卷月報，1996 年）指出，太田的文明觀從 1890 年代到 1910 年代關注焦點有所變遷，亦即從同化論走向產業開發論，之後更移動到政治自治論，不過此處只有描繪同化論的時期。雖然如此，太田的文明觀，其關注點的變化，與其說是他發自內在的思想變化，不如說是來自以沖繩社會發展為優先的某種情勢判斷。筆者以為，太田終究是以沖繩發展為目的，而以思想作為手段的民族主義者知識分子，從他是慶應義塾畢業生但尊敬福澤諭吉這點看來，太田良博的〈沖縄の福沢諭吉〉（《太田朝敷選集》下卷月報）形容，應該是妥切的。福澤也表示過「今日外人的狡猾剽悍，非公卿幕吏所能比」（全集第 4 卷 p.200）等等，對歐美人懷抱著不信任與敵意，除對國民倡議覺醒與文明化，當判斷面對歐美時日本處於劣勢，他也是主張「文物制度模仿彼等，習慣宗教模仿彼等，一切萬事，與西洋一致，一段期間後使人不復記得相異之處，在彼等看來無相互區別之所，使其斷絕視我為外者之念」（全集第 9 卷 p.531）的人物。福澤如果也只留下後者的發言於後世，大概也會像太田一樣被誤解，被人們當作是無條件同化論者來記憶吧。但福澤是以日本發展為最優先的民族主義者知識分子，不只會根據情勢改變而修正思想，萬一有什麼情況，更會提倡侵略與歧視亞洲的他者，這種為了「日本發展」萬所不辭的態度，在某種意義上可說也是與太田有相通之處吧。

3　前揭太田選集上卷 pp.277-278。

4　同上書 p.289, 285。

5　太田選集中卷 pp.58-59。上卷 p.270。

6　公同會運動的旨趣書收錄於太田選集中卷。原文為漢字片假名文。伊波的形容收錄於伊波全集第 10 卷 p.393。

7　原敬的感謝函參照伊波全集第 10 卷 p.394。另參照第十章注釋 15。

8　前揭太田選集上卷 pp.255-261。

9　同上書 p.254, 262, 252。

10　〈那覇郵便局電信局の出勤の本県人〉（《琉球新報》，1989 年 9 月 13 日）。傍観生投〈掃きため〉（《琉球新報》，1899 年 5 月 1 日、5 月 3 日）。引用自前揭《沖縄県史》第 19 卷（資料編九）p.15, 31, 33。

11　太田選集上卷 pp.271-272, 262。

12　同上書 pp.256-257, 259。〈沖縄歳時記（一）〉（《琉球新報》，1900 年 1 月 5 日）。〈入墨女〉（《琉球新報》，1916 年 7 月 22 日）。《琉球新報》引用自前揭《沖縄県史》第 19 卷 p.57, 696。另外，關於此時其離開沖繩外出工作的勞工與移民所受教育，可

參照近藤健一郎〈沖繩における移民・出稼ぎ者教育〉（《教育学研究》62 卷 2 號，1995 年）。

13　太田選集中卷 p.59。

14　太田選集上卷 pp.276-277。

15　〈風俗改善の必要〉（《琉球新報》1916 年 7 月 23 日）。引用自前揭《沖繩県史》第 19 卷 p.697。原文無標點。

16　前揭太田選集上卷 p.266, 337。〈国頭たより〉（《琉球新報》1898 年 10 月 7 日）。後者引用自前揭《沖繩県史》第 19 卷 pp.16-17。

17　太田選集中卷 p.213。關於人類館事件，參照海保前揭《北方現代史》第六章、真栄平房昭〈人類館事件〉（《国際交流》63 號，1994 年）、松田京子〈パビリオン学術人類館〉（《日本学報》15 號，1996 年）等。

18　同上書 p.213。比嘉生〈時世小観〉（《琉球新報》1904 年 6 月 11 日）。後者引用自前揭《沖繩県史》第 19 卷 p.223。

19　前揭伊波全集第 10 卷 p.93。以下記有卷數與頁碼的引用皆來自同一全集。

20　同上書 p.93。東恩納的發言引自新里金福、大城立裕著，琉球新報社編《沖繩の百年》第 1 卷人物編（太平出版社，1969 年）p.106。

21　兒玉發言引自伊波全集第 7 卷 p.366。太田的形容引自太田選集上卷 p.267。此事件的經緯比屋根前揭《現代日本と伊波普猷》有詳細說明，但比屋根對與兒玉對立而遭到解職的教員下國良之介有過高評價之嫌。下國與伊波同為沖繩方面學生景仰的教員，但也是拿「美國印度人」的比喻逼迫他們斷髮的人物。此外，他之後前往朝鮮赴任，1922 年發表了與朝鮮教育相關的論考，其意見主張「內鮮人共學」與高等教育的串接等廢除差別，培養「為邦國貢獻效力」的人才，屬於典型的「良心的」同化論（下国〈施設の完璧に近づくを喜びつ〉《朝鮮》85 號）。下國雖然與兒玉對立，但仍與在台灣的高野高等法院長相同，不脫「一視同仁」型的批判領域。

22　碧悟桐〈統一日一信〉（《日本及日本人》1910 年 7 月 15 日號）p.56。此為造訪沖繩的記者將與伊波的談話刊載出來的文章，談話日期是 5 月 17 日。

23　對應處為伊波普猷〈沖繩人の祖先に就いて〉（《琉球新報》1906 年 12 月 5 日－9日）中前揭《沖繩県史》第 19 卷 p.306。引用自伊波全集第 1 卷 p.44。

24　對應處為伊波前揭〈沖繩人の祖先に就いて〉，前揭《沖繩県史》第 19 卷 p.309。引用自伊波全集第 1 卷 p.43。從這則報紙連載到《古琉球》（沖繩公論社）集結出版為止，歷經了不少增刪，到 1942 年收錄入全集的最終版本為止，期間又經過三次改訂，本章言及的史論部分在改訂版本中並無太大的變化。《古琉球》出版收藏於國立國會圖書館。
　　此外，伊波在《古琉球》中對於自己名字的羅馬字拼音並未採取 Iha，而表記為 Ifa。關於這點，在鹿野前揭《琉球の淵》p.71 中解釋道使用沖繩發音是「凝聚了身為琉球人的自我認識」，相反的新川明則認為「伊波不使用 Iha，而使用更古老的 Ifa 發音，並非自覺性的要固執於沖繩的在地性，他並未如此主張，（古琉球的事物）

反而是更接近日本的，想要體現比日本更純粹的事物的一種發想」，「這是他『本土志向性』的最清楚表現。」（新川明・岡本惠德・川滿信一〈日本国家となぜ同化し得ないか〉《中央公論》1972 年 6 月號，pp.88-89）。筆者在本書中把伊波的日琉同祖論定位為，在大和方面設定的言說結構框架內保護沖繩的獨特性，企圖要創造沖繩民族主義，此處名字的表記上筆者仍舊抱持同樣的見解。亦即 Ifa 的表記法，是既對大和表現獨特性，又具備更純粹的日語表記的意思，這層意義上，即便位於大和一方設定的價值觀階層中，仍可以說占據了優位。

如果把形成民族主義的行為，視為西歐從現代開始在地球上流傳，形成社會秩序的一種型態，那麼雖然各地民族主義同樣都會主張自己的獨特性，但基本的價值觀仍舊會模仿先進各國的民族主義，這點不至於讓人感到不可思議。此時獨特性的主張與價值觀的適應，會毫無矛盾的同時存在。例如，「日本的仁德天皇陵比羅馬遺跡更大」這樣的論調，就一方面主張日本的獨自性，又同時在歐洲設定的階層（hierarchy）中表達了自身的向上提升的志向。在「民族」的「傳統」和「文化」中強調「獨特性」的理論形成過程中，模仿先進各國的民族主義前例者的數量，原本就不在少數。

高良倉吉、我部政明、濱下武志的座談會〈「沖繩文藝復興」的可能性〉（《世界》1997 年 9 月號）p.268 中，提到「伊波普猷對沖繩而言是國學的創造者」，「將一個縣的民族主義性問題，打造成沖繩式的現代國學。……出身沖繩的人只要進入這個領域，便一定會被全數收編入這個國學結構之中」。只要依照著伊波創始的「沖繩學」框架，研究者就會被引導向結構性的「現代國學」方向，筆者以為這樣的指摘是相當妥適的。因為伊波初期的研究，恐怕是他最忠於東京就學期間所學習到的，形成現代民族主義的研究方法。

關於伊波的名稱表記，以上的論述至多也僅是推論而已，不過如同本書的論證一般，他的沖繩民族主義中的價值觀，可說不過是導入了當時強調統治能力與雄飛海外的日本民族主義價值觀罷了。亦即，如同反覆說明過的，此時期伊波的沖繩民族主義，除了主張沖繩的獨特性，同時也在大和設定的價值觀框架內表現出向上提升的志向。在這個意義上，伊波強調沖繩「海外雄飛」的「傳統」，之後又以移民促進論和南方進出論等論述，與日本民族主義的變形相互嵌合，這大概也是必然的結果。此處與其說是少數者抱持著被迫以統治者的「語言」進行表達苦境，筆者更想關注的是，伊波無法完全同化於自己創造出來的沖繩民族主義價值觀（亦即日本民族主義價值觀），而持續抱持著矛盾心境的部分。

25 參照小熊前揭《単一民族神話の起源》。

26 伊波全集第 1 卷 p.525。伊波前揭〈沖繩人の祖先に就いて〉，前揭《沖繩県史》第 19 卷 p.301。

27 伊波全集第 10 卷 pp.33-34。原文無標點。

28 前揭〈統一日一信〉pp.56-57。此談話中的遣詞造句不保證有正確紀錄伊波的發言，不過，想要迴避與大和決定性對決的部分，恐怕一定程度表現出了伊波的意向。

29 〈多方多面〉(《琉球新報》1906 年 10 月 27 日)。引用自前揭《沖縄県史》第 19 卷 p.302。

30 《比嘉春潮全集》(沖縄タイムス社,1971-1973 年)第 5 卷 p.295。日期為 1911 年 4 月 29 日。

31 伊波前揭〈沖縄人の祖先に就いて〉,前揭《沖縄県史》第 19 卷 p.310。引用自伊波全集第 10 卷 p.34。

32 伊波前揭〈沖縄人の祖先に就いて〉,前揭《沖縄県史》第 19 卷 pp.309-310。

33 同上書 p.305。

34 但伊波在 1915 年的「物呉ゆ者ど我が御主の新意義」(賜物於我者便為我主的新意義)中,把原本應該與「二股膏藥主義」(兩面派、牆頭草)意思相近的這句話,形容為在嚴苛狀況下沖縄人「希望『要好好活下去』的痛苦叫喚(10 卷 p.74)」。身為弱者的痛苦與自我厭惡的矛盾情緒,可說在此表現出來。次外,〈弱者的心理〉原文無標點。

35 重引自比屋根前揭《現代日本と伊波普猷》p.12。關注伊波女性觀的的論考有鹿野前揭《沖縄の淵》、若尾典子〈伊波普猷「沖縄女性史」の現代的意義〉(《歷史評論》529 號,1994 年)等,但並未能掌握伊波所懷抱著的,根據現代化的女性「平等化」及沖縄認同之間的兩難之處。

36 可參照例如伊波普猷全集第 7 卷 p.53、第 9 卷 p.365 等。關於當時日本優生學可參照鈴木善次《日本の優生学》(三共出版,1983 年)。

37 參照鹿野前揭《沖縄の淵》p.143。引用自伊波全集第 1 卷 p.66。

38 鹿野前揭《沖縄の淵》p.123。

39 本書為了討論關於少數族群民族主義形成的問題點,因此把焦點集中在蘇鐵地獄以前的伊波,關於之後伊波的「南島」研究、愛努觀的變化、與柳田國男的關係等,將留待別稿討論。

## 第十三章

1 關於台灣議會設置請願運動,前述的若林正丈〈大正デモクラシーと台湾議会設置請願運動〉以及許世楷的《日本統治下の台湾》(東京大學出版會,1972 年)對運動史有相當詳盡的研究。另一方面,由當事人撰寫的歷史書,則有蔡培火、林柏壽、陳逢源、吳三連、葉榮鐘所著的《台灣民眾運動史》(自立晚報叢書編輯委員會,1971 年)。本章的研究方法,是將重心放在這場運動的思想面上,以①多元主義萌芽的形態,②將支配者的語彙概念加以抽換的抵抗事例,來為它進行重新定位。

2 以下除了板垣的思想分析以外,關於同化會的來龍去脈,請參考前述許著 pp.168-178。

3 同前書 p.170 所引。

4 《板垣退助全集》(春秋社,1944 年。復刻版由原書房出版,1969 年。)pp.404, 411, 407, 395, 398-400, 312。

5　同上書 p.411、台灣總督府警務局《台湾総督府警察沿革誌　第二編　領台以後の治安狀況（中卷）》（台灣總督府，1939年。復刻版請見《台灣社會運動史》，龍溪書房，1973）p.14。以下簡稱《警察沿革史》。

6　許氏前書 pp.172-173 所引。殖民者的抗議文件揭載於《警察沿革史》pp.20-22。

7　佐久間總督的同意見於板垣全集 p.404。內田的發言見許氏前書 p.172 所引。

8　許氏前書 p.177 所引。

9　板垣全集 p.404。

10　就學率的變化請參照前引《台灣教育沿革史》pp.408-409。

11　若林正丈〈黃呈聰における「待機」の意味〉（《台灣近現代史研究》2號，1979年）p.82。

12　許氏前書 p.184。《警察沿革史》p.24。

13　《警察沿革史》p.24。關於座談會的情況，請見若林正丈〈大正民主與台灣議會設置請願運動〉pp.106-107 所引。

14　新民會的綱領見《警察沿革史》p.27。關於座談會的發言，請見若林正丈〈大正デモクラシーと台湾議会設置請願運動〉p.107 所引。又，若林前引〈黃呈聰における「待機」の意味〉pp.117-118 中，在談及台灣留學生之所以走向合法運動的背景，乃是源於苛酷鎮壓的記憶這點時，曾經引用過這樣一段插曲：1923年，北京的台灣留學生和朝鮮留學生一起組成了「韓台革命同志會」，但是朝鮮人主張為了獨立不惜行使暴力，台灣人則大表反對；他們認為，台灣是個無處可逃的島，因此應該避免無益的流血，結果兩邊就此一拍兩散。

15　蔡培火《日本々国民に与ふ》（岩波書店，1928年）p.25。蔡培火〈我島と我等〉（《台湾青年》1卷4號，1920年）p.23。〈卷頭の辞〉（《台湾青年》1卷5號，1920年）p.1。關於蔡培火，請見伊東昭雄〈蔡培火と台湾議会設置運動〉（《横浜市立大学論叢》人文科学系列27卷3號，1976年）。

16　永井柳太郎〈世界の文化と台湾人の使命〉（《台湾青年》1卷3號，1920年）p.7。島田三郎〈內台融和の根本問題〉（《台湾青年》1卷4號，1920年）p.4。內ヶ崎作三郎〈日本国民性と台湾統治策〉（《台湾青年》3卷4號，1921年）p.10。

17　海老名弹正〈台湾人の実力とその使命〉（《台湾青年》1卷2號，1920年）pp.2-3。泉哲〈台湾島民に告ぐ〉（《台湾青年》1卷1號，1920年）p.8。

18　木下友三郎〈台湾人並内地人に対する希望〉（《台湾青年》1卷4號，1920年）p.14。友枝高彦〈文化問題として内地と台湾との関係を論ず〉（《台湾青年》1卷5號，1920年）pp.14-15。江木翼〈台湾統治の第一義〉（《台湾青年》3卷4號，1921年）p.5。

19　葉榮鐘〈己に求めよ〉（《台湾青年》2卷1號，1921年）p.64。台湾青年雜誌社〈青年同胞に与ふる檄〉（《台湾青年》3卷4號，1921年）p.5。

20　林呈祿〈新時代に処する台湾青年の覚悟〉《台湾青年》1卷1號，1920年）p.38。葉榮鐘前引文 p.64。

21　吳三連〈同胞教育者に送る〉（《台湾青年》1卷4號，1920年）p.50。

22　蔡敦曜〈台湾改革に就て〉（《台湾青年》1卷1號，1920年）p.57。楊海盛〈富豪の奮起を望む〉（《台湾青年》1卷2號，1920年）p.44。黃朝清〈保存す可き我衛生的習慣〉（《台湾青年》1卷1號，1920年）p.49。

23　譯注：日本過年時候，在家門口擺設的裝飾品。

24　蔡培火〈吾人の同化観〉（《台湾青年》1卷2號，1920年）pp.71-72, 75-76, 79-80。蔡培火前引書p.50、86。

25　對假名文字識自率低落的批判，請見林呈祿前引文p.34。關於戶籍法的引用，見陳崑樹〈婦人問題の批判と陋習打破の叫び〉（《台湾青年》1卷4號，1920年）p.28。對民法延長的批判，請見鄭雪嶺〈民商法施行に就て〉及匿名記者〈民法商法施行に就きては宜しく除外例を置くべし〉（兩篇皆刊於《台湾青年》3卷4號，1922年）等。

26　關於蔡培火的羅馬拼音論，請參照〈新台湾建設と羅馬字〉（《台湾》3卷6號，1922年）及近藤純子〈蔡培火のローマ字運動〉（《国際交流研究》創刊號，1985年）。關於世界語，請參照連溫卿〈英国に於ける英語擁護運動とエスペラント〉（《台湾青年》2卷4號，1921年）。以下引文依順序分別為：周桃原〈全亞細亞の大勢より観たる現台湾青年に対する急務〉（《台湾青年》1卷3號，1920年）p.49。羅萬俥〈加州に於ける排日運動を見て〉（《台湾青年》2卷1號，1921年）p.36。林伯殳〈中華に遊びて日華親善に関する感想〉（《台湾青年》1卷4號，1920年）p.40。

27　徐慶祥〈台湾地方自治と同風会〉（《台湾青年》1卷2號，1920年）p.38。林呈祿前引論文pp.36-37。蔡氏阿信〈帰郷に際して〉（《台湾青年》2卷1號，1921年）p.61。

28　鄭松均〈馬關條約と台湾人の法律上の地位〉（《台湾青年》1卷5號，1920年）p.52。徐慶祥〈大勢逆行論〉（《台湾青年》1卷4號，1920年）p.36。關於日本記者柴田廉的觀察，請見若林前文〈黃呈聰における「待機」の意味〉p.81所引。

29　關於「生蕃」的發言，見林呈祿前引論文p.29。蔡培火前引〈我島と我等〉p.22。

30　蔡培火前引書p.163。可是蔡培火在1920年的〈我島と我等〉中，對於這些陷於「不見天日」狀態的「山內人」，則表示應該要給予他們「教化」來進行救濟。這個時候的他，似乎是傾向於普遍的「文明」以及（大概是）基督教對於原住民的「教化」。儘管如此，他在1928年的著作中，卻用了「文明的受害者」這個令人玩味的形容詞。不過，他對於「文明」本身的普遍性，一直到後來似乎都沒有懷疑過。順道一提，比屋根照夫在前引〈沖繩──自立・自治への苦闘〉中，就主張太田朝敷的同化論與蔡培火的「自然同化」論頗為類似。

31　《警察沿革史》p.312。

32　泉哲〈台灣自治制を評す〉（《台湾青年》1卷3號，1920年9月）p.11。泉哲〈殖民地の将来（二）〉（《南洋協会雑誌》5卷2號，1919年2月）p.18。泉哲前引〈台湾

島民に告ぐ〉p.8。不過泉哲也說：「民族自決絕對不等於革命的自由，和殖民地獨立運動一點關係也沒有」、「民族自決的真意是……殖民地人以自治獨立的精神，圖殖民地之進步與發達」。對他而言，「民族自決」和「自治獨立」，指的是「殖民地人」的自助努力。（泉哲〈民族自決の真意〉《台湾青年》2卷4號，1921年）在此必須指出，他雖然認可將來的「自治獨立」，不過和我們現在所想的那種「獨立」是有一點不同的。當時日本知識分子對於「獨立」和「自治」的理解，大致上是很曖昧的。吉野作造在獻給《台灣青年》創刊號的祝辭中，也提到台灣人的「獨立」，可是它的意義同樣是相當不明確。不過，這些和開始展開運動、用自己的方式重新詮釋「自治」這個辭彙的台灣人思潮，大體上並沒有什麼直接的關係。

33 泉哲前引〈台湾島民に告ぐ〉p.7。

34 泉哲《增訂 殖民地統治論》（有斐閣，1924年）pp.64、247-253。

35 關於平等獲得論，請見林呈祿〈新時代に処する台湾青年の覚悟〉p.33。林呈祿〈六三問題の帰着点〉（《台湾青年》1卷5號，1920年12月）pp.40-41。

36 林呈祿〈近世殖民地統治に関する対人政策〉（《台湾青年》2卷1號，1921年）p.23。關於留學生之間論爭的來龍去脈，請參閱許世楷前引書p.193。

37 林呈祿前引〈六三問題の帰着点〉p.41。

38 田川大吉郎〈台湾統治策〉（收錄於田川大吉郎《台湾訪問の記》白揚社，1925年）p.1、60。關於田川，除了在前引若林正丈〈大正デモクラシーと台湾議会設置請願運動〉當中，可以看到他和神田支持這項運動的來龍去脈以外，在伊東昭雄〈田川大吉郎と台湾〉（《横浜市立大学論叢》人文科学系列28卷2・3合併號，1977年）以及成田龍一〈田川大吉郎年譜〉（《民眾史研究》14號，1976年）當中，也都有相關的記載。不過，這些文章都沒有針對田川和神田的歐美觀與台灣觀之間的連鎖關係進行檢討。

39 田川前引論文p.11。順道一提，田川在同一篇文章p.19，曾經說到：「台灣的蕃族按照適者生存的法則，應該要漸漸滅絕才對」、「他們自然會趨向和北海道的愛奴人同一命運，最早是政治上的一個要素，但並不需要什麼特地的經營」。然而，在1928年他為前述蔡培火《日本々国民に与ふ》所寫的序文p.5中，他形容自己對原住民的慘狀「還是初次耳聞，並感到相當難過」，寄予了相當程度的同情。

40 田川前引《台湾訪問の記》p.123。田川大吉郎〈歐米の思潮と羅馬字〉（《台湾青年》1卷3號，1920年）pp.8-10。

41 田川前引《台湾訪問の記》p.8、序p.4。關於憲法延長反對論，見田川大吉郎〈台湾の議論に関する回想〉（《台湾青年》2卷3號，1921年3月）p.4。

42 神田正雄〈大亞細亞主義と民心の收攬〉（《大亞細亞主義》8卷10號，1940年）p.14。

43 神田正雄〈新日本繁栄の道〉（《海外》1931年1月號）p.6, 11。〈朝鮮を旅する心〉（《海外》1930年11月號）p.19。〈台湾南洋の統治とその他の諸問題〉（《海外》1927年7月號）p.8。

44　神田前引〈朝鮮を旅する心〉pp.19-20。〈新日本繁栄の道〉p.11。

45　田川前引〈台湾の議論に関する回想〉p.213。原文中各項目沒有改行。

46　請願書收錄於《警察沿革史》pp.340-341。原文為漢字與片假名寫成。

47　前引《律令審議錄》p.444。原文為漢字及片假名寫成。

48　〈台湾議会設置請願運動ニ関スル当局ノ談〉（前引《下村宏文書》收錄）無頁數記載。原文為漢字及片假名寫成。

49　《警察沿革史》p.343；許世楷前引書 p.190。

50　理由書收錄於《警察沿革史》，引用部分為 p.351、349。

51　同前書 p.347。林子民〈台湾議会設置請願の精神に就て〉（《台湾青年》2 卷 3 號，1921 年）p.30, 33。

52　林獻堂〈台湾議会設置請願に関する管見〉（《台湾青年》2 卷 3 號，1921 年）p.8。第 46 回帝國議會眾議院〈請願委員會第一分科會議錄〉第 7 回（1923 年 3 月 12 日）p.6。

53　前引林獻堂〈台湾議会設置請願に関する管見〉p.11。

54　《警察沿革史》p.347。

55　林獻堂前引論文 p.11。奮鬥生〈英人の気質〉（《台湾》3 年 2 號，1922 年）p.63。林子民前引論文 pp.31-32。

56　蔡培火〈二ヶ年振りの帰台〉（《台湾青年》3 卷 1 號，1921 年）pp.75-77。

57　吉野著作集第 9 卷 p.159。

58　蔡培火前引〈二ヶ年振りの帰台〉p.85。

59　黃昭堂《台灣總督府》p.139。

60　《警察沿革史》pp.353-354。

61　同前書 p.354。

62　同前書 pp.361-362。

63　同前書 pp.364-365。

64　前引〈台湾議会設置請願運動ニ関スル当局ノ談〉。

65　第 49 回帝國議會眾議院〈請願委員會議錄〉第 3 回（1924 年 7 月 14 日）p.4。

66　《警察沿革史》p.316。

67　田川大吉郎《台湾訪問の記》pp.101-103。若林〈大正デモクラシーと台湾議会設置請願運動〉p.108。

68　第 49 回帝國議會眾議院〈請願委員會議錄〉第 4 回（1924 年 7 月 17 日）pp.3-5。

69　本理由書收錄於《警察沿革史》pp.371-376 當中。引文出處為 p.372。

70　反駁文件〈台湾議会設置請願運動の真相〉收錄在前書 pp.316-324。本段最後的引用出自前引〈台湾議会設置請願運動ニ関スル当局ノ談〉一文。

71　引用自第 50 回帝國議會眾議院〈請願委員第一分科會議錄〉第 9 回（3 月 16 日）p.3。關於自由民權運動的比喻，收錄在第 7 回（1925 年 3 月 9 日）p.4。

72　首相發言收錄在《警察沿革史》p.378, 380。關於審議的情況，則是引自第 51 回帝國

議會眾議院〈請願委員第一分科會議錄〉第3回（1926年3月10日）pp.2, 5。

73 《警察沿革史》p.381。

74 台灣總督府警務局〈文化協会對策〉。由若林正丈重刊於《台灣近現代史研究》1號（1978年）。原文為漢字與片假名寫成。引文出處為pp.165-166, 173。本段最後的引文，為時任警務局長的本山文平在回憶錄中的話語。

75 《警察沿革史》p.388, 377, 369。山川均的批判出自〈政変・政党・出兵〉（《改造》9卷7號，1927年7月）p.76。

76 第56回帝國議會眾議院〈請願委員第一分科會議錄〉第4回（1929年3月4日）p.3，同〈請願委員會議錄〉第7回（3月11日）p.5。

77 《警察沿革史》pp.392-393。第58回帝國議會眾議院〈請願委員第二分科會議錄〉第2回（1930年5月6日）p.9。

78 對於有必要關切的陳情案，將之送交適當的委員會進行參考。

79 《警察沿革史》pp.396, 398-399。

80 第65回帝國議會眾議院〈請願委員會議錄〉第13回（1934年3月23日）p.18。

81 蔡培火《東亞の子かく思ふ》（岩波書店，1937年）p.9。

82 蔡培火《日本々国民に与ふ》pp.30-32。

83 同前書序文p.3。在這之後，蔡培火在東京經營中華料理店，但在1938年被日本政府逮捕且遭到拷問；之後在1943年，他受前台灣總督伊澤多喜男與前總務長官後藤文夫的請託，為了進行和平工作而遠赴上海，和人在當地的田村大吉郎取得聯繫。林獻堂於1945年4月最後的統治改革（參照第十七章）中，獲選為台灣地區三名貴族院議員之一。之所以如此，是因為大戰期間的日本政府期望得到他的協助之故。蔡培火在戰後被選為立法委員，並擔任「國民政府」的行政院政務委員長達15年，之後又被任命為總統府國策顧問，並兼台灣省紅十字會會長。他原本和1927年為了執筆《帝國主義下的台灣》而前來台灣調查的矢內原忠雄交情甚篤，但戰後他遵循台灣「國民政府」的反共政策，對於矢內原的「日本再軍備反對論」不予認同。（蔡培火〈神の忠僕矢內原忠雄先生を憶う〉，收錄於南原繁、大內兵衛、黑崎幸吉、揚井克己、大塚久雄編《矢內原忠雄》，岩波書店，1968年，p.96）蔡氏在前述的《東亞の子かく思ふ》pp.97-101中，談到那些對台灣議會請願運動以及他本人多所批判的左派勢力言行時，對馬克思主義「暴力壓制」的思想有著強烈的批評。戰前他的融合思想以及運動分裂的經驗，都形成了他在戰後反共姿態的根源。對林獻堂和蔡培火的評價，不僅是在當時的運動內部，就算在戰後的台灣政治當中，也是隨著政治立場與思想上的對立，而有褒貶不一的情狀。總之，本書主要是聚焦於他們在1920年代前半的思想上，至於1930年代後半以降他們的發展，則不屬於本書的檢討範圍之內，故在此聊述幾筆，是為附記。

## 第十四章

1 關於朴春琴，除了岩村登志夫《在日朝鮮人と日本労働階級》（校倉書房，1972年）

有所著墨以外，松田利彥也在〈朴春琴論〉（《在日朝鮮人史研究》18 號，1988
年）、〈眾議院議員選舉と朴春琴〉（《ほるもん文化》3 號，1992 年）、〈戰前期の
在日朝鮮人と參政權〉（明石書店，1995 年）等作品中進行了研究；他們兩人都是將
朴氏定位為「和總督府關係密切的親日派」。本章透過朴氏的著作與議會發言，將
焦點集中在他雖然身為所謂親日派，但在心中仍然存在著某種扭曲與折磨上。又，
關於被定位為親日派的朝鮮人市議員的兩面性質，可以參考梁泰昊的〈尼崎市会議
員──朴炳仁〉（《ほるもん文化》3 號，1992 年）一文。

2　同光會本部〈朝鮮内政独立請願に就て〉（同光會，1922 年，前引《齋藤実文書》
　　103 − 11（1））pp.12-13。

3　譯注：日本在 1919 年的巴黎和會上，提出「人種差別撤廢提案」，主張廢除種族歧
　　視，但最後並沒有過關。

4　以上引用自閔元植〈朝鮮騷擾善後策〉（《太陽》1920 年 1 月號）p.59, 38，國民協會
　　本部《国民協会史　第一》（國民協會本部，1920 年，《齋藤実文書》103 − 3）p.22-
　　43。後者的原文為漢字與片假名寫成。關於閔氏的經歷及其活動，請參照《国民協会
　　史》及前引姜東鎮《日本の朝鮮支配政策史研究》。

5　原武史〈朝鮮型「一君万民」思想の系譜〉（《社会科学研究》47 卷 1 號，1995 年）
　　p.132 所引。原文為漢字片假名文。

6　朴榮喆《内鮮融和策私見》（個人自製小冊子，1929 年）pp.1-3。

7　同前書 p.4。

8　關於朝鮮參政權請願的結果，請參照前引田中〈日本の殖民地支配下における国籍
　　関係の経緯〉一文。

9　前引《国民協会史　第一》p.45。

10　美濃部達吉〈朝鮮の併合と憲法問題〉（《読売新聞》1910 年 9 月 6 日），長谷場純
　　孝〈朝鮮人と參政権〉（《東京日日新聞》1910 年 9 月 6 日）。

11　前引《律令審議録》p.419。

12　以下關於戰前期居住内地的朝鮮人參政權及其行使狀況、選民人數、當選或落選，
　　以及韓文投票等，詳見前引松田著作及岡本真希子〈殖民地時期における在日朝鮮
　　人の選挙運動〉（《在日朝鮮人史研究》24 號，1994 年）。

13　〈普通選挙の可否に関する名士の回答〉（《太陽》1924 年 1 月號）。

14　前引市川編《日韓外交史料》第 8 卷 p.328。原文為漢字片假名文。

15　以下的議會發言，引用自第 50 回帝國議會貴族院〈眾議院議員挙法改正法律案特別
　　委員会速録〉第 4 號（1925 年 3 月 14 日）p.17。

16　岡本前引論文 p.8 所引。

17　關於相愛會的事業，請參照〈相愛会館事業要覽〉（財団法人相愛会館，無年份，
　　《齋藤実文書》103 − 18（3））以及曼佛雷德・林霍法〈相愛会──朝鮮人同化団体
　　の歩み〉（《在日朝鮮人研究》9 號，1981 年）。關於總督府的資金援助狀況，請參
　　照〈相愛会館建設状況報告〉及〈池上四郎依頼状〉（兩者年份皆為 1928 年《齋藤

実文書》103－18（4）、（5））。池上是當時的總督府政務總監，他向遞信大臣提出
請求，希望給予相愛會資金援助。關於初期相愛會的情況，請見丸山鶴吉《七十年
ところどころ》（七十年ところどころ刊行會，1955 年）p.87。

18 譯注：關東大地震後，暴民紛傳是因為「污穢的朝鮮人」惹得天地怨怒，於是對朝
鮮人展開追殺，許多朝鮮人因此而受害。

19 丸山前引書 p.89。

20 譯注：近代以降，在東京街頭有很多賣糖的朝鮮人攤販，這些人原本多半是從事體
力勞動，因為賣糖簡單，所以就投入了這個行業。

21 同前書 p.90。

22 林霍法前引論文 p.60。

23 以下所記頁數，皆是引用自朴春琴《我等の国家　新日本》（朴春琴事務所，1930
年）。

24 朴春琴《同胞荣辱の大問題　在満朝鮮人帰化問題に関して朝野官民諸賢に檄す》（個
人印製小冊子，1930 年）。同時也可參照相愛會總本部〈満州視察状況と本会の態
度〉（《齋藤実文書》103－18（2））。關於日本對「在滿朝鮮人」的政策，請參照伊
藤一彥〈日本の在満朝鮮人政策〉（東京女子大學《比較文化研究所紀要》53 卷，
1992 年）。關於朴春琴的選舉狀況，在平田奈良太郎〈選挙犯罪、特に買収犯に就
て〉（《司法研究》19 輯 8 號，1933 年）及松田前引書中有詳細的描述。

25 第 57 回帝國議會眾議院本會議議事速記錄第三號（1932 年 6 月 4 日）p.23。

26 第 64 回帝國議會眾議院〈請願委員會議錄〉第 6 回（1933 年 2 月 17 日）p.8、本會
議議事速記錄第 6 號（1 月 26 日）p.85。第 65 回帝國議會眾議院〈臨時米穀移入調
節法案外二件委員會議錄〉第 3 回（1934 年 3 月 16 日）p.36、〈預算委員會議錄〉第
19 回（1934 年 3 月 9 日）p.14、〈預算委員第一分科會議錄〉第 3 回（2 月日）p.33。

27 前引第 64 回帝國議會眾議院〈請願委員會議錄〉第 6 回 pp.9-11。順道一提，朴氏在
第 64 回帝國議會眾議院的請願委員會當中，參與了第 14 次台灣議會設置請願的審
議。在當時的會議紀錄第 10 回（1933 年 3 月 3 日）中，朴氏做了以下的陳述：「台
灣雖然毫無疑問是殖民地沒錯……不過我認為台灣人也是日本人，就跟朝鮮人一
樣」；接著他又提議道：「與其說我反對台灣議會設置問題，不如說我鼓勵更進一
步給予台灣人參政權，應該修正眾議院議員選舉法，讓台灣也能產生議員」（pp.10-
11）。雖然從朴春琴一貫的取向來看，這是理所當然的反應，但從結果論而言，他的
主張對請願通過是產生了妨礙的效果。

28 這一連串的政府答辯，是從後述 1935 年 2 月 6 日正式會議上的質疑與應答集結而
成。關於志願兵制度，則是引用自前述第 65 回帝國議會眾議院〈預算委員第一分科
會議錄〉第 3 回 p.38。

29 第 65 回帝國議會眾議院〈預算委員會議錄〉第 16 回（1934 年 3 月 6 日）p.28。

30 前引第 65 回帝國議會眾議院〈臨時米穀移入調節法案外二件委員會議錄〉第 3 回
p.35、〈預算委員會議錄〉第 16 回 p.29。

31　前引第 65 回帝國議會眾議院〈臨時米穀移入調節法案外二件委員會議錄〉第 3 回 p.37、〈預算委員會議錄〉第 16 回 p.29、〈預算委員第一分科會議錄〉第 3 回 p.33。

32　譯注：此時擔任拓務省的最高長官——拓務大臣。

33　前引第 65 回帝國議會眾議院〈預算委員第一分科會議錄〉第 3 回 p.39、〈預算委員會議錄〉第 19 回（1934 年 3 月 9 日）p.22。

34　前引第 65 回帝國議會眾議院〈預算委員會議錄〉第 16 回 p.29、〈預算委員第一分科會議錄〉第 3 回 p.34、〈預算委員會議錄〉第 19 回 pp.17, 22。

35　前引第 65 回帝國議會眾議院〈預算委員會議錄〉第 19 回 p.16、第 16 回 p.30。

36　前引第 65 回帝國議會眾議院〈臨時米穀移入調節法案外二件委員會議錄〉第 3 回 p.35、〈預算委員會議錄〉第 3 回 p.35。第 67 回帝國議會眾議院正式會議議事速記錄第 11 號（1935 年 2 月 6 日）p.207。

37　以下引自前述第 67 回帝國議會眾議院正式會議議事速記錄第 11 號 pp.209, 213, 214。

38　第 65 回帝國議會眾議院〈臨時米穀移入調節法案外二件委員會議錄〉第 18 回（1935 年 3 月 23 日）p.8。

39　陸軍對志願兵制度請願的反應，請見第 71 回帝國議會眾議院〈請願委員會議錄〉第四回（1937 年 8 月 6 日）p.21。朴氏的發言請參照第 75 回帝國議會眾議院〈預算委員會議錄〉第 11 回（1940 年 2 月 15 日）p.289。關於朴氏的選戰，請參照松田前引書。

40　第 73 回帝國議會眾議院正式會議議事速記錄第 7 號（1938 年 1 月 28 日）p.130。

41　第 73 回帝國議會眾議院〈預算委員會議錄〉第 9 回（1938 年 2 月 2 日）p.24。

42　譯注：原文為「ヨボ」（yobo），是一種對朝鮮人的蔑稱，在此姑且譯為「朝鮮仔」。

43　第 74 回帝國議會眾議院〈決算委員會議錄〉第 14 回（1939 年 3 月 20 日）pp.20-21。第 75 回帝國議會眾議院〈預算委員會議錄〉第 11 回（1940 年 2 月 15 日）pp.285-286。

44　前引第 65 回帝國議會眾議院〈預算委員第一分科會議錄〉第 3 回 p.41、第 67 回帝國議會眾議院正式會議議事速記錄第 11 號 p.206、第 74 回帝國議會眾議院〈決算委員會議錄〉第 14 回 p.20。

45　前引第 73 回帝國議會眾議院正式會議議事速記錄第 7 號 p.128、第 67 回帝國議會眾議院正式會議議事速記錄第 11 號 p.210。

46　第 71 回帝國議會眾議院〈建議委員會議錄〉第 5 回（1937 年 8 月 5 日）p.42。第 67 回帝國議會眾議院〈請願委員第三分科會議錄〉第 4 回（1935 年 2 月 27 日）p.9。前引第 65 回帝國議會眾議院〈臨時米穀移入調節法案外二件委員會議錄〉第 3 回 p.35。

47　前引第 65 回帝國議會眾議院〈臨時米穀移入調節法案外二件委員會議錄〉第 3 回 p.36、〈預算委員會議錄〉第 19 回 p.20、第 16 回 p.28。

48　前引第 74 回帝國議會眾議院〈決算委員會議錄〉第 14 回 p.20。前引第 65 回帝國議會眾議院〈預算委員第一分科會議錄〉第 3 回 p.34。在這之後朴春琴的動向，請參照松田前引書。

49　前引第 67 回帝國議會眾議院正式會議議事速記錄第 11 號 p.209。原文無句讀。

## 第十五章

1 譯注：為了避免檢閱，將一部分的字彙以空白或是符號代替的手法。

2 譯注：光化門在 2010 年又移回原址。

3 《柳宗悅全集》（筑摩書房，1981 年）第 6 卷 pp.39, 228。以下的卷號與頁數，皆引用自本全集。關於柳宗悅和沖繩的語言論爭，除了《新沖繩文學》80 號（1989 年）的特集之外，還有上沼八郎的《沖縄の「方言論爭」について》（《地方史研究》141號，1976 年）。論及這場語言論爭相關的選集，則包括了前引的《那霸市史　資料編第 2 卷中－3》以及谷川健一編《わが沖縄》第 2 卷《方言論爭》（木耳社，1970年）當中大城立裕及谷川健一的解說。在柳宗悅的評傳中，提及語言論爭的則有鶴見俊輔《柳宗悅》（平凡社，1976 年）以及水尾比呂志《評伝　柳宗悅》（筑摩書房，1992 年），八田善德〈柳宗悅の民芸論〉第 4 回（《德山大学論叢》23，1985年）等作品；又，全集中的朝鮮論（第 6 卷）與沖繩論（第 15 卷），亦分別由鶴見和水尾擔任解說。關於柳宗悅的朝鮮論評價，除了早期的例子如幼方直吉〈日本人の朝鮮観〉以外，對於柳氏和朝鮮的關係進行實證調查的，則有高崎宗司〈柳宗悅と朝鮮〉（《朝鮮史叢》1 號，1979 年，後收錄於高崎前引《妄言の原型》當中），關於朝鮮論的研究，在 1980 年前後主要是由高崎進行整理。在這之後關於柳氏的朝鮮論，則有探討其與沖繩論之間連結的親富祖惠子〈柳宗悅の朝鮮観と沖縄観〉（《国際関係学研究》12 號，1986 年）與太田哲男《大正デモクラシーの思想水脈》（同時代社，1987 年）第四章，這兩篇都是給予肯定的評價。另一方面，研究這時期沖繩標準語獎勵運動實際狀況的，則有近藤健一郎〈国家総動員体制下の沖縄における標準語励行運動〉（《南島史學》49 號，1997 年）。

總體言之，儘管關於柳氏的朝鮮論，在獲得一定評價的同時，對於其非政治性以及朝鮮美術＝「悲哀之美」的論點也有批判之聲，但關於沖繩語言論爭，他所獲得肯定的評價，幾乎已是定論。不過前面提到的谷川俊一的解說，也批評柳宗悅把言語和民藝品當成同樣的固定物體，是他思考上的一種局限。花田俊典的〈沖繩方言論爭三考〉（《日本近代文学》52 號，1995 年）則是就開發與文化認同間的兩難進行了論述。鹿野政直在前引《沖縄の淵》中，批評民藝協會的論調有著「嘴上說著要尊重沖繩，實際上心卻傾向純日本一方」這樣的傾向。（p.274）富山一郎在《戰場の記憶》中，主張柳宗悅對於「『沖繩文化』的發現，是與卓越的『日本文化』新發現相連繫的」，並述及了柳氏對於沖繩與朝鮮、台灣差異的強調。（p.39）本章的分析主要從三點著手：①柳氏的民藝思想及其與東方主義的接點、②沖繩對東方主義的反抗意識，融入同化論當中後所展現的機能、③儘管有語言論爭，但沖繩納入「日本」的進程卻不退反進。順道一提，竹中均在〈柳宗悅の民芸理論と「実践的意識」〉（《ソシオロジ》39 卷 3 號，1995 年）中，將柳氏的民藝思想評價為反東方主義，不過筆者在此難以判斷。除上述以外，尚可參見中見真理對柳氏的一系列論述。

4 譯注：希臘籍文學家，後來歸化日本，以蒐集民間故事寫成的《怪談》一書聞名。

5 李奇對朝鮮美術的關心，請參照柳全集第 6 卷鶴見俊輔的解說第 p.680。在這之後，

1914 年柳宗悅拜訪淺川伯教時，第一次親眼目睹李朝陶器。

順道一提，柳宗悅在他的朝鮮論中說：「我總是認為，傳教士的罪惡史遠比他們的善行史，更加來得罄竹難書」、「特別是在朝鮮，傳教士的水準非常粗劣」、「他們屢屢企圖謀畫政治陰謀，這是在許多殖民地都出現的事實」。不過他也主張說：「因此把不幸的原因全都歸咎於朝鮮人本身和傳教士，從而掩蔽我們自身的罪過，我認為這是一種相當卑劣的態度」、「大多數的外國傳教士，都妄想自己是卓越的選民。然而我們的態度卻也一樣，把明明醜惡的東西相信成優秀，這令我不得不感慨萬千」。當他在批判內地人殖民者對朝鮮人的侮蔑行為之際，也這樣說：「如果外國人用同樣的態度對待日本，在日本會引發多大的反感？」（6 卷 p.30, 49, 68）這裡讓人頗感深意的是，柳氏的傳教士觀雖是源自他的反西洋文明意識，但在表面上卻很接近大亞洲主義者的主張。小泉八雲也對日本傳統文化受到西洋文明與基督教侵襲感到危機，因此對於在內村鑑三不敬事件所引爆的一連串論爭中，強烈抨擊基督教的井上哲次郎給予很高的評價，並高呼應該要對國民進行教育，教導他們「自古以來的愛國心和對天皇的愛」。（太田雄三《ラフカディオ・ハーン》，岩波新書，1994年，pp.124-133）雖然柳氏並非在提倡極端的國粹主義或者大亞洲主義，不過擺出架勢、抗議西歐近代文明對非西歐文化破壞的歐洲知識分子，也會擁護天皇制或者捕鯨產業等「日本的傳統文化」，在表面上和右派相契合，因此這樣的現象在現代也屢屢可見。從這點也可以隱約看出，為何近代以降的日本保守思想有不少的部分，都是當時學習最新思想、從歐美留學歸國的知識分子在主張。

6　太田雄三前引書 p.55。

7　〈觀光座談会・論戰賑ふ〉（《沖繩日報》1940 年 1 月 8 日）、〈問題の推移〉（《月刊民芸》1940 年 3 月號）引用自前引《那霸市史　資料編第 2 卷中−3》p.355, 374。

8　同前書 p.355, 374。

9　沖繩縣學務部〈敢て県民に訴ふ民芸運動に迷ふな〉（《沖繩新報》《沖繩每日》《沖繩日報》1940 年 1 月 8 日），引用自前引《那霸市史　資料編第 2 卷中−3》p.356。

10　譯注：大正末期到昭和初期，琉球群島因為經濟恐慌和糧食減產，陷入嚴重的飢饉當中，當地民眾無糧可食，只好吃蘇鐵過日子，故名之。

11　吉田嗣延〈愛玩県〉（《沖繩朝日新聞》1940 年 1 月 10 日），引自前述《那霸市史　資料編第 2 卷中−3》p.375 中〈問題の推移〉所載內容。

12　《回想　吉田嗣延》（吉田嗣延追悼文集刊行委員會，1990 年）pp.327-329。又，如以下所見，反對柳宗悅的投書多半刊載在《沖繩日報》、《沖繩朝日》上，據吉田的說法，那是因為「《沖繩日報》和《沖繩每日》相當厭惡《琉球新報》，所以既然《琉球新報》擺明了要支持民藝協會，那他們就打對台，支持鼓勵標準語」。（《回想　吉田嗣延》p.330）故此，光從報刊投書要推斷沖繩一般民眾的態度如何，實際上是有困難的；同時，在這當中也可以窺見沖繩內部的對立關係，在贊成獎勵標準語與否這件事上的相互較勁。不過，若是光看民藝協會為這場論爭所列的清單（前引《那霸市史　資料編第 2 卷中−3》pp.443-450），總體來說，在沖繩這邊的論壇，

確實是批判柳氏的人占大多數。只是，這些投書是否真能夠確切代表當時全體沖繩居民的感情，那又是另外一回事了。

13 前引《回想 吉田嗣延》p.331。吉田嗣延〈柳氏に与ふ〉（《沖繩日報》1940 年 1 月 16 日），引自《那霸市史 資料編第 2 卷中－3》p.361。

14 田名宗德〈標準語問題と県民の使命（上）〉（《沖繩日報》1930 年 1 月 27-28 日）、城間得榮〈琉球語論爭（上）〉（《沖繩日報》1940 年 1 月 17 日），引用自前引《那霸市史 資料編第 2 卷中－3》p.368, 362。

15 比嘉順常〈沖繩玩弄〉（《沖繩日報》1940 年 1 月 11 日），引自前述《那霸市史 資料編第 2 卷中－3》p.375 中〈問題の推移〉所載內容。

16 譯注：由沖繩王府所設立，專門負責製作進貢或外交贈答用漆器的機構。

17 城間得榮〈言葉の社会性（中）〉（《沖繩日報》1940 年 1 月 18 日）、山田正孝（當真嗣合）〈標準語の問題〉（《沖繩朝日新聞》1940 年 1 月 15 日），引自《那霸市史 資料編第 2 卷中－3》p.363, 450。

18 兼城靜〈標準語の立場〉（《沖繩日報》1940 年 1 月 21 日），引自《那霸市史 資料編第 2 卷中－3》p.365。

19 前引太田全集上卷 p.261、前引伊波全集第 2 卷 p.270, 265。

20 大宜味梅子〈お偉い方々へ〉（《沖繩日報》1940 年 1 月 13 日），引自《那霸市史 資料編第 2 卷中－3》p.357。

21 譯注：1903 年日本舉行大阪博覽會，會上的「學術人類館」將沖繩人、台灣原住民（高砂族）、愛努人、清朝人等並列展示，此舉引發了強烈的反彈。

22 前引田名論文 p.368。

23 萩原朔太郎〈為政者と文化〉（《月刊民芸》1940 年 3 月號）。引自《那霸市史 資料編第 2 卷中－3》p.387。

24 譯注：所謂「文明開化」，指的是明治初期，日本在制度和習慣上大力接受西洋文化的現象。

25 佐藤信衛的發言引自〈その後の琉球問題〉（《月刊民芸》1940 年 5 月號）。清水幾太郎〈中央文化と地方〉（《東京朝日新聞》1940 年 3 月 26 日）。柳田國男的發言出自柳田國男、式場隆三郎、柳宗悅、比嘉春潮〈座談会 沖繩の標準語問題批判〉（《月刊民芸》1940 年 4 月號）。皆引自《那霸市史 資料編第 2 卷中－3》p.403, 370, 398。

26 前引〈その後の琉球問題〉p.403。不過，清水幾太郎和柳田國男等人都有提及沖繩的歧視與經濟問題，所以並不見得說本土論者就一定都只聚焦在文化方面的議論上，但問題的主要焦點是擺在這裡，也是不爭的事實。

27 柳宗悅全集 15 卷 p.152。吉田前引〈柳氏に与ふ〉p.361。

28 〈金口木舌〉（《琉球新報》1940 年 1 月 19 日），引自《那霸市史 資料編第 2 卷中－3》p.403, 363。

29 杉山平助〈文学と方言について〉（《改造》1940 年 8 月號）、〈琉球の方言について〉（《新潮》1940 年 7 月號），引自《那霸市史 資料編第 2 卷中－3》p.421, 419。

30 杉山平助〈琉球の標準語〉（《東京朝日新聞》1940 年 5 月 22 日）、〈琉球の方言について〉，引自《那霸市史　資料編第 2 卷中－3》p.371, 416。

31 式場隆三郎〈琉球と標準語〉（《東京日日新聞》1940 年 3 月 29 日）、長谷川如是閑〈日本語の洗練性に就いて〉（《月刊民芸》1940 年 3 月號）、石黑修〈標準語の名稱と要件〉（《月刊民芸》1940 年 5 月號）、壽岳文章〈標準語と方言〉（《月刊民芸》1940 年 3 月號），引自《那霸市史　資料編第 2 卷中－3》p.371, 390, 406。

32 譯注：8 世紀中期，日本透過遣唐使吸收中國文化，並遷都奈良，發展出燦爛的文化。

33 柳全集第 15 卷 p.594。柳宗悦〈沖繩語の問題〉（《東京朝日新聞》1940 年 6 月 1 日，全集未收錄），引自《那霸市史　資料編第 2 卷中－3》p.372。

34 琉球新報社編《東恩納寬惇全集》第 8 卷（第一書房，1980 年）p.174, 176。

35 杉山前引〈琉球の方言について〉p.418。

36 譯注：日本從中世到近代使用的一種文體，因為字尾往往要加一個表示客氣的助動詞「候」，所以得名。

37 〈標準語問答の松尾氏語る／縣出身騎兵の思ひ出〉（《沖繩日報》1940 年 11 月 25 日）、〈縣民よ台湾に敗けるな！〉（《沖繩日報》1940 年 1 月 22 日）。引自《那霸市史　資料編第 2 卷中－3》p.367, 364。

38 山田前引文 p.450、城間前引〈言葉の社会性〉p.363、杉山前引〈琉球の方言について〉p.418。

39 伊波全集第 2 卷 p.284、第 10 卷 pp.431-432。

40 兼城前引文 p.364。

41 〈沖繩言語問題に対する意見書〉（《月刊民芸》1940 年 11・12 月合併號），引自〈琉球の方言について〉pp.424-425, 427。

42 譯注：此處應該是指鹿兒島，九州南部最大的軍事基地。

## 第十六章

1 內務省管理局〈朝鮮及台湾在住民政治処遇ニ関スル質疑応答〉（收錄於外務省外交史料館所藏《本邦內政関係雜件　植民地関係》第 6 卷）p.1。原文為漢字片假名文。關於皇民化政策的意識形態，請參見宮田節子《朝鮮民眾と「皇民化」政策》（未來社，1985 年）第 IV 章等作品。本章乃是聚焦於總督府一方的民族概念相對化，以及朝鮮人一方的近代化指向。

2 朝鮮總督府〈重要事務引繼書〉（收錄於前引〈大野綠一郎文書〉），完成於南次郎赴任 1936 年 8 月。上面完全沒有關於兵役、戶籍、參政權等事項的記載。
以朝鮮總督府為首的日方，究竟何時開始對朝鮮人的兵役產生具體的規畫，宮田節子在前述著作中有著詳盡的檢討。根據宮田的論述，朝鮮軍從 918 事變隔年的 1932 年開始，便反覆研討朝鮮人的兵役問題，1937 年 6 月陸軍省發了一封機密文件給朝鮮軍，徵求他們對朝鮮人徵兵問題的意見。同年 7 月 2 日，朝鮮軍提出意見書，主

張採用試驗性的志願兵制度，8月5日總督府幹部在內部會議上達成決議，而後，南次郎在1938年1月15日前往東京向天皇上奏，獲得同意之後，便在1938年2月頒布了「陸軍特別志願兵令」。又，1936年8月赴任總督的南次郎，打從赴任開始，便一心希望能在朝鮮實施徵兵制。

可是在此同時，1933年3月17日眾議院請願委員會就「關於徵兵制度在朝鮮施行」一案討論的時候，政府委員的回答是：「目前兵源沒有不足，相反可說是十分充裕，所以我們認為眼下沒有施行此事的必要」。又如第十四章所提及，在1937年8月6日的眾議院請願委員會中，政府委員也做了這樣的回答：「關於徵兵制度的實施，其時機尚未成熟，在募集兵員方面，眼下也沒有這個必要。另一方面，關於以徵兵制度為前提實施志願兵制度一事，我們也認為目前仍然為時尚早。」志願兵制是透過朝鮮人議員朴春琴的斡旋進行請願，就陸軍方面來說，表達贊成之意，其實並沒什麼損失。從這幾點來看，8月6日朝鮮軍—總督府—陸軍省高層就志願兵問題進行會議，達成政府與陸軍整體的一致共識，亦即兵源不足以及動員朝鮮人的必要性，這應當是在看到中日戰爭無法迅速解決的時期下，才產生的態度轉變吧！

今天，我們從最終對朝鮮人進行徵兵是否為日方一開始的方針進行觀測，可以發現日本對朝鮮的統治，其實大體上是很欠缺計畫性的。儘管打從合併開始，在論壇上就有將來要對朝鮮人徵兵的意見產生，在朝鮮軍等一部分勢力當中，也很早就開始針對這方面進行具體的研究，這些都是事實，可是這些能否看作是「日本」整體的意志，則有必要慎重考量。正如本書所記述，對朝鮮人徵兵，不只是伴隨著給忠誠心可疑的他們武器所帶來的危險，還要被迫檢討參政權問題，因此對總督府和日本政府而言，是個風險很大的政策。即使身為前關東軍司令官的南次郎，無視這樣的政策判斷而以軍隊為先導，對此做出善意的回應，但要得到各勢力的共識並加以實施，如果不是處在戰爭這種非常狀態下，應該也很困難吧！

3　關於朝鮮的就學率，請參照古川宣子〈殖民地期朝鮮における初等教育〉（《日本史研究》370號，1993年）。關於制度改革及其官方見解，請參照總督府學務課長八木信雄的〈学制改革と義務教育の問題〉（《今日の朝鮮問題講座》第3冊，《現代朝鮮の生活とその改善》，綠旗聯盟，1939年）。順道一提，雖然在1942年12月就已經發表決定，從1946年度起，要在朝鮮實施義務教育制度，但到最後並沒有實現。關於台灣的制度變更以及就學率，請參照鍾清漢前引《日本殖民地下における台湾教育史》。只是，雖然在名稱上廢止了「公學校」和「小學校」的區分，但是常用日語的人就讀的是第一號課程的國民學校，不常用日語的人就讀的是第二號課程的國民學校，所以實質上的區分並沒有消失。又，關於此一時期台灣的總動員體制與皇民化教育，在伊藤幹彥〈日本殖民地時代の台湾教育〉、〈皇民化運動と戰時体制〉（《アジア文化研究》3號、4號，1996年、1997年）與近藤正巳《総力戰と台湾》（刀水書房，1996年）中有詳盡敘述。關於朝鮮皇民化運動在組織面上的展開，請參照庵浴由香〈朝鮮における戰爭動員政策の展開〉（津田塾大學《国際関係学研究》21號，1994年）。關於北海道舊土人保護法修正，請參照小川前引《近代アイ

ヌ教育制度史研究》。

4　譯注：東京大學法學院院長、貴族院議員。

5　引用自綠旗日本文化研究所編《朝鮮思想界概觀》（前引《今日の朝鮮問題講座》第4冊）p.36。關於這時期的國史教科書，請參照磯田一雄〈第三次・第四次朝鮮教育令下の国史教科書の改訂狀況〉（《成城文芸》130號，1990年）。

6　參照序章注釋1。

7　南次郎《時局と內鮮一体》（國民總力朝鮮聯盟，1942年）p.10。

8　南前引書 p.13。上田龍男《朝鮮の問題と其の解決》（京城正學研究所，1942年），p.1。

9　古川兼秀《秘・內鮮一體の具現》（國民總力朝鮮聯盟防衛指導部，1941年）p.35, 5, 2。

10　引用按順序分別為南前引書 pp.12-13，倉島至《前進する朝鮮》（朝鮮總督府情報課，1942年）p.12，宮田節子、金英達、梁泰昊《創氏改名》（明石書店，1992年）p.35之引文、孫貞圭、趙圻烘、津田節子〈都会に於ける家庭生活の改善〉（《今日の朝鮮問題講座》第5冊《現代朝鮮の生活とその改善》）p.20。

11　引用自《朝鮮同胞呼称並新聞雜誌記事取扱座談会》（新聞用語研究會，1939年）p.7, 13。前者為《大阪毎日新聞》1938年8月13日，一篇署名「一名朝鮮愛國少年」投書的一部分，後者則是大阪商工會議所理事武田鼎一的發言。關於從這場座談會開啟了「半島人」的稱呼，請參照樋口雄一《協和会》（社會評論社，1986年）補章三。

12　內海愛子、梶村秀樹、鈴木啟介編《朝鮮人差別とことば》（明石書店，1986年）p.90之引文。

13　飯田彬《半島の子ら》（第一出版協會，1942年）pp.68-69。

14　古川前引書 p.26。飯田前引書 p.72, 75。

15　石黑政憲〈協和教育斷想〉（《国民学校に於ける協和教育》，中央協和會，1941年。收錄於樋口雄一編《協和会関係資料集》II，綠陰書房，1991年）p.19。

16　《內鮮一体ノ理念及其ノ具現方策要綱》（國民總力朝鮮聯盟防衛指導部，1941年）p.4。原文為漢字平假名文。

17　高坂正顯、西谷啟治、高山岩男、鈴木成高《世界史的立場と日本》（中央公論社，1943年）p.338, 340, 343, 352, 354。

18　南前引書 p.15。

19　古川前引書 pp.44-45。

20　同前書 pp.35-36。

21　同前書 p.37。

22　尾高朝雄《国体の本義と內鮮一体》（國民總力朝鮮聯盟防衛指導部，1941年）pp.49-50。

23　同前書 p.50。津田剛《世界の大勢と內鮮一体》（國民總力朝鮮聯盟防衛指導部，

1941 年）p.50。

24 明石博隆、松浦總三編《昭和特高彈圧史》7（太平出版社，1975 年）p.212。引自特別高等警察針對 1941 年 10 月被拘捕的大阪府「朝鮮獨立青年黨」成員所作的記錄。在同史料集第 p.65 等處，也可以看到同樣的希特勒觀。

25 御手洗辰雄《南次郎伝》（南次郎傳記刊行會，1957 年）p.472。南前引書 p.20。

26 前引《朝鮮思想界概觀》p.32。

27 香山光郎（創氏名）《內鮮一体隨想録》（中央協和会，1941 年）p.5-6, 13-14。
關於這時期親日派知識分子的動向，除了在林鍾國《親日文学論》（大村益夫譯，高麗書房，1976 年）當中有網羅性的檢證之外，也可以參照高崎宗司〈朝鮮的親日派〉（岩波講座《近代日本と殖民地》第 6 卷，1993 年）等作品。關於同時期台灣知識分子內心的糾葛，則可參照垂水千惠《台灣の日本語文学》（五柳書院，1995 年）。關於朝鮮親日派知識分子的轉向動機，除了如宮田前引書所指出，是為了渴望從歧視當中脫離以外，在松本武祝〈殖民地下の朝鮮人はいかに統治されたか〉（《情況》1997 年 12 月號）中，也以玄永燮和印貞植為題材，環繞著朝鮮社會歷經怎樣的經濟發展，對他們的問題意識、以及他們之所以協助日本的過程進行了分析。並木真人〈殖民地時期民族運動の近代觀〉（《朝鮮史研究会論文集》26 集，1989 年），則是從皇民化政策以前李光洙的「近代至上主義」，到他之後準備轉向的視點出發，主張這是：「該如何站立在傳統民族的價值觀上，朝著西歐的近代形象前進？是要就此向日本帝國主義的支配妥協呢，還是不妥協？在這裡產生了一個分歧的關鍵點」。（p.116）
就像這樣，將從歧視境地中脫離與期望朝鮮社會近代化，當做轉向背景的說法屢見不鮮。然而，就像在松本論文和並木論文中所見，一味著重在「近代」有關經濟發展與國力養成的這一面，將「近代至上主義」和民族主義者的「近代懷疑主義」相互對比評價（並木），我認為這樣的論點是不夠充分的。在本章中，我們可以見到親日派知識分子期待著藉由皇民化政策，來達成化解階級差距或女性歧視等「近代」的正面價值，而這也構成了他們轉向的契機。
那麼，該如何把握「近代」，又該如何評價之呢？儘管這是一個很巨大的問題，不過總而言之，以「近代至上主義」對「近代懷疑主義」這種模式去設定，不管贊賞哪一方，都顯得大有問題。與之相對比的是，把日本放在過度「近代」的一邊，朝鮮則放在過度「反近代」的一邊；這種分類捨棄了雙方多樣性的實際狀態，只是將不過是從「近代」對比映射出來的「反近代」加以實體化並贊美之。當這樣的浪漫主義與集團性、近代化的認同被定位為二擇的時候，必然會陷入作繭自縛的悖論當中。正如本章和第十五章所見，當為了獲得近代化的果實，必須同化；倘若拒絕同化，則必須放棄近代化；陷入這樣二擇的設定之際，大多數的人都會選擇轉向同化論，這就是要因。至少，「日本帝國主義」並不完全是理念型的「近代」的使徒；它在支配的意識形態中，靈活運用了「文明化論」和「舊慣溫存論」，透過「舊慣溫存」、「反西歐」、「反資本主義」等各種文脈，來爭取朝鮮方面的協助。

28　玄永燮《朝鮮人の進むべき道》（綠旗聯盟，1938年）p.147。「宰相」發言見宮田前引書p.43所引。

29　李氏和梁氏的發言，見《朝鮮思想界概觀》p.22, 29。玄永燮前引書p.84。

30　玄氏前引書pp.8, 28-29, 41, 9, 20, 78, 24, 157。

31　同前書p.145。關於李光洙，請參照並木前引論文及波多野節子〈李光洙の民族主義思想と進化論〉（《朝鮮学報》136號，1989年）。

32　同前書pp.41-42, 32-33, 44。

33　李淑鍾〈半島婦人と勤労奉仕〉（《総動員》1卷3號，1939年）p.29。金活蘭〈婦人同志の愛情と理解〉（《東洋之光》1卷6號，1939年）pp.86-87。高明子〈新しい婦人運動の道〉（《東洋之光》1卷6號，1939年）p.89。

34　朝鮮總督府學務局社會教育課《朝鮮社會教化要覽》（1938年，前引《日本殖民地教育政策史料集成》第51卷）pp.81-82、83。綠旗聯盟日本文化研究所編《氏創設の真精神とその手続》（綠旗聯盟，1940年）p.8。

35　前引《現代朝鮮の生活とその改善》p.53。

36　講演的情況取自前引《朝鮮思想界概觀》p.58。金活蘭前引論文p.87。

37　前引《朝鮮思想界概觀》p.72。

38　上田（創氏名）前引書，pp.15-16。

39　崔氏發言見前引《朝鮮思想界概觀》p.23。玄氏前引書p.81。

40　朝參密第475號〈朝鮮俘虜收容計画に関する件報告〉及朝參密第2029號〈英人俘虜收容に伴ふ一般民眾の反響〉。東京審判紀錄1947年1月7日提出資料。

## 第十七章

1　〈朝鮮人徵集に関スル具体的研究〉（《大野綠一郎文書》1279－5）。無頁數，原文為漢字片假名文。關於大戰末期的參政權賦予問題，除了楠氏前引〈外地參政權問題〉以外，近年則有岡本真希子〈アジア・太平洋戦争末期における朝鮮人・台湾人參政權問題〉（《日本史研究》401號，1996年）與淺野豐美〈日本帝國最後の再編〉（早稻田大學社会科学研究所《研究シリーズ》35號，1996年）進行檢討。岡本論文是針對賦予參政權的相關議論加以整理，淺野論文則是從日本與歐美的關係以及國內諸勢力的對立關係，來追溯賦予參政權議題虎頭蛇尾結束的過程。本章則是從環繞著領有台灣以來的總督府特權引發的政爭及其關連，來處理這個問題。又，關於本章的「移籍」問題，之前已經發表在小熊〈「日本人」という牢獄〉一文中，但當時關於這個問題的研究僅是筆者自己的淺見，並不算是非常完備，之後才有岡本真希子〈アジア・太平洋戦争末期の在日朝鮮人政策〉（《在日朝鮮人史研究》27號，1997年）公開發表。

2　前引〈極秘　朝鮮選舉權問題ニ関スル件　制度改正ニ関スル諸資料〉p.5, 21。原文為漢字片假名文。總督府內務局製作，發文日期為1939年11月。

3　古川前引《內鮮一体の具現》p.24。

4　Christopher Thorne, *The Issue of War*, London, Hamish Hamilton Ltd., 1985. クリストフ
　ァー・ソーン《太平洋戦争とは何だったのか》（市川洋一譯，草思社，1898年）參
　照 p.201 以下部分。

5　淺野前引〈日本帝國最後の再編〉p.260引文。發文日期為1944年12月23日。原文
　為漢字片假名文。

6　葛生能久《朝鮮問題解決の急務》（黑龍會本部，1944年）pp.9, 7-8。

7　淺野前引〈日本帝國最後の再編〉p.259引文。原文為漢字片假名文。

8　〈極祕　陸軍大臣ヨリ朝鮮總督へ懇談要旨〉（《大野綠一郎文書》1152）無頁數，
　原文為漢字片假名文。

9　關於徵兵制度的來龍去脈，請參照宮田前引《朝鮮民眾と「皇民化」政策》III章。

10　山崎前引《外地統治機構の研究》p.81。關於這時的官制改革，請參照同書第二章。

11　〈行政簡素化実施ノ為ニスル內閣所屬部局及職員官制改正ノ件外二九件〉（國立公
　文書館所藏《樞密院會議筆記》）1942年10月28日。原文為漢字片假名文。南氏
　的發言，在宮田前引書中也有提及。順道一提，筆者認為南氏的態度，與其說是自
　覺性的「自相矛盾」，不如將之定位為欠缺責任意識、「不覺矛盾」的機會主義論
　調，在此要附註並沒有替南氏辯護之意。
　　又，據御手洗前引《南次郎傳》pp.472-473，南氏「忠實遵守原首相時期水野政務總
　監提出的方針」，反對自治議會設置案，並且「抱持著將來要從朝鮮選出議員進入
　眾議院，在政治上讓朝鮮和九州四國一樣，被當成內地區域來看待的心意，就漸進
　施行選舉法的方式，祕密尋求學者和政治家的意見。之後，在身為樞密顧問官時，
　他也在陛下親臨的會議上，以最明確的言論，做出這樣的主張」。確實，南氏在10
　月28日的樞密院審議上，除了官制上的「內外地行政一體化」外，更積極促進權利
　面的一體化，主張「實施徵兵制、推廣義務教育制度、賦予參政權」。但他的主張
　是，這些權利面的同化必需要在「半島官民絕對信賴總督、完全服從總督指導」的
　狀態下加以促進，為此絕對不能削減總督的權限。南氏之所以這樣主張，除了是因
　為不了解總督權限和選舉眾議院議員之間的關係，另一方面，他將政府比較不容易
　走偏的參政權問題置於官制改革之前，或許也有為官制改革踩煞車的用意在。正如
　第五章所見，面對從權限問題，主張編入法制上的「日本」的內地勢力，朝鮮總督
　府方面拿參政權問題來要脅，可以說是老生常談的言論。至少，我們實在不能認為
　南次郎是「忠實」於主張削減總督府權限的原敬取向。在御手洗的記述中，將南次
　郎和日方強烈描寫成一貫都是抱持著「一視同仁」的同化論立場，有意地推行參政
　權、徵兵制、創氏改名等「日本人」化政策，可是這種說法作為史料，其實是欠缺
　可信度的。至於御手洗說南氏在赴任總督之際，便有意在朝鮮適用徵兵制，這種說
　法到底可信到什麼程度，筆者也無法判斷。

12　關於樺太的編入內地以及參政權問題，請參照楠精一郎〈樺太參政權問題〉（前引
　《現代日本史の新研究》VIII，1990年）。

13　〈總督留守中ノ主要事項〉（《大野綠一郎文書》1156－2）。前引〈極秘　朝鮮人徵

集に関スル具体的研究〉兩者皆無頁數，原文為漢字片假名文。

14 坂元前引〈敗戦前日本国における朝鮮戸籍の研究〉p.271, 273。又，關於創氏改名
與朝鮮家族制度，請參照前引《創氏改名》一書。

15 收錄於前引〈本邦內政雜件　殖民地関係〉（以下略稱為〈內政雜件〉）第1卷。無
頁數，原文為漢字片假名文。開頭蓋有「極秘」印鑑，以及「19、1、28」的日期和
「村山私案」字樣。筆者在前述〈「日本人」という牢獄〉中，推斷是內務省管理局
的文件，但岡本在前引〈アジア・太平洋戦爭末期の在日朝鮮人政策〉中，則推斷
「村山」是當時擔任內閣參事官、負責官房審議室勤務的村山道雄，因此文件的製作
者究竟是誰，並沒有明確的證據。又，內務省文件和閣議決定都使用「移籍」這個
說法；雖然它並不是正式的法律用語，故意義不明確，但想來應該是包括了「轉籍」
與「就籍」內地的概念在內，所以以下的本文記述，也都採用「移籍」這個詞。

16 〈內地朝鮮間戸籍ノ移動ニ関スル法律案要領〉（〈內政雜件〉第3卷）無頁數，原文
為漢字片假名文。開頭蓋有「極秘」印鑑及「昭和19、10、10」的日期。

17 〈內地朝鮮間ノ転籍等ニ関スル法律仮案〉（〈內政雜件〉第3卷）無頁數，原文為漢
字片假名文。開頭蓋有「極秘」印鑑及「昭和19、10、11、朝鮮總督府法務局民事
課印」字樣。

18 〈朝鮮人及台湾人ノ移籍等ニ関スル諸問題〉（〈內政雜件〉第3卷）無頁數，原文為
漢字片假名文。以內務省專用複寫紙形式印刷。開頭有「昭19、11、12」的日期。

19 〈中央政府ト交渉案件〉（《大野綠一郎文書》1155－1。無頁數，原文為漢字片假名
文。

20 〈朝鮮統治施策企画上ノ問題案〉（〈內政雜件〉第2卷）無頁數，原文為漢字片假名
文。

21 〈朝鮮及台湾ニ本籍ヲ有スル者ノ內地移籍ニ関スル件〉（〈內政雜件〉第3卷）日期
為「昭19、11、14」。無頁數，原文為漢字片假名文。又，關於內地居住年數，根
據〈內政雜件〉第3卷所收錄、之後的內務省案，則又回到了3年的限制。

22 〈朝鮮及台湾ニ本籍ヲ有スル者ノ內地移籍ニ関スル件　所轄問題〉（〈內政雜件〉
第3卷）。無頁數，原文為漢字片假名文。開頭有「極秘」印鑑與「昭19、11、24」
的日期。與這份文件同時收錄，被認為是司法省案，標示日期為「昭19、11、29」
的〈朝鮮人又ハ台湾人ノ移籍ニ関スル法律案要綱案（未定稿）〉，則將移籍許可條
件，規定為居住內地3年以上、能獨立營生，年滿20歲以上的「志操堅實」者，同
時也認可直系親族的入籍。在這裡沒有看到總督府案中對曾服軍務者的許可條件，
但也沒有在內務省案中出現的言語風習上的條件。從法條上來看是很中立的內容，
但是法院會適當聽取行政機構的意見，並對所謂「志操堅實」進行審查。

23 1944年12月22日閣議決定〈朝鮮及台湾同胞ニ対スル處遇改善ニ関スル件〉（內閣
官房《內閣制度九十年資料庫》1976年）pp.1004-1005頁。原文為漢字片假名文。

24 內務省管理局〈朝鮮及台湾在住民政治處遇ニ関スル質疑応答〉（〈內政雜件〉第6
卷）p.38。原文為漢字片假名文。這是一份政府向議會以及樞密院的答辯用資料，

封面上寫著「昭和20、3、6」的日期。

25 即須佐之男，天照大神之弟，以武勇和胡作非為著稱。

26 前引〈行政簡素化実施ノ為ニスル內閣所屬部局及職員官制改正ノ件外二九件〉。小磯的發言與昭和天皇的形容，見淺野〈日本帝國最後の再編〉p.259所引。前者原文為漢字片假名文。

27 譯注：由天皇親自挑選，任期為終身。

28 〈朝鮮ニ於ケル參政制度方策案〉（《大野綠一郎文書》pp.128, 1-5）。由於使用的是1943年3月的就學統計，所以成稿時間應該是在1943年後半至1944年前半。

29 前引〈朝鮮人皇民化基本方策〉。

30 所謂協和事業，指的是對當時從中國和朝鮮被動員到內地的勞工進行保護指導的工作。

31 同前文件。

32 〈行政機構整備実施ノ為ニスル朝鮮総督府官制中改正ノ件及台湾総督府官制中改正件外五件ニ関スル枢密院審査委員會（昭和18年11月17日、18日）に於ける質疑応答（抄）〉（內務省管理局《外地統理提要》收錄，1944年1月，〈內政雜件〉第2卷）p.9。原文為漢字片假名文。

33 大井篤《海上護衛戰》（朝日ソノラマ，1992年，舊版為1953年）p.353。

34 〈島民処遇ニ関スル措置概要〉（〈內政雜件〉第4卷）及〈本島人ノ処遇ニ付総督府ニ於テ考慮シツツアル事項〉（〈內政雜件〉第2卷）。前者有「19、12、2大府議決定」字樣。關於這時期的台灣動向，請參照近藤正己前引《総力戰と台湾》第六章。殖民者的反應見朝鮮總督府保安課〈極秘　朝鮮同胞処遇改善發表ニ伴フ反響〉（收錄在國立公文書館〈昭和二十年公文雜纂〉，1945年1月8日當時的報告）。無頁數，原文為漢字片假名文。

順道一提，在朝鮮總督府的祕密調查中，也有報告朝鮮人關於參政權問題的反應：相對於「有識者階層對此表示感激，並抱持著相當大的期待」、「處處皆可看見有人在進行出馬角逐的準備」，一般情況則是「除了滿足一部分特權階級的政治野心之外，對一般大眾沒有任何影響」，簡單說就是「關心薄弱」。即使在「有識者」當中，也有對「調查委員會中完全沒有朝鮮人參與籌畫」表達不滿的聲音被報告上來。

35 居住在庫頁島東部的一個小族群，以漁獵為生，人口僅有數百人。

36 《大達茂雄》（大達茂雄伝記刊行会，1956年）p.264。

37 即第21屆日本眾議院議員總選舉，由於1940年頒布的禁止結社令，使得只有政府允許的「大政翼贊會」一個政黨參選，故又稱為翼贊選舉。

38 〈朝鮮総督府中枢院及台湾総督府評議会官制改正要項（案）〉（〈內政雜件〉第3卷）。1944年11月4日。前引〈朝鮮人皇民化基本方策〉。

39 前引《大達茂雄》p.264。〈朝鮮及台湾在住民政治処遇調查会ニ於ケル小磯会長挨拶〉（〈朝鮮及台湾在住民政治処遇調查会に関する件〉，國立公文書館所藏，第一卷收錄）。後者無頁數，原文為漢字片假名文。

40　〈朝鮮人及台湾人ノ政治処遇ニ関スル伊沢枢密顧問官後述要旨〉（〈內政雑件〉第 3 卷）。日期標示為「昭和 19 年 11 月 28 日」。無頁數，原文為漢字片假名文。前引淺野〈日本帝國最後の再編〉中說，伊澤的這番意見對內務省的態度改變扮演了很重要的角色，但筆者難以對此做出判斷。

41　〈朝鮮及台湾在住民政治処遇調查会第二部会要録〉（〈內政雑件〉第 5 卷）。1945 年 1 月 19 日。無頁數，原文為漢字片假名文。

42　山田的發言見〈朝鮮及台湾在住民政治処遇調查会第二回総会要録〉（1 月 7 日）及〈第四回総会要録〉（3 月 4 日）。兩者皆收錄在〈內政雑件〉第 5 卷。無頁數，原文為漢字片假名文。又，山田出於反對同化的立場，曾發言表示「創氏制度在政治上是不可行的」（第二回総会）。蠟山的發言見大木操《大木日記》（朝日新聞社，1969 年）p.154。關於「議會運作」的發言，出自〈第四回総会要録〉，發言人為山崎達之輔。

43　小磯發言見〈第二回総会要録〉。陸軍發言見〈第二部会会議要録〉。朝鮮總督的電報日期為 2 月 28 日，台灣總督的電報為 2 月 20 日。台灣總督府在 19 日，也寄送給內務大臣一封同樣的電報。以上皆收錄在〈內政雑件〉第 5 卷。原文為漢字片假名文。

44　〈第一部会会議要録〉1 月 18 日及 2 月 8 日。收錄在〈內政雑件〉第 5 卷。無頁數，原文為漢字片假名文。

45　南及朝鮮總督府政務總監遠藤柳作的發言，收錄在〈貴族院令改正案貴族院ニ提出ノ件外一件審查委員会〉（前引《枢密院会議録》）第 2 回（1945 年 3 月 13 日）。小磯的發言則收錄在第 1 回（3 月 12 日）。原文為漢字片假名文。

46　第 86 回帝國議會眾議院〈眾議院議員選舉法改正法律案委員会議録〉第 3 回（3 月 20 日）p.14。前者為司法大臣松阪廣政，後者為法政局長三浦一雄的發言。原文為漢字片假名文。

47　大霞会編《続內務省外史》（地方財務協会，1987 年）p.228。

48　前引〈朝鮮及台湾在住民政治処遇ニ関スル質疑応答〉p.26。

49　坂元前引〈敗戰前日本國における朝鮮戶籍の研究〉p.271。

50　日本教職員組合、沖繩教職員會共編《沖繩の先生たち》（合同出版株式会社，1970 年）p.94。又，在日軍當中以例外對沖繩住民同情而為人所知的太田實海軍少將，在 1930 年代前半的日記中曾經這樣寫著：「那些對於美國排日感到憤懣不平、大加譴責的日本人，在想過自己是如何對待朝鮮人和台灣人之後，又有幾人能繼續責備美國呢？」這樣的世界觀也反映在對沖繩的態度上。田村洋三《沖繩縣民斯ク戰ヘリ》（講談社，1994 年）p.159。

51　《近衛文麿》下（近衛文麿伝記編纂刊行会，1952 年）p.559-561。

# 第十八章

1　關於這當中的來龍去脈，請參照大沼保昭《新版　単一民族社会の神話を越えて》（東信堂，1993 年），松本邦彥〈在日朝鮮人の日本國籍剝奪〉（東北大学《法学》

52 卷 4 號，1988 年），田中宏《新版　在日外国人》（岩波新書，1995 年），水野直樹〈在日朝鮮人・台湾人參政権「停止」条項の成立〉（世界人権問題研究センター《研究紀要》1 號，1996 年）等論著。

2　參照增子義久〈幻のアイヌ独立論を追う〉（《朝日ジャーナル》1989 年 3 月 3 日號）。

3　以下的來龍去脈，請參照大田昌秀〈沖繩分離の背景についての一考察〉（《沖繩の帝王　高等弁務官》朝日文庫，1996 年，初版 1984 年）。本章在以下的部分，針對美方的沖繩觀與世界觀、日方的沖繩觀、沖繩在法制上的定位等進行了描述，不過各個相關論點都已經在各處所提及的先行研究中提出過了。本章作為研究的價值，乃是對這些論述進行綜合分析，並透過和戰前的朝鮮、台灣統治進行若干比較，將既是「日本人」又不是「日本人」的沖繩戰後定位，整合入本書的必要文脈當中。

4　沖繩縣立圖書館史料編集室編《沖繩県史　資料編二》和譯編（沖繩県教育委員会，1996 年）p.28。托澤的報告書《琉球列島の沖繩人》收錄於本卷，梅鐸團隊的《琉球列島に関する民政ハンドブック》則收錄在資料編一（1995 年）。關於這些資料，除了附有宮城悅二郎的解說之外，在宮城《占領者の眼》（那霸出版社，1982 年），大田昌秀的研究，以及崎原貢〈琉球列島の沖繩人・日本の少数民族〉（《部落解放史・ふくおか》55 號，1989 年）等當中都有分析。然而這些研究，多半給人一種感覺，那就是傾向把美方這種沖繩人不是「日本人」的見解，定位在偏見與「誤謬」的位置上。換言之，他們其實在暗示著：沖繩人在語言學、人類學上乃是「日本人」的一部分，這樣的定位才是「真實」。然而，正如本文中所看見的，美方的研究和伊波一樣，是以張伯倫的學說為基礎，認為「日語」和「沖繩語」的關係，就像「法語和義大利語」一樣；差別在於，伊波認為兩者有「類似」之處，美方則作「相異」解。「沖繩語」與日本標準語有若干差異，這點自是不在話下，不過再下去，要把它分類在「日語」當中的一種「方言」呢？還是視為另外一種言語呢？關於這個解釋的問題，筆者的看法是：不論作何解釋，都不能說一定是「真實」或「誤謬」。筆者在前著《單一民族神話的起源》中，就曾經批評過人類學與語言學研究對「日本人」分野的恣意設定；不過在這裡爭辯人類學研究的真偽，並以此來分類沖繩人到底是不是「日本人」，我想這是不會有任何成果的。

5　前引《沖繩県史　資料編一》pp.75-76。《資料編二》p.111。

6　前引《沖繩県史　資料編二》p.41, 47, 193。《資料編一》p.75, 105。

7　前引《沖繩県史　資料編一》pp.211-213。

8　前引《沖繩県史　資料編二》pp.105-106, 111。

9　同前書 pp.112-113。《資料編二》（原文編）p.262。

10　同前書 p.185。

11　鹿野政直《戰後沖繩の思想像》（朝日新聞社，1987 年）p.26, 28 所引文。本章有許多部分，仰賴於鹿野這本書的第一章〈「沖繩」と「琉球」のはざまで〉。不過筆者認為，鹿野在考察沖繩認同之際，對法制面的關心則略嫌薄弱。

12　中野好夫編《戰後資料　沖繩》（日本評論社，1969 年）p.59, 62。

13　參照大田前引〈沖繩分離の背景についての一考察〉。

14　譯注：B圓是日美軍在占領下的沖繩和奄美群島等地發行，充當通貨使用的軍票。自1948年至1958年間，並成為當地唯一的法定貨幣。

15　鹿野前引書p.97, 95所引。

16　鹿野前引書p.97。《戰後資料　沖繩》p.59。

17　《戰後資料　沖繩》p.4。

18　沖繩分離的來龍去脈，請參照大田前引論文。麥克阿瑟的發言，請參照《戰後資料　沖繩》p.58。

19　譯注：以下使用維基文庫的中譯。又，中譯原文把「權力」寫作「權利」，此為誤譯，茲予更正。

20　關於信託統治制度，請參照高野雄一《日本の領土》（東京大学出版会，1962年）pp.100-102。

21　前引《戰後資料　沖繩》p.165。

22　第12回國會參議院「平和条約及日米安全保障条約特別委員会」上，西村熊雄條約局長的發言。（1951年11月5日）引自高野前書的卷末附錄資料p.368。

23　關於以上的民政副長官與高等專員制度，在前引大田的《沖繩の帝王　高等弁務官》中有詳盡論述。有關初期民政方針，請參照《戰後資料　沖繩》p.55，有關琉球統治組織法的引用，則請參照p.161。

24　鹿野前引書pp.91-92。前引《戰後資料　沖繩》p.48。

25　前引《戰後資料　沖繩》p.93。

26　譯注：1956年時，美國政府決定以一次買斷方式，強制徵收琉球土地；此舉引發了琉球民眾強烈的反彈，於是美國派遣議員普萊斯為首的調查團進行調查。普萊斯調查之後，對琉球人民發表了一篇報告，其中建議把徵收地價提高，但仍然堅持一次買斷原則。結果這篇「勸告」引發了更大的反彈，20萬人因此走上街頭。此事件被認為是琉球爭取自治權運動的先聲。

27　同前書p.177。

28　同前書p.94, 165。哈爾貝林助理部長的證言，參照NHK取材班著《沖繩返還／列島改造》（《戰後50年その時日本は》第4卷，日本放送出版協会，1996年）p.49。

29　前引《戰後資料　沖繩》p.189。ピーター・J・フォナッカ《外人のみた沖繩》（《沖繩タイムス》1958年12月1日）。

30　鹿野前引書p.110所引。前引《戰後資料　沖繩》p.10。

31　關於英語教育，請參照山內進〈戰後沖繩におけるアメリカの言語教育政策〉（照屋善彥・山里勝己編《戰後沖繩とアメリカ》，沖繩タイムス社，1995年）。麥克阿瑟的相關發言，請參照《戰後資料　沖繩》p.30。原文為漢字片假名文。

32　譯注：不過這面旗子並不受歡迎，所以之後的琉球政府也沒有採用它作為正式旗幟。

33　《戰後資料　沖繩》p.23, 389, 61。

34　鹿野前引書p.81所引。鹿野在後面加了一句補充：因為志喜屋孝信知事實際上是懂

英語的，所以他「或許是將自己的真心話深藏在心中也說不定」。不過，總而言之，這還是可以當做一段展現出美方姿態的插曲來加以引用就是了。

35 鹿野前引書 p.92。卡拉威的發言見高野前引書 p.159。

36 關於當時的布令與集成刑法（譯者注：民政府所制定的刑事法典）的問題點，有相當多的研究進行探討，不過還是以潮見俊隆、大野正男〈沖縄──「法の支配」の真空地帯〉（《世界》1959 年 5 月號）以及大野政男〈驚くべき戦時刑法への逆行〉（《世界》1959 年 9 月號）、潮見俊隆《法の真空地帯「沖縄」》（南方同胞援護会，1959 年）等，最能傳達當時的反應。關於土地徵收的布令，請參照《戰後資料　沖縄》pp.105-106。

37 第 12 回國會參議院「平和条約及日米安全保障条約特別委員会」。（1951 年 11 月 6 日）高野前引書附錄資料 p.376。又，關於沖繩居民的法律地位，在桑田三郎〈沖縄住民の国際法的地位〉（南方同胞援護会，1959 年）與宮里政玄編《戰後沖縄の政治と法一九四五──一九七二年》（東京大学出版会，1975 年）中有彙總論述。

38 高野前引書附錄資料 p.375, 377, 371。

39 關於戶籍整飭的過程以及轉籍限制，請參照西原諄〈戸籍法制の変遷と問題点〉（收錄於宮里前引《戰後沖縄の政治と法》）。不過日本政府能夠把握的沖繩相關內政事務，除此之外還有退職金等。

40 琉球政府章典（布令 68 號），是相當於美國治下琉球憲法的一部法令。內容規定了琉球政府的組成、管轄區域、首都、居民的權利義務，以及市町村的關係等。關於這部章典，請見《戰後資料　沖縄》p.88。

41 關於渡航限制的布令，請見前書 pp.95-96。關於自由人權協會律師的渡航被拒，請參照潮見、大野前引論文。至於渡航之際的訊問事例，則可在橫堀洋一〈沖縄──この知らざる真実〉（《世界》1959 年 12 月號）中一窺究竟。

42 高野前引書 p.157 所引。

43 山之口貘〈正月と島〉。《沖縄と小笠原》12 號（1960 年）pp.22-23。

## 第十九章

1 永丘智太郎〈沖縄の帰属問題〉（《自由沖縄》2 號，1946 年 1 月）。關於沖繩人聯盟，除了在新崎盛暉編《ドキュメント沖縄闘争》中，我部政男的解說有說明之外，新崎盛暉〈沖縄人連盟〉（《新沖縄文学》53 號，1982 年）中，對其動向也有研究。又，關於這時期沖繩內部是以怎樣的方式折射日本觀，鳥山淳在〈揺らぐ「日本人」〉（《沖縄関係学研究論集》3 號，1997 年）中，透過兼次佐一等人的發言，指出在初期復歸運動中，存在的那種「不想讓戰前為了成為『日本人』而付出的那些『努力』付諸流水」的心態。在這個章節中，我將集中焦點在這一時期的復歸論中，對美國、日本、以及沖繩的認識，三者不可分的關係，以及其所產生的世界觀進行分析。

2 永丘智太郎《沖縄民族読本》（自由沖縄社，1947 年）pp.2, 26, 30, 94。永丘智太郎

〈沖繩人連盟の性格に就いて〉（《自由沖繩》6 號，1946 年 5 月）。前者的本文末尾附注有 1946 年 12 月 7 日的日期，以及「本篇乃七、八個月前執筆之作」的字樣。

3　同前書，pp.115, 118-119。永丘前引〈沖繩の帰属問題〉。

4　〈伊波会長と一問一答〉（《自由沖繩》9 號，1946 年 8 月）。伊波全集第 11 卷也有收錄同一篇文章。永丘前引〈沖繩人連盟の性格に就いて〉。

5　比方說《更生沖繩》4 號（1948 年 10 月）中，安里延的〈民族を救うものは偉大なる人である〉以及仲田忠一郎〈歓迎の辞〉等當中，都可以看到這種「民族」或「祖國」的用法。仲原善忠〈沖繩人とは〉（《自由沖繩》13 號，1947 年 2 月）。

6　關於這時期宮古的動向，請見平良好児〈宮古社会党〉，八重山和與那國的動向，則在太田靜男〈不発の独立論〉中有詳盡敘述（兩者皆刊登在《新沖繩文学》53 號，1982 年）。

7　關於沖繩民主同盟，在仲宗根勇〈沖繩民主同盟〉（《新沖繩文学》52 號，1982 年）中，對其獨立論傾向多所強調。吉田的回想請見吉田嗣延《小さな闘いの日々》（文教商事，1976 年）p.23。同頁也記載著，當時的人民黨委員長浦碕康華也曾提及過「巴拿馬型保護國」的想法。

8　〈祝沖繩民政府発足〉及島清〈知事就任を祝う〉（《ウルマ新報》1946 年 4 月 24 日）。引用自那霸市企畫部市史編輯室編、發行《那霸市史　資料編三卷三》（1978 年）p.14。後者的原文為漢字片假名文。

9　〈米国保護の下に〉（《うるま新報》1947 年 8 月 1 日）。引用自前引《那霸市史　資料編三卷三》p.88。前引《戰後資料　沖繩》pp.14、16。

10　前引《戰後資料　沖繩》p.6。

11　同前書 p.8。同樣內容也收錄在《德田球一全集》第 6 卷（五月書房，1986 年）。德田球一〈殖民地扱いされた僕のふるさと〉。後者來自沖繩縣立圖書館所藏《比嘉春潮文庫》中的雜誌剪報，至於是刊載在哪本雜誌、日期為何則一切不明。全集未收錄。

12　這場座談會收錄於前引《戰後資料　沖繩》p.718。

13　瀨長龜次郎〈退社声明書〉（《うるま新報》1949 年 8 月 5 日）。引用自前引《那霸市史　資料編三卷三》p.189。

14　關於仲吉請願的來龍去脈及陳情書之引用，請見沖繩縣祖國復歸鬥爭史編纂委員會編《沖繩県祖國復帰闘爭史　資料編》（沖繩時事出版社，1982 年）p.618。

15　永丘智太郎〈沖繩の政治的動向〉（《自由沖繩》10 號，1946 年 11 月）。

16　吉田前引《小さな闘いの日々》p.24。

17　譯注：明治大實業家澀澤榮一之孫，民俗學者兼財經要人。

18　譯注：二戰結束前夕，蘇聯出兵占領了擇捉等北方四島，並驅走當地日本居民；從此北方領土便成為日俄之間長久的外交議題。

19　前引《戰後資料　沖繩》p.7。

20　關於此問題的國際論調，請參照前書 p.415。

21 〈日本から覗かれた沖縄の姿〉（《うるま新報》1948 年 3 月 5 日）。引用自前引《那霸市史　資料編三卷三》p.129。

22 池宮城秀意〈沖縄は国連信託たるべし〉、〈何故国連信託を主張するか〉、〈日本帰属は何を意味するか？〉引用自《反骨のジャーナリスト　池宮城秀意セレクション》（ニライ社，1996 年）p.17, 24。

23 前引書 pp.23-24。共和黨議員的發言，乃是 1951 年 3 月，新里銀藏在群島議會的言論。引用自沖繩縣議會事務局編《沖縄県議会史》第 13 卷（沖繩縣議會，1995 年）p.349。

24 池宮城前引書 p.23。前引《沖縄県議会史》第 13 卷 p.349。

25 〈琉球住民はどの道を選ぶか〉（《うるま新報》1951 年 3 月 19 日）。引用自前引《那霸市史　資料編三卷三》p.415。兼次佐一〈日本復帰の提唱に就いて〉（《世論週報》1951 年 6 月號）p.38, 40。瀨長龜次郎〈日本人民と結合せよ〉（《世論週報》1951 年 6 月號）p.34。

26 兼次前引論文 p.39。瀨長前引論文 p.15。

27 瀨長前引論文 p.15。西銘順治〈独立論をばくす〉（《世論週報》1951 年 6 月號）p.54。

28 兼次前引論文 p.40。瀨長前引論文 p.12。〈帰属問題〉（《うるま新報》1951 年 2 月 3 日）。該報內容引用自前引《那霸市史　資料編三卷三》p.395。

29 〈帰属問題めぐり街の声を聴く〉（《うるま新報》1951 年 4 月 23 日）。引用自前引《那霸市史　資料編三卷三》pp.435-437。

30 民意調查的結果請見前引《沖縄県祖國復帰闘争史　資料編》p.50。

31 按引用順序分別為前引〈帰属問題めぐり街の声を聴く〉p.435、瀨長前引論文 p.22。不過，瀨長對這些論調則是多有批判。

32 永丘智太郎〈沖縄の帰属問題について〉（《オキナワの友》11 號，1951 年 2 月）。饒平名智太郎《沖縄（現状と歴史）》（饒平名是永丘的舊姓，三一書房，1956 年）p.199。兼次的發言見鳥山前引論文 p.53 所引。

33 池宮城前引書 p.18。根據《うるま新報》1951 年 1 月 30 日刊載的〈琉球の帰属問題〉（前引《那霸市史　資料編三卷三》p.392）一文所述，社會大眾黨、人民黨、共和黨到這個時候，都還沒有正式定下關於歸屬問題的方針。

34 前引〈琉球住民はどの道を選ぶか〉p.415。

35 1951 年 3 月 19 日的群島議會。引用自前引《沖縄県議会史》第 13 卷 p.338。

36 同前書 p.343。

37 仲吉良光〈沖縄の日本復帰方陳情書〉（1947 年 6 月，琉球大學《仲吉良光復帰関係資料》第一卷收錄）。參與聯署的東京沖繩人志願者，除了仲吉之外，還有伊江朝助、神山政良、東恩納寬惇、仲原善忠等人聯名。後者引用自《沖縄県祖國復帰闘争史　資料編》p.8。

38 前引〈琉球住民はどの道を選ぶか〉p.415。前引〈帰属問題めぐり街の声を聴く〉

p.437。

39 平良的發言見〈帰属問題に対する住民の動き〉（《うるま新報》1951 年 3 月 27 日），前引《那霸市史　資料編三卷三》p.417。社會大眾黨議員仲里誠吉 1951 年 8 月 28 日於群島議會的發言，引自前引《沖縄県議会史》第 14 卷 p.244。財經人士高嶺明達的發言，引自池宮城前引書 p.22。

40 《オキナワの友》10 號（1951 年 1 月）的投書欄〈警語〉。〈われわれの主張する〉（《オキナワの友》11 號，1951 年 2 月）。

41 前引〈帰属問題めぐり街の声を聴く〉。比嘉幸一〈沖縄の帰属問題に就いて（5）〉（《うるま新報》1951 年 4 月 21 日）。引用自《那霸市史　資料編三卷三》pp.435-437。

42 前引〈帰属問題めぐり街の声を聴く〉p.437。兼次前引論文 p.37。

43 〈仲吉良光の手紙〉（《オキナワの友》10 號，1951 年 1 月）。吉田前引《小さな闘いの日々》p.49。瀨長前引論文 p.11。比嘉前引〈沖縄の帰属問題に就いて（5）〉p.435。又，仲吉在 1951 年 2 月 6 日，以參議院外務委員會參考人的身分出席時，也作了同樣性質的發言，表示「（信託統治）會失去身為日本人的尊嚴」。前引《戰後資料　沖繩》p.44。

44 永丘前引〈沖縄の帰属問題について〉中，編輯部所附的前言。〈琉球的悲劇〉，沖繩縣立圖書館所藏《比嘉春潮文庫》中的雜誌剪報，至於是刊載在哪本雜誌、日期為何則一切不明。文中有「終戰後三年」的字樣。

## 第二十章

1 ザルツバーガー〈施政権放棄が唯一の道〉（《ニューヨーク・タイムス》1958 年 1 月 18 日，《南と北》4 號，1958 年轉載）p.49。前引《戰後資料　沖繩》p.78。

誠如後述，一般對沖繩復歸運動的印象，多半以 60 年代後期的「反戰復歸」為代表；大多數對復歸運動的描寫，也都是從 50 年代和約期間的支持復歸聯署，到以「全島鬥爭」為頂點的土地鬥爭，然後直接連到 60 年代的復歸運動。這種論述乃是從運動的反省與進步觀點出發，亦即從所謂「日之丸復歸」到「反戰復歸」來概括其變化；然而，對於復歸運動中的思想與世界觀分析，卻幾乎看不到任何實證性的研究，這就是現狀。

又，新崎盛暉將復歸運動定位為「三波」：「民族主義、民主化、反戰及反基地」。（新川明、新崎盛暉〈沖縄にとって「復帰」とは何だったか〉，《世界》1985 年 6 月號。）根據這種說法，從 50 年代到「全島鬥爭」時期，復歸運動主要的心情是追求和日本一體感的民族主義，到了 60 年前後則開始從政治、經濟的實利面，提出改善人權狀況以及「改正經濟落差」等要求，到了 60 年代後期，反戰、反基地的主張則躍上檯面、成為主流。這三點乃是「未必會同時出現的構成要素」。不過筆者認為，對實利的要求，乃是復歸運動從一開始就不可或缺的要素，而反戰、反基地的感情也是歷經沖繩戰役的體驗，從敗戰之後就一直存在的事物。然後到了 50 年代，這些利害關係與感情透過「復歸」這一政治運動展現出來，而所採用的語彙，就是

日本民族主義的形式吧！

只是，正如本書所論述的，50年代的復歸運動因為政治上的狀況，並沒有把反戰、反基地當成優先訴求，這乃是事實。另一方面，實利上的要求從一開始就已經存在，而隨著時代推移，本土經濟成長與沖繩之間的落差變得愈發醒目，於是這種要求也隨之高漲；再來才是以越南戰爭激化為背景，從60年代後半開始的反戰檯面化。故此，新崎用所謂「三波」來定位時代趨勢固然恰當，但與其說是相異的「構成要素」，在每一個時代中扮演起復歸運動的主要角色，倒不如說，沖繩方面原本就潛在的、對於「和平」與「繁榮」的多樣性要求，以復歸運動的形式表現出來，並且隨著狀況而交替呈現，這樣才是比較正確的說法。運動並不只是單單為了獲得具體政治目標的行為，更是展現形式不一的多樣願望的媒介，復歸運動正是後者成分相當濃烈的一種運動。如果不這樣解釋，那麼在50年代復歸運動高舉的政治目標理應實現的1972年前夕，不滿的反復歸情緒卻在沖繩抬頭，之所以如此的理由就難以理解了。

2  以下這份要求書的引用內容，皆來自前引《戰後資料　沖繩》p.73。

3  琉球政府文教局研究調查課編《琉球史料》第2集（琉球政府文教局，1956年）p.124。

4  前引《戰後資料　沖繩》p.146, 129。

5  同前書 pp.128-129, 131。

6  同前書 p.132。關於勞動法規，見 pp.132-141。

7  同前書 p.154。

8  同前書 p.145。

9  仲吉良光〈「沖繩県」復活が目標〉（前引《仲吉良光復帰関係史料》第11卷）。

10  上地一史、金城久重《沖繩県の青写真》（沖繩タイムス社，1960年）。〈沖繩が復帰したら経済面はどうなる？〉（《沖繩復帰会報》創刊號，1954年2月）。

11  譯注：戰時日本都宣傳歐美各國是「鬼畜米英」，意指殘酷而無人性的傢伙。

12  阿波根昌鴻《米軍と農民》（岩波書店，1973年）pp.40-41。前引《戰後資料　沖繩》pp.126-127。石川龍三〈米領土になったら沖繩はどう変る〉（《基地沖繩》6號，1956年9月）。

13  前引《戰後資料　沖繩》p.130。阿波根前引書 p.108。

14  前引《琉球史料》第二集 p.123, 126。發言的自由黨議員是平井議一。

15  前引《戰後資料　沖繩》pp.92-93。

16  人民黨青年部〈仲宗根源和氏に答う（上）〉（《うるま新報》1950年8月25日）。引用自前引《那霸市史　資料編三卷三》p.312。前引《戰後資料　沖繩》p.64。

17  《戰後資料　沖繩》p.120。

18  屋良朝苗〈オグデン副長官への書簡〉（1954年2月5日）引用自前引《沖繩県祖國復帰鬥爭史　資料編》p.36。

19  同前書 p.34。喜屋武真榮〈沖繩の良心〉（《沖繩タイムス》1954年4月5日）。

20 兼次佐一〈再び日本復帰提唱（7）〉（《うるま新報》1951 年 5 月 29 日）。引用自前引《那霸市史　資料編三卷三》p.456。前引《沖繩県祖國復帰闘爭史　資料編》p.15, 39。

21 前引《戰後資料　沖繩》pp.143-144。

22 同前書 pp.123-124。

23 同前書 p.79。仲吉良光〈沖繩の日本復帰御尽力御願い〉（1954 年 5 月向吉田茂首相提出的請願，前引《仲吉良光復帰関係史料》第四卷）。美方基於統治成本而提出的沖繩歸還論，可以舉參院軍事委員會（1962 年 6 月 14 日）傑克森議員的發言為例。傑克森議員表示：「沖繩若是編入日本經濟的話，我們就不需要大量的支出了。」參照《南と北》23 號（1963 年）附錄的審議錄 p.124。

24 仲吉良光〈復帰の理念〉（1954 年 1 月，前引《沖繩県祖國復帰闘爭史　資料編》p.33）。屋良前引〈オグデン副長官への書簡〉p.35。喜屋武前引〈沖繩の良心〉。

25 譯注：「日本教職員組合」的簡稱，為日本教師、學校職員組成的工會團體，以反國歌等左派立場著稱。

26 奧格登的聲明發表於 1954 年 1 月，引用自前引《沖繩県祖國復帰闘爭史　資料編》p.31。杜勒斯發言引用自屋良朝苗、澀澤敬三、大濱信泉、茅誠司的座談會〈沖繩の教育を語る〉（《沖繩と小笠原》12 號，1960 年）p.26 中，大濱的發言。前引《戰後資料　沖繩》p.143, 78。

27 チャールズ・Ｖ・ブラムリー〈屋良書簡に対する回答〉（前引《沖繩県祖國復帰闘爭史　資料編》p.38）。前引《戰後資料　沖繩》p.94。

28 前引《戰後資料　沖繩》p.121。

29 同前書 p.95。

30 同前書 p.82。

31 吉田前引《小さな闘いの日々》p.51。前引《戰後資料　沖繩》pp.81-82。

32 前引《琉球史料》第 2 集 p.129。

33 〈講和と沖繩〉（《うるま新報》1949 年 11 月 29 日）。引用自前引《那霸市史　資料編三卷三》p.213。前引《戰後資料　沖繩》p.80。

34 前引《戰後資料　沖繩》p.110。質問議員為福田昌子。

35 同前書 p.190, 193。

36 譯注：1952 年的電影，描述沖繩的女學生在戰爭中組成「姬百合救護隊」，最後全滅的悲劇故事。

37 同前書 pp.179, 188-189, 192。

38 同前書 pp.191, 187, 189, 193。

39 〈住民の保護を要求〉（《朝日新聞》1956 年 6 月 29 日）。橫田喜三郎〈統治権に服從の義務〉（《朝日新聞》1956 年 6 月 30 日）。當時的國際法學對沖繩的見解，請參照國際法學會編《沖繩の地位》（1955 年）。同書也收錄了橫田的論文〈沖繩と日本の主権〉。

40 〈記者席〉（《朝日新聞》1956年6月30日）。

41 〈沖縄は当然還ろう〉（《朝日新聞》1956年6月29日）。

42 〈この月の政治評（投書から）〉（《朝日新聞》1956年6月30日）。

43 譯注：「日本勞動組合總評議會」的簡稱，是一個左傾、反美傾向的工會聯合團體，實力頗強。

44 〈民族の興廃に関わる〉（《朝日新聞》1956年6月20日）〈あす合同会議〉（《朝日新聞》1956年6月29日）

45 前引《戰後資料　沖縄》p.197。

46 〈日本政府は弱腰〉（《朝日新聞》1956年6月25日）。

47 譯注：日本政治家，歷任首相、外相等職。

48 前引《戰後資料　沖縄》p.194。

## 第二十一章

1 前引《戰後資料　沖縄》p.6。關於當時歷史學者主要民族論述的彙整，可見由歷史科學協議會所編，重新收錄松原宏、早川二郎、石母田正、藤間生大、遠山茂樹、井上清、江口朴郎、上原專祿、太田秀通等人論文的《歷史科學大系》第15卷《民族の問題》（校倉書房，1976年）。作為同書解說的阪東宏〈歷史における民族の問題について〉，乃是一篇針對當時民族論進行總合論述的罕見論文；對於同時代的批判，也可見古屋哲夫〈ナショナリズム批判の原点〉；不過這兩者的視野都比較偏向內在方面。以這些學者思想為研究對象的作品有，磯前順一限定針對石母田正的〈英雄時代論〉論述進行分析的〈歷史の言説の空間〉（《現代思想》25卷10號，1997年）等。其他像是尹健次《日本国民論》（筑摩書房，1997年）V中，有論及石母田的民族論，又如川本隆志在和高橋哲哉、小森陽一的座談會〈ナショナル・ヒストリーを越えて〉（《UP》307號，1998年）中，喚起對石母田正與上原專祿民族主義的注目，在近年來也開始引起了部分人士的關心。這些對於戰後民族主義思想，以及它和復歸運動歷史觀關係的考察與研究，皆是筆者淺見範圍內所不曾發現的。又，本章的前半部分，之前已經在小熊英二〈忘れられた民族問題──戰後日本の「革新ナショナリズム」〉（《相関社会科学》5號，1995年）加以發表。

2 J・ヴィクター・コショマン〈民主主義革命と国家〉（葛西弘隆譯，《現代思想》1994年1月號）p.105。

3 對於「革新民族主義」這一稱呼的使用，據我所知最早是在坂本義和的〈革新ナショナリズム試論〉（《中央公論》1960年10月號）。除此之外，在高島善哉《民族と階級》（現代評論社，1970年）p.38，以及古屋前引論文，也都採用了這樣的稱呼方式。

4 譯注：red purge，是在麥克阿瑟指揮下，將「共產黨及其同路人」逐出公職的行動。據估計，當時大約有1萬多人，從公職和民間企業遭到開除。

5 關於亞非諸國的發言，見《上原專祿著作集》（評論社，1987-1997年）第14卷p.73。

民主主義科學者協會〈民族解放のたたかいに倒れた近藤巨士君への追悼のことば〉（《歴史評論》37 號，1952 年）p.38。

6　以下參照坪井正、和田博雄〈民族か階級か〉（《中央公論》1954 年 1 月號），以及〈特集　日本はアメリカの殖民地か〉（《中央公論》1953 年 6 月號）。後者的特集中，包括了自由黨愛知揆一〈日本は断じて殖民地でない〉、右派社會黨曽禰益〈寧ろ殖民地帝國主義の惧れ〉、左派社會黨勝間田清一〈アメリカの從属国としての日本〉、勞農黨堀真琴〈日本は殖民地である〉等各方意見。

7　石母田正《歴史と民族の発見》（東京大學出版会，1952 年）序 pp.7-8。

8　石母田正〈弱さをいかに克服するか〉（《日本史研究》20 號，1954 年）p.63。坂本提及內灘的言論，見前引〈革新ナショナリズム試論〉p.16。石母田前引《歴史と民族の発見》pp.16-17。石母田正〈新しい年をむかえて〉（《歴史評論》41 號，1953 年）p.3。

9　〈新しい日本史学の立場〉（《日本歴史》1 號卷頭言，1946 年）。

10　上原專祿、宗像誠也《日本人の創造》（東洋書館，1952 年）pp.150-151。上原著作集第 7 卷 p.37, 10。

11　上原、宗像前引書 p.145, 147。

12　上原著作集第 14 卷 p.79。上原、宗像前引書 p.136。

13　石母田正前引《歴史と民族の発見》序 p.15。藤谷俊雄〈民族・民族文化をいかにとらえるか〉（《日本史研究》19 號，1953 年）p.66。遠山茂樹〈二つのナショナリズムの対抗〉（收錄於前引《民族の問題》）。〈誰か民族を得るか〉（《中央公論》1948 年 1 月號卷頭言）。

14　關於石母田正對永井和幸德的見解，請參照氏著《続歴史と民族の発見》（東京大學出版会，1953 年）中所收錄，〈国民詩人としての石川啄木〉及〈幸德秋水と中國〉兩篇。

15　同前書 p.416。

16　同前書 p.59。

17　同前書 pp.330-331。有關日本社會主義者對朝鮮的反應，請參照石坂浩一《現代日本の社会主義と朝鮮》（社會評論社，1993 年）。

18　石母田正對網野善彥的評價，見前引《続歴史と民族の発見》pp.151-155。不過，石母田正在引用時，只看了當時網野的文章；而網野雖然重視對勞工的鼓動，卻看不出有任何強調「民族」的形跡。因此，就算石母田正給予網野很高評價，也不代表兩者的思想就是同一脈絡，在此必須明確附記。

近年的研究中有人指出，在這個時期，丸山真男提出「國民主義」、大塚久雄也高舉「國民經濟」，這些都顯現出戰後知識分子的民族主義傾向。不過正如後述，在當時的論壇上，若將丸山等人與本書提及的歷史學者相比，他們毋寧是屬於民族主義傾向較弱的類別。由於本書的焦點乃是集中在和沖繩復歸相關的歷史觀變化上，故對戰後知識分子的民族主義問題在論述上並不十分充分，希望能在其他著作中加

以補足。

又，加藤周一在〈民族主義與國家主義〉中指出，在這個時期的民族主義議論中，當提到第三世界獨立運動等對民族主義肯定的一面時，使用的會是漢字「民族主義」；在提到戰前日本等否定的一面時，則會使用「國家主義」或「超國家主義」之類的稱呼來加以區分。只是就筆者的概觀，這種區分似乎並非嚴密適用的標準。

19 曾禰前引〈寧ろ殖民地帝國主義の惧れ〉p.120。

20 石母田正前引《続歴史と民族の発見》p.420, 329。又，從否定國家立場出發，對支配朝鮮抱持肯定的例子，除了前面提及的「世界史的哲學」座談會以外，還可以舉出《大阪朝日新聞》在1910年9月6日的〈天聲人語〉中所言，「若是從社會主義和無政府主義的立場來說，朝鮮到底是大韓國、還是日本國的一部分，不是他們一向最不關心的嗎？」為例。

21 坂本俊夫〈民族の叫び〉（《歴史評論》39號，1952年）。

22 同前文 pp.68, 71-73, 77。

23 ねず・まさし〈坂本俊夫《民族の叫び》について〉（《歴史評論》43號，1953年）p.74。

24 大谷竹雄〈歴史文学所惑〉（《歴史評論》41號，1953年）p.45。

25 引用自井上清〈幕末における半殖民地化の危機と闘争〉（《歴史評論》33號，1951年）p.15。同樣的觀點，還可參照遠山前引〈二つのナショナリズムの対抗〉、井上清〈ふたつの愛国主義と国際主義〉（《歴史学研究》137號，1950年）。

26 平野義太郎〈幕末における半殖民地化の危機と条約改正の二つの道〉（《歴史評論》35號，1952年）p.13。

27 藤間生大〈「歴史における民族の問題」のあつかい方〉（收錄於歴史学研究会編《歴史における民族の問題》卷末，岩波書店，1951年）p.167。

28 譯注：即《古事記》與《日本書紀》，兩者被認為是日本最古老的史書。

29 譯注：所謂本地垂跡說，指的是日本眾神皆是佛的體現。

30 以下藤間的報告和討論，請參照藤間生大〈古代における民族の問題〉以及〈古代・中世の部　討論〉（前引歴史学研究会編《歴史における民族の問題》）。關於民族藝術運動，請參照山野洋子〈農民の生活感情にとり込んで——「民族芸術を創る会」のしごと〉（《歴史評論》39號，1952年）。除此之外，相對於馬克思主義認為民族的形成乃是現代統一市場成立後的產物，藤間使用史達林的「民族體」概念，認為古代也有「民族」，這一點也引發議論紛紛。

31 譯注：大日本帝國對軍人授予的一種勳章，其來源是神武東征時，為之引路的金鵄。

32 藤間前引報告及氏著《日本民族の形成》（岩波書店，1951年）pp.290-291。

33 民科京都支部歴史部會〈民族問題の理解について〉（《歴史評論》31號，1951年）p.24。

34 奈良本辰也〈民族雑感〉（《日本史研究》14號，1951年）p.41。藤谷前引〈民族・民族文化をいかにとらえるか〉p.65。

35 丸山真男〈日本のナショナリズム〉(《現代政治の思想と行動》未來社，1964 年)
pp.154, 168。又，藤間在歷研大會上表示，他所謂的古代日本民族是「volk」，而非
現代的「nation」。「volk」和「nation」的分法，是普法戰爭後，法國哲學家勒南
(Joseph Ernest Renan)提出而為人所知。相對於法蘭西民族乃是經由市民自發意志
形成的「nation」，德意志民族則是基於血緣和地域原理而形成的「volk」。丸山在
論文的 p.161 中，也對勒南的名言「國民的存在乃是基於日常的普遍投票當中」做出
了肯定的引用，並將他所讚賞的明治初期民族主義，定位為接近他的理想——也就
是基於現代市民自立自發性的民族主義——的存在。從這裡來說，我們在能夠清楚
分辨以現代市民結合為理想的丸山國民主義論與藤間差異的同時，也可以發現丸山
的批評並不否定民族主義，而是環繞著理想的民族主義該有的形式而做出議論。近
年對勒南的批判，可以參照鵜飼哲〈フランスとその亡靈たち〉(《情況》1992 年 12
月號)及鵜飼哲等編譯《国民は何か》(インスクリプト，1997 年)。

36 工藤雅樹《研究史　日本人種論》(吉川弘文館，1979 年)。亦可參照小熊前引《單
一民族神話的起源》。

37 譯注：指從中國、朝鮮、越南等地渡海而來的移民，一般咸認這些移民將各種專業
知識，如農耕、燒陶、鍛鐵、紡織等技術帶進日本。

38 藤間前引〈古代における民族の問題〉p.2。同前引《日本民族の形成》p.1。

39 藤間前引〈古代における民族の問題〉p.3, 5, 52。

40 藤間生大〈古代における民族の形成〉(前引歷史学研究会編《歷史における民族の
問題》)pp.174-175。藤間對騎馬民族渡來說的態度，可以參照江上波夫、長谷部言
人、三上次男、藤間生大、和島誠一〈日本古代国家の形成〉(《東洋文化》6 號，
1951 年)。在這裡，藤間和受優生學影響、主張純血論的長谷部一起，對騎馬民族
渡來說提出反對意見。

41 藤間前引《日本民族の形成》p.35。

42 同前書 pp.38-46。

43 藤間前引〈古代における民族の問題〉。

44 藤間前引《日本民族の形成》p.209、序 p.2。

45 藤谷前引〈民族・民族文化をいかにとらえるか〉p.64。同氏著〈民族・民族文化
とはなにか〉(《日本史研究》16 號，1952 年)p.41。井上清〈マルクス主義による
民族理論〉(前引《民族の問題》)p.171。《石母田正著作集》(岩波書店，1988-90
年)第 12 卷 pp.260-261。

46 奈良本辰也〈大会挨拶　討論を始めるに際して〉(《日本史研究》20 號，1952 年)
p.1。〈民族文化を生むもの〉(《日本史研究》14 號卷頭言，1951 年)。藤谷前引
〈民族・民族文化とはなにか〉p.33。

47 藤間前引〈古代における民族の問題〉。藤谷前引〈民族・民族文化とはなにか〉
p.33。

48 1952 年，菊池謙一在〈民族問題としてのアメリカ黑人問題〉(《歷史評論》40 號)

中指出，美國帝國主義正在推動「根絕黑人民族的政策」，而透過朝鮮戰爭，這樣的「教義與行動，也已經行使到亞洲有色人民的身上」；因此他強調，「美國的黑人問題，可以說直接就是我們的問題。」

49 金達壽編《日本と朝鮮》（講談社，1977年）p.278, 114。

在此雖然有點傷感情，不過我還是要指出，朝鮮的民族主義，也在使用「單一民族」這個詞彙。比方說金日化〈在日朝鮮人的法的地位〉（山田照美、朴鐘鳴編《在日朝鮮人》，明石書店，1986年，新版1991年）新版p.151中就說，「隨著祖國的分裂，在日朝鮮人也未能保持單一民族所應擁有的統一國籍」。1979年以〈單一民族国家の思想と機能〉（《思想》656號）引爆單一民族論批判的的幼方直吉，也在1961年發表的〈日本人的朝鮮觀〉p.74中，給予柳宗悅這樣的評價：「透過民藝及其作者，發現了擁有單一民族傳統的朝鮮。」

民族主義在朝鮮，不只是抵抗大日本帝國的踏腳石，在戰後也作為團結民眾（民族）的邏輯，成為韓國勞工運動與民主化運動的基礎；同時也是促成南北對話，在政治上提供正面效果的泉源，應該給予相當的評價。就筆者看來，現代以降的朝鮮，隨著日本合併以及南北分裂的事態，是一個深刻體驗到國家範圍與民族範圍不一致的地區。為此，朝鮮的民族主義，不只是在戰前與大日本帝國這個國家展開對立，在戰後也對南北分裂的國家狀態提出異議，並從民主化的立場，對韓國從屬於美國的狀態提出批判，換言之即是「對抗國家的民族主義」。可是到了民主化已有一定程度、韓國被認為已經確立其身為國家正統性的現在，甚或是南北統一成功的未來，朝鮮的民族主義是否只具備對此肯定的機能，令人不得不存疑問。

我會指出這樣的問題，是因為所謂「自由主義史觀」的人士，在形容以韓國為首的亞洲諸國的民族主義時，往往會用「幼弱的民族主義」這種說法，而在這當中，其實蘊含著微妙的政治問題。簡單舉一個例子，不管韓國以及北韓的民族主義如何發展，「在日」人們的「民族主義」（雖然這樣的稱呼是否恰當也很成疑問），不管今日或是未來都不會和國家同一化，因此也會一直持續以「對抗國家的民族主義」形式持續發展下去吧。

50 關於這樣的立場，可以參見藤島宇內、丸山邦男、村上兵衛〈在日朝鮮人六〇万人の現實〉（《中央公論》1958年12月號）等論著。又，日本共產黨對於「在日」的應對方針，請參照玉城素《民族的責任の思想》（御茶の水書房，1967年）第五章〈日本共產党の在日朝鮮人指導〉。

51 沖繩返還國民運動東京實行委員會編〈民族のさけび〉（東京都アジア・アフリカ連帶委員会，1965年）。無頁數際載。27度線的比喻除了本書之外，在藤田秀男《沖繩の叫び》（潮流出版，1967年）等許多地方都可看見。

52 譯注：全司法福岡支部作詞、荒木榮作曲《沖繩を返せ》。

53 藤谷前引〈民族・民族文化とはなにか〉p.42。金城朝永〈琉球の歴史と文化〉（《歷史評論》48號，1953年）。前引《戰後資料　沖繩》p.6。

54 以下有關井上的引文，來自前引〈マルクス主義による民族理論〉pp.175-177。

55　譯注：Lenga d'òc，指南法普羅旺斯一帶的方言。

56　關於當時歷史學者對馬克思、列寧、史達林在民族問題與標準語問題上的理解，請參照石母田正〈言葉の問題について感想〉（收錄於前引《續歷史と民族の発見》）、藤間前引《日本民族の形成》pp.286-287、井上前引〈マルクス主義による民族理論〉等作品。

57　石母田正對俾斯麥的評價，見前引《續歷史と民族の発見》pp.342-346。

58　金城前引論文 p.27。

59　以下關於石母田正的沖繩論，引用自〈民族・歷史・教育〉（石母田正著作集第 16 卷）pp.203, 205-207。

60　當時的情況是，美國用「琉球」，日本用「沖繩」，一個地方，各自表述；所以復歸後有一段時間，「琉球」這個詞被當成是美國統治的象徵，頗受排斥。

61　以下石母田正的東北論，引用自前引《續歷史と民族の発見》中的〈言葉の問題について感想〉，pp.303, 307-310。

62　金城前引論文 p.24, 26。

63　新里惠二、喜久里峰夫、石川明〈現代沖繩の歴史〉（《歴史評論》83 號，1957 年 1 月）p.4, 9, 13, 17。

64　同前文 p.25。

65　大里前引《沖繩の自由民権運動》p.181。

66　井上清《条約改正》（岩波新書，1955 年）p.26, 30。

67　譯注：又稱「島津侵入事件」，1609 年，薩摩島津家發兵琉球，擄走琉球王尚寧。

68　比嘉春潮、霜多正次、新里惠二《沖繩》（岩波新書，1963 年）p.124, 127。關於琉球處分論爭的來龍去脈及相關論文，請參照新里惠二編《沖繩文化論叢一　歷史編》（平凡社，1972 年）。

69　同前書 p.12, 4, 14, 21。

70　同前書 pp.3, 7-8, 12。新里、喜久里、石川前引文 p.3。

71　東京部落問題研究會編《現代日本的差別》（汐文社，1966 年）pp.128, 85, 111, 112-113。

72　森秀人〈ひきさかれた歷史〉（《日本読書新聞》1963 年 2 月 11 日號）、〈沖繩解放戰線の国籍〉（《日本読書新聞》1963 年 4 月 15 日號）、〈祖國復歸論と日本独占資本〉（《日本読書新聞》1963 年 6 月 10 日號）

73　前引〈沖繩解放戰線の国籍〉。關於這時期森秀人的思想，以及他對甘蔗栽培勞動狀況的調查，請參照森秀人《甘蔗伐採期の思想》（現代思潮社，1963 年）。

74　新里惠二〈琉球独立論者の「迷論」〉（《日本読書新聞》1963 年 6 月 24 日號）、〈無責任きわまる言うがかり〉（《日本読書新聞》1963 年 5 月 6 日號）。

75　國場這時期的論述分別連載在《日本読書新聞》1963 年 7 月 8 日號、8 月 19 日號；8 月 26 日號、9 月 2 日號、9 月 16 日號，以及 11 月 4 日號；這裡引用的是〈日本独占資本の協力の根拠〉（《日本読書新聞》1963 年 9 月 16 日號）以及〈沖繩の日本復

歸運動と革新政党〉（《思想》1962 年 2 月號）pp.90-91。

76 新里惠二〈なりそこないの構造改革論〉（《日本読書新聞》1963 年 10 月 7 日號）、〈米帝国主義の「免罪論」〉（《日本読書新聞》1963 年 7 月 29 日號）

77 同上文。比嘉、霜多、新里前引《沖繩》p.13。

## 第二十二章

1　關於教師的待遇與資格，請參照前引《琉球史料》第 3 集 p.373, 398。上沼八郎《沖繩教育論》（南方同胞援護會，1966 年）p.54, 116。沖繩教職員會《沖繩教育》（2 號，1955 年）其一〈教師の問題〉p.1。就筆者調查的範圍所見，有關戰後沖繩教育的概論書籍以及論文，幾乎都沒有觸及到獎勵標準與以及國民教育運動這方面的事情；關於這些議題，也幾乎看不到任何公開且正式的實證研究。淺野誠在《沖繩教育の反省と提案》（明治図書出版，1983 年）中，用了一節的篇幅批判戰後的獎勵共通語運動，同時也說「方言牌」的使用「直到 1960 年代為止，施行的範圍相當廣泛」。（p.154）除此之外，在同時代的文獻中，上沼前引《沖繩教育論》雖然是站在支持國民教育運動的立場，不過對於過度獎勵「日之丸」〈君之代〉的行為也有一定的批判，從而傳達了當時國民教育運動的面貌。又如前引的鳥山淳《揺らぐ「日本人」》，也從新聞報導等方面著手，記述了初期獎勵標準語運動的樣貌。本章主要是依據 50 年代後半以降沖繩教職員會的資料，對這些運動的論調進行驗證。

2　前引《琉球史料》第 3 集 p.33, 189。

3　鹿野前引《戰後沖繩の思想像》pp.61-62 所引。

4　屋良在台灣的經驗，請參照屋良朝苗《私の歩んだ道》（屋良さんを励ます会，1968 年）pp.35-42，以及屋良〈私が台湾から学んだこと〉（《新沖縄文学》60 號，1984 年）關於戰後沖繩青年的發言，見屋良〈戰後沖繩の教育〉（《世界》1986 年 6 月號）p.119。

5　前引《琉球史料》第 3 集 p.73。屋良朝苗《屋良朝苗回顧錄》（朝日新聞社，1977 年）p.7。

6　前引《屋良朝苗回顧錄》p.8, 16。

7　前引《琉球史料》第 3 集 p.75。

8　同前書 p.92, 108。

9　屋良前引〈戰後沖繩の教育〉p.121。

10　同前文 p.122、前引《琉球史料》第 3 集 p.121。

11　前引《戰後資料　沖繩》pp.73, 74。

12　福地曠昭《戰後二〇年・教育の空白──本土と沖繩の比較》（沖繩教職員会，1965 年）p.3, 25。

13　譯注：沖繩縣教育費獲得期成會是在 1965 年成立。

14　前引《琉球史料》第 3 集 p.92。

15　大田昌秀、上間正諭、長峰一郎、比嘉幹郎、喜屋武真榮、砂川惠伸、外間米子

〈徹底討論　沖繩の施政権返還と基地問題〉（《世界》1968 年 10 月號）p.65。前引《屋良朝苗回顧錄》p.61。福地前引《戰後二〇年・教育の空白》p.3。

16 第 12 次教研集會集錄《沖繩教育（國民教育）》（沖繩教職員会，1966 年）p.11。前引〈徹底討論　沖繩の施政権返還と基地問題〉p.69。

17 菊池嘉繼〈知らなすぎた沖繩のこと〉（《教育評論》219 號，1968 年）p.26。

18 木下順二、日高六郎、田港朝昭等《シンポジウム沖繩》（三省堂，1968 年）p.103。關廣延《沖繩教職員会》（三一書房，1968 年）p.96。

19 關於敗戰之後的回想，見前引《琉球史料》第 3 集 pp.7-8。

20 1950 年前後的狀況與引用，請見鳥山前引論文 pp.61-62。

21 喜屋武真榮〈第二回教研大會を省みて〉（《沖繩教育》4 號，1956 年）。

22 第 3 次教研中央集會研究集錄《第一集》（《沖繩教育》5 號，1957 年）p.40。

23 同前書 p.39, 15, 40。

24 同前書 p.26, 28, 49。

25 同前書 p.40, 15。第 4 回教育研究大會研究集錄《国語》（《沖繩教育》6 號，1958 年）pp.60-61。

26 第 4 回教育研究集會研究集錄《第三集》（《沖繩教育》7 號，1958 年）p.19。第 4 回教育研究大會研究集錄《国語》p.36。前引第三次教研中央集會研究集錄《第一集》p.30。

27 前引《回想　吉田嗣延》p.339。

28 前引第 3 次教研中央集會研究集錄《第一集》pp.39-40。

29 前引第 3 次教研中央集會研究集錄《第一集》pp.27, 21-22。前引第 4 回教育研究集會研究集錄《第三集》p.18。

30 前引第 4 回教育研究大會研究集錄《国語》p.36。前引第 3 次教研中央集會研究集錄《第一集》p.22, 12, 40。

31 上原著作集第 7 卷 p.47、14 卷 p.17。

32 譯注：日本史學家，主張放棄「自虐史觀」，將慰安婦議題從教科書中刪除，並否定南京大屠殺的存在。

33 上原、宗像前引書 p.135。上原著作集第 7 卷 p.10。上原提及費希特的部分，是在上原著作集第 7 卷 p.38。費希特的〈告德意志國民書〉收錄於鵜飼哲等人編譯《国民とは何か》一書中。關於費希特與南原，請參照同書收錄的鵜飼哲〈国民人間主義のリミット〉一文。

34 譯注：德國詩人、小說家，以反拿破崙侵略著稱。

35 《沖繩の教育─第 9 次教研中央集会国民分科の提案と討議集》（沖繩教職員会，1963 年）p.35。

36 關前引書 pp.99-100。

37 〈想像外の「日の丸ブーム」〉（《朝日ジャーナル》1961 年 2 月 5 日號）pp.6-7。屋良前引書 p.48。

38 《沖繩教育—第 11 次教研国民教育分科》（沖繩教職員会，1965 年）p.27, 63, 81, 33, 100, 37-38。

39 同前書 p.27, 36。

40 同前書 p.66, 48, 43。第 13 次教研集會研究集錄《沖繩教育（国民教育）》（沖繩教職員会，1967 年）p.39。

41 前引《沖繩教育—第 11 次教研国民教育分科》p.13, 77, 80, 1。前引第 12 次教研集會集錄《沖繩教育（国民教育）》p.18。

42 〈六一年度地域懇談会主要問題解説〉（《沖繩教育》13 號，1962 年）p.20。

43 前引《沖繩の教育—第 9 次教研中央集会国民分科の提案と討議集》p.40。前引〈六一年度地域懇談会主要問題解説〉p.20。

44 前引第 12 次教研集會研究集錄《沖繩教育（国民教育）》pp.20-21。

45 同前書 p.57, 21。前引《沖繩教育—第 11 次教研国民教育分科》p.73。

46 前引第 12 次教研集會集錄《沖繩教育（国民教育）》p.71。

47 〈足りない国旗の認識〉（《沖繩タイムス》1966 年 1 月 24 日）前引第 12 次教研集會集錄《沖繩教育（国民教育）》pp.56-57。

48 前引第 12 次教研集會集錄《沖繩教育（国民教育）》p.56。前引《沖繩教育—第 11 次教研国民教育分科》p.68, 71。

49 前引《沖繩教育—第 11 次教研国民教育分科》p.83。會長演說見上沼前引書 p.60 所引。

50 前引《沖繩の教育—第 9 次教研中央集会国民分科の提案と討議集》p.18。

51 上沼前引書 p.112。前引第 4 回教育研究大會研究集錄《国語》p.40。

52 前引《沖繩の教育—第 9 次教研中央集会国民分科の提案と討議集》p.18。

53 前引《沖繩教育—第 11 次教研国民教育分科》p.44。

54 前引《沖繩の教育—第 9 次教研中央集会国民分科の提案と討議集》p.18。

55 日本教職員組合、沖繩教職員會合編《沖繩の先生たち》（合同出版株式会社，1970 年）p.135 刊載。

56 同前書 p.133, 135。

57 上沼前引書 p.3。

58 同前書 p.4。

59 宮田前引《朝鮮民眾と「皇民化」政策》p.2。儀間進〈二七度線以南からの主張〉（《世界》1967 年 8 月號）p.117。

60 前引第 12 次教研集會集錄《沖繩教育（国民教育）》p.64, 66, 63。前引第三次教研中央集會研究集錄《第一集》pp.21-22。

61 前引第 12 次教研集會集錄《沖繩教育（国民教育）》p.65, 50。

62 同前書 p.60。

63 前引《沖繩の先生たち》p.242。

64 日本教職員組合、沖繩教職員會合編《沖繩の子ら》（合同出版株式会社，1966 年）

p.204。

65　山本和昭編《祖國の土》（本土沖繩豆記者交歡会事務局，1966 年）p.286, 91。日本亞非團結委員會內「本土暨沖繩兒童作文交流實行委員會」編《沖繩の子　本土の子》（百合出版，1971 年）p.226。下地寬信〈祖国とはいったいなんだ〉（《世界》1967 年 8 月號）p.136。

66　前引《沖繩教育—第 11 次教研国民教育分科》p.88。

67　同前書 pp.89-90。

68　〈祖国は日本か〉（《琉球新報》1966 年 1 月 13 日）。

69　〈日本は祖国ではない〉（《琉球新報》1966 年 1 月 24 日）。〈《日本は祖国ではない》へ反論〉（《琉球新報》1966 年 2 月 15 日）。

70　大濱道子〈教員としての立場から〉（《世界》1967 年 8 月號）p.128。前引《祖國の土》p.42。上沼前引書 p.69。

71　下地前引論文 p.138。前引《祖國の土》pp.67, 65。

72　〈座談会　私たちの発言〉（《世界》1968 年 10 月號）pp.149, 146。

73　大濱前引論文 p.128。〈沖繩でヤマトダマシイを教える難しさ〉（《月刊時事》1967 年 10 月號）p.175。

74　〈われら日本人〉（《月刊時事》1967 年 10 月號）pp.166-167。

75　前引《祖國の土》pp.99-100。

76　前引〈われら日本人〉p.166, 168。

77　前引〈私たちの発言〉p.149。

78　下地前引論文 p.138。

79　關於此事的來龍去脈，請見前引《屋良朝苗回顧錄》p.81。

80　譯注：日教組在 1951 年制定了「教師倫理綱領」，內容包括了守護和平、反侵害教育自由、爭取教師勞動權等事項。

81　荒木萬壽夫〈沖繩寸観〉（《南と北》27 號，1963 年 12 月）p.18。前引〈想像外の「日の丸ブーム」〉p.7。

82　菊池前引論文 p.27。

83　儀間進〈沖繩と本土との断絶感〉（《新沖繩文学》1969 年夏季號）p.71。

84　前引《屋良朝苗回顧錄》p.77。上沼前引書 p.82。

85　譯注：全名是「沖繩革新共鬥會議」，是由多個革新政黨組織起來的聯合陣線。

86　譯注：歷史教授家永三郎所撰寫的教科書，因為加入了對日軍暴行的描述，而被文部省多次審定為「不合格」，家永為此和文部省展開了漫長的訴訟。

87　前引第 12 次教研集會研究集錄《沖繩教育（国民教育）》p.4, 12, 5。

88　同前書 p.69。

89　前引第 13 次教研集會研究集錄《沖繩教育（国民教育）》pp.32, 29-30。

90　前引第 12 次教研集會研究集錄《沖繩教育（国民教育）》p.5。

91　沖繩教職員會教育文化部編《沖繩教育—第 16 次教研集會報告書（国民教育）》

（1970 年）p.1, 3。

92 同前書 p.51, 3, 47。沖繩教職員會教育文化部編《沖繩教育─第 17 次教研集會報告書》（1971 年）p.33。

93 前引《沖繩の先生たち》pp.198, 245-246。

94 譯注：「海軍飛行預科練習生」的簡稱，前期是培訓戰機駕駛員的管道，但戰爭後期卻成了神譯注：風特攻隊的主要來源。

95 jokbari 是韓語對日本人的蔑稱，所以「半 jokbari」就是「半日本人」的意思。

96 屋良前引書 p.60。

## 第二十三章

1 新川明《反國家の凶区》（現代評論社，1971 年）pp.64-65。

從 60 年代末到 72 年前後，對復歸表示疑義的並不只有新川，至少還有中野好夫、大江健三郎、大田昌秀、大城立裕等應該要被提及。故此，集中焦點在新川身上，就涵蓋這時期有關復歸議論的總體層面來說，免不了會遭到批評說過於失衡。另外，像是胡差「暴動」、以及共產黨和新左派的對立關係等，在本章中未能充分提及的地方也很多。但是，畢竟正如序章中所述，本書並非有關「殖民地支配」和沖繩問題的概論書，而是將主題放在圍繞「日本人」的界線所產生的議論進行檢討。故此，本章將焦點集中在新川上，而對許多背景問題未曾充分言及，正是源於上述關於主題展開的理由而做的取捨，這點還盼各位讀者惠予理解。

另一方面，關於新川以《異族と天皇の国家》一書為首的沖繩史觀，在本書中也只有最低限度的提及。不只如此，吉本隆明和谷川健一對新川思想的影響，本書也未曾提及。只是唯有一點要補充的是，儘管吉本和谷川的思想觸發了新川的「異族」論，但他們的議論仍然是以人類學和古代史的學說為基礎，將沖繩想定為實體的「異民族」。相對於此，這時期的新川正如本文中所引用的，認為「異族」乃是拒絕與國家同一化的個人指向，故主張「這和沖繩人在學理意味上是不是『日本民族毫無疑問的一員』這類議論，完全無緣（在層次上迥然相異）」。這雖然是一種對於共產黨陣營以古代史學說為基礎的論述，提出批判與反駁的脈絡所產生出的言論，但在展現當時新川的思想上，也令人感到饒富興味。

順道一提，新川之後不斷將沖繩的「獨立」當作一種思想課題來提倡，特別是在近年來與新崎盛暉的論爭中，頗為強調「獨立」論在思想上的有效性。正如本章中所見，1970 年前後他對獨立論是處於批判態度，可是在 1985 年被新崎問到這點時，他的回應是：「為了避免和（保守系的）獨立論被等同看待，所以我才強調意識這個層面。」「關於反復歸論，若要用一句話來說明其現象的話，那就只能說是分離與獨立，這也是事實。」可是他同時也說，「若是將之解釋成『沖繩只要建立獨立國，這樣就夠了』，那就陷入了為目的而目的的狀況，而且也變成了只是復歸運動的表裡翻轉而已。」（新川明、新崎盛暉〈沖繩にとって「復歸」とは何だったか〉，《世界》1985 年 6 月號，p.58）大概新川自己不管是先前用「反復歸」這個詞來表現，

或是近年以「獨立」這個詞來表現，感覺起來都是要與在政治體制上形成國民國家這種意味的「獨立」保持距離，可是又找不出其他的表現手段，所以只好讓這樣的狀態持續下去吧！就像這樣，該如何表現出以既存的政治言語難以表述的願望，這個問題也是本書的主題之一，可是綜觀抱持這種願望的論者，新川的議論確實屢屢欠缺一貫性。換句話說，當論爭對手要求他「用一句話來說明這種現象」的時候，他為了方便就會主張「獨立」，可是當繼續討論下去的時候，他又會強調這種「獨立」和被分類為形成國民國家的獨立論之間的差異，往往如此。正如本文的記述，新川的主張在1970年當時屢屢被歸類到「私通美國帝國主義」或是「琉球獨立論」等既存的分類框架下去理解，而新川則是屢次用「否」來回應；因此，從結果來看，只覺得他似乎是隨著論爭對手而變化，並沒有一定的主張。但是，本章將焦點集中在1970年前後，特別強調否定「獨立」的新川，以求呈現國民國家在設定界線的諸多語彙（如同化、獨立、自治、多元主義等）上，所能表現或實現的界限之所在。

該怎麼評價這種「否」的思想，其實是一個很困難的問題。從當時開始就有人批判新川的主張毫無任何政治上的具體性可言，而他的反對參與國政，除了訴求「否」以外，也沒有展開任何具體的政治行動。包括新川在內，不管是誰都認同復歸會為沖繩的人權狀況和經濟帶來一定的改善。故此，為了實現「更好的復歸」或是「更好的國民統合」而努力、有條件的復歸支持者對沖繩的政治狀況改善有著更大的貢獻，而新川的思想被定位為不含政治意味，也不是不可能。

1997年再度點燃的新川與新崎論爭，其原型乃是前述的1985年對談；在這場對談中，新崎表示：「我完全沒有要去否定嘗試的意思。就像現在這樣，當我們處於前所未見的狀況時，一切努力的嘗試，即便是在思想層級上，都有必要以各種形式提出……可是，如果硬要說的話，那現實的政治狀況，就只能以現實的方式來對應才行，我強烈地這樣認為。」對於新崎的說法，新川如此回應：「對應現實政治狀況的具體運動，不管是CTS（石油備蓄基地）也好、白保機場問題也好、一坪反戰地主運動也好，林林總總不一而足，但這些全都陷入了為目的而目的的狀況之中……復歸運動正是因為陷入將『復歸』本身當成為目的而目的，所以才會遭到敗北，這就是復歸運動給我們的重要教訓。」（p.61）將講不出口的願望透過「復歸」或「同化」等既存的言語來表現，結果卻陷入為目的而目的當中，從而背叛了自己原本的願望，這種過程在本書中屢見不鮮。如何將講不出口的東西「說出口」？而當「被說出口」的時候，又常常會出現沒辦法表達的部分，要如何將這些部分從遺忘之中給拯救回來？這個問題，我認為是非常重要的。

2　仲宗根源和《琉球から沖繩へ》（1955年，1973年由月刊沖繩社復刊）p.230。

3　譯注：指1609年薩摩島津家入侵琉球。

4　同前書 p.316, 232, 242。

5　參照島袋邦〈琉球國民党〉（《新沖繩文學》53號、1982年）。引用部分引自同論文 pp.58, 60, 63-64。

6　蔡璋《琉球問題解決の再吟味》（琉球独立協会，1957年）p.41。武元朝朗《沖繩の

在り方に対する主張》（沖繩基督教同志会，無發行年月日記載）pp.16-17。

7  武元前引書 p.14。蔡璋前引書 pp.15-16。島袋前引論文 p.62, 66。

8  仲宗根前引書 pp.314-315。

9  同前書 p.316。

10 前引《屋良朝苗回顧錄》p.192。

11 仲吉的〈日米安保条約改訂に沖繩包含方の決議請願〉等一連串的相關請願，收錄在前引《仲吉良光文書》8卷。

12 關於軍事基地的增加，請見新崎盛暉《沖繩現代史》（岩波新書，1996年）p.14。

13 仲宗根勇〈沖繩のナゾ〉（《新沖繩文学》1969年夏季號）p.59。

14 比方說，大城立裕《内なる沖繩》（讀賣新聞社，1972年）p.244等。順道一提，關於這個詞彙，本土的知識人也有人做出批判與反省，例如中野重治〈「本土の沖繩化」という言葉のこと〉（《文芸》1970年2月號）與大江健三郎《沖繩ノート》（岩波新書，1970年）V章等。

15 屋良前引書 p.97中，西銘順治的發言。

16 關於此事件的來龍去脈，請見前書 p.158, 149。

17 關於沖繩歸還交涉的政治史分析，請參照日本國際政治學會編，《沖繩返還交涉の政治過程》（《国際政治》52號，1975年），河野康子《沖繩返還をめぐる政治と外交》（東京大学出版会，1994年）等作品。關於日本政府支出補助金的過程，請見屋良前引書 p.179, 181。

18 大江前引書 p.124所引。

19 屋良前引書 p.193。

20 同前書 p.188。

21 謝名元慶福〈「民族芸能の夕べ」意義と成果（上）〉（《人民》510號，1971年12月11日）。〈本土・沖繩が一体に伝統文化を守り継ぐ〉。川村薫〈すばらしい芸能の夕べ〉（《人民》508號，1971年11月27日）。

22 大田昌秀《醜い日本人》（サイマル出版会，1969年）。關於大城，在鹿野前引《戰後沖繩の思想像》第五章〈異化・同化・自立──大城立裕の文学と思想〉中有詳盡描述。

23 關於松川商工會議所理事，請參照上沼前引書 p.157。關於「琉球議會」與「創造沖繩人的沖繩會」，請參照大田前引《沖繩の帝王　高等弁務官》第八章。首倡「創造沖繩人的沖繩會」的山里永吉，著有時論集《沖繩人の沖繩──日本は祖國に非ず》（沖繩時報社，1969年）與沖繩史著作《沖繩人の沖繩》（第一法規，1971年）等作品；他主張，「我們的祖國絕非日本；我們的祖國就是沖繩。」（《沖繩人の沖繩──日本は祖國に非ず》p.25）對於山里，大城立裕說，「他真的是非常勤於論述」，不過也形容說，山里「從來不曾對迄今為止的美國支配體制提出任何批判」。（〈文化史の新しい時代〉，《沖繩タイムス》1970年5月28日；《沖繩、ある晴れた日和》家の光協会，1977年收錄）新川也說，山里在「昭和十三、四年左右時擔

任編輯發行人、於那霸刊行的雜誌《月刊琉球》中，不只署名撰文強調日之丸的尊嚴，還說不理解大和魂為何的人不算日本人；像這種擺出一副忠良帝國臣民面目的文章散見各處。」除了這樣的指責外，再加上山里曾在美國支配下擔任琉球政府文化財保護委員長的職務，因此以他為首的當時保守系獨立論者，便被定位為機會主義者。（新川前引《反国家の凶区》p.299, 135）

又，山里在前引《沖繩人の沖繩——日本は祖國に非ず》pp.45-46，引用了伊波普猷對「琉球民族」政治能力的說法：「我們的祖先……應該是有形成國家社會能力的」，來作為沖繩擁有獨立可能性的歷史依據。相對於此，新川則如後述，是將伊波定位為日本同化論者。山里將伊波視為沖繩民族主義者，新川卻將他視為同化論者；兩相對比之下，伊波的雙重面貌隨解讀者的不同而有相異的解釋，這個事例頗讓人感到興味深長。

24　大江前引書 pp.78-79 所引。

25　同前書 p.79。儀間前引〈沖繩と本土との断絶感〉p.74。

26　關於新川的經歷與《琉大文學》，請參照鹿野前引《戰後沖繩の思想像》第二章〈「否」の文学——《琉大文學》の航跡〉。新川在敗戰當時的想法，以及他對「英文科」的反感，引用自前引新川、新崎對談第 p.48, 50。

27　新川明〈「有色人種」抄（その一）より「黄色人種（Ⅱ）」〉（《琉大文学》2 卷 1 號，1956 年 3 月）pp.41-42。

28　譯注：新川在這裡用的是「ヤマトゥンチュ」，是琉球方言中的「大和人」；相對之下，琉球人／沖繩人則自稱「ウチナーンチュ」。

29　新川前引《反国家の凶区》p.76, 92。以下標記頁數者，皆是引用自童書。

30　新川明、池澤夏樹〈沖繩独立の夢を語ろう〉（《世界》1996 年 8 月號）p.30。

31　新川前引《反国家の凶区》pp.72-73 所引。

32　佐次田勉〈歷史の事実と清算主義〉（《人民》444 號，1970 年 9 月 5 日）。大道進〈敗北の思想「反復帰論」〉（《人民》464、465 號，1971 年 1 月 23、30 日）。安里和男〈下からの民族統一〉（《人民》496 號，1971 年 9 月 4 日）。南海清〈新川明《幻象としての「日本」》の幻想性（下）〉（《人民》499 號，1971 年 9 月 25 日）。

33　瀨長龜次郎、新里惠二、津波恒新、與儀裕、上田耕一郎、新原昭治、平山基生、榊利夫〈シンポジウム　沖繩問題とイデオロギー鬥爭〉（《前衛》1971 年 7 月）p.62, 79, 63, 75。

34　同上座談會 p.79, 77, 59, 76。

35　同上座談會 p.59, 78。佐次田前引〈歷史の事実と清算主義〉。

36　南風原徹〈国政参加拒否をとなえるトロツキストの動き〉（《人民》450 號，1970 年 10 月 17 日）。南海清〈近代沖繩の歷史から何を学ぶか〉（《人民》441 號，1970 年 8 月 15 日）。從年表中刪去〈祝沖繩獨立電文〉的例子，請參見日本共產黨中央委員會出版部編《沖繩・小笠原問題と日本共產黨》（日本共産党中央委員会出版部，1966 年）等。

37 新川明、岡本惠德、川滿信一〈日本国家となぜ同化し得ないか〉（《中央公論》1972 年 6 月號）p.87。新川、池澤前引對談 p.35。

38 前引〈沖縄問題とイデオロギー闘争〉pp.61, 65-66。南風原前引〈国政参加拒否をとなえるトロツキストの動き〉。

39 前引〈沖縄問題とイデオロギー闘争〉pp.75-76。當間嗣光〈帰省雑感〉（《沖縄タイムス》1971 年 7 月 25 日）。

40 朝見俊隆、砂川惠伸、佐久川政一、松本タミ、內間武義、安里芳雄、仲宗根勇、新川明、外間米子、長峰一郎、宮里辰彥〈誌上憲法公聴会　沖縄返還と日本国憲法〉（《世界》1971 年 6 月號）pp.112-113。附帶一提，在本座談會的 p.111，新川說：「你如果就思想的問題來問我這是不是獨立論，我會回答『是』」；可是他同時又說，「這只是就『是不是獨立論』馬上可以做出的回答；對於具體的問題，比方說沖縄是不是可以獨立之類，要明確回答終究是不可能的」。儘管「獨立」一詞的感覺有點奇怪，但又想不到其他辭彙來取代。

41 同上座談會 p.110。新川前引《反国家の凶区》pp.216-217。

42 新川前引《反国家の凶区》p.47。前引〈沖縄返還と日本国憲法〉p.116。

## 結論

1 ピーティー前引《殖民地》p.169。

2 關於台灣人部隊編成與解散的來龍去脈，在〈台湾帰客談〉（《扶桑新聞》1899 年 9 月 10 日，《台湾協会雑誌》12 號轉載）pp.80-82 頁中有詳盡描述。關於朝鮮人部隊編成意見，請見宇都宮太郎前引意見書。

3 Ronald Robinson, "Non-European foundations of European imperialsim: Sketch for a theory of collaboration", in Roger Owen and Bob Sutcliffe (eds.), *Studies in the Theory of Imperialsim*, London, Longman, 1972.

4 有關西利西亞在考古學上的對立，請參照田中琢、佐原真《考古学の散歩道》（岩波新書，1993 年）pp.182-189。關於日本政府的愛努論，請見村上英明《世界と日本の先住民族》（岩波書店，1992 年）p.22。

5 以下關於俄羅斯的同化政策，請參照竹中浩〈帝政期におけるロシア・ナショナリズムと同化政策〉（《年報政治学》1994 年）。

6 西川長夫〈日本型国民国家の形成〉（西川長夫、松宮秀治編《幕末・明治期の国民国家形成と文化変容》，新曜社，1995 年）p.12。

7 關於軍隊的變遷，在 Alfred Vagts, *A History of Militarism, Civilian and Military*, London, Macmillan Co. Ltd., 1959. アルフレート・ファークツ《軍国主義の歴史》（望田幸男譯，福村出版，1973 年）中有詳盡描述；筆者本人也在小熊英二〈市民與武裝〉（《相関社会科学》4 號，1994 年）中有論述。

8 John F. C. Fuller, *The Conduct of War*, London: Eyre & Spottiswoode, 1961. ジョン・F・C・フラー《制限戦争指導論》（中村好壽譯，原書房，1975 年）p.37。

9　關於這方面的議論，可以見 Hans Kohn 的一系列著作。

10　因為不一定有想定實體的「血統」，所以也未必符合本文中所論及的事例，不過好比前面引用的駒込《殖民地帝国日本の文化統合》中就說，日本相當重視透過「血統」這個「不可能變更的標誌」，來將朝鮮人和台灣人「基於血統民族主義而排除」。他又說，「如果透過膚色的差別而形成的認識框架乃是人種主義的話，那麼基於血統團體而定義民族之間差異的，就是立基於虛構的『萬世一系』之上的近代天皇制教誨。」（p.358）可是駒込在同書中又說，我們不能無視台灣、朝鮮總督府的本位主義，以及欠缺法制統合，也是之所以用「血統民族主義」作為主因，來進行排除和定位的重要因素。他說：「對於台灣人、朝鮮人給予日本國籍；可是，唯獨參政權作為重要標誌，被排除在國家統合的框架之外。」（pp.262-363）他這樣的定位，對於給予居住內地的朝鮮人、台灣人參政權，但居住朝鮮、台灣的內地人殖民者卻反而沒有參政權的事態，無法作出解釋。他又說，「將沖繩與台灣分開的事物，一言以蔽之，就是以天皇的存在為媒介的『共感的共同體』這種歸屬意識的滲透」（p.40），可是這種記述，也是因為他在想定所謂「血統民族主義」的印象時，已經將沖繩給包含進去了。

11　前引《内鮮一体ノ理念及其ノ具現方策要項》p.516。

12　Benedict Anderson, *Imagined Communities*, Verso Editions, and NLB, London, 1983.《想像的共同體》，班納迪克·安德森著，吳叡人譯，時報文化，1999 年。

13　前引書 p.97。不過，安德森把英國在蘇格蘭推行的英語教育以及在印度培養親英菁英的行為，也都列入「官方民族主義」的範疇內，而且還說日本支配下的「朝鮮人、台灣人、滿洲人，以及太平洋戰爭爆發後的緬甸人、印尼人和菲律賓人，都成為以歐洲模式之實務運作為師的政策的施行對象。」（p.107）然而，筆者對這種定位方式則是略存疑問。即使同樣受到日本的支配，像朝鮮人、台灣人這樣擁有日本國籍的人們，與滿洲人和緬甸人這樣，形式上處於「獨立國」體制下的人們，在法制定位上明顯就有著差異。更不用說透過初等教育，從底層開始進行「國民精神」包容的日本同化政策，在性質上與英國在印度培養親英菁英，顯然是略有差異的。就像這樣，安德森把進行一定文化滲透的案例，都毫無差別地包含進「官方民族主義」當中，但筆者則只在限定意義上，將它使用於「將國民國家的原理套用在多民族帝國」的案例當中。

14　參照竹中前引論文。

15　參照小熊前引《単一民族神話の起源》第十二、十四章。

16　這張圖與山中速人在前引《朝鮮「同化政策」與社會學的同化》中所使用者頗為類似，不過山中的縱軸使用的是「社會構造的次元」。雖然他不只是單單停留於法制，而是把社會的統合野放進視野當中來考量，但我不能不說，「社會構造的次元」比起「法制的次元」，更難和「文化的次元」作為獨立的軸來搭配設定。對於山中在 1983 年就已經在歷史研究上運用這樣的分析框架，來進行視野的整理，我們不能不給予高度的評價。筆者在此並不打算說這樣的分析毫無意義，但不管怎樣的分析

框架與模式，都有其一定的局限，這也是理所當然。

再說，不只是本論中所指出的那些局限，這種分析模式原本是受到美國對國內種族統合問題進行分析的社會學研究所影響，而誕生出來的產物；故此，在將它適用於戰前日本之際，必須要有一定的留意。比方說山中在 1983 年撰寫論文的時候，將「多元主義」視作是日本對朝鮮支配的另一種選擇（p.308），可是正如第九章的中野正剛為立，大日本帝國雖不能說沒有多元主義主張的存在，但實質上不過是作為獨立否定論的功用罷了，因此在歷史學上幾乎沒有被提及。駒込的前引書中也應用了山中的模式，可是他也批評這個圖中不存在「獨立」這一選項，因此「有必要明確釐清這張圖表的適用界限」。（p.18）

17 關於創氏改名制度，在宮田、金、梁前引《創氏改名》中有詳細敘述。

18 蔡培火前引《日本々国民に与ふ》p.79, 93。

19 ピーティー前引書第四章。皮亞提之所以會有這種單方面的見解，大概是他想用這本題名為《殖民地》或《殖民政策》的著作，來探索「日本的殖民地統治思想」的結果吧？正如本論中所看見的，主張同化論的論者與日本政府的為政者，很多人都不認同朝鮮和台灣是「殖民地」，因此不會使用「殖民政策」這個詞彙來談論他們的統治。會用「殖民地」或「殖民政策」來談論統治思想的，主要都是皮亞提所舉出的那些殖民政策派，或者是主張模仿「歐美」殖民政策的論者。因此，以此為題名之著作所展開的調查，會導向「與英法的殖民地統治思想並無太大差異」的結論，也是理所當然之事。

20 前引〈朝鮮及台湾在住民政治処遇ニ関スル質問応答〉p.10。

21 Jospeh Rothschild, *Ethnopolitics*, New York, Columbia U. P., 1981. ジョセフ・ロスチャールド《エスノポリティクス》（內山秀夫譯，三省堂，1989 年）。

22 東鄉前引〈殖民政策〉p.37、津田前引《世界の大勢と内鮮一体》p.46。

23 關於荷瑞斯・卡連與美國的文化多元主義思想，請參照 Milton M. Gordon, *Assimilation in American Life*, New York, Oxford U. P., 1964. 島袋全發的主張請見〈鄉土人の明日（三）〉（《沖繩每日新聞》1911 年 8 月 24 日），引用自前引《沖繩縣史》第 19 卷 p.503。

24 東鄉前引〈殖民政策〉p.37，津田前引書 p.46。

25 前引《沖繩の先生たち》pp.249, 252-253。

26 譯注：日本的女兒節祭台一向是以天皇和皇后人偶在最上層，其次往下遞減。

27 岡部一明《日系アメリカ人　強制収容から戦後補償へ》（岩波ブックレット，1991 年）pp.28-29。

28 在日本對民族自決、殖民地獨立思想評價最高的 1950 年代到 1960 年代，重視認同多樣性的意見，往往傾向被視為支配意識形態的一環。比方說森田俊男《安保教育体制と沖縄問題》（明治図書新書，1970 年）p.110, 113，就把「多樣性中的統一」視為「帝國主義的意識形態」，且認為 EEC（歐洲共同市場）乃是反映了冷戰體制下西方陣營強化策略的風潮：「『國家的瓦解』這種思考方式與國家論，自第一次世界大戰

乃至今日，以各式各樣的型態表現出來。『歐洲合眾國』也好、『大東亞共榮圈』也好，EEC 也是如此。」森田是站在革新民族主義立場，強烈支持沖繩國民教育運動的人物，不過在 1996 年，他卻是對「自由主義史觀」提出反駁的合著編者之一。

29 本論中對於「既是『日本人』又非『日本人』的位置」有一定的積極評價，但在這裡必須指出它的「適用局限性」。

雖然在本論中反覆強調過，不過沒有被統合入「國民」的狀況下，其定位大部分時候都是處於法制的無權利狀態。美國的社會學及其他種族方面的研究之所以重視認同這一主題，也是因為這個問題的重要性之故；在歷經民權運動達到一定制度平等之後，殘留的最大問題就是經濟的落差與認同之間的關係。故此，也有一種看法認為，認同上的戰略如果不是以制度平等為前提，則其有效性將大幅減低。比方說像在討論日本的在日韓國人和朝鮮人（北韓人）這些在制度上未能達成平等的人的問題時，還對「既是『日本人』又非『日本人』的位置」無限讚賞的話，這就很有可能會將國家造成的無權利狀態正當化。

可是正如注釋 28 的事例般，將多樣性的主張一概定義為「帝國主義的意識形態」，認為只有透過民族自決進行獨立才是解答，這樣的做法在殖民地獨立運動下成立的第三世界各國，紛紛利用民族主義將威權體制正當化的現在，已經行不通了。即使在日本國內，民族自決思想對於在日韓國、朝鮮人問題除了「歸國」、沖繩與愛努問題除了和日本進行國家統合或「獨立」形成國民國家以外，提不出任何解答。80 年代以降從美國流入的多元主義思想，在談論狀況應該迥異的日本少數族群問題時大受歡迎的原因，也正是因為這種論調行不通，卻又要為「沒和『日本人』同化，卻在『日本』生存」這點，找尋能夠清楚表達的語彙所致。

本書之所以幾乎不提及過往朝鮮史一向給予極高評價的民族自決獨立運動，卻注目在「既是『日本人』又非『日本人』的位置」，也是因為意識到上述現代日本的狀況。故此，我在結論部分對「既是『日本人』又非『日本人』的位置」給予積極的評價，並對少數民族主義的局限予以指摘，也是出於在 1998 年的日本書寫這一脈絡。在 1945 年以前的大日本帝國中，朝鮮人企圖打破既有狀況時，民族自決具有其戰略的正確性，這點自不待論。可是儘管民族自決在當時有戰略的正確性，隨著時代與狀況不同，也不保證它能適用於現代日本的問題，而歷史研究要是還停留在以民族自決為正確解答的定位上，那也無法回應現代的課題。

筆者有一個基本認識，那就是這世上並沒有面對所有問題，都能回答的萬能解答。故此，在這裡對於「既是『國民』又非『國民』的位置」給予積極評價，也不是意味著它能夠適用於任何時代與狀況，這樣認定的話，只會把隨時地更加合適的戰略給壓抑下去而已。我們應該要確保按照狀況，讓當事者透過統合獲得平等、或是高舉少數民族主義的戰略選擇自由。只是，這是「戰略」，而非「真理」。筆者的意圖，並非對於在國民國家中誕生、具有壓抑性質的「既是『國民』又非『國民』的位置」積極抽換概念的行為，給予無條件的讚賞，只是將它追加列入戰略選擇的清單罷了。畢竟，社會科學研究者的責任並非透過絕對的真理來指導人們，而是給予

人們具有自由度的選項相關知識。

30 譯注：吉大港山區的居民朱瑪人信奉佛教、印度教，因此和信奉伊斯蘭教的孟加拉人之間發生衝突；戰亂自 1977 年開始，持續達 20 年之久，其間不乏種族清洗等駭人聽聞的行為。

31 岩崎勳〈北海道の大なるもの〉（《日本及日本人》1921 年 11 月特別號）p.41。

32 譯注：非戰決議（不戰決議）是日本社會黨內閣主導下通過的議案，此議案通過後，首相村山富市正式向「國內外的犧牲者」表達哀悼之意，即著名的「村山談話」。

33 R・ドーア、奧野誠亮〈私はなぜ「不戦決議」に反対するのか〉（《世界》1995 年 5 月號）p.196, 202。藤岡信勝／自由主義史觀研究會《教科書が教えない歴史》（産経新聞社，1996 年）。

又，雖然有點超出學術研究的範圍，筆者想就自身所見，談一下近年的沖繩問題。（關於在日韓國・朝鮮人以及愛努人的問題，由於相關戰後的來龍去脈尚未充分進行調查，因此現階段還不宜公開發表我的所見）

對於現階段聚焦的美軍基地削減問題，筆者並不認為這在原理上有多困難。正如本書中所論，日本政府以及為政者，對於包含沖繩在內的周邊地區並沒有一個一貫的施政理念，而是時時由政府的裁量所決定。對於現在的日本政府以及自民黨而言，在沖繩維持美軍基地，想起來並沒有太大的好處。畢竟軍用地的地租以及其他經費都要由日本政府負擔，而為了化解沖繩方面的反彈，又必須進行財政投資，因此削減基地，在經濟成本上理應較為有利。之所以不這麼做的原因，其實是擔心和一味想要沖繩基地的美國政府之間的關係受損。一言以蔽之，日本政府以及自民黨為了維持日美關係，即使經濟上必須承受負擔，也要維持沖繩的美軍基地。這和日本政府對回歸以前的沖繩實施經濟援助的邏輯，是幾近完全沒有改變的。

故此，是否要削減沖繩的美軍基地，端看對日本政府以及自民黨來說，究竟是為了盡可能維持基地而努力說幅沖繩，還是和美國政府交涉，哪邊的政策成本較高而已。假使沖繩方面的反彈聲浪變得非常大，從而導致財政和政治成本達到難以忍受的地步（比方說保守派候選人大量落選或是內亂狀態等），那日本政府和自民黨就會選擇和美方交涉的道路了。

另一方面對美國政府而言，現在尚存的這麼多基地，並沒有絕對必要保留的理由。雖然為了在遠東緊急部署時的需求，空軍基地與港灣的一部分是不可或缺的，但其他的基地和演習場，應該都可以放棄才對。儘管如此，卻還是要維持現在面積的基地，那是因為緩和沖繩內部反彈的財政投資和軍用地地租等經濟負擔都是由日本政府擔負，美軍完全與成本無關，只要享受既得權利之故。對美國政府而言的問題是，主張維持基地現狀的軍方壓力，與沖繩方面的反彈以及經濟上的不利，何者問題較大；因為後者的壓力可以轉嫁給日本政府來化解，所以基地的現狀才一直維持下去。

故此，基地削減問題的解決方法極其明確。只要沖繩方面的反彈夠強烈，那日本政府和自民黨就不得不和美國進行交涉，而美國政府即使必須說服軍方，也不得不削

減基地。這樣的作法，也可以用來談論沖繩達成回歸日本的政治過程。先不管對於「回歸」的評價如何，美軍因為對沖繩有自由裁量權，所以對於將沖繩的施政權歸還日本政府徹底反對。這樣的狀況之所以會變得不可能持續下去，不只是因為沖繩方面的反彈愈發強烈、經濟上負擔過重，還包括若是置之不理，有可能會使整個基地都陷於無法使用的狀態，在政治上的成本也日益增大之故。在環繞歸還施政權的日美交涉中，美國國務院用了一個例子來說服反對歸還的美軍：「如果沖繩居民在基地跑道上靜坐的話，你們就算把他們輾過去，也要硬把飛機開上天嗎？」如果真這樣做的話，不只會引發沖繩全境的反彈，導致失去整個基地，還會危及身為反共同盟國的自民黨政權。於是就在這樣的計算下，美方終於同意了歸還。

而就像本論中介紹 50 年代親美回歸運動的經過時所明確呈現的一樣，溫和的運動，本身幾乎沒有什麼效果。溫和的運動要有效果，就只有在日本政府與美方對於更加強硬勢力的興起抱持恐懼感，願意與穩健的對手進行交涉的狀況下才行。在這種情況下，溫和派運動就結果而言，往往比起強硬勢力更能交涉成功，並達成具體的政治和經濟妥協，可是如果沒有強硬勢力的經常存在，這樣的前提也就不成立了。溫和派運動最大的缺點就是，明明是用「如果不跟我們交涉，就會讓強硬派抬頭」這種話語去跟支配方進行交涉，卻不知不覺開始認為「能交涉的只有我們，強硬派是交涉的障礙」，並以自己的交涉例為基礎，和強硬勢力展開對例。日本對朝鮮和台灣支配的情況也是如此，支配方在強硬勢力強大的時候，就和溫和勢力展開交涉與妥協，可是一旦強硬勢力衰弱，那溫和勢力也就沒有利用價值了。換句話說，溫和派運動的討價還價能力，是完全靠著強硬勢力的存在來支持的；就這層意義上來說，關於基地削減問題，沖繩方面應該要時常維持強硬姿勢才對。

再者，支配方經常會使用虛構的二擇性言語架構。是要為了「近代化」而同化，還是拒絕同化、停留在「野蠻」狀態？這種二擇在本論中已經得見；若是用來談論現在的基地問題，那就是「維持基地現狀」和「移轉到縣內其他地方」這種設定好的二擇。可是，這不過是日本政府與自民黨以日美關係為優先，不願跟美國進行交涉，所以事先刪除了眾多的可能性，才設定出這種局限的問題罷了。像這樣子環繞著二擇的對立，本身不過是毫無意義的行為。

誠如上述，對於基地削減（完全撤廢另當別論）問題，筆者並不感覺它是個原理問題。然而，基地削減之後，沖繩要如何從「日本」自立，這才是遠遠來得更大的問題。筆者在本文中雖然只給予透過民族自決的「獨立」有限的評價，但是否要為了逃脫民族主義的同化與排除的連鎖而選擇「獨立」，這又是另一個問題了。關於這點，我想再做更進一步的考察。

歷史大講堂

「日本人」的界限：沖繩・愛努・台灣・朝鮮，從殖民地
支配到復歸運動

2020 年11月初版　　　　　　　　　　　　　　定價：新臺幣900元
有著作權・翻印必究
Printed in Taiwan.

| | | | | |
|---|---|---|---|---|
| 著　　者 | 小 | 熊 | 英 | 二 |
| | Oguma Eiji | | | |
| 譯　　者 | 黃 | 耀 | | 進 |
| | 鄭 | 天 | | 恩 |
| 審　　訂 | 李 | 文 | | 卿 |
| | 黃 | 英 | | 哲 |
| 叢書主編 | 黃 | 淑 | | 真 |
| 校　　對 | 陳 | 益 | | 郎 |
| 內文排版 | 極 | 翔 | 企 | 業 |
| 封面設計 | 兒 | | | 日 |

| | | | | | | |
|---|---|---|---|---|---|---|
| 出　版　者 | 聯經出版事業股份有限公司 | 副總編輯 | 陳 | 逸 | | 華 |
| 地　　　址 | 新北市汐止區大同路一段369號1樓 | 總　經　理 | 陳 | 芝 | | 宇 |
| 叢書主編電話 | （02）86925588轉5322 | 社　　長 | 羅 | 國 | | 俊 |
| 台北聯經書房 | 台 北 市 新 生 南 路 三 段 9 4 號 | 發行人 | 林 | 載 | | 爵 |
| 電　　　話 | （ 0 2 ） 2 3 6 2 0 3 0 8 | | | | | |
| 台 中 分 公 司 | 台 中 市 北 區 崇 德 路 一 段 1 9 8 號 | | | | | |
| 暨門市電話 | （ 0 4 ） 2 2 3 1 2 0 2 3 | | | | | |
| 台中電子信箱 | e - m a i l : l i n k i n g 2 @ m s 4 2 . h i n e t . n e t | | | | | |
| 郵 政 劃 撥 帳 戶 第 0 1 0 0 5 5 9 - 3 號 | | | | | | |
| 郵 撥 電 話 | （ 0 2 ） 2 3 6 2 0 3 0 8 | | | | | |
| 印　刷　者 | 世 和 印 製 企 業 有 限 公 司 | | | | | |
| 總　經　銷 | 聯 合 發 行 股 份 有 限 公 司 | | | | | |
| 發　行　所 | 新北市新店區寶橋路235巷6弄6號2樓 | | | | | |
| 電　　　話 | （ 0 2 ） 2 9 1 7 8 0 2 2 | | | | | |

行政院新聞局出版事業登記證局版臺業字第0130號

本書如有缺頁，破損，倒裝請寄回台北聯經書房更換。　　ISBN　978-957-08-5556-2 （平裝）
聯經網址：www.linkingbooks.com.tw
電子信箱：linking@udngroup.com

NIHONJIN NO KYOUKAI－OKINAWA AINU TAIWAN CHOUSEN
SHOUKUMINCHISHIHAI KARA FUKKIUNDOU MADE by OGUMA EIJI
Copyright © Oguma Eiji 1998
All rights reserved.
Originally published in Japan in 1998 by Shinyosha Inc.
Complex Chinese translation rights reserved by Linking Publishing Company Inc.
under the license from Shinyosha Inc. through Power of Content Ltd.

國家圖書館出版品預行編目資料

「日本人」的界限：沖繩・愛努・台灣・朝鮮，從殖民地支配
到復歸運動/小熊英二著，黃耀進、鄭天恩譯．初版．新北市．聯經．2020年
11月．656面．17×23公分（歷史大講堂）
譯自：「日本人」の境界：沖繩，アイヌ，台湾，朝鮮植民地支配から復帰運動まで
ISBN　978-957-08-5556-2 （平裝）

1.日本史　2.現代史　3.殖民地

731.27　　　　　　　　　　　　　　　　　　　109008307